español	abrev.	nederlands
inglés		
interrogativo		
invariable		
irónico		
irregular		
lenguaje jurídico		
lingüística, gram		
sustantivo mascu...	...	...oord
matemática	mat	wiskunde
mecánica	mec	werktuigkunde
medicina, anatomía, farmacia	med	medisch, anatomie, farmacie
metereología	meteo	meteorologie
militar	mil	militair
sustantivo masculino plural	mpl	mannelijk meervoud
música	mús	muziek
navegación	nav	scheepvaart
numeral	num	hoofdtelwoord
también	o.	ook
plural	pl	meervoud
política	pol	politiek
pronombre	pron	voornaamwoord
pronombre demostrativo	pron d	aanwijzend voornaamwoord
pronombre indefinido	pron in	onbepaald voornaamwoord
pronombre personal	pron pers	persoonlijk voornaamwoord
pronombre posesivo	pron pos	persoonlijk voornaamwoord
pronombre relativo	pron rel	betrekkelijk voornaamwoord
preposición	prep	voorzetsel
psicología	psicol	psychologie
química	quím	scheikunde
iglesia, religiones	relig	kerk, godsdienst
sustantivo	s	zelfstandig naamwoord
singular	sg	enkelvoud
deporte	sport	sport
estudiantil, académico	stud	schoolwezen, onderwijs
tauromaquia	taur	term uit het stierenvechten
teatro	teat	theater
técnica	tecn	techniek
telecomunicaciones	telec	telecommunicatie
transportes	transp	verkeerswezen
televisión	TV	televisie
textiles, ropa	txtl	textielindustrie
véase	V.	zie
del, de la, de los, las	v/d	van de
de + substantivo neutro	v/h	van het
verbo impersonal	v/im	onpersoonlijk werkwoord
verbo intransitivo	vi	onovergankelijk werkwoord
verbo transitivo	vt	overgankelijk werkwoord

GW01315965

verbo a la vez transitivo e intransitivo	**vt/i**	zowel overgankelijk als onovergankelijk werkwoord
lenguaje vulgar	**vulg**	vulgair, plat taalgebruik
se	**z.**	zich
zoología	**zool**	dierkunde

DICCIONARIO POCKET

NEDERLANDS – SPAANS / ESPAÑOL – NEERLANDÉS

DICCIONARIOS POCKET HERDER

DICCIONARIO POCKET

I
NEDERLANDS – SPAANS

Johanna G. Sattler

Herder

Diseño de la cubierta: Claudio Bado y Mónica Bazán

© 2004, Herder Editorial, S.L., Barcelona
ISBN: 84-254-2281-7

1ª edición, 2ª impresión 2006

La reproducción total o parcial de esta obra sin el consentimiento expreso
de los titulares del *Copyright* está prohibida al amparo de la legislación vigente.

Herder
www.herdereditorial.com

ÍNDICE

Abreviaciones / Afkortingen

Prefacio	9
I. Indicaciones para el uso de este diccionario	11
II. Introducción a la pronunciación y ortografía del neerlandés	15
III. Introducción a la gramática neerlandesa	20
Woordenboek Nederlands - Spaans	39
Voorwoord	347
I. Gebruiksaanwijzing	349
II. Korte inleiding in de uitspraak van het spaans	353
III. Inleiding in de Spaanse grammatica	361
Diccionario español-neerlandés	379
Guía de conversación / Conversatiegids	673

Los numerales / Telwoorden

PREFACIO

El Diccionario Pocket Herder es una obra de nueva planta que no tiene ninguna relación con diccionarios parecidos publicados anteriormente. La obra ofrece una selección del vocabulario más usual del español y del neerlandés. Es evidente que un diccionario de este tamaño puede ofrecer tan sólo una selección del riquísimo léxico de ambas lenguas. Por esta razón, su valor estriba, en primer lugar, en la selección acertada de las palabras y locuciones registradas.

Para asegurar la mejor selección posible del vocabulario, se han tenido en cuenta dos criterios:

a) Se han aprovechado **vocabularios básicos (o fundamentales)** que determinan la frecuencia de uso de las palabras sobre una base estadística, entre ellos los publicados por el Consejo de Europa.

b) Se ha dado especial importancia a la inclusión de un abundante **léxico del turismo** para atender las necesidades de personas que viajan por países de lengua española y neerlandeesa.

Las dos reformas ortográficas importantes, la de la lengua española de 1994, y la del neerlandés de 1996, se han tenido en cuenta.

Además, la introducción presenta concisos resúmenes de la pronunciación y de la gramática de ambas lenguas, incluyendo tablas de conjugaciones regulares y listados de verbos irregulares. Una útil guía de conversación complementa la obra y ayuda al usuario a desenvolverse con soltura en sus viajes y en la gran mayoría de las situaciones cotidianas.

JOHANNA G. SATTLER　　　　　　　　　　HERDER EDITORIAL

I
INDICACIONES PARA EL USO DE ESTE DICCIONARIO

I.-1. Orden alfabético

Las palabras de ambas partes del diccionario han sido ordenadas alfabéticamente. Al buscar una palabra española, hay que tener en cuenta que, de acuerdo con la reforma ortográfica del español de 1994, la «Ch» y la «Ll», que ya no se consideran letras independientes, están integradas en la «C» y la «L», respectivamente.

I.-2. Disposición de las entradas

Para ganar espacio y poder registrar un máximo de palabras, se han reunido vocablos formal y semánticamente similares, siempre impresos en letra negrita, en un bloque, en el cual aparecen, después del lema o voz guía que las encabeza, una o varias subentradas encabezadas por sublemas también impresos en negrita. Las equivalencias en la lengua de llegada aparecen en redonda (letra normal), las explicaciones gramaticales y lexicográficas en cursiva.

I.-3. Cifras, signos y símbolos

I.-3.1. Cifras

Las cifras en negrita (**1.** ...; **2.** ...) sirven para distinguir palabras formalmente idénticas, pero pertenecientes a diferentes categorías gramaticales. Ejemplos:

contra 1. *prep* tegen; **en ~ de** tegen, in tegenstelling tot; **2.** *m* tegen *het*, bezwaar *het*

También se usan para diferenciar el uso transitivo, intransitivo e impersonal de verbos. Ejemplo:

rayar 1. *vt* 1. (door)strepen; 2. liniëren, lijnen trekken; **2.** *vi* grenzen (**en, con** aan)

Las cifras en redonda (letra normal) (1. ...; 2. ...) sirven para separar significados muy diferenciados de una palabra, pero correspondientes a la misma categoría gramatical (especialmente sustantivos con el mismo género). Ejemplos:

administrar *vt* 1. besturen, beheren; 2. (*medicijnen*) toedienen

I.-3.2. Signos y símbolos

- La tilde (~) reemplaza la voz guía o la parte de ésta que precede a la línea de separación (/). Ejemplo:

    trabaja/dor,-a 1. *adj* ijverig; **2.** *m/f* arbeid(st)er; **~r 1.** *vi* werken; **2.** *vt* bewerken
    Voces que hay que leer: trabajador, trabajar

- El asterisco (~*) indica que la voz guía está repetida o la parte de ella que precede a la línea de separación cambia de minúscula a mayúscula o viceversa. Ejemplo:

    mediterráneo,-a 1. *adj* mediterraan; **2. ~*** *m* Middellandse Zee
    Voces que hay que leer: mediterraan, Middellandse Zee

- Los puntos suspensivos que aparecen detrás de una palabra neerlandesa indican que ésta sirve para formar nombres compuestos. Ejemplo:

    lievelings... preferido, favorito
    (p. e.: **Lievelingsgerecht** = plato *m* favorito)

I.-4. Tratamiento de las distintas categorías gramaticales

I.-4.1. Sustantivos

El género gramatical de todos los sustantivos en español se indica mediante las abreviaturas: *m* = masculino, *f* = femenino y en las formas del plural: *mpl, fpl*. Estas marcas de género sirven al mismo tiempo para identificar las entradas así marcadas como sustantivos.

En cuanto al neerlandés: en la parte neerlandés-español aparece el artículo inmediatamente después del sustantivo mientras que en la parte español-neerlandés sólo se indica el artículo *het* (el género neutro) de los sustantivos. Así sabemos que todos los demás sustantivos llevan el artículo *de*. El plural es indicado con *pl* en ambas direcciones.

En la parte neerlandés-español se indican entre corchetes agudos <...> los plurales irregulares de los sustantivos neerlandeses. Ejemplo:

kind *het* <~eren>
Escritos: het kind, de kinderen

I.-4.2. Adjetivos

En los adjetivos españoles se indica siempre la forma del femenino. Ejemplo:

bueno,-a

Los adjetivos invariables en género y número se caracterizan como tales con la marca *inv* = invariable. Ejemplo:

eigen *adj inv* propio

Cuando un adjetivo tiene una sola forma para el masculino y el femenino, se señala mediante la marca *m/f*. Ejemplos:

cortés *adj m/f* beleefd, attent

I.-4.3. Verbos

Los *verbos irregulares neerlandeses* van señalados (en la parte neerlandés-español) con <irr> y un número que remite a la lista alfabética de éstos en las págs 32-36. (a excepción de los verbos compuestos). Ejemplo:

treffen *vt* <irr 116>

La entrada de los verbos neerlandeses que forman el pretérito perfecto con el verbo auxiliar **zijn** (= *ser*) lleva a continuación la marca <zijn>. Ejemplos:

opstaan *vi* <zijn>

En todos los verbos españoles y neerlandeses se señala si son transitivos, intransitivos o impersonales mediante las abreviaturas *vt, vi, v/impers*. La forma reflexiva (o pronominal) se indica en los verbos neerlandeses con la forma del infinitivo precedido de **z.** = *zich*. Ejemplo:

ver'velen *vt* aburrir, cansar; **z.** ~ aburrirse, estar aburrido

En cuanto a los verbos españoles, la forma reflexiva (o pronominal) aparece como infinitivo + **se**. Ejemplo:

vestir 1. *vt* (aan-, be-) kleden; (*kleding*) dragen, aanhebben; **2.** *vi* z. kleden; **~se** z. aankleden; z. hullen (**de** in)

Las formas transitivas, intransitivas e impersonales de los verbos están separadas por cifras en letra negrita. Ejemplo:

rayar 1. *vt* 1. (door)strepen; 2. liniëren, lijnen trekken; **2.** *vi* grenzen (**en, con** aan)

En muchos casos se indica el régimen preposicional de los verbos.

II

INTRODUCCIÓN A LA PRONUNCIACIÓN Y ORTOGRAFÍA DEL NEERLANDÉS

En las siguientes páginas se proporciona una relación exhaustiva de los fonemas, su grafía y su pronunciación. La transcripción fonética se ajusta al sistema internacional de la AFI.

II.-1. El alfabeto fonético neerlandés

El siguiente esquema refleja la relación entre fonemas, grafías y pronunciación del neerlandés:

Vocales

Fonema	Grafías	Pronunciación
[a]	**aa** en sílabas cerradas, **a** en sílabas abiertas	semilarga, ligeramente más larga que en español; como en *straat, paden*.
[ɑ]	**a** en sílabas cerradas	el equivalente breve; más abierta que la *a* castellana, se pronuncia detrás en la boca; como en *bal, appel, lachen*.
[e]	**ee** en sílabas cerradas y abiertas **e** en sílabas abiertas	ligeramente más cerrada que en español; como en *heet, zee, tenen*.
[ɛ]	**e** en sílabas cerradas	más abierta y breve, ligeramente más abierta que la **e** catalana en *net*; como en *bed, het*.

Fonema	Grafías	Pronunciación
[ə]	e al final de la palabra en prefijos y terminaciones, **ij**, **i** en sílabas cerradas	vocal neutra, átona, llamada "schwa" se pronuncia como "uh" y se produce en sílabas no acentuadas; como en *de, ze, betalen, tafel; heerlijk, dertig*.
[i:]	**ie** **i** en sílabas abiertas	más larga que en español pero su articulación es similar; como en *muziek, zien, juni*.
[i]	**i** en sílabas cerradas	mucho más abierta y breve, como en *zitten, ik, gebit*.
[o:]	**oo** en sílabas cerradas **o** en sílabas abiertas	más larga y más cerrada que la española; como en *boom, bomen, zo*.
[ɔ]	**o** en sílabas cerradas	breve y muy abierta; como en *dom, zon, betonnen*.
[y]	**uu** en sílabas cerradas **u** en sílabas abiertas	vocal larga y cerrada, parecida a la *u* francesa; como en *muur, huren, nu*.
[œ]	**a** en sílabas cerradas	más breve y mucho más abierta, parecida a la "schwa"; como en *put, dus, kussen*.

Diptongos

Fonema	Grafías	Pronunciación
[ai]	**aai**	como en *haai, waaien*.
[ɑi]	**ai**	como en *detail, failliet*. Como *hay*.
[ei]	**ei, ij**	como en *leiden, ei, pijn, rijden*.
[ø]	**eu**	como en *deur, keuren, neus*.
[ui]	**oei**	como en *koeien, bloei*. Como *muy*.

Fonema	Grafías	Pronunciación
[oi]	ooi	como en *mooi, hooi, kooi*.
[œi]	ui	como en *uiten, zuid, lui*.
[iu]	ieu	como en *nieuw, vernieuwen*.
[eu]	eeu	como en *eeuw, sneeuwen, leeuw*.
[ɑu]	ou, au	como en *kous, blauw, trouwen*. Como *causa*.

Consonantes

Fonema	Grafías	Pronunciación
[p]	p	como en *paard, happen, Bob*.
[b]	b	como en *dubbel, boot, best*.
[w]	w	como en *willen, weer, kwart*.
[m]	m	como en *maand, ham, remmen*.
[f]	f, v	como en *feest, straffen, of, geven, veel*.
[t]	t, d	como en *taal, zetten, oud*.
[d]	d	como en *dagen, dadel, redden*.
[n]	n	como en *nee, tenen, kennen*.
[l]	l	como en *land, slapen, bellen*.
[r/R]	r	como en *rivier, leren, sterren, raad*.
[z]	z, s	como en *zeep, organisatie, mazzel*.
[s]	s, c	como en *samen, Brussel, citroen, centrum*.
[ʃ]	sj, ch	como en *sjaal, huisje, douche*.
[ʒ]	g + e	en extranjerismos, como en *gendarme, garage*.
[j]	j	como en *jaar, jas, Japan*.
[ɲ]	nj, gn	como en *oranje, champagne, kan je*.
[k]	k, c	como en *kilo, café, bakken*.
[x]	ch, g	como en *mag, lachen, chloor*.
[ɣ]	g	como en *gat, morgen, zeggen*.
[ŋ]	ng, nk	como en *bang, ding, danken*.
[h]	h	como en *haven, afhalen*.

II.-2. El acento tónico

A diferencia del español, el neerlandés, salvo en algunas voces francesas, no pone acentos ortográficos. La mayoría de las palabras neerlandesas, compuestas o no compuestas, llevan el acento en la primera sílaba. Dado que el vocabulario neerlandés está constituido en su mayor parte por palabras de este tipo, se ha renunciado a indicar el acento tónico cuando recae en la primera sílaba. En los demás casos, es decir, cuando las palabras no son acentuadas en la primera sílaba, la sílaba tónica está señalada por medio de un acento alto (') colocado inmediatamente delante de ella. Ejemplo:

    te'veel

Nota importante: Este acento no es ortográfico ni indica la división silábica ya que ésta se rige por normas propias.

II.-3. Ortografía

a) Doblamiento de la vocal en sílaba cerrada

En neerlandés puede haber una vocal larga dentro de una sílaba cerrada. En ese caso es necesario duplicar, en la escritura, dicha vocal, excepto la *i*.

Al añadir a la sílaba cerrada una sílaba cuya primera letra es una vocal, como p.e. una *-e* o *-en*, se forman dos sílabas de las que la primera queda abierta (libre), por lo que se pronuncia la vocal larga, sin necesidad de duplicarla.

straat	straten	(stra-ten)
teen	tenen	(te-nen)

b) Doblamiento y desdoblamiento de la consonante detrás de una vocal breve

Una vocal breve tan sólo puede figurar en una sílaba cerrada. Por lo tanto, se duplica en la ortografía la consonante que sigue a las vocales breves *a*, *e*, *i*, *o*, *u*, si aquella va seguida, a su vez, de una vocal. Al doblarse la consonante, la primera va con la sílaba anterior, cerrándola, y la segunda va con la siguiente sílaba. Fonéticamente, se pronuncia sólo una consonante.

| tak | takken | (tak-ken) |
| bel | bellen | (bel-len) |

c) Las consonantes -f y -s al final de la palabra

La -f y la -s finales se convierten en -v y -z respectivamente cuando van precedidas de una vocal larga o un diptongo y se les añade una sílaba cuya primera letra es una vocal.

| geef | geven | (ge-ven) |
| lief | lieve | (lie-ve) |

III

INTRODUCCIÓN A LA GRAMÁTICA NEERLANDESA

III.-1. Sustantivos

a) Género

El neerlandés distingue dos clases de sustantivos: por una parte, los sustantivos masculinos y femeninos que llevan el artículo determinado *de* y, por otra, los sustantivos neutros que llevan el artículo determinado *het*. En la parte neerlandés-español se indica, detrás de cada sustantivo, su artículo determinado. En la parte español-neerlandés se indica detrás de los sustantivos singulares neutros, en cursiva, el artículo *het*. Los demás sustantivos, que no llevan ninguna indicación de género son, por tanto, masculinos o femeninos y tienen el artículo *de*. Detrás de los sustantivos que figuran en plural aparece la indicación *pl*. El artículo correspondiente al plural es *de*.

Artículo determinado:

	Masculino	Femenino	Neutro
Singular	de	de	het
Plural	de	de	de

Artículo indeterminado:

	Masculino	Femenino	Neutro
Singular	een	een	een
Plural	-	-	-

b) Número

El neerlandés tiene tres modos distintos para indicar el plural de los sustantivos, a saber: **-en**, **-s, -eren**.

Podría decirse que la regla general para la formación del plural es añadir **-en** al singular. Al formar el plural de las palabras con **-en**, hay que tener en cuenta las siguientes reglas ortográficas:

a) La consonante que cierre una sílaba ha de duplicarse al serle añadido el sufijo del plural **-en**.

   kat <~ten>

b) Sin embargo, las palabras que lleven vocal átona en la última sílaba no duplican la consonante que la sigue al formar el plural.

   monnik <~en>

c) En cambio, la vocal duplicada que preceda a una consonante, al formar el plural, se escribe con una sola letra, ya que queda en sílaba libre, siendo innecesario duplicarla.

   straat   <straten>

d) Cuando los sustantivos terminen en ~s y ~f no precedidas de vocal breve, al formar el plural, éstas pasan respectivamente a ~z y ~v.

   huis *het*   <huizen>
   druif   <druiven>

En este diccionario se ha prescindido de indicar el plural en los siguientes casos:

1) Cuando se trata de sustantivos cuya forma plural corresponda a **-en**.
2) En el caso de sustantivos ingleses o franceses que lleven la indicación *ing* o *fr* respectivamente y cuya forma plural sea **-s**.
3) En el caso de derivaciones mediante sufijos muy frecuentes:

<u>Todos los sustantivos que terminen en el sufijo -heid convierten este sufijo en -hed al añadir la desinencia del plural -en.</u>

-heid <heden>　　　vrijheid, kleinigheid, bezigheid

<u>Los sustantivos que terminen en -e larga y que añadan **-en** produciéndose, así, tres e seguidas que forman dos sílabas. La tercera e recibe una diéresis.</u>

-ee <ën>　　　　　zee

<u>Todos los sustantivos que terminen en los siguientes sufijos cuya forma plural sea -s:</u>

-el <~s>　　　nagel, regel, beugel, zegel
-em <~s>　　　bezem
-en <~s>　　　zegen, jongen
-er <~s>　　　bakker, arbeider, visser, slager
-aar <~s>　　　molenaar, ooievaar, lepelaar
-aard <~s>　　gierigaard
-erd <~s>　　　dikkerd, stumperd

<u>Todos los sustantivos (neutros) que terminen en la desinencia del diminutivo:</u>

-je <~s>　　　boekje, meisje, huisje, kopje

<u>Todos los sustantivos extranjeros que terminen en vocal larga:</u>

-a <~'s>　　　drama, pijama, collega
-é <~s>　　　café, variété
-i <~'s>　　　ski, tosti
-o <~'s>　　　piano
-u <~'s>　　　paraplu, menu
-y <~'s>　　　hobby
-eau <~s>　　　cadeau
-eu <~s>　　　milieu

<u>Aquellos sustantivos que terminen en -e y cuyo plural sea -s:</u>

-e <~s>　　　tante, lente

Los sustantivos que terminen en -*ie* y cuyo accento no recae en dicha vocal:

    -ie <~s>   *lelie, evangelie*

III.-2. ADJETIVOS

III.-2-1. Declinación

La declinación del adjetivo después del artículo determinado *de, het*:

	Masculino	Femenino	Neutro
Singular	–e	–e	–e
Plural	–e	–e	–e

La declinación del adjetivo después del artículo indeterminado en singular y sin artículo en plural:

	Masculino	Femenino	Neutro
Singular	–e	–e	–e
Plural	–e	–e	–e

Los adjetivos cuya forma termina en -*n* no se declinan.

III.-2-2. Comparación

La comparación se forma añadiendo las siguientes desinencias:

Positivo	Comparativo	Superlativo	Superlativo adjetivo predicativo/ adverbio
klein	klein*er*	klein*st*	het klein*st*

Los adjetivos terminados en -*r* añaden -*der* en el comparativo.

Positivo	Comparativo	Superlativo	Superlativo adjetivo predicativo/ adverbio
duur	duur*der*	duur*st*	het duurst

Los adjetivos terminados en *-f* no precedida de vocal breve, al formar el comparativo, ésta pasa a *~v*.

Positivo	Comparativo	Superlativo	Superlativo adjetivo predicativo/ adverbio
lief	lie*ver*	lief*st*	het liefst

El neerlandés tiene las siguientes formas irregulares de comparación:

Positivo	Comparativo	Superlativo	Superlativo adjetivo adverbio
goed	beter	best	het best
graag	liever	liefst	het liefst
veel	meer	meest	het meest
weinig	minder	minst	het minst

III.-2.-3. Adjetivos demostrativos

	Masculino/Femenino	Neutro	Plural
cerca	deze	dit	deze
lejos	die	dat	die

Deze y *die* (singular) corresponden a los sustantivos con el artículo *de*. *Dit* y *dat* corresponden a los sustantivos con el artículo *het*. En plural sólo hay una forma para las dos clases: *deze* y *die*. Cuando el pronombre demostrativo *deze* se refiere a personas, forma el plural con la desinencia *-n*.

III.-2-4. Los adjetivos y pronombres posesivos

Los adjetivos posesivos tienen dos formas: las tónicas y las átonas. En la lengua escrita, se suele utilizar las formas tónicas. En el siguiente esquema las formas átonas de los adjetivos posesivos están entre paréntesis.

	Persona	Adjetivo posesivo (antepuesto)	Pronombre posesivo (pospuesto)
Singular	1ª pers.	mijn (m'n)	de (het) mijne
	2ª pers.	jouw (je)	de (het) jouwe
	3ª pers.	zijn (z'n)	de (het) zijne
	3ª pers.	haar (d'r)	de (het) hare
Plural	1ª pers.	onze/ons	de (het) onze
	2ª pers.	jullie (je)	die/dat van jullie
	3ª pers.	hun	de (het) hunne
	usted	uw	de (het) uwe

Sólo el adjetivo posesivo en primera persona del plural tiene dos formas: *onze* para los sustantivos con el artículo *de* y *ons* para los sustantivos con el artículo *het* (singular neutro). En cuanto a los pronombres posesivos, el *vuestro* no tiene equivalente en neerlandés y, por tanto, se parafrasea.

III.-3. LOS PRONOMBRES PERSONALES

En cuanto a los pronombres personales, el neerlandés distingue entre las formas *tónicas* y las formas *átonas*. Sólo se usan enfáticamente las formas tónicas, en los demás casos se usan las átonas. En la lengua escrita, sin embargo, se suelen utilizar las formas tónicas. Las formas entre paréntesis sólo se refieren a la lengua hablada.

Sujeto tónica	Sujeto átona	Casos oblicuos tónicas	Casos oblicuos átonas
ik	ik ('k)	mij	me
jij	je	jou	je
hij	hij (ie)	hem	hem ('m)
zij	ze	haar	haar (d'r), ('r)
het	het ('t)	het	het ('t)
wij	we	ons	ons
jullie	jullie	jullie	jullie
zij	ze	hun, hen	ze
u	u	u	u

III.-4. VERBOS

a) Los verbos regulares (en neerlandés "zwakke werkwoorden") no se señalan expresamente. Sin embargo, se distinguen dos clases de verbos regulares:

Clase I: Los verbos, cuya raíz termina en -*ch*, -*f*, -*k*, -*p*, -*s* y -*t*, es decir, en consonante sorda, reciben detrás de la raíz una -*t* en el pretérito y participio.

Modelo de conjugación: *werken*

Indicativo

Presente	Pretérito	Perfecto
ik werk	werkte	heb gewerkt
jij werkt	werkte	hebt gewerkt
u werkt	werkte	hebt/heeft gewerkt
hij werkt	werkte	heeft gewerkt
zij werkt	werkte	heeft gewerkt
het werkt	werkte	heeft gewerkt
wij werken	werkten	hebben gewerkt
jullie werken	werkten	hebben gewerkt
zij werken	werkten	hebben gewerkt
u werkt	werkte	hebt/heeft gewerkt

Pluscuamperfecto	Futuro
ik had gewerkt	zal werken
jij had gewerkt	zal/zult werken
u had gewerkt	zal/zult werken
hij had gewerkt	zal werken
zij had gewerkt	zal werken
het had gewerkt	zal werken
wij hadden gewerkt	zullen werken
jullie hadden gewerkt	zullen werken
zij hadden gewerkt	zullen werken
u had gewerkt	zult werken

Condicional	Imperativo
ik zou werken	
jij zou werken	werk!
u zou werken	werkt u!
hij zou werken	
zij zou werken	
het zou werken	
wij zouden werken	
jullie zouden werken	werken jullie! / (werkt!)
zij zouden werken	
u zou werken	werkt u!

Clase II: Los verbos cuya consonante última de la raíz es sonora o cuya raíz termina en un diptongo con vocal larga reciben detrás de la raíz una *-d* en el pretérito y participio.

Modelo de conjugación: *draaien*

Indicativo

Presente	Pretérito	Perfecto
ik draai	draaide	heb gedraaid
jij draait	draaide	hebt gedraaid
u draait	draaide	hebt/heeft gedraaid
hij draait	draaide	heeft gedraaid
zij draait	draaide	heeft gedraaid
het draait	draaide	heeft gedraaid
wij draaien	draaiden	hebben gedraaid
jullie draaien	draaiden	hebben gedraaid
zij draaien	draaiden	hebben gedraaid
u draait	draaide	hebt/heeft gedraaid

Pluscuamperfecto	Futuro
ik had gedraaid	zal draaien
jij had gedraaid	zal/zult draaien
u had gedraaid	zal/zult draaien
hij had gedraaid	zal draaien
zij had gedraaid	zal draaien
het had gedraaid	zal draaien
wij hadden gedraaid	zullen draaien
jullie hadden gedraaid	zullen draaien
zij hadden gedraaid	zullen draaien
u had gedraaid	zult draaien

Condicional	Imperativo
ik zou draaien	
jij zou draaien	draai!
u zou draaien	draait u!
hij zou draaien	
zij zou draaien	
het zou draaien	
wij zouden draaien	
jullie zouden draaien	draaien jullie! / (draait!)
zij zouden draaien	
u zou draaien	draait u!

Voz pasiva

ik word + participio pasado (ge + raíz + d/t)

<u>Observaciones:</u>

Cuando en casos de inversión se pospone el pronombre personal *jij* al verbo, se suprime la desinencia ~*t*. Ejemplo:

| Je ziet daar weinig mensen | Ves a pocas personas allí |
| Daar zie je weinig mensen | Allí ves a pocas personas |

La forma *u* (usted, ustedes) puede ir seguida tanto de la segunda como de la tercera persona del singular del verbo.

Algunos verbos no tienen en la forma del infinitivo la desinencia -*en*, sino sólo una -*n*. En la conjugación del presente se suprime, por tanto, únicamente la -*n* aplicando las reglas ortográficas mencionadas: p.e. *gaan, ik ga, jij gaat*.

Para las oraciones condicionales el neerlandés emplea en los dos casos el potencial, pero los sustituye casi siempre por el imperfecto, menos cuando se trata de una oración condicional simple.

b) Los verbos irregulares (en neerlandés *sterke werkwoorden*) van señalados con <irr> y el número que remite a la lista alfabética de los verbos irregulares que se da al final de este capítulo (págs. 32-36).

Los verbos irregulares se distinguen de los regulares en la formación del imperfecto y del participio. El imperfecto cambia la vocal de la raíz. Sólo existen dos formas de pretérito: la del singular (- -*en*) y la del plural (+ -*en*). El participio termina en -*en* y también puede sufrir una modificación de dicha vocal.

Modelo de conjugación: *nemen*

Indicativo		
Presente	Pretérito	Perfecto
ik neem	nam	heb genomen
jij neemt	nam	hebt genomen
u neemt	nam	hebt/heeft genomen
Presente	Pretérito	Perfecto
hij neemt	nam	heeft genomen
zij neemt	nam	heeft genomen
het neemt	nam	heeft genomen
wij nemen	namen	hebben genomen
jullie nemen	namen	hebben genomen
zij nemen	namen	hebben genomen
u neemt	nam	hebt/heeft genomen

c) En el caso de los verbos formados con prefijos, el neerlandés distingue entre verbos *separables* e *inseparables*. Son verbos *separables* aquellos formados por un verbo propiamente dicho y una partícula acentuada y que separan dicha partícula colocándola al final de la oración en los tiempos simples. En el participio, el prefijo *ge-* se coloca entre la partícula y el verbo. En la oración de infinitivo, *te* se coloca entre la partícula y el verbo. Ejemplo:

opstaan	ik sta op
	ik stond op
	ik ben opgestaan
(infinitivo con *te*:)	Het is tijd om op te staan

Son verbos inseparables aquellos que llevan el acento tónico sobre la raíz del verbo. Van señalados en el vocabulario por la posición del acento.

d) Los principales verbos irregulares

zijn

Indicativo			
Presente	Pretérito	Perfecto	Imperativo
ik ben	was	ben geweest	
jij bent	was	bent geweest	wees!
u bent/is	was	bent geweest	weest u!
hij is	was	is geweest	
zij is	was	is geweest	
het is	was	is geweest	
wij zijn	waren	zijn geweest	
jullie zijn	waren	zijn geweest	weest!
zij zijn	waren	zijn geweest	
u bent/is	was	bent geweest	weest u!

hebben

Indicativo			
Presente	Pretérito	Perfecto	Imperativo
ik heb	had	heb gehad	
jij hebt	had	hebt gehad	heb!
u hebt/heeft	had	hebt/heeft gehad	hebt/heeft u!
hij heeft	had	heeft gehad	
zij heeft	had	heeft gehad	
het heeft	had	heeft gehad	
wij hebben	hadden	hebben gehad	
jullie hebben	hadden	hebben gehad	hebben jullie!/hebt!
zij hebben	hadden	hebben gehad	
u hebt/heeft	had	hebt/heeft gehad	hebt/heeft u!

worden

Indicativo			
Presente	Pretérito	Perfecto	Imperativo
ik word	werd	ben geworden	
jij wordt	werd	bent geworden	word!
u wordt	werd	bent geworden	wordt u!
hij wordt	werd	is geworden	
zij wordt	werd	is geworden	
het wordt	werd	is geworden	
wij worden	werden	zijn geworden	
jullie worden	werden	zijn geworden	worden jullie!/wordt!
zij worden	werden	zijn geworden	
u wordt	werd	bent geworden	wordt u!

e) Lista alfabética de los verbos simples irregulares: En esta lista se indican en todo los casos, además del infinitivo, el pretérito y el perfecto.

Infinitivo	Pretérito	Participio pasado
1. bederven	bedierf	bedorven
2. bedriegen	bedroog	bedrogen
3. beginnen	begon	begonnen
4. bergen	borg	geborgen
5. bevelen	beval	bevolen
6. bezwijken	bezweek	bezweken
7. bidden	bad	gebeden
8. bieden	bood	geboden
9. bijten	beet	gebeten
10. binden	bond	gebonden
11. blazen	blies	geblazen
12. blijken	bleek	gebleken
13. blijven	bleef	gebleven
14. blinken	blonk	geblonken
15. breken	brak	gebroken
16. brengen	bracht	gebracht

Infinitivo	Pretérito	Participio pasado
17. buigen	boog	gebogen
18. denken	dacht	gedacht
19. doen	deed	gedaan
20. dragen	droeg	gedragen
21. drijven	dreef	gedreven
22. dringen	drong	gedrongen
23. drinken	dronk	gedronken
24. druipen	droop	gedropen
25. duiken	dook	gedoken
26. dwingen	dwong	gedwongen
27. eten	at	gegeten
28. fluiten	floot	gefloten
29. gaan	ging	gegaan
30. gelden	gold	gegolden
31. genezen	genas	genezen
32. genieten	genoot	genoten
33. geven	gaf	gegeven
34. gieten	goot	gegoten
35. glijden	gleed	gegleden
36. glimmen	glom	geglommen
37. graven	groef	gegraven
38. grijpen	greep	gegrepen
39. hangen	hing	gehangen
40. hebben	had	gehad
41. heffen	hief	geheven
42. helpen	hielp	geholpen
43. hijsen	hees	gehesen
44. houden	hield	gehouden
45. houwen	hieuw	gehouwen
46. jagen	joeg	gejaagd
47. kiezen	koos	gekozen
48. kijken	keek	gekeken
49. klimmen	klom	geklommen
50. klinken	klonk	geklonken
51. kluiven	kloof	gekloven
52. knijpen	kneep	geknepen

	Infinitivo	Pretérito	Participio pasado
53.	komen	kwam	gekomen
54.	kopen	kocht	gekocht
55.	krijgen	kreeg	gekregen
56.	krimpen	kromp	gekrompen
57.	kruipen	kroop	gekropen
58.	kunnen	kon	gekund
59.	lachen	lachte	gelachen
60.	laten	liet	gelaten
61.	lezen	las	gelezen
62.	liegen	loog	gelogen
63.	liggen	lag	gelegen
64.	lijden	leed	geleden
65.	lijken	leek	geleken
66.	lopen	liep	gelopen
67.	melken	molk	gemolken
68.	meten	mat	gemeten
69.	mijden	meed	gemeden
70.	moeten	moest	gemoeten
71.	mogen	mocht	gemogen
72.	nemen	nam	genomen
73.	prijzen	prees	geprezen
74.	raden	ried	geraden
75.	rijden	reed	gereden
76.	rijzen	rees	gerezen
77.	roepen	riep	geroepen
78.	ruiken	rook	geroken
79.	schelden	schold	gescholden
80.	schenden	schond	geschonden
81.	schenken	schonk	geschonken
82.	scheppen	schiep	geschapen
83.	schieten	schoot	geschoten
84.	schijnen	scheen	geschenen
85.	schijten	scheet	gescheten
86.	schrijden	schreed	geschreden
87.	schrijven	schreef	geschreven
88.	schrikken	schrok	geschrokken
89.	schuiven	schoof	geschoven

Infinitivo	Pretérito	Participio pasado
90. slaan	sloeg	geslagen
91. slapen	sliep	geslapen
92. slijten	sleet	gesleten
93. sluipen	sloop	geslopen
94. sluiten	sloot	gesloten
95. smelten	smolt	gesmolten
96. smijten	smeet	gesmeten
97. snijden	sneed	gesneden
98. snuiten	snoot	gesnoten
99. snuiven	snoof	gesnoven
100. spijten	speet	gespeten
101. splijten	spleet	gespleten
102. spreken	sprak	gesproken
103. springen	sprong	gesprongen
104. spruiten	sproot	gesproten
105. spuiten	spoot	gespoten
106. staan	stond	gestaan
107. steken	stak	gestoken
108. stelen	stal	gestolen
109. sterven	stierf	gestorven
110. stijgen	steeg	gestegen
111. stinken	stonk	gestonken
112. strijden	streed	gestreden
113. strijken	streek	gestreken
114. stuiven	stoof	gestoven
115. treden	trad	getreden
116. treffen	trof	getroffen
117. trekken	trok	getrokken
118. vallen	viel	gevallen
119. vangen	ving	gevangen
120. varen	voer	gevaren
121. vechten	vocht	gevochten
122. verbieden	verbood	verboden
123. verdwijnen	verdween	verdwenen
124. vergelijken	vergeleek	vergeleken
125. vergeten	vergat	vergeten
126. verlaten	verliet	verlaten

Infinitivo	Pretérito	Participio pasado
127. verliezen	verloor	verloren
128. verslinden	verslond	verslonden
129. verzinnen	verzon	verzonnen
130. verzwelgen	verzwolg	verzwolgen
131. vinden	vond	gevonden
132. vliegen	vloog	gevlogen
133. vragen	vroeg	gevraagd
134. vreten	vrat	gevreten
135. vriezen	vroor	gevroren
136. wegen	woog	gewogen
137. werpen	wierp	geworpen
138. weten	wist	geweten
139. wijken	week	geweken
140. wijten	weet	geweten
141. wijzen	wees	gewezen
142. willen	wou, wilde	gewild
143. winden	wond	gewonden
144. worden	werd	geworden
145. wreken	wrak	gewroken
146. wrijven	wreef	gewreven
147. wringen	wrong	gewrongen
148. zenden	zond	gezonden
149. zien	zag	gezien
150. zijn	was	geweest
151. zingen	zong	gezongen
152. zinken	zonk	gezonken
153. zitten	zat	gezeten
154. zoeken	zocht	gezocht
155. zuigen	zoog	gezogen
156. zuipen	zoop	gezopen
157. zullen	zou	-
158. zwellen	zwol	gezwollen
159. zwemmen	zwom	gezwommen
160. zwerven	zwierf	gezworven
161. zwijgen	zweeg	gezwegen

A

a *de* a; *van ~ tot z* de cabo a rabo

à a; *~ 2 euro* a 2 euros; *in 3 ~ 4 weken* dentro de 3 a 4 semanas; *~ 5%* al 5 por ciento

aai *de* caricia *f*; **~en** *vt* acariciar

aak *de* barcaza *f*

aal *de zool* anguila *f*

aalbes *de* grosella *f*

aalmoes *de* limosna *f*; *om een ~ vragen* pedir una limosna

aambeeld *het* yunque *m*

aambeien *pl* almorranas *fpl*; hemorroides *fpl*

aan 1. *prep* a, en, junto a; *~ de haven* en el (*of* junto al) puerto; *~ het eind* al final; *~ boord* a bordo; *~het werk!* ¡a trabajar!; *~ sport doen* hacer deporte; *~het lezen zijn* estar leyendo; *~ spul komen* conseguir cosas; *het ligt ~ hem* es culpa suya; **2.** *adv* 1. (*ropa*) puesto; 2. (*aparato*) puesto, encendido; *er is niets ~* 1. es facilísimo; 2. es aburridísimo; *er (niet) ~ toe zijn* (no) estar preparado

aanbakken *vi* <zijn> *gastr* (*comida*) pegarse

aanbellen *vi* tocar el timbre

aanbested/en *vt* sacar a concurso (público); **~ing** *de* concurso *m*, subasta *f*; **aanbetal/en** *vt* pagar una entrada (*o* señal); **~ing** *de* entrada *f*, señal *f*

aanbevel/en *vt* recomendar, aconsejar; **~enswaardig** *adj* 1. recomendable; 2. aconsejable; **~ing** *de* recomendación *f*; *op ~ing van* por recomendación de; *tot ~ing strekken* ser recomendable

aan'bid/den *vt* adorar, venerar; **~der** *de* adorador *m*; **~ding** *de* adoración *f*, devoción *f*

aanbied/en *vt* 1. ofrecer, presentar; 2. *com* ofertar; *z. ~* ofrecerse (*als* de); **~ing** *de* 1. *com* oferta *f*; 2. ofrecimiento *f*; 3. entrega *f*; *speciale ~* oferta especial; *in de ~ zijn* estar de/en oferta

aanblijven *vi* <zijn> permanecer en su puesto

aanblik *de* vista *f*; espectáculo *m*; aspecto *m*; *bij de ~ van* a la vista de; *bij de eerste ~* a primera vista

aanbod *het* <aanbiedingen> 1. ofrecimiento *m*; 2. *com* oferta *f*; *een ~ afslaan* rechazar una oferta

aanbouw *de* anejo *m*, dependencia *f*; *in ~* en proceso de construcción; **~en** *vt* construir pegado a; **~sel** *het* edificación *f* aneja

aanbraden *vt* dorar

aanbranden *vi* <zijn> quemarse, chamuscarse

aanbreken 1. *vi* <zijn> empezar, comenzar; **2.** *vt* abrir; (*provisiones*) empezar a consumir

aanbrengen *vt* 1. poner, fijar, colocar, montar, instalar; 2. denunciar, delatar; 3. aportar, traer; *een zaak ~* denunciar un caso

aandacht *de* atención *f*; *~ schenken aan* prestar atención a; *de ~ trekken* llamar la atención *f*; *~ig* *adj* atento, interesado

aandeel *het* 1. parte *f*, participación *f*; 2. *com* acción; *~ hebben* participar (*in* en); *~op naam* acción *f* nominal; *~houder de* de accionista *m*

aandelenkoers *f* cotización *f* de acciones

aandenken *het* recuerdo *m*

aandikken *vt* 1. engrosar; 2. abultar, inflar

aandoen *vt* 1. (*ropa*) ponerse; 2. hacer, causar; 3 (*puerto*) hacer escala en; 4. *electr* poner, encender; *iem iets ~* hacer u/c a alg; *vreemd ~* resultar extraño; *~ing de* afección *f*, dolencia *f*; *~lijk* *adj* conmovedor

aandraaien *vt* 1. apretar; 2. (*luz*) encender

aandrang *de* 1. necesidad *f*; 2. insistencia *f*; *met ~* con insistencia

aandrift *de* 1. impulso *m*; 2. afán *m*

aandrijv/en 1. *vi* <zijn> venir flotando, acercarse; 2. *vt* 1. *tecn* propulsar; 2. animar, incitar; *~ing de* impulsión *f*, propulsión *f*, tracción *f*; *elektrische ~* transmisión *f* eléctrica; *~ingskracht de* fuerza *f* propulsora

aandringen *vi* insistir (*op* en), instar a; *op ~ van* a instancias de, por instigación de

aandrukken *vt* apretar, oprimir, presionar

aanduid/en *vt* indicar, señalar; *nader ~* especificar, precisar; *~ing de* indicación *f*, indicio *m*

aandurven *vt* atreverse a/con; *het ~ om te* atreverse a (*+ inf*)

aanduwen *vt* 1. empujar; 2. vastduwen

aanweilen *vt* (*suelo*) fregar

aan'een *adv* uno tras otro; *~geschakeld* *adj* encadenado, eslabonado; *~gesloten* *adj* cerrado, ininterrumpido; *~schakeling de* 1. encadenamiento *m*; 2. sucesión *f*, serie *f*; *~schrijven vt* escribir en una palabra

aanfluiting *de* vergüenza *f*; escándalo *m*, desastre *m*

aanfruiten *vt gastr* sofreír

aangaan 1. *vi* <zijn> 1. encenderse; 2. (*colegio*) comenzar; *achter iem ~* perseguir a alg; *op huis ~* ir para casa; *bij iem ~* pasar por casa de alg; **2.** concernir; *dat gaat je niks aan* no es asunto tuyo; *wat gaat jou dat aan?* ¿a tí qué te importa?; *~de prep* en relación con, respecto de

aangeboden: *kort ~ zijn* tener mal genio

aangeboren adj inv 1. innato; 2. med congénito

aangedaan adj conmovido, emocionado

aangekleed adj vestido

aangelegd: muzikaal ~ zijn tener vena de músico

aangelegenheid de asunto m

aangenaam adj grato, placentero, agradable; **~ kennis te maken** mucho gusto

aangenomen: ~ dat suponiendo que

aangeschoten adj achispado, alegre

aangetekend adj correo certificado

aangetrouwd adj emparentado; **~e kinderen** pl hijos políticos

aangev/en vt 1. pasar, dar; 2. indicar, señalar; 3. (douane) declarar (bij en); jur denunciar; **de toon ~** dar el tono, fig dar la nota; **z. ~** (politie) entregarse; **~er** de 1. declarante m; 2. denunciante m

aangezien conj puesto que, dado que, como

aangifte de 1. (hacienda, aduana) declaración f; 2. (policía) denuncia; **~ doen** presentar denuncia; **~biljet** n (impreso de) declaración f de impuestos

aangrenzend adj contiguo, adyacente

aangrijpen vt 1. conmover, sobrecoger; 2. agarrar, coger; **~d** adj emocionante, conmovedor

aangroeien vi <zijn> 1. aumentar (de volumen, tamaño), acrecentarse; 2. volver a crecer

aanhal/en vt hacer cariñitos a; 2. citar, mencionar; 3. apretar; 4. fig (banden) estrechar; **~ig** adj mimoso, zalamero

aanhalingstekens pl comillas fpl

aanhang de seguidores pl, partidarios pl; familia f; **~en** vt ser partidario de, ser un seguidor de; **~er** de partidario m adepto m; seguidor m; **~ig** adj jur pendiente; **~ig maken** 1. interponer; 2. someter; **~sel** het apéndice m; **~wagen** de remolque, coche m de remolque

aanhankelijk adj cariñoso, afectuoso; **~heid** de cariño m, afectuosidad f

aanharken vt rastrillar

aanhebben vt 1. llevar puesto, ir vestido de; 2. (aparato, luz) tener encendido/puesto

aanhef de 1. comienzo m; 2. (carta) encabezamiento m; **~fen** vt (canción) entonar

aanhikken vi (**tegen iets**) no decidirse a comenzar u/c

aanhoren vt escuchar; **ten ~ van** en presencia de, ante

aanhoud/en 1. vi 1. insistir; 2. persistir, seguir, continuar; **2.** vt 1. detener, arrestar; 2. mantener; 3. dejar puesto, no quitarse;

aanhouden

~end 1. *adj* persistente, continuo; **2.** *adv* continuamente, sin parar; **~er** *de* persona perseverante; **~ing** *de jur* detención *f*
aanjagen *vt* (*miedo*) infundir
aankijken *vt* 1. mirar; 2. echar la culpa a alg (**op** de)
aan/klacht *de jur* acusación *f*, denuncia *f*; **~klagen** *vt* (*o. jur*) acusar, denunciar; **~klager** *de* denunciante *m*, acusador *m*
aankleden *vt* 1. vestir; 2. decorar; **z. ~** vestirse; **z. warm ~** abrigarse
aankloppen *vt* llamar a la puerta (**bij** de)
aanknop/en 1. *vi* enlazar (**bij** con) **2.** *vt* entablar; **~ingspunt** *het* punto *m* de referencia, indicio *m*
aankom/en *vi* <zijn> 1. llegar; 2. tocar, darse un golpe (**tegen** contra); 3. aumentar de peso; 4. (**er ~en**) aproximarse; *iets zien ~* esperarse u/c, olerse u/c; *waar het op aankomt is* lo principal es; *aan iets komen* conseguir u/c; **~end** *adj* futuro
aankomst *de* llegada; **bij ~** al llegar; **~tijd** *de* hora *f* de llegada
aankondig/en *vt* anunciar, notificar; **ing** *de* anuncio *m*; aviso *m*; notificación *f*
aankoop *de* adquisición *f*; compra *f*; **bij ~ van** al comprar, comprando
aankruisen *vt* marcar

aankunnen *vt* poder con
aanleg *de* 1. *tecn* instalación *f*; 2. talento *m*; **~gen 1.** *vi nav* tomar puerto; **2.** *vt* 1. *tecn* construir, instalar; 2. *banc* (*dinero*) invertir
aanleiding *de* motivo *m*; **naar ~ van** 1. con motivo de; 2. (*en carta*) con relación a
aanleunen *vi* apoyarse (**tegen** contra)
aan'lokkelijk *adj* deseable, atractivo
aanloop *de* 1. preámbulo *m*; 2. *sport* carrera *f*, impulso *m*; 3. visitas *fpl*
aanlopen *vi* <zijn> 1. acercarse, acudir; 2. tropezar (**tegen** con); *achter iem ~* ir detrás de alg
aanman/en *vt* exhortar, intimar (**tot** a); **~ing** *de* 1. intimación *f*; 2. *jur* requerimiento *m* (de pago)
aanmatigend *adj* presuntuoso, arrogante
aanmeld/en *vt* 1. inscribir; *stud* matricular; 2. anunciar; **~ing** *de* 1. inscripción *f*; 2. anuncio *m*
aan'merk/elijk *adj* considerable, notable; **~en** *vt* criticar, poner reparos; **~ing** *de* objeción *f*; reparo *m*
aanmoedig/en *vt* estimular; animar, alentar (**tot** a); **~ing** *de* aliento *m*, estímulo *m*
aanname *de* 1. suposición *f*; 2. acceptación *f*

aan'nem/elijk *adj* acceptable, plausible; **~en** *vt* 1. suponer; 2. recibir; 3. aceptar; 4. (*obra*) contratar; **~er** *de arq* contratista *m*

aanpak *de* planteamiento *m*; **~ken** *vt* 1. tomar, coger; 2. (*asunto*) enfocar, abordar

aanpappen *vi* enrollarse (**met** con)

aanpass/en *vt* 1. (*ropa*) probarse; 2. adaptar (**aan** a), ajustar a; **z. ~en** adaptarse (**aan** a), amoldarse, acomodarse; **~ing** *de* adaptación *f*, adecuación *f*; reajuste *m*; **~ingsvermogen** *het* capacidad *f* de adaptación

aanplakbiljet *het* cartel *m*

aanplant *de* 1. plantación *f*; 2. plantío *m*; **~en** *vt* plantar

aanpoten *vi* darle duro, darse prisa

aanpraten *vt*: *iem iets ~* 1. meter u/c por los ojos a alg; 2. meterle en la cabeza a alg

aanprijzen *vt* 1. recomendar; 2. (*mercancías*) pregonar

aanraden *vt* recomendar; *op ~ van* por consejo de

aanrak/en *vt* tocar; *niet ~ s.v.p.!* ¡se ruega no tocar!; **~ing** *de* toque *m*

aanrand/en *vt* agredir con intención de abuso sexual; **~er** *de* agresor *m*, violador *m*; **~ing** *de* agresión *f* sexual

aanrecht *het* ± fregadero *m*; ± encimera *f*

aanreiken *vt* pasar, alcanzar, entregar

aanrekenen *vt* imputar, echar la culpa

aanrennen: *komen ~* venir corriendo

aanrichten *vt* (*daños*) causar, provocar

aanrijd/en 1. *vi* <zijn> chocar (**tegen** contra); **2.** *vt* atropellar, arrollar, embestir; **~ing** *de* 1. *transp* choque *m*; 2. (*a persona*) atropello *m*

aanschaf *de* adquisición *f*, compra *f*; **~fen** *vt* adquirir, comprar

aan'schouw/elijk *adj* ilustrativo; **~en** *vt* contemplar

aanslaan 1. *vi* <zijn> 1. tener éxito; 2. (*motor*) arrancar; 3. (*metal*) empañarse; **2.** *vt* (*impuestos*) imponer un pago

aanslag *de* 1. atentado *m*; 2. (*impuestos*) imposición *f*; 3. (*suciedad*) adherencia *f*; **~biljet** *het* declaración *f* de la renta

aansluit/en 1. *vi* <zijn> empalmar, enlazar (**op** con); **2.** *vt* conectar, empalmar; **z. ~en** 1. unirse (**bij** a), entrar en; 2. *pol* afiliarse a; **~end** *adv* a continuación; **~ing** *de* 1. adhesión *f*; 2. *transp* enlace *m*; 3. *telec* línea *f*

aansmeren *vt* untar; *iem iets ~* encajarle u/c a alg

aansnijden *vt* 1. empezar, cortar; 2. (*tema*) abordar, plantear

aanspannen

aanspannen *vt* 1. *jur* (*pleito, juicio*) incoar, promover; 2. (*caballo, burro*) enganchar; 3. *mús* tensar

aanspoelen *vi* <zijn> ser arrojado a la playa

aanspor/en *vt* estimular, animar; **~ing** *de* estímulo *m*; incitación *f*

aanspraak *de* 1. compañía *f*; 2. *jur* derecho *m*; pretensión *f*; **~ maken op** aspirar a, reclamar

aan'sprakelijk *adj jur* responsable; **~heid** *de* responsabilidad *f*

aanspreken *vt* 1. dirigirse a, abordar a; 2. (*cosa*) gustar a, agradar a

aanstaan *vi* gustar, agradar; **~d** *adj* próximo, que viene; **~de** *de* <~n> futuro *m*

aanstalten: **~ maken** hacer ademán (**om** de), disponerse a

aanstaren *vt* mirar fijamente, fijar la vista en

aansteke/lijk *adj* (*o. med*) contagioso; pegadizo; **~n** *vt* 1. (*fuego*) encender; 2. (*o. med*) contagiar; **~r** *de* encendedor *m*, mechero *m*

aanstell/en *vt* 1. (*empleo*) contratar, colocar; 2. (*tot*) nombrar, designar; **z. ~en** hacer melindres; **~er** *de* melindre *m*; **~e'rij** *de* melindres *mpl*; **~ing** *de* 1. nombramiento *m*; 2. contratación *f*

aansticht/en *vt* instigar (**tot** a); **~er** *de* instigador *m*; **~ing** *de* instigación *f*

aanstonds *adv* en seguida, luego

aanstoot *de* escándalo *m*; **~ geven** escandalizar; **~ nemen** escandalizarse (**aan** de)

aanstoten *vi* <zijn> darse (**tegen** contra), chocar contra

aantal *het* número *m*; **in ~** en número

aantasten *vt* 1. afectar; 2. (*metal*) corroer

aanteken/en *vt* apuntar, anotar; **~ing** *de* nota *f*; apunte *m*

aantijging *de* calumnia *f*, (falsa) imputación *f*

aantikken *vt* tocar brevemente con la mano

aantocht *de*: **in ~ zijn** aproximarse, estar llegando

aan/tonen *vt* demostrar, probar; **~toonbaar** *adj* demostrable, comprobable

aantreffen *vt* encontrar; (*personas*) encontrarse con

aantrekk/elijk *adj* atractivo; **~en** *vt* 1. (*ropa*) ponerse; 2. atraer; 3. apretar; **z. iets ~ van** tomarse en serio u/c; **z. niets ~ van** hacer caso omiso de; **~ing** *de* (*o. fig*) atracción *f*

aan'vaard/baar *adj* acceptable; **~en** *vt* 1. aceptar, admitir; 2. (*responsabilidad*) asumir; 3. (*viaje*) emprender; **~ing** *de* 1. aceptación *f*; 2. asunción *f*; 3. iniciación *f*

aanval de ataque m; **ten ~!** ¡al ataque!; **~len** vt atacar, agredir; **~lend** adj ofensivo; **~ler** de 1. agresor m; 2. sport delantero m

aanvang de principio m, comienzo m

aan'vankelijk adv al principio, originariamente

aanvaring de nav abordaje m; colisión f

aan'vecht/baar adj criticable, impugnable; **~en** vt impugnar, atacar

aanverwant adj 1. allegado; 2. afín

aanvliegen: komen ~ venir volando

aanvoelen 1. vi tener un tacto; **2.** vt intuir

aanvoer de abastecimiento m; **~der** de 1. jefe m; 2. sport capitán m; **~en** vt 1. liderar; 2. sport capitanear; 3. transportar

aanvraag de petición f, solicitud f; **~formulier** het impreso m solicitud f

aanvragen vt solicitar, pedir

aanvull/en vt completar, com reponer; **~end** adj adicional, complementario; **~ing** de suplemento m

aanwakkeren 1. vi <zijn> (fuego) arreciar; vt fig avivar, azuzar

aanwas de aumento m; incremento m

aanwend/en vt emplear, usar; aplicar; **~ing** de 1. uso m, empleo m; 2. aplicación f

aan'wezig adj presente, existente; **~heid** de presencia f, asistencia f

aan'wijsbaar adj demostrable

aanwijz/en vt 1. indicar, señalar; 2. asignar; **~ing** de 1. indicación f; 2. indicio m

aanwinst de adquisición f

aanwippen vi: **bij iem ~** pasar a ver a alg

aanwrijven vt: **iem iets ~** achacar, imputar u/c a alg

aanzet/ten 1. vi <zijn> gastr pegarse; **2.** vt 1. tecn poner (en marcha), encender; 2. (botón, manga) coser, pegar; 3. fig incitar, inducir (**tot** a); **~ter** de instigador m

aanzien 1. vt 1. mirar, contemplar; 2. tomar (**voor** por); **2.** het 1. vista f; 2. aspecto m, apariencia m; 3. prestigio m, reputación f; **ten ~ van** respecto a/de, con respecto a; **~lijk** adj considerable, notable

aanzoek het petición f, solicitud f (de matrimonio); **iem een ~ doen** pedir la mano de alg

aap de zool mono, simio; **voor ~ staan** fig hacer el ridículo

aard de naturaleza f, carácter m, manera f de ser; **~appel** de bot patata f; **~bei** f bot fresa f; **~beving** de terremoto m;

aardbodem

~bodem de superficie f de la tierra; **~bol** de globo m terrestre
aarde de 1. (el planeta) Tierra f; 2. tierra f, barro m; **~n** vi 1. (o. fig) echar raíces; 2. parecerse (**naar** a); **~werk** het cerámica f, loza f
aardgas het gas m natural
aardig adj 1. amable, simpático; 2. bonito; bastante; **~heid** de 1. gracia f; 2. regalo m, detalle m; **voor de ~heid** por gusto
aarding de toma f de tierra
aard/korst de corteza f de la tierra; **~olie** de petróleo m
aardrijkskund/e de geografía f; **~ig** adj geográfico
aard/s adj terrestre, terrenal; **~schok** de temblor m de tierra; **~verschuiving** de deslizamiento m de tierras; **~wetenschappen** pl ciencias fpl de la tierra
aarts/bisdom het arzobispado m; **~bisschop** de arzobispo m; **~engel** de arcángel m; **~hertog** de <~en> archiduque m; **~vijand** enemigo m declarado
aarzel/en vi vacilar, titubear (**over/om** en); **~ing** de titubeo m, vacilación f
aas 1. de cebo m, carnada f; **2.** het as m; **~gier** de zool, fig buitre; **~vlieg** de moscarda f
ab'c het abecedario m
ab'ces het med abceso m

ab'dij de abadía f
abnormaal adj anormal, anómalo
abo'litie de abolición f
abomi'nabel abominable, pésimo
abon'nee de 1. (gas, etc.) abonado; 2. (prensa) suscriptor m; **~televisie** de televisión f de pago
abonne/'ment het 1. abono m; 2. suscripción f; **~'mentshouder** de abonado m; **z. ~ren** vt suscribirse (**op** a)
abor'teren vi/t abortar
a'bortus de aborto m; **~ plegen** abortar
abri'koos de bot albaricoque m
ab'rupt repentino, brusco, súbito
ab'sentie de 1. ausencia f; 2. distracción f
abso'luut 1. adj absoluto; **2.** adv absolutamente; **~ niet** en absoluto
absor'beren vt absorber
ab'stract adj abstracto
ab'surd adj absurdo
abt de <~en> relig abad m
a'buis: per ~ por error, por equivocación
abu'sievelijk adj por error, equivocadamente
aca'demicus de <academici> titulado m, universitario m
aca'demie de 1. academia f; 2. escuela f universitaria

aca'demisch *adj* académico, universitario

ac'cent *het* 1. acento *m*, deje *m*; 2. *ling* acento *m* tónico; **~u'eren** *vt* acentuar;

accep't/abel aceptable; **~eren** *vt* tolerar, aceptar

ac'cijns *de* impuesto *m* sobre el consumo

accla'matie: *bij ~* por aclamación *f*

acclimati'seren *vi* <zijn> aclimatarse (**aan** a)

accomo'datie *de* 1. sitio *m*, capacidad *f* de alojamiento; 2. acomodamiento *m*, adaptación *f*

accorde'on *de* mús acordeón *m*

ac'countant *de ing* <~s> revisor *m* de cuentas, auditor *m*; **~skantoor** *de* estudio *m* contable

accredi'teren *vt* acreditar

accu *de tecn* batería *f*, acumulador *m*

accu/'raat *adj* meticuloso, concienzudo; **~ra'tesse** *de* precisión *f*, exactitud *f*

ach *excl* (*suspiro*) ¡ah!, ¡vaya (hombre)!

a'chillespees *de* tendón *m* de Aquiles

acht 1. *num* ocho; 2. *de* cuidado *m*, atención *f*; ***iets in ~ nemen*** tomar u/c en consideración; ***z. in ~ nemen*** cuidarse; **~baan** *de* montaña *f* rusa

achteloos *adj* descuidado, negligente; **~heid** descuido *m*; negligencia *f*

achten *vt* considerar, juzgar, tomar por

achter 1. *adv* 1. (en la parte de) atrás; 2. atrasado, retrasado; **2.** *prep* 1. (*local*) detrás de; 2. (*temporal*) tras; **~ iem staan** respaldar a alg; **~raan** *adv* atrás, al final; ***ergens ~aan zitten*** ir detrás de un asunto; **~af** *adv* después, posteriormente, a la postre

achterbak *de* (*coche*) maletero *m*

achter'baks *adj* solapado, disimulado; **~heid** *de* hipocresía *f*

achter/ban *de pol* base, filas *fpl*; **~band** *de* neumático *m* trasero; **~bank** *de* asiento *m* trasero

achterblijv/en *vi* <zijn> quedarse atrás, rezagarse; **~er** *de* rezagado *m*

achter/buurt *de* barrio *m* bajo, arrabal *m*; **~deur** *de* puerta *f* trasera

achterdocht *de* recelo *m*; supicacia *f*; sopecha *f*; **~ig** *adj* receloso, suspicaz, desconfiado

achter'een *adv* seguido; ***tien dagen ~*** diez días seguidos (sin parar); **~volgend** consecutivo; **~volgens** sucesivamente

achtergrond *de* fondo *m*; **~muziek** *de* música *f* de fondo

achter'halen *vt* 1. alcanzar, atrapar; 2. *fig* recuperar; 3. *fig* averiguar, sacar en claro

achterhoede *de mil* retaguardia *f*; *sport* defensa *f*
achterhoofd *het* occipucio *m*
achterhouden *vt* 1. retener; 2. ocultar
achter'in *adv* al fondo, detrás
achter/land *het* (*de un país*) interior; **~laten** *vt* dejar, abandonar; **~lijk** *adj* retrasado (mental), subnormal; **~lopen** *vi* estar atrasado
achter'na *adv* detrás; *iem* **~ lopen** ir tras alg
achternaam *de* apellido *m*
achterneef *de* primo *m* segundo
achter'om *adv* por detrás
achter'over *adv* hacia atrás; **~drukken** *vt* (*dinero*) malversar, desfalcar
achter'stallig *adj* (*trabajo, pago, etc.*) atrasado
achterstand *de* atraso *m*, retraso *m*
achter/ste *het* trasero *m*; **~stelling** *de* postergación *f*, discriminación *f*
achtersteven *de nav* popa *f*
achter'uit *adv* (hacia) atrás; **~gaan** *vi* <zijn> 1. ir hacia atrás, retroceder; 2. *fig* empeorar, venir a menos, descender, disminuir; *erop* **~gaan** salir perdiendo; **~gang** *de* deterioro *m*, empeoramiento *m*; **~kijkspiegel** *de* (espejo) retrovisor *m*
achter'volg/en *vt* perseguir; **~er** *de* perseguidor *m*; **~ing** *de* persecución *f*
achter'wege: **~ blijven** no tener lugar; *iets* **~ laten** dejar, no hacer u/c
achter/werk *het* trasero *m*; **~wiel** *het* rueda *f* trasera; **~wielaandrijving** *de* tracción *f* trasera
acht'honderd *num* ochocientos; **~tien** *num* dieciocho
ac'ne *de* acné *m*
acro'baat *de* acróbata *m/f*; **~batisch** *adj* acrobático
acteren *vi* 1. *teat* actuar; 2. *fig* fingir, simular
acteur *de* actor *m*
actie *de* acción *f*; **~ voeren** hacer campaña
actief 1. *adj* activo; 2. *adv* activamente; **actie/groep** *de* grupo *m* de acción; **~veling** *de* persona *f* (hiper)activa; **~voerder** *de* activista *m*
activa *pl com* activo *m*
acti'v/eren *vt* activar; **~ering** *de* activación *f*; **~ist** *de* activista *m* **~i'teit** *de* actividad *f*
actu/ali'teit *de* tema *m* de actualidad; **~eel** *adj* 1. actual; 2. de actualidad
acupunc'tuur *de* acupuntura *f*
a'cuut *adj* 1. acuciante, inminente; 2. *med* agudo
adams'appel *de* nuez *f* (de Adán)
a'dapter *de* adaptador *m*
adder *de zool, fig* víbora *f*
adel *de* nobleza *f*; *van* **~** noble;

~aar *de zool* águila *m*; **~lijk** *adj* noble; **~stand** *de* casta *f* nobiliaria

adem *de* aliento *m*; ***buiten ~*** sin aliento; **~benemend** *adj* impresionante, vertiginoso; **~en** *vi/t* respirar; **~halen** *vi* respirar; **~haling** *de* respiración *f*; **~loos** silencioso; **~nood** *de* sofoco *m*, ahogo *m*; **~pauze** *de* respiro *m*; **~stilstand** *de med* apnea *f*

ade'quaat *adj* adecuado

ader *de* vena *f*; **~breuk** *de med* apoplejía *f*; **~lating** *de fig* sangría *f*; **~verkalking** *de med* arterio(e)sclerosis *f*

adhesie *de* adhesión *f*; **~betuiging** *de* manifestación *f* de apoyo

adju'dant *de mil* ayudante de campo

adjunct *de* adjunto *m*; **~ *directeur*** director adjunto

administra'/teur *de* administrador-a; **~tie** *de* administración *f*; **~tief** *adj* administrativo

admi'raal *de* <~s, ~en> *nav* almirante *m*

adop/'teren *vt* adoptar; **~tie** *de* adopción *f*

a'dres *het* dirección *f*, domicilio *m*, señas *fpl*; **~boekje** *het* libreta *f* de direcciones; **~'seren** *vt* poner la dirección, dirigir (**aan** a)

adver'/teerder *de* anunciante *m*; **~tentie** *de* anuncio *m*; **~teren** *vi* anunciarse, hacer publicidad de u/c

ad'vies *het* asesoramiento *m*, consejo *m*; dictamen *m*; ***iem van ~ dienen*** asesorar a alg

advi'/seren *vt* recomendar, aconsejar (**over** sobre); **~seur** *de* consejero *m*, asesor *m*

advo'caat *de* 1. abogado *m*, letrado *m*; 2. licor *m* de huevos

advo'catenkantoor *het* bufete *m* de abogados

af *adv* 1. (*distancia*) de; 2. desde, 4. separado de; 5. acabado, terminado; ***daar ben ik van ~*** me lo he quitado de encima; ***van die dag ~*** desde aquel día

afbakenen *vt* demarcar, delimitar; **afbeeld/en** *vt* representar; (*o. fig*) pintar, retratar; **~ing** *de* representación *f*; retrato *m*

afbellen *vt* cancelar una cita por teléfono; **~bestellen** *vt* anular, cancelar (un pedido)

afbetal/en *vt com* 1. pagar en plazos; 2. saldar; **~ing** *de* pago *m* en plazos

af'beulen *vt*; ***iem ~*** deslomar, derrengar a alg; **z. ~** deslomarse; **~bijten** *vt* morder, cortar a mordiscos; **~binden** *vt med* aplicar un torniquete; **~blijven** *vi* <zijn> (**van**) no tocar, dejar estar

af/braak *de* demolición *f*, derribo *m*; **~breken 1.** *vi* <zijn> romperse, quebrarse; **2.** *vt*

afbraak 50

1. romper; 2. cortar, interrumpir; 3. derribar, demoler; **~breuk** de fig perjuicio m, daño m; **~breuk doen aan** menoscabar, perjudicar

af/dak het marquesina f, cobertizo m; **~dalen** vi <zijn> bajar, descender; **~danken** desechar, arrumbar

af/deling de sección f, departamento m; **~dingen** vt recatear (**op** sobre).

af/doen vt 1. quitarse; 2. despachar, ultimar; 3. (deuda) liquidar; **~doend** adj decisivo, eficaz

af/dragen vt 1. entregar (**aan** a); 2. (ropa) desgastar; **~drogen** vt secar (con paño) **af/druk** de 1. impresión f; (foto) foto f; **~ken** vt 1. copiar; 2. imprimir

afdwalen vi <zijn> 1. desviarse; 2. (o. fig) **van het rechte pad ~** descarriarse, apartarse del buen camino

af'faire de 1. asunto m, cuestión f; 2. lío m (amoroso), enredo m

af'fiche de cartel m

affiniteit de afinidad f

af/gaan vi <zijn> 1. dirigirse (**op** a/hacia); 2. guiarse (**op** por); 3. (despertador) sonar; 4. fig hacer el ridículo; **~gang** de fracaso m, chasco m

afgelasten vt cancelar, anular

afgelegen adj (lugar) apartado

afgevaardigde de <~n> diputado m, representante m

afgeven vt 1. entregar; (equipaje) consignar; (documentos) extender; 2. (color) desteñir

afge/zaagd adj (re)sobado, trillado; **~zant** de enviado m, emisario m

afgezien: **~ daarvan** aparte de eso; **~ van** sin contar

af/gifte de entrega f; (documentos) expedición f

afgod de <~en> ídolo m;

afgraven vt (tierra) desmontar, excavar

afgrij/selijk adj horrible; **~zen** het horror m; espanto m

afgunst de envidia f; celos mpl; **~ig** adj envidioso, celoso

afhaaldienst de servicio m de recogida

af/halen vt recoger, ir a buscar; **~handelen** vt llevar a cabo, despachar

af'handig: **iem iets ~ maken** sonscarle u/c a alg

afhangen vi depender (**van** de)

af'hankelijk adj dependiente; **~ van** según (qué/cómo); **~ zijn van** depender de, estar sujeto a

afkammen vt denigrar, criticar severamente

afkeer de aversión f; repulsión f

afke/ren vt: **z. ~ van** volver la espalda a; **~rig** adj contrario (**van** a), enemigo de

afkeur/en vt rechazar, desaprobar; **~ing** de desaprobación f

kicken vi drog desengancharse

afkijken 1. vi (**bij**) copiar; **2.** vt 1. copiar; 2. terminar de ver

afkloppen vt 1. sacudir (el polvo); 2. *fig* tocar madera

afknapp/en vi <zijn> romperse; **ergens op ~** llevarse un chasco con u/c; **~er** de desilusión f, chasco m

afkoelen vi <zijn> 1. enfriarse; 2. *fig* calmarse

afkom/en vi <zijn> 1. bajarse (**van** de); 2. acercarse (**op** hacia); 3. deshacerse (**van** de); **~st** de origen m; **~stig** adj procedente (**uit** de), proveniente (**van** de)

afkondig/en vt proclamar, publicar; (*ley*) promulgar; **~ing** de proclamación f, promulgación f

afkopen vt redimir, rescatar

afkort/en vt abreviar; **~ing** de abreviatura f

afkraken vt criticar duramente, vapulear

afkunnen vt *iets wel (niet)* **~** (no) poder acabar solo, (no) arreglárselo solo

aflaten: *niet* **~** *te* no cejar en

afleggen vt 1. (*prenda*) quitarse; 2. (*muerto*) amortajar

afleid/en vt 1. desviar (**van** de); 2. distraer, divertir; 3. deducir, concluir (**uit** van); **~ing** de 1. distracción f, diversión f; 2. *ling* derivación f

afleren vt: *iem iets* **~** desacostumbrar, quitarle una costumbre a alg

aflever/en vt entregar, despachar; **~ing** de 1. entrega f; 2. *TV* episodio m, capítulo m; 3. (*publicación*) fascículo m

afloop de fin m, desenlace m, (*plazo*) expiración f; *na* **~** *van* después de, al finalizar

aflopen vi <zijn> 1. acabar, terminar; 2. dirigirse (andando) (**op** a); 3. bajar

afloss/en vt 1. *banc* amortizar, pagar; 2. relevar, sustituir; **~ing** de 1. amortización f, 2. relevo m

afluisteren vt 1. escuchar ocultamente; 2. *telec* interceptar

afmaken vt 1. terminar, concluir; 2. (re)matar

afmatt/en vt fatigar, agotar; **~end** adj agotador; **~ing** de agotamiento m, cansancio m

afmelden vt dar de baja; **z. ~** darse de baja

afmet/en vt medir; **~ing** de 1. medida f, tamaño m; 2. dimensión f

af/name de 1. disminución f; 2. *com* compra f, adquisición f; **~neembaar** adj desarmable; **~nemen 1.** vi disminuir, decrecer; **2.** vt 1. quitar(se); 2. limpiar; 3. *com* comprar; **~nemer** de comprador m

afpakken vt arrrebatar, quitar (de las manos)

afpersen

afpers/en *vt* 1. extorsionar; 2 (*declaración*) arrancar; **~ing** *de* extorsión *f*

afpikken *vt* sisar, quitar, robar

afprijzen *vt* rebajar (el precio de)

afraden *vt*: **iem iets ~** desaconsejar u/c a alg, disuadir a alg de u/c

afraffelen *vt* hacer de prisa y corriendo

afranselen *vt* zurrar, vapulear, apalear

afraster/en *vt* alambrar; **~ing** *de* alambrada *f*

afreageren *vt* desahogar, descargar; **z. ~** desahogarse

afreizen 1. *vi* <zijn> salir, partir; 2. *vt* recorrer

afreken/en *vi* 1. pagar (la cuenta); 2. cobrar; **met iem ~** (o. *fig*) saldar cuentas con alg; **met iets ~** acabar con u/c; **~ing** *de* liquidación *f* de cuentas

afremmen *vi/t* 1. frenar 2. *fig* refrenar

africhten *vt* adiestrar, amaestrar, instruir

afrijden 1. *vi* <zijn> bajar (una cuesta); 2. *vt* (*en vehículo*) recorrer (un camino)

Afri/ka *het* Africa *f*; **~'kaan** africano *m*; **~'kaans 1.** *adj* africano; **2.** *het* afrikaans *m*

afrit *de* (*autopista*) salida *f*

afroepen: **de namen ~** pasar lista

afrollen *vi* <zijn> bajar rodando

afromen *vt* 1. desnatar, descremar; 2. *fig* rebajar

afrond/en *vt* 1. redondear (**naar** hacia); 2. terminar , concluir

afruimen *vt* (*mesa*) recoger

afschaff/en *vt* suprimir, abolir; **~ing** *de* supresión *f*, abolición *f*

afscheid *het* adiós *m*, despedida *f*; **~en** *vt* 1. separar, apartar; 2. (*líquido*) segregar; **z. ~** separarse (**van** de); **~ing** *de* 1. separación *f*; 2. segregación *f*, secreción *f*

afschepen *vt* (**iem ~**) entretener, mandar a paseo

afschermen *vt* tapar; proteger (**voor** de)

afschilderen *vt* 1. (terminar de) pintar; 2. *fig* describir, retratar

afschillen *vt* pelar, mondar

afschrijv/en *vt* 1. deducir (**van** de), descontar; 2. (*capital*) amortizar; 3. **van de rekening ~** *banc* cargar en cuenta; 4 *fig* olvidarse de, ya no contar con; **~ing** *de* 1. amortización *f*; 2. (*rekening*) adeudo *m*

afschrik/ken *vt* asustar, atemorizar; **~'wekkend** *adj* aterrador, espantoso

afschudden *vt* sacudir; **z. ~** sacudirse

afschuiven *vt* apartar, retirar

afschuw *de* horror *m*, repugnancia *f*; **~elijk** *adj* espantoso, horrendo, asqueroso

afslaan 1. *vi* <zijn> 1. torcer (**naar** a), girar; 2. (*motor*) pararse; 3; **2.** *vt* 1. rechazar; 2. tirar, arrancar; 3. (*precio*) rebajar

afslachten *vt* rematar, masacrar, escabechar

afslag *de* <~en>1. (*carretera*) salida *f*; 2. *com* subasta *f*, lonja *f*; 3. (*precio*) reducción *f*

afslanken *vi* 1. adelgazar; 2. (*empresa*) reducir plantilla

afsluit/en *vt* 1. cerrar; 2. (*puerta*) cerrar con llave; 3. (*con tapón*) tapar, taponar; 4. (*gas, agua*) cortar; 5. (*cuenta, operaciones*) cerrar, concluir; **de weg ~** cerrar el paso; **z. ~** encerrarse en sí mismo; **~ing** *de* 1. cierre *m*; 2. corte *m*

afsnauwen *vt*: *iem* ~ soltarle un bufido a alg

afsnijden *vt* 1. (*una parte de algo*) cortar; 2. (*camino, luz, abastecimiento*) cortar

afspelen *vt* (*cinta, disco*) poner; **z. ~** suceder, ocurrir, tener lugar, desarrollarse

afspiegelen *vt* reflejar

afsplitsen *vt* separar, desdoblar; **z. ~** 1. *pol* separarse; 2. (*carreteras*) bifurcarse

af/spraak *de* 1. acuerdo *m*, compromiso *m*; (*personal*) cita *f*; (*con médico*) hora *f*; **~spreken** *vt* convenir, concertar, pactar

afspringen *vi* <zijn> 1. saltar (**van** de); 2. lanzarse (**op** sobre); 3. *fig* frustrarse, malograrse

afstaan *vt* 1. ceder (en préstamo); 2. (*trono*) abdicar

afstamm/eling *de* descendiente *m*; **~en** *vi* <zijn> 1. descender (**van** de); 2. *ling* derivar (**van** de); 3. proceder (**van** de), derivarse de

afstand *de* 1. distancia *f* 2. cesión *f*, renuncia *f*; 3. (*trono*) abdicación *f*; **op een afstand** (**houden**) (mantener) a distancia; **~sbediening** *de* mando *m* a distancia

afstap/je *het* escalón *m*; **~pen** *vi* <zijn> 1. bajar(se) (**van** de); 2. enfilar (**op** a/hacia); 3. (**van**) *fig* dejar

afsteken 1. *vi* <zijn> 1. contrastar (**tegen** con); **2.** *vt* 1. encender; 2. (*discurso*) pronunciar

afstell/en *vt* ajustar, regular; **~ing** *de* ajuste *m*, reglaje *m*

afstemmen *vt* 1. (*propuesta*) rechazar mediante voto; 2. *telec* sintonizar; 3. adaptar (**op** a)

afstempelen *vt* sellar, poner el/un sello

afsterven *vi* 1. atrofiarse; 2. morir, desaparecer

afstevenen *vi* 1. *nav* poner la proa (**op** hacia); 2. dirigirse directamente (**op** a)

afstijgen *vi* 1. bajar; 2. desmontarse, apearse (**van** de)

afstoffen *vt* quitar el polvo a, desempolvar

afstompen *vi* <zijn> embotarse, atontarse

afstormen *vi* <zijn> abalanzarse (**op** hacia)

afstoten *vt* 1. provocar repulsión; 2. repeler; 3. *com* deshacerse de; **~d** *adj* repulsivo, repelente

afstraff/en *vt* castigar; **~ing** *de* castigo *m*

afstropen *vt* 1. despellejar, desollar; 2. saquear, pillar

afstuderen *vi* <zijn> terminar la carrera

aftakel/en *vi* <zijn> deteriorarse, decaer; **~ing** *de* deterioro *m*; decadencia *f*

aftakk/en *vi* <zijn> separar, desviar; **~ing** *de* ramificación *f*; (*camino*) bifurcación *f*

af'tands *adj* caduco, decrépito, destartalado

aftappen *vt* (*líquido*) vaciar; (*sangre*) extraer, sacar; 2. *telec* interceptar

aftasten *vt* tentar

aftekenen *vt* firmar; **z. ~** 1. dibujarse; 2. perfilarse, destacarse (**tegen** contra)

aftellen 1. *vi* contar (atrás); **2.** *het* cuenta *f* atrás

after-'shave *de ing* loción *f* para después del afeitado

aftocht *de* retirada *f*; *de* **~ blazen** emprender la retirada

aftrap *de sport* saque *m*; **~pen** *vi* dar el saque, dar el primer puntapié

aftreden *vi* <zijn> dimitir, presentar la dimisión

aftrek *de* 1. deducción *f*, reducción *f*; 2. *com* demanda *f*, salida *f*; **~baar** *adj* deducible, desgravable; **~ken** *vt* 1. restar (**van** de), desgravar; 2. descontar; 3. arrancar; **z. ~** masturbarse; **~sel** *het* infusión *f*

aftroeven *vt* 1. (*cartas*) sacar el triunfo; 2. *iem* **~** apuntarse un tanto a su favor

aftroggelen *vt* socaliñar, sonsacar

aftuigen *vt* 1. zurrar, pegar, cascar; 2. (*animal de tiro*) desenjaezar

afvaardig/en *vt* delegar, diputar; **~ing** *de* delegación *f*, diputación *f*

afval *het/de* desperdicios *mpl*, desechos *mpl*, basura *f*; (*animal*) despojos *mpl*; **~container** *de* contenedor *m* de residuos; **~len** *vi* <zijn> 1. caer(se) (**van** de); 2. *sport* quedar eliminado; 3. apostatar (**van** de); 4. perder peso, adelgazar; **~lig** *adj* renegado, apóstata; **~lige** *de* <**~n**> renegado *m*, **~product** *het* residuo *m*

afvegen *vt* limpiar, cepillar

afvloeien *vi* <zijn> 1. (*plantilla*) cesar, ser despedido; 2. (*líquido*) fluir, correr

afvoer de transporte m; (líquido) evacuación f, desagüe m; 3. tubería f, cañería f; **~en** vt 1. transportar; 2. borrar, dar de baja; **~pijp** de tubería f de desagüe

afvragen: **z ~** preguntarse

afvuren vt disparar

afwacht/en vt aguardar, esperar; **~ing** de espera f; **in ~ van** a la espera de, en espera de

afwas de platos mpl sucios; **de ~ doen** fregar los platos; **~machine** de lavaplatos m; **~middel** het <~en> detergente m líquido; **~sen** vt fregar, lavar

afwateren vi <zijn> desaguar, drenar; **~ing** de desagüe m

afweer de defensa f; **~stof** de anticuerpos mpl

afweg/en vt 1. pesar (con exactitud); 2. fig ponderar, sopesar; **~ing** de consideración f

afwenden vt 1. apartar, desviar; 2. parar; (peligro) alejar, conjurar; **z. van iem ~** darle la espalda a alg

afwen/nen vt: **iem iets~** desacostumbrar a alg de u/c; **z. ~nen** perder la costumbre, deshabituarse de u/c; **~telen** vt (culpa) cargar (**op** a)

afwer/en vt (o. fig) (ataque) repeler; (golpe) parar, desviar; **~ken** vt acabar, terminar; **~king** de acabado m, terminación f; **~pen** vt arrojar; **vruchten ~** producir frutos

afweten vt saber; **niets ~ van** ignorar, no saber nada de; **het laten ~** faltar, no acudir

af'wezig adj 1. ausente; 2. distraído; **~e** de ausente m; **~heid** de ausencia f; **bij ~heid van** en ausencia de

afwijk/en vi <zijn> 1. desviarse (**van** de); 2. apartarse de, 3. divergir de; discrepar de; **~end** adj diferente, divergente; **~ing** de 1. desviación f, 2. divergencia f; 3. anomalía f

afwijzen vt 1. rechazar; 2. (examen) suspender; 3. jur denegar; **~end** adj negativo; **~ing** de rechazo, negativa f, denegación f

afwikkel/en vt 1. desenrollar; 2. terminar, despachar: **~ing** de despacho m; com liquidación f

afwissel/en vt alternar, variar; **elkaar ~** turnarse; **~end** adj 1. variado; 2. alterno; **~ing** de 1. alternancia f; 2. variedad f

afzakken vi <zijn> 1. bajarse; (ropa) caer(se); 2. bajar

afzeggen vt cancelar, anular (una cita)

afzender de remitente m, expedidor,-a

afzet de 1. com venta f, salida f; 2. impulso m; **~ten** vt 1. quitarse; 2. electr, mec apagar, parar; 3. (miembro) amputar; 4. timar, estafar; 5. (calle) cerrar; 6. acotar; 7. com vender; 8. destituir;

afzet

z. ~ten 1. (*p.e. cal*) depositarse; 2. *fig* rebelarse (**tegen** contra) ~**terij** *de* timo *m*, estafa *f*; ~**ting** *de* 1. destitución *f*; 2. amputación *f*; 3. barrera *f*; 4. depósito *m*

af'zichtelijk *adj* feísimo, horroroso

afzien *vi* 1. renunciar (**van** a), desistir de; 2. *fig* sufrir; ~**baar** *adj* visible, abarcable; **binnen ~bare tijd** en un futuro próximo, en breve

af'zijdig *adj* neutro, ajeno; **z. ~ houden** mantenerse al margen

afzonder/en *vt* aislar, separar; **z. ~** aislarse; **ing** *de* aislamiento *m*; ~**lijk** *adj* (por) separado

af/zwaaien *vi* <zijn> *mil* salir de la mili; ~**zweren** *vt* renunciar a; (*religión*) abjurar

a'genda *de* 1. agenda *f*; 2. orden *m* del día; **op de ~ staan** figurar en el orden del día

a'gent *de* 1. agente *m*; 2. (*policía*) guardia *m*, policía *m*; ~**schap** *het* 1. agencia *f*; 2. sucursal *f*

a'geren *vi* hacer una campaña (**tegen** contra)

agglome'ratie *de* aglomeración *f*

aggre'gaat *tecn* grupo *m* electrógeno

agi'tat/ie *de* agitación, exitación

a'gra/riër *de* agricultor,-a; ~**risch** *adj* agrícola, agrario

a'gress/ie *de* agresión *f*; ~**ief** *adj* agresivo,-a; ~**iviteit** *de* agresividad *f*

aids *de ing* SIDA *m*

air *het ing* <~s> aires *mpl*; ínfulas *fpl*; **z. een ~ geven** darse tono; ~**conditioning** *de* aire *m* acondicionado

akelig *adj* desagradable; **ik word er ~ van** me pone malo

akkefietje *het* 1. bagatela *f*; 2. faena *f*

akker *de* campo *m*; ~**bouw** *de* agricultura *f*; ~**land** *het* tierra *f* de labranza

ak'koord 1. *adj* de acuerdo; **met iets ~ gaan/zijn** estar de acuerdo con; **2.** *het* 1. acuerdo *m*, convenio *m*, arreglo *m* 2. *mús* acorde *m*

akoes/'tiek *de* acústica *f*; ~**tisch** *adj* acústico

akte *de* <~s, ~n> 1. acta *f*, escritura *f*; 2. diploma *m*; 3. *teat* acto *m*; **~ van geboorte/overlijden** partida *f* de nacimiento/defunción; ~**ntas** *de* cartera *f*

al 1. *pron* todo; **~ die dagen** todos esos días; ~**le drie** los tres; **2.** *adv* ya; **~ lang** desde hace mucho tiempo; **hij is ~ een week ziek** lleva una semana enfermo; **nu ~?** ¿ahora ya?; **~ te** demasiado; **~ of niet** si o no; **~ naar gelang** según; **3.** *conj* aunque; **~ is het nog zo warm** por más frio que haga

a'larm *het* alarma *f*; **~ slaan** dar la voz de alarma; ~**eren** *vt* alarmar; ~**erend** *adj* alarmante

Al/'baans albanés; **~banees 1.** de albanés m; **2.** het albanés m; **~'banië** Albania
albatros de zool albatros
alb'ino de albino m
album het álbum m
alcohol de alcohol m; **~gebruik** het consumo m de alcohol; **~gehalte** het grados mpl de alcohol; **~houdend** adj alcohólico; **~isme** het alcoholismo m; **~ist** de alcohólico m; **~vrij** adj sin alcohol
al'daar adv allí
aldoor adv constantemente
al'dus adv de esta manera, así
a'lert adj alerta, atento; **~ zijn** estar alerta
alfabet het alfabeto m; **~isch** adj alfabético
alge de <~n> bot alga f
algebra de álgebra f
algeheel 1. adj total, completo; **2.** adv totalmente, por completo
algemeen 1. adj general, universal; **2.** adv en/por lo general; **3.**: *in het* ~ en/por lo general; **~heid** de generalidad f
Alge'rij/e het Argelia f; **~n** de argelino m; **~ns** adj argelino
alhoe'wel conj aunque, si bien
ali/as adv alias; **~bi** het/de cuartada f; **~mentatie** de alimentos mpl
alinea de **1.** párrafo m; **2.** jur apartado m

alle pron indef todo(s); **~ dagen** todos los días; **~bei** pron indef los dos, ambos; **~daags** adj **1.** diario, cotidiano; **2.** común, corriente; **~dag**: *van ~dag* de todos los días
al'leen 1. adj solo; **2.** adv solamente, sólo; **~bei niet ~... maar ook** no sólo ...sino también; **~heerschappij** de poder absoluto; **~heerser** de autócrata m; **~recht** het monopolio m; **~staand** adj **1.** (casa) aislado; **2.** solo; **3.** soltero; **~staande** de <~n> persona f que vive independientemente; **~verdiener** de perceptor m único de renta
alle/'gaartje het revoltijo m, mescolanza f; **~go'rie** de alegoría f; **~maal** pron indef todo(s); *dat is ~maal onzin* todo eso son tonterías; **~machtig** excl ¡Dios mío!, ¡por Dios!
allen pron indef todos
allengs adv poco a poco, paulatinamente
aller/'gie de alergia f; **~gisch** adj alérgico
Aller'heiligen de Todos los Santos mpl
aller/lei adj inv toda clase de, todo tipo de; **~minst 1.** adj último, mínimo; **2.** adv de ninguna manera, en absoluto
alles pron indef todo; *van* ~ de todo; *voor* ~ ante todo, primero;

allesbehalve 58

~behalve *adv* nada, ni mucho menos; **~zins** *adv* en todos los aspectos
alli'antie *de* alianza *f*
allicht *adv* claro (que), por supuesto (que)
all-in *adj inv ing com* (*precio*) total, todo incluido
all-risk *adj inv ing com* (*seguro*) a todo riesgo
alloch'toon *de* 1. *biol* alóctono *m*; 2. persona *f* que proviene de otro país, generalmente más pobre
al'looi *het fig* ralea *f*, clase *f*
al'lure *de* estilo *m*, categoría *f*; **~s hebben** darse aires de
al'machtig *adj* todopoderoso, omnipotente
almanak *de* almanaque *m*, calendario *m*
alom *adv* en todas partes; **~tegenwoordig** *adj* omnipresente; **~vattend** *adj* omnitodo, universal
alpi'nisme *het* alpinismo *m*; **~t** *de* alpinista *m*
als *conj* 1. (*comparación*) como; 2. como, en calidad de; 3. (*temporal*) cuando; 4. (*condicional*) si; **~ ik jou was** en tu lugar; **~ het ware** como si fuera
alsje'blieft *excl* 1. por favor; 2. toma, aquí tienes
als'/nog *adv* todavía, aún; **~of** *conj* 1. (+ *subj*) como si; 2. (+ *indic*) como que; **doen ~** fingir, disimular
alstu'blieft *excl* 1. por favor; 2. tenga (Ud.), tome (Ud.), aquí tiene
alt *de mús* contralto *m*
al'taar *de/het* <altaren> altar *m*
alterna'tief 1. *adj* 1. alternativo; 2. progre; **2.** *het* opción *f*, alternativa *f*
al'thans *adv* al/por lo menos;
altijd *adv* siempre; **voor ~** para siempre
altvi'ool *de mús* viola *f*
alu'minium *het* aluminio; **~folie** *de* papel *m* de aluminio
al'vast *adv* entretanto, de momento
al'vleesklier *de med* páncreas *m*
al'vorens *conj* antes de que
al'weer *adv* de nuevo, otra vez
al'wetend *adj* omnisciente
a'mandel *de* <~en> 1. *bot* almendra *f*; 2. *med* amígdala *f*; **~boom** *de* almendro *m*
ama'teur *de* aficionado *m*, diletante *m*; **~'istisch** *adj* poco profesional
ama'zone *de* amazona *f*
ambacht *het* 1. oficio *m* (manual); 2. artesanía *f*; **~elijk** *adj* artesanal
ambas'sade *de* embajada *f*; **~deur** *de* <~s, ~en> embajador *m*
amber *het* ámbar *m*
ambi'ëren *vt* aspirar a; **~tie** *de*

1. ambición f; 2. aspiración f (om de); **~'tieus** adj ambicioso
ambt het cargo m (público), puesto m; **~elijk** adj oficial, administrativo; **~enaar** de <~s, ambtenaren> funcionario m; empleado m público; **hoge ~** alto cargo m; **~ena'rij** de burocracia f
ambts/aanvaarding de toma de posesión; **~geheim** het secreto m de oficio; **~halve** adv por razón de su cargo, de oficio; **~termijn** de mandato m
ambu'lan/ce de ambulancia f; **~t** adj ambulante
amen/de'ment het adm enmienda f; **~'deren** vt enmendar
A'me'ri/ka het América f; **~'kaan** de americano m; **~kaans** adj (norte)americano
ameuble'ment het mobiliario m
amfi'bie de <~̈n> anfíbio m;
amfithe'ater het anfiteatro m
ami'caal adj amistoso
ammoni'ak de amoniaco m
amnes'tie de amnestía f; **~ verlenen** amnistiar
amou'reus adj amoroso
amper adv apenas
am'père de electr amperio m
am'pul de ampolla f
ampu'/tatie de amputación; **~'teren** vt amputar
amulet de amuleto m; talismán m
amu'/sant adj divertido, entretenido; **~se'ment** het diversión f, distracción f; **~'seren** vt divertir, entretener; **z. ~'seren** divertirse
analfa/'beet de analfabeto m; **~be'tisme** het analfabetismo m
ana/'list de analista m químico industrial; **~lo'gie** de analogía f; **~'loog** 1. (no digital) analógico; 2. análogo; **~'lyse** de análisis m; **~ly'seren** vt analizar; **~'lytisch** adj analítico
ananas de bot ananás m; (fruta) piña f
anar'chie de <~ën> anarquía f
anar'chi/sme het anarquismo m; **~st** de anarquista m
anato'/mie de anatomía f; **~misch** adj anatómico
Anda'lu/sië het Andalucía f; **~sisch** adj andaluz
ander 1. adj otro (distinto) **om de ~e dag** cada dos días; **2.** de otro (distinto), otra persona; **onder ~e** entre otras cosas; **~half** adj uno y medio; **~maal** adv otra vez; **~mans** pron indef ajeno, de otro(s)
anders 1. adv 1. si no; 2. de otro modo; 3. normalmente, siempre – **nog iets?** ¿algo más?; **want ~** porque si no, porque de lo contrario; **~ dan zijn vriend** a diferencia de su amigo; **net als ~** como siempre; **2.** adj otro, diferente, distinto; **ergens ~** en otro sitio; **het is**

anders 60

niet ~ es así; no se puede hacer nada; ~**om** al revés, a la inversa
anderzijds *adv* por otro lado, por otra parte
Andes *pl de* ~ los Andes *pl*
an'dijvie *de* escarola *f*
anek'dote *de* anécdota *f*
ane'moon *de bot* anémona *f*
anesthe'/sie *de med* anestesia *f*; ~**sist** *de* anestesista *m*
angel *de* 1. (*pesca*) anzuelo *m*; 2. *biol* aguijón *m*; ~***saksisch** *adj* anglosajón
an'gina *de* angina *f*; ~ *pectoris* angina de pecho
angst *de* temor *m*, miedo *m*, angustia *f*; *in* ~ *zitten* tener miedo; *uit* ~ *voor/om* por miedo de; *van* ~ de miedo; ~**aan'jagend** aterrador, terrorífico; ~**ig** *adj* 1. (*persona*) temeroso, asustado, miedoso; 2. (*asunto*) angustioso; ~**'vallig** *adj* 1. temeroso; 2. escrupuloso, meticuloso; ~**'wekkend** *adj* 1. inquietante; 2. terrorífico, aterrador
anijs *de bot* anís *m*
ani'm/atie *de* animación *f*; ~**atiefilm** *de* película *f* de dibujos animados; ~**eren** *vt* animar, estimular; ~**o** *het/de* ánimo *m*, entusiasmo *m*
anjelier, anjer *de* clavel *m*
anker *het* 1. *nav* ancla *m*; 2. *arq* gatillo *m*; *het* ~ *lichten* levantar anclas, zarpar; *voor* ~ *gaan* echar el ancla; ~**en** *vi* <zijn> anclar, echar el ancla
an'nalen *pl* anales *mpl*
annex 1. *adj* anejo; 2. *de* anejo, anexo; ~**atie** *de* anexión *f*; ~**eren** *vt* anexionar, anexar
anno *prep* en el año; ~**'tatie** *de* anotación *f*
annu'leren *vt* anular, cancelar
ano/'niem *adj* anónimo; ~**nimiteit** *de* anonimato *m*
an'sjovis *gastr* 1. anchoa *f*; 2. (*fresco*) boquerón *m*
antece'dent *het* antecedente *m*
an'tenne *de* antena *f*; *gemeenschappelijke* ~ antena *f* colectiva
anti *de* anti, contra; ~**bi'oticum** *het* <antibiotica> *med* antibiótico *m*; ~**ci'peren** *vi* anticipar(se)
anticon'ceptie *de* anticoncepción *f*; ~**middel** *het* <~**en**> anticonceptivo *m*
anticy'cloon *de meteor* anticiclón *m*
an'tiek 1. *adj* antiguo; 2. *de* antigüedades *fpl*; ~**zaak** *de* tienda de antigüedades
An'till/en *pl* Antillas *fpl*; ~**iaan** *de* antillano *m*; ~**iaans** *adj* antillano
anti'lope *de zool* antílope *m*
antipa'thie *de* antipatía *f*; ~**k** *adj* antipático, odioso
anti/'quair *de* anticuario *m*; ~**quari'aat** *het* comercio *m* de libros viejos/usados; ~**qui'teit** *de* antigüedad *f*

anti-/semiet *de* antisemita *m*; **~se'mitisch** *adj* antisemita; **~semi'tisme** *het* antisemitismo *m*

anti/'septisch *adj* antiséptico; **~slip** *adj inv* antideslizante; **~stof** *de* anticuerpo *m*; **~'vries** *het/de* anticongelante *m*

antra'ciet *het* antracita *f*

antropo/lo'gie *de* antropología *f*; **~'loog** *de* antropólogo *m*

antwoord *het* 1. respuesta *f*, contestación *f*; 2. solución *f*; *in ~ op* en contestación a; *ten ~ geven* responder, contestar; **~apparaat** *het* contestador *m* automático; **~coupon** *de* cupón *m* respuesta; **~en** *vi* contestar (**op** a), responder a

anus *de* ano *m*

ANWB *de* Touring Club *m* de los Países Bajos

AOW *de* pensión *f* estatal obligatoria de vejez

a'part 1. *adj* 1. aislado, separado, independiente; 2. especial; *iets ~s* algo fuera de lo corriente; **2.** *adv* aparte

a'pathisch *adj* apático

apegapen: *op ~ liggen* estar en las últimas

apekool *de* disparates *mpl*, bobadas *fpl*

aperi'tief *het* aperitivo *m*

a'pos/tel *de* <~en, ~s> apóstol *m*; **~'tille** *de* apostilla *f*; **~'trof** *de* apóstrofo *m*

apo'/theek *de* farmacia *f*; **dienstdoende ~** farmacia de guardia; **~theker** *de* farmacéutico *m*

apothe'ose *de* apoteosis *f*

appa/'raat *het* aparato *m*; **~ra'tuur** *de* instrumentos *mpl*, equipo *m*; instalación *f*

apparte'ment *het* apartamento *m*, piso

appel *de* manzana *f*

ap'pel *het jur* recurso *m*, apelación *f*; *in ~ gaan* apelar, interponer recurso

appelbeignet *de gastr* buñuelo *m* de manzana; **~boom** *de* manzano *m*; **appe'leren** *vi jur* apelar, recurrir (**aan** a)

appel/moes *de gastr* compota *f* de manzana; **~sap** *de* zumo *m* (jugo *m*) de manzana; **~taart** *de* pastel *m* de manzana; **~wijn** *de* sidra *f*

appe'tijtelijk *adj* apetecible, apetitoso

applau/dis'seren *vi* aplaudir; **~s** *het* aplauso(s) *m(pl)*

a'pril *de* abril *m*; **één ~** , uno de abril: Día de los Inocentes; **~mop** *de* broma *f* que se gasta el uno de abril

a pri'ori *adv* a priori

à pro'pos *excl* a propósito

aqua'/duct *het* acueducto *m*; **~rel** *de* acuarela *f*; **~rium** *het* <~s, aquaria> acuario *m*; **~*rius** *de* Acuario *m*

A'ra/bië het Arabia f; **~'bier** de árabe m; **~sch 1.** adj árabe; **2.** het árabe m

arbeid de trabajo m; **~er** de obrero m, trabajador m

arbeids/bureau het <~s> oficina f de empleo; **~krachten** pl mano m de obra; **~markt** de mercado m de trabajo; **~overeenkomst** de contrato m de trabajo; **~plaats** de puesto m de trabajo, plaza f; **~voorwaarden** pl condiciones fpl de trabajo

ar'bi/ter de sport, jur árbitro m; **~'trage** de arbitraje m; **~'trair** adj arbitrario

ar'cha/isch arcaico; **~ïsme** het arcaísmo m

archeo/lo'gie de arqueología f; **~'logisch** adj arqueológico; **~loog** de arqueólogo m

archief het archivo m; **~kast** de archivador m

archipel de archipiélago m

archi'tect de arquitecto m; **~'tonisch** adj arquitectónico; **~'tuur** de arquitectura f **archi'varis** de archivero m

Ar'dennen pl Ardenas fpl

are de área m

a'rena f plaza f (de toros), ruedo m

arend de zool águila f

argeloos adj ingenuo, inocente; **~heid** de ingenuidad f, inocencia f

Argen'/tijn m argentino m; **~tijns** adj argentino; **~tinië** het Argentina f

argu'ment het argumento m; **~eren** vi argumentar, alegar

argusogen pl; **met ~** con recelo

argwaan de sospecha f; **~ wekken** suscitar sospecha(s); **~ koesteren** albergar sospechas **(jegens** de)

arg'wanend adj receloso, desconfiado

aria de aria f

Ariër de ario m

aristo/'craat de aristócrata m; **~cra'tie** de aristocracia f; **~'cratisch** adj aristocrático

ark: de ~ van Noach el arca de Noé

arm 1. adj pobre **(aan** en); **~e stakker** de pobre(cillo) m; **~ zijn aan** carecer de; **2.** de brazo m; **~ in ~ lopen** ir del brazo; **iem in ~ nemen** recurrir a alg; **~band** de brazalete m, pulsera f; **~elijk** adj miserable; **~e'tierig** adj pobre, mísero

armoed/e de pobreza f, miseria f, penuria f; **~ig** adj miserable, pobre, **~zaaier** de pobre diablo m, pobretón m

arm/slag de fig libertad f de movimiento; **~stoel** de sillón m; **~'zalig** adj pobre, mísero

a'roma het aroma m; **~tisch** adj aromático

arrange/'ment *het* arreglo *m*; **~ren** *vt* 1. arreglar, organizar; 2. *mús* adaptar

ar'rest *het jur* 1. detención *f*, arresto *m*; 2. sentencia *f*; **onder ~ staan** estar detenido; **~ant** *de* detenido *m*; **~atie** *de* detención *f*; arresto *m*; **~eren** *vt* detener, confiscar

arri'veren *vi* <zijn> llegar

arro'gant *adj* presumido, arrogante; **~ie** *de* arrogancia *f*

arrondisse'ment *het jur* ± distrito *m* judicial; **~srechtbank** *de jur* tribunal de distrito (judicial); distrito de primera instancia y de instrucción

arse'naal *het* arsenal *m*

ar'senicum *het* arsénico *m*

ar'terie *de* <~s, ~n> *med* arteria *f*

arterioscle'rose *de* arteriosclerosis *f*

articu'latie *de* articulación *f*; **~leren** *vt* articular

ar'tiest *de* artista *m*

ar'tikel *het* <~en, ~s> artículo *m*

artille'rie *de* artillería *f*

artisjok *de* alcachofa *f*

artis'tiek *adj* artístico

ar'tritis *de med* artritis *f*

arts *de* médico *m*

as *de* 1. eje *m*; 2. ceniza (s) *f(pl)*; 3. *mús* la *m* bemol; **in de ~ leggen** reducir a cenizas; **~bak** *de* cenicero *m*

as'/ceet *de* asceta *m*; **~cetisch** *adj* ascético

asfalt *het* asfalto *m*; **~eren** *vt* asfaltar

a'siel *het* 1. asilo *m*; 2. residencia *f* de animales, perrera *f*; **~zoeker** *de* solicitante *m* de asilo

aso'ciaal *adj* antisocial

as'pect *het* 1. aspecto *m*; 2. faceta *f*

as'perge *de* espárrago

aspi'r/ant *de* aspirante *m*, candidato *m*; **~atie** *de mús* aspiración *f*, **~aties** *pl* aspiraciones *fpl*; **~eren** *vt* aspirar

aspi'rine *de* aspirina *f*

assem'bleren *vt* ensamblar, montar

Assepoester (la) Cenicienta

assimi'leren *vi* asimilar (**aan** a)

assis'/tent *de* asistente *m*; auxiliar *m*; ayudante *m*; **~tentie** *de* asistencia *f*, ayuda *f*; **~teren** *vi* asistir, ayudar

associ'/atie *de* asociación *f*; **~ëren** *vt* asociar; **z. ~ëren** asociarse (**met** con)

assorti'ment *het* surtido *m*;

assu'rantie *de* 1. (*acuerdo*) seguro *m*; 2. compañía *f* de seguros; **~kantoor** *het* oficina *f* de seguros

aster *de* <~s> *bot* áster *m*

astma *de med* asma *f*; **~tisch** *adj* asmático

astro/lo'gie *de* astrología *f*; **~'logisch** *adj* astrológico; **~'loog** *de* astrólogo *m*

astro'naut *de* astronauta *m*

astro/no'mie *de* astronomía *f*; **~'nomisch** *adj* astronómico; **~'noom** *de* astrónomo *m*
asym'metrisch *adj* asimétrico
Aswoensdag *de* miércoles *m* de ceniza
ate'lier *het* <~s> estudio *m*, taller *m*
athe'/isme *het* ateísmo *m*; **~ïst** *de* ateo *m*
athe'neum *het* <~s> ± Instituto de Bachillerato
At'lantisch atlántico; **~e Oceaan** *de* (océano) Atlántico *m*
atlas *de* atlas *m*
at/le'tiek *de* atletismo *m* **~'leet** *de* atleta *m*; **~'letisch** *adj* atlético
atmos/feer *de* 1. *meteor* atmósfera *f*; 2. ambiente *m*; **~ferisch** *adj* atmosférico
a'tol *het*/*de* atolón *m*
a'toom *het* quim átomo *m*; **~afval** *het* residuos *mpl* nucleares; **~bom** *de* bomba *f* atómica; **~energie** *de* energía *f* nuclear; **~kracht** *de* energía *f* atómica; **~wapen** *het* arma *f* nuclear
atta'ché *de* agregado *m*
atten/'deren *vt* llamar la atención (**op** sobre), advertir; **~t** *adj* atento; **iem ~t maken** llamar la atención de alg (**op** sobre); **~tie** *de* atención *f*; **ter ~tie van** a la atención de
at'test *het* certificado *m*; **een medisch ~** un certificado médico
at'trac/tie *de* atracción *f*; **~'tief** *adj* atractivo
attri'buut *het* atributo *m*
au: ~! *excl* ¡ay!
a.u.b.: alstu'blieft *excl* por favor, si hace el favor
au'bade *de* alborada *f*
auber'gine *de* berenjena *f*
audi'ëntie *de* audiencia *f*
audiovisu'eel *adj* audiovisual
au'di/tie *de* audición *f*; **~'tief** *adj* auditivo
audi'torium *het* <~s, auditoria> auditorio *m*
au'gurk *de* pepinillo *m*
augus/tijn *de* agustino *m*; **~tus** *de* agosto *m*
aula *de* salón *m* de actos, paraninfo *m*
aure'ool *het*/*de* aureola *f*
aus'piciën: onder ~ van bajo los auspicios de
Au'stra/lië *het* Australia; **~liër** *de* australiano-a; **~lisch** *adj* australiano
auteur *de* autor *m* escritor *m*; **~srecht** *het* 1. derechos *mpl* de autor; propiedad *f* intelectual
authen/ci'teit *de* autenticidad *f*; **~'tiek** *adj* auténtico; **~tiek verklaren** autentificar, legalizar
auto *de* coche *m*; **met de ~** en coche; **~band** *de* neumático *m*; **~biogra'fie** *de* autobiografía

f; **~bus** *de* 1. autobus *m;* 2. autocar *m*
autoch'toon *adj* autóctono *m*
auto/coureur *de sport* corredor *m* de coches; **~di'dact** *de* autodidacta *m/f;* **~gas** *het* (**LPG**) gas *m* licuado de petróleo; **~gordel** *de* cinturón *m* de seguridad; **~kaart** *de* mapa *m* de carreteras; **~keuring** *de* inspección *f* de automóviles
auto/'maat *de* 1. (*con productos*) máquina *f* expendedora, distribuidor *m* automático; 2. (*persona*) autómata *f;* **~'matisch** *adj* automático; **~mati'seren** *vt informát* automatizar; **~mati'sering** *de* automatización *f*, informatización *f;* **~mo'biel** *de* automóvil *m;* **~mobi'list** *de* automovilista *m*, conductor *m;* **~monteur** *de* mecánico de automóviles
auto/no'mie *de* autonomía *f;* **~noom** *adj* autónomo
auto-ongeluk *het* accidente *m* de coche **au'topsie** *de* autopsia *f*
autorace *de sport* carrera *f* de coches **autori/'tair** *adj* autoritario; **~'teit** *de* autoridad *f*
auto/rijschool *de* auto-escuela *f;* **~slaaptrein** *de* auto-expreso *m* con coches-cama; **~snelweg** *de* <~en> autopista *f;* **~verhuur(bedrijf)** *het)* *de* agencia *f* de coches de alquiler

avant-'garde *de* vanguardia *f*
averechts *adj* 1. equivocado, erróneo; 2. (*punto*) al/del revés; **~e uitwerking** efecto *m* contraproducente
avo'cado *de* aguacate *m*
avond *de* (*a partir de las 18:00 horas*) tarde *f*, noche *f;* **'s ~s** por la noche; **de ~ tevoren** la víspera; **het wordt ~** anochece; **~dienst** *de* 1. turno *m* de noche; 2. *relig* oficio de tarde; **~eten** *het* cena *f;* **~jurk** *de* vestido *m* de noche; **~kleding** *de* 1. (*señoras*) traje *m* de noche; 2. (*señores*) traje *m* de etiqueta; **~klok** *de* toque *m* de queda; **~land** *het* occidente *m;* **~maal** *het* cena *f;* **~voorstelling** *de cine* función *f* de tarde/noche
avon/tu'rier *de* aventurero *m;* **~'tuur** *het* aventura *f;* **~'tuurlijk** *adj* lleno de aventuras
axi'oma *het* axioma *m*
azen: ~ op estar al acecho de, codiciar
Azi'/aat *de* asiático *m;* **~atisch** *adj* asiático
a'zijn *de* vinagre *m*
A'zoren: de ~ los Azores
Az'teek *de* azteca *m;* **~s** *adj* azteca

B

b *de mús* si *m*
baai *de* bahía *f*

baal *de* fardo *m*, bulto *m*; (*mercancía*) saco *m*
baan *de* 1. puesto *m*, empleo *m*; 2. *transp* camino *m*, vía *f*; 3. *sport* pista *f*, campo *m*, (*natación*) calle *f*; 4. *astron* órbita *f*; 5. *aero* pista *f*; 6. (*tela*) ancho *m*; 7. (*proyectil*) trayectoria *f*
baan'brek/end *adj*: **~ zijn** hacer/marcar época; **~er** *de* pionero *m*
baansporten *pl* atletismo *m* en pista
baar *de* 1. *med* camilla *f*; 2. lingote *m*; 3. **in ~ geld** en efectivo, en metálico
baard *de* barba *f*; **~ig** barbudo
baarmoeder *de* útero *m*, matríz *f*; **~hals** *de* cuello *m* uterino
baars *de* <baarzen> *zool* perca *f*
baas *de* 1. (*o. fig*) jefe *m*; 2. (*negocio*) dueño *m*; 3. *coloq* tío *m*, tipo *m*; 4. (*de su casa*) amo *m*, señor *m*
baat *de* provecho *m*, beneficio *m*; **ten bate van** en beneficio de
babbelen *vi* charlar, estar de palique
baby *de* <~'s> *ing* bebé *m*; **~sitten** *vi* hacer de canguro; **~sitter** *de ing* canguro *m*
ba'cil *de* bacilo *m*
back *de* <~s> *ing sport* defensa *m*, zaguero *m*
bacon *het ing gastr* bacon *m*, tocino *m* ahumado
bac'te/rie *de* <~ën> bacteria *f*; **~rio'logisch** *adj* bacteriológico
bad *het* <~en> 1. baño *m*, bañera *f*; 2. piscina *f*; **een ~ nemen** tomar un baño; **~en 1.** *vi* bañarse, darse un baño; **2.** *vt* bañar; **in weelde ~en** nadar en la abundancia; **z. ~en** bañarse; **~gast** *de* bañista *m*; **~handdoek** *de* toalla *f* de baño; **~hokje** *het* caseta *f*, cabina *f*; **~kamer** *de* cuarto *m* de baño; **~kuip** *de* bañera *f*, baño *m*; **~laken** *het* toalla *f* de playa; **~mantel** *de* albornoz *m*; **~meester** *m* socorrista *m*; **~'minton** *het ing* bádminton *m*; **~muts** *de* gorro *m* de baño; **~pak** *het* traje *m* de baño; **~plaats** *de* balneario *m*; **~schuim** *het* gel *m* de baño; **~stof** *de* tela *f* de rizo
ba'gage *de* 1. equipaje *m*; 2. *fig* bagaje *m*; **~depot** *het* <~s> *fr* consigna *f*; **~drager** *de* portaequipajes *m*; **~kluis** *de* consigna *f* automática; **~rek** *het* 1. red *f*, rejilla *f*; 2. baca *f*; **~ruimte** *de* compartim(i)ento *m* para equipajes, maletero *m*
baga'tel *de/het* bagatela *f*; **~li'seren** *vt* quitar valor a, trivializar, minimizar
bagger *de* fango *m*; lodo *m*; **~en 1.** *vt* dragar; **2.** *het* dragado *m*; **~molen** *de* draga *f*
bah! *excl* ¡qué asco!

bajes *de coloq* chirona *f*, talego *m*
bak *de* 1. (*para guardar*) caja *f*, recipiente *m*; 2. *coloq* chiste *m*; 3. *coloq* chirona *f*, gayola *f*; **~beest** *het* armatoste *m*, mole *f*; **~boord** *het nav* babor *m*
baken *het nav* baliza *f*, boya *f*
bakermat *de fig* cuna *f*
bak/fiets *de* triciclo *m* con caja (de reparto)
bakke/baard *de* patilla *f*
bakk/en *vt* 1. (*en sartén*) freír; 2. cocer en el horno; **~er** *de* panadero *m*; **~e'rij** <**~en**> *de* panadería *f*
bak/steen *de* ladrillo *m*
bakvis *de* quinceañera *f*, mocita *f*
bal 1. *de* 1. pelota *f*, balón *m*; 2. bola *f*; 3. *vulg* cojón *m*, huevo *m*; *geen ~ van iets weten* no saber ni pum; *geen ~ uitvoeren* no dar ni golpe; **2.** *het* baile *m*
balan'ceren *vi* balancear(se), mantener(se) el equilibrio
ba'lans *de* 1. balanza *f*, báscula *f*; 2. (*o. fig*) equilibrio *m*; 3. *com* balance *f*, inventario *m*
bal'dadig *adj* gamberro, indisciplinado, travieso; **~heid** *de* comportamiento *m* rebelde, gamberrada *f*
balen *vi* estar harto (**van** de)
balie *de* 1. recepción *f*, información *f*; 2. *jur* abogacía *f*, foro *m*
balk *de* 1. *arq* viga *f*, trabe *f*; 2. *mús* pentagrama *m*

Balkan: *de ~* los Balcanes
bal'kon *het* 1. balcón *m*, terraza *f*; 2. *teat* palco *m*; 3. *transp* plataforma *f*
bal'let *het* ballet *m*; **~danser** *de* bailarín *m*
balling *de* exiliado *m*; **~schap** *het* exilio *m*, destierro *m*
bal'lon *de* globo *m*, aeróstato *m*
ballpoint *de* <**~s**> *ing* bolígrafo *m*, boli *m*
ba'lorig *adj* recalcitrante, rebelde
balpen *de* bolígrafo *m*, boli *m*
balsem *de* bálsamo *m*; **~en** *vt* embalsamar
Baltisch: de ~e zee el (mar) Báltico
balu'strade *de* balaustrada *f*, barandilla *f*
bamboe 1. *adj inv* bambú; **2**. *het/de* bambú *m*
ban *de* 1. *relig* excomunión *f*; 2. encanto *m*, hechizo *m*; 3. *hist* exilio *m*; *in de ~* cautivado, hechizado (**van** por)
ba'naal *adj* trivial, ramplón
ba'naan *de* plátano
banali'teit *de* banalidad *f*, trivialidad *f*
band *de* 1. cinta *f*, tira *f*, franja *f*; 2. (*en rueda*) neumático *m*; 3. cinta *f* (*magnética, transportadora*); 4. *fig* lazo *m*, vínculo *m*; 5. *telec* banda (*de frecuencia*); 6. ligamento *m*; 7. <**~s**> *ing mús* conjunto *m*, orquesta *m*; **~eloos** *adj* desenfrenado

ban'diet *de* bandido *m*
bandrecorder *de* magnetófono *m*
banen: z. een weg ~ abrirse paso
bang asustado, miedoso, temeroso; **~erd** <~s>, **~e'rik** *de* <~en> cobarde *m*; **~make'rij** *de* intimidación *f*
ba'nier *de* <~en> bandera *f*, estandarte *m*
bank *de* 1. (*tren, etc.*) banco *m*, (*salón*) sofá *m*, banqueta *f*; *sport* banquillo; 2. *banc* banco *m*; **~afschrift** *het* extracto *m* de cuenta; **~biljet** *het* billete *m* de banco; **~boekje** *het* libreta *f* de ahorros
ban'ket *het* 1. banquete *m*; 2. *gastr* pastel *m* de hojaldre relleno de pasta de almendras; **~bakker** *de* pastelero *m*, repostero *m*; **~bakke'rij** *de* <~en> pastelería *f*
ban'kier *de* <~s> banquero *m*
bank/krediet *het* crédito *m* bancario; **~rekening** *de* cuenta *f* corriente; **~'roet 1.** *adj* en bancarrota, en quiebra; **~roet gaan** quebrar, declararse en quiebra; **2.** *het* (*o. fig*) bancarrota *f*, quiebra *f*; **~schroef** *de tecn* torno *m*; **~stel** *het* tresillo *m*; **~wezen** *het* banca *f*
banne/ling *de* exiliado *m*; **~n** *vt* expulsar, ahuyentar
bar 1. *adj* 1. (*paisaje*) árido, inhóspito; 2. (*tiempo*) crudo, duro;

3. muy; **2.** *de* <~s> 1. bar *m*, café *m*; 2. barra *f*
ba'rak *de* barraca *f*
bar'baar *de* bárbaro *m*; **~s** *adj* bárbaro; **~sheid** barbarie *f*
barbecue *de ing* <~s> barbacoa *f*, parrilla *f*; **~ën** *vi* asar (*al aire libre*)
bar/en *vt* 1. dar a luz, parir; 2. *fig* causar, producir
ba'ret *de* boina *f*
bariton *de* barítono *m*
barkeeper *de* barman *m*
barm'hartig *adj* misericordioso, compasivo; **~heid** *de* misericordia *f*, piedad *f*
barnsteen *de* ámbar *m* amarillo
ba'rok 1. *adj* 1. barroco; 2. *fig* rimbombante; **2.** *het/de* barroco *m*
barometer *de* barómetro *m*
ba'ron *de* barón *m*
barrevoets *adj* descalzo
barri'cade *de* barricada *f*; **~ren** *vt* levantar barricadas en, obstruir
barrière *de* barrera *f*, obstáculo *m*
bars *adj* 1. (*tono*) brusco, duro; 2. (*voz*) ronco
barst *de* grieta *f*, raja *f*, hendidura *f*; **~en** *vi* <zijn> 1. resquebrajarse, agrietarse; 2. estallar, reventar
bas *de mús* 1. (*voz*) bajo *m*; 2. (*instrumento*) contrabajo *m*
ba'salt *het* basalto *m*
bas'cule *de* báscula *f*
baseball *het ing* béisbol *m*

ba'seren *vt* basar, fundamentar (**op** en) **ba'silicum** *het* albahaca *f*
basi'liek *de* basílica *f*
basis *de* <~sen, bases> *arq, fig* base *f*, cimientos *mpl*; **~onderwijs** *het* enseñanza *f* primaria; **~school** *de* escuela *f* primaria
Bask *de* vasco *m*; **~isch 1.** *adj* vasco; **2.** *het* vasco *m*; **~enland** *het* País *m* Vasco
basketbal *het* baloncesto *m*
bas'sin *het fr* 1. pila *f*, 2. piscina *f*
bas'sist *de mús* bajo *m*
bast *de bot* corteza *f*
bastaard *de* hijo *m* bastardo
bastersuiker *de* azúcar *m* terciado
basti'on *het* <~s> bastión *m*, baluarte *m*
batal'jon *het* batallón *m*
bat/en *vi* servir, ser útil, valer; **~ig** *adj* ventajoso; **~ig saldo** *banc* saldo favorable
batte'rij *de* 1. *electr* pila *f*, 2. *mil* batería *f*
bau'xiet *het* bauxita *f*
bavi'aan *de zool* babián *m*
bazelen *vi* decir tonterías
bazig *adj* (mari)mandón *m*
ba'zuin *de mús* trombón *m*
be'ambte *de* <~n> empleado *m*
be'amen *vt* confirmar, afirmar
be'antwoorden 1. *vi* 1. *fig* responder (**aan** a); 2. corresponder a; **2.** *vt* 1. contestar a, responder a; 2. (*visita*) devolver

be'bloed *adj* ensangrentado
be'bossen *vt* poblar de árboles
be'bouw/en *vt* 1. *agric* cultivar; 2. *arq* edificar; **~ing** *de* 1. *agric* cultivo *m*; 2. *arq* edificación *f*
becha'melsaus *de gastr* salsa *f* besamel
be'cijfer/en *vt* 1. calcular; 2. cifrar; **~ing** *de* 1. cálculo *m*; 2. numeración *f*
beconcur'reren *vt* hacer la competencia a
bed *het* 1. cama; 2. *agric* arriate *m*; **naar ~ gaan** acostarse; **in/op ~** en la cama
be'daard *adj* 1. imperturbable; 2. tranquilo, sereno; **~heid** *de* calma *f*
be'dacht *adj* 1. inventado, ficticio; 2. (*persona*) empeñado; **~ zijn** estar empeñado (**op** en); **~zaam** *adj* 1. cuidadoso, 2. prudente, cauteloso; **~zaamheid** *de* 1. cuidado *m*; 2. prudencia *f*
be'dank/en 1. *vi* 1. rechazar, declinar; 2. anular, darse de baja; **2.** *vt* dar las gracias (**voor** por), agradecer; **~je** *het* palabras *fpl* de gratitud; **~t!** ¡gracias!
be'daren *vi* calmarse; **tot ~ brengen** calmar
bedden/goed *het* ropa *f* de cama; **~laken** *het* sábana *f*
bedding *de* (*río*) cauce *m*, lecho *m*;

bede *de* 1. <~n> *relig* oración *f*; 2. ruego *m*, súplica *f*

be'deesd *adj* tímido; **~heid** *de* timidez *f*

be'dek/ken *vt* (*o. fig*) cubrir, tapar (**met** de); **~king** *de* cobertura *f*; cubrimiento *m*; **~t** *adj* 1. (*o. meteo*) cubierto; 2. *fig* encubierto

bede/laar *de* mendigo *m*; **~len** *vi* mendigar, pedir limosna

be'delen *vt* dotar (**met** de), proveer de

bedela'rij *de* mendicidad *f*

be'delven *vt* sepultar, enterrar (**onder** bajo)

be'denk/elijk *adj* 1. objetable; 2. escabroso; 3. dudoso; **~en** *vt* 1. pensar; 2. inventarse; **~ing** *de* 1. objeción *f*, reparo *m*; 2. duda *f*; **~tijd** *de* plazo *m* de reflexión

be'derf *het* 1. descomposición *f*, putrefacción *f*; 2. deterioro *m*; **~elijk** *adj* perecedero

be'derven <irr 1>**1.** *vi* estropearse, pudrirse; **2.** *vt* estropear; (*niño*) malcriar

bedevaart *de* peregrinación *f*; **~ganger** *de* perergrino *m*

be'dien/de *de* <~s, ~n> empleado *m*, criado *m*; **~en** *vt* 1. atender, servir; 2. (*hacer funcionar*) manejar; **~ing** *de* 1. servicio *m*; 2. manejo *m*; **~ingspaneel** *het* panel *m* de mandos/control

be'ding *het* condición *f*; **~en** *vt* 1. (*en acuerdo*) pactar, estipular; 2. demandar, exigir

be'disselen *vt desp* 1. disponer; 2. arreglar

be'doel/en *vt* 1. querer decir, referirse a; 2. tener por objeto; **~ing** *de* 1. intención *f*, idea *f*; 2. sentido *m*, significado *m*

be'dompt *adj* mal ventilado; (*ambiente*) cargado

be'donder/d *adj* 1. zumbado, chiflado; 2. malísimo; **~en** *vt coloq* engañar, estafar

be'dorven *adj inv* 1. (*alimento*) podrido, estropeado; 2. (*niño*) consentido

be'dotten *vt* embaucar, tomar el pelo

be'drading *de tecn* 1. cableado *m*; 2. cables *mpl*

be'drag *het* <~en> cantidad *f*, importe *m*, suma *f*; **~en** ascender a, totalizar

be'dreig/en *vt* amenazar (**met** con); **~ing** *de* amenaza *f*

be'dreven *adj* hábil (**in** para), experto en

be'drieg/en <irr 2> *vt* engañar, estafar; **~er** *de* embaucador *m*, tramposo *m*; **~lijk** *adj* engañoso, traidor

be'drijf *het* 1. *com* empresa *f*; 2. *teat* acto *m*; 3. funcionamiento *m*; marcha *f*

bedrijfs/arts *de* médico *m* de empresa **~kunde** *de stud* ciencias *fpl* empresariales; **~leider** *de com* gerente *m*; **~leven** *het* 1. industria y comercio, mundo *m* de los negocios; 2. empesariado *m*; **~tak** *de* ramo *m* industrial

be'drijv/en *vt* ejercer, practicar; **~ig** *adj (persona)* activo, trabajador; **~igheid** *de* actividad *f*; animación *f*

be'drinken: *z. ~* emborracharse

be'droefd *adj* triste, apenado

be'droevend *adj* 1. desolador; 2. lamentable

be'drog *het* 1. engaño *m*; 2. espejismo *m*

be'druipen: *zichzelf kunnen ~* valerse por sí mismo

be'drukt *adj* 1. *impr* impreso, estampado; 2. abatido, compungido

bedtijd *de* hora *f* de acostarse

be'ducht *adj* asustado; *~ zijn voor* temer

be'duiden *vt* indicar, significar; **~d** considerablemente

be'duusd *adj* perplejo

be'duvelen *vt* engañar, tomar el pelo

be'dwang *het* control *m*; *in ~ houden* tener bajo control

be'dwelmen *vt* 1. adormecer; 2. aturdir

be'dwingen *vt* 1. reprimir; 2. contener; 3. someter

be'ëdig/d *adj jur* 1. jurado; 2. bajo juramento; **~en** *vt jur* tomar juramento a; **~ing** *de* toma *f* de juramento

be'ëindig/en *vt* concluir, terminar; **~ing** *de* finalización *f*

beek *de* arroyo *m*

beeld *het* 1. imagen *f*; 2. idea *f*, impresión *f*; 3. estatua *f*, escultura *f*; **~buis** *de TV* 1. tubo *m* de imagen; 2. *fig* televisor *m*;

beelden/d *adj* expresivo; **~storm** *de hist* iconoclasia *f*; movimiento *m* iconoclasta

beeldhouw/er *de* escultor *m*; **~werk** *het* escultura *f*

beeld/scherm *het* pantalla *f*; **~spraak** *de* lenguaje *m* figurativo

been *het* 1. pierna *f*; 2. hueso *m*

beer *de* 1. *zool* oso *m*; 3. *(cerdo)* marrano *m*; 2. *astr*: *de grote (kleine) ~** la Osa Mayor/Menor

beest *het* 1. *(o. fig)* bestia *f*; 2. animal *m* (doméstico), bicho *m*; **~achtig** *adj* bestial

beet *de* 1. mordisco *m*; 2. mordedura *f*; *(de insecto)* picadura *f*; **~je** *het* poco *m*, poquito *m*; **~nemen** *vt* 1. coger, agarrar; 2. *iem ~nemen* tomar el pelo a alg; **~pakken** *vt* coger, agarrar

be'faamd *adj* famoso, célebre

be'gaafd *adj* dotado, talentoso; **~heid** *de* talento *m*

be'gaan 1. *adj*: *~ zijn* compadecerse **(met** de) **2.**: *iem laten ~* dejar hacer; **3.** *vt* cometer, perpetrar; **~baar** *adj* (*calle*) transitable

be'geer/lijk *adj* deseable, apetecible; **~te** *de* deseo *m*, anhelo *m*

bege'leid/en *vt* 1. acompañar; 2. guiar, dirigir; **~er** *de* acompañante *m*, tutor *m*; **~ing** *de* 1. acompañamiento *m*, (*proyecto, etc.*) seguimiento *m*

be'ger/en *vt* anhelar, desear, aspirar a; **~ig** *adj* 1. codicioso; 2. ávido (**naar** de)

be'geven: het ~ fallar, estropearse; **z. ~** dirigirse (**naar** a)

be'gieten *vt* regar, rociar

be'gin *het* comienzo *m*, principio *m*; **~nen** *vi* <irr 3, zijn> comenzar, empezar (**met/aan** con/por); **~neling, ~ner** *de* principiante *m*; **~sel** *het* principio *m*

be'gluren *vt* espiar, acechar

be'graafplaats *de* cementerio *m*

be'gra/fenis *de* <~sen> entierro *m*, exequias *fpl*; **~ven** *vt* enterrar, sepultar

be'grenzen *vt* 1. limitar; 2. deslindar

be'grijp/elijk *adj* comprensible, inteligible; **~en** *vt* entender, comprender

be'grip *het* 1. comprensión *f*; 2. concepto *m*, noción *f*

be'groet/en *vt* saludar; recibir; **~ing** *de* saludo *m*

be'grot/en *vt com* presupuestar, estimar; **~ing** *de* presupuesto *m*, estimación *f* de gastos

be'gunstigen *vt* favorecer, beneficiar

be'ha *de* sujetador *m*, sostén *m*

be'haaglijk *adj* agradable, placentero, cómodo

be'haard *adj* velludo, cubierto de pelo

be'hagen 1. *het* gusto *m*, agrado *m*; **2.** *vt* agradar, gustar, complacer

be'halen *vt* conseguir, ganar, obtener

be'halve *conj* 1. excepto, a excepción de, salvo; 2. además de, aparte de; **~ dat** excepto que

be'handel/en *vt* 1. tratar, manejar; 2. tratar de, hablar de; 3. *med* tratar, atender; **~ing** *de* 1. trato *m*; 2. tramitación *f*; 3. *med* tratamiento *m*

be'hang *het* empapelado *m*; **~en** *vt* 1. empapelar; 2. *fig* cubrir de

be'hartigen *vt* (*intereses*) defender

be'heer *het* 1. gerencia *f*, gestión *f*; 2. cuidado *m*, custodia *f*; **~der** *m* gerente *m*, administrador *m*

beheersen *vt* dominar, controlar; **z. ~** controlarse, contenerse

be'heksen *vt* hechizar, embrujar

be'helzen *vt* consistir en, comprender

be'hendig *adj* hábil, ágil, diestro

be'heren *vt* administrar, llevar

be'hoed/en *vt* proteger (**voor** de); **~zaam** prudente, cauteloso

be'hoeft/e de <~n> necesidad f (**aan** de); **zijn ~e doen** hacer sus necesidades; **~ig** adj necesitado

be'hoeve: ten ~ van para, en favor de; **~n** vt necesitar, tener necesidad de

be'hoorlijk adj 1. decente, conveniente; 2. bastante, considerablemente

be'horen vi 1. deber, haber de, convenir; 2. pertenecer (**aan** a); formar parte (**tot/bij** de); **naar ~** como es debido

be'houd het 1. conservación f, mantenimiento m; 2. salvación f; **met ~ van** manteniendo(se); **~en 1.** adj 1. ileso, sano y salvo; intacto; **2.** vt conservar, guardar; **~end** adj conservador; **~ens** prep salvo, excepto

be'hulp: met ~ van con la ayuda de; **~zaam** 1. servicial, atento; 2. (cosa) útil

beige adj inv beige, ocre

be'ïnvloeden vt influir en, incidir en, afectar

beitel de cincel m; **~en** vt cincelar

be'jaard adj anciano, de edad avanzada; **~e** de anciano m; **~entehuis** het residencia f geriátrica

be'jegen/en vt tratar; **~ing** de trato m

bek de 1. pico; 2. (de animal) boca f, hocico m; **~af** adj hecho polvo

be'kend adj conocido, sabido, familiar; **~heid** de 1. conocimiento m; 2. fama f, renombre m; **~maken** anunciar, notificar, revelar

be'ken/nen vt confesar, reconocer; **~tenis** de confesión f

beker de 1. vaso m, tazón m; 2. (trofeo) copa f

be'ker/en vt convertir (**tot** a); **~ing** de conversión f

be'keur/en vt multar, sancionar; **~ing** de multa f; **een ~ krijgen** ser multado

be'kijken vt 1. mirar, examinar; 2. contemplar

bekken het 1. fuente f, palangana f; 2. anat pelvis m; 3. geogr cuenca f

be'klaagde de <~n> jur procesado m, acusado m

be'klag het queja f; **zijn ~ doen** quejarse (**bij** a/ante); **~en** vt compadecer; **z. ~** quejarse, lamentarse (**bij** a/ante)

be'kled/en vt revestir, (muebles) tapizar; **~ing** de 1. revestimiento m, tapizado m; (puesto) desempeño m

be'klem/men vt oprimir, angustiar; **~tonen** vt acentuar

be'klimmen vt (montaña) subir, escalar

be'knopt adj conciso, breve

be'knotten vt cercenar, recortar

be'kocht: z. ~ voelen sentirse engañado

bekoelen

be'koelen *vi* <zijn> *fig* enfriar(se)
be'kogelen *vt* tirar, lanzar, (*con piedras*) apedrear
be'kokstoven *vt* tramar, maquinar, fraguar
be'kom/en *vi* <zijn> 1. caer, sentar; 2. reponerse
bekommeren: z. ~ om preocuparse de
be'koorlijk *adj* encantador, seductor
bekor/en *vt* embelesar, encantar; **~ring** de encanto *m*
be'kostigen *vt* costear, sufragar, pagar
be'krachtig/en *vt* confirmar; (*tratado*) ratificar; **~ing** de confirmación *f*, ratificación *f*
bekriti'seren *vt* criticar
be'krompen *adj inv* burgués, estrecho
be'kronen *vt* coronar, premiar, laurear
bekvechten *vi* reñir, pelotear
be'kwaam *adj* competente, hábil; capaz; **~heid** de capacidad *f*, habilidad *f*
be'kwamen: z. ~ in iets adiestrarse en u/c
bel de 1. timbre *m*; 2. campanilla *f*; 3. cascabel *m*; 4. burbuja *f*
be'labberd *adj* lamentable, miserable
be'lachelijk *adj* ridículo, absurdo; **z. ~ maken** hacer el ridículo
be'laden 1. *adj* cargado; **2.** *vt* cargar

be'lagen *vt* asediar, acosar
be'landen *vi* acabar, terminar, ir a parar
be'lang *het* 1. interés *m*, utilidad *f*; 2. importancia *f*; **~ hebben** tener interés (**bij** por); **veel ~ hechten** dar mucha importancia (**aan** a); **~rijk** *adj* importante, relevante; **~stellend** *adj* interesado; **~stelling** de interés *m*
be'last/baar *adj* imponible, gravable, tributable; **~en** *vt* 1. cargar; 2. *adm* encargar (**met** con); 3. (*persona*) imponer impuestos; 4. gravar con un impuesto; **z. ~** hacer cargo (**met** de)
be'lasting de 1. (*o. fig*) carga *f*, presión *f*; 2. impuesto *m*, contribución *f*; **~aangifte** de declaración *f* fiscal; **~aanslag** de 1. imposición fiscal; 2. (*importe*) deuda *f* tributaria; **~biljet** *het* impreso *m* para la declaración fiscal; **~dienst** de fisco *m*; **~vrij** *adj* exento de impuestos
be'lazeren *vt* coloq engañar
be'ledig/en *vt* ofender, insultar; **~ing** de ofensa *f*, insulto *m*
be'leefd *adj* cortés, educado; **~heid** de cortesía *f*
be'leg *het* 1. sitio *m*, asedio *m*; 2. algo para poner en el pan; **~en** (*vino*) añejo; (*queso*) curado; **~eren** *vt* sitiar, asediar; **~gen** *vt* 1. convocar; 2. *econ* invertir; 3. (*pan*) cubrir; **~ging** de *com* inversión *f*

be'leid *het* 1. *pol* política *f*; 2. *com* gestión *f*
be'lemmer/en *vt* obstaculizar, dificultar, entorpecer; **~ing** *de* obstáculo *m*, dificultad *f*
be'let/sel *het* impedimento *m*; **~ten** *vt* impedir, imposibilitar
be'leven *vt* vivir, experimentar; **~is** *de* experiencia *f*, vivencia *f*
be'lezen *adj* culto, erudito
Belg *de* belga *m*; **~ië** *het* Bélgica *f*; **~isch** *adj* belga
belhamel *de* (niño) golfo *m*
be'licham/en *vt* encarnar; **~ing** *de* encarnación *f*
be'lichten *vt* 1. iluminar; 2. *fig* exponer, desarrollar; 3. *foto* exponer
be'lijden *vt relig* profesar; **~is** *de relig* confirmación *f*
bellen *vt* 1. llamar (a la puerta), tocar el timbre; 2. llamar (por teléfono)
be'lofte *de* promesa *f*
be'lon/en *vt* recompensar; **~ing** *de* recompensa *f*
be'loven *vt* prometer
be'luisteren *vt* 1. escuchar; 2. *med* auscultar
be'machtigen *vt* 1. obtener; 2. apoderarse de
be'mann/en *vt* tripular, dotar de personal; **~ing** *de* tripulación *f*
be'merken *vt* notar, observar, percibir
be'middel/aar *de* intermediario *m*; mediador *m*; **~en** *vi* intervenir; mediar; **~ing** *de* intervención *f*, mediación *f*
be'minne/lijk *adj* afable, amable; **~n** *vt* amar, querer
be'moedigen *vt* animar, alentar
be'moeien: z. ~ (entro)meterse (**met** en), intervenir en, tomar cartas en; **~is** *de* <~sen> intervención *f*
be'moeilijken *vt* dificultar, estorbar
be'nadelen *vt* perjudicar
be'nader/en *vt* 1. aproximarse a; 2. dirigirse a; **~ing** *de* 1. acercamiento *m*; 2. *fig* enfoque *m*; **bij ~ing** aproximadamente
be'na/drukken *vt* acentuar, dar énfasis a; **~ming** *de* nombre *m*, denominación *f*
be'nard *adj* difícil, apurado
be'nauw/d *adj* 1. sofocante, pesado; 2. angustioso; 3. *meteo* bochornoso; **~en** *vt* angustiar, sofocar
bende *de* <~n, ~s> 1. montón *m*; 2. desorden *m*, caos *m*; 3. (*personas*) banda *f*
be'neden *adj* abajo, debajo; **naar ~ gaan/komen** bajar, descender; **~verdieping** *de* piso *m* bajo
bengel *de* (niño) golfillo *m*, pillo *m*
be'nieuw/d *adj* curioso (**naar** de); **~en** *vi* intrigar; **het zal me ~** estoy curioso por saber
be'nijden *vt* envidiar, tener envidia a

be'nodigd *adj* necesario, indispensable; **~heden** *pl* lo necesario, útiles *mpl*

be'noem/en *vt* designar, nombrar; **~ing** *de* nombramiento *m*

be'nul *het* idea *f*, noción *f*; **geen flauw ~** no tener ni la más remota idea

be'nutten *vt* aprovechar, utilizar

ben'zine *de* gasolina *f*; **~pomp** *de* surtidor *m* de gasolina

be'oefen/aar *de* persona que ejerce o practica algo, practicante *m*; **~en** *vt* ejercer, dedicarse a; *sport* practicar

be'ogen *vt* pretender, aspirar a

be'oordelen *vt* evaluar, juzgar (**naar** por)

be'paald *adj* fijo, determinado, definido; *niet ~* no precisamente

bepal/en *vt* determinar, fijar, establecer; **z. ~en** limitarse (**tot** a); **~ling** *de* 1. definición *f*; 2. disposición *f*; 3. cláusula *f*; 4. *ling* complemento *m*

be'perk/en *vt* limitar, reducir; **~ing** *de* limitación *f*, restricción *f*; **~t** *adj* limitado

be'pleiten *vt* abogar por, defender

be'proev/en *vt* probar, ensayar; **~ing** *de* 1. prueba *f*, ensayo *m*; 2. calvario *m*, suplicio *m*

be'raad *het* deliberación *f*, debate *m*, reflexión *f*; **~slagen** *vi* deliberar, debatir

be'ram/en *vt* 1. tramar, urdir; 2. estimar, presupuestar; **~ing** *de* cálculo *m*, estimación *f*

be'rechten *vt jur* procesar, enjuiciar, juzgar

be'reid *adj* 1. dispuesto (**tot/om** a); 2. preparado; **~en** *vt* preparar

be'reik *het* alcance *m*; **~baar** *adj* alcanzable, accesible; **~en** *vt* alcanzar, llegar a

be'reken/d *adj* calculado, apto (**op** para); **~en** *vt* 1. calcular; 2. facturar; **~ing** *de* cálculo *m*

berg *de* 1. montaña *f*, monte *m*; 2. *fig* montón *m*; **~en** <irr4> *vt* 1. guardar; 2. *nav* (*barco*) salvar; 3. (*cadáver*) recoger; 4. (*capacidad*) acomodar; **~hok** *het* trastero *m*, cobertizo *m*; **~ing** *de* 1. trastero *m*; 2. *nav* salvamento *m*; **~pas** *de* paso *m*, puerto *m* de montaña; **~top** *de* cumbre *f*, cima *f*

be'richt *het* noticia *f*, aviso *m*, informe *m*; **~en** *vt* informar, avisar, comunicar

be'rijd/baar *adj* (*calle*) transitable; **~en** *vt* (*caballo*) montar; (*calle*) pasar por

be'risp/en *vt* reprender; **~ing** *de* reprensión

berm *de* borde *m* de la carretera/del camino

be'roemd *adj* famoso, célebre; **~heid** *de* celebridad *f*

be'roep *het* 1. profesión *f*, oficio *m*; 2. llamamiento *m*; 3. *jur* apelación *f*; **een ~ doen** hacer un llamamiento (**op** a); **~en: z. ~en** recurrir, apelar (**op** a); *jur* invocar

be'roeps... profesional; **~opleiding** *de* formación *f* profesional

be'roer/d *adj* muy mal(o); **~en** *vt* 1. rozar; 2. *fig* mover; **~ing** *de* agitación *f*; exitación *f*; **~te** *de* <~n, ~s> *med* ataque *m* (de apoplejía)

be'rokkenen *vt* causar; **schade ~** causar daño

be'rooid *adj* pobre, sin un céntimo

be'rouw *het* arrepentimiento; **~en** *vt* arrepentir, deplorar

be'rov/en *vt* 1. robar; (con fuerza) asaltar; 2. privar (**van** de), quitar; **~ing** *de* robo *m*

be'rucht *adj* notorio, de mala fama

be'rusten *vi* 1. fundarse (**op** en), basarse en; 2. resignarse (**in** a); **~ing** *de* resignación *f*

bes *de* 1. (fruta) baya *f*; 2. *mús* si *m* bemol

be'schaafd *adj* 1. civilizado; 2. bien educado

be'schaamd *adj* avergonzado

be'schadig/en *vt* dañar, estropear; **ing** *de* daño *m*

be'schamen *vt* avergonzar, dar vergüenza

be'schaving *de* 1. civilización *f*; 2. cultura *f*; 3. buena educación *f*

be'scheiden *adj* modesto, humilde; **~heid** *de* modestia *f*

be'scherm/eling *de* protegido *m*; **~en** *vt* proteger (**tegen** de, contra), defender; **~heer** *de* protector *m*; patrocinador *m*; **~heilige** *de* <~n> santo *m* patrón; **~ing** *de* protección *f*

be'schieten *vt* tirar a, disparar a

be'schik/baar *adj* disponible; **~ken** *vi* 1. decidir, disponer; 2. disponer (**over** de), tener; **~king** *de* disposición *f*, disponiblidad *f*; **ter ~king van** a disposición de

be'schilderen *vt* pintar

be'schouwen *vt* considerar, juzgar; **~ing** *de* 1. contemplación *f*; 2. exposición *f*

be'schrijv/en *vt* 1. describir; 2. escribir sobre; **~ing** *de* descripción *f*

be'schuit *de* ± bizcocho *m*

be'schuldig/en *vt* (*o. jur*) acusar; **~ing** *de* acusación *f*, denuncia *f*

be'schutten *vt* proteger, defender; **z. ~** resguardarse (**tegen** contra); **~ing** *de* defensa *f*, protección *f*

be'sef *het* idea *f*, conciencia *f*, noción *f*; **~fen** *vt* ser consciente de, darse cuenta de

be'slaan **1.** *vi* <zijn> (*cristal*) empañarse; **2.** *vt* 1. ocupar,

beslaan

abarcar, cubrir; 2. (*caballo*) herrar
be'slag *het* 1.*gastr* masa *f*, pasta *f*; 2. (*caballo*) herraje *m*; 3. *jur* embargo *m*; **in ~ nemen** 1. *jur* embargar, requisar; 2. (*tiempo, lugar*) ocupar
be'slis/sen *vt* decidir; **~send** *adj* decisivo, crucial; **~sing** *de* decisión *f*; **~t 1.** *adj* decidido; **2.** *adj* seguro, sin duda; **~ niet** seguro que no
be'sloten *adj* privado
be'sluit *het* decisión *f*, resolución *f*; **tot ~** en conclusión, para concluir; **~en** *vt* 1. terminar, acabar; 2. decidir
be'smeren *vt* untar (**met** con)
be'smet *adj* contagiado; **~telijk** *adj* contagioso; **~ten** *vt* contagiar (**met** con); **~ting** *de* contagio *m*
be'snoeien *vt* 1. *bot* podar; 2. *fig* recortar
be'spar/en *vt* economizar; (*o. fig*) ahorrar; **~ing** *de* 1. economía *f*; 2. ahorro *m*
be'speuren *vt* notar, percibir, observar
be'spieden *vt* acechar, espiar
be'spoedigen *vt* acelerar
be'spottelijk *adj* ridículo
be'sprek/en *vt* 1. tratar, hablar de; 2. (*libro*) reseñar; 3. (*plaza*) reservar; **~ing** *de* 1. discusión *f* negociación *f*; 2. (*libro*) reseña *f*; 3. (*plaza*) reserva *f*

be'sproeien *vt* regar
best 1. *het* mejor; **zijn ~ doen** esforzarse; **2.** *adj/adv* 1. (*superlativo*) mejor; 2. muy bueno, muy bien; 3. bastante; (*en carta*) querido,-a
be'staan 1. *het* existencia *f*, vida *f*; **2.** *vi* 1. existir; 2. componerse (**uit** de)
be'stand 1. *het* 1. archivo *m*; 2. *informát* fichero *m*; 3. *mil* armisticio *m*; **2.** *adj* resistente (**tegen** a); a prueba de; **~deel** *het* componente *m*, ingrediente *m*
be'steden *vt* dedicar (**aan** a); (*dinero*) gastar, emplear; (*tiempo*) invertir
be'stek *het* 1. cubierto *m*; 2. espacio *m*, ámbito *m*; 3. *econ* presupuesto *m*
be'stel/auto *de* furgoneta *f*; **~bon** *de* hoja *f* de pedidos; **~len** *vt* 1. encargar, pedir; 2. repartir, entregar; **~ling** *de* 1. pedido *m*, encargo *m*; 2. lo pedido; 3. reparto *m*; **op ~** por encargo
be'stem/d *adj* : **~ zijn voor** ir destinado a, ser para; **~men** *vt* destinar (**voor** a, para); **~ming** *de* destino *m*
be'stendig *adj* 1. estable; 2. duradero
be'stoken *vt* 1. atacar; 2. *fig* hostigar, acosar (**met** con)
be'stormen *vt* asaltar, tomar por asalto

be'straffen *vt* castigar

be'stralen *vt* (*o. med*) radiar, irradiar

be'strating *de* 1. pavimentación *f*; 2. pavimento *m*

be'strijd/en *vt* 1. luchar contra, combatir; 2. *fig* impugnar, refutar; **~ing** *de* lucha *f* (**van** contra)

be'strijken *vt* 1. abarcar; 2. untar (**met** con), cubrir

be'strooien *vt* esparcir (**met** sobre)

bestu'deren *vt* 1. estudiar; 2. examinar

be'stur/en *vt* 1. conducir, manejar; 2. dirigir, gobernar; **~ing** *de* 1. mando *m*, manejo *m*; 2. control *m*

be'stuur *het* 1. gobierno *m*, dirección *f*; 2. administración *f*; 3. (*club*) junta *f* directiva; **~der** *de* 1. (*de vehículo*) conductor *m*; 2. administrador *m*, director *m*; **~slid** *het* <~leden> miembro *m* de la junta directiva

bestwil: *voor je eigen* **~** por tu bien

be'taal/baar *adj* asequible; (*precio*) razonable; **~d** *adj* 1. pagado, comprado; 2. *sport* profesional; *iem iets* **~d** *zetten* vengarse de alg; **~pas** *de* tarjeta *f* de pago

be'talen *vt* pagar, abonar

be'taling *de* pago *m*; *na* **~** *van* previo pago; *tegen* **~** por dinero **~sbalans** *de* balanza *f* de pagos; **~sbewijs** *het* recibo *m*, comprobante *m* de pago

be'tasten *vt* 1. tentar, tocar, palpar; 2. *desp* sobar

be'teken/en *vt* significar, querer decir; **~is** *de* <~sen> 1. significado *m*, sentido; 2. importancia *f*

beter *adj* (*comparativo*) mejor; **~schap** *de* mejoría *f*; **~!** ¡que te mejores!, ¡que se mejore!

be'teugelen *vt* refrenar, contener

be'titelen *vt* 1. llamar; calificar (**als** de)

be'tog/en **1.** *vi* manifestar; **2.** *vt* argumentar, argüir; **~er** *de* manifestante *m*; **~ing** *de* manifestación *f*

be'ton *het* hormigón *m*

be'toog *het* exposición *f*, discurso *m*

be'tover/en *vt* 1. hechizar, embrujar; 2. *fig* cautivar; **~ing** *de* 1. hechizo *m*; 2. *fig* encanto *m*

be'trappen *vt* sorprender, coger, pillar

be'treden *vt* pisar, entrar en

be'treffen *vt* 1. concernir; 2. referirse a; **~de** *prep* en cuanto a, referente a, respecto de

be'trekk/elijk *adj* relativo; **~en 1.** *vt* 1. *meteo* nublarse; 2. (*cara*) ensombrecerse; **2.** *vt* 1. implicar, involucrar (**bij** en); 2. (*en casa*) instalarse; 3. *com* comprar, adquirir; **~ing** *de* 1. em-

betrekkelijk

pleo *m*, puesto *m*; 2. relación *f*, lazo *m*
be'treuren *vt* lamentar, sentir
be'trouwbaar *adj* digno de confianza, fiable
be'tuigen *vt* expresar, manifestar
betweter *de* pedante *m*, sabelotodo *m*
be'twijfelen *vt* dudar, poner en duda
be'twist/baar *adj* 1. discutible, cuestionable; **~en** *vt* 1. disputar, cuestionar; 2. rebatir
beu: *het/iets ~ zijn* estar harto de u/c
beugel *de* abrazadera *f*, aro *m*, arco *m*
beuk *de bot* haya *m*
beul *de* verdugo *m*
beunhaas *de* chapucero *m*
beur/en *vt* cobrar, percibir; **~s** *de* 1. bolsa *f* (de valores); 2. *stud* beca *f*; 3. cartera *f*, monedero *m*
beurt *de* turno *m*, vez *f*; *om de ~* por turno; **~telings** *adv* alternativamente
be'vall/en *vi* <zijn> 1. dar a luz, parir; 2. (**iem iets**) gustar (u/c a alg), agradar; **~ig** *adj* gracioso, elegante; **~ing** *de* parto *m*
be'vatten *vt* 1. contener, comprender; 2. concebir, comprender
be'veilig/en *vt* proteger, asegurar; **~ing** *de* protección *f*, seguro *m*
be'vel *het* <bevelen> 1. orden *f*; mandato *m*; **~en** <irr 5> *vt* 1. mandar, ordenar; 2. encomendar; **~hebber** *de mil* comandante *m*
beve/n *vi* temblar, tiritar; **~r** *de zool* castor *m*; **~rig** *adj* tembloroso
be'vestig/en *vt* 1. fijar, sujetar; 2. reforzar; 3. confirmar; **~end** *adj/adv* afirmativo, afirmativamente; **~ing** *de* 1. fijación *f*; 2. confirmación *f*
be'vind/en *vt* encontrar, considerar; **z. ~en** encontrarse, hallarse; **~ing** *de* 1. resultado *m*, conclusión *f*; 2. experiencia *f*
be'vlieging *de* capricho *m*
be'vloei/en *vt* regar, irregar; **~ing** *de* riego *m*
be'voegd *adj* 1. competente; 2. *stud* calificado; 3. autorizado, calificado (**om te** para); **~heid** *de* 1. competencia *f*; 2. calificación *f*
be'volk/en *vt* poblar; **~ing** *de* población *f*
be'voor/delen *vt* favorecer **~raden** *vt* aprovisionar, abastecer; **~rading** *de* abastecimiento *m*; **rechten** *vt* privilegiar, favorecer
be'vorder/en *vt* 1. fomentar, propiciar; 2. ascender, promover; **~ing** *de* 1. fomento *m*, promoción *f*; 2. (*persona*) ascenso *m*; **~lijk** *adj* beneficioso
be'vredigen *vt* contentar; satisfacer (*también sexualmente*);

~end *adj* satisfactorio; **~ing** *de* satisfacción *f*
be'vreesd *adj* atemorizado, asustado
be'vriend *adj* amigo
be'vriezen 1. *vi* congelarse; **2.** *vt* congelar, helar
be'vrijd/en *vt* liberar (**van** de), poner en libertad; **z ~en** liberarse (**van** de); **~ing** *de* liberación *f*
bevroren *adj inv* 1. helado; 2. congelado
be'vrucht/en *vt* fecundar, fertilizar, engendrar; **~ing** *de* fecundación *f*
be'wak/en *vt* vigilar, cuidar, custodiar; **~er** *de* vigilante *m*; **~ing** *de* vigilancia *f*, guardia *f*
be'wapen/en *vt* armar; **~ing** *de* armamento *m*
be'war/en 1. guardar, conservar; 2. salvaguardar; **~ing** *de* 1. depósito *m*; 2. detención *f*; **in ~ing geven** dar en depósito
be'weegreden *de* <~en> motivo *m*, móvil *m*
be'weg/en 1. *vi* moverse; **2.** *vt* 1. mover; 2. *fig* incitar, empujar; **z. ~en** moverse; **~ing** *de* movimiento *m*
be'wer/en *vt* asegurar, sostener; **~ing** *de* afirmación *f*, aseveración *f*
be'werk/en *vt* elaborar, trabajar; **~ing** *de* 1. (*tierra*) cultivo *m*; 2. elaboración *f*, fabricación *f*;
~stelligen *vt* realizar, llevar a cabo
be'wijs *het* 1. prueba *f*, muestra *f*, evidencia *f*; 2. certificado *m*; **~ van ontvangst** recibo *m*
be'wijzen *vt* 1. probar, demostrar; 2. (*u/c*) evidenciar
be'wind *het* gobierno *m*, régimen *m*; **~sman** *de* <bewindslieden> ministro *m*, dirigente *m*
be'wogen *adj inv* 1. movido, agitado; 2. (*persona*) conmovido
be'wolk/ing *de* nubosidad *f*; **~t** *adj* nublado, nuboso
be'wonder/aar *de* admirador *m*; **~en** *vt* admirar; **~ing** *de* admiración *f*
be'woner *de* habitante *m*
be'wust *adj* 1. en cuestión; 2. consciente; **~eloos** *adj* inconsciente; **~zijn** *het* conciencia *f*
be'zaaien *vt* sembrar; (**met** de)
be'zegelen *vt* (*o. fig*) sellar
bezem *de* escoba *f*
be'zeren *vt* hacer daño; herir; **z. ~** hacerse daño, herirse
be'zet *adj* ocupado, **~en** (*inv*) poseído, poseso, obsesionado; **~ten** *vt* ocupar, cubrir; (*en protesta*) encerrarse en; **~ter** *de* ocupante *m*; **~ing** *de* 1. ocupación; *mús, teat* reparto *m*
be'zichtig/en *vt* 1. visitar, ver; 2. inspeccionar; **~ing** *de* visita *f*, inspección *f*
be'ziel/en *vt* inspirar; **~ing** *de* inspiración *f*

beziens'waardigheid *de* 1. curiosidad *f*; lugar *m* de interés turístico
bezig *adj* atareado; ~ **zijn** estar ocupado (**met** con); ~**heid** *de* ocupación *f*, actividad *f*; ~**houden** *vt* ocupar, entretener
be'zinn/en: z. ~en reflexionar, recapacitar; ~**ing** *de* reflexión *f*, deliberación
be'zit *het* posesión *f*, propiedad *f*, bien *m*; ~**ten** *vt* poseer, tener; ~**ter** *de* poseedor *m*, propietario *m*; ~**ting** *de* posesión *f*, pertenencia *f*
be'zoek *het* visita *f*, visitas *fpl*; ~**en** *vt* visitar, ir a ver, asistir a; ~**er** *de* visitante *m*
be'zorg/d *adj* 1. preocupado; 2. cuidadoso; ~**en** *vt* 1. proporcionar; 2. causar, ocasionar; 3. entregar; (*correo*) repartir; **aan huis ~en** entregar a domicilio
be'zuinig/en *vt* economizar, reducir gastos; ~**ing** *de* ahorro *m*, reducción *f* de los gastos
be'zwaar *het* inconveniente *m*, objeción *f*; ~**d** *adj* afligido, agobiado; ~**lijk** *adj* difícil, penoso; ~**schrift** *het jur* reclamación *f*, queja *f* (escrita)
be'zweet *adj* sudoroso
be'zwer/en *vt* 1. *jur* jurar; 2. conjurar, exorcizar; ~**ing** *de* 1. juramento *m*; 2. exorcismo *m*
be'zwijken *vi* <irr 6, zijn> ceder, (*o. fig*) desplomarse, sucumbir
bibberen *vi* tiritar, temblar
bibliogra'fie *de* <~ën> bibliografía *f*
bidden <irr 7> *vt* 1. rezar, orar; 2. suplicar, rogar
biecht *de relig* confesión *f*; ~**en** *vi* confesarse
bieden <irr 8> *vt* 1. ofrecer, presentar; 2. (*en subasta*) hacer postura, licitar
bief *de gastr* bistec *m*; ~**stuk** *de* bistec *m*, solomillo *m*
bier *het* cerveza *f*
bies *de* 1. ribete *m*, orla *f*, bordillo *m*; 2. *bot* junco *m*
biet *de bot* remolacha *f*
big *de zool* cochinillo *m* lechón
biga'mie *de* bigamia *f*
bij 1. *adj* 1. (*ser*) listo; 2. *med* consciente; 3. al día; **2.** *de zool* abeja *f*; **3.** *prep* 1. (*lugar*) cerca de, junto a; ~ **zich hebben** llevar/tener consigo; 2. con, donde, en casa de; **werken ~** trabajar en/con; 3. en, entre; ~ **de Grieken** entre los griegos; 4. (*tiempo*) mientras, durante, al; ~ **aankomst** al llegar; ~ **deze** con la presente; 5. en caso de; ~ **ziekte** en caso de enfermedad; 6. más, extra; **er ~ doen** añadir; 7. en presencia de alg o u/c; **er ~ zijn** estar (presente)
bijbehorend *adj* perteneciente, anexo, accesorio
bijbel *de* biblia *f*; ~**s** bíblico
bij/benen *vt* 1. seguir; *fig* seguir el

ritmo de; **~betalen** *vt* pagar un suplemento/extra; **~ blijven** *vi* <zijn> 1. mantenerse al día; 2. quedar en la memoria; **~brengen** *vt* 1. enseñar, inculcar; 2. *med* reanimar

bijde'hand *adj* listo, avispado, despierto

bijdrage *de* <~n> contribución *f*, aportación *f*; **~n** *vt* aportar; contribuir (**tot** a), ayudar a

bij'een *adv* juntos, reunidos; **~brengen** *vt* reunir, juntar; **~komen** *vi* <zijn> reunirse, juntarse; **~komst** *de* reunión *f*; **~roepen** *vt* convocar (a una reunión)

bijenhouder *de* apicultor *m*

bij/gebouw *het* (edificio) anexo *m*; **~geloof** *het* superstición *f*; **~gelovig** *adj* supersticioso; **~houden** *vt* 1. mantenerse al ritmo de, seguir; 2. (conocimientos) mantener; 3. (diario, cuentas) llevar; **~kantoor** *het* sucursal *f*; **~keuken** *de* office *m*

bijkom/en *vi* 1. añadirse; *daar komt nog bij* a esto se añade; 2. (**er ~en**) alcanzar; *ik kom er niet bij* no alcanzo; *fig*: *hoe kom je erbij?* ¿de dónde sacas semejante idea?; 3 *med* recobrar el conocimiento; reponerse, recuperarse; **~stig** *adj* accesorio, secundario

bijl *de* hacha *m*

bij/lage *de* <~n> (carta) anexo *m*; (prensa) suplemento *m*; **~leggen** *vt* 1. (pago) añadir; 2. (riña, disputa) (re)conciliar, arreglar, hacer las paces

bijles *de* clases particulares *mpl*

bijna *adv* casi

bij/naam *de* mote *m*, apodo *m*; **~'passend** *adj* a juego, correspondiente; **~scholen** *vt* reentrenar, reciclar; **~scholing** *de* curso *m* de reciclaje; **~smaak** *de* regusto *m*; **~stand** *de* 1. asistencia *f*, auxilio *m*; 2. asistencia *f* económica; ± subsidio de auxilio social; **~stellen** *vt* 1. rectificar, corregir; 2. (aparato) (re)ajustar

bijten <irr 9> *vi* 1. (**in/op**) morder ; 2. picar, escocer; 3. *quím* corroer

bij'tijds *adv* 1. temprano; 2. a tiempo

bijval *de* respaldo *m*, adhesión *f*; aplauso *m*; **~len** *vt* respaldar

bij/verdienste *de* <~n> ingreso *m* extra; sobresueldo *m*; **~verschijnsel** *het* efecto *m* secundario

bijvoeg/en *vt* añadir, incluir; **~lijk** *adj* adjetival; **~lijk naamwoord** *het* *ling* adjetivo *m*; **~voegsel** *het* (prensa) suplemento *m*

bij'voorbeeld *adv* por ejemplo

bij/werken *vt* 1. (libros) revisar, actualizar; (cuadro) retocar;

bijwonen

~wonen vt asistir a, presenciar; **~woord** het ling adverbio m; **~zaak** de cosa f secundaria; **~zijn** het presencia f; **in (het) ~zijn van** en presencia de
bijzet/ten vt sepultar, enterrar; **~tafel** de mesita f auxiliar
bij'zonder 1. adj particular, especial, peculiar; **2.** adv muy; **niets ~s** nada del otro mundo; **~heid** de particularidad f, detalle m, pormenor m
bi'kini de bikini m
bil de nalga f
bil'jart het 1. sport billar m; 2. mesa f de billar
bil'jet het billete m
bil'joen het billón m
billijk adj justo, razonable
bind/en <irr 10> vt 1. (o. fig) atar, amarrar, fijar, unir; 2. (libro) encuadernar; 3. gastr espesar; 1. lazo m, vínculo m; 2. vinculación f
binnen 1. adv dentro, adentro; **2.** prep 1. (lugar) dentro de; 2. (tiempo) en, en menos de; **van ~** por dentro; **naar ~ gaan** entrar; **te ~ schieten** venir a la memoria; **~band** de (vehículo) cámara f; **~dringen** vt penetrar en, invadir; **~gaan** vt entrar en; **~haven** de puerto m interior; ± dársena f; **~'huisarchitect** de decorador m de interiores; **~in** adv dentro, en el interior; **~kant** de lado m interior; **~'kort** adv dentro de poco, pronto; **~krijgen** vt 1. ingerir; 2. recibir; **~land** het interior m; **~laten** vt hacer pasar, dejar entrar; **~lopen** vt 1. entrar (a pie); 2. nav llegar a puerto; **~plaats** de patio m; **~shuis** adv en casa; **~stad** de centro m de la ciudad; **~vallen** vt 1. entrar de sopetón; 2. invadir

biogra'fie de <~ën> biografía f
bio/lo'gie de biología f; **~'logisch** adj biológico; **~loog** de biólogo m
bios'coop de cine m
bis/'cuit het/de <~s> galleta f; **~dom** het relig diócesis f; obispado m; **~schop** de relig obispo m
bits adj áspero, brusco
bitter adj (o. fig) amargo
bivak'keren vi 1. hacer vivac; 2. acampar
bi'zar adj raro, extraño, extravagante
bizon de <~s> zool bisonte m
blaam de 1. culpa f; 2. (fig) mancha f
blaar de ampolla f
blaas de med 1. vejiga f; 2. ampolla f; **~balg** de fuelle m; **~instrument** het mús instrumento m de viento; **~ontsteking** de med cistitis f
blad 1. het <bladeren> bot hoja f; **2.** het <~en> 1. bandeja f; 2. publicación f, revista f; 3. lámina f

blader/deeg *het* hojaldre *m*; **~en** *vi* hojear
blad/goud *het* pan *m* de oro; **~luis** *de zool* pulgón *m*; **~zijde** *de* <~n> página *f*
blaffen *vi* ladrar
blaken: **~ van** rebosar de
bla'm/age *de* vergüenza *f*; **~eren** *vt* desacreditar; **z. ~eren** quedar en ridículo
blanco *adj inv* en blanco **~ stemmen** votar en blanco
blank *adj* blanco; **het ~e ras** la raza blanca
blauw *adj* azul; **~bekken** *vi* tiritar de frío
blaz/en <irr 11> **1.** *vi* soplar, expirar; **2.** *vt mús* tocar, soplar; **~er** *de* 1. *ing txtl* americana; 2. *mús* instrumentista *m*
bleek 1. *adj* pálido, blanco; **2.** *de* blanqueo *m*
bleken *vt* blanquear
blij *adj* alegre, contento
blijdschap *de* alegría *f*, contento *m*
blijk *het* prueba *f*, muestra *f*; **~baar** *adv* por lo visto, evidentemente; **~en** *vi* <irr 12, zijn> 1. resultar; 2. deducirse (**uit** de), desprenderse
blij/'moedig *adj* alegre; **~spel** *het* comedia *f*
blijven *vi* <irr 13, zijn>1. quedar(se), permanecer, seguir, continuar; 2. seguir (siendo), continuar (siendo); **~d** *adj* duradero, permanente

blik 1. *de* 1. mirada *f*, 2. expresión *f*; 3. *fig* visión *f*; **2.** *het* 1. (*material*) (hoja)lata *f*; 2. (*recipiente*) lata *f*; **~ken** *de* (hoja)lata; **~opener** *de* abrelatas *de*; **~schade** *de auto* daños *mpl* materiales
bliksem *de* relámpago *m*, rayo *m*; **~afleider** *de* pararrayos *m*; **~en** *vi v/impers* relampaguear; **~flits** *de* rayo *m*, relámpago *m*; **~snel** *adj* como un rayo, rapidísimo
blikvanger *de* cebo *m*
blind 1. *adj* 1. (o. *fig*) ciego; 2. invisible; **~ worden** quedarse ciego; **~doeken** *vt* vendar los ojos; **~e** *de* <~n> ciego *m*
blinde'darm *de med* apéndice; **~ontsteking** *de med* apendicitis *f* **blind/elings** *adv* a ciegas, ciegamente; **~heid** *f* ceguera *f*
blinken <irr 14> *vi* brillar
blocnote *de ing* bloc *m* de notas
bloed *het* sangre *f*; **~armoede** *de* anemia *f*; **~bad** *het* matanza *f*, masacre *f*; **~dorstig** *adj* sanguinario; **~druk** *de* tensión *f* arterial; **~eigen** *adj inv* propio; **~en** *vi* 1. sangrar; 2. *fig* pagar; **~erig** *adj* (o. *fig*) sangriento; **~ig** *adj* (con *sangre*) sangriento; **~ing** *de* hemorragia *f*; **~lichaampje** *het* glóbulo *m* sanguíneo; **~neus** *de* hemorragia *f* nasal; **~proef** *de* análisis *m* de sangre
bloedsomloop *de* circulación *f* de la sangre

bloed/uitstorting de hematoma m; **~vat** het <<n>> vaso m sanguíneo; **~vergiftiging** de intoxicación f de la sangre; **~verwant** de consanguíneo m; **~worst** de gastr morcilla
bloei de 1. floración f, flor f; 2. fig florecimiento m; **~en** vi 1. bot florecer; 2. fig prosperidad
bloem de 1. bot flor f; 2. harina f; **~bol** de bot bulbo m; **~enstalletje** het puesto m de flores; **~ist** de florista m; **~kool** de coliflor f; **~lezing** de antología f; **~pot** de tiesto m, maceta f; **~rijk** adj florido; **~stuk** het arreglo m floral
bloes de txtl blusa f; **~em** de flor f
blok het 1. (*material macizo*) bloque m; 2. manzana f, bloque (de viviendas); 3. leña f; 4. (*juguete*) cubo m; **~fluit** de mús flauta f dulce; **~kade** de (o. pol) bloqueo m; **~ken** vi empollar, quemarse las cejas; **~'keren** vt (o. banc, sport) bloquear; **~letter** de letra f de imprenta
blond adj rubio
bloot adj 1. desnudo; 2. descubierto; **met het blote oog** a simple vista; **~staan** vi estar expuesto (**aan** a); **~stellen** vt exponer; **z. ~stellen** exponerse (**aan** a); **~svoets** adv descalzo
blos de rubor m

blozen vi 1. ruborizarse, 2. (*de vergüenza*) sonrojarse
blouse de txtl 1. blusa; 2. camisa f
bluf de farol m, bluff m; **Haagse ~** postre de clara de huevo batida con zumo de grosellas; **~fen** vi fanfarronear, tirarse un farol
blunder de metedura f de pata
blussen vt extinguir, apagar
blut adj: **~ zijn** estar sin un duro
bobbel de bulto m, protuberancia f
boch/el de joroba f; chepa f
bocht de curva f, recodo; (*tubo*) codo m
bod het oferta f, puja f; **een ~ doen** hacer una oferta
bode de <<-n, -s>> 1. mensajero m; 2. (*oficina*) ordenanza m; 3. jur alguacil m
bodem de 1. (*base*) fondo m, suelo m; 2. territorio m, tierra f; **~loos** adj sin fondo
boedel de 1. jur (masa de la) herencia f; 2. (*propiedad*) bienes; **~scheiding** de separación f de bienes
boef de pícaro m, granuja m, bribón
boeg de nav proa f; **voor de ~ hebben** fig tener por delante
boei de nav boya f anclada, baliza f; **~en 1.** pl esposas mpl; **2.** vt 1. esposar; 2. fig fascinar, cautivar; **~end** adj cautivador, fascinante

boek *het* libro *m*; **~deel** *het* volumen *m*, tomo *m*; **~drukkunst** de imprenta *f*

boeken *vt* 1. *com* asentar, contabilizar, consignar; 2. (*resultado*) conseguir, cosechar; 3. (*turismo*) reservar; **~kast** *de* (*mueble*) librería *f*; **~lijst** *de* lista *f* de libros; **~plank** *de* estante *m*; **~enrek** *het* estantería *f*

boe'ket *het* 1. (*flores*) ramo *m*, ramillete *m*; 2. (*vino*) aroma *m*

boek/handel *de* librería *f*; **~houden** *vi* llevar la contabilidad; **~houder** *de* contable *m*; **~houding** *de* contabilidad *f*; **~jaar** *het* año *m* contable

boel *de* 1. **een ~** un montón de, muchos; 2. cosas *fpl*, asunto *m*; **de hele ~** *fig* todo el negocio

boe/man *de* coco *m*, malo *m*

boemel *de*: **aan de ~ gaan** ir de juerga; **~trein** *de* tren *m* omnibús

boemerang *de* <~s> búmerang *m*

boenen *vt* fregar, restregar; (*con cera*) encerar

boer *de* 1. agricultor *m*, campesino *m*; 2. ganadero *m*; 3. *fig* paleto, palurdo *m*; 4. (*cartas*) sota *f*; 5. eructo *m*; **~derij** *de* <~en> granja *f*; cortijo *m*; **~en** *vi* 1. dedicarse a la agricultura; 2. eructar; **~en'kool** *de* col *m* rizada; **~s** *adj* 1. rústico, campestre; 2. (*persona*) grosero

boete *de* 1. multa *f*; 2. *relig* penitencia *f*; **~doening** *de relig* penitencia *f*; **~n** *vi fig* pagar (**voor** por)

boe'tiek *de* <~s> boutique *f*

boet'seren *vt* modelar (con arcilla)

boezem *de* seno *m*, pecho *m*; **~vriend** *de* amigo *m* íntimo

bof *de* 1. suerte *f*; 2. *med* paperas *fpl*; **~fen** *vi* tener mucha suerte

bok *de* 1. *zool* macho *m* cabrío *m*; 2. *arq* caballete *m*; 3. (*gimnasio*) potra *f*

bo'kaal *de* copa *f*, cáliz *f*

bok/kensprong *de* cabriola *f*

bokkig *adj* cabezón, terco

bokking *de gastr* arenque *m* ahumado

boks/en *vi* boxear; **~er** *de* boxeador

bol 1. *adj* 1. (*lente*) convexo; 2. hinchado, inflado; 3. (*ojo*) saltón; **2.** *de* 1. bola *f*, esfera *f*, globo *m*; 2. *bot* bulbo *m*; 3. *fig* cabeza *f*, coco *m*; 4. (*pan*) bollo *m*

bolwerk *het* bastión *m*, baluarte *m*; **~en ken: het (niet) kunnen ~en** (no) poder con todo

bom *de* 1. bomba *f*; 2. (*dinero*) montón *m*; **~aanslag** *de* <~en> atentado *m* de bomba; **~bardement** *het* bombardeo *m*; **~bar'deren** *vt* bombardear; **~bastisch** *adj* rimbombante; **~brief** *de* carta *f* bomba;

bommenwerper

~menwerper *de* (avión *m* de) bombardeo *m*; **~vol** *adj* (lleno) hasta los topes

bon *de* 1. recibo *m*, vale *m*, bono *m*; 2. multa *f*

bon'bon *de* bombón *m*

bond *de* 1. asociación *f*, sociedad *f*, (con)federación *f*; 2. sindicato *m*; 3. alianza *f*, liga *f*; **~genoot** *de* aliado *m*; **~genootschap** *het* alianza *f*, pacto *m*; **~ig** *adj* sucinto, conciso

bonne'fooi *de*: **op de ~** a la buena de Dios

bons *de* 1. golpe *m*; 2. (*maffia*) capo *m*; 3. *pol* dirigente *m*

bont 1. *adj* abigarrado, multicolor; 2. *het* piel *f*, pieles *fpl*; **~jas** *de* abrigo *m* de piel

bonus *de* <~sen> bonificación *f*, gratificación *f*, prima; (*bolsa*) dividendo *m* extraordinario

bonzen *vt* 1. golpear, dar; 2. (*corazón*) palpitar con fuerza

boodschap *de* 1. recado *m*, mensaje *m*; 2. compra *f*; **een grote/kleine ~ doen** hacer aguas mayores/menores; **~per** *de* mensajero *m*

boog *de* arco *m*; *arq* bóveda *f*; **~schutter** *de* 1. arquero *m*, ballestero *m*; 2. Sagitario *m*

boom *de* 1. *bot* árbol *m*; 2. barrera *f*; 3. (*barco*) pértiga *f*; **~gaard** *de* huerta *f*, vergel *m*; **~stam** *de* tronco *m*

boon *de* haba *f*, judía *f*, alubia *f*; **bruine ~** de judía *f* pinta; **witte ~** de judía *f* blanca

boor 1. *het quím* boro *m*; 2. *de* 1. taladro *m*, taladradora *f*; 2. broca *f*

boord 1. *de* 1. borde *m*, ribete *m*; 2. *het* 1. cuello *m*; 2. *nav, aero* bordo *m*; **aan ~ gaan** embarcar; **van ~ gaan** desembarcar; **~evol** a tope

boormachine *de* taladro *m*, taladradora *f*

boos *adj* 1. enojado, enfadado; 2. malicioso, malo; **z. ~ maken** disgustarse, enfadarse (**om** por); **~aardig** *adj* 1. malicioso; 2. *med* maligno; **~doener** *de* malechor *m*; **~heid** *de* enfado *m*

boot *de* barco *m*, barca *f*, buque *m*; **met de ~** en barco

bord *het* 1. (*vajilla*) plato *m*; 2. letrero *m*, rótulo *m*; 3. placa *f*; 4. pizarra *f*; 5. tablón *m*

bor'deel *het* burdel *m*

bor'duren *vt* bordar

boren *vt* taladrar, perforar

borg *de* 1. *jur* fianza *f*, caución *f*; 2. (*persona*) fiador *m*, garante *m*; **~som** de fianza *f*; **~tocht**: **op ~ vrijlaten** poner en libertad bajo fianza

borrel *de* copa *f*; aperitivo *m*; **~en** *vi* 1. borbotear; 2. tomar el aperitivo; **~hapje** *het* tapa *f*, pincho *m*

borst *de* pecho *m*, teta *f*; **~beeld** *het arte* busto *m*

borstel *de* cepillo *m*; escobilla *f*; **~elen** *vt* cepillar

borst/kas *de* tórax *m*; **~plaat** *het* dulce *m* de azúcar; **~wering** *de* parapeto *m*

bos 1. *het* bosque *m*; 2. *de* 1. (*flores*) ramo *m*, 2. manojo *m*; 3. (*pelo*) melena *f*; **~bes** *de bot* arándano *m*; **~je** *het* 1. *bot* matorral *m*; 2. ramillete *m*; **~wachter** *de* guardabosques *m*

bot 1. *de zool* platija *f*; **2.** *het* hueso *m*; **3.** *adj* 1. desafilado, romo; 2. (*persona*) bruto, obtuso

boter *de* mantequilla *f*; **~ham** *de* rebanada *f* de pan; **~hamworst** *de* mortadela *f*

bots/en *vi* <zijn> chocar, dar con; **~ing** *de* 1. choque *m*, colisión *f*; 2. *fig* conflicto *m*

bottelen *vt* embotellar

botvieren *vt* dar rienda suelta a

botweg *adv* francamente, sin rodeos

bou'gie *de* <~s> bujía *f* (de ignición)

boui'llon *de* <~s> caldo *m*, consomé *m*; **~blokje** *het* pastilla *f* de caldo

boule'vard *de* 1. <~s> (*en ciudad*) avenida *f*, bulevar *m*; 2. (*mar*) paseo *m* marítimo

bout *de tecn* tornillo *m*, perno *m*

bouw *de* 1. construcción *f*, edificación *f*; 2. arquitectura *f*; 3. *fig* estructura *f*; **~en 1.** *vi* confiar (**op** en); **2.** *vt* 1. construir, edificar; **~grond** *de* terreno *m* edificable; **~kunde** *de stud* arquitectura *f* técnica; **~st** *de* arquitectura *f*; **~pakket** *het* paquete *m* con piezas para montar; **~stijl** *de* estilo *m* arquitectónico; **~val** *de* ruina *f*; **~vallig** *adj* ruinoso; **~werk** *het* edificio *m*

boven 1. *adv* arriba, encima (del todo), en lo más alto; *naar ~* hacia/para arriba; **2.** *prep* 1. sobre, (por) arriba de; 2. superior a, más de; **~ de tien jaar** mayor(es) de diez años; **~ Parijs** al norte de Paris; **~aan** a la cabeza; **~al** *adv* más que nada, ante todo; **~bouw** *de stud* segundo ciclo escolar; **~dien** *adv* además; **~gronds** *adj* aéreo; **~huis** *het* piso *m* de arriba; **~komen** *vi* <zijn> subir, llegar arriba; *fig* surgir, emerger; **~matig** *adj* excesivo, desmesurado; **~menselijk** *adj* sobrehumano; **~natuurlijk** *adj* sobrenatural; **~op** *adv* encima (de), arriba; **~staand** *adj* arriba mencionado

box *de* 1. (*para niño*) parque *m*, corralito *m*; 2. *mús* altavoz *f*; 3. (*para caballo*) box *m*

boy'cot *de ing* boicot *m*; boicoteo *m*; **~ten** *vt* boicotear

braad/pan *de* cazuela *f*, cacerola *f*; **~spit** *het* asador *m*

braaf *adj* bueno, honesto, obediente

braak *adj* (*tierra*) en barbecho; ~ **liggen** estar sin cultivar; **~middel** *het* <~en> vomitivo *m*; **~sel** *het* vómito *m*
braam *de* 1. *bot* zarza *f*; 2. (*fruta*) zarzamora *f*
brabbelen *vt* farfullar, chapurrear
braden *vt* asar, guisar; *in een pan* ~ freír en la sartén
braken *vt* vomitar, devolver
bran'card *het* <~s> camilla *f*
brand *de* incendio *m*, fuego *m*; **~baar** *adj* inflamable; **~blaar** *de* ampolla *f*; **~en 1.** *vi* 1. quemar, arder; 2. (*luz, fuego*) estar encendido; **2.** *vt* quemar, arder, tostar; **~er** *de* quemador *m*; **~erig** *adj* 1. (*olor*) a quemado; 2. (*piel, ojo*) irritado; **~ewijn** *de* aguardiente *m*; **~gang** *de* cortafuego *m*; **~hout** *het* leña *f*; **~ing** *de* rompiente *m*, resaca *f*; **~kast** *de* caja *f* fuerte; **~merk** *het* 1. marca *f*, hierro *m*; 2. *fig* estigma *f*; **~merken** *vt* 1. herrar; 2. *fig* estigmatizar; **~netel** *de bot* ortiga *f*; **~punt** *het* 1. foco *m*; 2. centro *m*; **~stapel** *de* hoguera *f*; **~stichter** *de* incendiario *m*; **~stof** *de* combustible *m*, carburante *m*; **~weer** *de* cuerpo *m* de bomberos; **~weerman** *de* <brandweerlieden> bombero *m*; **~wond** *de* quemadura *f*
breed 1. *adj* ancho, amplio; **2.** *adv* a lo ancho; **~te** *de* <~n, ~s> anchura *f*; ancho *m*; *geol* latitud *f*; **~tegraad** *de* grado *m* de latitud
breek/baar *adj* frágil, quebradizo; **~ijzer** *het* palanca *f*, palanqueta *f*
breien *vt* hacer punto
brein *het* (*o. fig*) cerebro *m*
breken <irr 15> **1.** *vi* <zijn> 1. romperse; 2. romper (**met** con); (*voz*) quebrarse; **2.** *vt* 1. romper, quebrar; (*hueso*) fracturar; 2. (*record*) batir; 3. (*resistencia*) quebrantar; 4. (*golpe*) amortiguar
brem *de bot* retama *f*
brengen <irr 16> *vt* 1. (*hacia el hablante*) traer; 2. (*alejándose del hablante*) llevar, acompañar
bres *de* brecha *f*
bre'tel *de* <~s> *txtl* tirante *m*
breuk *de* 1. rotura *f*, grieta *f*, fisura; 2. *med* fractura *f*, hernia *f*; 3. *mat* fracción *f*
bre'vet *het* diploma *f*, certificado *m*
brief *de* carta *f*; **~kaart** *de* tarjeta *f* postal; **~wisseling** *de* correspondencia *f*
bries *de* brisa *f*
brievenbus *de* buzón *m*
bri'gad/e *de* brigada *f*; **~ier** *de* <~s> cabo *m*
brij *de* 1. papilla *f*; 2. pasta *f*
bril *de* 1. gafas *fpl*, 2. (*inodoro*) asiento *m*
bril'jant 1. *adj* brillante; **2.** *m* brillante *m*

Brit de británico m; **~s** adj británico
bro'chure de folleto m
broeden vi zool empollar, incubar
broeder de 1. hermano m; 2. enfermero m; **~lijk** adj fraternal; **~schap 1.** het/de fraternidad f, hermandad f; **2.** de 1. relig congregación f; cofradía f; 2. gremio m
broei/en vi 1. (heno) fermentar; 2. fig tramarse; **~erig** adj bochornoso; **~kast** de invernadero m; **~nest** het fig hervidero m, nido m
broek de pantalón m; **~je** het bragas fpl
broer de <~s> hermano m; **~tje** het hermanito m
brok de pedazo m, trozo m; **~stuk** het fragmento m, retazo m
brom/beer de gruñón m; **~fiets** de ciclomotor m; **~men** vi 1. (insecto) zumbar; 2. fig gruñir, refunfuñar; **~mer** de ciclomotor m; **~pot** de fig gruñón m
bron de 1. (o. fig) fuente f, manantial m; 2. fig origen m
bron'chitis de med bronquitis f
brons het bronce m
bronwater het agua f de manantial; agua f viva
brood het pan m; **~mager** muy flaco, enjuto; **~kruimel** de miga f; **~rooster** het/de tostador m de pan

brouw/en vt fabricar (cerveza); **~sel** het potingue m, brebaje m
brug de 1. puente m; 2. sport barras fpl paralelas
bruid de 1. novia f; 2. recién casada f; **~egom** de 1. novio m; 2. recién casado m **bruids/paar** het novios mpl; **~schat** de dote m
bruik/baar adj útil, servible; aprovechable; **~leen: in ~leen** en préstamo m de uso
bruiloft de boda f, bodas fpl
bruin adj 1. marrón, castaño, 2. (por sol) moreno; **~en** vt dorar, tostar; 2. broncear
brullen vi 1. (león) rugir; (toro) bramar; (persona) vociferar, aullar; (niño) berrear
bru/'taal adj impertinente, insolente, descarado; **~tali'teit** de impertinencia f, insolencia f
bruto adj inv bruto
bruusk adj brusco, repentino
bruut 1. adj bruto; **2.** m (persona) bruto
BT'W de (Belasting op de Toegevoegde waarde) IVA (Impuesto sobre el Valor Añadido)
budget het presupuesto m
buffel de zool búfalo m
buffer de tope m, parachoque
buf'fet het 1. (en bar) mostrador m, barra f; 2. gastr **koud ~** bufé m frío
bui de <~en> meteo 1. chubasco m, aguacero m; 2. (persona)

bui 92

humor m; *in een goede* ~ de buen humor
buig/en <irr 17> **1.** vi <(zijn)> inclinarse; **2.** vt 1. doblar, 2. (*cabeza*) inclinar, bajar; 3. (*calle*) torcer; **z.** ~**en** inclinarse; ~**ing** de inclinación f, reverencia f; ~**gzaam** adj flexible
buiig adj meteo lluvioso
buik de vientre m, barriga f; ~**pijn** de med dolor m de vientre; ~**riem** de: *de* ~ *aanhalen* apretarse el cinturón
buil de chichón m, bulto m
buis de 1. (*o. radio, TV*) tubo m 2. fig tele f, pequeña pantalla f
buit de botín m; ~**eling** de voltereta f
buiten 1. prep 1. fuera de; 2. aparte de; 3. sin; **2.** adv fuera; ~ *wonen* vivir en el campo; *er* ~ *staan* no tener nada que ver; *van* ~ *kennen* saber de memoria; **3.** *het* casa f de campo
buiten/'boordmotor m (motor) fuera borda m; ~**echtelijk** adj extramatrimonial; ~**gewoon** adj excepcional, extraordinario
buite'nissig adj excéntrico
buitenkant de (lado) exterior m
buitenland het extranjero m; ~**er** de extranjero m; ~**s** adj extranjero
buitenlucht de aire m libre
buitenshuis adv fuera de casa
buiten/sluiten vt dejar fuera, excluir; ~**'spel** het fuera m de juego; ~**staander** de profano m, persona f ajena al asunto; ~**wijk** de barrio m periférico; ~**zijde** de (lado) exterior m
bukken vi agacharse, acurrucarse
bulderen vi mil tronar, (*persona*) bramar
Bul/'gaar de búlgaro m; ~**'gaars** **1.** adj búlgaro; **2.** *het* ling búlgaro m; ~**ga'rije** *het* Bulgaria f
bullebak de cascarrabias m
bult de 1. joroba f; 2. chichón m; bulto m
bundel de 1. fardo m, paquete m; 2. (*ramas*) haz m; (*libro*) colección f; ~**en** vt unir, concentrar; (*textos*) reunir
bungalow de <~s> bungalow m
bunker de búnker m refugio
bunzing de zool turón m
burcht de castillo m, fortaleza f
bu'reau het <~s>1. escritorio m; 2. oficina f, despacho m;
bureau/'craat de burócrata m; ~**cra'tie** de burocracia f; ~**'cratisch** adj burocrático
buren pl vecinos mpl
burge'meester de alcalde m
burger de 1. burgués m; 2. ciudadano m; 3. civil m; ~**ij** de 1. ciudadanos mpl, ciudadanía f; 2. burguesía f, clase f media; ~**lijk** adj 1. civil; burgués; ~**oorlog** de <~en> guerra f civil; ~**recht** het derecho m civil
bus de 1. autobús m, autocar m;

2. caja *f*, lata *f*; 3. (*correo*) buzón; **~halte** *de* parada *f* de autobús; **~kruit** *het* pólvora *f*;
buste *de* <~n, ~s> (*o. arte*) busto *m*, senos *mpl*, **~houder** *de* sujetador *m*, sostén *m*
buur *de* vecino *m*; **~man** *de* vecino *m*; **~vrouw** *de* vecina *f*
buurt *de* 1. barrio *m*; (*hier*) *in de ~* (aquí) cerca

C

ca.: *circa adv* aproximadamente
caba'ret *het* <~s> 1. cabaré *m*; teatro (musical y) satírico; 2. compañía *f* de humoristas satíricos
ca'bine *de* cabina *f*
cabrio'let *de* (*coche*) descapotable *m*
ca'chet *het* estilo *m*, distinción *f*
ca'cao *de* cacao *m*
cactus *de bot* cactus *m*, cacto *m*
ca'deau *het* <~s> regalo *m*; **~bon** *de* bono-regalo *m*
cadet *de mil* cadete *m*
ca'fé *het* <~s> bar *m*; **~chan'tant** *het* café *m* concierto
cafe'ïne *de* cafeína *f*; **~vrij** descafeinado
cafe'taria *f* cafetería *f*
cake *de ing* ± bizcocho *m*
calami'teit *de* calamidad *f*, desastre *m*
calo'rie *de* <~ën> caloría *f*

caissière *f* cajera *f*
calvi'nis/me *het* calvinismo *m*; **~t** *de* calvinista *m*; **~tisch** *adj* calvinista
camera *de* cámara *f*
camou'/flage *de* camuflaje *m*; **~fleren** *vt* camuflar
cam'pagne *de* campaña *f*; *een ~ voeren* hacer una campaña (*tegen* contra)
camp/er *de ing* autocaravana *f*
camping *de* <~s> camping *m*; **~vlucht** *de* vuelo *m* chárter (sin alojamiento)
campus *de stud* campus *m*, ciudad *f* universitaria
Canad/a *het* Canadá *m*; **~ees** 1. *adj* canadiense; 2. *de* canadiense *m*
canapé *de* 1. diván *m*, canapé *m*; 2. *gastr* canapé *m*
Canarische eilanden *pl* (las) Islas Canarias
cancelen *vt* cancelar, anular
canon *de* <~s> (*relig, mús*) canon *m*
cannabis *de drog* cáñamo *m*, marihuana *f*
cantate *de mús* cantata *f*
canvas *het* lona *f*
ca'pabel *adj* capaz
capaci'teit *de* 1. (*o. psicol*) capacidad *f*; 2. *mec, electr* potencia *f*; 3. (*sala*) aforo *m*
cape *de ing txtl* capa *f*
capitu'/latie *de* capitulación *f*; **~leren** *vi* capitular, rendirse

ca'psule *de* (*o. med, aero*) cápsula *f*

captain *de ing aero* comandante *m*; *sport* capitán *m*

Caraï/bïer *de* caribeño *m*; **~bisch** caribeño; **~bische Zee** mar *m* del Caribe

caravan *de ing* caravana *f*, roulotte *m*

carbura'teur *de auto* carburador *m*

cardio'gram *het* cardiograma *m*

cardio'loog *de* cardiólogo *m*

cariës *de med* caries *f*

carnaval *het* <~s> carnaval *m*

carnavalsoptocht *de* cabalgata *f* de carnaval

car'rière *de* carrera *f* (profesional)

caril'lon *de* <~s> carillón *m*

carrosse'rie *de* <~ën> *mec* carrocería *f*

carrou'sel *het/de* <~s> carrusél *m*; tiovivo *m*; caballitos *mpl*

carte *fr*: *à la ~ eten* comer a la carta

cashewnoot *de* anacardo *m*

ca'sino *het* <~s> casino *m*; (*pan*) pan *m* de molde

cas'satie *de* (*jur* recurso *m* de) casación *f*; *in ~ gaan* interponer recurso de casación

casselerib *de gastr* chuleta *f* de cerdo cocida y deshuesada

cas'sette *de* 1. (*cinta*) casete *m*; 2. caja *f*, estuche *m*; **~recorder** *m* (*aparato*) casete *m*

cassis *de* refresco *m* de grosellas negras

Casti/li'aan *de* castellano *m*; **~li'aans** *adj* castellano; **~lië** *het* Castilla *f*

casting *de ing cine, teat* reparto *m*

Cata'laan *de* catalán *m*; **~s 1.** *adj* catalán; **2.** *het ling* catalán *m*

ca'talogus *de* <~sen> catálogo *m*

Cata'lonië *het* Cataluña *f*

catastro'/faal *adj* catastrófico; **~fe** *de* catástrofe *f*

catechi'satie *de relig* enseñanza *f* del catecismo; catequesis *f*

catego/'rie *de* <~ën> categoría *f*, clase *f*; **~risch** *adj* categórico

catering *de ing* catering *m*

cavale'rie *de* caballería *f*

ca'yennepeper *de gastr* guindilla *f* de Indias

cd *de* <~'s> (*compact disc*) cd; **~-speler** *de* reproductor *m* de cd

ceder *de bot* cedro *m*

cein'tuur *de* <~s, ~en> cinturón *m*

cel *de* 1. celda *f*; 2. *biol* célula *f*

celibaat *het relig* celibato *m*

cell/ist *de mús* violonc(h)elista *m*; **~o** *de* violonc(h)elo *m*

cello'faan *het* celófano *m*

Celcius *fís* Celsio

ce'ment *het* cemento *m*

cens/u'reren *vt* censurar, cortar; **~uur** *de* censura *f*

cent *de* céntimo *m*; **~iliter** *de* centílitro *m*; **~imeter** *de* centímetro *m*

cen/'traal *adj* central, céntrico; **~'trale** *de* central *f*; **~'treren** *vt* centrar; **~trum** *het* <~s, centra> centro *m*; (*ciudad*) centro *m* urbano

ceremo'/nie *de* <~s, ~ën> ceremonia *f*, protocolo *m*; **~nieel 1.** *het* ceremonial *m*, protocolo *m*; **2.** *adj* ceremonial

certifi'/caat *het* certificado *m*; **~ceren** *vt* certificar, dar fé

cervelaatworst *de* ± salami *m*

chag'rijn *het* malhumor *m*; **~ig** *adj* malhumorado, avinagrado

cha'let *het/de* <~s> chalé *m*, chalet *m*

cham'pagne *de* champán *m*, champaña *f*

champig'non *de* <~s> champiñón *m*

chanson'nier *de fr* cantante *m/f*

chan'tage *de* chantaje *m*

chaos *de* caos *m*, confusión *f*

cha'otisch *adj* caótico, desordenado

charisma *het* carisma *m*

charm/ant *adj* encantador; **~e** *de* encanto *m*, atractivo *m*; **~eren** *vt* encantar, agradar; **~eur** *de* seductor *m*

charter/en *vt* 1. (*barco, avión*) fletar; 2. (*coche, etc.*) alquilar; **~vlucht** *de* vuelo *m* chárter

chauf'feur *de* chófer *m*; conductor *m*

chavi'nis/me *het* chovinismo *m*; **~t** *de* chovinista *m*; **~tisch** *adj* chovinista

chef *de* jefe *m*; **~-kok** *de* chef *m*

chemi'caliën *pl* productos *mpl* químicos

che/micus *de* <chemici> químico *m*; **~'mie** *de* química *f*; **~misch** *adj* químico

chenille *het txtl* felpa *f*

cheque *de* <~s> *banc* cheque *m*, talón *m*; **~boek** *het* talonario *m* (de cheques)

chic 1. *adj* refinado, elegante; **2.** *de* elegancia *f*, distinción *f*

Chi'leen *de* chileno *m*; **~leens** *adj* chileno; **~li** *het* Chile *m*

chimpansee *de* <~s> *zool* chimpancé *m*

Chi'/na *het* China *f*; **~nees 1.** *adj* chino; **2.** *de* 1. chino *m*; 2. *gastr* restaurante *m* chino; **3.** *het ling* chino *m*

chip *de ing* chip *m*

chi'rurg *de* cirujano *m*; **~ie** *de* cirugía *f*; **plastische ~ie** cirugía *f* plástica; **~isch** *adj* quirúrgico

chloor *het/de quím* cloro *m*

choco'/la *de* chocolate *m*; **~'laatje** *het* chocolatina *f*; **~'ladehagel** *de* fideos *mpl* de chocolate; **~'lademelk** *de* bebida de cacao, cacaolat(c); **~late'rie** *de* <~ën> bombonería *f*

chocopasta *de* crema *f* de chocolate

chole/ra *de med* cólera *f*

cholesterol het colesterol m
cho'queren vt escandalizar, chocar
choreogra'fie de coreografía f
christelijk adj 1. cristiano; 2. (escuela) protestante, calvinista; 3. fig (precio) razonable; (aspecto) bueno, decente; **~*-Gereformeerde kerk** de Iglesia f Evangélica
christ/en de <~en> cristiano m; **~endom** het cristianismo m; **~*us** de Cristo m
chromo'soom de cromosoma m
chronisch adj crónico
chrono/'logisch adj cronológico; **~meter** de cronómetro m
chroom het quím cromo m
cider de sidra f
cijfer het 1. cifra f, número m; 2. stud nota f, calificación f; **~slot** het cerradura f de combinación f
ci'linder de cilindro m
cine'ast de cineasta m/f
circa adv aproximadamente
cir'cuit het <~s> 1. sport, electr circuito m; 2. (personas) círculo m
circu'/lair adj circular; **~latie** de circulación f; **~leren** vi circular
circus het (o. fig) circo m
cirkel de círculo m; **~en** vi girar, dar vueltas
cirrose de med cirrosis f
ci'taat het cita f

cita'del de hist ciudadela f, alcázar m
ci'teren vt citar
ci'troen de limón m; **~sap** het zumo m de limón; **~zuur** het ácido m cítrico
citruspers de exprimidor m
ci'viel adj civil; **in ~** de paisano
civili'/satie de civilización f; **~seren** vt civilizar
claim de reclamación f; derecho m; **een ~ indienen** hacer una reclamación; **~en** vt reclamar
clandes'tien adj clandestino, furtivo; electr ilegal
classi'cisme het clasicismo m
classifi'c/atie de clasificación f; **~eren** vt clasificar
claustrofo'bie de claustrofobia f
clau'sule de cláusula f, estipulación f
claxon de <~s> claxon m, bocina f; **~'neren** vt tocar la bocina
cle'mentie de clemencia f, indulgencia f
cli'ché het <~s> 1. tópico m; lugar m común; 2. foto cliché m
cli/'ënt de (de abogado, notario) cliente m; **~entèle** de clientela f
climax de clímax m, punto m culminante
clinch: **met iem in de ~ liggen** estar enfrentado con alg
clip de <~s> (o. TV) clip m
clitoris de med clítoris m

clochard *de* <~s> *fr* vagabundo *m*
clo'set/papier *het* papel *m* higiénico; **~rol** *de* rollo *m* de papel higiénico
close-up *de ing* primer plano *m*
clown *de* <~s> *ing* payaso *m*
club *de* <~s> 1. club *m*, agrupación *f*; 2. pandilla *f*; 3. *sport* palo *m* de golf; **~huis** *het* sede *f* del club
coach *de* <~es> *sport* entrenador *m*, preparador *m*; **~en** *vt sport* entrenar, preparar
coa'litie *de* coalición *f*
coating *de ing* revestimiento *m*, capa *f*
coca'ïne *de drog* cocaína *f*
cockpit *de* <~s> *aero* cabina *f* de mando
cocktail *de ing* 1. *gastr* cóctel *m*; 2. (*fiesta*) cóctel *m*; 3. *fig* mezcla *f*; **~prikker** *de* palillo *m* de cóctel
co'con *de* <~s> *zool* capullo *m*
code *de* código *m*, clave *m*; **~ren** *vt* poner en código/clave, codificar
coëffic'iënt *het* coeficiente *m*
coffeeshop *de ing* bar *m*, cafetería *f*;
cog'nac *de* <~s> coñac *m*, brandy *m*
cohe'rent coherente; **~ie** *de* coherencia *f*
co'hesie *de* cohesión *f*
coïtus *de* coito *m*

col *de* <~s> 1. *txtl* cuello *m* vuelto; 2. paso *m* (de montaña); **~bert(jas)** *het/de* chaqueta *f*
cola *de* cola *f*
col'lec/tie *de* colección *f*; **~tief** **1.** *adj* colectivo; **2.** *het* colectivo *m*
col'lega *de* colega *m*
col'lege *het* 1. *adm* colegio *m*, consejo *m*; 2. *stud* clase *m* (en la universidad); 3. *stud* instituto *m*; **~ van bestuur** junta *f* directiva; **~ lopen** stud asistir a las clases; **~geld** *het stud* *f* (derechos de) matrícula *f*; **~kaart** *de* carnet *m* de estudiante; **~zaal** *de* aula *f*, clase *f*
col'loquium *het* <colloquia> coloquio *m*
Colombi/'aan *de* colombiano *m*; **~aans** *adj* colombiano *m*; **~ë** *het* Colombia *f*
combi'n/atie *de* combinación *f*; **~eren** *vt* combinar
com'fort *het* comodidad *f*, confort *m*; **~'tabel** *adj* cómodo, comfortable
comic *de ing* tebeo *m*
comi'té *de* <~s> comité *m*, comisión *f*
comman'd/ant *de mil* comandante *m* **~eren** *vt/i* mandar, ordenar; **~o** *het mil* 1. mando *m*; 2. (*grupo*) comando *m*
commen/'taar *het* comentario *m*; **~tari'ëren** *vt* comentar; **~'tator** *de* comentarista *m*

com'mer/cie *de* comercio *m*; **~cieel** *adj* comercial
com'missie *de* comisión *f*, comité *m*
communi'catie *de* comunicación *f*; **~f** *adj* comunicativo; **~middel** *het* medio *m* de comunicación *f*
communiceren *vi* 1. comunicar; 2. *relig* comulgar
com'munie *de relig* comunión *f*
communiqué *het* <~s> 1. comunicado *m*; 2. *med* parte *m*
commu'nis/me *het* comunismo *m*; **~t** *de* comunista *m/f*; **~tisch** *adj* comunista
compact *adj* compacto; **~disc** *de ing* disco *m* compacto
compag'nie *de com* compañía *f*; **~non** *de com* socio *m*, asociado *m*
comparti'ment *het* compartimento *m*
compen's/atie *de* compensación *f*; **~eren** *vt* compensar
compe'/tent *adj* competente; **~tentie** *de* competencia *f*; **~titie** *de* competición *f*
com'pleet *adj* completo; **~pleteren** *vt* completar
comple'ment *het* complemento *m*; **~air** *adj* complementario
com'plex 1. *adj* complejo; 2. *het* complejo *m*
compli'/catie *de* complicación *f*; **~ceren** *vt* complicar
compli'ment *het* cumplido *m*; *mijn ~en!* ¡enhorabuena!

com'plot *het* complot *m*, trama *f*
compo'/nent *de* componente *m*; **~neren** *vt mús* componer; **~nist** *de* compositor *m*; **~sitie** *de* composición *f*
com'post *het* abono *m* compuesto
compri'meren *vt* comprimir
compro'mis *het* compromiso *m*
com'puter *de ing* ordenador *m*; **~deskundige** *de* informático *m*; **~en** *vi* trabajar/jugar con el ordenador; **~spelletje** *het* juego *m* electrónico
concen'tratie *de* concentración *f*; **~kamp** *het* campo *m* de concentración
concen'treren *vt* (con)centrar; **z. ~** concentrarse (**op** en)
con'cept *het* 1. concepto *m*; 2. proyecto *m*, borrador *m*; **~ie** *de* concepción *f*
con'cern *het* <~s> *com* grupo *m* de empresas
con'cert *het* concierto *m*
con'cessie *de* concesión *f*, licencia *f*; **~s doen** hacer concesiones
con'ciërge *de* conserje *m*, portero *m*
conclu'/deren *vt* concluir (**uit** de); **~sie** *de* conclusión *f*; *de ~sie trekken* sacar la conclusión
con'cours *de/het* concurso *m*
con'creet *adj* concreto
concur'/rent *de* competidor *m*, rival *m*; **~rentie** *de* competen-

cia *f*, rivalidad *f*; **~reren** *vt* competir, hacer la competencia
conden'/satie *de* condensación *f*; **~seren** *vt* condensar
con'ditie *de* <~s> 1. condición *f*; 2. estado *m*, condiciones *fpl*; 3. *sport* forma *f* física
condo'leren *vt* dar el pésame
con'doom *het* <~s> preservativo *m*, condón *m*
conduc'teur *de* (*tren*) revisor *m*
con'fectie *de* 1. confección *f*; 2. ropa *f* de confección
confe'rentie *de* conferencia *f*
confessio'neel *adj* confesional, religioso
confis'queren *vt* confiscar, incautarse de
confi'ture *de* confitura *f*
con'flict *het* conflicto *m*
con'form 1. *adv* conforme; **2.** *prep* conforme a
confron'/tatie *de* 1. confrontación *f*; 2. *jur* careo *m*; **~teren** *vt* 1. confrontar; 2. *jur* carear
con'gres *het* congreso *m*
coni'feer *de bot* conífera *f*
conjunc'tu'reel *adj* coyuntural; **~tuur** *de* coyuntura *f*
con'nectie *de* 1. conexión *f*, relación *f*; 2. *fig* contacto *m*, enchufe *m*
consciën'tieus *adj* concienzudo, escrupuloso
conse'quent *adj* consecuente; **~ie** *de* consecuencia *f*
conser/va'tief 1. *adj* conservador; **2.** *de* conservador *m*; **~va'torium** *het* conservatorio *m*; **~'veermiddel** *het* conservante *m*; **~'veren** *vt* conservar
conside'ratie *de* consideración *f*
consoli'd/atie *de* consolidación *f*; **~eren** *vt* consolidar
conso'nant *de ling* consonante *m/f*
con'stant *adj* constante
consta'teren *vt* comprobar, constatar
conster'natie *de* consternación *f*, revuelo *m*
consti'tu/tie *de jur, med* constitución *f*; **~tio'neel** *adj* constitucional
con'structie *de* construcción *f*, estructura *f*; **~f** *adj* constructivo
constru'eren *vt* construir
consul *de* <~s> cónsul *m*; **~aat** *het* consulado *m*; **~ent** *de* consultor *m*, asesor *m*; **~t** *het* consulta *f*; **~'teren** *vt* consultar
consu'ment *de* consumidor *m*; **~enbond** *de Esp* OCU (Organización *f* de Consumidores y Usuarios)
consu'm/eren *vt* consumir; **~ptie** *de* 1. consumo *m*; 2. (*en bar, etc.*) consumición *f*
con'tact *het* (*o. electr*) contacto *m*; **~ opnemen** (**met** con) ponerse en contacto; **~doos** *de* enchufe *m*; **~lens** *de* lentilla *f*, lente *f* de contacto

con'tainer de 1. contenedor m; 2. contenedor m de basuras; ~**schip** het buque m contenedor

con'tant 1. adj contante; 2. adv al contado, en efectivo

context de contexto m

conti'nent het continente m; ~**aal** adj continental

contin'gent het contingente m

conti'nu adj continuamente; ~'**eren** vt continuar; ~**i'teit** de continuidad f

con'tract het contrato m, convenio m; ~**eren** vt 1. contratar; 2. sport fichar; ~**u'eel** adj contractual

con'trast het contraste m; ~**eren** vt contrastar

contri'butie de <~s> contribución f

con'tro/le de control m; ~'**leren** vt 1. controlar; 2. dominar; 3. inspeccionar; ~'**leur** de inspector m

con'vent het relig convento m; ~**ie** de convención f ~**io'neel** adj convencional

conver'satie de conversación f, charla f

coöpe'ratie de 1. cooperación f; 2. (sociedad) cooperativa f

coördi'natie de coordinación f; ~**nator** de <~s> coordinador m; ~**neren** vt coordinar

corduroy de txtl pana f

corn/flakes pl copos mpl de maíz

corner de ing sport saque m de esquina

corps het mil cuerpo m; ~ **diplomatique** cuerpo m diplomático

corpulent adj corpulento

cor'rect adj correcto; ~**ie** de corrección f

correspon'/dent de corresponsal m/f; ~**dentie** f correspondencia f; ~**deren** vt 1. corresponder (**met** a/con); 2. cartearse (**met** con)

corri'geren vt corregir, enmendar

cor'rupt adj 1. corrupto; 2. sobornable; ~**ie** de corrupción f, corruptela f

cos'me/tica pl productos mpl de belleza, cosméticos mpl; ~**tisch** adj cosmético

couchette de ferroc litera f

cou'lant adj complaciente, flexible

coulisse de <~n> teat bastidor m

cou'/pé de (en tren) compartimiento m; ~**plet** het estrofa f; ~**pon** de <~s> 1. txtl retal m; 2. cupón m

cou'reur de sport corredor m

cour'gette de calabacín m

coutu'rier de <~s> fr diseñador m de moda

cou'vert het <~s> 1. (carta) sobre m; 2. cubierto m

cou'veuse de med incubadora f

cowboy de ing vaquero m; ~**film** de película f de vaqueros, western m

cracker *de ing* galleta *f* cracker
cranberry *de* <~'s> *ing* arándano *m*
crèche *de* guardería *f*
credit *het banc* 1. crédito *m*; 2. (*en un balance*) haber *m*; **~card** *de* tarjeta *f* de crédito; **~eren** *vt* abonar en cuenta; **~eur** *de* <~s, ~en> acreedor *m*; **~nota** *de* nota *f* de abono; **~saldo** *het* saldo *m* acreedor
cre'ëren *vt* crear, diseñar
cre'/matie *de* <~s> incineración *f*, cremación *f*; **~matorium** *het* <~s, crematoria> crematorio *m*; **~meren** *vt* incinerar
crème *de* crema *f*; **~spoeling** *de* crema *f* suavizante
crêpe *de* 1. *txtl* crepé *m*, crep *m*; 2. *gastr* crêpe *f*
cre'peren *vi* reventar
crimi'/naliteit *de* criminalidad *f*; delincuencia *f*; **~neel 1.** *adj* criminal; **2.** *de* criminal *m*, delincuente *m*
crisis *de* <~sen, crises> crísis *f*
cri'terium *het* <criteria> criterio *m*
criticus *de* <critici> crítico *m*
crois'sant *de* <~s> *fr* cruasán *m*
cru *adj* cruel, crudo; **~'ciaal** *adj* crucial, decisivo
cruise *de ing* crucero *m*
Cu/ba *het* Cuba *f*; **~'baan** *de* cubano *m*; **~'baans** *adj* cubano
culi'nair *adj* culinario

cultu/'reel *adj* cultural; **~s** *de* <culten> culto *m*
cul'tuur *de* 1. cultura *f*, civilización *f*; 2. *agric* cultivo *m*; **~geschiedenis** *de* historia *f* de la civilización
cup *de ing* 1. *sport* copa *f* 2. *txtl* aro *m*
cu'rat/ele *de jur* tutela *f*; **onder ~ele** bajo tutela; **~or** *de* <~s, ~en> 1. administrador *m*; 2. *jur* tutor *m*
curi'/eus *adj* curioso, peculiar; **~osi'teit** *de* curiosidad *f*
cur'sief 1. *de* cursiva, itálica; **2.** *adj* en cursiva
cur'/sist *de* alumno *m*, estudiante *m*; **~sus** *de* <~sen> curso (**in** de); **een ~sus geven/volgen** impartir/hacer un curso
cy'cloon *de meteo* ciclón *m*
cyclus *de* <~sen> ciclo *m*
cyni/cus *de* <cynici> cínico *m*; **~sch** *adj* cínico; **~sme** *het* cinismo *m*

D

d *de* re *m*
daad *de* 1. acción *f*, acto *m*, hecho *m*, 2. hazaña *f*; **~'werkelijk** *adj* efectivo, eficaz
daags *adj* diario, **tweemaal ~** dos veces al día
daar 1. *adv* allí, allá, ahí; **2.** *conj* ya que, como; **~'aan** *adv* en

daardoor 102

eso; **~'door** adv 1. (local) por ahí; 2. (motivo, causa) por eso; **~en'tegen** adv en cambio; **~'heen** adv (en dirección) allí; **~'in** adv 1. (lugar) ahí dentro; 2. en ello, en eso; **~gelaten** adj sin contar, sin tener en cuenta; **~'mee** adv con eso; **~'na** adv a continuación; después (de ello); **~'naast** adv 1. (lugar) al lado (de eso); 2. además de ello; **~'om** adv por lo tanto, por eso; **~'onder** adv 1. (lugar) debajo de eso; 2. entre ellos; **~'op** adv 1. (lugar) encima de eso; 2. (tiempo) después; **~op'volgend** adj (sub) siguiente; **~'over** adv 1. (lugar) por encima de eso; 2. (tema) de ello, sobre eso; **~'toe** adv (finalidad) para eso; **~'tussen** adv entre ellos; **~'uit** adv (procedencia) de eso, de ahí; **~'van** adv (asunto, material) de eso, de ahí; **~'voor** adv 1. (lugar) delante de eso; 2. (tiempo) antes de eso; 3. (motivo) para eso; 4. a cambio de eso
dadel de dátil m; **~ijk** adv enseguida
dag 1. de <~en> 1. día m; 2. jornada f; **2.** (saludo) 1. ¡hola!; 2. ¡adiós!; ~ **in** ~ **uit** día tras día; **~blad** het <~en> diario m, periódico m; **~boek** het diario m; **~elijks** adj/adv diario, cotidiano; diariamente; **~enlang** adv durante días; **~eraad** de amanecer m; aurora f; **~kaart** de billete m para un día; **~licht** het luz f del día; **~schotel** de gastr plato m del día; **~vaarden** vt jur citar, emplazar; **~vaarding** de citación f, emplazamiento m; **~verblijf** het centro m de día
dahlia de dalia f
dak het <~en> tejado m, techo m; **onder één ~** bajo el mismo techo; **~goot** de canalón m del tejado; **~loos** adj sin techo, sin hogar; **~pan** de teja f
dal het <~en> valle m; **~en** vt 1. (lugar) bajar, descender; 2. (cantidad) disminuir, menguar; **~ing** de 1. bajada f, descenso m; 2. disminución f, baja f
dam de 1. arq presa f, dique m; 2. (juego) dama f; **~'ast** het damasco m; **~bord** het juego m de damas
dame de señora f, dama f; **~skapper** de peluquero m de señoras; **~sfiets** de bicicleta f de señora
dammen vi jugar a las damas
damp de 1. vapor m; 2. humo m; 3. vaho m; **~en** vi humear, vahear; **~kring** de atmósfera f
damspel het juego m de damas
dan 1. adv entonces, en tal caso; **2.** conj (comparativo) que; **~ig** adj/adv enorme(mente), mucho
dancing de ing sala f de baile, discoteca f

dank *de* gracias *fpl*, gratitud *f*; agradecimiento *m*; **~baar** *adj* agradecido, gratificante; **~baarheid** *de* gratitud *f*, agradecimiento *m*; **~en** *vt* dar las gracias a; agradecer (**voor** por); *niets te ~!* ¡de nada!; *iets te ~ hebben* deber u/c (**aan** a); **~zij** *prep* gracias a

dans *de* baile *m*, danza *f*; **~en** *vi* bailar, danzar; **~er** *de* bailarín *m*

dapper *adj* valiente, bravo; **~heid** *de* valentía *f*, valor *m*

darm *de* 1. intestino *m*; 2. *gastr* tripa *f*, vísceras; ***blinde* ~** intestino *m* ciego

das *de* 1. bufanda *f*; 2. corbata *f*; 3. *zool* tejón *m*, tasugo *m*

dat 1. *pron dem* 1. ese, esa, aquel, aquella; 2. ése, ésa, eso, aquello; 2. *pron rel* que; 3. *conj* que

data *de pl* datos *mpl*; **~bank** *de informát* banco *m* de datos

da'teren 1. *vi* datar (**uit/van** de), remontarse a; 2. *vt* datar, fechar; **~tum** *de* <data> fecha *f*

dauw *de* rocío *m*

daveren *vi* retumbar, hacer un ruido aturdidor

de *art* 1. *sg* el, la; 2 *pl* los, las

deal *de ing* trato *m*, acuerdo *m*; **~en** *vi drog* traficar; **~er** *m* 1. distribuidor *m*, (*coches*) concesionario *m*; 2. *drog* traficante *m*, camello *m*

de'bacle *het* <~s> ruina *f*, desastre *m*

de'bat *het* debate *m*, discusión *f*; **~'teren** *vi* debatir, discutir

debet 1. *adj* deudor (**aan** a); 2. *het com*, *banc* debe *m*, débito *m*

de'biel 1. *adj* atrasado, *desp* imbécil; 2. *de* débil *m* mental; *desp* imbécil *m*

debi'teur *m com* deudor *m*

de/bu'teren *vi* debutar; **~'buut** *het* debut *m*

de'caan *de stud* decano *m*

deca'dent *adj* decadente; **~ie** *de* decadencia *f*

de'cember *de* diciembre *m*

de'cennium *het* <decennia> década *f*

decibel *de* decibelio *m*; **~'maal** *de* decimal *m*

decla'/ratie *vt* 1. (*hacienda, aduanas*) declaración *f*; 2. nota *f* de gastos; **~reren** *vt* 1. declarar; 2. presentar (gastos)

deco'deren *vt* descifrar; (*señal*) descodificar

decolle'té *het* <~s> escote *m*

de'cor *het* <~s> 1. *teat* decorado *m*, decoración *f*; 2. *fig* fondo *m*, ambiente *m*; **~atie** *de* decoración *f*; **~a'tief** *adj* decorativo; **~eren** *vt* decorar

deeg *het* masa *f*, pasta *f*

deel *het* 1. parte *f*, porción *f*; 2. (*de libro*) tomo *m*; *~ uitmaken* formar/ser parte (**van** de), integrar; **ten dele** en parte; **voor een groot ~** en gran parte; **~baar** adj divisible; **~name** de participación f; **~nemen** vi participar (**aan** en), tomar parte en; **~nemer** de participante; **~s** adv en parte; **~woord** het ling participio m

Deen de danés m; **~s 1.** adj danés; **2.** het danés m

de'fect 1. adj defectuoso, averiado; **2.** het defecto m, falta f

de'fensie de defensa f; **~f** adj defensivo

defi'lé het <~s> desfile m; **~eren** vi desfilar

defi'ni/ëren vt definir; **~tie** de definición f; **~'tief 1.** adj definitivo; **2.** adv para siempre

deftig adj elegante, distinguido, formal

degelijk 1. adj sólido, serio; **2.** adv. **wel ~** seriamente, sí, desde luego que

degen het espada f, florete m

de'gene pron dem **~ die** el que, la que, quien; **~n die** (personas) los que, las que, quienes

degra'datie de 1. degradación f, 2. sport descenso m; **~deren** vi 1. degradar; 2. sport bajar (de división)

dein/en vi 1. (agua) agitarse; 2. (barco) balancearse; **~ing** de 1. (olas) marejada f; 2. fig conmoción f

dek het nav cubierta f; **~bed** het edredón m; **~en** de 1. manta f; 2. decano m; 3. relig prelado m; **~ken** vt 1. recubrir; 2. cubrir, asegurar; 3. (mesa) poner; **z. ~** cubrirse (**tegen** contra); **~king** de 1. cobertura f; 2. seguro m; 3. (cheque) fondos mpl; **~ing zoeken** ponerse a cubierto; **~mantel** de fig capa f, pretexto m; **~sel** het tapa f, tapadera f; **~sels** excl ¡caramba!; **~zeil** het toldo m

dele'/gatie de delegación f; **~geren** vt delegar (**aan** en)

dele/n 1. vi participar (**in** en) **2.** vt 1. (o. mat) dividir, partir; 2. repartir; **het bed ~n** compartir la cama; **~n door** dividir por; **~r** de mat divisor m

delfstof de mineral m

deli'caat adj delicado; **~ca'tesse** de <~n> exquisitez f, manjar m

de'lict het delito m

deling de (o. mat) división f, partición f

delin'quent de delincuente m

delta de 1. (de río) delta m; 2. aero (ala) delta m

delven vt 1. cavar, excavar; 2. (mineral) extraer

demilitari'seren vt desmilitarizar

demobili'seren vt desmovilizar

demo/'craat de demócrata m; **~cra'tie** de democracia f

demon'str/ant de manifestante m; **~atie** de 1. demostración f;

2. *pol* manifestación *f*; **~eren 1.** *vi* manifestarse (**tegen** contra) **2.** *vt* demostrar

de/mon'teren *vt* 1. desmontar; 2. (*bomba*) desactivar; **~moraliseren** *vt* desmoralizar

dempen *vt* 1. terraplenar; (*luz, ruido*) amortiguar

den *de bot* pino *m*

Denemarken *het* Dinamarca *f*

denim *het txtl* dril *m*

denk/baar *adj* imaginable, concebible; **~beeld** *het* idea *f*, noción *f*; **~beeldig** *adj* imaginario; **~en** <irr 18> **1.** *vi* 1. pensar, reflexionar; 2. pensar (**aan** en), reflexionar sobre; 3. (**~ om**) recordar, no olvidar; **2.** *vt* pensar, creer, suponer, imaginarse; **~en van wel** creer que sí; **~er** *de* pensador *m*

dennenbos *het* pinar *m*, pineda *f*

deodo'rant *het* <~s, ~en> desodorante *m*

departe'ment *het* departamento *m*

depen'dance *de* <~s> (*de edificio*) anexo *m*

depo'neren *vt* 1. depositar; 2. (*equipaje*) consignar

depor'/tatie *de* deportación *f*; **~teren** *vt* deportar

depot *het/de* <~s> depósito *m*

de'pressie *de* 1. *meteo* depresión *f* atmosférica; 2. *psicol* depresión *f*

depri'meren *vi* <zijn> deprimir; **~d** *adj* deprimente

derde 1. *adj* tercer(o); **2.** *de* tercero *m*, tercera persona *f*; **~ wereld** Tercer Mundo

der/gelijk *pron* dem semejante, tal así; *iets* **~s** algo parecido; **~mate** *adv* elev tan, hasta tal punto; **~tien** *num* trece; **~tig** *num* treinta

des (+ *comparativo*) tanto; **~ te beter** tanto mejor; **~alniette'min** *adj* no obstante, sin embargo; **~er'teren** *vi* <zijn> desertar; **~er'teur** *de* desertor *m*; **~ge'wenst** *adv* si así se desea; **~infec'teren** *vt* desinfectar; **~'kundig** experto; **~'kundige** *de* <~n> experto *m*; **~'noods** *adj* si hace falta, si fuera necesario; **on'danks** *adv* a pesar de ello; **~'sert** *het* <~s> *gastr* postre *m*; **~'sertwijn** *de* ± vino dulce/de postre; **~'tijds** *adv* en aquel entonces

de'tail *het* <~s> detalle *m*, pormenor *m*; **~handel** *de* com comercio *m* al por menor

de'tective *de* <~s> 1. (*persona*) detective *m*; 2. (*libro*) novela *f* policíaca

deugd *de* virtud *f*; **~elijk** *adj* sólido, seguro; **~zaam** *adj* decente, virtuoso

deug/en *vi*: **niet ~** no servir, no valer nada; **~niet** *de* niño travieso *m*

deuk *de* bollo *m*, abolladura *f*
deun(tje) *het) de* mús aire *m*, musiquilla *f*
deur *de* puerta *f*; ***voor de ~ staan*** *fig* acercarse, avecinarse; **~bel** *de* timbre *m*; **~knop** *de* picaporte *m*, pomo *m*; **~waarder** *de jur* agente de judicial *m*
devalu/atie *de* devaluación *f*; **~eren** 1. *vi* <zijn> devaluarse, desvalorizarse; 2. *vt* devaluar
devie/s *het* divisa *f*, lema *f*, **~zen** *pl banc* divisas *fpl*, moneda *f* extranjera
de/ze *pron dem* 1. *sg* este, esta; 2. *pl* estos, estas; **~'zelfde** *pron dem* 1. *sg* el mismo, la misma; 2. *pl* los mismos, las mismas
dia *de* diapositiva *f*
dia'betes *de med* diabetes *f*
dia'bolisch *adj* diabólico
dia'chronisch *adj* diacrónico
diafragma *het* diafragma *m*
diag/'nose *de med* diagnóstico *m*; **~nosti'seren** *vt* diagnosticar
diago'naal 1. *adj* diagonal; 2. *de* diagonal *m*; 3. *adv* en diagonal
dia'gram *het* diagrama *m*
dia'lect *het* dialecto *m*; **~'iek** *de* dialéctica *f*; **~isch** *adj* dialéctico
dia/'loog *de* diálogo *m*; **~'mant** *de* diamante *m*; **~meter** *de* diámetro *m*
diaposi'tief *het* diapositiva *f*
diar'ree *de med* diarrea *f*

dicht *adj* 1. cerrado; 2. (*bosque, niebla*) denso, espeso; **~bevolkt** *adj* densamente poblado; **~'bij** 1. *adv* cerca; 2. *prep* cerca de, junto a; **~doen** *vt* cerrar; **~draaien** *vt* (*girando*) cerrar; **~en** *vt* 1. escribir poesía; 2. (*agujero*) tapar; **~er** *de* poeta *m*; **~erlijk** *adj* poético; **~gaan** *vi* <zijn> cerrarse; **~heid** *de* densidad *f*; **~kunst** *de* poesía *f*; **~maken** *vt* tapar
dichtstbijzijnd *adj* más próximo/cercano
dic/'taat *het* dictado *m*; **~'tator** *de* <~s> dictador *m*; **~ta'tuur** *de* dictadura *f*; **~'tee** *het* <~s> dictado *m*; **~'teren** *vt* dictar
die 1. *pron dem* 1. ese, esa, esos, esas; 2. aquel, aquella, aquellos, aquellas; 2. *pron rel* que, el/la que, el/la cual
di'eet *het* régimen *m*, dieta *f*; ***op ~ zijn*** estar a régimen
dief *de* ladrón *m*; **~stal** *de* robo *m*, hurto *m*
dien/aar *de* servidor *m*; **~blad** *het* bandeja *f*; **~en** *vt* 1. servir; 2. *jur* (*causa*) verse; ***nergens toe ~en*** no servir de nada
dienst *de* 1. servicio *m*; 2. *mil* servicio *m* militar; 3. *relig* oficio *m*; ***iem een ~ bewijzen*** prestar un servicio; ***~ doen*** prestar servicio, funcionar (***als*** como); ***buiten ~*** fuera de servicio; ***in ~ nemen*** contratar; ***in ~zijn***

1. estar al servicio (**van** de); 2. *mil* hacer el servicio militar; **~auto** *de* coche *m* oficial; **~bode** *de* <~s, ~n> criada *f*; **~doend** *adj* en funciones, de servicio; **~meisje** *het* sirvienta *f*, muchacha *f*; **~plicht** *de* servicio *m* militar; **~regeling** *de* (tren, etc.) horario *m* (de servicio); **~verlening** *de* prestación *f* de servicios; **~weigeraar** *de mil* objetor *m* de conciencia

dientengevolge *adv elev* en consecuencia, por consiguiente

diep *adj* 1. profundo, hondo; 2. *fig* intenso; **~gaand** *adj fig* exhaustivo, profundo; **~gang** *de* 1. calado *m*; 2. *fig* profundidad *f*

diepte *de* <~n, ~s> profundidad *f*; **~punt** *het* 1. fondo *m*, mínimo *m*

diep/vries *de* 1. congelación *f*; 2. (aparato) congelador *m*; **~vriesmaaltijd** *de* comida *f* congelada; **~vriezer** *de* congelador *m*; **~zeeduiker** *de* submarinista *m*; **~zinnig** *adj fig* psicol profundo

dier *het* animal *m*; **~baar** *adj* querido, preciado; **~enarts** *de* veterinario *m*; **~enbescherming** *de* sociedad *f* protectora de los animales; **~entuin** *de* (parque) zoológico *m*; **~geneeskunde** *de* veterinaria *f*; **~lijk** *adj* animal; **~lijke vetten** *pl* grasas *fpl* animales

diesel *de* gasóleo *m*; **~olie** *de* gasóleo *m*

dievenbende *de* banda *f* de ladrones

diëtist *de* dietético *m*

digi'taal *adj* digital

dij *de* <~en> muslo *m*; **~been** *het* fémur *m*

dijk *de* dique *m*

dik *adj* 1. grueso; (persona) gordo; 2. (salsa) espeso, sólido; 3. hinchado; **~ worden** engordar; *z.~ maken* *fig* preocuparse; **~ke vrienden** *pl* amigos *mpl* inseparables; **~kerd** *de* <~s> gordo *m*; **~te** *de* 1. gordura *f*; 2. espesor *m*, grosor *m*; **~wijls** *adv* a menudo, frecuentemente; **~zak** *de* barrigón *m*, panzón *m*

di'lemma *het* dilema *m*, disyuntiva *f*

dilet'tant *de* diletante *m*

dim/licht *het auto* luz *f* de cruce; **~men** *vt* amortiguar/bajar la luz

di'ner *het* <~s> 1. cena *f*; 2. banquete *m*; **~en** *vi* cenar

ding *het* 1. cosa *f*, objeto *m*; 2. *fig* chica *f*; **~en** *vi* pretender, aspirar (**naar** a)

dinges *de* 1. cosa *f*, cacharro *m*; (persona) fulano (de tal)

dinsdag *de* martes *m*

dippen *vt* remojar (cuidadosamente)

di'plo/ma *het* diploma *m*; **~'maat** *de* diplomático *m*; **~ma'tie** *de*

diplomacia f; **~ma'tiek** adj diplomático; **~matieke dienst** de servicio m diplomático
di'rect adj directo, inmediato; **~eur** de director m, gerente m; **~ie** de dirección f, gerencia f; **~ielid** de directivo m
diri'gent de director m de orquesta; **~'geren** vt dirigir
discipli'/nair adj disciplinario; **~ne** de disciplina f
disco'theek de discoteca f
dis'/creet adj discreto; **~cretie** de discreción f; **~cre'pantie** de discrepancia f, desacuerdo m
discrimi'/natie de discriminación f; **~neren** vt discriminar, marginar
discus de sport disco m; **~sie** de <~s> discusión f; **~'siëren** vi discutir; **~werpen** vi sport lanzar el disco
discu'tabel adj discutible
diskette de informát disco m
disk jockey de disc jockey m, pinchadiscos m
diskrediet het descrédito m, descalificación f; **in ~ brengen** desacreditar, desprestigiar
diskwalifi'ceren vt sport descalificar
disser'tatie de 1. stud tésis f doctoral; 2. disertación f
dissi'dent de disidente m
distantiëren: z. ~ van fig distanciarse de, no suscribir
distel de bot cardo m

dis'tinctie de distinción f, clase f
distil'leerderij de <~en> destilería f
distilleren vt destilar
distri'butie de 1. distribución f; 2. reparto m; 3. racionamiento m
district het distrito m
dit pron dem este, esta; **~maal** adv esta vez
divisie de mil, sport, mat, com división f
dobbel/en vi jugar a los dados; **~steen** de dado m
dobber de (pesca) veleta f; **~en** vi flotar
do'ce/nt de profesor m, docente m; **~ ren** vt enseñar, instruir
dochter de hija f
doctor de <~en, ~s> stud doctor m; **~'aal** adj: **~aal examen** stud examen m de licenciatura; **~andus** de <~sen, doctorandi> stud licenciado m
doc'trine de <~s> doctrina f
docu'ment het documento m; **~eren** vt documentar
dode de <~n> muerto m; **~lijk** adj mortal, letal, mortífero
doden vt matar, dar muerte a
doedelzak de mús gaita f
doe-het-/zelf-zaak de tienda f de bricolaje; **~zelver** de bricolagista m
doek 1. de paño m; **2.** het 1. tela f, paño m; 2. cine pantalla f; 3. (pintura) lienzo m; teat telón m

doel *het* 1. objetivo *m*, meta *f*, fin *m*, 2. *sport* portería *f*; **~be'wust** *adj* decidido *m*; **~einde** *het* objetivo *m*, finalidad *f*; **~lijn** de línea *f* de gol; **~loos** *adj* inútil, sin rumbo; **~man** *sport* guardameta *m*, portero *m*; **~'matig** *adj* eficaz, funcional; **~punt** *het* gol *m*, tanto *m*; **~stelling** *de* objetivo *m*; **~'treffend** *adj* eficaz, acertado; **~wit** *het fig* blanco *m*, punto *m* de mira

doen 1. *het*: **~ en laten** comportamiento *m*, andanzas *fpl*; 2. <irr 19> *vi* 1. hacer(se), actuar; 2. **~ aan** practicar; 3. **~ in** comerciar en; 4. **~ over** tardar en; 3. *vt* 1. hacer, realizar, llevar a cabo; 2. (*colocar*) poner, meter, echar; 3. limpiar; *een stap* **~** dar un paso; **~ alsof** hacer como si, fingir; **~ zonder** prescindir de; **~lijk** *adj* factible

doezelen *vi* dormitar, estar adormilado

dof 1. (*color*) mate, apagado; 2. (*sonido*) sordo

dog/ma *het* dogma *m*; **~'matisch** *adj* dogmático

dok *het* dársena *f*; **~ken** *vi coloq* soltar la mosca; **~ter** *de* médico *m*; **~tersvoorschrift** *het* prescripción *f* médica; **~werker** *de* estibador *m*

dol *adj* 1. loco; 2. furioso, frenético; 3. (*perro*) rabioso; **~ zijn op** estar loco por; **~blij** *adj* loco de alegría; **~'fijn** *de zool* delfín *m*; **~graag** *adv* con muchísimo gusto

dolk *de* puñal *m*, daga *f*

dom 1. *adj* tonto, ignorante; 2. *de* catedral *f*

do'mein *het* dominio *m*

domheid *de* estupidez *f*, ignorancia *f*

domi'cilie *het* <~s> domicilio *m*, lugar *m* de residencia

domi'nant *adj* dominante

dominee *de relig* pastor *m* protestante

domi'neren *vt* dominar

domini'caan *de relig* dominico *m*

domino(spel) *het* (*juego*) dominó *m*

dom/kop *de* imbécil *m*, mentecato *m*; **~oor** *de* tonto *m*, bobo *m*, simplón *m*

dompe/len *vt* 1. sumergir; 2. *fig* hundir, sumir

domper *de* 1. apagador *m*, 2. *fig* chasco *m*

do'natie *de* donación *f*

donder *de meteo* trueno *m*; *iem op z'n* **~** *geven* dar una paliza a alg; **geen ~** nada de nada; **~dag** *de* jueves *m*; **~en 1.** *vi/mpers meteo* tronar; **2.** *vi coloq* caer estrepitosamente; **3.** *vt coloq* tirar, echar; **~slag** *de* trueno *m*

donker 1. *adj* oscuro, sobrio, triste; **2.** *het* oscuridad *f*; *het*

donker 110

wordt ~ oscurece, se hace de noche
donor *de* <~s> donante *m*
dons *het* 1. plumón *m*; 2. vello *m*, pelusa *f*
dood 1. *adj* 1. (*o. fig*) muerto, inanimado; 2. *fig* aburrido; 2. *de* muerte *f*; **ter ~ veroordelen** condenar a muerte; **~bloeden** *vi* <zijn> desangrarse; **~gaan** *vi* <zijn> morir; **~gewoon** *adj* corriente y moliente, de lo más normal; **~lopen** *vi* <zijn> (*de calle*) no tener salida
doods *adj* mortal, de muerte, sombrío; **~angst** *de* temor *m* a la muerte, miedo *m* cerval; **~benauwd** *adj* muerto de miedo
doodschieten *vt* matar a tiros
doods/hoofd *het* calavera *f*; **~kist** *de* ataúd *m*, féretro *m*
doodslag *de* homicidio *m*
doodsnood *de* agonía *f*
dood/steek *de* golpe *m* mortal; **~straf** *de* *jur* pena *f* capital; **~vonnis** *het* *jur* sentencia *f* de muerte; **~ziek** *adj* enfermo de gravedad; **~zonde 1.** *adj* lástima *f*; **2.** *de* pecado *m* mortal
doof *adj* sordo; **~heid** *de* sordera *f*; **~'stom** *adj* sordomudo
dooi *de meteo* deshielo *m*; **~en** *v/imper* deshelarse; **~er** *de* yema *f* (del huevo)
doolhof *het* laberinto *m*, dédalo *m*

doop *de relig* bautizo *m*
door 1. *adv* por, a través de, a lo largo de; **de hele dag ~** todo el día; **~ en ~** a fondo; **2.** *prep* 1. (*espacio*) por, a través de; 2. (*causa*) ante, por motivo de, a causa de; 3. por; **~ de week** entre semana; **~berekenen** *vt* hacer repercutir (**in** en); **~bijten** *vt* 1. morder; 2. *fig* perseverar; **~bladeren** *vt* hojear; **~braak** *de* 1. (*dique*) rotura; 2. *fig* ruptura *f*; *pol* cambiazo *m*; **~brengen** *vt* (*tiempo*) pasar; **~'dacht** *adj* meditado, bien pensado; **~dat** *conj* porque; **~draven** *vi* <zijn> *fig* exagerar; **~drijven** *vt* seguir adelante con, obstinarse en; **~drukken** *vt* (*plan, voluntad*) imponer; **~gaan 1.** *vi* <zijn> 1. seguir, continuar; 2. pasar (**voor** por) **2.** *vt* pasar por, atravesar; **~gaans** *adv* comúnmente, por lo general; **~gang** *de* paso *m*; **~geven** *vt* 1. pasar; 2. transmitir; **~halen** *vt* 1. (*por apertura*) pasar; 2. tachar, borrar; **~hebben** *vt* entender, caer; **~'heen** *adv* a través de; **~komen** *vi* <zijn> 1. pasar; (*diente*) salir; 2. (*examen*) salir aprobado; **~lezen** *vt* 1. leer, repasar; 2. seguir leyendo; **~lichten** *vt* 1. *med* radiografiar; 2. examinar; **~'lopend** *adj* continuo, sin interrupción; **~maken** *vt* pasar

doorn de espina f
door/nat adj calado, mojado hasta los huesos; **~nemen** vt 1. (leyendo) repasar, echar un vistazo; 2. (asunto) discutir; **~'regen** adj: **~ spek** het tocino m entreverado; **~reis** de tránsito m; **op ~ zijn** estar de paso; **~schemeren** vi traslucirse; **laten ~** dejar entrever, insinuar; **~slaan** vi electr saltar, fundirse; **~slag: de ~ geven** ser determinante; **~slag'gevend** adj decisivo, crucial; **~smeren** vt lubri(fi)car, engrasar; **~snijden** vt cortar; **~'staan** de resistir a, aguantar; (prueba) superar; **~'tastend** adj enérgico, decidido; **~tocht** de paso m, travesía f; **~vaart** de nav paso m, travesía f; **~voeren** vt (medida) poner en práctica, llevar a cabo; **~werken** vi 1. seguir trabajando; 2. repercutir, influir (**in/op** en); **~zakken** vi <zijn> 1. hundirse; 2. coloq coger una trompa; **~zetten** vi 1. (persona) perseverar; 2. intensificarse; **~zettingsvermogen** het perseverancia f, tenacidad f; **~'zichtig** adj 1. transparente, traslúcido; 2. fig evidente; obvio; **~'zoeken** vt registrar, buscar
doos de caja (de cartón)
dop de 1. (fruto seco) cáscara f; 2. (botella) tapón m; 3. (bolígrafo) capuchón m
dopen vt 1. (re)mojar; 2. relig bautizar; **dop/erwt** de guisante m; **~pen** vt desvainar
dor adj seco, (o. fig) árido
dorp het pueblo m, aldea f; **~s** adj pueblerino
dorsen vt trillar
dorst de sed f; **~en: ~ naar** fig ansiar, tener sed de; **~ig** adj sediento
do/'seren vt dosificar; **~sis** de <~sen, doses> dosis f
dou'ane de 1. aduana f; 2. aduanero m; **~rechten** pl derechos mpl arancelarios
douche de ducha f; **~n** vi ducharse
douw de empujón m; **~en** vt empujar
dove de <~n> sordo m
doven vt (o. fig) apagar, extinguir
do'zijn het docena f
draad de 1. (o. fig) hilo m; 2. (metal) alambre m; **~loos** adj inalámbrico
draag/baar 1. de camilla f; **2.** adj portátil; **~kracht** de fig capacidad f financiera; **~lijk** adj soportable; **~wijdte** de fig alcance m
draai de giro m, rotación f; **~ om de oren** bofetada f; **~baar** adj giratorio; **~bank** de torno m; **~boek** het (o. fig) guión f; **~deur** de puerta f giratoria

draaien

draaien 1. *vt* 1. girar, virar; 2. *cine* rodar; *(número)* marcar; **2.** *vi* 1. girar, dar vueltas; *(viento)* cambiar; 2. *fig* girar (**om** en torno a)

draai/erig *adj* mareado; **~ing** de rotación *f*; **~kolk** de remolino *m*; **~molen** de tiovivo *m*; **~orgel** het organillo *m*; **~tol** de *(juego)* peón *m*

draak *de* 1. dragón *m*; 2. *fig (persona)* monstruo *m*

dracht de atuendo *m*, traje *m*

dragen <irr 20> *vt* 1.*(objeto)* llevar, sostener, soportar; 2. *(ropa)* llevar; 3. *fig*. sobrellevar

drai/nage de drenaje *m*; **~neren** *vt* drenar

drama het teat, fig drama *m*; **~tisch** *adj* dramático; **~ti'seren** *vt* dramatizar

drang de 1. presión *f*; 2. deseo *m*

drank de bebida; **sterke ~** bebidas *fpl* alcohólicas; **aan de ~ zijn** ser borracho

drassig *adj* pantanoso

drastisch *adj* drástico

draven *vi (animales)* trotar; *(personas)* correr

dreige'ment het amenaza *f*; **~en** *vt/i* amenazar (**met** con); **~ing** de amenaza *f*

drek de estiércol *m*, excrementos *mpl*

drempel de umbral *m*

drenkeling de náufrago *m*, ahogado *m*

drenken *vt* empapar (**in** en), embeber en

drentelen *vi* corretear, callejear

dres's/eren *vt* adiestrar; **~uur** de adiestramiento *m*

dreun de 1. estruendo *m*, retumbo; 2. puñetazo *m*, sopapo *m*; **~en** *vi* retumbar

dribbelen *vi sport* regatear, driblar

drie *num* tres; **~hoek** de 1. triángulo *m*; 2. escuadra *f*; **~*'koningen** Reyes *mpl* Magos; **~kwart** *adj* de tres cuartos; **~ling** de trillizos *mpl*; **~luik** het tríptico *m*; **~'maandelijks** *adj* trimestral; **~sprong** de trivio *m*; **~wieler** de triciclo *m*

drift de 1. arrebato *m* (de cólera); 2. ardor *m*, pasión *f*; **~ig** *adj* colérico, furioso

drijf/kracht de fuerza *f* motriz; **~nat** *adj* empapado; **~veer** de fig móvil *m*, motivo *m*

drijven <irr 21> **1.** *vi* flotar (**op** en); **2.** *vt* 1. *(animal)* llevar *(delante)*; 2. *fig* impulsar, mover

dril/boor de roca *f*, perforadora de percusión *f*; **~len** *vt* adiestrar, instruir

dringen <irr 22> **1.** *vi* ser urgente; **2.** *vt* empujar, abriéndose paso; **~d** *adj* urgente

drink/baar *(agua)* potable; **~en 1.** het 1. bebida *f*. 2. beber *m*; **2.** <irr 23> *vt* beber, tomar; **~ op** brindar por; **~r** de bebedor *m*

droef'geestig *adj* melancólico
droesem *de* sedimento *m*, poso *m*
droevig 1. (*persona*) triste, apenado, 2. (*asunto*) lamentable, desolador
drogen **1.** *vi* secarse; **2.** *vt* secar; **~r** *de* secador *m*
drogist *de* droguería *f*, perfumería *f*
drogiste'rij *de* droguería *f*, perfumería *f*
drol *de* caca *f*; *coloq* chorizo *m*
drom *de* muchedumbre *f*; **in ~men** en masas; **~e'daris** *de zoo* dromedario *m*; **~en 1.** *vi* soñar (**van** con); **2.** *vt* soñar, imaginar; **~er** *de* 1. soñador *m*; 2. *fig* ensoñador *m*; **~erig** *adj* ensoñador
dronk *de* 1. trago *m*, 2. brindis *m*; **~aard** *de* <~s> borracho *m*; **~en** *adj* borracho (**van** de), ebrio; **~enschap** *de* borrachera *f*, embriaguez *f*
droog *adj* seco, árido; **~ worden** secarse, **~bloem** *de* flor *f* seca; **~kap** *de* secador *m*; **~rek** *het* tenderete *m*; **~te** *de* sequía *f*; **~trommel** *de* secadora *f*
droom *de* sueño *m*; **~beeld** *het* visión *f*, ilusión *f*
drop *het* regaliz *m*
droppen *vt* 1. lanzar, arrojar (desde un avión); 2. (*persona*) dejar; 3. *fig* (*persona*) abandonar
drug *de ing* droga *f*, estupefaciente *m*; **~gebruiker** *de* drogadicto *m*, toxicómano *m*; **~handel** *de* tráfico *m* de drogas, narcotráfico *m*
drugsverslaving *de* drogodependencia *f*, toxicomanía *f*
druif *de* uva *f*
druip/en <irr 24> *vi* gotear, chorrear; **~nat** *adj* chorreando
druiven/oogst *de* vendimia *f*; **~plukker** *de* vendimiador *m*; **~sap** *het* mosto *m*; zumo *m* de uva; **~suiker** *de quím* glucosa *f*, dextrosa *f*
druk 1. *adj* 1. (*calle*) concurrido, muy transitado; (*establecimiento*) muy frecuentado; (*tráfico*) intenso; **het is erg ~** hay mucha gente; 2. (*persona*) vivaz, inquieto, bullicioso *m*, atareado; **het ~ hebben** estar muy ocupado; **z. ~ maken** preocuparse (**over** de); **2.** *adv* animado; **~ bezocht** muy frecuentado; **3.** *de* 1. *fís, psicol* presión *f*; 2. imprenta *f*; 3. (*libro, etc*) edición *f*
drukken 1. *vi* 1. pesar sobre, cargar sobre; 2. (**~ op**) (*botón*) pulsar; **2.** *vt* 1. apretar, oprimir, (*mano*) estrechar; 2. (*libro*) imprimir
druk/fout *de* error *m* de imprenta; **~kend** *adj meteo*: **het is ~end** hace bochorno; **drukke'rij** *de* <~en> imprenta *f*
druk/knoop *de txtl* automático *m*; **~letter** *de* letra *f* de imprenta;

~meter de manómetro m; **~pers** de 1. mec prensa f tipográfica; 2. prensa f; **~te** de 1. ajetreo m; 2. animación f, bullicio m; **~werk** het impreso(s) m(pl)

drumstel het mús batería f

druppel de gota f; **~en** vi gotear, chorrear

dubbel adj doble, dos veces; **~ganger** de doble m; **~spel** het 1. sport doble m; 2. fig doble juego m; **~'zinnig** adj ambiguo

dubi'eus adj dudoso, sospechoso

duchten vt temer, tener miedo a

du'el het <~s, ~len> duelo m, desafío m

du'et het mús dúo m, dueto m

duf adj mohoso; *het ruikt* ~ huele a cerrado

duidelijk adj claro, evidente, manifiesto **duiden** 1. vi (~ op) indicar; 2. vt interpretar

duif de zool paloma f

duik de zambullida f; **~boot** de nav submarino m; **~en** vi <irr 25, zijn> 1. bucear; 2. tirarse de cabeza, zambullirse; 3. fig meterse de lleno (**in** en); **~er** de buzo m, submarinista m; **~plank** de trampolín m

duim de 1. (dedo) pulgar m; 2. pulgada f; **~en** vi cruzar los dedos

duin de duna f

duister 1. adj 1. (o. fig) o(b)scuro; 2. fig sombrío, tenebroso; **2.** het o(b)scuridad f; **~nis** de oscuridad f, penumbra f

Duits 1. adj alemán; **2.** het ling alemán m; **~er** de alemán m; **~land** het Alemania f

duivel de diablo m, demonio m; **~s** adj diabólico

duizel/en vi marearse; **~ig** adj mareado; ~ *worden* marearse

duizeling'wekkend adj vertiginoso

duizend num mil; **~poot** de zoo cienpiés m; **~tal** het millar m

dulden vt soportar, sufrir; tolerar

dump/en vt 1. descargar, verter; 2. com inundar el mercado; **~prijs** de com precio m de choque

dun adj 1. delgado, fino; 2. (salsa) poco espeso; ~ *bevolkt* poco poblado

dunk de opinión f; *een hoge ~ hebben* tener muy buena opinión; **~en:** *mij ~t* me parece

duo het (o. mús) dúo m, pareja f

dupe de víctima f; **~ren** vt perjudicar

dupl/i'caat het duplicado m; **~o:** *in ~o* en duplicado

duren vi durar; *lang* ~ durar mucho

dur/f de audacia f, atrevimiento m, osadía f, **~ven** vt atreverse, osar

dus 1. *adv* así; **2.** *conj* por lo tanto, entonces, de modo que (+ *subj*); **~danig** *adv* semejante, tal; **~ter** *de* bata *f*

dutten *vi* dormitar, dormir ligeramente

duur 1. *adj* caro; *hoe ~ is het?* ¿cuánto cuesta?; **~der worden** encarecer; **2.** *de* duración *f*; *op den ~* a la larga, al final; **~te** *de* carestía *f*; **~zaam** *adj* duradero, estable

duw *de* empujón *m*, codazo *m*; **~en** *vt/i* empujar (**tegen** contra)

dwal/en *vi* 1. deambular; 2. *fig* equivocarse, errar; **~ing** *de* error *m*, equivocación *f*

dwang *de* coacción *f*; *onder ~* a la fuerza, bajo presión; **~arbeid** *de* trabajos *mpl* forzados; **~bevel** *het jur* requerimiento *m* de pago

dwars *adj* 1. perpendicular, transversal, diagonal; 2. (*persona*) terco, obstinado; **~bomen** *vt* estorbar, fastidiar; **~fluit** *de mús* flauta *f* travesera; **~straat** *de* travesía *f*

dweil *de* bayeta *f*, paño *m*; **~en** *vt* fregar el suelo

dwepe/n *vi* 1. ser fanático; 2. (**met**) adorar, idolatrar; **~r** *de* exaltado *m*, fanático *m*

dwerg *de* gnomo *m*, enano *m*

dwergstaat *de* estado *m* minúsculo

dwingeland *de* 1. tirano *m*; 2. déspota *m/f*

dwingelan'dij *de* tiranía *f*, despotismo *m*

dwingen <irr 26> *vt* forzar, obligar (**tot** a)

d.w.z.: *dat wil zeggen* i.e., es decir

dyna/'miet *het* dinamita *f*; **~misch** *adj* dinámico; **~mo** *de* dinamo *f*

dynas'tie *de* <-ën> dinastía *f*

dysente'rie *de med* disentería *f*

dys'lexie *de* dislexia *f*

E

e *de mús* mi *m*

eau de co'logne *de fr* (agua *f* de) colonia *f*

eb *de* marea *f* baja, bajamar *f*

echo *de* eco *m*; **~ën** hacer eco, resonar

echt 1. *adj* genuino, auténtico; verdadero; **2.** *adv* de verdad, realmente; **3.** *de* casamiento *m*; **~er** *adv* sin embargo, no obstante; **~genoot** *de* esposo *m*, cónyuge *m*; **~heid** *de* autencidad *f*; **~paar** *het* matrimonio *m*; **~scheiding** *de* divorcio *m*

e'clips *de astron* eclipse *m*

eco/lo'gie *de* ecología *f*; **~'logisch** *adj* ecológico

eco/no'mie *de* <-ën> 1. economía *f*, ahorro *m*; 2. *stud* (Ciencias) Económicas *fpl*; **~'nomisch**

econoom

adj económico; **~'noom** de economista *m*

ec'zeem *het med* eczema *m*

edel *adj* noble; **~'moedig** *adj* noble, generoso; **~'moedigheid** de generosidad *f*; **~smid** de orfebre *m*; **~steen** de piedra *f* preciosa

e'ditie de edición *f*, tirada *f*

educa'tief *adj* educativo

eed de *jur* juramento *m*; **de ~ afleggen** prestar juramento; **onder ~** bajo juramento

eekhoorn de <~s> *zool* ardilla *f*

eelt *het* callo *m*, dureza *f*

een 1. *num* uno; 2. *art* un, una; 3. *pron indef* alguno, alguna, alguien; 4. de uno *m*; **~ voor ~** uno a uno; **~ worden** unirse, unificarse

eend de 1. *zool* pato *m*; 2. *(coche)* dos caballos *m*; **~er** *adj* igual, idéntico

eenheid de unidad *f*; **~sprijs** de 1. precio *m* uniforme; 2. precio *m* unitario

een'kennig *adj* arisco, huraño

eenling de individuo *m*

een/maal *adv* una vez; **dat is nu ~maal zo** qué se le va a hacer; **~malig** *adj* único, por una sola vez

eens 1.: **het ~ zijn** estar de acuerdo (**met** con); **het ~ worden** ponerse de acuerdo (**over** sobre); 2. *adv* (alg)una vez, en alguna momento; **er was ~** érase una vez; **weer ~** otra vez; **niet~** ni tan siquiera; **~'gezind** *adj* unánime; **~klaps** *adv* de repente

een/'stemmig 1. *mús* unísono; 2. *fig* unánime; **~'talig** *adj* monolingüe; **~'tonig** *adj* monótono; **~'vormig** *adj* uniforme; **~voud** de sencillez *f*, simplicidad *f*; **~'voudig** *adj* 1. sencillo, simple; 2. modesto; **~wording** de integración *f*, unificación *f*; **~zaam** *adj* (persona, lugar) solitario, solo, aislado; **~zaamheid** de soledad *f*, aislamiento *m*; **~'zijdig** *adj* 1. unilateral; 2. (*alimentación*) uniforme

eer de honor *m*; honra *f*; **~baar** *adj* honesto, honorable, decente, respetable

eerbied de respeto *m*, consideración *f*; **~ig** *adj* respetuoso, deferente; **~igen** *vt* respetar; **~'waardig** *adj* respetable

eer/der 1. *adj* anterior; 2. *adv* antes; **~gisteren** *adv* anteayer; **~herstel** *het* rehabilitación *f*

eerlijk *adj* honrado, sincero; **~ spel** *sport* juego *m* limpio; **~ gezegd** a decir verdad; **~heid** de honradez *f*, sinceridad *f*

eerst *adj/adv* primero; **ten ~e** en primer lugar; **~e hulp** primeros auxilios; **~eklas** de primera (categoría)

eer/vol *adj* honroso; **~zaam** *adj* honesto, honrado; **~zucht** *de* ambición *f*; **~'zuchtig** *adj* ambicioso

eet/baar *adj* comestible; **~gelegenheid** *de* lugar *m* para comer; **~kamer** *de* comedor *m*; **~lepel** *de* cuchara *f*; **~lust** *de* apetito *m*, ganas *fpl* de comer; **~zaal** *de* comedor *m*

eeuw *de* siglo *m*; **~enoud** *adj* secular, milenario; **~ig** *adj* eterno, perpetuo; **~igheid** *de* eternidad *f*

ef'fect *het* efecto *m*; **~ hebben** surtir efecto; **~en** *pl com* valores *mpl*, títulos *mpl*; **~enbeurs** *de* bolsa *f* de valores; **~ief** *adj* efectivo, eficaz

effen 1. (*color, superficie*) liso; **~en** *vt* (*o. fig*) allanar

eg *de* grada *f*, rastrillo *m*

e'gaal *adj* 1. llano, 2. (*color*) liso

egali'seren *vt* igualar, nivelar

egel *de zool* erizo *m*

ego *het* ego *m*; **~'isme** *het* egoísmo *m*; **~'ist** *de* egoísta *m/f*; **~'istisch** *adj* egoísta

E'gypt/e *het* Egipto *m*; **~isch** *adj* egipcio

ei *het* <~eren> huevo *m*; **gebakken ~** huevo *m* frito; **hardgekookt ~** huevo *m* duro; **~erdooier** *de* yema *f*

eigen *adj inv* propio; **op ~ kracht** a pulso; **~aar** *de* propietario *m*, dueño *m*; **~'aardig** *adj* peculiar, raro, singular; **~dom** *het* propiedad *f*; **~'handig** *adj* de su propia mano, personal; **~lijk** 1. *adj* verdadero, real; 2. *adv* en el fondo; **~naam** *de* nombre *m* propio; **~schap** *de* característica *f*, propiedad *f*; **~'tijds** *adj* moderno, contemporáneo; **~'wijs** *adj* testarudo, tozudo, obstinado; **~'zinnig** *adj* voluntarioso, obstinado

eik *de bot* roble *m*; **~el** *de* bellota *f*; **~en** *adj inv* de roble; **~enhout** *het* madera *f* de roble

ei/land *het* isla *f*; **~'leider** *de med* trompa *f* de Falopio

eind *het* trecho *m*, distancia *f*; **een heel ~ verder** mucho más lejos; **~diploma** *het stud* certificado *m* de fin de estudios; **~e** *het* 1. fin *m*, final *m*; 2. cabo *m*, extremo *m*; **een ~ maken aan** poner fin a; **ten ~ lopen** expirar, tocar a su fin; **ten ~ raad** desesperado; **dat is het ~** coloq es el no va más; **~elijk** *adv* por fin; **~eloos** *adj* sin fin, interminable; **~examen** *het* examen *m* final; **~ig** *adj* limitado, finito; **~igen** *vi* <~zijn> terminar(se), acabar(se), concluir(se); **~product** *het* producto *m* final; **~punt** *het* punto *m* final, término *m*, (*transp*) terminal *m*; **~station** *het* estación *f* terminal; **~streep** *de* meta *f*, línea *f* de llegada

eis *de* 1. exigencia *f*, requisito *m*; 2. reivindicación *f*; 3. *jur* demanda *f*; **~en** *vt* 1. exigir, reclamar; 2. requirir; 3. *jur* demandar

eiwit *het* 1. clara *f* del huevo; 2. *med* proteína *f*, albúmina *f*

ekster *de zool* urraca *f*; **~oog** *het med* ojo *m* de gallo, callo *m*

eland *de zool* alce *m*

elas'/tiek 1. *het* elástico *m*; **~tieken** *adj* de elástico; **~tisch** *adj* elástico

elders *adv* en otra parte, en otro lado

ele'gant *adj* elegante; **~ie** *de* elegancia *f*

elektri'/cien *de* electricista *m/f*; **~citeit** *de* electricidad *f*; **~sch** *adj* eléctrico

elek'tro/nisch *adj* electrónico; **~techniek** *de* electrotecnia *f*

element *het* elemento *m*

elf *de* elfo *m*, duende *m* 2. *num* once; **~tal** *het* equipo *m*

elimi'neren *vt* 1. eliminar; 2. (*persona*) liquidar

e'lite *de* élite *f*

elk *pron indef* 1. cada; 2. cada uno

el'kaar *pron* (*recíproco*) se, el uno al otro, unos a otros, mutuamente; **bij ~** juntos, en total

elleboog *de* codo *m*

el'lend/e *de* miseria *f*, desgracia *f*; **~ig** *adj* miserable, deplorable

el'lips *de* 1. *mat* elipse *m*; 2. *ling* elipsis *f*

els *de bot* aliso *m*

e'mail(le) *het* esmalte *m*

e-mail *de ing* correo *m* electrónico

email'leren *vt* esmaltar

emanci'/patie *de* emancipación *f*; **~peren** *vt* emancipar, liberar; **z. ~peren** emanciparse

em/bal'lage *de* embalaje *m*; **~'bargo** *het* embargo *m*; **~'bleem** *het* símbolo *m*; **~bryo** *het* embrión *m*

e'meritus *adj inv* emérito, jubilado

emi'/grant *de* emigrante *m*; **~gratie** *de* emigración *f*; **~greren** *vi* emigrar

e'missie *de* emisión *f*

emmer *de* cubo *m*

emotie *de* emoción *f*

emotio'neel *adj* emocional

en *conj* y, (*delante de -i o -hi*) e

encyclope'die *de* <~ën> enciclopedia *f*

endeldarm *de med* recto *m*

ener'gie *de* energía *f*; **~k** *adj* enérgico, vital

enerzijds *adv* por una parte, por un lado

eng *adj* 1. estrecho; 2. escalofriante, horripilante; **~el** *de* <~en> ángel *m*

Engel/and *het* Inglaterra *f*; **~s** 1. *adj* inglés; 2. *het ling* inglés *m*; **~sman** *de* <engelsen> inglés *m*

engerd *de* ogro *m*, tío *m* repulsivo

enig 1. *adj* 1. único; 2. guay, gracioso, mono; **2.** *pron indef* alguno, alguna; **zonder ~e reden** sin ningún motivo; **~'zins** *adv* 1. algo, un tanto; 2. de cualquier/alguna manera

enkel 1. *adj* 1. alguno; 2. simple, sólo; **2.** *adv* sólo, únicamente; **3.** *de med* tobillo *m*; **een ~e keer** alguna vez; **~reis** *transp* ida *f*, billete *m* sencillo; **~ en alleen** pura y exclusivamente; **~ing** *de* individuo *m*; **~voud** *het ling* singular *m*

e'norm *adj* enorme

en'quête *de* encuesta *f*; **een ~ houden** hacer una encuesta

enteren *vi nav* abordar

enthou'sias/me *het* entusiasmo *m*; **~t 1.** *adj* entusiasta (**over** con), entusiástico; **2.** *de* entusiasta *m*

entou'rage *de* entorno *m*

entrecôte *de fr gastr* entrecot *m*

en'tree *de* <~s> 1. (*lugar*) entrada *f*, acceso *m*; 2. (*billete*) entrada *f*; 3. *gastr* entrada *f*, entremés *m*; **vrij ~** entrada libre

enve'lop *de correo* sobre *m*

enz.: enzovoort etc., etcétera

epi'centrum *het* <~s, epicentra> *geol* epicentro *m*

epide/'mie *de med* epidemia *f*; **~'misch** *adj* epidémico

e'piek *de* épica *f*

epi/'latie *de* depilación *f*; **~lepsie** *de med* epilepsia *f*; **~leptisch** *adj* epiléptico; **~leren** *vt* depilar; **~loog** *de* epílogo *m*; **~sode** *de* episodio *m*

epos *het* <~sen, epen> epopeya *f*, poema *m* épico

e'quator *de* ecuador *m*

er 1. *adv* 1. allí, aquí; 2.: **~ is/zijn** hay; 3.; **dat is ~ niet** no hay; **we zijn er** hemos llegado; **2.** *pron pers*: **~ zijn ~ die** hay (de/entre ellos) quienes; **ik heb ~ genoeg** tengo suficientes (de ellos)

er'barmelijk *adj* 1. deplorable, 2. lastimero

ere/divisie *de sport* división *f* de honor, primera división; **~n** *vt* honrar (**met** con); rendir homenaje; **woord** *het* palabra *f* de honor

erf/deel *het* 1. (porción *f* de la) herencia *f*; **~elijk** *adj* hereditario; **~elijkheid** *de biol* herencia *f*; **~enis** *de* herencia *f*; **~genaam** *de* heredero *m*; **~zonde** *de* pecado *m* original

erg 1. *adj* 1. malo, serio, grave; 2. (+ *adj*) muy; **~ veel** mucho, muchísimo; **wat ~!** ¡qué terrible!; **2.** *de*: **~ hebben in** reparar en, darse cuenta de

ergens *adv* en alguna parte, en algún sitio; **~ anders** en otro sitio; **hier ~** por aquí

erger/en *vt* irritar, fastidiar; **z. ~en** irritarse, picarse (**aan** con); **~lijk** *adj* irritante, fastidioso; **~nis** *de* irritación *f*, disgusto *m*

er'ken/nen vt 1. reconocer, admitir; 2. (*documento*) reconocer (**als** como); (*título*) homologar, convalidar; **~ning** de reconocimiento m; **~telijk** adj agradecido, reconocido

erker de arq mirador m

ernst de seriedad f, gravedad f; **~ig** adj/adv grave(mente), serio, seriamente

ero/'tiek de erotismo m; **~tisch** adj erótico

erts het geol mineral m; **~laag** de yacimiento de minerales

er'var/en 1. adj experimentado, experto, versado; **2.** vt 1. experimentar; 2. enterarse; **~ing** de experiencia f

erwt de 1. guisante m, **~ensoep** de sopa f de guisantes

es de 1. bot fresno m; 2. *mús* mi m bemol; **~ca'latie** de escalada f; **~doorn** de bot arce m; **~kader** het mil 1. nav escuadra f; 2. aero escuadrilla f; **~kimo** de esquimal m

es'presso de café m solo

essen'tieel adj esencial

esta'fette de sport relevos mpl

es'theti/ca de estética f; **~sch** adj estético

e'tage de piso m; **op de eerste ~** en el primer piso

eta/'lage de escaparate f; **~leren** vt exponer, exhibir; **~leur** de escaparatista m/f

e'tappe de (o. sport) etapa f

eten 1. het comida f, cena f, alimentos mpl; **2.** <irr 27> vt/i 1. comer, tomar; 2. (*mediodía*) comer; 3. (*noche*) cenar; **~stijd** de hora f de comida; **~swaar** de comestibles mpl

eter de invitado m (a comer)

ethisch adj ético

eti'ket het etiqueta f

et/maal het veinticuatro horas; **binnen een ~** en veinticuatro horas

etnisch adj étnico

ets de arte aguafuerte m; **~en** vt grabar al aguafuerte

ettelijke pron indef varios, bastantes; **~ malen** varias veces

etter de 1. med pus m; 2. (*persona*) pelma(zo) m; **~en** vi med supurar, formar pus

e'tui het estuche m

eucharis'tie de relig eucaristía f

euro de euro m; **~pa** het Europa m; **~pe'aan** de europeo m; **~'pees** adj europeo

euvel het (o. med) mal m, defecto m; **iets ~ duiden** tomar a mal

evacu/'atie de evacuación f; **~eren** vt evacuar, desalojar

evalu/'atie de evaluación f; **~eren** vt evaluar

evan/'gelie het relig evangelio m; **~'gelisch** adj (*protestante*) evangélico; **~ge'list** de 1. evangelista m; 2. evangelizador m

even 1. adj (*número*) par; **2.** adv

1. (*igual*) tan, tanto; **~ ... als** tan ... como; 2. (*temporal*) un instante, un momento; *het is om het ~* da igual; *wacht eens ~!* ¡espera (un momento)!; **~aar** *de* ecuador *m*; **~als** *conj* así como, al igual que

eve'naren *vt* igualar a; *niet te ~* inigualable

even/beeld *het* réplica *f*, imagen *f*; **~'eens** *adv* también, asimismo

evene'ment *het* acontecimiento *m*, suceso *m*

even/goed *adv* 1. tan, también; 2. no obstante; **~min** *adv* tampoco; **~'redig** *adj* proporcional; **~'redigheid** *de* 1. proporcionalidad *f*; 2. *mat* proporción *f*

even/tjes un momento; **~tu'eel** 1. *adj* eventual, posible; 2. *adv* eventualmente, si procede; **~'veel** *pron indef* tanto; **~'wel** *adv* sin embargo, no obstante; **~wicht** *het* equilibrio *m*; **~'wichtig** *adj* equilibrado, (*estado*) estable; **~'wijdig** *adj* paralelo (**met** a); **~'zeer** 1. *adv* (*igual*) tan, tanto; 2. igualmente; **~zo** *adv* de la misma manera

ever(zwijn *het*) *de* jabalí *m*

evo'lutie *de* evolución *f*

ex *de* (*marido/mujer*) ex *m*; **~-...** *adj inv* ex, anterior, antiguo

e'xact *adj* exacto, puntual; **~e wetenschappen** ciencias *fpl* exactas

e'xamen *het* examen *m*; *een ~ afleggen* hacer un examen

exami/'nator *de* <~s, ~en> examinador *m*; **~neren** *vt stud* examinar (**in** de)

excel'lentie *de* excelencia *f*

excen'triek excéntrico, extravagante

ex'ces *het* exceso *m*

exclu'sief 1. *adj* exclusivo, (*personas*) selecto; 2. *adv* exclusive, sin incluir; **~ BTW** sin IVA

ex'cursie *de* excursión *f*

excu'seren *vt* excusar, disculpar; **z. ~** disculparse

ex'cuus *het* <excuses> excusa *f*, disculpa *f*; *zijn ~ aanbieden* presentar sus excusas

exe'cu/tie *de* ejecución *f*; **~'tief** *adj* ejecutivo

exem'plaar *het* ejemplar *m*

exis'tentie *de* existencia *f*

ex'pansie *de* expansión *f*

expedi/'teur *de com* transportista *m*, agencia *f* de transportes; **~tie** *de* 1. expedición *f*; 2. *com* envío *m*; **~tiebedrijf** *het* empresa *f* de transportes

experi/'ment *het* experimento *m*; **~men'teren** *vt* experimentar

expert *de* <~s> experto *m*, entendido *m*; **~ zijn** ser experto (**in** en)

expli'ciet *adj* explícito

explo'deren *vi* <zijn> explotar, hacer explosión

exploi'/tatie *de* explotación *f*; **~teren** *vt* explotar

exploreren

explo'reren *vt* 1. explorar; 2. *geol* prospectar
export *de* exportación *f*; **~'eren** *vt* exportar; **~'eur** *de* exportador *m*; **~firma** *de* empresa *f* de transportes
expo'/seren *vt* exponer, exhibir; **~sitie** *de* exposición *f*
ex'pres 1. *adv* adrede, a propósito, intencionalmente; 2. *de* exprés *m*, expreso *m*; **~brief** *de* correo carta *f* urgente; **~se** *de* correo *m* urgente; **per ~se** por correo urgente
ex'pressie *de* expresión *f*; **~f** *adj* expresivo
exqui'siet *adj elev* exquisito
ex'tern *adj* externo
extr/a 1. *adj* extra, extraordinario, adicional; 2. *adv* extra, especialmente; **~aatje** *het* extra *m*, plus *m*
ex'tract *het* extracto, resumen *m*; **~ie** *de* (*o. med*) extracción *f*
extrava'gant *adj* extravagante
ex'treem *adj* extremo
extre'mist *de* extremista *m*; **~isch** *adj* extremista
eye-liner *de ing* lápiz *m* de ojos
ezel *de* 1. *zool* burro *m*, asno *m*; 2. (*de pintor*) caballete *m*; **~sbruggetje** *het* truco *m* para recordar algo; **~soor** *het* (*libro*) doblez *f*, pliegue *m*

F

f *de mús* fa *m*
faam *de* fama *f*, renombre *m*, reputación *f*
fabel *de* 1. fábula *f*; 2. *fig* cuento *m*; **~achtig** *adj* fabuloso
fabri'/cage *de* fabricación *f*; **~ceren** *vt* fabricar, manufacturar
fa'briek *de* fábrica
fabri'/kaat *het* producto *m*, fabricación *f*; **~kant** *de* fabricante *m*
façade *de* (*o. fig*) fachada *f*
fa'cet *het* faceta *f*, aspecto *m*
facili'teit *de* 1. comodidad *f*; 2. **~en** *pl* facilidades *fpl*
facto: de ~ *jur* de hecho
factor *de* <**~en**> factor *m*
fac'tu'reren *vt* facturar; **~'tuur** *de* factura *f*; **een ~ uitschrijven** extender una factura
facul/ta'tief *adj* facultativo; (*asignatura*) opcional; **~'teit** *de stud* facultad *f*
fa'got *de mús* fagot *m*
fail'/liet *adj com* quebrado, en quiebra; **~ gaan** quebrar; **~ verklaren** declarar en quiebra; **~lisse'ment** *het* quiebra *f*
fair *adj ing* justo; **~ play** *de ing* juego *m* limpio
fake *de ing* falsificación *f*
fakkel *de* antorcha *f*
falen *vi* 1. fallar; fracasar
falie'kant *adv* totalmente, com-

pletamente; ~ **tegen** radicalmente en contra de
fallus *de* falo *m*
famili'air *adj* familiar, informal
fa'milie *de* familia *f*, pariente *m/f*; **wij zijn ~** somos parientes; **~lid** *het* pariente *m*; **~ziek** *adj* muy pegado a la familia
fan *de ing* fan *m*, admirador *m*,
fa/'naat *de* fanático *m*, maniático *m*; **~na'tiek** *adj* fanático; **~na'tiekeling** *de* fanático *m*; **~na'tisme** *de* fanatismo *m*
fanfare *de mús* banda *f*, charanga *f*
fanta's/eren *vi* disparatar; *vt* fantasear, imaginar; **~ie** *de* fantasía *f*, imaginación *f*; **~t** *de* iluso *m*, soñador *m*; **~tisch** *adj* 1. (*imaginado*) fantástico; 2. maravilloso, fantástico
farma'ceutisch *adj* farmacéutico
fasci'/natie *de* fascinación *f*; **~neren** *vt* fascinar; **~nerend** *adj* fascinante
fas'cis/me *het* fascismo *m*; **~t** *de* fascista *m*; **~tisch** *adj* fascista
fase *de* <~n, ~s> fase *f*, etapa *f*
fa/'taal *adj* fatal, funesto; **~ta'list** *de* fatalista *m*
fat'soen *het* buenas costumbres *fpl*, decencia *f*, decoro *m*; **~eren** *vt* arreglar, componer; adecentar; **~lijk** *adj* decente, correcto, serio, presentable
fauna *de* fauna *f*

favo'riet 1. *adj* favorito; **2.** de favorito *m*
faxen *vt* enviar por fax
fa'zant *de zool* faisán *m*
februari *de* febrero *m*
fe'caliën *pl* heces *fpl*
fee *de* hada *f*
feed-back *de ing* re(tro)alimentación *f*
feeks *de* bruja *f*, arpía *f*
feest *het* fiesta *f*; **~dag** *de* día *m* de fiesta; **~elijk** *adj* festivo, de fiesta; **~maal** *het* festín *m*, banquete *m*; **~vieren** *vi* celebrar una fiesta
feilloos *adj* infalible, inequívoco
feit *het (o. jur)* hecho *m*; **in ~e** de hecho, en realidad; **~elijk 1.** *adj* real, de hecho; **2.** *adv* de hecho, en realidad
fel *adj* 1. vehemente; 2. (*color*) vivo, subido; chillón; 3. (*dolor*) fuerte, intenso; 4. (*luz*) deslumbrante
felici'/tatie *de* enhorabuena *f*, felicitación *f*; **~teren** *vt* felicitar, dar la enhorabuena
ferm *adj* firme, resuelto, intrépido
festivi'teit *de* festividad *f*
feuille'ton *het* 1. (*lectura*) folletín *m*; 2. *TV* telenovela *f*
fi'asco *het* fiasco *m*
fiche *het, de* ficha *f*
fic/tie *de* ficción *f*; **~tief** *adj* ficticio
fier *adj* orgulloso, altivo, gallardo

fiets *de* bicicleta *f*; *coloq* bici *f*; *op/met de* ~ en bicicleta; **~en** *vi* ir/andar en bicicleta; **~enstalling** *de* aparcamiento *m* para bicicletas; **~er** *de* ciclista *m*; **~pad** *het* carril *m* de bicicletas; **~pomp** *de* inflador *m* (bomba *f*) de bicicleta; **~route** *de* ruta *f* cicloturística; **~sleutel** *de* llave *f* de la bicicleta; **~slot** *het* candado *m* de bicicleta; **~tocht** *de* excursión *f* en bicicleta; **~vakantie** *de* vacaciones *fpl* en bicicleta

fi'guur 1. figura *f*; 2. tipo *m*; *een goed/slecht ~ slaan* quedar bien/mal; **~lijk** *adj* figurado

fijn *adj* 1. fino; 2. sutil, refinado; 3. bueno, agradable; **~!** *excl* ¡(qué) bien!; *ik vind het ~ om* (**+ inf**) me gusta (+ inf); **~gebouwd** *adj* de constitución fina; **~gevoelig** *adj* (*persona*) sensible, delicado; **~hakken** *vt* picar; **~maken** *vt* pulverizar, majar; **~malen** *vt* moler; **~proever** *de* gastrónomo *m*; **~tjes** *adv* con sutileza, sútilmente

fiks *adj* fuerte, firme; (*persona*) robusto

filan'troop *de* filántropo *m*

file 1. *de transp* caravana *f*, atasco *m*; 2. *de/het ing informát* archivo *m*, fichero *m*

fi'let *het/de* <~s> *gastr* filete *m*

filevorming *de transp* congestión *f*

filhar'monisch *adj* filarmónico

fili'aal *het com, banc* sucursal *f*, filial *f*

Filip'pijnen *de* las (Islas) Filipinas; **~s** *adj* filipino

film *de* <~s> película *f*; **~en** *vt* filmar, rodar una película; **~ster** *de* estrella *f* de cine

filosof/eren *vi* filosofar; **~ie** *de* <~ën> filosofía *f*; **~isch** *adj* filosófico

filo'soof *de* filósofo *m*

filter *het/de* filtro *m*; **~en** *vt* filtrar; **~zakje** *het* filtro *m* de papel

fil'/tratie *de* filtración *f*; **~treren** *vt* filtrar

fi'na/le *de* final *f*; **~'list** *de* finalista *m*

finan/'cieel financiero; **~ciën** *pl* 1. finanzas *fpl*, hacienda *f*; 2. dinero *m*, fondos *mpl*; **~'cier** *de* financiero *m*; **~'cieren** *vt* financiar

fin'geren *vt* fingir, simular

Fin *de* finlandés *m*

finish *de ing sport* meta *f*, llegada *f*; **~en** *vi* <zijn> *sport* llegar, cruzar la meta

Fin/land *het* Finlandia *f*; **~s** 1. *adj* finlandés; 2. *het ling* finlandés

firma *de com* firma *f*, empresa *f*, casa *f*

fis/'caal *adj* fiscal; **~cus** *de* 1. fisco *m*; 2. administración *f* fiscal

fit *adj med* sano, en forma; **~ting** *de electr* portalámparas *m*

fi'x/eer *het* fijador *m*; **~eren** *vt* 1. fijar; 2. mirar fijamente, fijar la mirada

fjord *het* fiordo *m*

fla'con *de* <~s> frasco *m*, botellín *m*

fladderen *vi* revolotear

flair *het/de* mundología *f*, soltura *f*

flakkeren *vi* (*luz*) temblar, oscilar

flamberen *vt gastr* flamear

fla'/nel *het* franela *f*; **~neren** *vi* pasearse, callejear, barzonear

flan/k *de* flanco *m*, costado *m*; 2. *mil* ala *f*, flanco *m*; **~'keren** *vt* flanquear

flap/oren *pl* orejas *fpl* gachas; **~pen**: *eruit ~* decir de buenas a primeras; **~uit** *de* persona *f* suelta de lengua

flard *de* jirón *m*, retazo *m*; *aan ~en gaan* caer a jirones

flat *de* <~s> 1. piso *m*, apartamento *m*; 2. edificio *m* de apartamentos; **~er** *de* metedura *f* de pata; **~gebouw** *het* edificio *m* de apartamentos

flatt/eren *vt* (*ropa*) embellecer, favorecer (estéticamente); **~eus** *adj* favorecedor

flauw *adj* 1. *gastr* soso, insípido; 2. infantil, poco gracioso; 3. (*idea*) vago; 4. *med* flojo, débil; **~ekul** *de vulg* bobadas *fpl*, sandeces *fpl*; **~erd** *de fig* gallina *f*; **~te** *de med* desmayo *m*; **~vallen** *vi* desmayarse, desvanecerse

flensje *het gastr* crep *f*

fles *de* 1. botella *f*; 2. (**zuig~**) biberón *m*; *aan de ~ zijn* ser alcohólico; *op de ~ zijn* estar en la ruina; **~sentrekker** *de* estafador *m*, sablista *m*; **~sentrekke'rij** *de* estafa *f*, timo *m*

flets *adj* 1. *med* pálido, enfermizo; 2. (*color*) apagado, descolorido

fleurig *adj* floreciente, alegre, vivo

flikflooien *vi* 1. adular, lisonjear; 2. hacer arrumacos, hacer carantoñas

flikker *de coloq* marica *m*, maricón *m*; **~en** *vi* (*luz*) parpadear, destellar; **~ing** *de* parpadeo *m*, destello *m*; **~licht** *het* señal *f* a destellos; luz *f* intermitente

flink 1. *adj* 1. (*físico*) fuerte, robusto; 2. (*tamaño, etc.*) notable, considerable; 3. (*carácter*) valiente; **2.** *adv* con fuerza, enérgicamente; mucho, bien; *~ veel* bastante, mucho

flirt *de ing* flirt *m*, ligue *m*; **~en** *vi* flirtear

flits *de* 1. centelleo *m*; 2. *meteo* relámpago *m*, rayo *m*; 3. *foto* flash *m*; **~en 1.** *vi fig* pasar volando; **2.** *vt foto* disparar el flash

flodder *de*: *losse ~* cartucho *m* fogueo

flop *de* fiasco *m*, chasco *m*; **~pen** *vi* <zijn> fracasar, irse al agua

flor/a de flora f; **~eren** vi fig florecer, prosperar
flo'ret het/de sport florete m
fluisteren vt susurrar, cuchichear
fluit de 1. mús flauta f; 2. sport pito m; **~en** <irr 28> vt/i 1. mús tocar la flauta; 2. sport pitar; 3. silbar; (pájaro) trinar; **~ist** de flautista m; **~ketel** de hervidor m de silbato
fluor het quím fluor m
flut adj: *dit is ~* esto es una porquería
flu'weel het terciopelo m
fnuikend adj funesto, fatal
focussen vt 1. foto enfocar; 2. fig enfocar, entrar (**op** en)
foefje het truco m, truquillo m, treta f
foei excl ¡pfff...!, ¡qué horror!; **~lelijk** adj feísimo
foeteren vi coloq despotricar, ajear
foetus het/de med feto m
föhn de secador m de mano; **~en** vt secar con secador (eléctrico)
fokke/n vt (de animales) criar; **~r** de criador m
folklore de folklore m
folter/en vt torturar, atormentar; **~ing** de tortura f, tormento m
fonds het 1. (dinero) fondo m, capital m; 2. (bolsa) valor m, bono m del Tesoro, papel m del Estado
fone'tiek de fonética f; **~tisch** adj fonético

fonkelen vi brillar, destellar, resplandecer
fon'tein de 1. fuente f; 2. surtidor m
fooi de propina f
foppen vt gastar una broma, engañar
fopspeen de chupete m
for'ceren vt forzar
fo'rel de zool trucha f
fo'rens de persona que viaja diariamente entre su casa y el trabajo
for'maat het 1. tamaño m; 2. fig talla f
for/mali'teit de formalidad f, trámite m; **~'matie** de formación f; **~'meel** adj formal; **~'meren** vt formar; **~mi'dabel** adj formidable;
formu'/leren vt formular, expresar; **~lier** het <~en> formulario m
for'nuis het cocina f, fogón m
fors adj robusto, grande y fuerte
fort het fortaleza f
for'tuin het 1. fortuna f, suerte f; 2. fortuna f, capital m; **~lijk** adj afortunado
fosfor het min fósforo m
fos'siel 1. adj fósil; **2.** het 1. fósil m; 2. fig (persona) carroza f, viejo m
foto de foto f, fotografía f; **~album** het álbum m de fotos; **~'graaf** de <~grafen> fotógrafo m; **~gra'feren** vt fotogra-

fuif

fiar; **~ko'pie** de <~ën> fotocopia f; **~model** het modelo m/f; **~toestel** het cámara f
fouil'leren vt registrar, cachear
fourni'turen pl mercería f; **~zaak** de mercería f
fout 1. adj erróneo, equivocado; mal; **2.** de 1. error m, falta f; equivocación f; fallo m; 2. defecto m
fraai adj hermoso, bello
frac/tie de 1. fracción f; 2. pol fracción f, grupo m parlementario; **~'tuur** de med fractura f
frag'ment het fragmento m
fram'boos de bot 1. (arbusto) frambueso m; 2. frambuesa f
frame het ing armazón m; (bicicleta) cuadro m
francis'caan de relig franciscano m; **~s** adj franciscano
franco correo franco
franje de 1. fleco m, flecos mpl; 2. fig follaje m, adornos mpl
fran'keren vt correo franquear
Frankrijk het Francia f
Frans 1. adj francés; **2.** het ling francés m; **~man** de francés m
frap'/pant adj sorprendente; **~peren** vt impresionar, llamar la atención
frase de frase f; **holle ~n** palabras fpl vacías
frater de relig hermano m
frau/de de fraude m; **~du'leus** adj fraudulento

freak de coloq 1. fanático m; 2. drog colgado m; 3. tipo m raro
free'lance adj independiente; **~ werken** trabajar por su cuenta
fre'quentie de frecuencia f
fresco het arte fresco m
fret de 1. zool hurón m; 2. (taladro) barrena f (espiral)
friemelen vi manosear, hurgar
Fries 1. adj frisón; **2.** de frisón m; **3.** het ling frisón m; **~land** het Frisia f
friet de gastr patatas fpl fritas
fri'gide adj frígido
frika(n)'del de gastr salchicha f de carne picada
fris adj fresco; **het wordt ~** refresca; **~drank** de (bebida) refresco m; **~jes** adv fresquito
fri/tes pl gastr patatas fpl fritas; **~'teuse** de freidora f; **~'turen** vt freír en aceite
frivool adj frívolo
frommelen vt arrugar, estrujar
fronsen vt fruncir, arrugar el ceño
front het (o. mil) frente m; **~aal** adj frontal; **~ botsen** chocar de frente
fruit het fruta f, frutos mpl; **~en** vt gastr sofreír; **~handel** de frutería f; **~pers** de exprimidor m de frutas
frus/'tratie de frustración f; **~tre'ren** vt frustrar
fuchsia f bot fucsia f
fuif de guateque m, fiesta f

fuik *de* buitrón *m*

fuiven *vi* ir de juerga, estar de fiesta

fulltime *adj ing (trabajo)* a tiempo completo

func/tie *de* 1. (*o. mat*) función *f*; 2. cargo *m*, puesto *m*; **~tio'naris** *de* funcionario *m*; **~tio'neel** *adj* funcional; **~tio'neren** *vi* funcionar, desempeñar funciones de

funda'ment *het arq, fig* fundamento *m*, cimientos *mpl*; **~eel** *adj* fundamental

fun'der/en *vt arq* fundar, cimentar; **~ing** *de (o. fig)* cimientos *mpl*, fundamento *m*, cimentación *f*

fun'geren *vi* hacer las veces (**als** de), servir de, hacer de

furi'eus furioso, enfurecido

fu/'seren *vi* fusionar(se) **~sie** *de* fusión *f*; **een ~ aangaan** fusionarse

fusil'leren *vt* fusilar

fust (*vino, aceite*) barril *m*, tonel *m*

fut *de* fuerza *f*, energía *f*; **~ili'teit** *de* futilidad *f*; **~loos** *adj* 1. sin energía, sin ganas; 2. (*pelo*) liso

fysi/ca *de* física *f*; **~cus** *de* físico *m*

fy'siek 1. *adj* físico; 2. *het* físico *m*

fysio/lo'gie *de* fisiología *f*; **~therapie** *de* fisioterapia *f*

fysisch *adj* físico

G

g *de mús* sol *m*

gaaf 1. (*fruta, etc.*) intacto, perfecto; 2. *coloq* estupendo, magnífico

gaan <irr 29, zijn> *vi* 1. (*movimiento*) ir; (*partir*) irse, marcharse; 2. (*funcionar*) **de bel ~** suena el timbre; **dat ~ niet** eso no es posible; 3. (*estado*) estar; **hoe ~ het (met u)?** ¿qué tal está?; **~ boven** tener preferencia sobre; 4. tratar (**over** de); 5. tratarse (**om** de); 5. **~ (+ inf)** ir a (+ inf); **~de** *adj* en marcha, en curso; **wat is er ~?** ¿qué ocurre/pasa?; **~deweg** *adv* poco a poco, gradualmente

gaar *adj* 1. *gastr* cocido, hecho; 2. (*persona*) hecho polvo; **~keuken** *de* comedor *m* de la beneficiencia; **~ne** *adv* con mucho gusto

gaas *het* 1. *txtl* gasa *f*; 2. (*metal*) tela *f* metálica; **~je** *het* gasa *f* hidrófila

gaatje *het* agujero *m* pequeño

gadeslaan *vt* observar, contemplar

gading *de* gusto *m*, conveniencia *m*; **er is niets van mijn ~ (bij)** no hay nada que me convenga

gage *de* paga *f*, sueldo *m*, salario *m*

gal *de med* bilis *f*

gala *het* (*fiesta, ropa*) gala *f*; **in ~ zijn** ir/estar (vestido) de gala

ga'lant *adj* galante
galblaas *de* vesícula *f* bilar
gale'rij *de* 1. galería *f*; (*tiendas*) pasaje *m*
galg *de* horca *f*; **~enhumor** *de* humor *m* negro
Ga'licië *het* Galicia *f*; **~r** *de* gallego *m*
galm *de* resonancia *f*, eco *m*; **~en** *vi* 1. cantar a toda voz; 2. resonar
ga'lop *de* galope *m*; **~'peren** *vi* galopar
galsteen *de med* cálculo *m* bilar
gammel 1. (*construcción*) desvencijado; 2. (*persona*) rendido, derrengado
gang *de* 1. corredor *m*, pasillo *m*; 2. (*andar*) paso *m*; 3. velocidad *f*; 4. (*evolución*) curso *m*, marcha *f*; 5. *gastr* plato *m*; *ga je ~* haz lo que te parezca oportuno; *aan de ~ zijn* estar trabajando; estar en curso; *op ~ komen* avanzar, ponerse en marcha; **~baar** *adj* corriente, usual, aceptado; **~maker** *de* 1. iniciador *m*; 2. *sport* el que marca el paso
gangster *de ing* gángster *m*
gans 1. *adj* entero, completo; **2.** *de* <ganzen> *zool* 1. ganso *m*, oca *f*; 2. *domme ~* boba *f*, alma *f* de cántaro
ganzenbord *het* (juego de la) oca *f*
gapen *vi* 1. bostezar; 2. *fig* quedarse boquiabierto
gappen *vt coloq* mangar, afanar
ga'rage *de* 1. garaje *m*, cochera *f*; 2. taller *m* (de reparaciones)
garan'deren *vt* garantizar
ga'rant *de* garante *m*; *z. ~ stellen voor* garantizar; **~ie** *de* garantía *f*
garde *de* 1. *mil* guardia *f*; 2. batidor *m* de mano; **~'robe** *de* 1. guardarropa *f*; 2. vestuario *m*, ropa *f*
garen *het* hilo *m*
gar'naal *de zool* gamba *f*; (*pequeño*) camarón *m*, quisquilla *f*
gar'ner/en *vt gastr* guarnecer, adornar; **~ing** *de* guarnición *f*
gas *het* gas *m*; **~bedrijf** *het* compañía *f* de gas; **~fitter** *de* instalador *m* de gas; **~fles** *de* bombona *f*; **~fornuis** *het* cocina *f* de gas; **~kachel** *de* estufa *f* de gas; **~leiding** *de* 1. tubería *f* de gas; 2. gaseoducto *m*; **~masker** *het* máscara *f* antigás; **~meter** *de* contador *m* de gas; **~pedaal** *het auto* acelerador *m*
gast *de* 1. huésped *m*, invitado *m*; 2. (*en hostelería*) cliente *m*; **~arbeider** *de* trabajador *m* extranjero; **~enboek** *het* 1. registro *m* del hotel; 2. libro *m* de invitados; **~heer** *de* anfitrión *m*, huésped *m*
gastrono'mie *de* gastronomía *f*
gast'vrij *adj* hospitalario, acogedor; **~heid** *de* hospitalidad *f*

gastvrouw *de* anfitriona *f*
gat *het* <~en> 1. agujero *m*, abertura *f*, hueco *m*; (*en muro, etc.*) brecha *f*; (*en calle*) bache *m*; 2. pueblucho *m*; 3. *coloq* culo *m*; *in de ~ hebben/krijgen* percatarse de; *in de ~en houden* vigilar; *houd hem in de ~!* ¡no le pierdas de vista!
gauw 1. *adj* rápido; 2. *adv* pronto, rápidamente; **~igheid:** *in de ~* de prisa y corriendo
gave *de* 1. donación *f*, dádiva *f*; 2. *fig* don *m*; **~n** *pl* talentos *mpl*, dotes *mpl*
ga'zon *het* <~s> césped *m*
ge'aardheid *de* carácter *m*, naturaleza *f*
ge'acht *adj* distinguido, estimado
geadres'seerde *de* destinatario *m*
geani'meerd *adj* animado
ge'/armd *adj* cogidos del brazo; **~baar** *het* gesto *m*, ademán *m*; **~bak** *het* repostería *f*, pasteles *mpl*, pastas *fpl*; **~bed** *het* <~en> oración *f*, rezo *m*; **~beente** *het* esqueleto *m*, huesos *mpl*; **~bergte** *het* montaña *f*, sierra *f*
ge'beur/en *vi* <zijn> pasar, ocurrir, acontecer, suceder, **~tenis** *de* acontecimiento *m*, suceso *m*, hecho *m*
ge'bied *het* 1. territorio *m*, país *m*, dominio *m*; 2. región *f*; terreno *m*; zona *f*; 3. *fig* terreno *m*, campo *m*, materia *f*; **~vt** mandar, ordenar; **~end** *adj* imperativo *m*
ge'/bit *het* dentadura *f*; **~bladerte** *het* follaje *m*, hojas *fpl*; **~blaf** *het* ladrido *m*; **~bloemd** *adj* floreado, de flores; **~blokt** *adj* a cuadros; **~bod** *het* <~en> orden *f*, mandato *m*; *de tien ~en* los diez mandamientos; **~bonden** *adj* 1. atado, ligado; *~ zijn* no ser libre; 2. (*libro*) encuadernado; 3. (*salsa*) espeso
ge'boorte *de* nacimiento *m*; **~dag** *de* 1. fecha *f* de nacimiento; 2. cumpleaños *m*; **~jaar** *het* año *m* de nacimiento
ge'boren 1 *adj inv.* nacido; 2. *fig* nato; *~ worden* nacer
ge'/bouw *het* edificio *m*; **~brand** *adj* quemado; **~breid** *adj* de punto
ge'brek *het* <~en> 1. escasez *f*, falta *f*, carencia *f*; 2. (*pobreza*) necesidad *f*; 3. defecto *m*, deficiencia *f*; **~kig** *adj* insuficiente, deficiente
ge'/broken *adj* (*o. fig*) roto; **~broeders** *pl* hermanos *mpl*
ge'bruik *het* 1. uso *m*, empleo *m*, utilización *f*; 2. costumbre *f*; *~ maken van* hacer uso de, aprovechar, valerse de, beneficiarse de; **~elijk** *adj* usual, acostumbrado, habitual; **~en** *vt* 1. usar, emplear, utilizar; 2. (*in-*

gerir) tomar; *drog* consumir; **~er** *de* usuario *m*
ge'bruiks/aanwijzing *de* modo *m* de empleo; **~voorwerp** *het* artículo *m* de uso
gecompli'ceerd *adj* complicado, compleja
ge'daante *de* <~n, ~s> 1. figura *f*, forma *f*; 2. imagen *m*, aparición *f*
ge'dachte *de* <~n> 1. pensamiento *m*, reflexión *f*; 2. opinion *f*; **~nwisseling** *de* intercambio *m* de ideas
ge'deelte *het* <~n, ~s> parte *f*, porción *f*, sección *f*; **~lijk** *adj* parcial
ge'degen *adj* concienzudo, detenido
ge'denk/dag *de* aniversario *m*; **~en** *vt* conmemorar
gedeti'neerde *de* <~n> detenido *m*, preso *m*
ge'/dicht *het* poesía *f*, poema *m*; **~dienstig** *adj* servicial, complaciente; **~dijen** *vi* prosperar, florecer; **~ding** *het jur* pleito *m*, causa *f*, proceso *m*; *in het ~ding zijn* estar en juego
gedistil'leerd 1. *adj* destilado; 2. *het* licores *mpl*
gedistin'geerd *adj* distinguido, elegante
ge'/doe *het* jaleo *m*, follón *m*; **~doemd** *adj* destinado (**om** a), condenado a; **~dogen** *vt* consentir, tolerar; **~donder** *het* 1. *meteo* trueno *m*; 2. *coloq* enredo *m*, fastidio *m*; **ge'drag** *het* 1. conducta *f*, 2. comportamiento *m*; **z. ~en** comportarse, actuar; **~ingen** *pl* comportamiento *m*
ge'/drang *het* apreturas *fpl*; **~drocht** *het* monstruo *m*, esperpento *m*; **~drongen** *adj* (*persona*) rechoncho; **~droogd** *adj* (*flor*) disecado; **~ducht** *adj* temible
ge'duld *het* paciencia *f*; **~ig** *adj* paciente
ge'/durende *prep* durante; **~durfd** *adj* atrevido, osado; **~durig** *adv* continuo, incesante; **~dwee** *adj* dócil, sumiso
geel *het* 1. amarillo *m*; 2. (*huevo*) yema *f*; **~zucht** *de med* ictericia *f*
geen *pron indef* (*delante de sustantivo*) no, ninguno; ningún, ninguna; **~szins** *adv* de ninguna manera, en absoluto
geest *de* 1. espíritu *m*; 2. Espíritu *m*; 3. mente *f*; 4. espectro *m*, fantasma *m*; *in de ~ van* del tipo/tenor de; *de Heilige ~* el Espíritu Santo; *een heldere ~* una mente lúcida; *boze ~en* espíritus malignos; **~dodend** *adj* monótono, embotador; **~drift** *de* entusiasmo *m*; **~elijk** *adj* 1. espiritual; 2. mental; 3. religioso; **~elijk gehandicapt** disminuido psíquico; **~elijk-**

heid de relig clero m; **~esgesteldheid** de estado m de ánimo; **~ig** adj 1. ingenioso; 2. gracioso, chistoso; **~kracht** de fuerza f mental

geeuw de bostezo m; **~en** vi bostezar

ge'gadigde de <~n> 1. candidato m, aspirante m; 2. interesado m, posible comprador m

ge'geven 1. adj dado; 2. het dato m

ge'haast adj apresurado, con prisas

ge'/hakt het carne f picada; **~halte** het contenido m, grado m, porcentaje m; **~handicapt** adj minusválido, disminuído

ge'heel 1. adj todo, entero, completo, total; 2. het conjunto m, totalidad f todo m; **~onthouder** m abstemio m

ge'heim 1. adj secreto, oculto; 2. het secreto m, misterio m, enigma m; **~houding** de secreto m, discreción f silencio m; **~zinnig** adj misterioso; **~zinnigheid** de misterio m

ge'hemelte het <~n, ~s> med paladar m

ge'heugen het memoria f; **~verlies** het pérdida f de memoria; amnesia f

ge'hoor het 1. oído m, 2. oyentes mpl, auditorio m; 3. fig atención f; **~apparaat** het audífono m; **~zaam** adj obediente, dócil; **~zaamheid** de obediencia f; **~zamen** vt obedecer

ge'horig adj ruidoso, mal insonorizado

ge'hucht het aldea f, caserío m

ge'huil het llanto m, lloros mpl

gehu'meurd: *goed/slecht ~ zijn* estar de buen/mal humor

ge'ijkt adj fig consabido, usual

geil adj coloq cachondo, caliente

gein de coloq cachondeo m, coña f

geiser de 1. calentador m (de agua); 2. géiser m

geit de zool cabra f; chiva f

ge'jaagd adj agitado, nervioso

gek 1. adj 1. (*persona*) loco (**op** por), majareta; 2. (*cosa*) raro, extraño; *niet ~* bueno; **2.** de 1. loco m, mentecato m; 2. gracioso m.**~heid** de 1. locura m; 2. broma f, guasa f; **~kenhuis** het fig manicomio m, casa f de locos; **~kenwerk** het disparate m

ge'kleed adj vestido

ge'knoei het 1. chapucería f; 2. porquerías fpl

ge'kunsteld adj amanerado, afectado

ge'/laat het rostro m, cara f; **~lach** het risas fpl; **~laden** o. fig cargado

ge'lang : *naar ~ van, al naar ~* según , a medida de

ge'laten adj resignado; **~heid** de resignación f

gela'tine *de gastr* gelatina *f*
geld *het* dinero *m*, moneda *f*, *coloq* pasta *f*; *half* ~ a mitad de precio; **~automaat** *de* cajero *m* automático; **~belegging** *de* inversión *f*; **~boete** *de* multa *f*; **~en** *vi* <irr 30> 1. estar vigente/ en vigor; valer (**voor** por); 2. concernir, afectar
Gelderland *het* Güeldres
geldgebrek *het* falta *f* de dinero
geldig *adj* 1. válido, fundado; 2. *jur* vigente; **~heid** *de* validez *f*; **~heidsduur** *de* (*p.e. pasaporte*) plazo *m* de validez vigencia *f*
geld/middelen *pl* recursos *mpl*, medios *mpl* económicos; **~stuk** *het* moneda *f*
ge'led/en hace; *eeuwen* ~**en** hace siglos; *niet lang* ~**en** no hace mucho; **~ing** *de* articulación *f*
ge'leerd *adj* erudito, docto; **~e** *de* <~n> científico *m*; **~heid** *de* saber *m*, erudición *f*
ge'legen *adj* 1. situado, sito; 2. oportuno, conveniente; **~heid** *de* 1. ocasión *f*, oportunidad *f*; 2. establecimiento *m*, local *m*
ge'lei *de* jalea *f*; **~achtig** *adj* gelatinoso
ge'leid *adj* *telec* teledirigido; **~e** *het* acompañamiento *m*, *mil*, *pol* escolta *f*; **~ehond** *de* perro *m* lazarillo; **~lijk 1.** *adj* gradual; **2.** *adv* poco a poco, gradualmente; **~en** *vt* (*o. fys*) conducir, acompañar; *mil* escoltar; **~end** *adj* *fys* conductor; **~ing** *de fys* conducción *f*
ge'lid *het* <geleederen> 1. articulación; 2. *mil* fila *f*
ge'liefd *adj* 1. querido; 2. favorito; **~e** *de* <~n> querido *m*
ge'lieven *vt* servirse, tener a bien
ge'lijk 1. *adj* igual, idéntico, similar; **2.** *adv* 1. igualmente, de la misma manera; 2. (*temporal*) simultáneamente; **3.** *het* razón *f*; ~ *hebben* tener razón; **~enis** *de* parecido *m*, semejanza *f*; 2. parábola *f*; **~heid** *de* igualdad *f*, paridad *f*; **~'luidend** *adj* 1. homófono; 2. idéntico; **~maken** *vt* igualar; **~'matig** *adj* uniforme, igual; **~'namig** *adj* homónimo; **~schakelen** *vt* 1. *electr* conectar al mismo circuito; 2. *pol* controlar; **~'soortig** *adj* similar, análogo; **~spel** *het sport* empate *m*; **~spelen** *vi sport* empatar (**tegen** con); **~staan** *vi* equivaler (**met** a); **~stellen** *vt* equiparar (**met** con), igualar; **~stroom** *de electr* corriente *f* continua; **~'tijdig 1.** *adj* simultáneo; **2.** *adv* simultáneamente; **~'vloers** *adj* a nivel del suelo; **~'waardig** *adj* equivalente, del mismo nivel; **~'zijdig** *adj mat* equilátero
gelofte *de* <~n> 1. promesa *f*; 2. *relig* voto *m*

ge'loof *het* 1. crédito *m*, fe *f*; 2. religión *f*, creencia *f*; **~'waardig** *adj* creíble, fidedigno; '**waardigheid** *de* credibilidad *f*

ge'lov/en 1. *vi* (*o. relig*) creer (**in/aan** en); 2. *vt* creer, pensar; *niet te ~* ! *excl* ¡increíble!; **~ig** *adj* creyente, religioso; **~ige** *de* <~n> creyente *m/f*

ge'luid *het* 1. ruido *m*; 2. (*tono*) sonido ~ *m*; **~demper** *de tecn* silenciador *m*; **~dicht** insonorizado

geluids/hinder, **~overlast** *de* molestias *fpl* por el ruido

ge'luimd *adj goed (slecht) ~ zijn* estar de buen (mal) humor

ge'luk *het* 1. felicidad *f*, dicha *f*; 2. buena suerte *f*; *veel ~!* *excl* ¡que tengas suerte!; **~ken** *vi* lograrse, conseguirse; **~kig** 1. *adj* 1. feliz, dichoso; 2. afortunado, contento; 2. *adv* afortunadamente, por suerte; **~kige** *de* <~n> afortunado *m*; **~svogel** *de fig* hombre *m* de suerte; **~wens** *de* felicitación *f*; **~wensen** *vt* felicitar, dar la enhorabuena (**met** por)

ge'maal 1. *de* consorte *m*, cónyuge *m*; 2. *het* instalación *f* de bombeo

ge'machtigde *de* <~n> *jur* apoderado *m*

ge'mak *het* 1. comodidad *f*; 2. facilidad *f*; **~kelijk** *adj* 1. fácil, sencillo; 2. cómodo; **~zucht** *de* pereza *f*; **~'zuchtig** *adj* comodón, perezoso

ge'matigd *adj* moderado, comedido

gemari'neerd *adj gastr* adobado, en escabeche

ge'maskerd *adj* enmascarado; *~ bal* baile *m* de máscaras

gember *de bot* (a)jengibre *m*

ge'meen *adj* 1. malo, ruin, canalla, infame; 2. común; *gemene streek de* canallada *f*; *iets ~ hebben* tener algo en común; **~goed** *het* propiedad *f* común; **~plaats** *de* lugar *m* común, tópico *m*

ge'meenschap *de* comunidad *f*, sociedad *f*; *~ van goederen* *jur* comunidad *f* de bienes; *(seksuele) ~ hebben* tener relaciones sexuales; **~pelijk** 1. *adj* común, colectivo; 2. *adv* conjuntamente, colectivamente

ge'meente *de* <~n, ~s> 1. *adm* ayuntamiento *m*; 2. término *m* municipal; 3. *relig* comunidad *f*, parroquia *f*; **~bestuur** *het adm* ayuntamiento *m*, consistorio *m*; **~huis** *het* ayuntamiento *m*, casa *f* consistorial; **~lijk** *adj* municipal; **~politie** *de* policía *f* municipal; **~raad** *de* concejo *m*, corporación *f* municipal

ge'mengd *adj* mixto; mezclado, variado

gemeubi'leerd *adj* amueblado

ge'middeld 1. *adj* 1. medio; 2. mediano; **2.** *adv* por término medio; **~e** het <~n, ~s> media f, promedio m

ge'mis het vacío m; falta f (**aan** de)

ge'moed het <~eren> alma f, ánimo m; **~elijk** *adj* amable, jovial, sociable; **~stoestand** de estado m de ánimo

gems de <gemzen> *zool* gamuza f, rebeco m

ge'nad/e de clemencia f, perdón m; 2. *relig* gracia f; **~ig** *adj* clemente, misericordioso

ge'nees/heer de médico m; **~krachtig** *adj* medicinal; **~kunde** de medicina f; **~middel** het <~en> medicamento m, remedio m

ge'negenheid de cariño m, afecto m

ge'neigd *adj* inclinado, propenso

gene/'raal 1. *adj* general, corriente; **2.** de *mil* general m; **~rali'seren** *vt* generalizar

gene'ratie de generación f

gene'rator de <~en, ~s> generador m

ge'neren: z. ~ avergonzarse (**voor** de)

ge'nezen <irr 31> **1.** *vi* curarse; **2.** *vt* curar

geni'aal *adj* genial

ge'nie het <~ën> genio m

ge'nieten <irr 32> *vt*/*i* 1. gozar, disfrutar (**van** de); 2. (*educación, pensión*) percibir, recibir

ge'nodigde de <~n> invitado m

ge'noeg *pron indef* bastante, suficiente; **~doening** de satisfacción f; **~en** het 1. satisfacción f; 2. gusto m, placer m

ge'not het goce m, placer m, deleite m; **~middel** het estimulante m

geo/gra'fie de geografía f; **~'grafisch** *adj* geográfico; **~lo'gie** de geología f

ge'past *adj* apropiado, adecuado, conveniente

gepensio'neerd *adj* jubilado; *mil* retirado; **~e** de <~n> jubilado m

gepi'keerd *adj* mosqueado, ofendido

ge'raakt *adj fig* 1. herido, ofendido; 2. conmovido

ge'raamte het 1. *med* esqueleto m; 2. *fig* armazón m

ge'rafeld *adj* deshilachado, desflecado

geraffi'neerd *adj* 1. (*producto*) refinado; 2. *fig* refinado; sutil; 3. (*persona*) astuto

ge'recht het 1. *gastr* plato m, guiso m; 2. *jur* juzgado m, tribunal m; **~elijk** *adj* judicial; **~igd** *adj jur* autorizado (**om** a); **~shof** het <~hoven> *jur* 1. corte f de apelación; 2. (*edifico*) Tribunal m

ge'reed *adj* listo; **~ zijn** estar listo (**om** para); **~schap** het herramientas fpl; **~schapskist** de caja f de herramientas

gerefor'meerd *adj relig* protestante reformista; **~e** *de* <~n> protestante *m/f* calvinista

ge'regeld 1. *adj* regular, regulado; **2.** *adv* regularmente

gereser'veerd *adj* 1. reservado; 2. (*persona*) reservado, distante

geria'trie *de med* geriatría *f*

ge'rief *het* comodidad *f*; **~elijk** *adj* cómodo, comfortable

ge'rimpeld *adj* 1. arrugado; 2. *txtl* fruncido

ge'ring *adj* escaso, poco; *uiterst* **~** mínimo

Ger'maan *de* germano *m*; **~s** *adj* germano

gerouti'neerd *adj* experimentado

gerst *de bot* cebada *f*

ge'rucht *het* rumor *m*, ruido *m*; *vals* **~** bulo *m*, rumor *m* falso

ge'ruit *adj* a cuadros

ge'rust 1. *adj* tranquilo; **2.** *adv* tranquilamente; **~stellen** *vt* tranquilizar; **~stelling** *de* tranquilidad *f*, alivio *m*

ge'schenk *het* regalo *m*, obsequio *m*

ge'schied/enis *de* historia *f*; **~'kundige** *de* <~n> historiador *m*

ge'schikt *adj* adecuado, conveniente, apto

ge'schil *het* 1. diferencia *f*, conflicto *m*; 2. *jur* litigio *m*

ge'schoold *adj* calificado, especializado

ge'schreeuw *het* gritos *mpl*

ge'slacht *het* 1. familia *f*, linaje *m*; 2. *ling* género *m*; 3. sexo *m*; **~ziekte** *de* enfermedad *f* venérea

gesp *de* hebilla *f*

ge'spierd *adj* musculoso, fornido

ge'sprek *het* conversación *f*; charla *f*

ge'stalte *de* <~n, ~s> figura *f*, estatura *f*

ge'steente *het* <~n, ~s> piedra *f*, roca *f*, mineral *m*

ge'stel *het* constitución *f* física, complexión *f*

ge'steld *adj*: **~ dat** suponiendo que; **~ zijn op iets** tener apego a u/c; **~heid** *de* estado *m*, condición *f*, situación *f*

ge'streept *adj* a rayas, rayado

ge'tal *het* número *m*

ge'tij(de) <getijden> *het* marea *f*

ge'trouw *adj* fiel, leal; **~d** *adj* casado

getto *het* ghetto *m*

ge'tuig/e *de* <~n> testigo *m*; **~en** *vi jur* comparecer/declarar como testigo; **~enis** *de jur* testimonio *m*; **~schrift** *het* certificado *m*

geul *de* zurco *m*, zanja *f*

geur *de* 1. olor *m*, 2. perfume *m*

ge'vaar *het* peligro *m*, riesgo *m*, **~lijk** peligroso, arriesgado

ge'val *het* caso *m*; *voor het* **~** *dat* en caso de que; *in ieder* **~** en todo caso

ge'vangen *adj* preso; **~e** *de* <~n> preso *m*, interno *m*; **~is** *de* pri-

sión *f*, cárcel *m*; **~isstraf** *de pena* *f* de prisión
ge'varendriehoek *de* triángulo *m* reflectante
gevari'eerd *adj* variado
ge'vecht *het* lucha *f*, combate *m*, batalla *f*
gevel *de* fachada *f*, frontispicio *m*
geve/n <irr 33> *vt* 1. dar; 2. regalar; 3. (**~ om**) querer; **~r** *de* donante *m*
ge'voel *het* <~ens> sentimiento *m*, sentido *m*, sensación *f*; **~ voor humor** sentido *m* del humor; **~ig** *adj* sensible, susceptible, delicado; **~loos** *adj* insensible
ge'vogelte *het* aves *fpl* (de corral)
ge'volg *het* 1. consecuencia *f*; 2. comitiva *f*, séquito *m*; **ten ~e van** a causa/consecuencia de; **ten ~e hebben** tener como consecuencia
ge'volmachtigd *adj jur* apoderado
ge'vonden *adj*: **~ voorwerpen** *pl* objetos *mpl* perdidos
ge'vorderd *adj* avanzado
ge'vuld *adj* lleno, relleno (**met** de)
ge'vraagd *adj* solicitado, demandado
ge'waarword/en *vt* percibir, notar; **~ing** *de* sensación *f*
ge'wapend *adj* 1. armado; 2. (*material*) reforzado
ge'was *het* planta *f*, vegetal *m*, cultivo *m*

ge'weer *het* fusil *m*; (*caza*) escopeta *f*
ge'weld *het* violencia *f*; fuerza *f*; **~'dadig** *adj* violento; **~ig** *adj* 1. estupendo, maravilloso; 2. muy fuerte, enorme, intenso
ge'welf *het arq* bóveda *f*
ge'wend *adj* acostumbrado, habituado (**aan** a)
ge'west *het* región *f*, distrito *m*; **~elijk** *adj* regional, comarcal
ge'weten *het* conciencia *f*; **~loos** *adj* sin escrúpulos; **~sbezwaar** *het* objeción *f* de conciencia
ge'wicht *het* 1. peso *m*; 2. pesa *f*; *fig* importancia *f*; **~heffen** *vi sport* levantar pesos; **~ig** *adj* de peso/importancia
ge'wijd *adj relig* 1. sagrado; 2. sacro
ge'wild *adj* solicitado, popular
ge'willig *adj* dócil, bien dispuesto
ge'wond *adj* herido; **~e** *de* <~n> herido *m*; **licht ~** con heridas leves; **zwaar ~** herido de gravedad
ge'woon 1. *adj* habitual, usual, corriente; sencillo; **2.** *adv* 1. normalmente, como siempre; 2. simplemente; **~lijk** *adj* de costumbre, habitualmente; **~te** *de* <~n, ~s> costumbre *f*, hábito *m*; **slechte ~** vicio *m*
ge'wricht *het med* articulación *f*
ge'zag *het* autoridad *f*; **~hebbend** *adj* competente, presti-

gioso; **~voerder** de 1. (alto) mando m; 2. aero comandante m
ge'zamenlijk 1. adj conjunto, colectivo; **2.** adv (todos) juntos
ge'zang het cantar m, canto m
ge'zant de enviado m; **~schap** het legación f
ge'zegde het proverbio m
ge'zel/lig adj 1. (persona) sociable, simpático; 2. (lugar) acogedor; **~schap** het 1. compañía f; 2. grupo m; **~schap houden** acompañar; **in ~schap van** en compañía de
ge'zicht het 1. vista f; 2. cara f, rostro m; **~svermogen** het vista f, visión f
ge'zet adj corpulento
ge'zin het familia f; **~shoofd** het cabeza f de familia; **~te** de <<~n, ~s> confesión f, religión f
ge'zond adj 1. (persona) sano; 2. saludable; **~heid** de 1. salud f; 2. salubridad f **~heidszorg** de sanidad f pública
ge'zwel het med 1. hinchazón m; 2. tumor m
ge'zwollen adj 1. med hinchado; 2. lit retórico
gids de 1. guía f; 2. (persona) guía m/f
gier de 1. zool buitre m; 2. estiércol m; **~ig** adj tacaño, avaro; **~igaard** de avaro m
giet/en <irr 34> vt 1. verter; 2. tecn fundir; **~er** de 1. regadera f; 2. (persona) fundidor **~ijzer** het hierro m fundido
gif het veneno m, quím tóxico m; **~t** de donación f, donativo m; **~tig** adj venenoso; quím tóxico
gi'gant de gigante m; **~isch** adj gigantesco
gijzel/aar de rehén m; **~en** vt tomar como rehén, secuestrar
gil de chillido m; **~len** vi gritar, vociferar
gips het yeso m; **~verband** het escayola f
gi'r/eren vt banc girar, transferir
giro de banc 1. giro m, transferencia f por giro postal; 2. servicio m de giro postal; **~betaalkaart** de ± cheque m de pago; **~rekening** de cuenta f de giro postal
gist de 1. levadura f; 2. (vino) fermento m; **~en** de fermentar
gister/avond adv anoche, ayer por la tarde/noche; **~en** adv ayer
gi'ta/ar de guitarra f; **~rist** de guitarrista m/f
glaasje het copita f, chato m
glad adj 1. resbaladizo, deslizante; 2. fig (persona) astuto, vivaz; 3. liso, pulido; **~heid** de lisura f
gladi'ool de bot gladiolo m
glan/s de 1. brillo m, resplandor m; 2. esplendor m; **~srijk** adj brillante, espléndido; **~zen** vt resplandecer, brillar

glas *het* <glazen> 1. vidrio *m*, cristal *m*; 2. vaso *m*, copa *f*; **~bak** de contenedor *m* para vidrio; **~blazerij** de vidriería *f*
gla/zen *adj* de cristal; **~'zuren** *vt* vidriar, esmaltar
gleuf de ranura *f*, hendidura *f*
glibberig *adj* resbaladizo, escurridizo
glij/baan de tobogán *m*, pista *f* de hielo; **~den** <irr 35> *vi* deslizarse, resbalar
glimlach de sonrisa *f*; **~en** *vi* sonreír
glimmen <irr 36> *vi* brillar, resplandecer
glimp de atisbo *m*, asomo *m*
glimworm de luciérnaga *f*
glinsteren *vi* relucir, resplandecer; **~d** *adj* reluciente, resplandeciente
glob/aal *adj* global, aproximado; **~e** de globo *m*
gloei/en *vi* arder; **~lamp** de bombilla *f*
glooing de (*montaña*) pendiente *m*
glorie de gloria *f*, esplendor *m*; **~rijk** *adj* glorioso
goal de *ing sport* 1. portería *f*; 2. gol *m*.
god de Dios *m*; **~* zij dank!** *excl* ¡gracias a Dios!; **~delijk** *adj* divino; **~sdienst** de religión *f*; **~s'dienstig** *adj* religioso; **~vergeten** *adj* maldito
goed 1. *adj* bueno, buen,-a; **2.** *adv* bien; **3.** *het* <~eren> 1. bien *m*, bienes *mpl*; 2. *txtl* ropa *f*, tela *f*; **het ~ hebben** vivir bien; **onroerend ~** bien *m* inmueble; **ten ~e komen aan** beneficiar a; **~'aardig** *adj* 1. bondadoso; 2. *med* benigno; **~doen** *vi* sentar bien; **~dunken** *vi* parecer bien; **~e'middag** buenas tardes; **~e'morgen** buenos días; **~e'nacht** buenas noches **~en'avond** buenas tardes/noches
goederen *pl* 1. bienes *mpl*; 2. *com* productos *mpl*, mercancía *f*
goed/gelovig *adj* ingenuo; **~keuren** *vt* 1. aprobar, declarar apto; 2. *jur* sancionar; **3.** *pol* ratificar; **~keuring** de aprobación *f*; **~'koop** *adj* barato, económico; **~maken** *vt* arreglar, compensar; **~praten** *vt* justificar, disculpar; **~vinden 1.** *vt* aprobar, consentir, parecer bien; **2.** *het* aprobación *f*, consentimiento *m*
gok de apuesta *f*; **~automaat** de tragaperras *m*; **~ken** *vi* jugar, apostar (**op** a/por)
golf de 1. ola *f*; 2. *fis* onda *f*; 3. bahía *f*; 4. *sport* golf *m*; **~lengte** de longitud *f* de honda; **~slag** de oleaje *m*
golven *vi* ondear, ondularse; **~d** *adj* 1. (*terreno*) ondulante; 2. (*pelo*) ondulado
gom *het* 1. goma *f* de borrar; 2. goma (de pegar)

gondel de góndola f

goochel/aar de prestidigitador m; **~en** vi 1. hacer juego de manos; 2. fig hacer malabarismos

gooi de tiro <~en> m, lanzamiento m; **~en** vt tirar, echar, lanzar

goot de 1. (en calle) cuneta f, 2. canalón m, canal m; **~steen** de pila f, fregadero m

gordel de cinturón m; **~roos** de med herpes m

gor'dijn het 1. cortina f; 2. teat telón m

gorgelen vi hacer gárgaras

gort de cebada f mondada

Got/en pl godos mpl; **~*iek** de arq gótico m; **~*isch** adj gótico

goud het oro; **~en** de oro; **~geel** adj dorado; **~mijn** de 1. mina f de oro; 2. fig mina f; **~smid** de orfebre m; **~vis** de pez m de colores

goulash de gastr carne f estofada a la húngara

gouver'neur de gobernador

graad de 1. grado m; 2. mat potencia f, grado m

graaf de conde m; **~schap** het condado m

graag adv con mucho gusto

graaien vi hurgar, revolver

graan het bot 1. cereal m; 2. trigo m; **~schuur** de granero m

graat de espina f

gracht de 1. (en ciudad) canal m; (alrededor de un fuerte) foso m

graci'eus adj gracioso, elegante

graf het <graven> tumba f, sepulcro m, sepultura f

graffiti pl pintadas fpl

gra'fi/ek de gráfico m; **~sch** adj gráfico

graf/kelder de cripta f; **~schrift** het epitafio m; **~steen** de lápida f

gram de gramo f

gram'matica de gramática f; **~al** adj gramatical

gra'naat de 1. (piedra) granate m; 2. bot granada f; 3. (árbol) granado m

grandi'oos magnífico, maravilloso

gra'niet het geol granito m

grap de broma f, chiste m; **voor de ~** en broma

grapefruit de ing bot pomelo m

grap/jas de bromista m; **~pig** adj gracioso, divertido, cómico

gras het hierba f; **~duinen** vi curiosear; **~land** het pasto m, prados mpl; **~maaier** de cortacéspedes; **~mat** de sport campo m (de fútbol); **~veld** het césped m; **~vlakte** de pradera f

gratie de 1. gracia f, elegancia f; 2. jur indulto m

gratifi'catie de gratificación f;

grati'neren vt gastr gratinar

gratis adj/adv gratis, gratuito

grauw adj pardo, gris, grisáceo; **~en** vi gruñir

graven <irr 37> vt cavar, excavar

gra'v/eren vt grabar; **~eur** de grabador m; **~in** de condesa f; **ure** de grabado m, estampado m

grazen vt/i pastar, apacentar

greep de 1. agarro m, asimiento m; 2. mús acorde m; 3. asidero m, mango m

grendel cerrojo m, pestillo m, pasador m; **~en** vt echar el cerrojo

grens de <grenzen> frontera f, límite m, barrera f; **~geval** fig caso m dudoso; **~post** de puesto m fronterizo; **~rechter** sport juez m de línea

grenze/loos adj inmenso, ilimitado; **~n** vi 1. lindar, limitar (**aan** con), 2. fig rayar en

greppel de acequia f, zanja f

gretig adj ávido, ansioso, voraz

grief de queja f, reproche m

Griek de griego m; **~enland** het Grecia f; **~s 1.** griego; **2.** het ling griego m

griep de med gripe f; **~erig** adj griposo

griesmeel het sémola f

grieven vt ofender, agraviar

griezel de 1. horror m, pavor m; 2. monstruo m, ogro m; **~en** vi estremecerse; **~ig** adj espantoso, escalofriante

griffie de secretaría f judicial; **~r** de secretario m judicial

grijpen <irr 38> vt/i coger, agarrar, prender

grijs adj gris; **~ haar** het canas fpl

gril de capricho m, antojo m

grill de <~s> parrilla f, asador m; **~en** vt asar a la parrilla; **~ig** adj caprichoso; irregular

gri'm/as de mueca f; **~eren** vt maquillar; **z. ~eren** maquillarse; **~eur** de maquillador m

grind het grava f, cascajo m

groef de 1. surco m, ranura f; 2. arruga f

groei de crecimiento m, desarrollo m; **~en** vi (zijn) 1. crecer; (asuntos) aumentar

groen 1. adj 1. verde; 2. fig inexperto,-a; **2.** het verde; **~te** de verdura f, hortaliza f; **~teboer** de 1. verdulero m; (tienda) verdulería f; **~soep** de gastr sopa f de verduras; **~tetuin** de huerto m; **~winkel** de verdulería f

groep de 1. grupo m, colectivo m; 2. curso m; **~'eren** vt agrupar; **~'ering** de agrupación f; **~sleider** de educador m, monitor m

groet de saludo m, **de ~en doen** dar saludos; **met vriendelijke ~** (en carta) atentamente, un cordial saludo; **~en** vt saludar

groeve de <~n> 1. fosa f, hoyo m; 2. cantera f; **~n** vt grabar, ranurar

grof adj 1. grueso, tosco, basto; 2. grosero; **~heid** de grosería f

grond de 1. tierra f, suelo m; 2. (en agua) fondo m; 3. base f, fundamento m, motivo m; ~**beginsel** het <<-s, ~en> principio m básico/fundamental; ~**bezitter** de terrateniente m; ~**en** vt 1. (pintura) imprimir; 2. fundar (op en); ~**gebied** het territorio m; ~**gedachte** de idea f básica; ~**ig** adj profundo, intenso; ~**kapitaal** het com capital m inicial; ~**legger** de fundador m; ~**slag** de fundamento m, base m; ~**stof** de materia f prima; ~**vesten 1.** vt fundar; **2.** pl fundamentos mpl; ~**water** het aguas subterráneas; ~**wet** de jur constitución f; ~**wettelijk** adj constitucional

groot adj 1. grande, gran, extenso; 2. alto; 3. mayor, adulto; ~ **worden** crecer; ~**brengen** vt criar, educar; ~***-Brittannië** het Gran Bretaña f

groot'grondbezit het latifundismo m; ~**ter** de latifundista m

groot/handel de com comercio m al por mayor; ~**heid** de 1. grandeza f; 2. mat cantidad f, magnitud f; ~**hertogdom** het gran ducado m; ~**kapitaal** het gran capital m; ~**meester** de gran maestro m; ~**moeder** de abuela f; ~**moedig** adj magnánimo, generoso; ~**ouders** pl abuelos mpl; ~**s** adj grandioso, magnífico; ~**spraak** de jactancia f, fanfarronadas fpl; ~**te** de <<-n, ~s> 1. magnitud f, 2. dimensiones fpl; tamaño m; 3. cuantía f; ~**vader** de abuelo m

gros het 1. gruesa f; 2. fig mayoría f; ~**sier** de com mayorista m

grot de cueva f, gruta f, caverna f

grotendeels adj en su mayor parte

gro'tesk adj grotesco

gruis het polvo m, carbonilla f

gruwel de horror m, atrocidad f; ~**elijk** adj horrible, atroz; ~**en** vi (**van**) horrorizar, aborrecer

gul adj generoso; ~**den** de florín m; ~**heid** de generosidad f

gulp de bragueta f

gulzig adj voraz, glotón, ávido

gummi de goma f, caucho m; ~**knuppel** de porra f de goma; ~**laars** de bota f de goma

gunnen vt 1. conceder; 2. no envidiar

gunst de favor m; ~**ig** adj favorable, propicio, bueno, propicio

guur adj meteo rudo, desapacible, áspero

gym'nasium het ± instituto m de bachillerato, liceo m

gymnas'tiek de gimnasia f; ~**leraar** de profesor de gimnasia; ~**zaal** de gimnasio m

gymschoen de playera f, zapato m de tenis

gynaeco/lo'gie de med ginecología f; ~**'logisch** adj ginecológico,-a; ~**'loog** de ginecólogo m

H

ha! *excl* ¡ah!

haag *de* seto *m*; **~*: Den ~*** La Haya

haai *de* <~en> *zool* tiburón *m*; **naar de ~en gaan** irse a pique; **~envin** *de* aleta *f* de tiburón

haak *de* 1. gancho *m*, garfio *m*; 2. (*pesca*) anzuelo *m*; 3. percha *f*; (*teléfono*) horquilla *f*; 4. *ling* paréntesis *m*; 5. corchete *m*; 6. aldabilla *f*; **tussen ~jes** entre paréntesis; **~naald** *de* aguja *f* de cancho; **~s** *adj* perpendicular; **~werk** *het* labor de ganchillo

haal *de* 1. (*a puro*) chupada); 2. trazo *m*, plumazo *m*; **~baar** *adj* factible, alcanzable; **~baarheid** *de* viabilidad *f*

haan *de* 1. gallo *m*; 2. (*de fusil*) gatillo *m*

haar 1. *pron pers* (*compl. directo e indirecto*) la, le; (*con prep*) ella; 2. *pron pos* su (*sing*); sus (*pl*); suyo; 3. *het* 1. pelo *m*, cabello *m*; 2. vello *m*; **~band** *de* cinta para el pelo

haard *de* estufa *f*; **open ~** chimenea *f*

haar/fijn *adj* minucio; **~lak** *de* laca *f*; **~lok** *de* mechón *m*; **~lotion** *de* loción *f* capilar; **~scherp** *adj* muy nítido, muy preciso; **~speld** *de* horquilla *f*; **~stukje** *het* postizo *m*, bisoñé *m*; **~uitval** *de* caída *f* del pelo; **~verf** *de* tintura *f* para el pelo; **~versteviger** *de* fijador para el pelo

haas *de* 1. *zool* liebre *f*; 2. *gastr* solomillo *m*; **~je** *het*: **~ over spelen** saltar a la pídola

haast 1. *adv* casi; 2. *de* prisa *f*; **~en** *vt* apresurar, dar prisa; **z. ~en** apresurarse; **~ig 1.** *adj* apresurado, con prisa; **2.** *adv* de prisa

haat *de* odio *m*; **~'dragend** *adj* rencoroso

hachelijk *adj* delicado, precario, penoso

hage'dis *de zool* lagarto *m*

hagel *de* 1. *meteo* granizo *m*; 2. perdigones *mpl*; **~bui** *de* granizada *f*; **~en** *v/impers* granizar; **~slag** *de* fideos *mpl* de chocolate; **~steen** *de* trozo *m* de granizo

hak *de* 1. tacón *m*; 2. (*herramienta*) azada *f*; **~en 1.** *vt* hacer ganchillo; **2.** *vt* enganchar; **~enkruis** *het* cruz *f* esvástica; **~kelen** *vi* farfullar, tartajear; **~ken** *vt* 1. hachear; 2. picar; **~mes** *het* tajadera *f*, machete *m*

hal *de* 1. vestíbulo *m*, zaguán *m*; 2. (*de fábrica*) nave *f*; **~en** *vt* 1. ir/venir por, buscar; 2. alcanzar, obtener; 3. sacar (**uit** de); *iem erbij ~en* traer, acudir, recurrir a alg

half

half 1. adj medio; **2.** adv a medias, a medio; *het is ~ vier* son las tres y media; *voor ~ geld* a mitad de precio; **~bewolkt** adj meteo semicubierto; **~bloed** de mestizo m; **~broer** de medio hermano m; **~dood** adj medio muerto; **~jaarlijks** adj semestral; **~rond 1.** adj semicircular; **2.** het hemisferio m; **~'slachtig** adj ambiguo, poco claro; **~'stok** a media asta; **~vol** adj (leche) semidesnatado; **~weg** adv a mitad del camino; **~zuster** de media hermana f

hal'lo: ~! excl 1. ¡hola!; 2. (al teléfono) ¡oiga!

halluci'natie de med alucinación f

halo'geenlamp de lámpara f halógena

halm de tallo m, (de hierba) brizna f

hals de 1. med cuello m; 2. escote m; ~ *over kop* precipitadamente; **~band** de collar m; **~brekend** adj muy peligroso/ arriesgado; **~doek** de pañuelo m; **~'starrig** adj obstinado, terco; **~'starrigheid** de obstinación f; **~ster** de cabestro m; **~wervel** de vértebra cervical

halt: ~! ¡alto!; ~ *maken* hacer alto; **~e** de parada f

hal'ver/en vt 1. partir por la mitad; 2. reducir a la mitad; **~wege** adv a mitad de camino

ham de gastr jamón m; *gekookte* ~ jamón m de York; *gerookte* ~ jamón ahumado; *rauwe* ~ jamón m serrano; **~burger** de gastr hamburguesa f

hamer de martillo m, mazo m; **~en** vi martillar, dar martillazos

hamster de zool hámster m; **~en** vt acaparar

hand de 1. mano f; 2. letra f; *van de ~ wijzen* rechazar, repudiar; *bij de ~ hebben* tener a mano; *aan de ~ van* basándose en; **~bagage** de equipaje m de mano; **~bal** de sport balonmano m; **~bereik: binnen ~bereik** al alcance de las manos; **~boek** het manual m; **~doek** de toalla f; **~druk** de apretón m de manos

handel de comercio m; negocio m; ~ *drijven* comerciar, negociar (**in** en) *zwarte* ~ mercado m negro; **~aar** de <~s, handelaren> comerciante m; *drog* traficante m; **~en** vi 1. actuar, proceder; 2. comerciar (**in** en); **~ing** de acto m, acción f; **~sbetrekkingen** pl relaciones fpl comerciales; **~smerk** het marca f comercial; **~sregister** het registro m mercantil; **~stransactie** de operación f comercial; **~sverdrag** het tratado m comercial; **~wijze** de manera f de actuar

handenarbeid de 1. trabajos mpl manuales; 2. stud formación f manual; **hand/föhn** de secador de mano; **~geld** com señal m; **~geschreven** adj manuscrito; **~haven** vt mantener; **~having** de mantenimiento m; **~icap** de ing handicap m; **~ig** adj 1. hábil, diestro, mañoso; 2. de fácil manejo; **~igheid** de habilidad f, maño m, maña f; **~jevol** het puñado m; **~langer** de cómplice m; **~leiding** de manual; **~palm** de palma f (de la mano); **~rem** de freno m de mano; **~schoen** de guante m; **~schrift** 1. manuscrito m; 2. letra escrita; **~tas** de bolso m de mano; **~'tastelijk** adj sobón; **~'tastelijkheden** pl manoseo m, toqueteo m; **~tekening** de 1. firma f; 2. autógrafo m; **~vat** het empuñadura f, asidero m; **~warm** adj templado; **~werk** het trabajo m manual; **~zaam** adj manejable

han'gar de hangar m

hang/en <irr 39> **1.** vi colgar, estar colgado; **2.** vt colgar, suspender; **~end** adj pendiente, colgante; **~er** de 1. colgante m; 2. percha f; **~kast** de armario m ropero; **~mat** de hamaca f; **~plant** de planta f colgante; **~slot** het <~sloten> candado m

han'/teerbaar adj manejable, **~teren** vt manejar

hap de bocado m; **een ~ nemen** dar un bocado; **~eren** vi 1. titubear; 2. fallar, no funcionar bien; **~je** het: **een ~ eten** tomar un bocado; **~je tussendoor** tentempié m; **~pen** vt morder

hard 1. adj 1. duro, inflexible, rígido; 2. fuerte, duro, riguroso; **2.** adv 1. rápidamente, velozmente; 2. (tono) alto, fuerte; 3. mucho, muy; **~board** het conglomerado m duro; **~en** vt 1. tecn endurecer; 2. fig curtir; **~gekookt** adj (huevo) duro; **~'handig** adj violento, brusco; **~lopen** vi correr; **~loper** de corredor m; **~'nekkig** adj obstinado, persistente; **~op** adv en voz alta

haring de 1. zool/gastr arenque m; 2. estaca f

hark de rastrillo m; **~en** vt rastrillar

har'monica de mús acordeón m

harmo/'nie de 1. armonía f; 2. mús banda f; **~niëren** vt armonizar (**met** con); **~nisch** adj armonioso

harnas het armadura f

harp de mús arpa f; **~'ist** de arpista m

harpoen de arpón m; **~'eren** vt arponear

hars het/de resina f

hart het corazón m; (lechuga) cogollo m; **van ~e gefeliciteerd** muchas felicidades; **~- en vaatziekten** pl med enferemedades fpl cardiovasculares; **~aanval** de med ataque m cardiaco; **~elijk** adj cordial, efusivo, afectuoso; *~elijke groeten* un afectuoso saludo; **~eloos** adj despiadado; **~en** de (juego de naipes) corazones fpl; **~enlust** de: *naar ~enlust* a (su) gusto; **~'grondig** adj sincero, profundo; **~ig** adj gastr salado; **~infarct** de med infarto de corazón; **~klopping** de palpitación f; **~slag** de latido m del corazón; **~stocht** de pasión f; **~verlamming** de med parálisis m cardíaca; **~versterking** de tentempié m

hasj de drog hachís m

hate/lijk adj malévolo, maligno; **~n** vt odiar

haute cou'ture de fra alta f costura

haveloos adj andrajoso, miserable

haven de puerto m; **~arbeider** de trabajador m portuario; **~geld** het derechos mpl de muelle; **~hoofd** het malecón m; **~loods** de piloto m de puerto; **~meester** de capitán m de puerto; **~politie** de policía del puerto; **~stad** de ciudad f portuaria

haver de bot cebada f; **~klap** de: *om de ~klap* cada dos por tres, a cada paso

havik de <~en> 1. zool azor m, gavilán m; 2. pol halcón m; **~sneus** de nariz f aguileña

hazelnoot de bot avellana f; **~pasta** de crema f de chocolate con avellanas

hazen/lip de labio m leporino; **~peper** de gastr estofado m de liebre

HBO het (*hoger beroeps onderwijs*) stud enseñanza f profesional superior; ± escuelas f universitarias

hebbelijkheid de mala costumbre f, manía f

hebbe/n <irr 40> vt 1. (v. auxiliar) haber; 2. tener; *het ~ over (tegen) iem* hablar de (con) alg; **~rig** adj codicioso, avaricioso

He'breeuws 1. adj hebreo; 2. het ling hebreo m

hebzucht de codicia f, avaricia f; **~ig** adj codicioso, avaricioso

hecht adj sólido, firme, fuerte; **~en** vt 1. sujetar, (herida) suturar; 2. tener apego (**aan** a) **z. ~en** tomar cariño (**aan** a)

hechtenis de jur prisión f, arresto m; *voorlopige ~* prisión f preventiva; *in ~ nemen* detener

hechting de med sutura f, punto m

hec'tare de hectárea f

heden het presente m; **~daags** adj de hoy

heel 1. (*no roto*) entero, íntegro; 2. todo, total; *door ~ Europa* por toda Europa; **2.** *adv* muy, ~ **veel** muchísimo; ~**al** *het* universo *m*; ~**huids** *adj* sano y salvo

heen *adv*: ~ **en terug** ida y vuelta; **waar ga je** ~ ¿a dónde vas?; **ergens** (**nergens**) ~ a alguna (ninguna) parte; **door de jaren** ~ a lo largo de los años; ~**gaan** *vi* 1. marcharse; 2. fallecer; ~**reis** *de* viaje *m* de ida; ~**weg** *de* camino *m* de ida

Heer *de relig* Señor *m*

heer *de* 1. señor *m*, caballero *m*; 2. *fig* dueño *m*; ~**lijk** *adj* 1. maravilloso; 2. *gastr* delicioso; ~**schap'pij** *de* supremacía *f*, dominio *m*; ~**sen** *vi* reinar, gobernar; ~**ser** *de* soberano *m*

hees *adj* ronco, afónico; ~**ter** *de* arbusto *m*, mata *f*

heet *adj* 1. caliente, caluroso; 2. *gastr* picante; 3. cachondo; ~**hoofd** *het* cascarrabias *m*

hef/boom *de* palanca *f*; ~**fen** <*irr* 41> *vt* 1. alzar, elevar, levantar; 2. (*impuestos*) recaudar, imponer; ~**fing** *de* 1. recaudación *f*; 2. recargo *m*, tasa *f*

heft *het* mango *m*; ~**ig** *adj* impetuoso, vehemente

heg *de* seto *m*; ~**genschaar** *de* recortasetos *m*

hei(de) *de* 1. *bot* brezo *m*; 2. brezal *m*

heiden *de* <~en> pagana *m*; ~**s** *adj* pagano

hei/en *vt* hincar pilotes; ~**ig** *adj* nebuloso, calinoso

heilig *adj* santo, sagrado; ~**dom** *het* santuario *m*; ~**e** *de* <~n> santo *m*; ~**en** *vt* santificar; ~**schennis** *de* sacrilegio *m*, profanación *f*; ~**verklaring** *de relig* canonización *f*

heilzaam *adj* benéfico, saludable

heimwee *de* nostalgia *f*, añoranza *f*

heipaal *de* pilote *m*

hek *het* 1. valla *f*; 2. verja *f*

hekel *de* aversión *f*; ~**en** *vt* satirizar, criticar

heks *de* bruja *f*

hel 1. *de* infierno *m*; **2.** fuerte, brillante, resplandeciente

hel'aas *adv* desgraciadamente, por desgracia

held *de* 1. héroe *m*; 2. protagonista *m*; ~**endaad** *de* hazaña *f*; ~**enmoed** *de* heroísmo *m*, ~**er** *adj* 1. claro; 2. brillante; 3. (*cabeza*) lúcido; ~**'haftig** *adj* heroico

hele/boel: een ~ un montón, muchísimo; ~**maal** *adv* enteramente, totalmente; ~**maal niet** para nada, ni mucho menos

hele/n *vt* 1. encubrir; 2. *med* curar, sanar; ~**r** *de* encubridor *m*

helft *de* mitad *f*; **voor de** ~ **v/d prijs** a mitad de precio

heli'kopter *de* helicóptero *m*

helium *de quím* helio *m*

Hel'leens *adj* heleno, helénico

hell/en vi inclinarse; **~ing** de 1. pendiente m, declive m; 2. nav grada f

helm de casco m

helpe/n <irr 42> vt 1. ayudar, asistir, socorrer; 2. (cosa) servir, ser útil, valer; 3. com atender; 4. (**aan**) procurar, proporcionar; **help!** excl ¡socorro! **een handje ~n** echar una mano; **~r** de ayudante m

hem pron pers (complemento) lo, le; (con prep) él; **voor ~** para él

hemd het camisa f, camiseta f; **~smouw** de manga f de camisa

hemel de cielo m; **~lichaam** het astro m; **~s** adj 1. celestial; 2. divino; **~sblauw** adj azul celeste; **~sbreed** adj 1. en línea recta; 2. fig enorme; **~*vaart(sdag)** de (día de la) Ascensión f

hen 1. pron pers (complemento) los, les, las ;(con prep) ellos, ellas; **2.** de zool gallina f

hengel de caña f de pescar; **~aar** de pescador m de caña; **~en** vi pescar con caña; **~sport** de pesca f de caña

hengsel het 1. asa f; 2. bisagra f

hengst de zool caballo m padre, semental m

hennep de bot cáñamo m

herberg de venta f, posada f, mesón m; **~en** vt alojar, hospedar

her'boren adj renacido

her'denk/en vt conmemorar; **~ing** de conmemoración f

herder de pastor m; **Duitse ~** pastor m alemán; **~shond** de perro m pastor

herdruk de reimpresión f, reedición f

hereboer de hacendado m

herenhuis het casa f residencial, casona f

herexamen het examen m de recuperación; segunda convocatoria f

herfst de otoño m; **~achtig** adj otoñal; **~vakantie** de vacaciones fpl de otoño

her'hal/en vt 1. repetir; 2. repasar; **~ing** de repetición f, reiteración f; 3. stud repaso m

her'inner/en vt recordar; **z. ~en** acordarse (**aan** de); **~ing** de recuerdo m

her'ken/baar adj reconocible; **~nen** vt reconocer (**aan** por); **~ning** de reconocimiento m

herkomst de origen m, procedencia f

her'leiden reducir (**tot** a)

her'leven vi revivir, renacer

her'metisch adj hermético

hernia de med 1. hernia f; 2. hernia f vertebral

her'nieuwen vt renovar

hero'ïne de drog heroína f

her'openen vt volver a abrir; **~opening** de reapertura f; **~'overen** vt reconquistar

herrie de alboroto m, escándalo m
her'rijzen vi resucitar, resurgir
her'roepen vt revocar, anular
hersen/en, hersens pl cerebro m, encéfalo m; gastr sesos mpl; **~pan** de cráneo m; **~schim** de quimera f; **~schudding** de med conmoción f cerebral; **~vliesontsteking** de med meningitis f
her'stel het restablecimiento m, recuperación f; **~len 1.** vi <zijn> recobrarse restablecerse; **2.** vt 1. reparar, arreglar, subsanar; 2. txtl remendar; **z. ~len** reponerse
hert het zool ciervo m, venado m; **~tog** de duque m; **~togdom** het ducado m
her'vatt/en vt reanudar, reemprender; **~ing** de reanudación f
her'vorm/d adj 1. reformado; 2. relig protestante; **~de** de <~n> protestante m; **~en** vt reformar; **~ing** de reforma f
herwaarderen vt revalorizar, revaluar
her'zien vt revisar; **~ing** de revisión f, reforma f
het 1. art neutro el, la; **2.** pron pers 1. él, lo, la; **ben jij ~?** ¿eres tú?; 2. (**hét**) el .... por excelencia
heten vi llamarse
heterdaad: op ~ en flagrante, con las manos en la masa

hetero'geen adj heterogéneo
het'geen 1. pron dem eso que; **2.** pron rel lo cual
hetze de campaña f difamatoria
het'zelfde pron dem lo mismo
het'zij conj sea, ya, bien
heulen vi conspirar (**met** con)
heup de cadera f
heus 1. adj auténtico, verdadero; **2.** adv de verdad
heuvel de colina f, cerro m; **~achtig** adj accidentado
hevig adj agudo, intenso, fuerte
hi'aat de 1. ling hiato m; 2. laguna f
hiel de talón m
hier adv 1. aquí, acá; 2. **hier!** excl ¡toma!, ¡tome!
hiërar'chie de <~ën> jerarquía f
hier/bij adv con ello, a esto; **~door** adv 1. por aquí; 2. por ello, por esto, **~heen** adv (hacia) acá, aquí; **~in** adv 1. aquí dentro; 2. en esto; **~na** adv después, a continuación; **~naast** adv aquí al lado; **~'namaals** het más allá m, la vida de ultratumba; **~om** adv 1. alrededor de esto; 2. por este motivo, por eso; **~omtrent** adv sobre el particular; **~onder** adv 1. (más) abajo; 2. entre ellos; **~ op** adv 1. encima; 2. luego, entonces; **~toe** adv 1. con/para este fin; 2. **tot ~toe** hasta aquí; **~uit** adv de esto, de ello; **~voor** adv 1. antes (de esto); 2. por/para esto, al efecto

hij *pron pers* él;

hij/gen *vi* jadear; **~sen** <irr 43> *vt* izar; **z. ~** encamararse (**op a**/**en**)

hik *de* hipo *m*; *de* **~ hebben** tener hipo; **~ken** *vi* hipar, tener hipo

hinder *de* molestia *f*; **~en** *vt* 1. estorbar, entorpecer; 2. molestar, fastidiar; *dat* **~t niet** no importa; **~laag** *de* emboscada *f*; **~lijk** *adj* molesto, incómodo; **~nis** *de* obstáculo *m*, traba *f*, estorbo *m*; **~paal** *de* obstáculo *m*

hin'doe *de* hindú *m*; **~'isme** *het* hinduísmo *m*; **~s** *adj* hindú; **~*'staans** *adj* indostanés

hinken *vi* cojear, renquear

hippie *de* hippie *m*, hippy *m*

his'tori/cus *de* <historici> historiador *m*; **~sch** *adj* histórico

hit *de* <-s> *mús* éxito *m*; **~te** *de* calor *m*; **~tegolf** *de* ola *f* de calor

hobbelpaard *het* caballito *m* balancín *m*

hobo *de* mús oboe *m*; **~'ïst** *de* oboísta *m*

hockey *de* hockey *m* (sobre hierba)

hocus 'pocus *het*/*de* abracadabra *m*

hoe *pron* 1. cómo, qué; **~ dat zo?** ¿y eso?; **~ dan ook** de todas formas; **~ breed?** ¿cuál es el ancho?; **~ diep?** ¿qué profundidad?; **~ groot?** ¿qué tamaño?; **~ laat?** ¿qué hora?; 2. **~ dan ook** como sea, de cualquier modo; 3. **~ meer ~ beter** cuanto más mejor

hoed *de* sombrero *m*

hoe'danigheid *de* calidad *f*; *in de* **~ van** en calidad de

hoede *de* cuidado *m*, guardia *f*; *op zijn* **~ zijn** estar alerta

hoeden: z. ~ guardarse (**voor** de)

hoefijzer *het* herradura *f*

hoek *de* 1. *mat* ángulo *m*; 2. (*dentro*) rincón *m*; 3. (*fuera*) esquina *f*; *om de* **~** a la vuelta de la esquina; **~ig** *adj* anguloso; **~schop** *de sport* córner *m*; saque *m* de esquina; **~steen** *de* (*o. fig*) piedra *f* angular; **~tand** *de* colmillo *m*

hoelang *pron* cuánto tiempo; *tot* **~** hasta cuándo

hoen *de zool* gallina *f*; perdiz *m*

hoepel *de* aro *m*

hoer *de* puta *f*, prostituta *f*

hoera: ~! *excl* ¡viva!; **~geroep** *het* vitores *mpl*

hoes *het* funda *f*; **~laken** *het* sábana *f* ajustable

hoest *de* tos *f*; **~drank** *de* jarabe *m* para la tos; **~en** *vi* toser

hoeve *de* finca *f*, quinta *f*, granja *f*

hoeveel *pron* 1. cuánto; 2. **~ ... ook** por mucho que; **~heid** *de* cantidad *f*; **~ste** *de*: *de* **~ste is het?** (*fecha*) ¿a cuántos estamos?

hoeven: *niet* ~ no tener que, no hace falta que

hoever *pron* (a) qué distancia; *in ~re?* ¿hasta qué punto?

hoe'wel *conj* aunque, a pesar de que

hoezeer *pron elev* cuánto, *~ ook* por mucho que

hoezo: ~? *excl* ¿cómo (es eso)?

hof *de* 1. corte *f*; 2. *jur* corte *f* de apelación; *de ~ van Eden* el jardín de Eden; 3. patio *m* interior; **~felijk** *adj* cortés; **~felijkheid** *de* cortesía *f*, galantería *f*; **~houding** *de* corte *f*; **~je** *het hist* beaterio *m*

hoge'school *de stud* escuela *f* superior

hok *het* 1. (*perro*) caseta *f*; (*cerdo*) pocilga *f*; (*gallinas*) gallinero; 2. cobertizo *m*; **~je** *het* casilla *f*; 2. garita *f*; 3. (*para votar, etc.*) cabina *f*

hol 1. *adj* hueco; *de ~le zijde* el lado cóncavo; **2.** *het* 1. (*animal*) guarida *f*, madriguera *f*; 2. cueva *f*, caverna *f*; **~bewoner** *de* cavernícola *m*

Holland *het* Holanda *f*, Países *mpl* Bajos; **~er** *de* holandés *m*; **~s** *adj* holandés, neerlandés

hol/len *vi* correr; **~ster** *de* pistolera *f*

holte *de* <~n, ~s> cavidad *f*, hueco *m*

homp *de* pedazo *m*; (*pan*) cacho *m*

hond *de* perro *m*; *jonge ~* cachorro *m*; *rode ~ med* rubéola *f*; **~enhok** *het* perrera *f*; **~enras** *het* raza *f* canina; **~eweer** *het* tiempo *m* de perros

honderd *num* cien, **~duizend** *adj* cien mil; **~jarige** *de* centenario *m*

hondsdolheid *de zool* rabia *f*

honen *vt* bufarse, mofarse

Hon'/gaar *de* húngaro; **~gaars 1.** *adj* húngaro; **2.** *ling* húngaro *m*; **~ga'rije** *het* Hungría *f*

honger *de* (*o. fig*) hambre *m*; **~en** *vi* 1. pasar hambre, 2.(*naar*) *fig* anhelar, ansiar; **~ig** *adj* hambriento; **~loon** *het* salario *m* de miseria; **~snood** *de* hambre *m*, hambruna *f*; **~staking** *de* huelga *f* de hambre

honing *de gastr* miel *f*

honk *het* 1. casa *f*; 2. *sport* base *f* de meta; **~bal** *de sport* béisbol *m*; **~ballen** *vi* jugar al béisbol; **~baller** *de* jugador *m* de béisbol

hono'/rarium *het* <~s, honoraria> honorarios *mpl*, emolumentos *mpl*; **~reren** *vt* 1. remunerar; 2. reconocer

hoofd *het* 1. cabeza *f*; 2. (*carta*) encabezamiento *m*; 3. director *m*, jefe *m*; 4. *fig* razón *f*; **~artikel** *het* artículo *m* de fondo, editorial *m*; **~bestuur** *het* junta *f* directiva, dirección *f* general; **~bureau** *het* oficina *f* principal/central; **~doek** *het* (*cabeza*) pañuelo *m*;

hoofdeinde 152

~einde het cabecera f; ~elijk adj por cabeza, personal; jur solidario; ~gerecht het gastr plato m principal; ~ingang de entrada principal; ~kantoor het casa f matriz, sede f principal; ~kraan de llave m de paso; ~kussen het almohada f; ~kwartier het cuartel m general; ~letter de (letra) mayúscula f; ~luis de piojo(s) m(pl); ~moot de parte f más importante; ~persoon de protagonista m, personaje m principal; ~pijn de dolor m de cabeza; ~prijs de primer premio m, gordo m; ~redacteur de redactor m jefe; ~rekenen het cálculo m mental; ~rol de teat, cine papel m principal; ~schotel de gastr, fig plato m fuerte; ~stad de capital f; ~steun de (en coche) reposacabezas m; ~stuk het capítulo m; ~vak het stud asignatura f troncal; ~verkeersweg de carretera f nacional; ~zaak de lo principal, punto m esencial; ~'zakelijk adj principalmente, esencialmente

hoog adj 1. alto, elevado; 2. mús agudo; 3. (rango) destacado, superior; **vier** ~ en el cuarto piso; ~**achten** vt respetar, estimar; ~'**achtend** adj (carta) muy atentamente; ~**achting** de estimación f, respeto m; ~**begaafd** adj superdotado; ~**bejaard** adj anciano, de edad muy avanzada; ~**bouw** de edificios mpl altos; ~'**dravend** adj pomposo, rimbombante; ~**gebergte** het alta montaña f; ~**geplaatst** adj de alto rango; ~'**hartig** adj altivo, altanero; ~**heid** de alteza f, majestad f; ~'**leraar** de stud catedrático m; ~**lopend** adj vehemente, apasionado; ~**mis** de relig misa f mayor; ~**moed** de soberbia f, presunción f; ~'**moedig** adj soberbio, altivo; ~**nodig** adj (muy) urgente, indispensable; ~**oven** de alto horno m;

hoogspanning de electr alta tensión f; ~**skabel** de cable m de alta tensión; ~**smast** de torre f de alta tensión

hoogspringen het sport salto m de altura

hoogst 1. adj (superlativo) más alto; máximo; 2. adv sumamente, extremadamente

hoog/staand adj noble; ~**stens** adv como mucho, a lo sumo

hoogte de <<~n, ~s> altura f, altitud f; ~**punt** het momento m culminante; clímax m; apogeo m; mat cúspide f, vértice m; ~**vrees** de vértigo m de las alturas; ~**zon** de lámpara f de rayos ultravioleta

hoog/tij: ~ **vieren** fig florecer, triunfar; ~**uit** adv a lo sumo, como mucho; ~**verraad** het alta traición f; ~**vlakte** de marea f alta; **~'waardig** adj de alta calidad; **~water** het marea f alta

hooi het heno m; **~berg** de pajar m; **~en** vi hacer heno; **~koorts** de fiebre f del heno

hoon de burlas fpl; **~gelach** het risas fpl burlonas

hoop de 1. montón m, pila f; 2. boñigo m, caca f; 3. esperanza f; *een ~ geld* un montón de dinero; **~'gevend** adj esperanzador; **~vol** adj prometedor

hoor/baar adj audible, perceptible; **~college** het stud clase f magistral

hoorn de <~s, ~en> 1. cuerno m; 2. (teléfono) auricular m; 3. mús corno m, trompa f; 4. (helado) barquillo m

hoorspel het radionovela f

hope/lijk adj según espero, ojalá; **~loos** adj desesperado; **~n 1.** vi confiar (**op** en); **2**. vt esperar; **~n van wel** (**niet**) esperar que sí (no)

hor de mosquitero m; **~de** de <~n, ~s> banda f, horda f; 2. sport valla f; **~deloop** de sport carrera f de vallas

horen vt 1. oír, 2. saber, aprender, escuchar; 3. jur oír, tomar declaración; 4. ser debido; *zo hoort het* así debe ser; *van ~ zeggen* de oídas

horizon de horizonte m; **~taal** adj horizontal

hor'loge het reloj (de pulsera); *op zijn ~ kijken* consultar su reloj; **~bandje** het correa f (de reloj); **~maker** de relojero m

hor'moon het hormona f

hors-'d'oeuvre m ± entremeses mpl

horzel de zool tábano m

hospes de dueño m de la casa

hos/pitaal het hospital m; **~sen** vi bailotear; **~tie** de relig hostia f, **~tess** de azafata f, recepcionista f

hot-dog de ing gastr perrito m caliente

ho'tel het <~s> hotel m; **~houder** de hotelero m

houd/baar adj 1. sostenible; 2. gastr conservable; **~baar tot** consumir preferentemente antes de; **~en** <irr 44> vt 1. quedarse con, guardar; 2. (acto) celebrar; 3. tener, retener, sujetar, contener; 4. (promesa) cumplir con; 5. (conferencia) pronunciar; 6. considerar (**voor** como), tener por; 7. (**van**) querer, amar; **z. ~an** 1. mantenerse; 2. atenerse (**aan** a); *bij z. ~en* guardarse; **~er** de 1. (documento) titular m, portador m; 2. soporte m; **~ing** de 1. actitud f; 2. postura f, posición f

hout het 1. madera f; 2. leña f; **~bewerking** de carpintería f; **~blok** het leño m, tronco m;

houten 154

~en *adj inv* de madera; **erig** *adj* torpe, desmañado; **~handel** de comercio *m* maderero; **~hakker** de leñador *m*; **~skool** de carbón *m*, carboncillo *m*; **~snijwerk** *het* talla *f* en madera; **~wol** *het* virutas *fpl*; **~worm** de carcoma *f*; **~zage'rij** de serrería *f*

hou'vast *het* agarradero *m*, asidero *m*

hou'w/eel de pico *m*, piqueta *f*; **~en** <irr 45> *vt* 1. cortar; 2. (*piedra*) picar

hoveling de cortesano *m*

hozen *vi* llover a cántaros

hufter de paleto *m*, bruto *m*

huichel/aar de hipócrita *m/f*; **~a'rij** de hipocresía *f*; **~en** *vi* fingir, disimular

huid de 1. piel *f*; (*cara*) cutis *f*, tez *f*; 2. pellejo *m*; **~aandoening** de afección *f* cutánea; **~arts** de dermatólogo *m*; **~ig** *adj* actual, de hoy; **~kanker** de *med* cáncer *m* cutáneo; **~uitslag** de erupción *f* cutánea, sarpullido *m*

huifkar de carro *m* con toldo

huil/bui de llorera *f*, llantera *f*; **~ebalk** de llorón *m*; **~en** *vi* llorar, lloriquear; **~erig** *adj* lloroso, llorón

huis *het* 1. casa *f*, hogar *m*; 2. *tecn* caja *f*, cuerpo *m*; **~arrest** *het* arresto *m* domiciliario; **~arts** de médico *m* de cabecera; **~baas** de propietario *m*, dueño *m*; **~dier** *het* animal *m* doméstico; **~genoot** de habitante de la misma casa; **~gezin** *het* familia *f*

huis'houd/elijk *adj* doméstico; **~en** *het* gobierno *m* de la casa; **het ~en doen** llevar la casa; **~ing** de gobierno *m* de la casa; **~ster** de ama *f* de llaves

huis/kamer de salón *m*, living *m*; **~mus** de 1. *zool* gorrión *m*; 2. tipo *m* casero; **~raad** de ajuar *m*, muebles y enseres *mpl*; **~sleutel** de llave *f* de casa; **~vader** de padre *m* de familia; **~vesten** *vi* alojar, hospedar; **~vesting** de alojamiento *m*; **~vredebreuk** de *jur* allanamiento *m* de morada; **~vrouw** de ama *f* de casa; **~vuil** *het* basuras *mpl* caseras; **~waarts** a/hacia casa, **~werk** *het* 1. stud deberes *mpl*; 2. trabajo *m* doméstico; **~zoeking** de registro *m* domiciliario

huiver/en *vi* estremecerse, sentir un escalofrío; **~ig** *adj* tembloroso; **~ing** de escalofrío *m*, estremecimiento *m*, **~ing'wekkend** *adj* escalofriante, estremecedor

huld/e de homenaje *m*, **~igen** *vt* 1. rendir homenaje a; 2. (*opinión*) adoptar, tener; **~iging** de homenaje *m*

hullen *vt* envolver (**in** en)

hulp de 1. ayuda *f*, asistencia *f*;

2. auxilio *m*, socorro; 3. (*persona*) ayudante *m*; **~be'hoevend** *adj* necesitado, inválido; **~bron** *de* recurso *m*; **~eloos** *adj* desamparado; **~middel** *het* <~en> medio *m* auxiliar; remedio *m*; recurso *m*; **~post** *de* puesto *m* de socorro; **~'vaardig** *adj* servicial; **~werkwoord** *het ling* verbo *m* auxiliar

huls *de* <hulzen> 1. funda *f*, casquillo *m*; 2. *bot* vaina *f*; 3. *mil* cápsula *f*

hulst *de bot* acebo *m*

hu'm/aan *adj* humano, humanitario; **~a'nisme** *het* humanismo *m*; **~eur** *het* humor *m*; *een goed* **~eur** *hebben* estar de buen humor

humor *de* humor(ismo) *m*; **~'ist** *de* humorista *m*; **~'istisch** *adj* humorístico, humorista

humus *de* humus *m*, mantillo *m*

hun 1. *pron pers* (*complemento*) les; (*con prep*) *voor ~* para ellos; 2. *pron pos* su, sus (de ellos), suyo

hunebed *het* dolmen *m*

hunkeren *vi* (**naar**) ansiar, anhelar

huppelen *vi* dar brincos, brincar

huren *vt* alquilar, tomar en alquiler

hut *de* 1. choza *f*, chabola *f*; 2. cabaña *f*; 3. *nav* camarote *m*; **~koffer** *de* baúl *m*

huur *de* alquiler *m*; *te ~* se alquila; **~auto** *de* coche *m* de alquiler; **~contract** *het* contrato *m* de alquiler; **~der** *de* inquilino *m*; **~huis** *het* casa *f* de alquiler

huw/baar casadero

huwelijk *het* matrimonio *m*, casamiento *m*; *ten ~ vragen* pedir en matrimonio; **~saanzoek** *het* petición de mano; **~sreis** *de* viaje de novios, luna *f* de miel

huwen *vt* casarse, contraer matrimonio

hu'/zaar *de* húsar *m*; **~zarensalade** *de* ensaladilla *f* rusa

hya'cint *de bot* jacinto *m*

hy'draulisch *adj* hidráulico

hy'ena *de zool* hiena *f*

hygi'ën/e *de* higiene *f*; **~isch** *adj* higiénico

hyp'no/se *de* hipnosis *f*; **~'tiseren** *vt* hipnotizar

hypo/the'caris *de* hipotecario *m*; **~'theek** *de* hipoteca *f*

hys'te/rie *de* histeria *f*, histerismo *m*; **~risch** *adj* histérico

I

I'berisch ibérico; *het ~ schiereiland het* la Península Ibérica

ide'aal 1. *adj* ideal; 2. *het* ideal *m*

ideali's/eren *vt* idealizar; **~t** *de* idealista *m*; **~tisch** *adj* idealista

idee *het/de* <~ën> 1. idea *f*, noción *f*, concepto *m*; *geen*

idee

flauw ~ ni la más remota idea; ~**enbus** *de* buzón *m* de ideas
iden/'tiek *adj* idéntico
identifi'c/atie *de* identificación *f*; ~**eren** *vt* identificar *vt*; **z.** ~**eren** identificarse
identi'teit *de* identidad *f*; ~**sbewijs** *het* tarjeta *f* de identidad
ideolo'gie *de* <~**ën**> ideología *f*
idi'oot 1. idiota; **2.** *de* 1. idiota *m*, 2. (*cosa*) ridículo
i'dool *het* ídolo *m*
i'dyll/e *de* idilio *m*; ~**isch** *adj* idílico
ieder *pron* 1. cada, todos los, todas las; 2 (*sustantival*). cada uno/a, todos/as, todo el mundo; ~**e dag** todos los días; ~ **ogenblik** en cualquier momento; ~**'een** *pron* todo el mundo, todos
iel *adj* delgado, delgaducho
iemand *pron* alguien, alguno
iep *de* bot olmo *m*
ler *de* irlandés *m*; ~**land** *het* Irlanda *f*; ~**s** *adj* **1.** irlandés; **2.** *het ling* irlandés *m*
iets 1. algo, una cosa; **2.** *adv* algo, un poco
ijdel 1. *adj* (*persona*) vanidoso, presumido; 2. vano, inútil; ~**heid** *de* vanidad *f*, ~**tuit** *de* vanidoso *m*
ijl 1. in aller ~ a toda prisa; **2.** *adj* (*aire*) vacío, poco denso; ~**en** *vi* <zijn> 1. delirar, desvariar; 2. darse prisa, apresurarse; ~**ings** *adv* a toda prisa

ijs *het* 1. hielo *m*; 2. helado *m*; ~**beer** *de zool* oso *m* polar; ~**beren** *vi* andar de un lado a otro; ~**berg** *de* iceberg *m*; ~**bloemen** *pl* (*en ventanas*) escarcha *f*; ~**blokje** *het* cubito *m* de hielo; ~**hockey** *het* hockey *m* sobre patines; ~**je** *het* helado *m*; ~**kast** *de* nevera *f*, frigorífico *m*; ~**koffie** *de* café *m* helado; ~**koud** helado; ~**laag** *de* capa *f* de hielo
IJsland *het* Islandia *f*; ~**er** *de* islandés *m*; ~**s 1.** *adj* islandés; **2.** *het ling* islandés *m*
ijs/lolly *de* polo *m*; ~**salon** *de* heladería *f*; ~**tijd** *de* época *f* glacial, glaciación *f*
ijver *de* diligencia *f*, afán *f*, celo *m*; ~**en** *vi* luchar/abogar (**voor** por); ~**ig** *adj* aplicado, diligente
ijzel *de* escarcha *f*; ~**elen** *v/impers* escarchar
ijzer *het* hierro *m*; ~**draad** *het* alambre de hierro; ~**en** *adj inv* de hierro; ~**handel** *de* ferretería *f*; ~**sterk** *adj* indestructible; ~**waren** (productos *mpl* de) ferretería
ijzig *adj* glacial, helado, gélido
ik *pron pers* yo; ~**zelf** *pron pers* yo mismo
ille'/gaal *adj* ilegal; ~**gali'teit** *de* ilegalidad *f*
illusie *de* ilusión *f*
illu/'stratie *de* ilustración *f*; ~**streren** *vt* ilustrar

i'mag/e *de ing* imagen *f* pública; **~i'nair** *adj* imaginario
imbe'ciel *de* imbécil *m*
imi't/atie *de* imitación *f*; **~eren** *vt* imitar
imker *de* apicultor *m*
im'mens *adj* enorme, inmenso
immers *adv* pues
immi'gr/ant *de* inmigrante *m*; **~atie** *de* inmigración *f*; **~eren** *vi* inmigrar
im/muni'teit *de* inmunidad *f*; **~'muun** *adj* inmune
im'passe *de* estancamiento *m*, callejón *m* sin salida;
imperi'/aal *het/de* baca *f*; **~a'lisme** *m* imperialismo *m*; **~a'listisch** *adj* imperialista; **~um** *het* <~s, imperia> imperio *m*
impli'/ceren *vt* implicar, llevar implícito; **~ciet** *adj* implícito
impo'neren *vt* impresionar, imponer
import *de* importación *f*; **~'eur** *de* importador *m* (*empresa*) importadora *f*
impo'tent *adj* impotente; **~ie** *de* impotencia *f*
improvi's/atie *de* improvisación *f*; **~eren** *vt* improvisar
im'puls *de* impulso *m*; **~'ief** *adj* impulsivo
in 1. *adv* popular, de moda; **2.** *prep* (*local, temporal*) en, dentro de; (*modal*) en
inademen *vt* respirar, inspirar
inbeeld/en: z. ~en imaginarse, creerse; **~ing** *de* 1. imaginación *f*; 2. presunción *f*
inbe'/grepen *adj* incluido; **~grip** *het*: **met ~grip van** incluso, inclusive
inbe'slagneming *de* confiscación *f*, embargo *m*
inbinden *vt* 1. encuadernar; 2. *fig* frenar; **z. ~** moderarse
inblikken *vt* enlatar
inboedel *de* efectos *mpl*, enseres *mpl*, ajuar *m*
inboeten *vi* (**~ aan**) perder
inboezemen *vt* inspirar, infundir
inboorling *de* indígena *m*, aborigen *m*
inbouwen *vt* 1. empotrar, encastrar, 2. *fig* insertar, incluir
inbraak *de* robo (con fractura)
inbreke/n *vi* cometer un robo con fractua; **~r** *de* ladrón *m*, escalador *m*
inbreng *de* aportación (**in** en); **~en** *vt* 1. aportar; 2. **iets ~en tegen** objetar/alegar u/c contra
inbreuk *de* infracción *f*, transgresión *f*
inburgeren *vi* <zijn> aclimatarse, acostumbrarse
incass/eren *vt* 1. *com* cobrar; 2. encajar, aguantar; **~o** *m* cobro *m*
incheck/balie *de* mostrador *m* de facturación; **~en 1.** *vi* facturar; **2.** *het* facturación *f*
incest *de* incesto *m*; **~u'eus** *adj* incestuoso

inci'dent *het* incidente *m*; **~eel** incidental
inclu'sief *adj* inclusive
in'cognito *adv* de incógnito
incompetent *adj* incompetente
inconsequent *adj* inconsecuente
indammen *vt* 1. cerrar con un dique; 2. *fig* restringir
indel/en *vt* 1. dividir, distribuir; 2. clasificar; 3. incorporar; **~ing** *de* 1. clasificación *f*; 2. incorporación *f*; 3. disposición *f*
inder'daad *adv* en efecto, efectivamente
inder'tijd *adj* en aquel entonces
indeuken *vi* <zijn> abollarse
index *de* índice *m*
India *het* la India
Indi'aan *de* indio *m*, indígena *m*; **~s** *adj* indio, indígena
Indië *het* las Indias neerlandesas
in'dien *conj* si; **~en** *vt* presentar, someter; *jur* interponer
indi'gestie *de* indigestión *f*
indijken *de* cerrar con un dique
indirect *adj* indirecto
indiscreet *adj* indiscreto, poco delicado
indivi'du *het* 1. individuo *m*; 2. *desp* tipo *m*; **~'eel** *adj* individual
indoctri'/natie *de* adoctrinamiento; **~neren** *vt* adoctrinar
indommelen *vi* adormilarse, amodorrarse
Indo'nesi/ë *het* Indonesia *f*, **~sch** *adj* indonesio

indringe/n *vi* <zijn> penetrar; **z. ~n** (entro)meterse, introducirse; **~r** *de* intruso *m*
indruisen *vi* ir en contra de, ser contrario (**tegen** a)
indruk *de* impresión *f*; **~ maken** impresionar; (**op a**) **~ken** *vt* (*botón*) apretar, oprimir; **~'wekkend** *adj* imponente, impresionante
industri/ali'seren *vt* industrializar; **~e** *de* industria *f*; **~'eel** 1. *adj* industrial; 2. *de* industrial *m*
indutten *vi* <zijn> amodorrarse, adormilarse
in'een *adv* el uno en el otro, juntos
in'eens *adv* de repente, de pronto
in'een/schrompelen *vi* <zijn> encogerse; **~storten** *vi* <zijn> (*o. fig*) derrumbarse, desplomarse
inent/en *vt med* vacunar; **~ing** *de* vacunación *f*
infanterie *de mil* infantería *f*
in'farct *het med* infarto
infect'/eren *vt med* infectar; **~ie** *de* infección *f*
infil'treren *vt* infiltrarse
in'flatie *de* inflación *f*
influisteren *vt* susurrar, decir al oído
infor'm/ant *de* informante *m*, confidente *m*; **~atie** *de* información *f*; **~eel** *adj* 1. informal,

2. oficioso; **~eren 1.** *vi* informar(se); **2.** *vt* informar

infrastructuur *de* infraestructura *f*

ingaan *vi* <zijn> 1. empezar, entrar en vigor; 2. entrar en; 3. reaccionar (**tegen** en contra de); 4. acceder (**op** a), entrar en

ingang *de* 1. entrada *f*; 2. principio *m*; **met ~ van** a partir de

ingebeeld *adj* 1. imaginario; 2. presuntuoso

inge'nieur *de* ingeniero *m*

ingenomen: ~ zijn estar contento (**met** con)

ingetogen *adj* modesto, recogido

inge'val con si, en caso de que

ingeving *de* inspiración *f*

ingewanden *pl* intestinos *mpl*

ingewijde *de* <~n> iniciado *m*, entendido *m*

inge'wikkeld *adj* complicado

ingezetene *de* <~n> habitante *m*, residente *m*

ingooien *vt/i* 1. *sport* sacar; 2. lanzar dentro; 2. (*p.e. cristal*) romper

ingredi'ënt *het* ingrediente *m*, componente *m*

in/greep *de med* intervención *f*; **~grijpen** *vi* intervenir; **~'grijpend** *adj* radical, drástico

inhaalverbod *het* prohibición *f* de adelantamiento

inhal/en *vt* 1. *transp* adelantar; 2. alcanzar; 3. recibir solemnemente; 4. (*retraso*) recuperar; **~ig** *adj* ávido, codicioso, avaro

inham *de* ensenada *f*, bahía *f*

in'hechtenisneming *de* detención *f*

in'heems *adj* indígena, autóctono

inherent inherente (**aan** a)

inhoud *de* 1. contenido *m*; 2. (*en libro*) índice *m*; 3. capacidad *f*, cabida *f*; **~en** *vt* 1. contener, implicar; 2. retener, refrenar; **~ing** *de* retención *f*; **~smaat** *de* media de capacidad *f*; **~sopgave** *de* índice *m*

inhuren *vt* alquilar

initia'tief *het* iniciativa *f*

in'jectie *de* inyección *f*; **~spuit** *de* jeringa *f*, jeringuilla *f*

inkijken *vt* echar un vistazo a

inkom/en 1. *vi* <zijn> entrar; **2.** *het* ingresos *mpl*; **~sten** *de* ingresos *mpl*, *com* entradas *fpl*; (*del estado*) recaudación *f*; **~stenbelasting** *de* impuesto *m* sobre la renta

in/koop *de* compra *f*; **~kopen doen** hacer la compra; **~kopen** *vt* comprar

inkorten *vt* acortar

inkrimp/en 1. *vi* <zin> encogerse, reducirse; **2.** *vt* reducir, acortar; **~ing** *de* reducción *f*, restricción *f*

inkt *de* tinta *f*; **~pot** *de* tintero *m*; **~vis** *de* *zool/gastr* sepia *f*, pulpo *m*, calamar *m*

inkwartieren vt alojar
inladen vt cargar; (barco) embarcar
inland/er de indígena m; **~s** adj indígena, del país
inlassen vt insertar, intercalar
inleg/gen vt 1. poner/meter dentro; 2. banc depositar, imponer; 3. (verdura) conservar; **~kruisje** het protegeslip m
inleid/en vt introducir, preludiar; **~end** adj introductor, preliminar; **~ing** de 1. introducción f; 2. prefacio m, nota f preliminar, preámbulo m
inlever/en vt entregar; **~ing** de entrega f
inlicht/en vt dar información, informar; **~ingen** pl informes mpl; informaciones fpl
inlijsten vt encuadrar, enmarcar
inlijven vt anexar, anexionar
inlopen vi 1. alcanzar, recuperar; 2. entrar en
inlossen vt 1. redimir; 2. (promesa) cumplir
inluiden vt fig inaugurar, anunciar el comienzo
inmaken vt gastr 1. conservar; 2. (en sal) salar; (fruta) confitar; (carne) adobar; (pescado) escabechar
inmeng/en: z. ~en meterse (**in** en); **~ing** de intervención f, ingerencia f
in'middels adv mientras tanto, entretanto

innemen vt 1. (alimento) tomar; 2. txtl estrechar, acortar; 3. (sitio) ocupar; 4. mil tomar, ocupar; 5. (punto de vista) adoptar; **~d** adj afable, amable
inn/en vt cobrar, percibir; **~erlijk** adj interior, interno; **~ig** adj cariñoso, íntimo
inno'veren vi innovar, cambiar
inofficieel adj extraoficial
inpakken vt 1. empaquetar, envolver, embalar; 2. fig engatusar; **z. ~** abrigarse
in/palmen vt 1. apropiarse de; 2. engatusar; **~passen** vt ajustar, encajar; **~perken** vt limitar, reducir; **~pikken** vt coloq mangar, birlar; **~polderen** vt cerrar con diques, hacer pólderes; **~prenten** vt inculcar
inqui'sitie de hist inquisición f
inricht/en vt 1. organizar, disponer; 2. amueblar; **~ing** de 1. organización f, disposición f; 2. muebles mpl; 3. centro m psiquiátrico
in/rijden 1. vi <zijn> entrar (en vehículo) en; **2.** vt (coche) rodar; **~rit** de entrada f
inruil/en vt cambiar (**tegen** por); **~waarde** de valor m de cambio
in/schakelen vt 1. electr conectar, enchufar; 2. recurrir a, contratar; **~schatten** vt valorar; **~schenken** vt servir, (vino) escanciar; **~schepen:** vt embar-

car; **~scheuren** vi <zijn> rasgar; **~schieten 1.** vi <zijn> *erbij ~schieten* no hacerse debido a las circunstancias; **2.** vt 1. romper de un tiro; 2. *sport* marcar; **~'schikkelijk** adj indulgente, complaciente

inschrij/ven 1. vi com 1. licitar, concursar; 2. suscribirse (**op** a); **2.** vt registrar, inscribir; **~ving** de registro m, inscripción f; **~vingsformulier** het formulario m/hoja f de inscripción

in'sect het insecto m

insgelijks adj igualmente, lo mismo

insinueren vt insinuar

in/slaan 1. vi 1. (*camino*) tomar, enfilar; 2. irrumpir, romper; 3. causar sensación; **2.** vt 1. romper; 2. aprovisionarse de; **~slag** de 1. (*de proyectil*) impacto; 2. carácter m; **~slapen** vi <zijn> dormirse, adormecerse

inslikken vt 1. tragar; 2. *zijn woorden ~* comerse las palabras

inslui/pen vi <zijn> introducirse (furtivamente), (o. fig) colarse; **~ten** vt encerrar; 1. incluir; 2. rodear; 3. encerrar, encarcelar

insmeren vt untar, engrasar, enjabonar

inspann/en vt uncir, enganchar; forzar; **z. ~en** esforzarse; **~end** adj arduo, difícil; **~ing** de esfuerzo m

inspec/teren vt 1. inspeccionar; 2. *mil* pasar revista (a); **~teur** de inspector m

in'spectie de 1. inspección f; 2. *mil* revista f

inspelen: ~ op 1. anticiparse a; 2. responder a

inspi'r/atie de inspiración f; **~eren** vt inspirar

inspraak de participación f, cogestión f **inspreken** vt 1. (*texto*) grabar en cinta; 2. *iem moed ~* levantar el ánimo a alg

inspringen vi 1. venir en ayuda; 2. *voor iem ~* sustituir a alg

inspuiten vt inyectar

instaan vi responder (**voor** de), garantizar

insta'biel adj inestable

instal/la'teur de instalador m; **~'latie** de instalación f; **~'leren** vt 1. instalar, montar; 2. fundar, crear

in'standhouding de mantenimiento m, conservación f

instant adj instantáneo

in'stantie de 1. organismo m, autoridad f; 2. *jur* instancia f; *in eerste ~* en primer lugar

instap/kaart de tarjeta f de embarque; **~pen** vi <zijn> subir a, montar, entrar

insteken vt 1. introducir, meter; 2. enhebrar

instell/en vt 1. establecer, crear; 2. *tecn* ajustar, regular; 3. *foto*

instellen

enfocar; 4. *jur* incoar, iniciar (*expediente*) abrir; **z. ~en** prepararse (**op** para), **~ing** *de* 1. institución *f*, organismo *m*; 2. *tecn* (re)ajuste *m*; 3. (*persona*) actitud *f*

instemm/en *vi* estar de acuerdo (**met** con), aprobar; **~ing** *de* aprobación *f*

in'stinct *het* instinto *m*

insti'tuut *het* instituto *m*

instorten *vi* (*o. fig*) hundirse, venirse abajo, desplomarse, derrumbarse

instru/c'teur *de* instructor *m*; **~ctie** *de* instrucción *f*; **~'eren** *vt* instruir

instru'ment *het* instrumento *m*; **~'aal** *adj* instrumental

insturen *vt* enviar

inteelt *de* endogamia *f*

in'tegendeel *adv* al contrario, en cambio

in'teger *adj* honesto, recto

inte'graal *adj* íntegro, completo

integr/atie *de* integración *f*; **~eren** 1. *vi* integrarse, adaptarse (**in** en); 2. *vt* integrar

integri'teit *de* integridad *f*

intekenen *vi* suscribirse (**op** a)

intel'lect *het* intelecto *m*; **~u'eel** *adj* intelectual

intelli'gent *adj* inteligente; **~ie** *de* inteligencia *f*

in'tens *adj* intenso; **~'ief** *adj* intensivo; **~i'teit** *de* intensidad *f*; **~ive care** *de ing med* UVI (Unidad de Vigilancia Intensiva) *f*; **~i'veren** *vt* intensivar

in'tentie *de* intención *f*

inter/ac'tief *adj* interactivo; **~com** *de* interfono *m*; **~discipli'nair** *adj* interdisciplinario

interes's/ant interesante; **~e** *het/de* de interés *m*; **~eren** *vt* interesar; **z. ~eren** interesarse (**voor** por)

interlo'kaal *adj* interurbano

intern *adj* interno

inter'naat *het* internado *m*

internatio'naal *adj* internacional

inter'nist *de med* internista *m*

interpre'/tatie *de* interpretación *f*; **~teren** *vt* (*o. mús*) interpretar

inter'ruptie *de* interrupción *f*

inter'ventie *de* intervención *f*

interview *het* <~s> entrevista *f*; **~en** *vt* entrevistar

in'tiem *adj* íntimo

intimi'/datie *de* intimidación *f*; **~deren** *vt* intimidar; **~teit** *de* 1. intimidad *f*; intimidades *fpl*

intocht *de* entrada *f* (solemne)

intrappen *vt* (*puerta*) echar abajo

intrede *de* ingreso *m*, adhesión *f*; **zijn ~ doen** hacer su aparición; **~n** *vi* 1. comenzar; 2. *relig* ingresar en una orden

intrek: zijn ~ nemen instalarse (**in** en); **~ken** *vt* **1.** *vi* ir a vivir (**bij** con); **2.** 1. retraer, recoger, ocultar; 2. *pol, jur* revocar, retirar

in/'trige *de fra* intriga *f*, trama *f*, enredo *m*; **~tri'geren** *vt* intrigar

introdu/'ceren *vt* introducir, presentar, lanzar; **~ctie** *de* introducción *f*, lanzamiento *m*

intro'vert *adj* introvertido

intu'ïtie *de* intuición *f*

in'tussen *adv* entretanto, mientras (tanto)

inval *de* 1. invasión *f*, irrupción *f*; (*de policía*) redada *f*, entrada *f*; **een ~ doen** 1. invadir; 2. hacer una redada

inva'lid/e 1. *adj* minusválido, incapacitado; 2. *de* <~n> minusválido *m*, impedido *m*; **~i'teit** *de* invalidez *f*, incapacidad *f* física

invalle/n *vt* 1. caer en; 2. invadir; 3. (*una construcción*) desplomarse; 4. hacer de sustituto; **~r** *de* sustituto *m*

invalsweg *de* vía *f* de acceso

in'vasie *de* invasión *f*, irrupción *f*

inven'taris *de* inventario *m*; **~'atie** *de* inventario *m*; **~'eren** 1. *com* hacer el inventario de; 2. *fig* hacer balance de

inves'/teerder *de com* inversor *m*; **~teren** *vt* invertir; **~tering** *de* inversión *f*

invetten *vt* engrasar

invloed *de* influencia *f*, influjo *m*; **~ hebben** repercutir en, incidir (**op** en); **onder ~** en estado de embriaguez; **~rijk** *adj* influyente

invoeg/en 1. *vi* entrar por el carril de acceso; 2. *vt* insertar, intercalar; **~strook** *de* carril *m* de acceso/entrada

invoer *de com* importación *f*; **~en** *vt* 1. introducir, implantar; 2. *com* importar, orientar; **~rechten** *pl* derechos *mpl* de importación

invorderen *vt* cobrar; (*impuestos*) recaudar

invriezen *vt* congelar

in'vrijheidsstelling *de* puesta *f* en libertad

invullen *vt* llenar, rellenar

in'wendig *adj* interno, interior

inwerken 1. *vi* influir (**op** en), actuar sobre; 2. *vt* (*persona*) iniciar, orientar (en el trabajo)

inwijd/en *vt* 1. inaugurar; 2. estrenar; 3. (*persona*) iniciar (**in** en); 4. *relig* consagrar; **~ing** *de* 1. inauguración *f*; 2. (*persona*) iniciación *f*; 3. *relig* consagración *f*

inwilligen *vt* aceptar, acceder a, permitir

inwinnen *vt* (*información*) solicitar, pedir

inwisselen *vt* cambiar, canjear

inwone/n *vi* (**bij**) vivir con, vivir en casa de; **~r** *de* habitante *m*, residente *m*

inwrijven *vt* untar, ungir; **z. ~ (met)** aplicarse (un producto)

inzage *de* (*información*) examen; **ter ~** para su examen

in'zake *prep* acerca de, respecto a

inzakken vi <zijn> (o. com) hundirse, venirse abajo

inzamel/en vt (re)colectar, recoger; (fondos) recaudar; **~ing** de colecta f; (fondos) recaudación f

inzegenen vt relig bendecir, consagrar

inzenden vt enviar

inzepen vt enjabonar; **z. ~** enjabonarse

inzet de 1. (esfuerzo) dedicación f; 2. apuesta f; (subasta) puesta f; 3. fig (disputa) objeto m, tema m; (foto) inserción f; **~ten** vt 1. comenzar; 2. (foto) poner, colocar; 3. (personas) movilizar; (tropas) destacar; 4. hacer su puesta; (subasta) fijar el precio (**op** en)

inzicht het 1. criterio m, comprensión f; 2 idea f, opinión f, conciencia f

inzien 1.: *mijns* **~s** a mi juicio, en mi opinión; *bij nader* **~** pensándolo mejor; **2.** vt 1. darse cuenta de; 2. echar un vistazo a

inzinking de 1. (o. psicol) depresión f; 2. com (mercado) baja f

inzitten vi fig preocuparse (**over** por); **~de** de auto ocupante m, pasajero m

iris de 1. bot lirio m; 2.(ojo) iris m

irratio'neel adj irracional

irre'ëel adj irreal

irrelevant adj irrelevante

iro'n/ie de ironía f; **~isch** adj irónico

irri'gatie de irrigación f, riego m

irri't/atie de irritación f; **~eren** vt irritar

islam de relig islam m; **~'iet** de islamita m, musulmán m; **~'itisch** adj islamita, musulmán

iso'latie de (o. electr) aislamiento m; **~band** de cinta f aislante

isole'ment het aislamiento m

iso'ler/en vt tecn, fig aislar, separar; **~ing** de aislamiento m

Israël het Israel m; **~'iet** de israelí m; **~'isch** adj israelí; **~itisch** adj israelita

Itali'aan de italiano m; **~s 1**. adj italiano; **2.** het ling italiano

l'talië het Italia f

item het ing 1. punto m, tema m; 2. (factura) partida f

i'voor het marfil m

J

ja excl sí

jaar het año m; **~ op ~** cada año; **~beurs** de 1. feria f de muestras; 2. (edificio) recinto m ferial; **~boek** het anuario m, anales mpl; **~gang** de (números mpl correspondientes a un) año m; **~getijde** het <~n> estación f; **~lijks** adj anual; **~tal** het año m; **~telling** de era f; **~wisseling** de año m nuevo

jacht 1. het yate m; **2.** de caza f, cacería f; **op ~ gaan** ir/salir de caza; **~haven** *de nav* puerto *m* deportivo; **~ig** *adj* apresurado

jage/n <irr 46> **1.** *vi* (**op**) cazar, ir de caza; ir detrás de; **2.** *vt* cazar, despachar; **~r** *de* 1. cazador *m*; 2. *aero* caza *f*

jack *het* <~s> chaqueta *f*, cazadora *f*; **~pot** *de* bote *m*, premio *m* gordo

jakhals *de zool* chacal *m*

ja'loe/rs *adj* envidioso, celoso (**op** de); **~'zie** *de* envidia *f*; **~'zieën** *pl* persianas *fpl*

jam *de* mermelada *f*, confitura *f*

jammer 1. *excl* ¡qué lástima!; **2.** *adj* **het is ~** es una pena *f*, lástima *f*; **~en** *vi* lamentarse; **~lijk** *adj* desgraciado, deplorable

janken *vi* 1. *coloq* llorar; 2. *zool* aullar

janu'ari *de* enero *m*

ja'pon *de elev* vestido *m*

jar'gon *het ling* jerga *f*

jarig *adj* ~ **zijn** cumplir años; **~e** *de* <~n> el/la que cumple años

jas *de* abrigo *m*, chaqueta *f*; **~je** *het* chaqueta *f*; **~mijn** *de* jazmín *m*; **~zak** *de* bolsillo *m*

ja'wel *excl* sí, ¡que si!

je 1. *pron pers (sujeto)* tú; *(complemento)* te, tí; **2.** *pron pos* tu, tus; **3.** *pron indef* uno, se

jeans *de ing* tejanos *mpl*, vaqueros *mpl*

jegens *prep* para con

je'never *de* ginebra *f*; **~bes** *de* baya *f* de enebro

jerrycan *de ing* bidón *m*

jeu de 'boules *het fr (juego)* petanca *f*

jeugd *de* juventud *f*, jóvenes *mpl*; **~herberg** *de* albergue *m* juvenil; **~ig** *adj* juvenil; **~puistje** *het* acné *f* juvenil

jeuk *de* picor *m*, picazón *m*; **~en** *vi* picar, sentir picor

jezu/'iet *de relig* jesuita *m*; **~*s** Jesús

jicht *de med* gota *f*

Jiddisch 1. *adj* del yiddish; **2.** *het ling* yiddish *m*

jij *pron pers (sujeto)* tú

jl. *V* **jongstleden**

jodelen *vi* gargantear, cantar a la manera tirolesa

joden/dom *de* 1. judíos *mpl*; 2. *relig* judaísmo *m*; **~buurt** *de* barrio *m* judío, judería *f*

jodium *het quím* yodo *m*

Joego'/slaaf *de* yugoslavo *m*; **~slavië** *het* Yugoslavia *f*; **~slavisch** yugoslavo

joekel *de* mastodonte *m*, cosa *f* enorme

joelen *vt* bochinchear, alborotar

jogg/en *vt ing sport* hacer footing; **~er** *de* corredor *m* de footing; **~ing** *de* footing *m*

joint *de ing drog* porro *m*, canuto *m*

joker *de (cartas)* comodín *m*

jokken *vt (niño)* mentir

jong 1. *adj (o. fig)* joven; **2.** *het zool* cría *f*; ***van ~s af (aan)***

jong 166

desde niño/pequeño; **weer ~ worden** rejuvenecer; **~e'dame** de jovencita f; **~e'lui** pl gente f joven; **~e'man** de joven m

jong/en de niño m, chaval m; muchacho m, chico m; **~eren** pl juventud f

jong'/leren vi hacer juegos malabares; **~leur** de malabarista m

jongst'leden adj (referencia temporal) (recién) pasado

jonker de hist hidalgo m

jood de judío m; **~s** adj judío

jou pron pers (complemento) te, tí; **als ik ~ was** yo que tú, en tu lugar; **van ~** tuyo

jour'naal het <~s> TV telediario m

journa'list de periodista m; **~iek 1.** adj periodístico; **2.** de periodismo m

jouw pron pos tu, tus; **het/de ~e** el/la tuyo/a

jovi'aal adj jovial

jubelen vi 1. exultar; 2. alegrarse (**over** de)

jubil'eum het <~s, jubilea> aniversario m, fiesta f conmemorativa

judo het judo m

juffrouw de 1. (anticuado) señorita f; 2. stud maestra f

juichen vi vitorear, dar gritos de alegría

juist 1. adj 1. exacto, preciso, correcto; 2. justo; **2.** adv recién, hace un momento; **hij is ~ vertrokken** acaba de irse; **~heid** de exactitud f

juk het yugo m; **~been** het pómulo m

juli de julio m

juli'enne de gastr juliana f

jullie 1. pron pers 1. (sujeto) vosotros; 2. (complemento) os, vosotros/vosotras; **2.** pron pos vuestro(s)/vuestra(s)

juni de junio m; **~or** adj júnior, hijo; **~oren** pl sport juveniles

junk de ing drog yonqui m; **~food** het ing comida f basura; **~ie** de V. **junk**

ju'ridisch adj jurídico; **~e faculteit** de facultad f de Derecho

ju'rist de jurista m, letrado m

jurk de vestido m

jury de jurado m; **~lid** het miembro m del jurado

jus de salsa f, jugo m; **~d'o'range** de fr zumo m de naranja

jus'ti/tie de justicia f; **~ti'eel** adj judicial

jute de yute m

ju'weel het (o. fig) joya f, alhaja f

juwe'lier de joyero m

K

kaak de quijada f, mandíbula f; **~been** het (hueso) maxilar m; **~slag** de puñetazo m

kaal adj 1. calvo, pelado, raso;

2. (*de animales*) sin pelo, desplumado; 3. *fig* pobre, sobrio; **~ worden** perder el pelo; **~heid** *de* calvicie *f*; **~slag** *de* desmonte *m* total, deforestación *f*

kaantjes *pl gastr* chicharrones *mpl*, torreznos *mpl*

kaap *de geogr* cabo *m*; **~*stad** Ciudad del Cabo; **~*verdië** Cabo Verde

kaars *de* vela *f*; **~licht** *het* luz *f* de vela; **~vet** *het* cera *f*, sebo *m*

kaart *de* 1. billete *m* (de entrada); 2. (*juego*) naipe *m*; 3. tarjeta *f*; 4. *geogr* mapa *m*, plano *m*; 5. *gastr* carta *f*; 6. (*fichero*) ficha *f*

kaarten *vi* jugar a las cartas; **~bak** *de* fichero *m*; **~huis** *het* castillo *m* de naipes

kaart/je *het* 1. tarjeta *f*; 2. billete *m*, ticket *m*; *teat* entrada *f*; **~spel** *het* juego *m* de naipes, baraja *f*; **~systeem** *het* fichero *m*

kaas *de* queso *m*; **~boer** *de* quesero *m*; **~burger** *de gastr* hamburguesa *f* de queso; **~fabriek** *de* quesería *f*, fábrica *f* de quesos; **~fondue** *de* fondue *f* de queso; **~markt** *de* mercado *m* de quesos; **~schaaf** *de* cortalonchas *m* de queso

kaatsen *vi* jugar al trinquete

ka'baal *het* ruido *m*, jaleo *m*, alboroto *m*

kabel *de* 1. *electr* cable *m*, 2. *nav* cabo *m*, amarra *f*; **~baan** *de* teleférico *m*, funicular *m*; **~jauw** *zool, gastr* bacalao *m*; **~televisie** *de* televisión *f* por cable

kabi'net *het* 1. *pol* gabinete *m*, consejo *m* de ministros; 2. armario *m*

ka'bouter *de* (*figura de cuento*) enano *m*, duende *m*

kachel *de* estufa *f*

ka'daster *het* catastro *m*, registro *m* de la propiedad

ka'daver *het* cadáver *m*

kader *het* 1. *fig* cuadro *m*, marco *m*; 2. *pol, econ* cuadros *mpl*, directivos *mpl*

ka'detje *het* panecillo *m*

kaft *het* cubierta *f*; **~en** *vt* (*libro*) forrar

kajak *de* kayak *m*

ka'juit *de nav* camarote *m*, cámara *f*

kak *de* caca *f*, mierda *f*; **~elen** *vt* 1. cacarear; 2. *fig* parlar, charlar; **~ken** *vi vulg* cagar, hacer de vientre; **~kerlak** *de zool* cucaracha *f*

kale'bas *de bot* calabaza *f*

ka'lender *de* calendario *m*

kalf *het* <kalveren> ternero *m*, becerro *m*; **~skarbonade** *de gastr* chuleta *f* de ternera; **~slapje** *het gastr* filete *m* de ternera; **~svlees** *het* (carne de) ternera *f*

kaliber 168

ka'liber *het* calibre *m*
kalk *de* cal *f*; calcio *m*; **~aanslag** *de* incrustación *f* calcárea; **~en** *vt* encalar, blanquear
kal'koen *de zool* pavo *m*
kalksteen *het* piedra *f* caliza
kalm tranquilo, sosegado; **~'eren 1.** *vi* <zijn> calmarse; **2.** *vt* calmar, tranquilizar; **~te** *de* calma *f*
kam *de* 1. peine *m*; 2. (*gallo, montaña*) cresta *f*; 3. (*violín*) puente *m*
ka'meel *de* camello *m*
kamele'on *de* camaleón
kamer *de* 1. habitación *f*, cuarto *m*; **eenpersoons ~** habitación individual; **tweepersoons ~** habitación doble; **op ~s wonen** vivir realquilado; 2. *pol, com* cámara *f*; **~ van koophandel** cámara *f* de comercio; **Eerste *~** Senado *m*, Cámara *f* Alta; **Tweede *~** Congreso (de los Diputados)
kame'raad *de* camarada *m*, compañero *m*; **~schap** *het* compañerismo *m*, camaradería *f*
kamer/genoot *de* compañero *m* de cuarto; **~jas** *de* bata *f*; **~meisje** *het* camarera *f*; **~muziek** *de* música *f* de cámara; **~plant** *de* planta *f* de interior; **~scherm** *het* biombo *m*; **~temperatuur** *de* temperatura *f* de ambiente
kamfer *de* alcanfor *m*
ka'mille *de bot* manzanilla *f*
kammen *vt* peinar

kamp *het* 1. campo *m*, campamento *m*; 2. campo *m* de concentración
kam'peer/busje *het* autocaravana *f*; **~der** *de* campista *m*; **~terrein** *het* camping *m*
kampen: **te ~ hebben met** verse confrontado con
kam'peren *vi* hacer camping, acampar
kamper'foelie *de bot* madreselva *f*
kampi'oen *de* campeón *m*; **~schap** *het* campeonato *m*
kampvuur *het* fogata *f*, hoguera *f*
kan *de* jarra *f*, jarro *m*
ka'naal *het* 1. canal *m*; 2. tubo *m*, conducto *m*; 3. *fig* vía *f*; **het ~*** Canal *m* de la Mancha; **~*tunnel** *de* túnel *m* bajo el Canal de la Mancha
kanali'/satie *de* canalización *f*; **~seren** *vt* canalizar
ca'narie *de* canario *m*; **~geel** amarillo canario
kandelaar *de* candelero *m*
kandi'daat *de* candidato *m*, aspirante *m*; **~sexamen** *het* ± licenciatura *f*; **~sstelling** *de* candidatura *f*
kan'dij(suiker) *de* azúcar *m* cande
ka'neel *de* canela *f*
kangoeroe *de zool* canguro *m*
kanjer *de* as *m*, hacha *m*; **een ~ van een ....** alg/u/c enorme o estupendo

kanker *de med, fig* cáncer *m*; **~aar** *de* regañón *m*, gruñón *m*; quejón *m*; **~en** *vi* gruñir, renegar, refunfuñar; **~gezwel** *het* tumor *m* (canceroso); **~patiënt** *de* enfermo *m* de cáncer; **~verwekkend** *adj* cancerígeno

kanni/'baal *de* caníbal *m*; **~ba'lisme** *het* canibalismo *m*

kano *de* canoa *f*, piragua *f*; **~ën** *vi* ir en canoa

ka'non *het* cañón *m*; **~neerboot** *de* cañonero *m*; **~schot** *het* cañonazo *m*; **~skogel** *de* bala *f* de cañón

kano/sport *de* piragüismo *m*; **~vaarder** *de* piragüista *m*, canoísta *m*; **~varen** *vi* ir en canoa

kans *de* 1. posibilidad *f*, probabilidad *f* (**op** de); 2. oportunidad *f*, ocasión *f*; *de* **~lopen** correr el riesgo; **~hebber** *de* favorito *m*; **~spel** *het* juego de azar

kant 1. *het* encaje *m*; 2. *de* 1. lado *m*, cara *f*; *verkeerde* **~** envés *m*, revés *m*; 2. dirección *f*; *van mijn* **~** por mi parte; 3. (*objeto*) canto *m*; 4. (*vía*) borde *m*, orilla *f*; 5. (*hoja*) margen *m*; 3.: **~** *en klaar* hecho y derecho; **~elen** *vt* inclinar, volcar; **~en:** *z.* **~en** oponerse (**tegen** a)

kan'tine *de* cantina *f*

kanton/gerecht *het jur* ± juzgado *m* de primera instancia; **~rechter** *de jur* juez *m* de distrito

kan'toor *het* 1. oficina *f*; 2. despacho *m*; 3. (*abogado*) bufete *m*; **~boekhandel** *de* papelería *f*; **~uren** *pl* horario *m* de oficina

kap *de* 1. *relig* toca *f*, capucha *f*; 2. (*coche*) capota *f*; 3. (*lámpara*) pantalla *f*; 4. (*casa*) techo *m*, cobertizo *m*

ka'pel *de* 1. *relig* capilla *f*; 2. *mús* banda *f*

kape'laan *de relig* vicario *m*, capellán *m*

kap/en *vt* secuestrar; **~er** *de* secuestrador *m*, pirata *m* aéreo; **~ing** *de* secuestro *m*

kapi/'taal 1. capital, mayúscula *f*; 2. *het* capital *m*; **~tein** *de* capitán *m*

ka'pot *adj* 1. roto; 2. (*persona*) destrozado, rendido; **~** *gaan* romperse; **~** *maken* romper

kap/pen *vt* 1. (*árbol*) talar; 2. (*pelo*) peinar; 3. *fig* cortar (**met** con); **~per** *de* peluquero *m*; **~sel** *het* peinado *m*; **~stok** *de* perchero *m*

kar *de* carro *m*, carreta *f*; **~'aat** *het* quilate *m*;

ka'rakter *het* 1. carácter *m*; 2. índole *m*; 3. *teat* personaje *m*; **~i'seren** *vt* caracterizar; **~is'tiek** *adj* característico

kara'mel *de* caramelo *m*

ka'rate *het sport* karate *m*

kara'vaan *de* caravana *f*

karbonade *de gastr* chuleta *f*

kardinaal

kardinaal 1. *adj* cardinal; **2.** *de relig* cardenal *m*
karig *adj* parco, escaso, pobre, frugal
karika'tuur *de* caricatura *f*
kar'kas *de* 1. esqueleto *m*; 2. armazón *m*
karnemelk *de* suero (de la leche)
karper *de zool* carpa *f*
kar'ton *het* cartón *m*; **~nen** *adj inv* de cartón
kar'wei *het* faena *f*, tarea *f*, trabajo *m*
kas *de* 1. com caja *f*; 2. invernadero *m*; 3. (*ojo*) cuenca *f*
kassa *f com* caja *f*; **~bon** *de* vale *m* de caja
kast *de* 1. armario *m*; 2. *tecn* caja *f*
kas'tanje *de* castaña *f*; **~teel** *het* castillo *m*
kat *de zool* gato *m*; **~er** 1. gato *m*; 2. *fig* resaca *f*
katho'liek 1. *adj* católico; **2.** *de* católico *m*
ka'toen *de/het* algodón *m*; **~rol** *de* polea *f*
kattenkwaad *het* travesura *f*, diablura *f*
kattig *adj* (*genio*) desabrido, áspero
kauw/en *vt* masticar; **~gom** *de/het* chicle *m*, goma *f* de masticar
kavi'aar *de gastr* caviar *m*
ka'zerne *de mil* cuartel *m*
keel *de* garganta *f*; **~ontsteking** *de med* inflamación *f* de la garganta

keer *de* 1. vez *f*; 2. giro *m*; **~kring** *de geogr* trópico *m*; **~zijde** *de* otro lado *m*
keet *de* 1. barraca *f*; 2. jolgorio *m*, jaleo *m*
kegel *de* bolo *m*; **~baan** *de* bolera *f*; **~en** *vi sport* jugar a los bolos
kei *de* <~en> 1. piedra *f*, adoquín *m*; 2. *fig* as *m*; **~hard** *adj/adv* 1. durísimo; 2. (*trabajar*) a toda velocidad, a tope; 3. (*tono*) muy fuerte
keizer *de* emperador *m*; **~lijk** *adj* imperial
kelder *de* sótano *m*; **~en** *vi* <zijn> (*valor*) hundirse
kelen *vt* degollar, cortar el pescuezo
kelk *de* 1. copa *f*; 2. *relig, bot* cáliz *m*
kelner *de* camarero *m*
kemphaan *de* 1. *zool* combatiente *m*; 2. *fig* gallo *m* de pelea, matón *m*
kenbaar: ~ maken manifestar, hacer saber
kengetal *het telec* indicativo *m*, prefijo *m*
kenmerk *het* característica *f*, rasgo *m*; **~en** *vt* caracterizar; **~end** *adj* característico
kennel *de* perrera *f*; **~ijk** *adv* evidentemente, por lo visto
kenn/en *vt* conocer, saber; **~er** *de* conocedor *m*
kennis *de* 1. conocimiento *m*;

2. saber *m*; 3. conocido *m*, amigo *m*; **~geving** *de* aviso *m*, comunicación *f*; **~making** *de* presentación *f*

kenschetsen *vt* caracterizar

kenteken *het* 1. distintivo *m*; 2. *auto* matrícula *f*; **~bewijs** *het* permiso *m* de circulación

kenter/en *vi* cambiar; **~ing** *de fig* cambio *m*

kera'miek *de* cerámica *f*

kerel *de coloq* tío *m*, hombre *m*

keren 1. *vi* <zijn> volver, darse la vuelta, girar; 2. *vt* dar la vuelta, girar, volver del revés; 3. *z.* **~ tegen** oponerse a

kerf *de* muesca *f*, entalladura *f*

kerk *de* iglesia *f*; **~dienst** *de relig* servicio *m*, culto *m*; **~elijk** *adj* eclesiástico, religioso; **~er** *de* calabozo *m*, cárcel *m*; **~ganger** *de* feligrés *m*; **~hof** *het* cementerio *m*, camposanto *m*; **~s** *adj* devoto

kermis *de* verbena *f*, feria *f*

kern *de* 1. núcleo *m*; 2. (población) centro *m*; 3. *fig* meollo *m*, fondo *m*; **~achtig** *adj* firme, conciso; **~centrale** *de* central *f* nuclear; **~gezond** *adj* lleno de salud; **~reactor** *de* <~s, ~en> reactor nuclear; **~wapen** *het* arma *f* nuclear

kerrie *de gastr* curry *m*

kers *de* cereza *f*; **~enboom** *de* cerezo *m*

kerst/avond *de* Nochebuena *f*; **~boom** *de* árbol *m* de Navidad; **~dag** *de* día *m* de Navidad; **~feest** *het* fiesta *f* de Navidad; **~kaart** *de* christmas *m*; **~*kind** *het* Niño *m* Jesús; **~lied** *het* villancico *m*; **~man** *de* Papá *m* Noél; **~*mis** *de* Navidad *f*

kersvers *adj* recién hecho, muy fresco

kervel *de bot* perifollo *m*

kerven *vt* hacer muescas en, entallar

ketchup *de* ketchup *m*, salsa *f* de tomate

ketel *de* 1. caldera *f*; 2. hervidor *m*

keten *de* cadena *f*; **~en** *vt* encadenar

ketsen *vi* <zijn> 1. rebotar; 2. (*fusil*) fallar

ketter *de relig* hereje *m*; **~en** *vi* vociferar, rabiar; **~'ij** *de* herejía *f*

ketting *de* 1. collar *m*; 2. cadena *f*; **~botsing** *de* colisión *f* en cadena; **~kast** *de* (*bicicleta*) cubrecadena *f*

keu *de* (*billar*) taco *m*; **~ken** *de* cocina *f*

Keulen *geogr* Colonia

keur *de* 1. selección *f*, surtido *m*; 2. lo selecto; **~en** *vt* 1. examinar, probar, inspeccionar; 2. *med* reconocer; **~ig** *adj* 1. impecable, pulcro; 2. decente, correcto; **~ing** *de* 1. examen *m*, inspección *f*; 2. reconocimiento *m* médico

keus *de* 1. elección *f*; 2. selección *f*, surtido *m*
keuvelen *vi* charlar
keuze *V.* **keus**; **~vak** *het* asignatura *f* optativa
kever *de zool* escarabajo *m*
kibbelen *vi* reñir, disputar, altercar
kidnappe/n *vt* secuestrar, raptar; **~r** *de* secuestrador *m*
kiel *de* 1. blusón *m*; 2. *nav* quilla *f*
kiem *de* 1. germen *m*; 2. *bot* brote *m*; **~en** *vi* 1. germinar; 2. *bot* brotar
kier *de* resquicio *m*
kies 1. *adj* delicado, considerado; 2. *de* muela *f*; **~'keurig** *adj* delicado, exigente; **~pijn** *de* dolor *m* de muelas; **~toon** *de telec* tono *m* de marcar
kietelen 1. *vi* cosquillear; 2. *vt* hacer cosquillas
kiew *de* agalla *f*, branquia *f*
kiezel *de* gravilla *f*; **~steen** *de* guijarro *m*
kieze/n <irr 47> *vt* 1. escoger, elegir; 2. optar (**voor** por); 3. votar; **~r** *de* elector *m*, votante *m*
kijk *de* 1. mirar *m*, 2. visión *f*, punto *m* de vista; **~en** <irr 48> *vi* mirar, contemplar; **~er** *de* 1. catalejo *m*; 2. (*persona*) espectador *m*; 3. *coloq* ojo *m*
kik: geen ~ geven no decir ni pío
kikker *de zool* rana *f*; **~billetje** *het* anca *f* de rana; **~visje** *het* renacuajo *m*

kil *adj* fresco; (*o. fig*) frío
kilo/gram *de* kilogramo *m*; **~meter** *de* kilómetro *m*
kin *de* barbilla *f*, mentón *m*
kind *het* <~eren> 1. hijo *m*; 2. niño *m*
kinder/achtig *adj* aniñado, infantil, pueril; **~arts** *de* pediatra *m*; **~bijslag** *de* subsidio *m* familiar; **~lijk** *adj* 1. infantil, aniñado; 2. cándido, inocente; **~loos** *adj* sin hijos; **~meisje** *het* niñera *f*; **~rechter** *de jur* juez *m* de menores; **~verlamming** *de med* poliomielitis *f*; **~wagen** *de* cochecito *m* de niño; **~s** *adj* senil, chocho
kinkhoest *de med* tos *f* ferina
kiosk *de* quiosco *m*
kip *de* 1. *zool* gallina *f*; 2. *gastr* pollo *m*
kiplekker: z. ~ voelen sentirse perfectamente bien
kippen/boutje *het* muslo *m* de pollo; **~soep** *de* sopa *f* de gallina; **~vel** *het* piel *f* de gallina
kippig *adj* miope, corto de vista
kist *de* 1. caja *f*; 2. arca *f*; 3. ataúd *m*, féretro *m*
kiwi *de bot* kiwi *m*
klaaglied *het* <~eren> 1. elegía *f*; 2. *irón* jeremiada *f*
klaar *adj* 1. claro; 2. listo, terminado; **~ zijn** 1. haber terminado (**met** con); 2. estar listo (**om** para); **~blijkelijk** *adj* obviamente, por lo visto; **~komen** *vi*

1. acabar, terminar; 2. (*orgasmo*) correrse; **~maken** *vt* preparar, disponer, arreglar; **~spelen**: *het ~spelen om* arreglárselas para; **~staan** *vi* estar dispuesto, estar listo; **~wakker** *adj* muy despierto

klacht *de* 1. queja *f*; 2. *jur* querella *f*, demanda *f*; *een ~ indienen* presentar una querella; 3. *com* reclamación *f*

klad 1. *de* mancha *f* de tinta; **2.** *de* borrador *m*; **~den** *vi* pintarrajear; garabatear

klage/n *vt/i* quejarse (**over** de); 2. *jur* reclamar; **~r** *de* 1. alg que se queja; 2. *jur* demandante *m*

klakkeloos *adv* a ojos cerrados, sin pensar

klam *adj* húmedo, sudoroso

klan'dizie *de* clientela *f*

klank *de* sonido *m*; (*voz*) timbre *m*, tono *m*

klant *de* 1. cliente *m*; 2. *coloq* tipo *m*

klap *de* 1. (*o. fig*) golpe *m*; (*puerta*) portazo *m*; 2. bofetada *f*; palmada *f*; latigazo *m*; **~band** *de* (*rueda*) reventón *m*; **~pen** *vi* 1. aplaudir; 2. *mús* dar palmadas; 3. (*rueda*) estallar, reventar

klapper *de* 1. registro *m*, índice *m*; 2. carpeta *f*; 3. *fig* culminación *f*; **~tanden** *vi* castañetear los dientes

klap/roos *de* bot amapola *f*; **~stoel** *de* silla *f* plegable, asiento *m* abatible; **~stuk** *het* 1. *gastr* chuleta *f* de ternera; 2. apoteosis *f*, culminación *f*

klaren *vt* arreglar, arreglárselas

kla/ri'net *de mús* clarinete *m*; **~'roen** *de mús* clarín *m*

klas'siek *adj* clásico

klassi'kaal en clase

klasse'ment *het* clasificación *f*, puntuación *f*

klauteren *vi* <zijn> trepar (**op** en), encaramarse

klauw *de* garra *f*, zarpa *f*

klave'cimbel *de/het mús* clavicémbalo *m*

klaver *de* 1. *bot* trébol *m*; 2. (*cartas*) bastos *mpl*; **~blad** 1. *bot* hoja de trébol; 2. (*tráfico*) cruce *m* en trébol

kled/en: z. ~en vestirse; **~erdracht** *de* traje *m* regional; **~ing** *de* ropa *f*, vestido *m*; **~ingstuk** *het* prenda *f* de vestir

kleed *het* 1. (*suelo*) alfombra *f*; 2. (*mesa*) tapete *m*, mantel *m*; **~hokje** *het* cabina *f*, caseta *f*; **~kamer** *de* 1. *teat* camerino *m*; 2. *sport* vestuario *m*

kleer/hanger *de* percha *f*; **~maker** *de* sastre *m*

klef *adj* 1. (*pan*) mal cocido, pastoso; 2. *fig* pegajoso

klei *de* arcilla *f*, **~grond** *de* tierra *f* arcillosa

klein *adj* 1. pequeño, diminuto;

klein 174

(*estatura*) bajo; (*tiempo*) escaso; 2. *fig* vil, mezquino; **~* Azië** Asia f Menor; **~bedrijf** *het* pequeña empresa f; **~dochter** de nieta f; **~e** <~n> de *coloq* nene m; **~eren** *vt* denigrar, tratar con menosprecio; **~geestig** *adj* estrecho de miras; **~geld** *het* dinero m suelto, cambio m; **~handel** de comercio m al por menor; **~igheid** de nadería f, nimiedad f, bagatela f; **~kind** *het* nieto m; **~tje** *het* pequeño m; **~zerig** *adj* delicado, aprensivo; **~zielig** *adj* mezquino; **~zoon** de nieto m

klem de 1. trampa f, abrazadera f; 2. énfasis m, insistencia f; 3. aprieto m; **~men 1.** *vi* no encajar bien; **2.** *vt* apretar; **~toon** de *ling* acento m tónico

klep de 1. (*gorra*) visera f; 2. *tecn* válvula f; 3. *mús* llave f, pistón m; 4. (*coche*) capó m; 5. tapa f, solapa f; **~el** de badajo m

kleren *pl* ropa f, vestidos *mpl*

klets de golpe m, bofetada f; **~en** *vi* 1. (*sonido*) restallar; 2. charlar; 3. decir tonterías; **~kous** de charlatán m; **~nat** *adj* empapado

kleumen *vi* tiritar, tener frío

kleur de 1. color; (*cara*) tez f, rubor m; 2. *mús* tono m, timbre m; 3. (*cartas*) palo m; **~doos** de caja f de pinturas; **~echt** *adj* que no destiñe

kleuren 1. *vi* 1. tomar color; 2. sonrojarse, ruborizarse; **2.** *vt* colorar, colorear, teñir; **~blind** daltoniano

kleur/ig *adj* de tonos vivos, vistoso; **~ling** de persona f de color; **~loos** *adj* incoloro; **~rijk** *adj* vistoso; **~stof** de colorante m, tinte m

kleuter de párvulo m; **~school** de jardín m de infancia, preescolar m

kleve/n 1. *vi* adherirse, pegarse; **2.** *vt* pegar; **~rig** *adj* pegajoso, pegadizo

kliek de 1. sobras *fpl*; 2. pandilla f

klier de 1. *med* glándula f; 2. (*persona*) pelma m

klik/ken *vi* 1. hacer clic; 2. chivarse; 3. **het klikt tussen hen** se llevan bien, congenian; **~spaan** de chivato m

klim de subida f

kli'maat *het* clima m

klimmen *vi* <irr 49; zijn> subir, trepar, escalar; **~op** de bot hiedra f

kli'niek de clínica f; **~nisch** *adj* clínico

klink de picaporte m; **~en** <irr 50> *vi* 1. sonar; 2. chocar los vasos; brindar (**op** por); 3. *tecn* remachar; **~er** de 1. ladrillo m; 2. *ling* vocal f

klip de roca f, escollo m

klok de 1. reloj m; 2. campana f; **~huis** *het* (*fruta*) corazón m; **~kenspel** *het* carillón m; **~ken-**

toren de campanario m; **~slag:** (hora) en punto
klomp de 1. pedazo m; 2. zueco m
klont de 1. grumo m; 2. terrón m; **~eren** vi <zijn> formar grumos; **~erig** adj grumoso; **~je** het (azúcar) terrón m
kloof de 1. hendidura f, grieta f; 2. fig abismo m
kloon de clono m
klooster het relig convento m, monasterio m; **~ling** de religioso m, fraile m, monje m; **~school** de colegio m religioso; **~zuster** de religiosa f, monja f
kloot de 1. bola f; 2. testículo m; coloq cojón m; **~zak** de vulg cabrón m, hijo m de puta
klop de (puerta) llamada f; 2. (corazón) latido m, palpitación f; **~jacht** de batida f, redada f; **~pen 1.** vi 1. (puerta) llamar; 2. dar golpes, dar palmadas; 3. (corazón) latir, palpitar; 4. ser conforme (**met** a), cuadrar con; **2.** 1. (alfombra) sacudir; 2. gastr batir
klos de 1. carrete m, bobina f, 2. (madera) taco; 3. **de ~ zijn** pagar el pato
klucht de farsa f, sainete m; **~ig** adj cómico
kluif de 1. hueso para roer; 2. fig hueso duro de roer
kluis de caja f fuerte; banc cámara f acorazada; **~teren** vt encadenar

kluit de pedazo m, terrón m
kluiven <irr 51> vi (**~ op**) roer, chupar
kluizenaar de ermitaño m, eremita m
kluts: de ~ kwijtraken perder la cabeza
kluwen de ovillo m
knaagdier het zool roedor m
knaap de muchacho m, chico m
knabbelen vi mordisquear
knagen vi (**~ aan**) roer
knakworst de gastr salchicha f de Francfort
knal de estallido m, detonación f; **~en** vi 1. estallar, detonar; 2. <zijn> estrellarse (**op** contra); **~pot** mec silenciador m
knap 1. adj 1. guapo, de buen ver; 2. listo, inteligente; **2.** adv 1. muy bien; 2. (+ adj) bastante; **~pen** vi 1. <zijn> chasquear; 2. romperse con un chasquido; quebrarse; **~perig** adj crujiente
knarse/n vi rechinar, chirriar; **~tanden** vi rechinar los dientes
knecht de criado m, mozo m; agr gañán m
kneden vt amoldear; (masa) amasar
kneep de 1. pellizco m; 2. fig truco m, maña f
knel: in de ~ zitten estar en un aprieto; **~len** vi 1. apretar; 2. fig oprimir

kneuz/en vt magullar, contusionar; **~ing** de magulladura f, contusión

knevelen vt (boca) amordazar

knie de <<~ën> rodilla f; **~kous** de media f corta; **~len** vi arrodillarse; **~schijf** de med rótula f

knijp/en <irr 52> **1.** vi (**in**) apretar; **ertussenuit ~en** escaquearse, salir pitando; **2.** vt 1. pellizcar; 2. (tubo) apretar; **'m ~en** sentir canguelo; **~er** de pinza f; **~tang** de pinzas fpl

knikkebollen vi dar cabezadas

knikken 1. vi 1. quebrarse, doblarse; 2. (persona) inclinar la cabeza; **2.** vt quebrar, romper

knikker de canica; **~eren** vi jugar a las canicas

knip de 1. pestillo m, pasador m; 2. (bolso) cierre m; 3. monedero m; **~ogen** vi guiñar el ojo; **~pen** 1. cortar (con tijeras); 2. (billete) taladrar, punzar; 3. (dedos) chasquear; **~peren** vi 1. (ojos, semáforo) parpadear; **~perlicht** het luz f intermitente; **~sel** het recorte m

knobbel de 1. protuberancia f, bulto m; 2. fig (conocimiento) talento m

knoei: in de ~ zitten estar en un apuro; **~en** vi 1. ensuciar; 2. chapucear; **~er** de 1. chapucero m; 2. puerco m; 3. tramposo m

knoflook de/het ajo m

knol de 1. tubérculo m, nabo m; 2. (caballo) rocín m

knoop de 1. txtl botón m; 2. nudo m; **in de ~** enredado; **~punt** het transp nudo m, empalme m; **~sgat** het ojal m

knop de 1. botón m; electr interruptor m; 2. (puerta) pomo m; 3. bot capullo m; **~en** vt anudar, atar

knorr/en vi gruñir, refunfuñar; **~epot** de gruñón m; **~ig** adj gruñón

knotwilg de sauce m desmochado

knuffelen vt acariciar

knul de chico m, chaval m, joven m

knuppel de porra f, garrote m; 2. aero palanca f

knutsel/aar de manitas m; **~en** vi hacer bricolaje

koddig adj cómico

koe de vaca f; **~ioneren** vt amargar la vida

koek de bizcocho m, pastel m; **~enpan** de sartén f; **~je** het galleta f; **~oek** de zool cuco m

koel adj 1. fresco; 2. (persona) frío; **~bloedig** adj **1.** adj sereno, flemático; **2.** adv a sangre fría; **~en** vt enfriar, refrescar; refrigerar; **~kast** de frigorífico m, nevera f; **~tas** de bolsa f nevera; **~te** de frescor m

koepel de cúpula f

koers de 1. rumbo m, curso m;

2. *com* cotización *f*; 3. *banc* tipo *m* (de cambio)
koest: ~! ¡quieto!; **~eren** *vt* 1. cuidar; 2. (*sentimientos*) abrigar, sentir
koets *de* coche *m*, carruaje *m*; **~ier** *de* cochero *m*
koffer *de* maleta *f*; **~bak** *de* maletero *m*; **~ruimte** *de* maletero *m*
koffie *de* café *m*; **~boon** *de* grano *m* de café; **~dik** *het* poso *m* de café; **~melk** *de* crema *f* para café; **~pauze** *de* descanso *m* para tomar café; **~zetapparaat** *het* cafetera *f* eléctrica
kogel *de* 1. bala *f*; 2. bola *f*; **~stoten** *vi* lanzamiento *m* de peso; **~vrij** a prueba de balas
kok *de* cocinero *m*; **~en 1.** *vi* cocinar; cocer, hervir; **2.** *vt* cocer, hervir; **~er** *de* 1. estuche *m*, petaca *f*; 2. tubo *m*, cilindro *m*
ko'ket *adj* coqueto; **~'teren** *vi* coquetear **kokhalzen** *vi* sentir náuseas; tener arcadas
kokos *de* coco *m*; **~palm** *de* cocotero *m*
kolder *de* tonterías *fpl*, disparates *mpl*
kolen *pl* carbón *m*
ko'lom *de* columna *f*
kolonel *de mil* coronel *m*
kolon/iaal *adj* colonial; **~ie** *de* colonia *f*; **~ist** *de* colono *m*
ko'los *de* coloso *m*; **~'saal** *adj* colosal, tremendo

kom *de* 1. tazón *m*; 2. casco *m* (urbano); 3. palangana *f*
kome/'diant *de* actor *m*; **~die** *de* comedia *f*
ko'meet *de* cometa *m*
komen *vi* <irr 53> 1. venir, llegar (**bij/tot** a); 2. ir; 3. (**aan**) obtener; 4. (**achter**) llegar a saber; 5. (**op**) ocurrírsele (a alg); **~d** *adj* próximo, que viene
ko'm/iek *de* cómico *m*; **~isch** *adj* cómico
ko'mijn *de* comino *m*
kom'kommer *de* pepino *m*
komma *de* coma *f*
kommer *de* pena *f*, pesar *m*
kom'pas *de* brújula *f*
kom'plot *het* complot *m*, confabulación *f*
kom'pres *de med* compresa *f*
komst *de* llegada *f*, venida *f*; *op* **~** *zijn* venir, llegar, estar en camino
ko'nijn *het* conejo *m*
koning *de* rey *m*; **~'in** *de* reina *f*; **~shuis** *het* casa *f* real
konink/lijk *adj* real; **~rijk** *het* reino *m*
kont *de coloq* culo *m*
kon'vooi *het* <~en> convoy *m*
kooi *de* 1. jaula *f*; 2. *nav* litera *f*
kook *de* hervor *m*, ebullición *f*
kool *de* col *m*; **~hydraat** *de* hidrato *m* de carbono; **~zaad** *het* colza *f*; **~zuur** *het* ácido *m* carbónico
koop *de* compra *f*; *te* **~** (*zijn*) se

koop 178

vende; **op de ~ toe** por añadidura; **~akte** de escritura f de compraventa; **~avond** de día m en que las tiendas cierran más tarde; **~je** het ganga f; **~man** de comerciante m; **~prijs (~som)** de precio m; **~vaar'dij** de marina f mercante; **~waar** de mercancía f

koor het coro m; **in ~** a coro

koord het cuerda f; **~danser** de funámbulo m; **~je** het cordón m

koorknaap de monaguillo m

koorts de fiebre f; **~achtig** adj febril

kop de 1. cabeza f; 2. taza f; 3. (periódico) titular m; **op de ~ af** exactamente; **op de ~ staan** fig estar patas arriba

kope/n <irr 54> vt comprar; **~r 1.** de comprador m; **2.** het cobre m; **~ren** adj inv de cobre

kopgroep de sport pelotón m de cabeza

kop/ie de copia f; **~iëren** vt copiar

kop/je het taza f, tacita f; **~lamp** de (coche) faro m; **~loper** de el (corredor) que va en cabeza

koppel het pareja f, par m; **~en** vt acoplar, conectar, vincular (**aan** a); **~ing** de 1. acoplamiento; 2. (coche) embrague m; **~teken** het ling guión m; **~werkwoord** het ling verbo m copulativo

kopp/en vt rematar de cabeza; **~ig** adj terco, testarudo; **~igheid** de terquedad f

kop/rol de voltereta f; **~schuw** receloso, desconfiado; **~stuk** het cabeza f, líder m; **~telefoon** de auriculares mpl; **~zorg** de quebrantos mpl de cabeza

ko'raal het mús, biol coral m

Ko'ran de relig Corán m

kor'd/aat resuelto; **~on** het cordón m

koren het grano m, cereal m; **~bloem** de bot aciano m; **~schuur** de granero m

korf de cesta f, canasta f; **~bal** de sport especie de baloncesto

korpo'raal de cabo m

korps het cuerpo m

korrel de grano m; **~ig** adj granular

kor'set het corsé m

korst de 1. corteza f; 2. med costra f

kort adj 1. (duración) breve; 2. corto; 3. conciso, sucinto; **~ademig** adj med disneico; **~af** adv secamente; **~en** vt 1. acortar; (dinero) descontar; **~ing** de descuento m, rebaja f; **~lopend** banc a corto plazo; **~om** adv en resumidas cuentas; **~sluiting** de electr cortocircuito m; **~stondig** adj breve; **~weg** adv sin rodeos, simplemente; **~zichtig** adj 1. med miope; 2. fig poco previsor

kosmo/'naut *de* cosmonauta *m*; **~s** *de* cosmos *m*

kost *de* 1. sustento *m*, manutención; 2. alimentación *f*, comida *f*; **ten ~e van** a costa de; **~baar** *adj* 1. valioso; 2. costoso; **~elijk** *adj* 1. *gastr* delicioso; 2. gracioso; **~eloos** *adj* gratuito, sin cargo

koste/n 1. *vi* costar, valer; **2.** *pl* 1. gastos *mpl*, expensas *fpl*; 2. coste(s) *m(pl)*, costo *m*; **~r** *de relig* sacristán *m*

kost/ganger *de* huésped *m*; **~geld** *het* pensión *f*; **~prijs** *de com* precio *m* de coste; **~school** *de* internado *m*

kos'tuum *het* 1. traje *m*; 2. traje *m* de chaqueta; 3. traje *m* típico

kostwinner *de* sostén *m* de familia

kote'let *het gastr* chuleta *f*

kot/sen *vi* vomitar; **~ter** *de nav* cúter *m*

kou *adj de* frío *m*; **~ vatten** resfriarse

koud *adj* frío; **het is ~** hace frío

kous *de txtl* media *f*

ko'zijn *het* marco *m*, bastidor *m*

kraag *de txtl* cuello *m*

kraai *de zool* corneja *f*; **~en** *vi* 1. *zool* cacarear, cantar; 2. gorjear

kraakbeen *het med* cartílago *m*

kraakpand *het* casa *f* ocupada ilegalmente

kraam *de* puesto *m*, tenderete *m*; **~afdeling** *de* maternidad *f*; **~verzorgster** *de* auxiliar *f* de sobreparto

kraan *de* 1. grifo *m*; 2. *arq* grúa *f*; **~vogel** *de zool* grulla *f*

krab *de* 1. arañazo *m*, rasguño *m*; 2. *zool* congrejo *m*; **~bel** *de* garabato *m*; **~belen** *vt* garabatear; **~ben** *vi* arañar, rascar

kracht *de* 1. fuerza *f*, vigor *m*; 2. *jur* vigencia *f*, validez *f*; 3. empleado *m*; **van ~ zijn** estar en vigor; **~bron** *de* fuente *f* de energía; **~dadig** *adj* vigoroso, enérgico; **~eloos** *adj* débil, sin fuerza; **~ens** *fig elev* en virtud de; **~ig** *adj* fuerte, potente; **~sinspanning** *de* esfuerzo *m*

krake/n 1. *vi* crujir; **2.** *vt* 1. cascar; 2. (*abrir*) forzar; 3. (*casa*) ocupar ilegalmente; **~r** *de* ocupa *m*

kramp *de* espasmo *m*, convulsión *f*; calambre *m*; **~achtig** *adj* forzado, desesperado

kranig *fig* valiente, gallardo, muy bien

krankzinnig *fig* loco, alienado

krans *de* 1. corona *f*; 2. tertulia *f*

krant *de* periódico *m*, diario *m*; **~enknipsel** *het* recorte *m* de periódico

krap 1. estrecho, justo; 2. escaso

kras 1. *adj* fuerte, recio; **2.** *de* rasguño *m*, raya(dura) *f*; **~sen** *vi* rayar, rascar

krat de caja f; **~er** de cráter m; **~s: voor een ~s** por casi nada, por dos duros

kre'diet het banc, fig crédito m; **een ~ verlenen** conceder un crédito; **op ~** a crédito **~gever** de banc acreedor m; **~nemer** de banc deudor m; **~waardig** adj com solvente

kreeft de 1. cangrejo m; 2. langosta; 3. **~*** astrol Cáncer m

kreek de cala f, caleta f

kreet de grito m, chillido m

krekel de zool grillo m, cigarra f

kreng het 1. carroña f; 2. (vrouw) bruja f

krenken vt herir, ofender, injuriar

krent de pasa f de Corinto; **~erig** adj avaro, tacaño

kreukel/en vi arrugar; **~ig** adj arrugado

kreunen vi gemir

kreupel adj cojo; **~hout** het bot maleza f, monte m bajo

kriebel de cosquillas fpl; **~en** vi picar, cosquillar; **~ig** adj 1. que pica; 2. (letra) apretado; 3. (persona) irritable

kr?g/en <irr 55> vt 1. recibir, coger; **bladeren ~** echar hojas; 2. obtener, adquirir, conseguir; **~er** de guerrero m

krijgs/dienst de servicio m militar; **~macht** de fuerzas fpl armadas; **~raad** de tribunal m militar

krijt het tiza f; **~wit** muy pálido

krik de gato m

krimp/en vi <irr 56; zijn> encoger(se); **~vrij** no encoge

kring de 1. círculo m, 2. corro m; 3. fig ambiente m, esfera f; 4. (ojos) ojera f; **~loop** de ciclo m

krioelen vi 1. hormiguear; 2. abundar (**van** en)

kris'tal het cristal m; **~len** adj inv de cristal; **~li'seren** vi cristalizar

kri'/tiek 1. adj crítico, delicado; **2.** de crítica f; **~tisch** adj crítico; **~tiseren** vt criticar

kroeg de tasca f, taberna f

kroes 1. adj crespo, rizado; **2.** de tazón m **kroezen** vi (pelo) rizarse, ondularse

kroko'dil de zool cocodrilo m

krokus de <~sen> bot croco m

krols adj zool en celo

krom adj 1. encorvado, corvo; 2. torcido; **~trekken** vi <zijn> torcerse

kro/nen vt coronar; **~'niek** de crónica f; **~ning** de coronación f

kroon de 1. corona f; 2. (lámpara) araña f; **~getuige** de jur testigo m principal

kroost de prole m, hijos mpl

krop: ~ sla de lechuga f

krot de choza f, chabola f; **~tenwijk** de barrio m de chabolas

kruid het hierba f; **~en 1.** vt sazonar, condimentar; **2.** pl hierbas fpl, especias fpl; **~enier** de

1. tendero *m*; 2. tienda *f* de comestibles; **~enthee** *de* infusión *f* (de hierbas), tisana *f*; **~nagel** *de gastr* clavo *m*
kruier *de* maletero *m*; mozo *m* de equipajes
kruik *de* 1. botijo *m*, cántaro *m*; 2. bolsa *f* de agua caliente
kruimel *de* miga *f*, migaja *f*; **~dief** *de* chorizo *m*; **~en 1.** *vi* echar migas, desmigarse; **2.** *vt* desmigar
kruin *de* 1. *med* coronilla *f*; 2. (*árbol*) copa *f*
kruipe/n <irr 57> *vi* arrastrarse; **~rig** *adj* servil, rastrero
kruis *het* 1. cruz *f*; *het Rode ~** la Cruz Roja; 2. (*pantalón*) entrepierna *f*; 3. *mús* sostenido; 4. *fig* calvario *m*; **~beeld** *het relig* crucifijo *m*; **~bes** *de bot* grosella *f* espinosa; **~en** *vt* cruzar; **~er** *de* crucero *m*; **~igen** *vt relig* crucificar; **~ing** *de* 1. cruce *m*; 2. *biol* cruzamiento *m*; **~punt** *het* cruce *m*, intersección *f*; **~tocht** *de* cruzada *f*
kruit *het* pólvora *f*
kruiwagen *de* 1. carretilla *f*; 2. *fig* enchufe *m*
kruk *de* 1. muleta *f*; 2. (*puerta*) picaporte *m*, pomo *m*; 3. taburete *m*, escabel *m*; 4. *fig* inútil *m*
krul *de* 1. viruta *f*; 2. (*pelo*) rizo, bucle *m*; **~len 1.** *vi* rizarse; **2.** *vt* rizar

ku'b/iek *adj mat* cúbico; **~us** *de* <~sen> cubo *m*
kuch *de* tos *f* seca; **~en** *vi* toser
kudde *de* <~s, ~n> 1. rebaño *m*; 2. *fig* masa *f*
kuiken *het* pollo *m*, pollito *m*
kuil *de* 1. hoyo *m*, foso *m*; 2. (*pavimento*) bache *m*
kuip *de* cuba *f*
kuis *adj* casto; **~heid** *de* castidad *f*
kuit *de* 1. *med* pantorrilla *f*; 2. (*pez*) hueva *f*; **~been** *het med* peroné *m*
kul: *flauwe ~ coloq* tonterías *fpl*, pamplinas *fpl*
kundig *adj* experto, perito; **~heid** *de* habilidad *f*, pericia
kunnen <irr 58> *vt* 1. poder, ser capaz de; 2. saber (hacer algo); 3. *dat kan* es posible
kunst *de* 1. arte *m*; truco *m*; **~academie** *stud* academia *f* de bellas artes; **~been** *het* pierna *f* ortopédica; **~enaar** *de* artista *m*; **~gebit** *het* dentadura *f* postiza; **~geschiedenis** *de* historia *f* del arte; **~ig** ingenioso; **~maan** *de telec* satélite *m*; **~'matig** *adj* artificial; **~mest** *de* fertilizante *m*; abono *m* químico; **~nijverheid** *de* artes *fpl* industriales; **~schilder** *de* pintor *m* artista; **~werk** *het* obra *f* de arte
kurk *de* corcho *m*; **~entrekker** *de* sacacorchos *m*

kus *de* beso *m*; **~sen 1.** *vt* besar; **2.** *het* 1. (*cama*) almohada *f*; 2. cojín *m*; **~sensloop** *het/de* funda *f* de almohada

kust *de* costa *f*, ribera *f*; **~vaart** *de* navegación *f* costera

kut *de vulg* coño *m*

kuur *de* 1. *med* tratamiento *m*; 2. capricho *m*

kwaad 1. *adj* 1. enfadado, enojado; 2. malo; **2.** *adv* mal(amente); **3.** *het* mal *m*; **~aardig** *adj* 1. malicioso; 2. *med* maligno; **~spreken** *vi* hablar mal (**over** de); **~willig** *adj* malintencionado

kwaal *de* dolencia *f*, mal *m*

kwa'draat *het* cuadrado *m*

kwa'jongen *de* golfo *m*, pillo *m*

kwakzalver *de* charlatán *m*, curandero *m*

kwal *de* 1. *zool* medusa *f*; 2. *fig* tipo *m* odioso

kwalifi'c/atie *de* c(u)alificación *f*; **~eren** *vt* calificar (**als** de); **z. ~eren** clasificarse

kwalk *adj* malo, perjudicial; *iem iets ~ nemen* tomar a mal; *neemt u me niet ~!* ¡perdone!

kwali'teit *de* 1. calidad *f*; 2. cualidad *f*

kwark *de* ± cuajada *f*, requesón *m*

kwart/aal *het* trimestre *m*; **~tet** *het* mús cuarteto *m*; **~ier** *het* cuarto *m* de hora

kwarts *het* cuarzo *m*

kwast *de* 1. brocha *f*, pincel *m*; 2. borla *f*; 3. (*persona*) fanfarrón *m*

kweke/n *vt* 1. *bot* cultivar; 2. *zool* criar; 3. *fig* fomentar, crear; **~'rij** *de* 1. *bot* vivero *m*; 2. *zool* criadero *m*

kwell/en *vt* atormentar, molestar; **~ing** *de* suplicio *m*

kwestie *de* cuestión *f*, problema *m*; disputa *f*

kwets/baar *adj* vulnerable; **~en** *vt* herir, ofender, agraviar

kwiek *adj* vivo, vivaracho

kwijlen *vi* babear

kwijnen *vi* languidecer, consumirse

kwijt: *~ zijn* 1. haber perdido; 2. haberse deshecho de; **z. ~en** cumplir (**van** con); **~raken** 1. perder; 2. deshacerse de; **~schelden** *vt* (*deuda, pena*) perdonar, eximir de

kwik *het* mercurio *m*

kwin'tet *het* mús quinteto *m*

kwistig *adj* pródigo, generoso

kwitantie *de com* recibo *m*

L

la 1. *de v.* lade; **2.** *mús* la

laad/bak *de* caja *f*, contenedor *m*; **~vermogen** *het* capacidad *f* de carga

laag 1. *adj* 1. bajo; 2. (*malo*) bajo, mezquino; ruín, vil; 3. *mús* ba-

lak

jo, grave; **2.** *de* capa *f*; (*pintura*) mano *f*; **~-bij-de-gronds** *adj* vulgar, pedestre; **~bouw** *de* edificaciones *fpl* bajas; **~conjunctuur** *de* depresión *f*, coyuntura *f* baja; **~geschoold** *adj* 1. (*trabajador*) poco cualificado; (*trabajo*) poco especializado; **~'hartig** *adj* infame, vil; **~'hartigheid** *de* mezquindad *f*, bajeza *f*; **~seizoen** *het* temporada *f* baja; **~spanning** *de* baja tensión *f*; **~tij** *het* marea *f* baja; **~vlakte** *de* llanura *f*, vega *f*; **~water** *het* marea *f* baja

laaie: *in lichter ~* ardiendo, en llamas; **~n** *vi* arder; **~nd 1.** *adj* furioso, echando humo; **2.** *adv* totalmente, muy

laakbaar *adj* censurable, reprensible

laan *de* alameda *f*, paseo *m*, avenida *f*

laars *de* <laarzen> bota *f*

laat 1. *adj* tardío; **2.** *adv* tarde; ***hoe ~ is het?*** ¿qué hora es?; ***om hoe ~?*** ¿a qué hora?; ***te ~ zijn, komen*** llegar tarde, retrasarse; **~bloeier** *de stud* persona que florece tardíamente; **~'dunkend** *adj* desdeñoso, despectivo; **~komer** *de* tardón *m*

laatst 1. *adj* (*superlativo*) último; más reciente; ***de ~e tijd*** últimamente; ***op zijn ~*** a más tardar; ***tot het ~*** hasta el final; ***voor het ~*** por última vez; **2.** *adv* el otro día, hace poco; **~genoemde** *de* éste, el último (citado)

label *de ing* etiqueta *f*

la'biel *adj* (*persona*) inestable desequilibrado

labo'ra/nt *de* auxiliar *m* de laboratorio; **~'torium** *het* laboratorio *m*

laby'rint *het* laberinto *m*

lach *de* risa *f*; ***de slappe ~*** la risa floja; **~bui** *de* ataque *m* de risa; **~en** <irr 59> *vi* reír(se) (**om** de), sonreír (**tegen** a); ***hard ~en*** reírse a carcajadas; **~end** *adj* sonriente, risueño; **~ertje** *het* ridiculez *f*; **~spiegel** *de* espejo *m* cómico; **~'wekkend** *adj* 1. hilarante; 2. ridículo, irrisorio

laco'niek *adj* lacónico

la'cune *de fig* laguna *f*, omisión *f*

ladder *de* 1. escalera *f* (de mano); 2. (*en media*) carrera *f*

lade *de* <~n> 1. cajón *m*, gaveta *f*; 2. (*escopeta*) caja *f*; **~n** *vt* cargar; **~nkast** *de* cómoda *f*

lading *de* carga *f*, cargamento *m*

laf *adj* 1. (*persona*) cobarde; 2. (*sin sal*), soso; **~aard** *de* cobarde *m*; **~heid** *de* cobardía *f*

lager *het* 1. *tecn* cojinete *m*; 2. cerveza *f* dorada; **2. ~wal**: ***aan ~wal raken*** venir a menos

la'gune *de geogr* laguna *f*

lak *de* 1. lacre *m*; 2. laca *f*; 3. barniz *m*, esmalte *m*, 4. charol;

la'kei *de* <~-en> lacayo *m*

laken *het* **1.** *vt* censurar, vituperar; **2.** *het*1. paño *m*; 2. sábana *f*

lak/ken *vt* 1. pintar con laca, barnizar; 2. (*uñas*) esmaltar; 3. lacrar; **~leer** *het* charol *m*

laks *adj* indolente, descuidado; **~heid** *de* indolencia *f*, falta de cuidado

lam 1. *adj* 1 paralítico; 2. paralizado; **~ leggen** paralizar; **2.** *het zool* cordero *m*, borrego *m*

lama 1. *zool* llama *f*; 2. *relig* lama *m*

lambri'sering *de* revestimiento *m* de madera

lam/heid *de* parálisis *f*; **~'lendig** *adj* abatido, apático, desanimado

lamp *de* 1. lámpara *f*; 2. (*coche*) faro *m*; **~enkap** *de* pantalla *f*; **~i'on** *de* farolillo *m* de papel

lams/bout *de gastr* pierna *f* de cordero; **~kotelet** *het* chuleta *f* de cordero; **~vlees** *het* (carne *f* de) cordero *m*; **~wol** *de* lana *f* de cordero

lan'cer/en *vt* lanzar; **~ing** *de* lanzamiento *m*

land *het* 1. (*no agua*) tierra *f*; 2. *geogr, pol* país *m*, nación *f*; 3. *agric* campo *m*; (*terreno*) tierras *fpl*; **aan ~ gaan** desembarcar; **~arbeider** *de* obrero *m* agrícola; **landbouw** *de* agricultura *f*, cultivo *m* de tierras; **~bedrijf** *het* empresa *f* agrícola; **~er** *de* agricultor *m*; **~grond** *de* tierras *fpl* de cultivo; **~hogeschool** *de* escuela *f* superior de ingenieros agrónomos; **~kunde** *de* agronomía *f*

land/elijk *adj* 1. rural, campesino; 2. (*del país*) nacional; **~en** *vi* 1. *nav* arribar; 2. (*de avión*) aterrizar, tomar tierra; **~engte** *de geogr* istmo *m*; **~erig** *adj* desanimado, aburrido; **~e'rijen** *pl* tierras *fpl*, fincas *fpl* rústicas; **~genoot** *de* compatriota *m/f*; **~goed** *het* finca *f*; **~huis** *het* villa *f*, quinta *f*; casa *f* de campo, chalet *m*

landing *de* 1. *nav* arribada *f*; 2. (*de avión*) aterrizaje *m*; **~sbaan** *de* pista *f* de aterrizaje; **~sgestel** *het aero* tren *m* de aterrizaje

land/'inwaarts *adj* tierra adentro; **~kaart** *de* mapa *m*; **~leven** *het* vida *f* rural; **~loper** *de* vagabundo *m*; **~macht** *de* ejército *m* de tierra

land/schap *het* paisaje *m*; **~schilder** *de* paisajista *m*

land/streek *de* región *f*; **~tong** *de geogr* lengua *f* de tierra; **~weg** *de* <~-en> camino *m* vecinal; **~wijn** *de* vino *m* del país, vino *m* corriente

lang 1. *adj* 1. largo; 2. (*estatura*) alto; 3. (*tiempo*) largo, mucho; **2 meter ~ zijn** tener 2 metros de largo; 2. *adv* mucho tiempo; *niet* ~ poco tiempo; *vrij* ~ bastante tiempo; *hoe* ~? ¿cuánto tiempo?; ~ *niet* ni con mucho, ni mucho menos; **~er** *adj* más tiempo; **~'dradig** *adj* aburrido, prolijo, tedioso; **~'durig** *adj* largo, prolongado; **~'harig** *adj* de pelo largo, melenudo; **~laufen** *het* esquí *m* de fondo; **~lopend** *adj* de larga duración, a largo plazo

langs 1. *prep* a lo largo de, por; ~ *deze weg* por este camino; ~ *de lijn* junto a la línea; 2. *adv bij iem* ~ *gaan* pasar por casa de alg; *even* ~ *wippen* coloq fig dejarse caer

langspeelplaat *de* elepé *m*

lang/uit *adj* tendido; **~'werpig** oblongo, alargado

lang/zaam *adj* lento, pausado, despacio; **~zamerhand** *adv* poco a poco, gradualmente

lans *de* lanza *f*

lan'taarn *de* <~s> farol *m*; **~paal** *de* farola *f*

lanterfanten *vi* holgazanear, gandulear

Lap *de* lapón *m*

lap *de* 1. retazo *m*, paño *m*, trapo *m*; 3. (tierra) terreño *m*; **~je** *het* (carne) filete *m*; **~*land** *het* Laponia *f*; **~middel** *het fig* parche *m*; **~pen** *vt* 1. arreglárselas; 2. remendar, reparar; 3. (ventanas) limpiar, lavar; **~*s** *adj* lapón

lar'deren *vt gastr* mechar

larie(koek) *de* tonterías *fpl*

larve *de* <~n> *zool* larva *f*

las *de* soldadura *f*

laserstraal *de* rayo *m* láser

lass/en *vt* soldar; **~er** *de* soldador *m*; **~o** *de* lazo *m*

last *de* 1. *econ* carga *f*, gravamen *m*, impuesto *m*; 2. carga *f*, cargamento *m*; 3. *fig* molestia *f*, estorbo *m*; *vaste* ~*en* gastos *mpl* fijos; *ten* ~*e leggen jur* imputar; *op* ~ *van* por orden (encargo) de; ~ *hebben van* estar aquejado de; **~dier** *het* animal *m* de carga

laster *de* calumnia *f*, difamación *f*; **~aar** *de* calumniador *m*; **~en** *vt* 1. calumniar; 2. insultar, agraviar; **~praatjes** *pl* chismes *mpl*

lastig *adj* 1. difícil, complicado; 2. molesto, pesado; 3. (niño) díscolo, rebelde; *iem* ~ *vallen* importunar, molestar a alg

lastpost *de* pesado *m*, pelmazo *m*

lat *de* 1. listón *m*; 2. *sport* larguero *m*; *magere* ~ *coloq* fideo *m*, espingarda *f*

laten <irr 60> *vt* 1. dejar; *laat maar* déjalo, no te preocupes; 2. no hacer; *het drinken* ~ dejar de beber; 3. hacer, mandar; *een pak* ~ *maken* mandar hacer un traje; ~ *weten* hacer saber; 4. dejar, poner;

laten

5. (*incitación*) ~ **we gaan** vámonos; 6. **het ~ bij** no pasar de
la'tent *adj* latente
later *adv* más tarde, después
La'tijn *het ling* latín *m*; ~**s** *adj* latino
La'tijns-Amerika Latinoamérica, América Latina; ~**ans** *adj* latinoamericano
latwerk *het* 1. enlistonado *m*; 2. (*para plantas*) espaldar *m*
lau'rier *bot* laurel *m*; ~**blad** *het gastr* hoja de laurel
lauw *adj* tibio, templado; ~**eren** *pl* laureles *mpl*; ~**erkrans** *de* corona *f* de laureles
lava *de* lava *f*
lave/loos *adj* borracho perdido; ~'**ment** *het* lavativa *f*
la'vendel *het bot* espliego *m*, lavanda *f*
la'veren *vi* 1. *nav* bordear, navegar de bolina; 2. *fig* maniobrar
la'waai *het* ruido *m*; ~**erig** *adj* ruidoso; ~**maker** *de* alborotador *m*
la'wine *de* avalancha *f*, alud *m*
la'x/eermiddel *het* <~en> laxante *m*; ~**eren** *vt* laxar
laza'ret *het* hospital *m* de campaña
lec'tuur *de* lectura *f*
lede'maten *pl med* miembros *pl*, extremidades *fpl*
ledigheid *de* ociosidad *f*, pereza *f*
ledi'kant *het* cama *f*

leed *het* pena *f*, dolor *m*; ~**vermaak** *het* regodeo *m*; alegría *f* por el mal ajeno; ~**wezen** *het* pesar *m*
leef/baar *adj* habitable, soportable; ~**klimaat** *het* entorno *m* vital; ~**milieu** *het* entorno *m* vital
leeftijd *de* edad *f*; **op ~** entrado en años; **op de ~ van** a la edad de; ~**sgrens** *de* límite *m* de edad
leeg *adj* 1. vacío; 2. (*rueda*) desinflado; ~**drinken** *vt* vaciar (bebiendo), apurar; ~**eten** *vt* (*plato*) terminar; ~**halen** *vt* vaciar; ~**lopen** *vi* (*zijn*) vaciarse; (*rueda*) desinflarse; ~**staan** *vi* (*inmueble*) estar desocupado; ~**te** *de* <~n, ~s> vacío *m*
leek *de* laico *m*, profano, lego *m*
leem *de* barro *m*, arcilla *f*; ~**te** *de* vacío *m*, laguna *f*
leep *adj* astuto, sagaz
leer **1.** *het* cuero *m*; (*bolso*) piel *f*; **2.** *de* 1. doctrina *f*; 2. aprendizaje *m*; ~**boek** *het* libro *m* de texto; ~**gang** *de stud* curso *m*; ~'**gierig** *adj* estudioso; ~**jaar** *het* año (curso) escolar; ~**ling** *de* alumno *m*; aprendiz *m*; ~**meester** *de* maestro *m*, profesor *m*; ~**plan** *het* plan *m* de estudios; ~'**plichtig** *adj* (*niño*) en la edad escolar; ~**stoel** *de* cátedra *f*; ~**stof** *de* temario *m*, materia *f* de la enseñanza; ~**zaam** *adj* instructivo

lees/apparaat het (para microfichas) amplificador; **~baar** adj legible; **~blindheid** de dislexia f; **~boek** het libro m de lectura; **~bril** de gafas fpl de lectura; **~lamp** de lámpara f de lectura; **~teken** het signo m de puntuación; **~zaal** de salón m de lectura

leeuw de 1. león m; 2. ~* astr Leo m; **~erik** de zool alondra f

lef het valor m, agallas fpl

le'gaal adj legal, lícito

le'gaat het legado m

legali's/atie de legalización f; **~eren** vt legalizar

le'gatie de elev legación f, embajada f

legen vt vaciar; **~'darisch** adj legendario

le'gende de <<~n, ~s> leyenda f

leger het (o. fig) ejército m, fuerzas fpl armadas; (liebre) madriguera f; **~en** vi mil estacionar

leggen vt 1. poner, colocar; (cable) tender; 2. poner huevos; **opzij ~** 1. apartar, 2. (dinero) ahorrar

legi/o adj inv muchísimo, legión de; **~'oen** het legión f

legiti'm/atie legitimación f; **~eren** vt legitimar

lei de pizarra f; **~den 1.** vi sport estar en cabeza; **2.** vt 1. dirigir, guiar, conducir; 2. (vida) llevar; 3. (reunión) presidir; 4. llevar, conducir (**tot** a); **~der** de 1. jefe m, director m; 2. pol dirigente m, líder m

leiding de 1. dirección f, mando m; gerencia f, administración f; **~ geven aan** dirigir; **onder ~ van** dirigido por; 2. tubería f, cañería f; 2. (en agua) tendido m, cable m; **~water** het agua f corriente

lei/draad de 1. hilo m conductor; 2. manual m; **~steen** de geol esquisto m, pizarra f

lek 1. adj (neumático) pinchado; **~ zijn** tener una fuga, agujero; **2.** het agujero m; (gas) fuga f, escape m, (techo) gotera f; (información) filtración f; **~'kage** de agujero m, fuga f, escape m; **~ken** vi gotear

lekker 1. gastr rico, sabroso; **ik vind het ~** me gusta; 2. (tiempo, olor) bueno, agradable; **~bek** de goloso m; **~bekje** het gastr trozo m de pescado frito; **~'nij** de <~en> bocado m exquisito

lelie de <~s, ~n> bot azucena f

lelijk 1. adj feo; 2. adv mucho; **~erd** de 1. adefesio m; 2. canalla m, bellaco m

lende 1. (persona) región f lumbar; 2. (animal) lomo m; **~stuk** het gastr lomo m

lenen vt 1. prestar, dar prestado (**aan** a), dejar; 2. tener/tomar prestado (**van** de); **z. voor iets ~** prestarse a u/c

lengen vi <zijn> elev (días) hacerse más largos

lengte de <~n, ~s> longitud f, largo m; (persona) estatura f; (película) duración f; **in de ~** a lo largo

lenig adj ágil, flexible; **~en** vt aliviar, mitigar

lening de préstamo m; **een ~ sluiten** contratar un préstamo

lens de <lenzen> 1. med cristalino m; 2. lente m, lentilla f; 3. foto objetivo m

lente de primavera f

lepel de cuchara f, cucharón m

lepra de med lepra f

ler/aar 1. adj de cuero; 2. de profesor m; **~en** vt 1. aprender; **~en kennen** (llegar a) conocer; 2. enseñar

les de lección f, clase f; **~ geven** dar clases (**in** de); **~ krijgen** tomar/dar clases (**in** de); **~bisch** adj lesbiana f; **~rooster** het horario m de clase

lessen: *zijn dorst ~* calmar la sed

lessenaar de pupitre m; (música) atril m

letsel het lesión f, lesiones fpl, daño m

letten vi fijarse, poner atención (**op** en)

letter de letra f, carácter m; **kleine ~** minúscula f; **~en** pl literatura f, letras fpl; **~greep** de sílaba f; **~kunde** de literatura f; **~'kundig** adj literario; **~lijk** adj 1. literal(mente); 2. fig totalmente; **~teken** het carácter m

leugen de mentira f, embuste m; **~aar** de mentiroso m, embustero m

leuk adj 1. divertido, gracioso; 2. agradable; 3. bonito, mono; **wat ~!** excl ¡qué bien!

leuke'mie de med leucemia f

leun/en vi apoyarse (**op/tegen** en/contra); **~ing** de 1. brazo, descansabrazaos; 2. respaldo m; 3. (escalera) barandilla f

leus de eslogan m, consigna f

leuteren vi parlotear, estar de cháchara

leven 1. vt vivir; 2. het 1. vida f, 2. ruido m; **in het ~ roepen** crear, fundar; **~d** adj vivo; **~dig** adj vivo, animado; **~loos** adj sin vida

levens/behoefte de cosas fpl de primera necesidad; **~duur** (aparato) vida f útil; **~gevaarlijk** adj muy peligroso, mortal; **~gezel** de <~len>compañero m, esposo m; **~groot** adj de tamaño natural; **~lang** adj 1. vitalicio; 2. jur (cadena) perpetuo; **~loop** de curriculum m vitae, biografía f; **~middelen** pl víveres, productos mpl alimenticios; **~onderhoud** het manutención f, sustento m; **~standaard** de nivel m de vida; **~'vatbaar** adj viable; **~verzekering** de seguro m de vida

lever *de* hígado *m*
lever/an'cier *de* <~s> *com* proveedor *m*, abastecedor *m*; **~baar** *adj* suministrable; **~en** *vt* 1. suministrar, proveer de; 2. entregar; **~ing** *de* suministro *m*; 2. entrega *f*
leverpastei *de gastr* paté *m* de hígado
levertijd *de* plazo *m* de entrega
lever/traan *de* aceite *m* de hígado de bacalao; **~worst** *de* embutido *m* de hígado
lexicon *het* <~s, lexica> léxico *m*, diccionario *m*
leze/n <irr 61> *vt* leer; **~r** *de* lector *m*; **~ing** *de* 1. lectura *f*; 2. conferencia *f*
Liba/'nees 1. *adj* libanés; **2.** *de* libanés *m*; **~on** *het* el Líbano
li'bel *de* <~len> *zool* libélula *f*
libe/'raal *adj* liberal; **~ra'lisme** *het* liberalismo *m*
li'centie *de* licencia *f*; *in* **~** bajo licencia
lichaam *het* 1. *med* cuerpo *m*; 2. instancia *f*, cuerpo *m*; **~sbeweging** *de* ejercicio *m* físico; **~bouw** *de* constitución *f* física; **~deel** *het* miembro *m*, parte *f* del cuerpo; **~verzorging** *de* aseo *m* personal
li'chamelijk *adj* físico, corporal; **~e oefening** *de* educación *f* física
licht 1. *het* luz *f*; (*coche*) faro *m*; *groot* **~** luz *f* larga, luz de carretera; *tegen het* **~** al trasluz; **2.** *adj* 1. (*luz*) claro; *het wordt* **~** amanece; 2. (*peso, herida, fig*) ligero, leve; 3. fácil **3.** *adv* fácilmente; **~baken** *het* baliza *f* luminosa; **~blond** *adj* (*pelo*) rubio (claro); **~bron** *de* fuente *f* luminosa; **~bundel** *de* haz *m* de luz
lichtelijk *adv* algo, un poco, ligeramente
lichten 1. *vi* amanecer; **2.** *vt* 1. levantar; 2. (*buzón*) recoger; **~d** *adj* luminoso
licht/gelovig *adj* crédulo; **~geraakt** *adj* susceptible; **~'gevend** *adj* luminoso; **~gewicht 1.** *het/de sport* peso(s) *m* ligero(s); **2.** *adj inv* ligero; **~ing** *de* 1. *mil* leva *f*, quinta *f*; 2. *stud* promoción *f*; **~jaar** *het* año *m* luz; **~mast** *de* poste *m* de alumbrado; **~punt** *het* 1. *electr* conexión; 2. *fig* rayo *m* de esperanza; **~straal** *de* rayo *m* de luz; **~'vaardig** *adj* irreflexivo, superficial; **~'zinnig** *adj* frívolo, casquivano
lid *het* <leden> 1. *med* miembro *m*, articulación *f*; 2. (*persona*) miembro *m*, socio *m*, afiliado; 3. *jur* artículo *m*
lidmaatschap *het* calidad *f* de socio; **~skaart** *de* carnet *m* de socio
lid/staat *de* estado *m* miembro; **~woord** *het ling* artículo *m*

lied het <~eren> canción f, cantar m; **~en** pl gente f; **~erlijk** adj licencioso; **~je** het canción f

lief 1. adj 1. querido; 2. amable, cariñoso; 3. encantador; **2.** het querido m

lief'dadig adj benéfico, caritativo; **~heid** de caridad f

liefde de amor m, pasión f, afición f; **de ~ bedrijven** hacer el amor; **~loos** adj indiferente, frío; **~sleven** het vida f amorosa; **~vol** adj cariñoso

liefhebbe/n vt amar, querer; **~nd** adj afectuoso; **~r** de aficionado m, amante; **~'rij** de <~en> afición f, hobby m

lief/je het 1. amor m; 2. amante m; **~kozen** vt acariciar

liefst 1. adj (superlativo) favorito, predilecto; **2.** adv preferiblemente; **wat eet je het ~?** ¿qué prefieres comer?; **~e** de <~n> querido m

liegen <irr 62> vi mentir

lier de 1. mús lira f; 2. tecn torno m

lies de med ingle m

lieve'heersbeestje het zool mariquita f

lieveling de 1. querido m; 2. preferido m; **~s...** preferido, favorito

liever adv (comparativo) antes, más bien, mejor; **~d** de encanto m, sol m

lift de 1. ascensor m; 2. **iem een ~ geven** llevar a alg en coche; **~en** vi hacer autostop; **~er** de autostopista m; **~koker** de hueco m del ascensor

liga de liga f

lig/bad het <~en> bañera f

liggen <irr 63> vi 1. estar, estar echado/tendido; **gaan ~** echarse, tumbarse; **~ te slapen** estar durmiendo 2. geogr estar, hallarse; 3. (**aan**) ser culpa de, deberse a; 4. **elkaar ~** congeniar, llevarse bien; **~d** adj horizontal, tendido

lig/ging de situación f, ubicación f; **~plaats** de amarradero m; **~stoel** de tumbona f, hamaca f

lij de nav socavento m; (isla) socaire m

lijden <irr 64> **1.** vi 1. sufrir, padecer (**aan** de); 2. resentirse (**onder** de); **2.** vt sufrir, padecer, (hambre, dolor) tener; **3.** het 1. sufrimiento m; **4. ~*** het Pasión f; **~sweg** de fig calvario m

lijd/er de enfermo m, paciente m

lijdzaam adj sufrido, resignado; **~heid** de resignación f, paciencia f

lijf het 1. cuerpo m; 2. tronco m; **~arts** de médico m personal; **~elijk** adj corporal, físico; **~je** het txtl corpiño m; **~rente** de renta f vitalicia; **~spreuk** de lema m, divisa f; **~wacht** de 1. guardaespaldas m; 2. guardia f personal

lijk *het* cuerpo *m*, cadáver *m*, muerto *m*

lijken <irr 65> *vi* 1. parecer; **ouder ~** aparentar más edad; 2. parecerse (**op** a); 3. gustar, agradar

lijk/kist *de* ataúd *m*, féretro *m*; **~rede** *de* oración *f* fúnebre; **~schouwing** *de* autopsia *f*

lijm *de* cola *f*; **~en** *vt* 1. pegar, encolar; 2. *fig* 1. engatusar, camelar; 2. arreglar

lijn *de* 1. *o. transp, telec* línea *f*; **rechte ~** línea *f* recta; **aan de ~ doen** guardar la línea; 2. raya *f*; 3. cuerda *f*; **in grote ~** a grandes rasgos; **~dienst** *de* servicio *m* de línea; **~en** *vi* hacer régimen; **~recht** *adj* 1. recto; 2. diametralmente; **~vlucht** *de* vuelo *m* de línea; **~zaad** *het* linaza *f*

lijst *de* 1. lista *f*, relación *f*; 2. (cuadro) marco *m*, orla *f*; **~er** *de zool* tordo *m*

lijvig *adj* 1. corpulento; 2. (libro) voluminoso

likdoorn *de med* callo *m*

li'keur *de* licor *m*

likken *vt* 1. lamer; 2. *fig* hacer la pelota

lila *adj inv* lila

lilliputter *de* liliputiense *m*, enano *m*

li/'miet *de* límite *m*; **~mi'teren** *vt* limitar

limo'nade *de* limonada *f*

linde *de bot* tilo *m*; **~bloesemthee** *de* (infusión) tila *f*

lingerie *de fr* lencería *f*

lin'guïst *de* lingüista *m*; **~'iek** *de* lingüística *f*

lini'aal *de* regla *f*

linie *de mil* línea *f*

link 1. *adj* peligroso, arriesgado; **2.** *de* relación *f*, eslabón *m*; **~er** *adj inv* izquierdo, siniestro

links 1. *adj* 1. izquierdo; 2. *pol* izquierdista, de izquierdas; 3. zurdo; 4. torpe; **2.** *adv* a la izquierda; **naar ~**, **~af** a/hacia la izquierda

linnen *het* 1. lino *m*; 2. *impr* tela *f*; **~kast** *de* armario *m* para la ropa blanca

li'noleum *het/de* linóleo *m*

lint *het* cinta *f*; **~worm** *de med* solitaria *f*

linze *de* lenteja *f*

lip *de* 1. *o. fig* labio *m*; 2. (zapato) lengüeta *f*; **~lezen** *vi* leer los labios; **~penstift** *de* barra *f* de labios

liqui'd/atie *de* liquidación *f*; **~eren** *vt* liquidar

list *de* ardid *m*, treta *f*; **~ig** *adj* astuto, taimado

liter *de* litro *m*

lite/'rair *adj* literario; **~ra'tuur** *de* literatura *f*

litho *de* litografía *f*

Litouw/en *het* Lituania *f*; **~er** *de* lituano *m*; **~ens** *adj* lituano

lits-ju'meaux *het fr* camas *fpl* gemelas

litteken *het* cicatriz *f*
litur/'gie *de* liturgia *f*; **~gisch** *adj* litúrgico
live *adj inv inv mús, TV* en directo
locomo'tief *de* locomotora *f*, máquina *f*
loden *het/de txtl* paño *m* tirolés (loden)
loeder *het* canalla *f*, desgraciada *f*
loeien *vi* (vaca) mugir; (toro, viento) bramar; (sirena) aullar
loens *adj* bizco; **~en** *vi* bizquear
loep *de* lupa *f*
loeren *vi*: 1. (**naar**) espiar, acechar; 2.(**op**) *fig* estar empeñado en conseguir u/c
lof *de* alabanza *f*, elogio *m*; **met ~** *stud* con matrícula de honor; **~rede** *de* elogio *m*; **~zang** *de* himno *m*, oda *f*
log torpe, pesado; **~e** *de fr theat* palco *m*
lo'gé *de fr* alojado en casa, huésped
lo'geerkamer *de* cuarto *m* de huéspedes
loge/'ment *het* 1. alojamiento *m*; 2. casa *f* de huéspedes; **~nstraffen** *vt* desmentir
lo'geren *vi* hospedarse, alojarse
logica *de* lógica *f*
lo'gies *het* hospedaje *m*, alojamiento *m* **logisch** *adj* lógico
logope/'die *de* logopedia *f*; **~dist** *de* logopeda *m*

lok *de* mechón *m*
lok'aal *het* 1. local *m*; 2. clase *f*, aula *f* **lokaas** *het o. fig* cebo *m*
lokali/'seren *vt* localizar; **~teit** *de* sitio *m*, sala *f*
lo'katie *de* ubicación *f*, situación *f*
lo'ket *het* taquilla *f*
lok/ken *vt* atraer, tentar, seducir; **~middel** *het* <~en> señuelo *m*, reclamo *m*
lol *de*: **~ hebben** divertirse; **voor de ~** así, por gusto; **~broek** *de* chistoso *m*; **~lig** *adj* divertido, gracioso
lolly *de* chupón *m*, chupachup *m*
lomp 1. *adj* grosero, paludro; **2.** *de* 1. burdo *m*, grosero *m*, paludro *m*; 2. **~en** *pl* harapos *mpl*, andrajos *mpl*
Londen Londres; **~aar** *de* londinense *m*
lonen *vt* pagar, recompensar: **dat loont de moeite (niet)** (no) merece la pena
long *de* pulmón *m*; **~-drink** *de* <~s> refresco *m* servida en un vaso alto; **~kanker** *de* cáncer *m* de pulmón; **~ontsteking** *de* pulmonía *f*
lonken *vi* echar ojeadas
lont *de* mecha *f*
loochenen *vt* negar
lood *het* 1. plomo *m*; 2. *nav* sonda *f*; **~gieter** *de* fontanero *m*; **~recht** *adj* perpendicular, vertical

loods *de* 1. cobertizo *m*, tinglado *m*; 2. *nav* piloto *m*, práctico *m*; **~en** *vt* guiar, *nav* pilotar

lood/vrij *adj* sin plomo; **~zwaar** *adj* muy pesado

loof *het* hojas *fpl*, follaje *m*; **~boom** *de* árbol *m* frondoso

loog *het*, *de* *quím* sosa *f* cáustica, lejía *f*

looien *vt* (*cuero*) curtir, adobar

look 1. *de* *ing* estilo *m*; **2.** *het* ajo *m*

loom *adj* 1. laso, perezoso; 2. *meteo* sofocante

loon *het* 1. sueldo *m*, salario *m*; retribución *f*; 2. *fig* **zijn verdiende ~** su merecido; **~belasting** *de* retención *f*, impuesto *m* sobre los rendimientos del trabajo; **~briefje** *het* nómina *f*, hoja *f* salarial; **~dienst** *de*: *in* **~** *zijn* estar a sueldo; **~lijst** *de* nómina *f*; **~stop** *de* congelación *f* de los salarios; **~sverhoging** *de* aumento *m* salarial; **~zakje** *het* sobre *m* de paga

loop *de* 1. manera *f* de andar, paso *m*; 2. marcha *f*, curso *m*; 3. (*río*) curso *m*; 4. (*arma*) cañón *m*; **~baan** *de* 1. carrera *f* profesional; 2. *astr* órbita *f*; **~brug** *de* 1. puente *m* peatonal; 2. *nav* pasarela *f*; **~graaf** *de* trinchera *f*; **~je** *het* carrerilla *f*; **~jongen** *de* mozo *m*, recadero *m*; **~plank** *de* *nav* pasarela *f*

loops *adj* *zool* cachondo, en celo

looptijd *de* plazo *m*, vigencia *f*, duración *f*

loos *adj* 1. vacío, gratuito, hueco; 2. (*alarma*) falso; 3. (*persona*) pícaro, astuto

lope/n <irr 66> *vi* 1. andar, caminar; marchar; 2. ir andando/a pie; *een uur* **~** una hora andando; 3. (*río, grifo*) correr; 4. (*p.e reloj*) funcionar; 5. (*contrato*) tener vigencia; 6. (*motor*) marchar; 7. (*langs, over*) pasar por; 8. (*op*) dar con, chocar con; *erin* **~** caer en la trampa; *teneinde* **~** estar en las últimas; **~d** *adj* corriente, en curso; *de* **~e** *band* la cadena de producción; **~r** *de* 1. (*persona*) corredor *m*; 2. llave *f* maestra; 3. ganzúa *f*; 4. (*ajedrez*) alfil *m*; 5. alfombra *f* de pasillo o escalera

lor *de* harapo *m*, trapo *m*; arambel *m*

los *adj* 1. suelto; (*botón*) desabrochado; (*cordón*) desatado; 2. aislado; **~** *van* aparte de; 3. **~** *werk* trabajo *m* temporal; 4. *erop* **~** *schieten* disparar a discreción; **~'bandig** *adj* licencioso; **~barsten** *vi* <zijn> estallar; **~breken** *vi* <zijn> 1. estallar; evadirse; **~gaan** <zijn> *vi* desatarse, soltarse; **~geld** *het* rescate *m*; **~jes** 1. ligeramente; 2. flojo; **~knopen** *vt* desabrochar; **~komen** vi <zijn> 1. ser puesto en libertad; 2. desligarse, soltarse; **~koppelen** vt desvincular; **~krijgen** vt 1. lograr desprender; 2. (dinero) sacar; 3. (nudo) lograr desanudar; 4. (promesa) arrancar; **~laten** vt/i soltar, soltarse, desprenderse; **niets ~laten** no soltar prenda; **~'lippig** adj ligero de lengua; **~lopen** vi andar libre; **~maken** vt soltar, desatar; **~prijs** de rescate m; **~raken** vi <zijn> desprenderse, desatarse; **~rukken** vt arrancar; **~scheuren** vt arrancar; **~schroeven** vt destornillar; **~sen** vt 1. com descargar; 2. **een schot ~** disparar; **~trekken** vt arrancar, separar; **z. ~wringen** liberarse a duras penas

lot het <~en> 1. suerte f, fortuna f, destino m; 2. billete m de lotería; **~en** vi sortear, echar a (la) suerte; **~e'rij** de <~en> lotería f; **~genoot** de compañero m (de fatigas); **~gevallen** pl peripecias fpl, aventuras fpl; **~ing** de sorteo m; **~to** de lotería f primitiva

lotus de bot loto m

louche adj sospechoso, siniestro, turbio

louter adj puro, mero

loven vt alabar, glorificar

lo/'yaal adj leal; **~yali'teit** de lealtad f

loz/en vt 1. desaguar, verter; 2. desembarazarse de; **~ing** de 1. desagüe m; 2. (tóxico) vertido m

lucht de 1. aire m; 2. cielo m; 3. olor m; **in de open ~** al aire libre; **~ballon** de globo m; **~bed** het colchón m neumático **~bel** de burbuja f; **~dicht** adj hermético; **~druk** de presión f atmosférica

lucht/en vt 1. airear, ventilar; 2. (ropa) orear; 3. **zijn hart ~en** desahogarse; **~er** de 1. (lámpara) araña f; 2. candelabro m **luch'hartig** adj frívolo; **~haven** de aeropuerto m; **~ig** adj 1. (ropa) ligero; 2. (pastel) esponjoso; 3. fig despreocupado; **~kasteel** het castillo m en el aire; **~koker** de respiradero m; tubo m de ventilación; **~macht** de mil fuerzas fpl aéreas; **~pijp** de med tráquea f

luchtpost de correo: **per ~** por avión

lucht/ruim het espacio m aéreo, atmósfera f; **~schip** het <~schepen> aeronave

luchvaart de aeronáutica f, aviación f; **~maatschappij** de <~en> compañía f aérea

lucht/verfrisser de ambientador m; **~vervuiling** de contaminación f atmosférica; **~wegen** pl med vías fpl respiratorias

lucifer de cerilla f; **~doosje** het caja f de cerillas

lu'diek *adj* lúdico
lu'guber *adj* lúgubre, siniestro
lui 1. *pl* gente *f*, personas *fpl*; **2.** *adj* vago, perezoso; **~aard** *de* holgazán *m*
luid *adj* alto, fuerte; en voz alta; **~en 1.** *vi* 1. (*campana*) sonar; **2.** (*texto*) decir, rezar; **~ruchtig** *adj* ruidoso, bullicioso; **~spreker** *de* altavoz *m*
lui/er *de* pañal *m*; **~eren** *vi* holgazanear; **~fel** *de* tejadillo *m*; **heid** *de* pereza *f*
luik 1. *het* 1. *nav* escotilla *f*; 2. (*suelo*) trampa *f*; 3. contraventana *f*
Luik *geogr* Lieja
luilak *de* perezoso *m*, gandul *m*
luipaard *de* <~en> leopardo *m*
luis *de zool* piojo *m*; (*en planta*) pulgón *m*
luister *de* esplendor *m*; **~aar** *de* oyente *m*; radioyente *m*; **~en** *vi* escuchar (**naar** a); 2. hacer caso, atender; **~rijk** *adj* espléndido
luit *de mús* laúd *m*
luitenant *de* teniente *m*; **~-kolonel** *de* teniente coronel *m*
luk/ken *vi* <zijn> salir bien, **het ~t mij** lo logro, lo consigo; **~raak** *adv* al tuntún, al azar
lul *de vulg* 1. polla *f*, picha *f*; 2. (*persona*) gilipollas *m*; **~len** *vi coloq* decir chorradas; **~lig** *adj coloq* 1. desagradable; estúpido, bobo
lummel *de* grosero *m*, **~en** *vi* holgazanear, hacerse el remolón
lunch *de* <~en, ~es> almuerzo *m*; **~en** *vi* almorzar; **~pakket** *het* bolsa de comida; **~pauze** *de* descanso de mediodía; **~room** *de ing* cafetería *f*
lurken *vi* chupar, sorber
lus *de* 1. lazo *m*; 2. presilla *f*
lust *de* 1. ganas *fpl*, deseo *m* (sexual); 2. placer *m*, gusto *m*; **~eloos** *adj* indolente; **~en** *vt* gustar; *ik lust* me gusta(n); **~ig** *adj* alegre
lustrum *het* <lustra> lustro *m*, quinquenio *m*
luw/en *vi* <zijn> disminuir, (viento) amainar; **~te** *de* (viento) abrigo *m*; **in de ~te** al abrigo (van de)
lux/aflex *de* persianas *fpl* de aluminio; **~e 1.** *adj inv* lujoso; **2.** *de* lujo *m*
Luxemburg *het* Luxemburgo *m*; **~er** *de* luxemburgués *m*; **~s** *adj* luxemburgués
luxu'eus *adj* lujoso, suntuoso
lynchen *vt* linchar
ly'riek *de* lírica *f*; **~risch** *adj* lírico; **~risch worden** ponerse sentimental

M

ma *V* mama
maag *de* estómago *m*; **~bloe-**

maagbloeding

ding *de* hemorragia *f* estomacal
maagd 1. *de* virgen *m*; **~*** Virgo; **~elijk** *adj* virgen
maag/zuur *het med* ácido *m* gástrico; **~zweer** *de* úlcera *f* gástrica/de estómago
maai/en *vt* segar; **~er** *de* segador *m*; **~machine** *de* segadora *f*
maak: *in de* **~** *zijn* 1. estar haciéndose; 2. estar en reparación
maal 1. *de* vez *f*; *twee* **~** dos veces; *zes* **~** *zes* seis por seis; **2.** *het* (*sólo sg*) comida *f*; **~tijd** *de* comida *f*
maan *de* luna *f*; *volle* **~** luna *f* llena
maand *de* mes *m*; *een* **~** *later* al mes; *over een* **~** dentro de un mes; *per* **~** por mes
maandag *de* <~en> lunes *m*
maand/blad *het* <~en> revista *f*; **~elijks** *adj* mensual, mensualmente, cada mes; **~verband** *het* compresa *f*
maansverduistering *de* eclipse *m* lunar
maar 1. *conj* 1. pero; 2. sino; *niet wit* **~** *zwart* no es blanco sino negro; **2.** sólo; 3: *was ik* **~** (*deseo*) ojalá fuera así ; 4. (+ *imp*) *ga* **~** te puedes ir; **~schalk** *de* mariscal *m*
maart *de* marzo *m*
maas 1. *de* malla *f*; **2.** **~*** *de geogr* Mosa *m*
maat *de* 1. medida *f*, tamaño *m*, dimensión *f*; 2. (*zapato*) número *m*; 3. *mús* compás *m*; 4. (*verso*) metro *m*; 5. *coloq* compañero *m* *met* **~** sin exceso; **~gevoel** *m* sentido *m* del ritmo; **~glas** *het* <~glazen> vaso *m* graduado
maat/jesharing *de gastr* arenque *m* joven salado; **~regel** *de* <~en, ~s> medida *f*, **~en treffen** tomar medidas
maat'schap/pelijk *adj* social; **~'pij** *de* 1. sociedad *f*; 2. *com* compañía *f*; **~'pijleer** *de* conocimiento *m* del ordenamiento constitucional
maat/staf *de* norma *f*, pauta *f*, estándar *m*; **~werk** *het* trabajo *m* hecho a medida
ma/chi'naal *adj* mecánico
ma'chine *de* máquina *f*; **~bankwerker** *de* ajustador *m*; **~geweer** *het* ametralladora *f*; **~kamer** *de* sala *f* de máquinas
machi'nist *de* maquinista *m*
macht *de* 1. *o. jur* poder *m*; potestad *f*; fuerza *f*, capacidad *f*; 2. *mat* potencia *f*; *ouderlijke* **~** *jur* patria *f* potestad; *rechterlijke* **~** poder *m* judicial; *uitvoerende* **~** poder *m* ejecutivo; *wetgevende* **~** poder *m* legislativo
machteloos *adj* impotente; **~heid** *de* impotencia *f*
machthebber *de* dirigente *m*, gobernante *m*

machtig 1. *adj* 1. poderoso; 2. (*comida*) sustancioso, pesado; *een taal ~ zijn* dominar una lengua; **2.** *adv* muy, enormemente; **~en** *vt jur* apoderar, autorizar; **~ing** *de jur* poder *m*, autorización *f*

machts/middel *het* <~-en> medio *m* coercitivo; **~vertoon** *het* ostentación *f* de fuerza

made'liefje *het bot* margarita *f* menor

ma'donna *de* Madona *f*, Virgen *f*

maf *adj* 1. indolente; 2. soso; 3. chiflado; **~fen** *vi coloq* sobar, dormir

maga'zijn *het* 1. almacén; 2. (*fusil*) recámara *f*, cargador

mager *adj* 1. flaco, delgado, escuálido; 2 *fig* pobre, mezquino 3. (*carne*) magro; 4. (*leche*) desnatado

magi/ër *de* mago *m*; **~sch** *adj* mágico; **~'straal** magistral

mag'naat *de* magnate *m*

mag'/neet *de* 1. imán *m*; **~netisch** *adj* magnético

magne'tron(oven) *de* (horno *m*) microondas *m*

magni'fiek *adj* magnífico, espléndido

maïs *de* maíz *m*; **~kolf** *de* mazorca *f*

maï'tresse *de* querida *f*

majes/teit *de* majestad *f*; **~tu'eus** *adj* majestuoso

majoor *de* <~-s> mil comandante *m*, mayor *m*

mak *adj* domesticado, manso, dócil

makelaar *de com* corredor *m* (de fincas), agente *m* inmobiliario; **~'dij** *de* <~-en> agencia *f* inmobiliaria;

make'lijk *de* fabricación *f*, hechura *f*

mak/en *vt* 1. hacer; *het ernaar ~* tener su merecido; 2. ganar; 3. reparar, arreglar; remendar; 5. *hoe maakt u het?* ¿qué tal está?; 6. *te ~ hebben met* tener que ver con; 7. *het ~ fig* llegar, tener éxito; **~er** *de* autor *m*, creador *m*, artífice *m*

make-up *de ing* maquillaje *m*

makker *de coloq* compañero *m*, camarada *m*

ma'kreel *de zool* caballa *f*

mal 1. *adj* tonto, loco, raro; **2.** *de* molde *m*

ma'laise *de* depresión *f*, malestar *m*

ma'laria *de med* malaria *f*, paludismo *m*

mal/en 1. *vi* 1. delirar; 2. dar vueltas a la cabeza; **2.** *vt* moler, triturar; **~ing** *de*; **~ing hebben aan** importarle un comino; *iem in de ~ing nemen* tomar el pelo a alg

mals *adj* (*carne*) tierno

mam, mama *de* <~'s> mamá *f*

mammoet *de* mamut *m*

man *de* 1. hombre *m*; 2. esposo *m*, marido *m*

management

manage/ment *het* ing 1. dirección *f*, gerencia *f*, 2. gestión *f*; **~r** *de* ing 1. director *m*, gerente *m*; 2. manager *m*, empresario *m*
man'chet *de* puño *m*; **~knopen** *pl* gemelos *mpl*
mand *de* cesto *m*, cesta *f*, canasta *f*
manda'rijn *de* 1. (*fruta*) mandarina *f*; 2. mandarín *m*
ma'nege *de* 1. escuela *f* de equitación; 2. picadero *m*
manen 1. *vi* 1. apremiar, instar, exhortar (**om** para que): 2. instigar; **2.** *pl* melena *f*; (*caballo*) crines *fpl*
maneschijn *de* luz *f* de luna
mangel *de* escurridor *m*; **~en** *vt* calandrar
man'haftig *adj* valiente, resuelto
mani'ak *de* maniaco *m*; **~aal** *adj* maniático
mani'cure *de* manicura *f*
manie *de* manía *f*
manier *de* 1. manera *f*, modo *m*, forma *f*; *op die* **~** de esa forma; **~** *van doen* manera *f* de actuar; **~en** *pl* modales *fpl*
mani'fest *het* manifiesto *m*; **~'atie** *de* manifestación *f*; **~'eren** *vt* declarar, manifestar; *z.* **~'eren** manifestarse
manipu'/latie *de* manejo *m*, manipulación *f*, **~leren** *vt* manipular, influir en
mank cojo; **~** *lopen* cojear;

~e'ment *het* defecto *m*, imperfección *f*; **~'eren** *vi* 1. faltar; 2. *wat mankeert je?* qué te pasa?
manne/lijk *adj* 1. ling, (*sexo*) masculino; 2. viril, varonil; **~'quin** *de fr* maniquí *m*; **~tje** *het* 1. hombrecito *m*; 2. macho *m*
ma'noeuvre *de fr* 1. maniobra *f*; 2. *mil* maniobras *fpl*; **~ren** *vt* maniobrar
mans: **~** *genoeg zijn* bastarse (**om** para)
mantel *de* abrigo *m*; **~pak(je)** *het* traje *m* de chaqueta
manus/'cript *het* manuscrito *m*; **~je**: *~je van alles* factótum *m*
manwijf *het* marimacho *f*
map *de* carpeta *f*
ma'quette *de fr* maqueta *f*
marathon *de* maratón *m*
mar'cheren *vi* marchar
marechaus'see *de* (miembro *m* de la) policía *f* militar
marga'rine *de* margarina *f*
marg/e *de* margen *m/f*; **~i'naal** *adj* marginal
mar'griet *de bot* margarita *f*
marihu'ana *de* marihuana *f*
ma'rine *de* marina *f* (de guerra); **~ren** *vt gastr* escabechar, adobar; **~basis** *de* <~sen, bases> base *f* naval
mari'nier *de* soldado *m* de marina
mario'net *de* marioneta *f*
marjo'lein *de bot* orégano *m*

mar'/keren vt marcar; **~kies** de 1. marqués m; 2. toldo m

markt de mercado m; **~hal** de mercado m (cubierto); **~prijs** de precio m en el mercado; **~waarde** de valor m comercial

marme'lade de mermelada f

marmer het mármol m; **~en** de mármol

mar'mot de zool marmota f

Marok'kaan de marroquí m; **~s** adj marroquí

Ma'rokko Marruecos

mars 1. heel wat in zijn ~ hebben tener mucho talento; **2.** de mil marcha f; **3. ~*** astron Marte; **~e'pein** het/de mazapán m

martel/aar de mártir m; **~en** vt torturar, martirizar; **~ing** de tortura f

mar'xisme het marxismo m

mas'cotte de mascota f

masker het 1. máscara f, 2. (cosmética) mascarilla f **~ade** de mascarada f

mass/a de masa f, montón m; **~'aal** masivo, en masa; **~'age** de masaje m

massagraf het fosa f común; **~media** pl medios mpl de comunicación de masas

mas's/eur de masajista m; **~eren** vt dar masaje; **~ief 1.** adj macizo; **2.** het macizo m

mast de 1.electr poste m; 2. electrón antena f, torre m; 3. nav mástil m, palo m

mastur'beren vt masturbar(se)

mat 1. adj 1. mate; 2. cansado, sin energía; 3. (ajedrez) (jaque)mate; **2.** de estera f

mate de medida f; **in hoge ~** en gran medida; **met ~** con moderación; **~loos** desmedido

materi/'aal het material m; **~a'list** de materialista m; **~a'listisch** materialista

ma'te/rie de materia f, **~ri'eel 1.** adj material; **2.** het material m

matglas het vidrio m esmerilado

mathema'tisch adj matemático

matig adj 1. moderado, sobrio, módico; 2. regular, mediocre; **~en** vt moderar; **~ing** de moderación f

ma'tras het/de colchón m

ma'troos de marinero m

mauso'leum het mausoleo m

maxi'maal 1. adj máximo; **2.** adv a lo sumo

maximum het máximo m, tope m; **~snelheid** de velocidad f máxima

mayo'naise de mayonesa f

mazelen pl med sarampión m

mazen vt zurcir

me pron pers me, a mí

me'chani/ca de mecánica f; **~sch** adj mecánico

mecha'nisme het mecanismo m

medaille de medalla f

mede adj elev también, asimismo; **~'deelzaam** comunicativo; **~deling** de comunicación f,

mededinging 200

noticia f; **~dinging** de competencia f; **~leven** het condolencia f; **~lijden** het compasión f, lástima f; **~'lijdend** adj compasivo; **~mens** de prójimo m, semejante m; **~'plichtig** cómplice; **~stander** de partidario m; **~werker** de colaborador m, empleado m; **~werking** de colaboración f, cooperación f; **~weten** het conocimiento m; **~'zeggenschap** het participación f, cogestión f

media pl medios mpl de información

medi/'cijn het medicina f, medicamento m; **~cus** de médico m; **~sch** adj médico, facultativo

medit/atie de meditación f; **~eren** vi meditar

medium 1. het <media> medio m de comunicación; **2.** adj ing 1. (ropa) talla f media; 2. (vino de jerez) medio seco; 3. (carne) medio pasado

mee adv 1. con; (**mag ik ~?** ¿me puede llevar?; **~brengen** vt traer (consigo); **~doen** vi participar, tomar parte (**aan** en), intervenir; **~'dogenloos** despiadado; **~~eter** de espinilla f; **~gaan** vi 1. ir/venir con, acompañar; 2. (ropa) durar; **~'gaand** adj dócil; **~geven 1.** vt dar, enviar con; **2.** vi ceder, dar de sí; **~helpen** vt ayudar; **~komen** vi <zijn> 1. venir con (alg); 2. (en colegio) seguir (el ritmo)

meel de harina f; **~draad** de estambre m

meelope/n vt 1. acompañar, seguir; 2. contemporizar (**met**); **~r** de fig oportunista m, satélite m

mee/maken vt 1. vivir, 2. (dolor) sufrir; **~nemen** vt 1. llevar(se) (consigo); traer; 2. hacer de paso; **~praten** vi 1. participar en la conversación; 2. adular

meer 1. het lago m; **2.** pron indef más; **~ dan** más de, que; **3.** adv más **niet ~** ya no, no más, no volver a; **geen ... meer** no más, no queda

meerder/e de <~n> superior m; **~heid** de mayoría f; **~'jarig** adj mayor de edad

mee/rijden vi ir/venir (en vehículo) con

meer/prijs de sobreprecio m; **~voud** het plural m; **~'voudig** adj múltiple; **~waarde** de plusvalía f

mees de zool paro m

meeslepen vt arrastrar; **~d** adj cautivador

meesmuilen vi reír burlonamente

mee/spelen vi 1. (persona) participar en el juego; 2. (cosa) intervenir en, jugar un papel; **~spreken** vi participar en la conversación

meest *adj* (*superlativo*) más; la mayoría de, la mayor parte de; *de ~en* la mayoría, los más; *het ~* el/lo que más; **~al** *adj* la mayoría de las veces; **~biedende** *de* <~n> mejor postor *m*

meester *de* 1. maestro *m*, 2. dueño *m*; *~ in de rechten* licenciado *m* en derecho; *iets ~ zijn* dominar, ser dueño de u/c; *z. ~ maken van* adueñarse, apoderarse de; **~lijk** *adj* superior, magistral; **~schap** *het* maestría *f*

meet: *van ~ af aan* desde el principio

meetellen 1. *vi* contar (también), 2. *vt* tener en cuenta

meetkunde *de* geometría *f*

meeuw *de zool* gaviota *f*

meevalle/n *vi* salir mejor de lo que se esperaba; **~r** *de* (golpe *m* de) suerte *f*

mee/'warig *adj* compasivo, piadoso; **~werken** *vi* colaborar, cooperar, contribuir

mei *de* mayo *m*

meid *de* 1. chica *f* moza *f*; 2. criada *f*

mei/doorn *de* espino *m* albar, majuelo *m*

meineed *de jur* perjurio *m*

meisje *het* 1. chica *f*, niña *f*; 2. criada *f*

meisjesachtig *adj* de chica, de muchacha

melaats *adj med* leproso; **~heid** *de* lepra *f*

melancho'lie *de* melancolía *f*; **~k** *adj* melancólico

me'la/nge *de fr* mezcla *f*; **~sse** *de* melaza *f*

meld/en *vt* 1. mencionar; 2. informar, comunicar, anunciar; *z. ~en* presentarse, personarse; **~ing** *de* aviso *m*, mención *f*

melig *adj* 1. harinoso; 2. *fig* insípido, soso

melk *de* 1. leche; 2. **~...** lácteo, lechero, lechoso; **~boer** *de* lechero *m*; **~chocola** *de* chocolate *m* con leche; **~en** <irr 67> *vt* ordeñar; **~koe** *de* vaca *f* lechera; **~poeder** *de* leche en polvo; **~produkt** *het* producto *m* lácteo; **~tand** *de* diente de leche; **~weg** *de* Vía *f* Láctea

melo'/die *de* <~ën> melodía; **~di'eus** *adj* melodioso

me'loen *de* melón *m*

me'moires *pl* memorias *fpl*

memo'randum *het* <~s, memoranda> memorándum *m*

memo'reren *vt* recordar, rememorar

men *pron indef* (*3ª persona sg*) se, uno; *~ zegt* se dice, dicen; *~ moet* hay que

me'neer *de* señor *m*, don, Don

menen *vt* 1. creer, opinar, entender; 2. hablar en serio; *het goed ~* tener buenas intenciones; **~s:** *het is ~s* va en serio

meng/en *vt* mezclar; *z. ~en* mez-

mengen 202

clarse, meterse (**in** en); **~sel** *het* mezcla *f*
menie *de* (*pintura*) minio *m*
menig *pron indef* muchos, más de uno; **~een** *pron indef* muchos; **~te** *de* multitud *f*, muchedumbre *f*
mening *de* opinión *f*, parecer *m*; **van ~ zijn** opinar, considerar; **~sverschil** *het* desacuerdo *m*
mens *de* hombre *m*, ser *m* humano; **geen ~** nadie; **en** *pl* gente *f*, personas *fpl*; **~a** *de* comedor *m* universitario; **~aap** *de zool* mono *m* antropomorfo
menselijk *adj* humano; **~heid** *de* humanidad *f*
mensen/eter *de* caníbal *m*; **~hater** *de* misántropo *m*; **~kennis** *de* experiencia *f* con la gente; **~rechten** *pl* derechos *mpl* humanos; **~schuw** *adj* huraño
mens 'erger-je-niet *het* (*juego*) parchís *m*
mens/heid *de* humanidad *f*; **~'lievend** *adj* filantrópico; **~ont'erend** *adj* inhumano
menstru'atie *de* menstruación *f*, regla *f*
mentali'teit *de* mentalidad *f*
menu *het* 1. *gastr*, *informát* menú *m* 2. *gastr* carta *f*
mep *de* golpe *m*, bofetada *f*; **~pen** *vt* abofetear
merel *de zool* mirlo *m*

meren *vt nav* atracar, amarrar; **~deel** *het* mayor parte *f*
merg *het biol* tuétano *m*, médula *f*; **~pijp** *de gastr* hueso *m* con tuétano
meridi'aan *de* meridiano *m*
merk *het* marca *f*; **~baar** *adj* perceptible, visible; **~en** *vt* 1. marcar; 2. notar, darse cuenta (**van** de), reparar en; **~waardig** *adj* curioso, extraño
merrie *de* yegua *f*
mes *het* cuchillo *m*, navaja *f*
messing *de* latón *m*, azófar *m*
messteek *de* cuchillada *f*, navajazo *m*
mest *de* estiércol *m*; **~en** *vt* 1. abonar; 2. (*ganado*) engordar, cebar;
met *prep* 1. con; 2. por medio de; **~ vakantie** de vacaciones; **~ de trein** en tren; **~de post** por correo; **~ z'n allen** entre todos; **~ z'n tweeën** los dos; **al ~ al** con todo
me'taal *het* metal *m*; **~industrie** *de* indústria *f* metalúrgica
metalen *adj inv* de metal
metamor'fose *de* metamorfosis *f*
met'een *adv* inmediatamente, en seguida
meten <irr 68> *vt* medir; **z. ~** medirse (**met** con)
mete'oor *de* meteoro *m*; **~steen** *de* meteorito *m*;
meteoro'logisch *adj* meteorológico

meter *de* 1. (*medida*) metro *m*; 2. (*p.e. gas*) contador *m*; 3. indicador *m*, aguja *f*

metgezel *de* <~len>acompañante *m*

me'thod/e *de* <~s, ~n> método *m*; **~isch** *adj* metódico

meting *de* medición *f*

me'triek 1. *adj* métrico; 2. *de* métrica *f*

metro *de* metro *m*; **~'pool** *de* metrópoli *f*

metsel/aar *de* albañil *m*; **~en** *vt* 1. hacer trabajos de albañilería; 2. (*muro*) construir; **~werk** *het* albañilería *f*, mampostería *f*

metten: korte ~ maken cortar por lo sano

metter'tijd *adv* con el tiempo

meubel *het* mueble *m*; **~stuk** *het* mueble *m*

meubi'lair *het* mobiliario *m*, muebles *mpl* **~leren** *vt* amueblar

me'vrouw *de* señora *f*, Sra. *f*

Mexi'caan *de* mejicano *m*; **~s** *adj* mejicano

Mexico *het* México *m*

mi'auwen *vi* (*gato*) maullar

mi'cro/be *de* <~n> *biol* microbio *m*

micro/'foon *de* micrófono *m*; **~processor** *de* microprocesador *m*; **~s'coop** *de* microscopio *m*; **~s'copisch** *adj* microscópico

middag *de* 1. mediodía *m*; 2. tarde *f*; **'s ~s** 1. a mediodía; 2. por la tarde, de la tarde; **~eten** *het* comida *f*, almuerzo *m*

middel 1. *het* <~en> 1. medio *m*, recurso; 2. remedio *m* (**contra** tegen); 2. *het* <~s> cintura *f*; **door ~ van** por medio de; **~baar** medio; (*enseñanza*) secundaria; (*edad*) mediana; **~*eeuwen** *pl* edad *f* media; **~eeuws** *adj* medieval; **~en** *pl* (*dinero*) recursos *mpl*; **~*landse Zee** *de* Mediterráneo *m*; **~lijn** *de* diámetro *m*; **~maat** *de* tamaño *m* medio, tamaño *m* mediano; **~'matig** *adj* 1. mediano; 2. mediocre; **~punt** *het* o. *fig* centro *m*; **~ste** *de* <~n> el/la del medio *m*, central *m*; **~vinger** *de* dedo *m* medio

midden 1. *het* medio *m*, centro *m*; **te ~ van** entre; **in het ~** en el medio; 2. *adv* en el medio, en el centro; **~ in de nacht** en plena noche; **~*-Amerika** *het* América *f* Central, Centroamérica *f*; **~berm** *de transp* mediana *f*; **~'door** *adv* en dos, por la mitad; **~en kleinbedrijf** *het* pequeña y mediana empresa *f*; **~*-Europa** *het* Europa *f* Central; Centroeuropa *f*; **~*-Europees** *adj* centroeuropeo; **~golf** *de* onda *f* media; **~moot** *de* (grupo de) nivel *m* medio; **~*-Oosten** *het* Oriente *m* Medio;

middenstand 204

~**stand** *de* comerciantes *mpl*;
~**weg** *de* término *m* medio
midder'nacht *de* medianoche *f*;
om ~ a medianoche
midgetgolf *de ing* minigolf *m*
mie *de* tallarines *mpl* chinos
mier *de* hormiga *f*; ~**enhoop** *de* hormiguero *m*
miezerig *adj* 1. *meteo* de llovizna; 2. enclenque, debilucho
migraine *de fr med* jaqueca *f*
mijden <irr 69> *vt* evitar, eludir
mijlpaal *de fig* hito *m*
mijmeren *vi* meditar, cavilar (**over** sobre)
mijn 1. *de* 1. *indus, mil* mina *f*; 2. *pron pos* mi, mis; **de/het ~e** el mío, la mía; **de ~en** los míos; **~s inziens** en mi opinión; ~**bouw** *de* minería *f*, industria *f* minera; ~**erzijds** *adv* por/de mi parte; ~**'heer** *de* señor *m*, Sr. *m*; ~**werker** *de* minero *m*
mijt *de zool* ácaro *m*; ~**er** *de* mitra *f*
mijzelf *pron pers* mí mismo, mí misma
mik/ken *vi* 1. apuntar, tirar; 2. aspirar (**op** a); ~**punt** *het* blanco *m*, objetivo *m*
mild *adj* 1. tolerante, bondadoso; 2. generoso, liberal; 3. (*clima*) benigno
milieu *het* <~s> 1. medio *m* social; 2. medio *m* ambiente; ~**verontreiniging** *de* contaminación del medio ambiente; ~**'vriendelijk** *adj* ecológico
mili'tair 1. *adj* militar; 2. *de* militar *m*
mili'tant 1. *adj* militante; 2. *de* militante *m*
mi'litie *de* milicia *f*
mil/'jard *het* mil millones; ~**jar'dair** *de* millonario *m*; ~**'joen** *het* millón *m*; ~**jo'nair** *de* <~s> millonario *m*
milimeter *de* milímetro *m*
milt *de med* bazo *m*
mimiek *de* mímica *f*
min 1. *adj* poco, insignificante; 2. mezquino; 2. *adv* (*o. mat*) menos; ~ *of meer* más o menos
minacht/en *vt* despreciar, menospreciar; ~**ing** *de* menosprecio *m*
mina'ret *de* minarete *m*
minder 1. *adj* 1. menor, inferior; 2. peor; *in ~e mate* en menor medida; ~ *worden* disminuir, empeorar; 2. *adv* menos; ~ *dan* menos de/que; ~**e** *de* <~n> inferior *m*, subordinado *m*; ~**en** *vt/i* disminuir; (*punto*) menguar; ~**heid** *de* minoría *f*; *in de ~heid* en menoría; ~**'jarig** *adj* menor de edad; ~**'jarige** *de* menor *m* de edad; ~**va'lide** *de* minusválido *m*; ~**'waardig** *adj* inferior
mine'raal *het* mineral *m*; ~**water** *het* agua *f* mineral

mi'neur *mús* menor; *in ~* en menor
minia'tuur *de* miniatura *f*
mi'niem *adj* mínimo, ínfimo
mini'maal 1. *adj* mínimo; **2.** *adv* como mínimo, por lo menos
minimum *het* <minima> mínimo *m*; **~loon** *het* salario *m* mínimo
minirok *de* minifalda *f*
mi'nister *de* ministro *m*; **~ie** *het* ministerio *m*; **~-president** *de* presidente *m* del gobierno, primer ministro *m*
minnaar *de* amante *m*
minst *adj* menor, menos; *op z'n minst* por lo menos; **~ens** *adv* por lo menos, no inferior a
minstreel *de* trovador *m*, juglar *m*
minteken *het* signo *m* menos
minu'tieus *adj* minucioso
mi'nuut *de* minuto *m*; *op de ~ af* en punto
mis 1. *de relig* misa *f*; **2.** *adj* 1. fallido; 2. **het ~ hebben** equivocarse, estar equivocado
misbaksel *het* engendro *m*
misbruik *het* abuso *m*; *~ maken* abusar (van de); **~en** *vt* abusar de
misdaad *de* crimen *m*; delito *m*
misdad/er *de* criminal *m*; **~dig** *adj* criminal, delictivo; **~digheid** *de* criminalidad *f*, delicuencia *f*
mis/dienaar *de relig* monaguillo *m*
mis'dragen: z. ~ portarse mal

misdrijf *het* delito *m*
miserabel *adj* miserable
misère *de fr* miseria *f*
misgreep *de* desacierto *m*
mis'gunnen *vt* envidiar
mis'handel/en *vt* maltratar; **~ing** *de* maltrato *m*
mis/kleun *de fig* patinazo *m*; **~koop** *de* mala compra *f*; **~kraam** *de* aborto *m*
mis'leid/en *vt* engañar; **~end** *adj* engañoso; **~ing** *de* engaño *m*
mislopen 1. *vi* ir mal, perderse; **2.** *vt* no encontrar, no dar con; *fig* perderse
mis'luk/ken *vi* <zijn> fracasar, malograrse; **~ing** *de* fracaso *m*
mis'maakt *adj* deforme, desfigurado
mispel *de bot* níspero *m*
mis'plaatst *adj* fuera de lugar, inoportuno
mis'schien *adv* quizás, tal vez, acaso
misselijk *adj* 1. mareado; *~ zijn* estar mareado; 2. *fig* repugnante;
misse/n 1. *vi* errar el tiro, fallar; *het kan niet ~* no tiene pérdida; **2.** *vt* (tren, etc.) perder; 2. *sport* no dar en el blanco; 3. echar de menos; 4. (*no tener*) carecer de; 5. no encontrar; 6. (*no estar*) perderse; **~r** *de* 1. fallo *m*; 2. fracaso *m*
missi/e *de* misión *f*; **~o'naris** *de* <~sen> misionero *m*

mis/slaan vt errar el golpe; **~stap** de fig patinazo m, traspié m

mist de meteor niebla f, bruma f; **~bank** de banco m de niebla; **~ig** adj nebuloso; **~lamp** de luz f antiniebla

mis/vatting de error m; **~verstand** het malentendido m; **~vormd** adj disforme

mitrailleur de fr ametralladora f

mits conj siempre que, con tal que (+ subj)

mixe/n vt gastr mezclar; **~r** de batidora f

mo'biel adj: **~ zijn** poder desplazarse; **~e telefoon** de teléfono m móvil

mobili/'satie de movilización f; **~'seren** vt movilizar

mobilo'foon de radioteléfono m

modder de barro m, lodo m, fango m; **~ig** adj fangoso; **~poel** de ciénaga f

mode de moda f; **in de ~ zijn** estar de moda

mo'del <~len> het modelo m

modern adj moderno; **~iseren** vt modernizar

modeshow de <~s> desfile m de modelos

modi'eus adj de moda

moe adj cansado; **~ worden** cansarse (**van** de)

moed de valor m, ánimo m, coraje m; **~eloos** adj desanimado, descorazonado

moeder de madre f, mamá f; **~lijk** adj maternal, materno; **~schap** het maternidad f; **~taal** de lengua f materna; **~vlek** de lunar m

moedig adj valiente

moed'willig adj deliberado, intencionado

moeheid de cansansio m, fatiga f

moeilijk adj difícil; duro; **het valt iem ~** le resulta difícil a alg; **~ doen** complicarse la vida; **~(er) worden** dificultarse; **~heid** de difciultad f

moeite de esfuerzo m, pena f, trabajo m; **~ hebben** ser torpe (**met** con); **~ kosten** costar trabajo; **de ~ waard zijn** valer la pena

moeizaam adj dificultoso, laborioso

moer de tecn tuerca f

moeras het pantano m, ciénaga f, marisma f

moes het puré m, (fruta) compota f

moes/son de monzón m; **~tuin** de huerto m

moeten <irr 70> vt 1. (general) tener que; deber; haber de; 2. (suposición) deber de; haber de

mof de 1. text manguito m 2. desp alemán m

mogelijk 1. adj posible, eventual; **2.** adv posiblemente, quizás **~heid** de posibilidad f

mogen <irr 71> *vt* 1. poder, permitirse, estar permitido; 2. (*persona*) caer bien, ser simpático
mogendheid *de* potencia *f*
moker *de* maza *f*
mol *de* 1. *mús* bemol *m*; 2. *zool* topo *m*
mole'cule *de* molécula *f*
molen *de* molina *f*; **~aar** *de* molinero *m*; **~wiek** *de* aspa *f* de molino
moles'teren *vt* molestar; importunar
mollig *adj* rollizo
molm *de* 1. carcoma *f*; 2. (*turba*) serrín *m*
Molukker *de* moluqueño *m*
mom: *onder het ~ van* con el pretexto de
mo'ment *het* momento *m*, instante *m*; **~eel** *adv* por el momento, actualmente; **~opname** *de* instantánea *f*
mompelen *vt* mascullar, murmurar
mo'narch *de* maraca *m*; **~ie** *de* monarquía *f*
mond *de* 1. *med* boca *f*; 2. orificio *m*; *je ~ houden* callarse; **~eling** *adj* oral(mente), verbal(mente); **~harmonica** *de* *mús* armónica *f*; **~ing** *de* desembocadura *f*; **~jesmaat** *adv* a cuentagotas; **~stuk** *het* boquilla *f*
mone'tair *adj* monitario
monitor *de* <~s, ~en> monitor *m*
monnik *de* <~en> monje *m*; **~enwerk** *het* trabajo *m* de chinos
mono/'loog *de* monólogo *m*; **~'polie** *het* monopolio *m*; **~'toon** *adj* monótono
monster *het* 1. monstruo *m*; 2. muestra *f*; **~achtig** *adj* monstruoso
mon'tage *de fr* montaje *m*
mon/ter *adj* alegre, de buen humor; **~'teren** *vt* montar; **~'teur** *de* mecánico *m*; **~'tuur** *het* montura *f*
monu'ment *het* monumento *m*
mooi *adj* bonito, hermoso, bello; **~weer** buen tiempo; **~ zo!** ¡muy bien!; *nu nog ~er!* ¡lo que nos faltaba!
moord *de* asesinato *m* (*op* de), homicidio *m*; **~aanslag** *de* atentado *m*; **~dadig** *adj* asesino, mortífero; **~en** *vt* asesinar, matar; **~enaar** *de* asesino *m*; **~partij** *de* <~en> matanza *f*, masacre *m*
moot *de* tajada *f*; (*pescado*) rodaja *f*
mop *de* chiste *m*; **~peraar** *de* gruñón *m*; **~peren** *vi* regañar, refunfuñar
mo'raal *de* moral *f*; 2. moraleja *f*; **~ra'list** *de* moralista *m*; **~reel 1.** *adj* moral; **2.** *het* moral *f*
morfine *de med* morfina *f*
morgen 1. *de* mañana *f*; *'s ~s*

morgen por/de la mañana; **2.** *adv* mañana; *tot* ~ hasta mañana; **~avond** *adv* mañana por la noche; **~middag** *adv* mañana por la tarde; **~ochtend** *adv* mañana por la mañana

morning-afterpil *de* med píldora *f* del día después

morren *vi* refunfuñar

mors/en *vt* verter, derramar; **~ig** *adj* mugriento, desaliñado

mortel *de* arq mortero *m*

mor'tier *de/het* (*o. mil*) mortero *m*

mos *het* musgo *m*

mos/'kee *de relig* mezquita *f*; **~lim** *de* musulmán *m*

mossel *de* mejillón *m*

most *de* mosto *m*; **~erd** *de* mostaza *f*

mot *de* 1. *zool* polilla *f*; 2. riña *f*, pelea *f*

motie *de pol* moción *f*

mo'/tief *het* motivo *m*; **~ti'veren** *vt* motivar

motor *de* <~en, ~s> moto *f*; motor *m*; **~boot** *de* lancha *f* motora; **~fiets** *de* motocicleta *f*, moto *f*; **~isch** *adj* motor; **~rijder** *de* motorista *m*; **~rijtuig** *het* vehículo *m* de motor

motregen *de* meteo llovizna *f*; **~en** *v/impers* lloviznar

mottenballen *pl* bolas *fpl* de naftalina

motto *het* lema *m*, divisa *f*

mountainbike *de ing* bicicleta *f* de montaña

mous'serend *adj* (*vino*) espumoso

mout *de/het* malta *f*

mouw *de* manga *f*

moza'ïek *de* mosaico *m*

muf: ~ *ruiken* oler a cerrado; **~fe lucht** aire *m* viciado

mug *de* mosquito *m*; **~genbeet** *de* picadura *f* de mosquito; **~genzifter** *de* quisquilloso *m*

muil *de* 1. boca (*de fiera*); 2. chinela *f*; **~dier** *het* mulo *m*; **~ezel** *de* mulo *m*

muis *de* 1. *zool, informát* ratón *m*; 2. (*mano*) pulpejo *m*

muite/n *vi* amotinarse, sublevarse; **~r** *de* amotinado *m*; **~'rij** *de* <~en> motín *m*

muizenval *de* ratonera *f*

mul 1. *adj* (*arena*) suelto, pulverolento; **2.** *de zool, gastr* salmonete *m*

mummie *de* momia *f*

mu'nitie *de* munición *f*

munt *de* 1. moneda *f*, pieza *f*; 2. ficha *f* (*para máquina*) 3. casa *f* de la moneda; 3. *bot* menta *f*, hierbabuena *f*; **~eenheid** *de* unidad *f* monetaria, moneda *f*; **~en** *vt* acuñar, monedar; **~stuk** *het* moneda *f*

murmelen *vi* murmurar

murw *adj* blando, tierno; ~ *maken* ablandar

mus *de bot* gorrión *m*

mu'seum *het* <musea, ~s> museo *m*

musi/cal *de ing* comedia *f* musical; **~ceren** *vi* hacer música; **~cus** *de* músico *m*

mus'kaat/druif *de* uva *f* moscatel; **~noot** *de* nuez *f* moscada; **~wijn** *de* vino *m* moscatel

mus'kiet *de zool* mosquito *m*

müsli *de* muesli *m*

must *de* tópico *m* imprescindible, obligatorio

muts *de* gorro *m*

muur *de* muro *m*, pared *f*; (*ciudad*) muralla *f*; (*jardín*) tapia *f*; **~vast** *adj* inamovible, bien sujeto

muze *de* musa *f*

mu'ziek *de* música *f*; **~instrument** *het* instrumento *m* de música

muzi'k/aal *adj* musical; **~ant** *de* músico *m*

mys'ter/ie *het* misterio *m*; **~'ieus** *adj* misterioso

mys'tiek 1. *adj* místico; **2.** *de* mística

myth/e *de* mito *m*; **~olo'gie** *de* mitología *f*; **~o'logisch** *adj* mitológico

N

na 1. *prep* después de; (*orden*) tras; **op één ~** (**de laatste**) menos uno, (el penúltimo); **op hem ~** salvo él; **2.** *adv gastr* 1. después, 2. de postre

naad *de* 1. costura *f*; 2. *tecn* junta *f*, juntura *f*; **~loos** *adj* sin costura

naai/doos *de* costurera *f*; **~en 1.** *vt* 1. coser; 2. *vulg* follar; 3. *coloq* (*engañar*) joder; **2.** *het* costura *f*; **~ster** *de* costurera *f*

naakt *adj* desnudo, **~strand** *het* playa *f* nudista

naald *de* aguja *f*; **~boom** *de* conífera *f*; **~hak** *de* tacón *m* de aguja

naam *de* 1. nombre *m*; apellido *m*; **op ~ van** a nombre de; **uit/in ~ van** en nombre de; 2. fama *f*, reputación *f*; **~ krijgen** (**hebben**) hacerse (ser) famoso; *iem van ~* alg famoso; **~genoot** *de* tocayo *m*, homónimo *m*; **~loos** *adj* sin nombre; **~loze vennootschap** *de com* sociedad *f* anónima; **~plaatje** *het* placa *f*, letrero *m*

na-apen *vt* imitar, remedar

naar 1. *adj* triste, desagradable, malo; (*trabajo*) ingrato; **2.** *prep* 1. (*dirección*) a, hacia; (*destino*) para; 2. según, conforme; **~ wens** a gusto; **~'geestig** sombrío, triste; **~mate** *conj* a medida que, conforme

naast 1. *prep* al lado de; **~ mij** a mi lado, vecino; **er ~ zitten** *fig* estar equivocado; **2** próximo, más cercano; **~e** *de* <<~n>> prójimo *m*; **~enliefde** *de* amor *m* al prójimo

nabe/schouwing *de* comentario *m* posterior; **~staande** *de* <~n> pariente *m* próximo (del fallecido)

na'bij 1. *adj* cercano; **2.** *adv* cerca de; **~gelegen** cercano, vecino; **van ~** de cerca; **~heid** *de* cercanía *f*, proximidad *f*

naboots/en *vt* imitar, remedar; **~ing** *de* imitación *f*, remedo *m*

na'burig *adj* vecino, cercano

nacht *de* noche *f*; **goede ~!** ¡buenas noches!; **'s ~s** por/de la noche, de (la) madrugada; **~braken** *vt* trasnochar; **~club** *de* cabaret *m*; **~dienst** *de* servicio *m* nocturno; **~egaal** *de zool* ruiseñor *m*; **~elijk** *adj* nocturno; **~kastje** *het* mesilla *f* de noche; **~merrie** *de* pesadilla *f*; **~ploeg** *de* equipo *m* de noche; **~rust** *de* descanso *m* nocturno; **~vorst** *de meteo* helada *f* de noche

na'dat *conj* después (de) que

na/deel *het* inconveniente *m*, desventaja *f* **~dele:** **ten ~le van** en detrimento de; **~'delig** *adj* desfavorable, perjudicial

nadenken 1. *vi* reflexionar, pensar, meditar (**over** sobre); **2.** *het* reflexión *f*; **~d** *adj* pensativo

nader 1. *adj* 1. más cercano; 2. más detallado; **2.** *adv* 1. más detalladamente, con más precisión; **~bij** *adv* más cerca; **~en 1.** *vi* acercarse, aproximarse; *fig* avecinarse; **2.** *vt* (*o. fig*) acercarse a; **~end** *adj* próximo, inminente; **~hand** *adv* después; **~ing** *de* acercamiento *m*

na'dien *adv* desde entonces, después

nadoen *vt* imitar, remedar

nadruk *de* 1. acento *m*, énfasis *m*; 2. (*edición*) reproducción *f*; **~kelijk 1.** *adj* enfático, explícito; **2.** *adv* con énfasis

nagaan *vt* comprobar, verificar, averiguar (**of** si/de que)

nagedachtenis *de* memoria *f*, recuerdo *m*; **ter ~ van** en memoria de

nagel *de* uña *f*; **~etui** *het* estuche *m* de manicura; **~kaas** *de* queso *m* con clavos; **~lak** *de* esmalte *m* de uñas; **~vijl** *de* lima *f* de uñas

nagenoeg *adv* casi

nage/recht *het* postre *m*; **~slacht** *het* posterioridad *f*, descendencia *f*

na'ï/f *adj* ingenuo; **~vi'teit** *de* ingenuidad *f*

najaar *het* otoño *m*

najagen *vt* 1. perseguir; 2. *fig* aspirar a

nakijken *vt* 1. controlar, mirar, comprobar, averiguar; 2. (*examen*) corregir; 3. seguir con la mirada

nakome/ling *de* descendiente *m*; **~n 1.** *vi* <zijn> seguir, venir después; **2.** *vt* (*promesa*) cumplir

natuurwetenschappen

nalaten *vt* 1. dejar (en herencia); 2. dejar (**om** de), omitir; **~schap** *het* herencia *f*

na'latig *adj* negligente; **~heid** *de* negligencia *f*

nalev/en *vt* cumplir con, observar; **~ing** *de* cumplimiento *m*, observancia *f*

nama/ak *de* imitación *f*; **~ken** *vt* 1. imitar; 2. falsificar

name/lijk *adv* 1. es decir, a saber; 2. (el caso) es que; **~ns** *prep* en nombre de

namiddag *de* tarde *f*

naoorlogs *adj* de (la) posguerra

napraten 1. *vi* quedarse charlando; **2.** *vt* repetir

nar *de* bufón *m*; **~cis** *de* bot narciso *m*; **nar'co/se** *de med* narcosis *f*, anestesia *f*; **~tica** *pl* estupefacientes *mpl*

narekenen *vt* calcular; (*de nuevo*) verificar

narigheid *de* miseria *f*, problemas *mpl*

naschrift *het* (*carta*) postdata *f*; (*libro*) epílogo *m*

naslaan *vt* (*en libro*) buscar, mirar

naslagwerk *het* obra *f* de consulta

nasleep *de* consecuencias *fpl*, secuelas *fpl*

nasmaak *de* resabio *m*, regusto *m*

nastreven *vt* perseguir

nasynchroniseren *vt* (*película*) doblar

nat 1. *adj* mojado, húmedo; ~ **maken** mojar; ~ **worden** mojarse; **2.** *het* líquido *m*

natafelen *vi* estar de sobremesa

na/tekenen *vt* (*dibujo*) copiar; **~tellen** *vt* hacer el recuento, contar

natie *de pol* nación *f*

natio'naal *adj* nacional

nationali/'satie *de* nacionalización *f*; **~'seren** *vt* nacionalizar; **~sme** *het* nacionalismo *m*; **~stisch** *adj* nacionalista; **~teit** *de* nacionalidad *f*

natrekken *vt* verificar, averiguar

natrium *het quim* sodio *m*; **~arm** *adj* bajo en sodio

nattig *adj* húmedo

na'tura: in ~ en especie; **~li'satie** *de* naturalización *f*; **~li'seren** *vt* naturalizar

natu'ris/me *het* naturismo *m*; **~t** *de* naturista *m*

na'tuur *de* 1. naturaleza *f*; 2. (*persona*) carácter *m*, índole *m*; **~geneeskunde** *de* medicina *f* natural; **~getrouw** *adj* fiel, al natural

na'tuurkund/e *de* física *f*; **~ig** *adj* físico; **~ige** *de* <~n> físico *m*

na'tuur/lijk 1. *adj* natural; **2.** *adv* naturalmente, desde luego; **~park** *het* parque *m* natural; **~reservaat** *het* reserva *f* natural; **~schoon** *het* belleza *f* natural; **~verschijnsel** *het* fenómeno *m* natural; **~wetenschappen** *pl* ciencias *fpl* naturales

nauw 1. *adj* estrecho, ajustado; **2.** *adv* estrechamente; **3.** *het* estrecho *m*; **~* van Calais** het Canal *m* de la Mancha; **~elijks** *adv* apenas, escasamente; **~gezet** *adj* meticuloso, minucioso; **~keurig** *adj* 1. (*cosa*) exacto; 2. (*persona*) meticuloso, minucioso

navel *de* ombligo *m*; **~streng** *de* cordón *m* umbilical

navertellen *vt* volver a contar

navolg/en *vt* seguir (el ejemplo); **~ing** *de* imitación *f*;

navraag *de*: **~ doen** informarse

na/werken *vi* repercutir; **~zaat** *de* descendiente; **~zeggen** *vt* repetir; **~zien** *vt* revisar, examinar; seguir con la mirada; **~zomer** *de* final *m* del verano

neder/ig *adj* humilde; **~laag** *de* derrota *f*, fracaso *m*; **~*land** Países Bajos *pl*; **~*lander** *de* holandés, neerlandés; **~lands 1.** *adj* holandés, neerlandés; **2.** *het* neerlandés *m*; **~zetting** *de* establecimiento *m*, colonia *f*

neef *de* 1. primo *m*; 2. sobrino *m*

neer *adv* hacia abajo; **~'buigend** *adj* desdeñoso; **~dalen** *vi* <zijn> descender, bajar; **~gooien** *vt* arrojar, tirar; **~halen** *vt* 1. bajar; 2. derribar; **~komen** *vi* <zijn> 1. bajar, caer; 2. *fig* recaer sobre; 3. **erop ~komen dat** implicar, significar que; **~leggen** *vt* 1. poner sobre; 2. dejar; 3. (*cargo*) dimitir; 4. (*con fusil*) derribar; **z. ~leggen bij** conformarse con; **~schieten** *vt* derribar, abatir; **~slaan** *vt* 1. dar en tierra con; 2. **de ogen ~slaan** bajar los ojos; **~'slachtig** *adj* abatido, decaído; **~slag** *de* 1. sedimento *m*; 2. *meteo* precipitación *f*; **~steken** *vt* apuñalar, acuchillar; **~storten** *vi* <zijn> (*avion*) estrellarse **~strijken** *vi* <zijn> posarse (**op** sobre); **~zetten** *vt* dejar, colocar

nega'tief 1. *adj* negativo; **2.** *het foto* negativo *m*

negen *num* nueve; **~honderd** *num* novecientos; **~tien** *num* diecinueve; **~tig** *num* noventa

neger *de* negro *m*

ne'geren *vt* ignorar, desatender

neig/en *vi* inclinarse (**tot** a); **~ing** *de* tendencia *f*, inclinación *f*

nek *de* nuca *f*; **~kramp** *de med* meningitis *f*

nemen <irr 72> *vt* tomar, coger; (*alimento*) tomarse; quedarse con; (*foto*) sacar; **iets op z. ~** encargarse de u/c

neon *het* neón *m*

nep *de* timo *m*, cuento *m*

nerf *de* (*madera*) veta *f*; 2. *bot* nervio *m*

nergens *adv* 1. en ninguna parte, por ningún lado; 2. (+ *prep*) nada

ner'veus *adj* nervioso
nest *het* 1. nido *m*; 2. *fig* familia *f*; **~elen** *vi* anidar; **z. ~elen** anidarse; *fig* arrellanarse
net 1. *adj* 1. limpio, pulcro; 2. formal, decente; **2.** *adv* 1. precisamente, justo; como, igual (**als** que); 2. **het is ~ begonnen** acaba de empezar; **3.** *het* 1. (*o. transp, sport, electr*) red *f*; 2. *TV* cadena *f*; 3. (*equipaje*) rejilla *f*; 4. copia *f* en limpio
netel *de bot* ortiga *f*; **~ig** *adj* espinoso, delicado
net/heid *de* 1. pulcritud *f*; 2. decencia *f*; **~jes** *adv* 1. arreglado, ordenado; 2. decente; **~nummer** *het telec* prefijo *m*; **~to** *adj inv* neto; **~vlies** *het med* retina *f*; **~werk** *het* red *f*
neus *de* 1. nariz *f*; 2. olfato *m*; 3. (*zapato*) punta *f*; **~gat** *het* ventana *f* nasal **~hoorn** *de* <~s> *zool* rinoceronte *m*
neu'traal *adj* neutral
neutrali'/seren *vt* neutralizar; **~teit** *de* neutralidad *f*
neuzen *vi* husmear
nevel *de meteo* neblina *f*, niebla *f*
nicht *de* 1. prima *f*; 2. sobrina *f*
niemand *adv* nadie, ninguno
nier *de* riñón *m*; **~steen** *de med* cálculo *m* renal; **~tjes** *pl gastr* riñones *mpl*
niet 1. *adv* no; **~ eens** ni siquiera; **2.** *het* nada *f*; **te ~ doen** anular, cancelar; **~ig** *adj* 1. insignificante; 2. *jur* nulo; **~je** *het* grapa *f*; **~machine** *de* grapadora *f*; **~s** *adv* nada; **voor ~** 1. gratis, 2. para nada; **~snut** *de* inútil *m*, gandul *m*; **~temin** *adj* sin embargo, aun así
nieuw *adj* nuevo; reciente, último; **~eling** *de* 1. nuevo *m*, 2. recién llegado *m*; **~igheid** *de* novedad *f*; **~jaar** *het* año *m* nuevo; **~-Zeeland** *het* Nueva Zelanda *f*
nieuws *het* noticias *fpl*; **(n)iets ~** algo (nada) nuevo; **~bericht** *het* noticia *f*; boletín *m* informativo; **~blad** *het* <~en> diario *m*
nieuwsgierig *adj* curioso; **~heid** *de* curiosidad *f*
nieuwtje *het* 1. novedad *f*; 2. noticia *f*
niezen *vi* estornudar
ni'hil *adv* nulo; **~'ist** *de* nihilista *m*
nijd *de* envidia *f*, resentimiento *m*; **~ig** *adj* encolerizado, furioso
Nijl *de* Nilo *m*; **~*paard** *het* hipopótamo *m*
nijpend *adj* agudo, intenso
nijptang *de* tenazas *fpl*
nijverheid *de* industria *f*
nikkel *het* níquel *m*
niks *adv* nada; **~en** *vi* no dar golpe
nimf *de* ninfa *f*
nimmer *adj* nunca

nippertje: op het ~ por los pelos
nis de nicho m
nive/au het <~s> nivel m; **~lleren** vt nivelar
noch conj ni; **~ de een ~ de ander** ni el uno ni el otro
nod/eloos adj innecesario; **~ig** adj necesario
noemen vt 1. mencionar; 2. llamar, nombrar
nog adv todavía, aún; **~a** de ± turrón m; **~al** adv bastante, más bien; **~maals** adv otra vez
no'made de nómada m
nomi'naal adj nominal
nomi'natie de nominación f, lista f
non de monja f; **~chalant** adj descuidado, despreocupado, desenvuelto; **~sens** pl disparates mpl, tonterías fpl
nood de 1. necesidad f; 2. peligro m; **~gedwongen** adv por necesidad, por fuerza; **~geval** het caso m de urgencia; **~lijdend** adj necesitado, pobre; **~lot** het destino m; **~lottig** adj fatal; **~rem** de freno m de emergencia; **~toestand** de estado m de emergencia; **~uitgang** de salida f de emergencia; **~weer** het 1. meteo temporal m; 2. jur legítima defensa f
noodzaak de necesidad f
noodzake/lijk adj necesario; **~n** vt forzar, obligar
nooit adv nunca, jamás
Noor de noruego m

noord 1. adj septentrional, del norte; **2.** de norte m; **~elijk** adj del norte, septentrional; **~en** het norte m; **~enwind** de viento m del norte; **~er'keerkring** de trópico m de Cáncer; **~oost** adj del/hacia el noreste; **~pool** de polo m norte; **~west** adj del/hacia el noroeste; **~*zee** de mar del Norte
Noor/s adj noruego; **~wegen** het Noruega f
noot de 1. mús nota f; 2. nota f, apunte m; 3. (fruto) nuez f; **~muskaat** de nuez f moscada
noren de patines mpl tipo noruego
norm de norma f, pauta f; **~'aal** adj normal; **~ali'satie** de normalización f; **~ali'seren** vt normalizar; **~'aliter** adv normalmente
nors adj áspero, desabrido
nota de 1. nota f; 2. com cuenta f, factura f; **~ri'eel** adj notarial; **~ris** de <~sen> notario m
noten/balk de mús pentagrama m; **~kraker** de cascanueces m
no'ter/en vt 1. anotar, apuntar; 2. (bolsa) cotizar; **~ing** de 1. anotación f; 2. com cotización f
notie de noción f, idea f
no'titie de apunte m, nota f
notu'leren vi redactar el acta
nou 1. adv ahora; **2.** conj ahora que; **3.** excl pues (bien), eh .... pues; **~, ~!** ¡vaya, vaya!
no'velle de novela f corta

no'vember *de* noviembre *m*
nu 1. *adj* ahora; **tot ~ toe** hasta ahora; **2.** *conj* ahora que
nu'ance *de* <~n, ~s> matiz *m*; **~ren** *vt* matizar
nuchter *adj* 1. en ayunas; 2. (*no borracho*) sobrio; 3. sensato, juicioso
nucle'air *adj* nuclear
nudis/me *het* nudismo *m*; **~t** *de* nudista *m*
nuk *de* capricho *m*, antojo *m*; **~kig** *adj* caprichoso
nul *de* 1. cero *m*; 2. nulidad *f*; **~punt** *het* punto *m* cero
nume'riek *adj* numérico
nummer *het* 1. número *m*; 2. *mús* canción *f*; 3. *iron* (*persona*) ejemplar; *auto* matrícula *f*; **~en** *vt* numerar
nut *het* utilidad *f*, ventaja *f*; **~teloos** *adj* 1. inútil, inservible; 2. (*sin resultado*) infructuoso; **~tig** *adj* útil, provechoso; **~tigen** *vt* consumir
nylon 1. *adj inv* de nailon/nylon; **2.** *de/het* nailon *m*, nylon *m*; **~kous** *de* <~en> medias *fpl* de nailon/nylon

O

o'ase *de* oasis *m*
ob'ject *het* objeto *m*; **~ief 1.** *het* objetivo *m* **2.** *adj* objetivo; **~ievi'teit** *de* objetividad *f*
obs'ceen *adj* obsceno
obser/'vatie *de* observación *f*; **~va'torium** *het* <~s, observatoria> observatorio *m*; **~'veren** *vt* observar
ob'sessie *de* obsesión *f*
ob'stakel *het* obstáculo *m*
oce'aan *de* océano *m*
ochtend *de* mañana *f*
oecu'menisch *adj* ecuménico
oe'deem *het med* edema *m*
oefen/en 1. *vi* practicar/hacer ejercicio; **2.** *vt* más ensayar, practicar; *sport* ejercitar; **~ing** *de* ejercicio *m*
oerwoud *het* selva *f* (virgen)
oester *de zool* ostra *f*
oeuvre *het fr* obra *f*
oever *de* borde *m*, orilla *f*
of 1. o, u; 2. si; 3. **nou en ~!** ¡ya lo creo!; **een dag ~ tien** unos diez días
offer *het* ofrenda *f*; sacrificio *m*; **~en** sacrificar, inmolar
offi/'cieel *adj* oficial; **~cier** *de* oficial *m*; **~cieus** *adj* oficioso, extraoficial
of'schoon *conj* bien que, aunque
ogenblik *het* momento *m*; **~kelijk** *adv* al instante, inmediatamente
okay, o.k. *excl* okey, de acuerdo, está bien
oker *adj* ocre
oksel *de* axila *f*, sobaco *m*
ok'tober *de* octubre *m*
olie *de* <~s, ~n> 1. aceite *m*;

olie 2. petrolio *m*; **~verf** de pintura *f* al óleo
olifant de elefante *m*
o'lijf de aceituna; oliva *f*; **~boom** de olivo *m*, aceituno *m*; **~olie** de aceite *m* de oliva
olijk *adj* socarrón, burlón
olm *bot* olmo *m*
olympi/'ade de olimpiada *f*; **~*sch** *adj* olímpico; **~*sche Spelen** *pl* Juegos *mpl* Olímpicos
om 1. *prep* 1. (*local*) alrededor de; 2. (*temporal*) a; 3.: **~ de dag** cada dos días; 4. por (motivo de) **nergens ~** por nada; 5 **~ te + inf** para; **2.** *adv* 1. (*local*) alrededor de **de hoek ~** doblada la esquina; 2. (*temporal*) haber acabado; *de tijd is ~* se ha acabado el tiempo
oma de abuela *f*
om/'armen *vt* abrazar; **~brengen** *vt* matar
ombudsman de defensor *m* del pueblo
ombuigen *vt* doblar, encorvar, torcer
om'dat *conj* porque, ya que, como
omdoen *vt* 1. ponerse; 2. **er ~** envolver
omdraaien *vt/i* volver, girar, cambiar de dirección; **z. ~** darse la vuelta
omelet *het gastr* tortilla *f*
om/gaan 1. *vi* pasar, 2. (*tiempo*) transcurrir; 3. tratar (**met** con), manejar; **2.** *vt* 1. (*esquina*) doblar; **~gang** de trato *m*, relación *f*
om/hakken *vt* talar; **~'helzen** *vt* abrazar
om'hoog *adv* (hacia) arriba, en alto
omkeren *vt/i* invertir, dar la vuelta, volver
omkijken *vi* volverse, mirar hacia atrás
omkomen *vi* <zijn> perecer, morir
omkopen *vt* sobornar, corromper
om'laag *adv* abajo, hacia abajo
om'liggend *adj* limítrofe, vecino
om/loop de 1. circulación *f*; 2. *astron* revolución *f*; **~lopen** *vi* <zijn> dar un rodeo
ommezijde de vuelta *f*, dorso *m*
ompraten *vt* persuadir, convencer
om/rekenen *vt* reducir (**in** a); convertir en; **~rijden 1.** *vi* <zijn> dar un rodeo (en vehículo); **2.** *vt* atropellar; **~'ringen** *vt* cercar, rodear **omroep** de radio(difusión) *f*; **~er** de locutor *m*
om/roeren *vt* revolver; **~ruilen** *vt* cambiar (**voor** por)
omschakel/en *vi* <zijn> (re)adaptarse; **~ing** de 1. cambio *m*; 2. (*tecn*) reconversión *f*
om'schrijv/en *vt* describir; **~ing** de descripción *f*, definición *f*
om/'singelen *vt* encerrar, cercar;

~slaan vt (página) pasar, doblar; **~slag** de 1. vuelta f, doblez v; (libro) cubierta f; 2. cambio m; **~springen** vi <zijn> tratar (**met** a)

omstand/er de espectador m; **~igheid** de circunstancia f

om'streeks prep alrededor de, hacia

omtrek de 1. mat contorno m, perfil m; circunferencia f, perímetro m; 2. alrededores mpl, radio m

om'trent prep sobre, acerca de

omvallen vi <zijn> caerse

omvang de tamaño m, dimensiones fpl, magnitud; **~rijk** adj voluminoso, extenso

om'vatten vt contener, abarcar

om'ver adv abajo

omweg de <~en> rodeo m

omzet de volumen m de cifras

om'zichtig adj cauteloso, recatado

onaan'tastbaar adj intangible, intocable

on'achtzaam adj descuidado, desatento

on'afgebroken adj ininterrumpido, continuo

onaf'hankelijk adj independiente (**van** de); **~heid** de independencia f

onbaat'zuchtig adj desinteresado

onbe'/duidend adj insignificante; **~gonnen** adj imposible, irrealizable; **~grijpelijk** adj incomprensible, inconcebible; **~kend** adj desconocido; **~kwaam** adj incompetente; **~langrijk** adj insignificante; **~leefd** adj descortés, mal educado; **~nullig** adj 1. bobo, anodino; 2. fútil; **~paald** adj (o. ling) indeterminado, indefinido; **~reikbaar** adj inalcanzable; **~rekenbaar** adj incalculable, voluble; **~rispelijk** adj impecable; **~schaafd** adj mal educado; **~schaamd** adj descarado, desvergonzado; **~scheiden** adj poco modesto; **~schoft** adj insolente, impertinente; **~stendig** adj 1. inconstante; 2. meteo inestable

onbe'taal/baar adj impagable, muy caro; **~d** adj impagado; (trabajo) sin sueldo

onbe'trouwbaar adj no fidedigno, poco seguro

onbetwist adj incontestado, indiscutido; **~baar** adj indiscutible, innegable

onbe/voegd adj 1. no autorizado; 2. sin diploma; 3. jur incompetente; **~waakt** adj no vigilado; **~'weeglijk** adj inmóvil; **~wolkt** adj meteo despejado; **~'woonbaar** adj inhabitable; **~wust** adj inconsciente; **~zonnen** adj irreflexivo, insensato; **~zorgd** adj despreocupado

on'breekbaar adj irrompible

onbruik: desuso; *in ~ raken* caer en desuso; **~baar** *adj* inservible
on'dankbaar *adj* ingrato, desagradecido
ondanks *prep* a pesar de
on'deelbaar *adj* indivisible; (*número*) primo
ondemocratisch *adj* antidemocrático
on'denkbaar *adj* inconcebible, inimaginable
onder 1. *prep* 1. (*local*) debajo de, bajo; 2. entre; *~ andere* entre otras cosas; 3. (*temporal*) durante, al (+ *inf.*); **2.** *adv* debajo, abajo; *ten ~ gaan* perecer, perderse; **~aan** *adv* en la parte inferior; **~aards** *adj* subterráneo; **~arm** *de* antebrazo *m*; **~bouw** *stud* primer ciclo (de formación)
onder'brek/en *vt* interrumpir; **~ing** *de* interrupción *f*
onder'brengen *vt* 1. alojar, instalar; 2. catalogar, clasificar; **~broek** *de* calzoncillos *mpl*; **~buik** *de* abdomen *m*; **~daan** *de* súbdito *m*; **~dak** *het* alojamiento *m*; **~'danig** *adj* sumiso, dócil; **~deel** *het* 1. parte *f*; 2. subdivisión *f*; 3. *tecn* pieza *f*; **~directeur** *de* subdirector *m*; **~'door** *adv* por debajo
onder'drukk/en *vt* 1. (*pueblo*) oprimir; 2. contener, reprimir; **~ing** *de* 1. opresión *f*; 2. represión *f*

onderduike/n *vi* <zijn> 1. sumergirse; 2. *fig* esconderse; **~r** *de* emboscado *m*
onder/gang *de* 1. perdición *f*, ocaso *m*; 2. (*sol*) puesta *f*; **~ge'schikt** *adj* 1. (*importancia*) secundario; 2. subordinado; **~ge'tekende** *de* abajo firmante *m*; **~goed** *het* ropa *f* interior; **~'graven** *vt* socavar, minar; **~'gronds** *adj* 1. subterráneo; 2. *fig* clandestino **onder'handel/en** *vi* negociar; **~ing** *de* negociación *f*
onder/'hevig *adj* sujeto, expuesto (**aan** a) **onderhoud** *het* 1. mantenimiento *m*; 2. sustento *m*; **~en** *vt* 1. divertir; 2. mantener, conservar; **z. ~en** entretenerse (**met** con); **~end** *adj* entretenido
onder/in *adv* en el fondo; **~jurk** *de txtl* combinación *f*; **~kant** *de* lado *m* (parte *f*) inferior; **~kin** *de* sotabarba *f*, papada *f*; **~laag** *de* capa *f* inferior; **~lijf** *het* parte *f* inferior del cuerpo; **~ling 1.** *adj* mutuo, recíproco; **2.** *adv* entre sí; **~lopen** *vi* <zijn> inundarse; **~'mijnen** *vt* socavar, minar
onder'nem/en *vt* emprender, acometer; **~er** *de com* empresario *m*; **~ing** *de* empresa *f*; **~ingsraad** *de* comité *m* de empresa
onder/officier *de* <~s, ~en> *mil*

suboficial *m*; **~pand** *het* prenda *f*, garantía *f*; **~'richten** *vt* enseñar, instruir; **~'schatten** *vt* subestimar

onderscheid *het* diferencia *f*, distinción *f*; **~'scheiden** *vt* 1. distinguir, discernir; 2. condecorar; **~'scheiden** distingirse (**van** de), (**door** por); **~ing** *de* condecoración *f*

onder/scheppen *vt* interceptar; **~'schrijven** *vt* subscribir; **~spit: het ~spit delven** llevar la peor parte; **~stel** *het* armazón *m*, soporte *m*; (*coche*) chasis *m*; **~staand** *adj* abajo mencionado; **~'steunen** *vt* apoyar, sostener; **~'strepen** *vt* subrayar

onder'teken/aar *de* firmante; **~en** *vt* firmar; **~ing** *de* firma *f*

onder/trouw *de* esponsales *mpl*; **~'tussen** *adv* entretanto, mientras tanto; **~uit** *adv* del fondo de; **~verdelen** *vt* subdividir (**in** en); **~verhuren** *vt* subalquilar

onder'vind/en *vt* experimentar, tropezar con; **~ing** *de* experiencia *f*

onder/'voeding *de* desnutrición *f*, mala nutrición *f*

onder'vrag/en *vt* examinar; interrogar; **~ing** *de* examen *m*, interrogación *f*

onder/'weg *adv* de camino, en camino; **~wereld** *de* 1. hampa *f*; 2. averno *m*, infierno *m*

onderwerp *het* 1. asunto *m*, tema *m*; 2. *ling* sujeto *m*; **~en** subyugar, someter (**aan** a); **z. ~en** someterse (**aan** a)

onderwij/s *het* enseñanza *f*, educación *f*, formación *f*; docencia *f*; **bijzonder ~** educación *f* privada; **buitengewoon ~** educación *f* especial; **hoger~** enseñanza *f* superior; **lager ~** enseñanza *f* primaria; **middelbaar ~** enseñanza *f* secundaria; **~zen** *vt* enseñar; **~er** *de* maestro *m*

onder'zeeër *de* (<-s>) *nav* submarino *m*

onderzoek *het* 1. investigación *f*; 2. análisis *m*; 3. *med* reconocimiento *m*; **~en** *vt* 1. investigar; 2. analizar; 3. *med* reconocer; **~er** *de* investigador *m*

ondeug/d *de* 1. niño *m* travieso; 2. malicia *f*; **~delijk** *adj* de mala calidad, inservible; **~end** *adj* 1. travieso; 2. pícaro

on/deskundig *adj* inexperto; **~ding** *het* trasto *m*; **~doorzichtig** *adj* opaco; **~draaglijk** *adj* insoportable, inaguantable; **~dubbelzinnig** *adj* inequívoco

onduidelijk *adj* poco claro, confuso, impreciso; **~heid** *de* falta *f* de claridad

onecht *adj* 1. falso; 2. (*niño*) ilegítimo

oneens: het ~ zijn met iem over iets estar en desacuerdo con alg en u/c

oneer/biedig *adj* irrespetuoso; **~lijk** *adj* 1. deshonesto; 2. insincero

on/effen *adj* desigual, accidentado; **~eindig** *adj* infinito, ilimitado; **~enigheid** de discordia f, desacuerdo m; **~ervaren** *adj* inexperto; **~even** *adj* impar; **~evenredig** *adj* desproporcionado (**aan** a); **~even'wichtig** *adj* desequilibrado; **~fat'soenlijk** *adj* indecente, indecoroso; **~'feilbaar** *adj* infalible; **~for'tuinlijk** *adj* desafortunado; **~fris** *adj* poco limpio, sucio

onge/acht *prep* independientemente de, a pesar de; **~daan: ~daan maken** deshacer, anular; **~deerd** *adj* ileso, sano y salvo; **~dierte** *het* bichos *mpl*; **~'duldig** *adj* impaciente; **~'durig** *adj* inquieto, intranquilo; **~dwongen** *adj* 1. natural, desenvuelto; 2. libre; **~grond** *adj* infundado, sin fundamento; **~hoord** *adj* inaudito

onge'hoorzaam *adj* desobediente; **~heid** de desobediencia f

onge/kend *adj* nunca visto, incomparable; **~legen** *adj* inoportuno

ongelijk 1. *adj* desigual, irregular; **2.** *het* **~ hebben** no tener razón, estar equivocado; **~heid** de desigualdad f

onge/'lofelijk *adj* increíble; **~loof** *het* incredulidad f; **~loof'waardig** *adj* inverosímil; **~lovig** *adj* incrédulo; **~luk** *het* 1. accidente m; 2. desgracia f, mala suerte f; **~'lukkig** *adj* 1. infeliz, desdichado; 2. desafortunado, fatal; 3. inválido; **~mak** *het* molestia f, incomodidad f; **~'makkelijk** *adj* 1. incómodo; 2. (*persona*) difícil; **~merkt** *adj* 1. inadvertido, desapercibido; 2. sin marca

onge/nade: in ~ vallen caer en desgracia; **~neeslijk** *adj* incurable; **~noegen** *het* disgusto, desagrado; **~oorloofd** *adj* ilícito, prohibido; **~past** *adj* indecente, impropio; **~rechtigheid** de injusticia f, iniquidad f; **~regeld** *adj* irregular, desordenado; **~rief** *het* incomodidad f; **~'rust** *adj* intranquilo, preocupado; **~schonden** *adj* intacto; **~schoold** *adj* (*empleo*) no cualificado

onge'steld: ~ zijn *med* tener la regla; **~heid** de menstruación f, regla f

ongestraft *adj* impune; **~val** *het* accidente m, desgracia f; **~vaarlijk** *adj* inofensivo, inocuo; **~veer** *adv* más o menos, aproximadamente; unos; **~wenst** *adj* indeseable, no deseado; **~wild** *adj* sin querer; **~zond** *adj* 1. malsano; 2. (*lugar*) insalubre; 3. (*persona*) enfermizo; **~zouten** *adj inv* sin sal, no salado

on/gunstig *adj* desfavorable, adverso; **~'handig** *adj* desmañado, torpe; **~'hebbelijk** *adj* grosero, insolente; **~heil** *het* calamidad *f*, desgracia *f*, mal *m*; **~heil'spellend** *adj* ominoso, de mal agüero; **~her'bergzaam** *adj* inhóspito; **~her'roepelijk** *adj* irrevocable, inapelable; **~her'stelbaar** *adj* irreparable; **~'houdbaar** *adj* 1. inaguantable; 2. insostenible; **~hygiënisch** *adj* antihigiénico; **~juist** *adj* incorrecto, erróneo

on'/kosten *pl* gastos *mpl*; **~kruid** *het* mala hierba *f*; **~kunde** *de* ignorancia *f*; **~'kundig** *adj* ignorante; **~langs** *adv* el otro día, hace poco; **~'leesbaar** *adj* ilegible; **~macht** *de* impotencia *f*; **~mens** *de* monstruo *m*; **~'menselijk** *adj* inhumano, cruel; **~'metelijk** *adj* inmenso; **~'middellijk 1.** *adj* inmediato, directo; **2.** *adv* inmediatamente, en seguida; **~'misbaar** *adj* imprescindible, indispensable; **~mogelijk** *adj* 1. imposible; 2. ridículo, absurdo; **~'mondig** *adj* (niño) menor de edad; **~nadenkend** *adj* irreflexivo; **~natuurlijk** *adj* antinatural; **~nozel** *adj* 1. simple, inocente, bobo; 2. insignificante; **~omwonden 1.** *adj* franco, sincero; **2.** *adv* francamente;

~ontbeerlijk *adj* indispensable; **~ontkoombaar** *adj* inevitable; **~ooglijk** *adj* feo; **~op'houdelijk 1.** *adj* incesante; **2.** *adv* continuamente; **~par'tijdig** *adj* imparcial, neutral; **~'passelijk** *adj* mareado, indispuesto; **~recht** *het* sinrazón *m*, injusticia *f*; **~recht'matig** *adj* ilegítimo, ilícito; **~recht'vaardig** *adj* injusto; **~regelmatig** *adj* irregular, anómalo

on/roerend *adj jur* inmueble; **~ goed** bienes *mpl* inmuebles; **~rust** *de* agitación *f*, inquietud *f*; **~rust'barend** *adj* alarmante; **~rustig** *adj* nervioso, inquieto; **~ruststoker** *de* alborotador *m*, perturbador *m*

ons 1. *pron pers* 1. nos, a nosotros; 2. *después de prep* **van** ~ de nosotros, nuestro; **2.** *pron pos* nuestro; **3.** *het* cien gramos *mpl*

on/samen'hangend *adj* incoherente, inconexo; **~'schadelijk** *adj* inofensivo; **~'schatbaar** *adj* inestimable, inapreciable; **~'schendbaar** *adj* inviolable; **~schuld** *de* inocencia *f*; **~'schuldig** *adj* inocente; **~'smakelijk** *adj* 1. insípido, desabrido; 2. *fig* repugnante; **~sportief** *adj* antideportivo; **~sta'biel** *adj* inestable; **~'sterfelijk** *adj* inmortal, eterno

ont'bijt *het* desayuno *m*; **~en** *vi* desayunar; **~spek** *het* bacon *m*

ont'bind/en *vt* 1. descomponer, disolver; 2. (*contrato*) rescindir; **~ing** *de* 1. descomposición *f*; 2. rescisión *f*

ont'/bloot *adj* desnudo; **~'boezeming** *de* confidencia *f*; **~'bossing** *de* deforestación *f*; **~'branden** *vi* <zijn> 1. encenderse; 2. *fig* estallarse; **~'breken** *vi* faltar; **~'cijferen** *vt* descifrar

ont'dekk/en *vt* descubrir; **~ing** *de* descubrimiento *m*; **~ingsreiziger** *de* explorador *m*

ont'/doen *vt* despojar (**van** de); **~'dooien** *vt*/*i* (o. *fig*) descongelar(se); **~'duiken** *vt* 1. eludir; 2. (*impuestos*) defraudar; **~'eigenen** *vt* expropiar; **~'eigening** *de* expropiación *f*; **on/'telbaar** *adj* incontable, innumerable; **~terecht** *adj* injusto, injustificado

ont'/eren *vt* deshonrar, **~'erven** *vt* desheredar

ont'fermen: z. ~ apiadarse (**over** de)

ont'/gaan *vi* <zijn> (*cosa*) escapar (a alg); **~ginnen** *vt* roturar, explotar; **~glippen** *vi* <zijn> escurrirse, escaparse; **~goochelen** *vt* desilusionar, decepcionar; **~haal** *het* acogida *f* agasajo *m*; **~halen** *vt* recibir; obsequiar (**op** con); **~haren** *vt* depilar; **~hoofden** *vt* decapitar, degollar; **onthoud/en** *vt* recordar, retener; **z. ~en** abstenerse (**van** de); **~ing** *de* abstinencia *f*

ont'hull/en *vt* 1. (*monumento*) inaugurar; 2. (*secreto*) descubrir, revelar; **~ing** *de* 1. inauguración *f*; 2. revelación *f*

ont'kenn/en *vt* negar; **~ing** *de* negación *f*

ont'/ketenen *vt* desencadenar, desatar; **~kiemen** *vi* <zijn> germinar; **~knoping** *de* desenlace *m*; **~komen** *vi* <zijn> salvarse, escaparse (**aan** de); **~koppelen** *vt* 1. desenganchar; 2. *fig* desvincular; **~laden** *vt* descargar

ont'last/en *vt* 1. (*tráfico*) descongestionar, desahogar; 2. *fig* liberar, exonerar (**van** de); **~ing** *de* 1. deposición *f*, excrementos *mpl*

ont'led/en *vt* analizar; **~ing** *de* (o. *gram*) análisis *m*

ont'/lopen *vt* eludir, esquivar; **~maskeren** *vt* (o. *fig*) desenmascarar; **~** *m*; **~moedigen** *vt* desanimar, abatir

ont'moet/en *vt* encontrar(se) con; **~ing** *de* encuentro *m*

ont'/nemen *vt* quitar, privar de; **~nuchteren** *vt* *fig* desengañar, desilusionar

ontoe'reikend insuficiente

ont'ploff/en *vi* <zijn> estallar,

hacer explosión; **~ing** *de* explosión *f*

ont'plooien *vt* 1. desplegar; 2. *fig* desarrollar

ont'roer/en *vt* conmover, emocionar; **~ing** *de* emoción *f*

on/'troostbaar *adj* desconsolado; **~trouw 1.** *adj* infiel, desleal; **2.** *de* infidelidad *f*; deslealtad *f*

ont'/ruimen *vt* desalojar, evacuar; **~ruiming** *de* desalojo *m*; **~slaan** *vt* 1. despedir; 2. *med* dar de alta; 3. (*prisión*) excarcelar; 4. *mil* licenciar; 5. eximir (**van** de); **~slag** *het* 1. despido *m*, 2. (*voluntario*) dimisión *f*; 3. *med* alta *f*; 4. excarcelación *f*; 5. licenciamiento *m*; **~sluiten** *vt* abrir; **~smetten** *vt* desinfectar; **~snappen** *vi* escapar(se); **~snapping** *de* fuga *f*, evasión *f*

ont'spann/en *vt/i* aflojar, relajar(se); **z. ~en** relajarse, distraerse; **~ing** *de* 1. relajación *f*; distracción *f*; 2. *pol* distensión *f*

ont'/sporen *vi* <zijn> 1. descarrilar; 2. *fig* descarrilarse; **~staan 1.** *vi* nacer, originarse, surgir (**uit** de); *doen* **~staan** originar, producir; **2.** *het* origen *m*, nacimiento *m*

ont'stek/en 1. *vi* <zijn> 1. *med* inflamarse, infectarse; 2. *in woede* **~en** montar en cólera; **2.** *vt* encender; **~ing** *de* 1. *tecn* ignición *f*; 2. *med* inflamación *f*

ont'steltenis *de* consternación *f*

ontucht *de jur* abusos *mpl* deshonestos

ont'vallen *vi* <zijn> (*palabras*) escaparse

ont'vang/en *vt* 1. recibir; 2. *com* cobrar, percibir; 3. acoger, recibir; **~er** *de* 1. receptor; 2. destinatario *m*; 3. (*impuesto*) recaudador

ontvangst *de* 1. (*o. telec*) recepción *f*; 2. *com* recibo *m*; 3. acogida *f*; **bewijs** *het com* resguardo *m*, albarán *m*, recibo *m*

ont'vankelijk *adj* susceptible, sensible (**voor** a)

ont'vlam/baar *adj* inflamable; **~men** (*o. fig*) encenderse

ont'/vluchten *vi* <zijn> huir, fugarse de;

ont'voer/der *de* secuestrador *m*; **~en** *vt* secuestrar; **~ing** *de* secuestro *m*

ont'vreemden *vt* hurtar, sustraer; **~waken** *vi* <zij> despertar

ont'wapen/en *vt/i* desarmar(se); **~ing** *de* desarme *m*

ont'/warren *vt* desenredar, desembrollar; **~wennen** *vt* desacostumbrarse; *drog* desintoxicarse; **~werp** *het* 1. proyecto *m*; 2. diseño *m*, esbozo *m*; **~en** *vt* 1. proyectar, planear; 2. diseñar; **~wijken** *vt* esquivar, evadir

ont'wikkel/en *vt* 1. desarrollar, elaborar; 2. cultivar, educar;

ontwikkelen

3. *foto* revelar; **~d** *adj* (*persona*) culto; **~ing** *de* 1. desarrollo *m*, evolución *f*; 2. cultura *f*; 3. progreso *m*; 4. *foto* revelado *m*; **~ingshulp** *de* ayuda *f* al desarrollo; **~ingsland** *het* país *m* en vías de desarrollo

ont'wricht/en *vt* 1. *med* dislocar; 2. *fig* desequilibrar, desquiciar; **~ing** *de* 1. *med* dislocación *f*; 2. *fig* perturbación *f*

ont'zag *het* respeto *m*, veneración *f*; **~lijk** *adj* formidable, inmenso

ont'zett/en *vt* 1. liberar; 2. destituir (**uit** de); **~end** *adj* enorme, terrible, tremendo; **~ing** *de* espanto *m*, terror *m*

ont'zien *vt* respetar, tener considerar con; **z. ~** *med* cuidarse

onuit'puttelijk *adj* inagotable

onuit'staanbaar *adj* insoportable

onvast *adj* inestable, inseguro

onveranderd *adj* sin cambiar

onver'antwoord *adj* irresponsable, injustificable; **~elijk** *adj* (*conducta*) irresponsable, irreflexivo

onver'biddelijk *adj* inexorable, implacable; **~draagzaam** *adj* intolerante; **~enigbaar** *adj* incompatible (**met** con); **~gankelijk** *adj* no pasajero, imperecedero; **~geeflijk** *adj* imperdonable, inexcusable; **~kort** *adj* íntegro, entero; **~mijdelijk** *adj* inevitable; **~minderd 1.** *adj* constante, igual; **2.** *prep* sin perjuicio de; **~moeibaar** *adj* incansable; **~mogen** *het* impotencia *f*, incapacidad *f*; **~pakt** *adj* sin embalar; **~schillig** *adj* indiferente; **~standig** *adj* imprudente, insensato; **~valst** *adj* puro, legítimo; **~wacht** *adj* inesperado, imprevisto; **~zadigd** *adj* 1. insaciable; 2. *quím* insaturado; **~zoenlijk** *adj* irreconciliable; **~zorgd** *adj* 1. descuidado; 2. desatendido

onvol/'doende 1. *adj* insuficiente, deficiente; **2.** *de stud* suspenso *m*, insuficiente *m*; **~ledig** *adj* incompleto, insuficiente; **~tooid** *adj* inacabado, incompleto; 2. *ling* imperfecto **onvoor'waardelijk** *adj* (*o. jur*) incondicional

onvoor'zien *adj* imprevisto

on/'vruchtbaar *adj* estéril, infecundo; **~'waardig** *adj* indigno, vil

onweer *het meteo* tormenta *f*; **~sbui** *de meteo* borrasca *f*; **~'staanbaar** *adj* irresistible

on/'wel *adj elev* indispuesto; **~weren** *vlimpers meteo* tronar; *het onweert* hay tormenta; **~'werkelijk** *adj* irreal; **~'wetend** *adj* ignorante; **~'wetendheid** *de* ignorancia *f*; **~'wettig** *adj* ilegal, ilegítimo; **~'wijs** *adj* tonto, descabellado; **~wil** *de* mala voluntad *f*; **~wille'keurig** *adj*

opbreken

~**'willig** *adj* no dispuesto, reacio (**om** a); ~**'zedelijk** *adj* inmoral; ~**'zeker** *adj* inseguro, incierto; ~**'zekerheid** *de* incertidumbre *f*, inseguridad *f*; ~**'zichtbaar** *adj* invisible; ; ~**zijdig** *adj* 1. imparcial; 2. *ling* neutro; ~**zin** de disparates *mpl*, tonterías *fpl*; ~**'zinnig** *adj* absurdo, disparatado; ~**'zuiver** *adj* 1. impuro; 2. *mús* falso

oog *het* 1. ojo *m*; 2. *txtl* corchete *f*; 3. (*dado*) punto *m*; ~**appel** *de* 1. pupila *f*; 2. niña *f* (del ojo); ~**arts** *de* oftalmólogo *m*; ~**lid** *het* <~leden> párpado *m*; ~**opslag** *de* mirada *f*; ~**punt** *het* punto *m* de vista

oogst *de* cosecha *f*; ~**en** *vt* (*o. fig*) cosechar

oogwenk: *in een* ~ en un santiamén

ooi *de* oveja *f*; ~**evaar** *de* cigüeña *f*

ooit *adv* jamás, nunca

ook *adv* también; ~ *niet/geen* tampoco

oom *de* <~s> tío *m*

oor *het* 1. oreja *f*; 2. oído *m*; 3. (*taza*) asa *f*; ~**bel** *de* pendiente *m*

oord *het* paraje *m*, sitio *m*

oor/deel juicio *m*, opinión *f*; criterio *m*; ~**delen** *vi* juzgar (**over** de, sobre); **te ~delen naar** a juzgar por; ~**konde** *de* <~n> documento *m*, carta *f*

oorlog *de* <~en> guerra *f*; ~**voerend** *adj* beligerante

oorpijn *de* dolor de oído

oor/sprong *de* 1. origen *m*, principio *m*; 2. procedencia *f*; ~**'spronkelijk 1.** *adj* original, primitivo; **2.** *adv* originalmente; ~**zaak** *de* causa *f*

oost 1. *de* este *m*; **2.** *adj* del este; ~**elijk** *adj* oriental; ~**en** *het* este *m*

Oostenrijk Austria; *f*; ~**er** *de* austríaco *m*; ~**s** *adj* austríaco

oost/enwind *de* viento *m* del este; ~**ers** *adj* oriental; ~***zee** *de* Báltico *m*

op 1. *prep* 1. (*local*) en; sobre, encima de; ~ **zee** en el mar; 2. (*temporal*) a, en; ~ **maandag** el lunes; 3. ~ **visite** de visita; **2.** *adv* 1. levantado; 2. terminado, agotado; 3. (*dirección*) (hacia) arriba; ~ **en neer** de arriba abajo, de un lado a otro

opa *de* abuelo *m*

op/bellen *vt* llamar por teléfono; ~**bergen** *vt* guardar; ~**biechten** *vt* confesar; ~**blaasbaar** hinchable; ~**blijven** *vi* <zijn> velar, no acostarse; ~**bloeien** *vi* <zijn> florecer, prosperar; ~**bod** *het* puja *f*

opbouw *de* 1. construcción *f*; 2. estructura *f*; ~**en** construir, montar

opbreken 1. *vi* <zijn> marcharse; **2.** *vt* (*calle*) abrir, desempedrar

opbreng/en vt 1. producir, rendir; 2. (*impuestos*) pagar; (*paciencia*) tener, mostrar; **~st** de com producción f, rendimiento m

opdagen: komen ~ aparecer

op'dat conj para que, a fin de que

op/dienen vt servir; **~doen** vt 1. adquirir, pescar; 2. poner, aplicar; 3. ponerse; **~donderen** vi <zijn> largarse; **~draaien** vi cargar (**voor** con); **~dracht** de encargo m, orden m; cometido m; **~dragen** vt 1. encargar, ordenar; 2. (*libro*) dedicar (**aan** a); **~drijven** vt 1. arrear; 2. fig hacer subir, aumentar; **~dringen** vt imponer; **z. ~dringen** imponerse; **~'dringerig** adj importuno, pesado; **~drinken** vt beberse, apurarse; **~drogen** vt/i secar(se)

op'een adv uno sobre otro, juntos; **~hoping** de amontonamiento m, acumulación f; **~s** adv de repente, de pronto; **~volging** de sucesión f, serie f

opeisen vt reclamar, exigir

open adj 1. abierto, descubierto; 2. (*persona*) franco; **in de ~ lucht** al aire libre; **~'baar** adj público; **in het ~baar** en público; **~baar vervoer** het transporte m público; **~'baarheid** de publicidad f; **~'baren** vt revelar, manifestar; **~'baring** de revelación f; **~breken** vt forzar

opene/n vt abrir; (*oficialmente*) inaugurar; **~r** de abridor m

open/gaan vi <zijn> abrirse; **~'hartig** adj sincero, franco; **~heid** de franqueza f, sinceridad f; **~houden** vt mantener abierto; **~ing** de 1. apertura f; 2. inauguración f; 3. abertura f, agujero m; **~lijk** adj abierto, manifiesto; **~maken** vt abrir

open/staan vi estar abierto; **~stellen** vt abrir

oper/a de opera f; **~'atie** de (o. med) operación f; **~'atiekamer** de sala de operaciones; **~'eren** vt operar; **~'ette** de opereta f, zarzuela f

op/eten vt comerse; **~frissen** vt refrescar; **~gaan 1.** vi <zijn> 1. ascender; (*sol*) salir; 2. valer; 3. estar absorto (**in** en); **2.** vt (*escalera*) subir; **~gang** de (*sol*) subida f; **~gave** de <~n> 1. indicación f; 2. mat, ling ejercicio m; **~geblazen** adj hinchado, inflado; **~geruimd** adj alegre, jovial; **~getogen** adj muy entusiasta; **~geven** vt 1. renunciar a, dejar; 2. mencionar, dar; 3. inscribir, apuntar; 4. (*tarea*) imponer

opge/wassen adj poder (**tegen** con), (estar) a la altura de; **~wekt** adj alegre; **~wonden** adj excitado, agitado; **~graven** vt desenterrar

op/groeien vi <zijn> crecer, criar-

oplosmiddel

se; **~haalbrug** *de* puente *m* levadizo; **~halen** *vt* 1. recoger, buscar; 2. levantar, subir; 3. (*conocimiento*) refrescar

op'handen: ~ zijn avecinarse, ser inminente

op/hangen *vt* colgar, tender, suspender; **~hebben** 1. llevar (puesto); 2. haber bebido, haber comido; 3. simpatizar (**met** con)

ophef *de* aparato *m*, rimbombancia *f*; **~fen** *vt* 1. levantar, alzar; 2. cancelar, suprimir; **~fing** *de* 1. supresión *f*; 2. cierre *m*, liquidación *f*

ophelder/en *vt* aclarar, explicar; **~ing** *de* aclaración *f*, esclarecimiento *m*

op/hemelen *vt* alabar, ensalzar; **~hitsen** *vt* 1. azuzar; 2. *fig* excitar; **~hoepelen** *vi* <zijn> largarse; **~houden** 1. *vi* <zijn> dejar (**met, te** de), cesar 2. *vt* 1. levantar, sostener; (*a persona*) retener; **z. ~houden** 1. parar, estar; 2. ocuparse (**met** de)

o'pinie *de* opinión *f*

opium *de/het drog* opio *m*

op/jagen *vt* 1. batir; 2. *fig* incitar, apresurar; **~kijken** *vi* 1. alzar la vista; 2. sorprenderse; 3. respetar (**tegen** a); **~kikkeren** *vi* <zijn> animarse, entonarse; **~klapbed** *het* cama *f* plegable; **~klaren** 1. (*cara*) animarse; 2. *meteo* despejarse; **~klaring** *de*

meteo claro *m*; **~klimmen** *vi* <zijn> subir, ascender, (*o. fig*) escalar

opknappen 1. *vi* <zijn> mejorarse; *med* restablecerse; **2.** *vt* arreglar, mejorar, encargarse de; **z. ~** arreglarse

opkom/en *vi* <zijn> 1. subir; 2. (*sol, planta*) salir; 3. *fig* surgir; nacer; **~st** *de* 1. *teat* salida *f*, aparición *f*; 2. progreso *m*, avance *m*; 3. (*elecciones*) participación *f*

op/kroppen *vt* reprimir; **~laden** *vt* *tecn* (re)cargar; **~lage** *de* <~n> *impr* tirada *f*; **~leggen** *vt* 1. poner sobre; 2. (*tarea*) imponer

opleid/en *vt* enseñar, educar, preparar (**voor** para); **~ing** *de stud* 1. formación *f*, educación *f*; 2. preparación *f*; 3. título *m*;

opletten *vi* prestar atención, tener cuidado, fijarse; **~d** *adj* atento

oplev/eren *vt* 1. rendir, producir; 2. (*encargo*) entregar; **~ing** *de* resurgimiento *m*

oplicht/en *vt* 1. levantar; 2. timar, estafar; **~er** *de* estafador *m*, timador *m*; **~e'rij** *de* estafa *f*, timo *m*

oplopen 1. *vi* <zijn> 1. subir, ascender; 2. aumentar, subir; **2.** *vt* (*daño*) sufrir, coger;

oplos/baar *adj* disoluble; **~middel** *het* <~en> disolvente *m*,

~sen 1. *vi* disolverse; **2.** *vt* 1. resolver, solucionar; 2. *quím* disolver; **~sing** *de* (*o. quím*) solución *f*

oplucht/en *vi* aliviar, desahogar; **~ing** *de* alivio *m*

opluisteren *vt* realzar, amenizar

opmaak *de* 1. presentación *f*; 2. (*diario*) composición *f*; 3. maquillaje *m*

opmaken *vt* 1. terminar, gastar; 2. (*cama*) hacer; 3. adornar; 4. (*documento*) redactar; 5. deducir (**uit** de); **z. ~** 1. maquillarse; 2. prepararse (**voor** para)

opmerk/elijk *adj* notable, curioso; **~en** *vt* observar, señalar, advertir; **~ing** *de* observación *f*, advertencia *f*; **~zaam** *adj* atento

op/meten *vt* medir; **~name** *de* 1. *med* hospitalización *f*; 2. inserción *f*; 3. fotografía *f*, toma *f*, grabación *f*; **~nemen** *vt* 1. tomar, (re)coger; 2. insertar; 3. *med* hospitalizar; 4. (*telefono*) contestar; 5. *banc* retirar, sacar; 6. (*mirar*) examinar; 7. *cine, mús* rodar, grabar; **~'nieuw** *adv* otra vez, de nuevo; **~noemen** *vt* mencionar

opoffer/en *vt* sacrificar; **z. ~en** sacrificarse; **~ing** *de* sacrificio *m*

op/onthoud *het* 1. demora *f*; 2. estancia *f*; **~pakken** *vt* 1. coger; 2. detener, arrestar

oppas *de* canguro *m*; **~sen** *vi* 1. tener cuidado, cuidarse; 2. cuidar (**op** de); **~ser** *de* guarda *m*, cuidador *m*

opperbevel *het mil* mando *m* superior; **~hebber** comandante *m* en jefe

oppervlak *het* superficie *f*; **~kig** *adj* superficial; **~te** *de* superficie *f*

op/po'sitie *de* oposición *f*; **~rapen** *vt* recoger, alzar; **~'recht** *adj* sincero, franco

opricht/en *vt* 1. alzar, erigir; 2. fundar; **~er** *de* fundador *m*; **~ing** *de* fundación *f*, constitución *f*

op/rijden 1. *transp* subir; 2. chocar (**tegen** con); **~rit** *de* (rampa *f* de) acceso

oproep *de* convocatoria *f*, llamamiento *m*; **~en** *vt* 1. convocar; 2. *mil* llamar a filas **op/roer** *het* 1. alboroto *f*, revuelta *f*; 2. insurrección *f*, sublevación *f*; **~rollen** *vt* 1. enrollar; 2. (*banda*) desarticular

opruim/en *vt* 1. recoger; 2. deshacerse de; 3. liquidar; **~ming** *de* liquidación *f*, rebajas *fpl*

opscheppe/n *vi* 1. *gastr* servir; 2. presumir, jactarse (**over** de); **~r** *de* fanfarrón *m*

opschieten *vi* <zijn> 1. apresurarse, darse prisa; 2. avanzar; 3. **kunnen ~** llevarse (**met** con)

op/schrift *het* 1. epígrafe *m*;

2. letrero *m*; 3. leyenda *f*; **~schrijven** *vt* apuntar, anotar; **~schrikken** *vi* asustarse; **~schudding** *de* conmoción *f*, alboroto *m*; **~schuiven** *vt/i* 1. correr(se); 2. (*cita*) aplazar; **~slaan** *vt* 1. subir, alzar; 2. *com* almacenar; 3. (*libro*) abrir; **~slag** *de* 1. subida *f* de sueldo; 2. *com* almacenamiento *m*

opsluit/en *vt* 1. encerrar, recluir; 2. encarcelar; **~ing** *de* 1. encierro *m*, reclusión *f*; 2. encarcelamiento *m*

opsomm/en *vt* enumerar; **~ing** *de* enumeración *f*

opspor/en *vt* bucar, localizar; **~ing** *de* búsqueda *f*, localización *f*

opspraak: *in ~ brengen* desprestigiar; *in ~ komen* dar que hablar

opstaan *vi* <zijn> 1. ponerse de pie; 2. (*de la cama*) levantarse; 3. alzarse

opstand *de* sublevación *f*, insurrección *f*; **~eling** *de* rebelde *m*; **~ig** *adj* rebelde; **~ing** *de relig* resurrección *f*

op/stapelen *vt* amontar; **~stappen** *vi* <zijn> 1. marcharse; 2. subir, montarse; **~steken** *vt* (*mano*) levantar; 2. aprender

opstel *het* composición *f*; **~len** *vt* 1. colocar, montar; 2. redactar, formular; **z. ~len** (*o. fig*) colocarse, ponerse; **~ling** *de* 1. colocación *f*; 2. *fig* actitud *f*, posición *f*; 3. *sport* alineación *f*

op/stijgen *vi* <zijn> subir, ascender; *aero* despegar; **~stootje** *het* disturbio *m*, motín *m*; **~stopping** *de* embotellamiento *m*, atasco *m*; **~sturen** *vt* enviar, expedir **optell/en** *vt* sumar; **~ing** *de* suma *f*

optie *de* opción *f*

optillen *vt* levantar, alzar

opti'mis/me *het* optimismo *m*; **~t** *de* optimista *m*; **~tisch** *adj* optimista

op/tisch *adj* óptico; **~tocht** *de* desfile *m*, cabalgata *f*; **~treden** **1.** *vi* <zijn> 1. (*o. teat*) actuar, proceder; 2. presentarse, ocurrir; **2.** *het* proceder *m*, actuación *f*; **~trekken 1.** *vi* <zijn> 1. *auto* acelerar; 2. (*niebla*) disiparse; 3. hacer cosas juntas (**met** con) **2.** *vt* tirar hacia arriba, subir, levantar; **~tuigen** *vt* 1. aparejar; 2. adornar

opvallen *vi* <zijn> saltar a la vista, llamar la atención; **~d** *adj* llamativo, vistoso

opvangen *vt* 1. (re)coger; 2. acoger; 3. (*golpe*) amortiguar; 4. *fig* oír

opvatt/en *vt* 1. coger; 2. (*plan*) concebir; 3. entender, tomar; 4. *weer ~en* reanudar; **~ing** *de* 1. idea *f*, opinión *f*, parecer *m*; 2. interpretación *f*

opvissen *vt* pescar, sacar (del

opvissen 230

agua); **opvoe/den** vt educar, criar; **~ding** de educación f; **~ren** vt 1. aumentar; 2. teat representar; **~ring** de representación f
opvolge/n vt 1. suceder; 2. cumplir, seguir; **~er** de sucesor m
op'vouw/baar adj plegable; **~en** plegar
op/vragen vt pedir; (dinero) retirar; **~vreten** vt devorar, comerse; **~vrolijken** vt alegrar, animar; **~vullen** vt rellenar; **~waarts** adv hacia arriba; **~wachten** vt esperar; **opwarmen 1.** vi <zijn> calentarse **2.** vt recalentar
op/wegen vi (**tegen**) compensar; **~wekken** vt 1. animar; 2. suscitar, provocar; 3. tecn generar; **~welling** de impulso m, capricho m; **~werpen** vt 1.(pelota) alzar; 3. plantear, sugerir; 3. (dique) levantar, construir
opwind/en vt 1. dar cuerda a; 2. excitar; 3. irritar; **z. ~en** excitarse, enojarse; **~end** adj emocionante; **~ing** de excitación f, agitación f
opzeggen vt 1. recitar; 2. (empleo) despedir; 3. (contrato) rescindir
opzet de 1. intención f, propósito; **met ~** a propósito; 2. diseño m, plan m; **~telijk** adj intencionado, intencionadamente; **~ten** vt 1. levantar, colocar; 2. (negocio) montar; 3. (gafas) ponerse; 4. (comida, disco) poner; 5. disecar; 6. (a persona) instigar (**contra** tegen)
opzicht het respecto; **in dit ~** en este sentido; **ten ~e van** (con) respecto a, para con; **~er** de 1. supervisor m; 2. capataz m; **~ig** adj llamativo, vistoso
opzien vi 1. (persona) respetar, tener aprecio (**tegen** a); **2.** het **~ baren** causar sensación; **~barend** adj sensacional
op/zoeken vt 1. buscar; 2. (persona) ir a ver, visitar; **~zuigen** vt 1. absorber; 2. chupar
o'rakel het <~s, ~en> oráculo m
o'ranje adj inv naranja
Oranje het (Casa de) Orange
orchi'dee de <~ën> bot orquídea f
orde 1. mil, relig orden f; 2. orden m; **~nen** vt ordenar; **~ning** de orden m, ordenación f; **~r** de 1. orden f, mandato m; 2. com pedido m;
ordi'nair adj 1. ordinario; 2. vulgar
or'gaan het órgano m
organi'/satie de organisación f; **~sator** de <~s, ~en> organisador m; **~sch** adj orgánico; **~seren** vt organizar; **~sme** het organismo m; **~st** de organista m
or'gasme het <~n> orgasmo m
orgel het órgano m
or'gie de <~ën> orgía f

orgin/ali'teit *de* originalidad *f*; **~'eel** *adj* original
or'kaan *de* huracán *m*
or'kest *het* orquesta *m*
ortho'dox *adj* ortodoxo
os *de zool* buey *m*; **~senhaas** *de gastr* solomillo *m* de buey
otter *de zool* nutria *f*
oud viejo, antiguo; **hoe ~is hij?** ¿qué edad tiene?; **~ejaarsavond** *de* Nochevieja *f*; **~er 1.** *adj* mayor; **2.** *de* padre *m*, madre *f*; **~erdom** *de* 1. edad *f*; 2. vejez *f*; **~erlijk** *adj* paterno; **~er'wets** *adj* anticuado, pasado de moda; **~heid** *de* antigüedad *f*; **~heidkunde** *de* arqueología *f*; **~heidkundig** *adj* arqueológico; **~sher: van ~her** desde siempre
o'vaal 1. *adj* oval, ovalado; **2.** *het* óvalo *m*, elipse *m*
ov'atie *de* ovación *f*
oven *de* horno *m*
over 1. *adj* 1. (*local*) sobre, por encima de; por, vía; **~straat** por la calle; **~ de grens** al otro lado de la frontera; 2. (*temporal*) dentro de, después de, en; 3. más de; **~ de 40 zijn** tener más de 40 años; 4. sobre, acerca de; **2.** *adv* 1. **~ zijn** sobrar, quedar; haber pasado; **~ gaan** pasar; *stud* pasar de curso; **~'al** *adv* en/por todas partes; **~all** *de* <~s> mono *m*
overbevolk/ing *de* superpoblación *f*; **~t** *adj* superpoblado

overblijfsel *het* <~s, ~en> resto *m*, residuo *m*, sobras *fpl*
overbreng/en *vt* 1. transportar, llevar, trasladar; 2. (*mensaje*) llevar, traer, pasar; 3. (*enfermedad*) transmitir; **~ing** *de* 1. traslado *m*, transporte *m*; 2. *tecn* transmisión *f*
over/'bruggen *vt* 1. tender un puente sobre; 2. *fig* salvar; **~daad** *de* opulencia *f*; **~'dadig** *adj* desmesurado, excesivo; **~'dag** *adv* de día; **~'denken** *vt* meditar, reflexionar sobre; **~doen** *vt* 1. rehacer, hacer de nuevo; 2.*com* traspasar; **~dracht** *de com* cesión *f*, transmisión *f*, traspaso *m*; **~dragen** *vt* ceder, transmitir; *com* transferir; **~'dreven** *adj* exagerado, excesivo; **~'drijven** *vi* exagerar; **~drijving** *de* exageración *f*; **~'dwars** *adv* transversal
over'eenkom/en 1. *vi* <zijn> coincidir (**met** con), corresponder a; **2.** *vt* convenir, acordar; **~st** *de* 1. convenio *m*, acuerdo *m*; 2. semejanza *f*, parecido *m*; **~stig 1.** *adj* parecido, semejante; **2.** *prep* conforme a, de acuerdo con
overeen'stemm/en *vi* V. **overeenkomen**; **~ing** *de* 1. conformidad *f*; **in ~ing met** de acuerdo con, acorde con; 2. acuerdo *m*; **tot ~ing komen** llegar a un acuerdo

over'eind adv derecho, levantado

over/gaan vt 1. (*teléfono*) sonar; 2. *stud* pasar de curso; 3. pasar; 4. cambiar(se) (**in** en/a); 5. pasar (**op** a); 6. proceder (**tot** a); **~gang** de cambio m paso m (**van-op** de-a) 2. *med* menopausia f

over/gave de 1. rendición f; 2. dedicación f; **~geven** vi vomitar, devolver; **z. ~geven** 1. rendirse; 2. entregarse (**aan** a); **~ge'voelig** adj hipersensible; **~gewicht** het exceso m de peso; **~halen** vt persuadir, convencer; **~hand: de ~hand hebben** prevalecer; **~handigen** vt entregar (en mano); **~hebben** vt 1. sobrar; 2. dar por

over'heen adv por encima; **~ komen** superar

over'heers/en 1. vi fig prevalecer; **2.** vt dominar; **~ing** de dominación f, tiranía f

over/heid de administración f pública, autoridades fpl; **~hellen** vi <zijn> 1. inclinarse (**tot** a); 2. *nav* escorar; **~hemd** het camisa f; **~'hoop** adv en desorden; **~'horen** vt tomar la lección f; **~houden** vt 1. sobrar, quedarse con; 2. (*dinero*) ahorrar

overig adj demás, restante; **het ~** lo demás; **~ens** adv por otra parte, a parte de eso

over/jas de abrigo m; **~kant** de otro lado m; **~'lappen** vt solapar, sobreponer; **~last** de molestia(s) f(pl); **~laten** vt dejar, encargar (**aan** a); **~'leden** adj fallecido, muerto; **~'lijden 1.** vi <zijn> fallecer, morir; **2.** *het* fallecimiento m, muerte f; **~lopen** vi <zijn> 1. (*agua*) salirse, desbordarse; 2. rebosar (**van** de); 3. desertar, pasarse; 4. (*calle*) pasar por, cruzar; **~loper** de desertor m

over/maat: tot ~ van ramp por colmo de desgracia; **~macht** de 1. superioridad f; 2. fuerza f mayor; **~maken** vt 1. volver a hacer; 2. *banc* transferir, remitir; **~'matig** adj desmesurado, excesivo

over/'meesteren vt dominar, vencer; **~moed** de temeridad f, osadía f; **~'moedig** adj temerario, muy atrevido; **~morgen** adv pasada mañana; **~'nachten** vi pernoctar, pasar la noche; **~'nachting** de noche f; **~name** de traspaso m; **~nemen** vt 1. comprar, absorber; 2. (*idea*) adoptar, seguir; 3. (*poder*) asumir; 4. tomar, copiar; 5. (*suceder*) relevar, encargarse de

over'peinzing de meditación f, reflexión f **overplaats/en** vt trasladar, transferir; **~ing** de traslado m

over'red/en vt persuadir; **~ingskracht** de poder m de persuasión f

over/'rompelen *vt* sorprender, coger de sorpresa; **~'schaduwen** *vt* dar sombra a, eclipsar; **~schakelen** *vi* <zijn> 1. (*o. auto*) cambiar, embragar; 2. *radio, TV* conectar (**naar** con); **~'schatten** *vt* sobrevalorar, sobreestimar; **~schot** *het* 1. sobrante *m*, excedente *m*; 2. *banc* superávit *m*

over/'schrijden *vt* traspasar, rebasar; **~schrijven** *vt* 1. copiar; 2. *banc* transferir; **~slaan 1.** *vi* <zijn> propagarse (**op** a); **2.** *vt* 1. pasar por alto, saltar; 2. *com* transbordar; **~slag** *de com* transbordo *m*; **~'spannen 1.** *adj* sobreexaltado, estresado; **2.** *vt* (*puente*) atravesar; **~spel** *het* adulterio *m*; **~springen** *vt* (*clase*) saltar

over/staan: ten ~ van ante; **~stappen** *vi* <zijn> 1. pasar por encima; 2. *transp* cambiar, transbordar; 3. pasar (**op** a); **~ste** *de* <~n> 1. *relig* superior; 2. *mil* teniente *m* coronel; **~steekplaats** *de* paso *m* de peatones; **~steken** *vi* <zijn> cruzar; atravesar; **~stelpen** *vt* colmar (**met** de), agobiar de; **~'stemmen** *vt* ahogar (con voz); **~'stromen** *vt* 1. inundar; 2. colmar (**met** de); **~'stroming** *de* inundación *f*; **~'stuur** *adj* desquiciado, perturbado; **~tocht** *de* pasaje *m*, paso *m*, travesía *f*; **~'tollig** *adj* superfluo, excedente; **~'treden** *vt jur* infringir, traspasar; **~'treffen** *vt* superar, exceder; **~'tuigen** *vt* convencer, persuadir; **~'tuiging** *de* convicción *f*, convencimiento *m*

over/val *de* asalto *m*, atraco *m*; **~'vallen** *vt* 1. asaltar, atracar; 2. sorprender; **~verhitten** *vt* sobrecalentar; **~ver'moeid** *adj* agotado, sobrefatigado; **~vloed** *de* abundancia *f*; **~vloedig** *adj* abundante, copioso; (*comida*) opíparo; **~vol** *adj* repleto, atestado

over/'weg: ~ kunnen llevarse, entenderse (**met** con); **~weg** *de* paso *m* a nivel; **~'wegend** *adv* principalmente; **~'weging** *de* 1. consideración *f*; 2. motivo *m*; **~wicht** *het* preponderancia *f*

over'winn/aar *de* vencedor *m*, triunfador *m*; **~en** *vt* vencer, triunfar; **~ing** *de* triunfo *m*, victoria *f* (**op** sobre)

over/'winteren *vi* invernar, pasar el invierno; **~zees** *adj* ultramarino, de ultramar; **~zetten** *vt* cruzar al otro lado

overzicht *het* 1. resumen *m*, sinopsis *m*, estado *m*, lista *f*; 2. vista *f* general; **~'elijk** *adj* claro, fácil de abarcar

over'zien *vt* abarcar con la vista

ozon *de/het* ozono *m*; **~laag** *de* capa *f* de ozono

P

pa *de* papá *m*
paadje *het* sendero *m*, vereda *f*
paal *de* 1. palo *m*, poste *m*; 2. pilote *m*; 3. estaca *f*
paar *het* 1. par *m*; 2. pareja *f*; 3. **een** ~ unos cuantos, un par de
paard *het* 1. caballo *m*; **te ~** a caballo; 2. *sport* potro *m*
paarden/bloem *de bot* diente *m* de león; **~kracht** *de mec* caballo (c.v.) *m*; **~sport** *de* hipismo *m*, deporte *m* hípico; **~stal** *de* cuadra *m*, caballeriza *f*
paardrijd/en *vi* montar a caballo; **~er** *de* jinete *m*;
paars *adj* morado, violeta
paasdag *de* 1. **eerste ~** domingo *m* de Pascua; **tweede ~** lunes *m* de Pascua; **~ei** *het* huevo *m* de Pascua; **~vakantie** *de* vacaciones *fpl* de Semana Santa
pacemaker *de ing* marcapasos *m*
pacht *de* arriendo *m*, arrendamiento *m*; **~en** *vt* arrendar; **~er** *de* arrendatario *m*; **~som** *de* (*precio*) arrendamiento *m*
pascifis/me *het* pacifismo *m*; **~t** *de* pacifista *m/f*; **~tisch** *adj* pacifista
pact *het* pacto *m*
pad *het* <~en> 1. *zool* sapo *m*; 2. sendero *m*, camino *m*, sendera *f*; **op ~ gaan** ponerse en camino; **~destoel** *de* 1. *bot* seta *f*, hongo *m*; 2. hito *m*; **~vinder** *de* explorado *m*, scout *m*; **~vinde'rij** *de* scouting *m*, boy-scouts *mpl*
paf: **~staan** estar perplejo; **~fen** *vi* fumar mucho
pagina *de* página *f*
pak *het* 1. paquete *m*, bulto *m*; 2. (*billetes*) fajo *m*; 3. (*cartas*) baraja *f*; 4. traje *m*; **~huis** *het com* almacén *m*, depósito *m*; **~je** *het* 1. regalo *m*; 2. paquete *m* postal; 3. (*cigarillos*) paquete *m*; 4. *txtl* traje *m* de chaqueta; **~ken 1.** *vi* hacer las maletas; **2.** *vt* 1. coger, tomar, agarrar; 2. detener; 3. *fig* cautivar; **~'ket** *het* paquete *m*, bulto *m*; **~papier** *het* papel *de* envolver
pal 1. *de* fiador *m*, trinquete *m*; **2.** *adv* firme, justo; **~ staan** mantenerse firme
pa'leis *het* palacio *m*
pa'let *het* paleta *f*
paling *de zool* anguila *f*
paljas *de* payaso *m*, bufón *m*;
palm *de* 1. *bot* palma *f*, palmera *f*; 2. palma *f* (de la mano); **~boom** *de* palma *f*, palmera *f*
pam'flet *het* panfleto *m*, octavilla *f*
pan *de* 1. olla *f*, cacerola *f*; 2. sartén *m*; 3. teja *f*
pand *het* 1. inmueble *m*, finca *f*; 2. (*o. jur*) prenda *f*

pa'neel *het* panel *m*, cuarterón *m*
pa'n/eren *vt* empanar, rebozar; **~eermeel** *het* pan *m* rallado
pa'n/iek *de* pánico *m*; **~isch** *adj* pánico
pannenkoek *de gastr* panqueque *m*, crêpe *m*
pano'rama *het* panorama *m*
panta'lon *de* <~s> pantalón *m*
panter *de zool* pantera *f*
pan'toffel *de* zapatilla *f*, pantufla *f*; **~held** *de* bragazas, calzonazos *m*
panto'mime *de* pantomima *f*
panty *de* <~'s> panty *m*, medias *fpl*
pap *de* papilla *f*, papas *fpl*
pa'paver *de bot* amapola *f*
pape'gaai *de* papagayo *m*, loro *m*
paper/back *de ing* libro en rústica; **~clip** *de* clip *m*
pa'pier *het* papel *m*; **~en** *de* papel
paprika *de* 1. *bot* pimiento *m*; 2. pimentón *m*
pa'raaf *de* rúbrica *f*
pa'raat *adj* listo, dispuesto
pa'rabel *de* <~s, ~en> parábola *f*
para'chut/e *de* paracaídas *m*; **~'ist** *de* paracaidista *m*
pa'rade *de* parada *f*, desfile *m*; **~ren** *vi* 1. desfilar; 2. pavonear
paradijs *het* paraíso *m*, edén *m*
paradox *de* paradoja *f*; **~aal** *adj* paradójico

para'feren *vt* rubricar
paraffine *de* parafina *f*
para'graaf *de* párrafo *m*, apartado *m*
paral'lel 1. *adj* paralelo; 2. *de* 1. paralelo *m*; 2. *mat* paralela *f*
para'plu *de* paraguas *m*
para'siet *de* parásito *m*; **~si'teren** *vi* gorrear
para'sol *de* <~s> parasol *m*, sombrilla *f*
par'cours *het* recorrido *m*, circuito *m*
par'does *adj* de repente, de pronto
par'don *het* perdón *m*; **pardon!** ¡perdone!
parel *de* perla *f*; **~hoen** *het zool* pintada *f*
paren 1. *vi* copularse, aparearse; 2. *vt* aparear
parfu'meren *vt* perfumar
paria *de* paria *f*
paring *de* cópula *f*, apareamiento *m*
park *het* parque *m*
par'keer/meter *de* parquímetro *m*; **~plaats** *de* aparcamiento *m*; **~terrein** *het* aparcamiento *m*
par'keren *vt* aparcar, estacionar
par'ket *het* 1. parqué *m*; 2. *teat* platea *f*; 3. *jur* fiscalía *f*; **een lastig ~** un apuro, un lío
par'kiet *de zool* periquito *m*
parle'ment *het* parlamento *m*, Cortes *fpl*; **~air** *adj* parlamen-

parlementslid

tario; **~slid** het <~leden> parlamentario m
paro/chi'aan de parroquiano m; **~chie** de parroquia f
paro/die de <~ën> parodia f; **~diëren** vt parodiar
pa'rool het santo y seña m; lema m
part het parte f
par'terre de/het 1. planta f baja; 2. teat patio m de butacas
partici'patie de participación f
particu'lier 1. adj privado; **2.** de <~en> particular m, persona f privada
par'tij de <~en> 1. partido m; 2. jur, mús parte f; 3. fiesta f; 4. com partida f, lote m; **~dig** adj parcial, partidista
parti'tuur de mús partitura f
parti'zaan de partisano m
partner de 1. compañero m, pareja f; 2. com socio m
parttime adj inv a tiempo parcial
parve'nu de advenedizo m
pas 1. adv sólo, recién; **2.** de 1. paso m, 2. (montaña) puerto m; 3. pasaporte m; **~je** het pase m, tarjeta f
Pasen de Pascua f (de Resurrección), Semana f Santa
pas/foto de foto f de carné; **~kamer** de probador m; **~klaar** adj hecho a la medida; **~poort** het pasaporte m
pas'sag/e de 1. pasaje m; 2. travesía f; 3. galerías fpl; paso m; **~ier** de <~s> pasajero m, viajero m
passen 1. vi 1. (ropa) sentar bien, quedar bien; 2. ajustar; 3. (cartas) pasar; 4. (a alg) convenir, ser conveniente; 5. ser correcto; 6. cuadrar (**bij** con), combinar con; 7. entrar (**in** en), encajar en; 8. cuidar (**op** de), vigilar; **2.** vt txtl 1. probar(se); 2. pagar con el dinero justo; **~d** adj 1. conveniente, apropiado; 2. a juego (**bij** con)
passer de compás m; **~en 1.** vi <zijn> pasar, ocurrir; **2.** vt 1. pasar, adelantar; 2. pasar por, atravesar
passie de pasión f; **~f** adj pasivo
pasta de pasta f
pas'tei de <~en> pastel m, empanada f
pas'tel het (color) pastel m
pastille de pastilla f, gragea f
pas/'toor de <~s> relig cura m, párroco m; **to'raal** pastoral; **~to'rie** de <~ën> casa f del cura/párroco
pat het (ajedrez) tablas fpl
pa'tat de (**pa'tates frites** pl) patatas fpl fritas; **~kraam** de puesto m de patatas fritas
paté de paté m
pa'tent 1. adj excelente; **2.** het patente f
pater de relig padre m
pa'th/etisch adj patético; **~ologisch** adj patológico

pa'tiënt *de* paciente *m*, enfermo *m*
patisse'rie *de* <~ën> pastelería *f*
patri'arch *de* patriarca *m*; **~'aal** *adj* patriarcal; **~'aat** *het* patriarcado *m*
pa'trijs *de zool* perdiz *f*; **~poort** *de* ojo *m* de buey
pa'troon *de* 1. patrón *m*; patrono *m*; 2. (*fusil*) cartucho *m*; 3. dibujo *m*, *txtl* patrón *m*, modelo *m*
patrouille *de* patrulla *f*; **~ren** *vi* patrullar
pats **1.** *de* bofetada *f*; **2.** *excl* ¡zas!
pauk *de* timbal *m*
paus *de relig* papa *m*; **~elijk** *adj* papal, pontifical
pauw *de pavo m* real, pavón *m*
pauze *de* pausa *f*, descanso *m*; *sport* intermedio *m*; *teat* entreacto *m*; (*colegio*) recreo *m*; **~ren** *vi* hacer pausa
pavil'joen *het* pabellón *m*
pech *de* 1. mala suerte *f*; 2. (tráfico) avería *f*; **~vogel** *de* gafe *m*
pe'daal *de/het* pedal *m*; **~emmer** *de* basurero *m* de pedal
peda'g/ogisch *adj* pedagógico; **~oog** *de* pedagogo *m*
pe'dant *adj* pedante, sabihondo
pedi'cure *de* pedicuro *m*, callista *m*
pee: *de* **~** *in hebben* estar de mala uva
peen *de* zanahoria *f*
peer *de* 1. pera *f*; 2. *electr* bombilla *f*
pees *de med* tendón *m*
peig'noir *de fr* bata *f*
peil *het* nivel *m*; **~en** *vt* 1. sondar, sondear; 2. localizar, situar; 3. *fig* tantear; **~ing** *de* 1. sondeo *m*; 2. localización *f*
peinzen *vi* meditar (**over** sobre), cavilar sobre
pek *de/het* pez *f*
pekel *de* 1. salmuera *f*; 2. sal *f*; **~en** *vt* 1. poner en salmuera; 2. echar sal
pelgrim *de* <~s> peregrino *m*
peli'kaan *de zool* pelícano
pellen *vt* pelar, descascarar, mondar
pelo'ton *het* <~s> *mil* pelotón *m*
pels *de* <pelzen> (*animal*) piel *f*; **~jager** *de* cazador *m* de pieles
pen *de* 1. bolígrafo *m*, pluma *f*; 2. clavija *f*, espiga *f*, aguja *f*
pe'nalty *de ing sport* penalty *m*
pe'narie: *in de* **~** *zitten* estar metido en un lío
pendelen *vi* viajar entre el trabajo y casa
pe'nibel *adj* penoso, difícil
penicil'line *de med* penicilina *f*
penis *de* pene *m*
pennenstrijd *de* polémica *f*
penning *de* 1. moneda *f*; 2. medalla *f*
penningmeester *de* tesorero *m*
pens *de* 1. panza *f*, barriga *f*; 2. *gastr* tripa *f*, callos *pl*

pen'seel *het* pincel *m*
pensi'oen *het* jubilación *f*, pensión *f*; **met ~ gaan** jubilarse, retirarse; **vervroegd ~** jubilación *f* anticipada; **~fonds** *het* fondo *m* de pensiones; **~gerechtigd** *adj* con derecho a pensión
pensi'on *het* pensión *f*, casa *f* de huéspedes; **~'eren** *vt* jubilar
peper *de* pimienta *f*; **~duur** carísimo; **~en** *vt* sazonar con pimienta; **~munt** *de* 1. *bot* menta *f*; 2. pastilla *f* de menta; **~noot** *de* dulce *m* con especias
per *prep* 1. por; **~ jaar** por año; 2. a partir de, desde; **~'ceel** *het* parcela *f*, terreno *m*, lote *m*; **~cen'tage** *het* porcentaje *m*
perenboom *de* peral *m*
per'fect *adj* perfecto; **~ie** *de* perfección *f*
perfo'reren *vt* perforar
peri'o/de *de* periodo *m*; **~'diek** *adj* periódico
perk *het* macizo *m*, cuadro *m*
perka'ment *het* pergamino *m*
perma'nent 1. *adj* permanente; 2. *(pelo)* permanente *f*
per'mi/ssie *de* permiso *m*, autorización *f*; **~t'teren** *vt* permitir
per'plex *adj* peplejo, confuso
per'ron *het* <~s> andén *m*
pers *de* 1. prensa *f*; 2. alfombra *f* persa; **~bureau** *het* agencia *f* de prensa; **~en 1.** *vi (parto)* empujar; **2.** *vt* 1. prensar, comprimir; 2. planchar

per 'se 1. a toda costa; 2. necesariamente
perso/'nage *de* personaje *m*; **~'neel** *het* personal *m*; **~nenauto** *de* turismo *m*
per'soon *de* (*o. ling*) persona *f*; **~lijk 1.** *adj* personal; **~lijk voornaamwoord** *het* pronombre *m* personal; **2.** *adv* personalmente, en persona; **~lijkheid** *de* personalidad *f*; **~sbewijs** *het* carnet *m* de indentidad
perspec'tief *het* perspectiva *f*
persvrijheid *de* libertad *f* de prensa
perti'nent 1. categórico, rotundo; 2. *jur* pertinente
perzik *de* melocotón *m*
pessi'mis/me *het* pesimismo *m*; **~t** *de* pesimista *m*; **~tisch** *adj* pesimista
pest *de med* peste *f*; **~en** *vt* hacer rabiar, chinchar; **~kop** *de* chinche *m*, fastidioso *m*
pet *de* gorra *f*
petekind *het* <~eren> ahijado *m*
peter'selie *de* perejil *m*
pe'titie *de adm* petición *f*
pe'troleum *de* petróleo *m*
petto: iets in ~ hebben tener reservada una cosa
peuk(je *het***) de** colilla *f*
peul *de* 1. vaina *f*; 2. legumbre *m*; **~vrucht** *de* legumbre *m*
peuter *de* párvulo *m*, niño *m* pequeño; **~en** *vi* hurgar(se)

peuzelen vi comer con apetito
pia'n/ist de pianista m; **~o** de piano m
piccolo de 1. botones m; 2. mús flauta f pífano
picknick de <~s> picnic m; **~en** vi ir de picnic
piekeren vt cavilar, preocuparse (**over** de)
piekfijn adj primoroso
pienter adj despabilado, listo
piep/en vi (ratón) chillar; (pájaro) piar; (puerta) chirriar; (respiración) resollar; **~er** de 1. electr localizador m; 2. patata f; **~jong** adj muy jovencito
pier de 1. lombriz f; 2. malecón m, espigón m
piet'lut de persona f meticulosa; **~tig** adj meticuloso, cominero
pig'ment het pigmento m
pij de <~en> relig hábito m
pijl de flecha f, saeta f; **~er** de pilar m (de puente), poste m; **~snel** (rápido) como una flecha
pijn de dolor; **~ doen** doler; **iem ~ doen** hacer daño a alg; **~boom** de bot pino m; **~igen** vt torturar, atormentar; **~lijk** adj 1. doloroso; 2. penoso, embarazoso; **~loos** adj sin dolor; **~stillend** adj med calmante, sedante; **~stiller** de med analgésico m, calmante m
pijp de 1. pipa f; 2. tubo m; 3. (barco) chimenea f; 4. (pantalón) pierna f, pernera f; **~leiding** de 1. tubería f, cañería f; 2. oleoducto m
pik de vulg polla f, carajo m
pi'kant adj picante
pik/ken vt 1. (pico) picotear; 2. coloq mangar; 2. fig tragar, aguantar; **~zwart** adj negro como el carbón
pil de 1. med píldora f, pastilla f; 2. píldora f anticonceptiva; 3. (libro) tocho m
pi'laar de pilar m, columna f
pi'loot de piloto m
pils de cerveza f; **~je** het caña f
pin de clavija f, espiga f; **~cet** de/het pinzas fpl; **~code** de (tarjeta) número m personal, clave f personal
pinda de cacahuete m; **~kaas** de pasta f de cacahuetes
pingelen vi com regatear
pink de 1. zool añal m; 2. (dedo) menique m; **~*steren** de Pentecostés m
pinpas de tarjeta f electrónica de pago
pi'on de peón m; **~ier** de pionero m
pi'raat de pirata m
pira'mide de pirámide m
pis de pis m, meada f; **~tache** de pistacho m; **~te** de sport pista f; **~'tool** het pistola f
pit de 1. (fruta) hueso m, pipa f, pepita f; 2. mecha f; 3. fig carácter m, empuje m; **~ten** vi

coloq dormir; **~tig** *adj* 1. vivo, enérgico; 2. *gastr* picante

plaag *de med* plaga *f*, epidemia *f*

plaat *de* 1. placa *f*, plancha *f*; chapa *f*; (*madera*) tabla *f*; 2. *mús* disco *m*; 3. *geogr* banco *m* de arena

plaats *de* lugar *m*, sitio *m*, espacio *m*; 2. asiento *m*; 3. población *f*; **~bepaling** *de* localización *f*; **~bewijs** *het* billete *m*; **~elijk** *adj* local; **~en** *vt* 1. poner, colocar; 2. (*artículo*) publicar, (*anuncio*) insertar; 3. situar; **z. ~en** *sport* clasificarse; **~gebrek** *het* falta *f* de espacio

plaatsvervange/nd sustituto, suplente; (*médico*) interino; **~r** *de* sustituto *m*; suplente *m*, interino *m*

plaatsvinden *vi* tener lugar, suceder, efectuarse

pla'fond *het* <~s> techo *m*

plagen *vt* chinchar, gastar bromas

plaid *de ing* manta *f* de viaje

plak *de* 1. lonja *f*, loncha *f*, tajada *f*; 2. (*chocolate*) tableta *f*; 3. (*dientes*) sarro *m*; **~band** *het* cinta *f* adhesiva; **~boek** *het* álbum *m* de recortes; **~'kaat** *het* cartel *m*; **~ken** **1.** *vi* pegar(se); **2.** *vt* pegar, encolar; **~ker** *de* pegatina *f*; **~sel** *het* pegamento *m*, cola *f*

plan *het* 1. proyecto *m*, plan *m*; 2. intención *f*, propósito *m*; *van ~ zijn* tener la intención, tener previsto; *volgens ~* según el plan

pla/'neet *de* planeta *m*; **~ne'tarium** *het* <~s, planetaria> planetario *m*

plank *de* tabla *f*, balda *f*, estante *m*; **~enkoorts** *de* miedo *m* al público; **~gas** *het* **~gas geven** ir a todo gas

plann/en *vt* planificar, planear; **~ing** *de ing* planificación *f*

plant *de* planta *f*; **~'aardig** *adj* vegetal; **~age** *de* plantación *f*; **~en** *vt* plantar; **~engroei** *de* vegetación *f*; **~kunde** *de* botánica *f*; **~'soen** *het* jardín *m* público

plas *de* 1. charco *m*; 2. lago *m*; 3. meada *f*; **~sen** *vi* mear, hacer pis; **~tic** **1.** *adj* de plástico; **~tic zak** *de* bolsa *f* de plástico; **2.** *het ing* plástico *m*; **~tiek** *het* (*o. arte*) plástico *m*

plat **1.** *adj* 1. plano, llano; 2. (*lenguaje*) vulgar, castizo **2.** *adv* 1. con acento vulgar; 2. **~ liggen** (*fábrica*) estar paralizado; **3.** *het* 1. dialecto *m* vulgar; 2. azotea *f*, terraza *f*; **~enspeler** *de* tocadiscos *m*; **~form** *het* <~s, ~en> plataforma *f*; **~te'land** *het* campo *m*; **~voet** *de med* pie *m* plano; **~zak: ~zak zijn** estar sin un duro

pla'v/eien *vt* pavimentar, empedrar; **~eisel** *het* pavimento *m*,

plechtig adj solemne, ceremonioso; **~heid** de ceremonia f, solemnidad f

plegen 1. vi ~ **te** soler; **2.** vt cometer

plei'dooi het <~en> alegato m, defensa f

pleister de 1. esparadrapo m, tirita f, parche m; **~plaats** de (lugar de descanso) parada f; etapa f

pleite/n vi 1. abogar (**voor** por), hablar en favor de; **~r** de jur abogado m defensor, procurador m

plek de lugar m, sitio m, espacio m

pletten vt aplanar, aplastar

ple'zier het gusto m, placer m, gozo m; **veel ~!** ¡que te diviertas!; **met** ~ con mucho gusto; **~ig** adj agradable, divertido

plicht de deber m, obligación f

plint de zócalo m

ploeg de 1. agric arado m; 2. cuadrilla f; sport equipo m; **~en** vt arar, labrar

ploert de canalla m, sinvergüenza m

ploeteren vi afanarse, sudar la gota gorda

plof de golpe m sordo; **~fen** vi caerse (con un ruido sordo), dejarse caer

plomp torpe, desgarbado, rudo

empedrado m; **~uis** het baldosa f

plonzen vi chapuzarse(**in** en)

plooi de txtl pliegue m, doblez f; **~baar** fig flexible; **~en** vt 1. plegar, pisar; 2. (cara) fruncir; **z. ~en** adaptarse (**naar** a)

pluche de fr felpa f, peluche m

plug de 1. tecn taco m; 2. electr clavija f

pluim de 1. penacho m; 2. fig cumplido m; **~vee** het aves fpl de corral

pluis(je het) de pelusa f; **dat is niet** ~ hay gato encerrado

pluizen vi formar pelusa

pluk de mechón m; **~ken** vt 1. (cosecha) recoger; 2. (ave) (o. fig) desplumar

plunderen vt saquear, desvalijar

plunje de ropa f; **~zak** de petate m

plus 1. prep mat más; **2.** adv más de, positivo; ~ **2 graden** 2 grados sobre cero; **vijfenzestig plus** más de sesenta y cinco años; **3.** de/het 1. (signo) más; 2. ventaja f; 3. com superávit m; **~'minus** adv más o menos, aproximadamente; **~punt** het ventaja f

pochen vi jactarse, presumir (**op** de)

pocketboek het libro m de bolsillo

podium het <~s, podia> podio m, escenario m, tarima f

poedel de caniche m; **~naakt** adj en cueros, desnudo

poeder *het* polvo *m*; **~koffie** *de* café *m* instantáneo; **~suiker** *de* azúcar glasé
poe'lier *de* 1. pollero *m*; 2. pollería *f*
poen *de coloq* pasta *f*, pelas *fpl*
poep *de* caca *f*, mierda *f*; **~en** *vi* hacer caca
poes *de zool* gato *m*, gata *f*; **~lief** *adj* meloso
po'ëtisch *adj* poético
poets *de* broma *f*, jugada *f*; *iem een* **~ bakken**; **~en** *vt* pulir; (*zapatos*) lustrar, limpiar
poë'zie *de* poesía *f*
poffertje *het gastr* ± crêpe *m* pequeño
pogen *vi* tratar (**te** de), intentar de
pogrom *de*<~s> pogromo *m*
pol'/air *adj* polar; **~ari'teit** *de* polaridad *m*
polder *de* pólder *m*
pole/'miek *de* polémica *f*; **~misch** *adj* polémico
Polen *het* Polonia *f*
po'lijsten *vt* pulir, bruñir
polikli'niek *de* policlínica *f*
polis *de* póliza *f*
po'liticus *de* <politici> político *m*
politie *de* policía *f*; **~agent** *de* agente *m* policía; policía *m/f*
poli'tiek *de* política *f*
politi'seren *vt* politizar
pollepel *de* cucharón *m*, cazo *m*
poloshirt *het* <~s> camisa *f* polo
pols *de* 1. muñeca *f*; 2. *med* pulso *m*; **~en** *vt* sondear, tantear; **~horloge** *het* reloj *m* de pulsera; **~slag** *de* pulso *m*; **~stok** *de* pértiga *f*
poly'/ester *de txtl* poliéster *m*; **~gaam** *adj* polígamo
pomp *de* bomba *f*; (*bicicleta*) inflador *m*; **~bediende** *de* empleado *m* de una gasolinera; **~en** *vt* bombear; inflar; **~station** *het* 1. gasolinera *f*; 2. estación *f* de bombeo
pond *het* medio kilo *m*, libra *f*
pons/en *vt* perforar; **~kaart** *de* tarjeta *f* perforada
pont *de nav* transbordador *m*
pontifi'caal *adj relig* pontifical
pony *de* 1. *zool* poney *m*; 2. flequillo *m*
pooier *de coloq* chulo *m*, rufián *m*
pool *de* **1.** <polen> 1. polo *m*; 2. **~*** polaco *m*; **2.** <~s> *ing* quinielas *fpl*; **~*s** *adj* polaco; **~hoogte: ~shoogte nemen** enterarse; **~ster** *de* estrella *f* polar; **~zee** *de* mar polar
poort *de* puerta *f*
poos(je *het*) *de* rato *m*, ratito *m*, tiempo *m*
poot *de* 1. pata *f*; 2. (*gafas*) patilla *f*; **~jebaden** *vi* mojarse los pies
pop *de* muñeca *f*; **~concert** *het* concierto *m* de música pop; **~corn** *het* palomitas *fpl* de maíz; **~elen** *vi* estar ancioso; **~festival** *het* festival *m* de

música pop; **~penkast** *de* 1. *teat* títeres *mpl*, guiñol *m*; 2. *fig* comedia *f*; **popu'lair** *adj* popular; **~lari'teit** *de* popularidad *f*; **~'lier** *de bot* álamo *m*
por *de* empujón *m*, empellón *m*
po'reus *adj* poroso; **~rie** *de* <~ën> poro *m*
porren *vt* empujar
porse'lein *het* porcelana *f*
por'taal *het* zaguán *m*, portal *m*
porte'feuille *de* cartera *f*
portemon'nee *de* <~s> monedero *m*
portie *de* porción *f*, ración *f*
por'tiek *het* pórtico *m*, soportal *m*
por'tier *de* <~s> portero *m*, conserje *m*
port *de* 1. franqueo *m*; 2. vino *m* de Oporto
por'tret *het* retrato *m*; **~'teren** *vt* retratar
Portu'gal *het* Portugal *m*; **~'ees** **1.** *adj* portugués; **2.** *de* portugués *m*; **3.** *het ling* portugués
po'seren *vi* posar
positie *de* 1. posición *f*; 2. situación *f*; 3. puesto *m*; **~f** *adj* positivo
post *de* 1. correos *m*; 2. *com* partida *f*; 3. puesto *m*; 4. cargo *m*, puesto *m*; **~bank** *de* Caja *f* Postal; **~bode** *de* cartero *m*; **~duif** *de* paloma *f* mensajero; **~e'lein** *de gastr* verdolaga *f*; **~en** *vt* echar al buzón; **~e'rijen** *pl* servicio *m* postal; **~giro** *de* giro *m* postal; **~kantoor** *het* oficina *f* de correos; **~pakket** *het* paquete *m* postal
pos'tuur *het* 1. postura *f*, estatura *f*
postwissel *de* giro *m* postal
postzegel *de* sello *m*; **~verzamelaar** *de* filatelista *m*
pot *de* 1. bote *m*, tarro *m*; 2. tiesto *m*, maceta *f*; 3. (*juego*) bote *m*; **~dicht** *adj* herméticamente cerrado
poten *vt* plantar, sembrar
po'ten/tie *de* potencia *f*; **~'tieel** *adj* potencial
potig *adj* robusto
pot/lood *het* lápiz *m*; **~pourri** *de* potpurrí *m*; **~'sierlijk** *adj* cómico, ridículo
potten *vt* 1. ahorrar; 2. plantar en tiesto; **~bakker** *de* ceramista *m*, alfarero *m*; **~kijker** *de* fisgón *m*
potvis *de* cachalote *m*
pover pobre, mísero
praal *de* pompa *f*, fausto *m*
praat/je *het* charla *f*, conversación *f*; **~paal** *de* teléfono *m* de emergencia; **~ziek** *adj* locuaz
pracht *de* esplendor *m*; **~ig** *adj* magnífico
prak'tijk *de* 1. práctica *f*; 2. (*médico*) consulta *f*; (*abogado*) bufete *m*; **~tisch 1.** *adj* práctico; **2.** *adv* prácticamente, casi
pralen *vi* hacer ostentación (**met** de)

prat : ~ *gaan op* jactarse de; **~en** vi hablar (**over** de), charlar, conversar

pre'/cair adj fr precario; **~cies** adj 1. exacto, preciso, justo; 2. (persona) escrupuloso, minucioso; **~ci'seren** vt precisar, especificar

predesti'natie de predestinación f

predi'kant de pastor m

preek de relig sermón m; **~stoel** de púlpito m

prefe'reren vt preferir (**boven** a)

prei de <~en> puerro m

preken vi 1. predicar; 2. fig sermonear

pre'laat de relig prelado m

prem/ie de 1. premio m prima f; 2. (seguro) prima f; 3. (seguridad social) cotización f; **~ier** de <~s> pol primer ministro m, jefe m de gobierno; **~ière** de teat estreno m

prent de 1. cromo m; 2. grabado m

prepa'r/aat het preparado m; **~eren** vt preparar

pre'sen/t 1. adj presente; **2.** het regalo m; **~'tator** de <~en> presentador m; **~'teerblad** het <~en> bandeja f; **~'teren** vt presentar, ofrecer; **~'tielijst** de lista f de asistencia

pressie de presión f; **~groep** de grupo m de presión

prest/atie de trabajo m realizado; **~eren** vt rendir, realizar; **~ige** de prestigio m

pret de alegría f, diversión f; **~ hebben**, **maken** divertirse, pasarlo bien

pre'ten/tie de pretensión f; **~'tieus** pretencioso, presuntuoso

prettig agradable

preuts remilgado, pudoroso

preva'leren vi prevalecer

prevelen vt mascullar, hablar entre dientes

preven'tief preventivo

pri'eel het glorieta f, pérgola f

priemen vt punzar, pinchar

priester de sacerdote m, cura m

prijken vi aparecer, figurar, lucir

prijs de 1. precio m; 2. premio m; *voor de halve ~* a mitad de precio; **~bewust** consciente de los precios; **~geven** vt renunciar a, sacrificar; (secreto) revelar; **~kaartje** het etiqueta f; **~vraag** de certamen m, concurso m

prijz/en <irr 75> vt 1. alabar, elogiar, 2. poner precio; **~ig** caro, costoso

prik de gaseosa f; 2. picadora f; 3. inyección f; **~bord** het tablón m de anuncios

prikkel de estímulo m, incentivo m; **~baar** irritable, irascible; **~draad** het alambre m de púas; **~en** vt 1. picar; 2. fig estimular, excitar; 3. irritar; **~ing**

progressief

de 1. picor *m*; 2. *med* escozor *m*; 3. excitación *f*, estímulo *m*
prikken *vt* 1. pinchar, punzar; 2. inyectar
pril tierno, joven
pri/ma excelente, de primera; **~'maat** de 1. *relig* primado *m*; 2. *zool* primate *m*; **~'mair** primario; **~'meur** *de* primicia *f*
primi'tief primitivo
prin'cip/e *het* principio *m*; **~i'eel** fundamental, esencial
prins *de* príncipe *m*; **~elijk** principesco
priori'teit *de* prioridad *f*
prisma *m* prisma *m*
privé privado, particular
pro/'baat *adj* probado, eficaz; **~'beren** *vt* intentar (**te**), probar, ensayar; **~'bleem** *het* problema *m*; **~blema'tiek** *de* problemática *f*
procé'dé *het* procedimiento *m*
proce'deren *vi jur* litigar, proceder
pro'cent *het* por ciento *m*
pro'ces *het* 1. proceso *m*; 2. *jur* proceso *m*, juicio *m*, causa *f*; **~sie** *de* procesión *f*; **~-verbaal** *het jur* 1. acta *f*; 2. atestado *m*
procla'm/atie *de* proclamación *f*; **~eren** *vt* proclamar
procu'/ratiehouder *de* apoderado *m*; **~reur** *de jur* procurador *m*; **~reurgeneraal** *de jur* Fiscal *m* General del Estado

pro Deo a título gratuito; **~-advocaat** *de* abogado *m* de oficio
produ'c/ent *de* productor *m*; **~eren** *vt* producir; **~t** *het* producto *m*; **~tie** *de* producción *f*; **~tief** productivo; **~tivi'teit** *de* productividad *f*
proef *de* ensayo *m*, prueba *f*; experimento *m*; *een* **~ nemen** hacer una prueba; **-dier** *het* animal *m* de laboratorio; **~draaien** *vi* probar; **~konijn** *het* conejillo *m* de Indias; **~neming** *de* ensayo *m*, experimento *m*; **~ondervindelijk** empírico, experimental; **~rit** *de* prueba *f* en carretera; **~schrift** *het stud* tesis *f* doctoral; **~tijd** *de* período *m* de prueba; **~werk** *het* prueba *f* escrita, control *m*
proeven *vt* probar, degustar, saborear
pro/'faan profano; **~feet** *de* profeta *m*; **~fessio'neel** profesional; **~'fessor** *de stud* catedrático *m*, profesor *m*; **~fetie** *de* profecía *f*; **~fetisch** profético; **~fiel** *het* 1. perfil *m*; 2. (*rueda*) relieve *m*; **~fijt** *het* ventaja *f*, provecho *m*; **~fi'teren** *vi* sacar provecho (**van** de); **~fi'teur** *de* aprovechado *m*; **~forma** pro forma
prog'nose *de* pronóstico *m*
pro'gramma *het* programa *m*
pro'gressie *de* 1. progresión *f*; 2. progreso *m*; **~f** progresivo

pro'ject *het* proyecto *m*; **~eren** *vt* proyectar; **~ie** *de* proyección *f*; **~iel** *het mil* proyectil *m*; **~or** *de* proyector *m*; **~ontwikkelaar** *de* promotor *m* inmobiliario

proletari/'aat *het* proletariado *m*; **~sch** proletario

pro'loog *de* prólogo *m*

promi'nent prominente

pro'mo/tie *de* 1. (*o. com, sport*) promoción *f*, ascenso *m*; 2. *stud* investidura *f* doctoral; **~'veren** *vi* 1. doctorarse; 2. *sport* subir de categoría

prompt 1. inmediatamente; 2. puntualmente

pronk/en *vi* lucir, ostentar; hacer gala (**met** de); **~stuk** *het* joya *f*

prooi *de* presa *f*

proost: **~!** *excl* ¡salud!, ¡Jesús!; **~en** *vi* brindar

prop *de* 1. rebujo *m*; 2. tapón *m*; 3. mordaza *f*

pro'paangas *het* gas *m* propano

propa/'ganda *de* propaganda *f*; **~geren** *vt* propagar

pro'p/eller *de* hélice *m*; **~er** limpio, pulcro; **~je** *het* bolita *f*

pro'portie *de* proporción *f*

prop/pen *vt* atestar, embutir; **~vol** atestado, repleto

pros'pectus *het*/*de* prospecto *m*, folleto *m*

prostitu/'ee *de* prostituta *f*; **~tie** *de* prostitución *f*

prote'ïne *de* proteína *f*

pro'test *het* protesta *f*; **~ant** 1. *adj* protestante; 2. protestante *m*; **~eren** *vi* protestar

prothese *de med* prótesis *f*

proto'col *het* protocolo *m*

provi'and *het* provisiones *fpl*, víveres *mpl*

provin/ci'aal 1. provincial; 2. *desp* provinciano; **~cie** *de* provincia *f*

pro'vi/sie *de* 1. comisión *f*; 2. provisiones *fpl*; **~siekast** *de* despensa *f*; **~'sorisch** provisional

provo'/catie *de* provocación *f*; **~ceren** *vt* provocar

proza *de* prosa *f*

pruik *de* peluca *f*

pruim *de* 1. ciruela *f*; 2. (*tabaco*) mascada *f*; **~en** *vt* 1. mascar tabaco; 2. *fig* tragar

prul *de* 1. chisme *m*, baratija *f*; 2. papelucho *m*

prutsen *vi* 1. bricolar; 2. chapucear; **~werk** *het* chapucería *f*

psalm *de* salmo *m*

pseudoniem *het* (p)seudónimo *m*

psych/e *de* psique *f*; **~i'ater** *de* (p)siquiatra *m*; **~i'atrisch** (p)siquiátrico; **~isch** (p)síquico, mental; **~o'logisch** (p)sicológico; **~o'loog** *de* (p)sicólogo *m*; **~o'paat** *de* (p)sicópata *m*

puber *de* adolescente *m*, púber *m*; **~teit** *de* pubertad *f*

publi'/catie *de* publicación *f*; **~'ceren** *vt* publicar; **~ci'teit** *de* publicidad *f*

pu'bliek 1. público; **2.** het público m; (radio) audiencia f; **~elijk** adv en público, públicamente
pudding de flan m, pudín m
puf de ganas fpl, fuerzas fpl; **~fen** vi resoplar, resollar
pui de fachada f
puik excelente, exquisito
puimsteen de piedra f pómez
puin het escombros mpl, derribos mpl; **~hoop** de 1. ruina f, escombrera f; 2. fig desastre m
puist, pukkel de pústula f, grano m
pul de jara f; **~ken** vi hurgar, escarbar
pulp de pulpa f
pummel de paleto m, palurdo m
pump de zapato m de vestir
punaise de chincheta f, chinche f
punc/tie de punción f; **~tueel** puntual
punt 1. de punta f; punto m; **2.** het punto m, asunto m, particular m; **~en** vt 1. cortar las punas; 2. sacar punta; **~enslijper** de sacapuntas m; **~ig** (punti)agudo, en punta; **~je** het 1. punto m; 2. panecillo
pu'pil de 1. pupilo m, alumno m; 2. (ojo) pupila f
pu're/e de puré m; **~ren** vt triturar
puri'teins puritano
purper púrpura
purser de aero sobrecargo m
put de pozo m, hoyo m; **~ten** vt sacar (**uit** de), inspirarse en
puur puro
puzzel de puzzle m, rompecabezas m
pyg'mee de pigmeo m
pyjama de pijama m

Q

qua prep en cuanto a; **~ prijs** en cuanto al precio
quadro'fonisch adj mús cuadrofónico
quaran'taine de cuarentena f
quark de cuark m, ± requesón m, queso m fresco
quasi adv (p)seudo, con apariencia de, fingido
quatre-mains fr mús **1.** adj a cuatro manos; **2.** het pieza f a cuatro manos
quatsch de tontería f, disparate m; **ach, ~!** ¡qué tontería/disparate!
queru'lant de 1. quejón m; 2. pendenciero m, camorrista m
quiche de fr gastr quiche f
quitte adv fr en paz
qui-'vive fr: **op zijn ~ zijn** estar alerta
quiz de <~zen> concurso m (radiofónico o de televisión); **~master** de ing animador m, presentador m de un concurso
quo/'teren vt poner un cupo;

~'tiënt *het mat* cociente *m*; **~tum** *de* <~s, quota> cuota *f*, cupo *m*

R

ra *excl*: **~, ~, wat is dat?** adivina, ¿qué es?
raad *de* 1. consejo *m*; 2. *adm* consejo *m*, junta *f*; 3. **~ geven** aconsejar; **~ weten** saber qué hacer, tener una salida; **ten einde ~** desesperado; **~huis** *het* ayuntamiento *m*, casa *f* consistorial; **~plegen** *vt* consultar
raadsel *het* 1. adivinanza *f*; 2. (*inexplicable*) enigma *m*, misterio *m*; **~achtig** *adj* enigmático, misterioso
raads/lid *het* <~-leden> concejal *m*; **~man** *de* <raadslieden> 1. asesor *m*; 2. *jur* abogado *m*;
raadzaam *adj* aconsejable
raaf *de* cuervo *m*
raak *adj* 1. en el blanco, certero; (*o. fig*) atinado, acertado, en el clavo; 2. **maar ~** (**kletsen**) (charlar) lo que le dé la gana a alg; **~vlak** *het* 1. *mat* plano *m* tangente; 2. puntos *m* en común
raam *het* 1. ventana *f*; 2. (*o. fig*) marco *m*
raap *de* nabo *m*
raar *adj* raro, extraño
ra'barber *de bot* ruibarbo *m*

race *de ing sport* carrera *f*; **~n** *vi* correr
ra'cis/me *het* racismo *m*; **~t** *de* racista *m*; **~tisch** *adj* racista
racket *het* <~s> raqueta *f*
rad *het* <raderen> rueda *f*
rade/loos *adj* desperado; **~n** <*irr* 74> *vt* adivinar
raderwerk *het mec* engranaje *m*
radi'ator *de* <~s, ~en> radiador *m*
radi'caal 1. *adj* radical; 2. *de* radical *m*
ra'dijs *de* rábano *m*
radio *de* radio *f*; **~ac'tief** *adj* radioactivo; **~activi'teit** *de* radioactividad *f*; **~zender** *de* emisora *f* de radio
radium *het quím* radio *m*
rafel *de* hilacha *f*; **~en** *vi* <zijn> deshilacharse
raffi/nade'rij *de* <~en> refinería *f*, **~neren** *vt* refinar
rage *de* moda *f*, manía *f*
rail *de* <~s> 1. riel *m*; 2. *ferroc* raíl *m*
rake/lings *adj* tan cerca que casi se produce un roce; **~n 1.** *vi* llegar a ser; **zoek ~** perderse; **2.** *vt* 1. tocar, dar, alcanzar; 2. *fig* afectar, conmover
ra'ket *de* cohete *m*
ram *de* 1. *zool* carnero *m*; 2. *astrol* Aries *m*
ram/en *vt* estimar, calcular; **~ing** *de* estimación *f*
rammel/aar *de* sonajero *m*; **~en**

vi golpetear, traquetear; (*estómago*) hacer ruidos
rammen *vt* 1. golpear; (*o. auto*) embestir
ramp *de* (*o. fig*) desastre *m*; catástrofe *m*, calamidad *f*; **~zalig** *adj* desastroso, nefasto
rand *de* borde *m*; (*página*) margen *m*; (*con ángulo*) canto *m*; **aan de ~ van** al borde de; **~stad** *de* conurbación *f* en el oeste de los Países Bajos
rang *de* 1. categoría *f*, rango *m*; 2. *mil* grado *m*; *teat, cine* fila *f*; **~lijst** *de* clasificación *f*; **~orde** *de* escalafón *m*, jerarquía *f*; **~schikken** *vt* ordenar, clasificar (**naar** por); **~telwoord** *het* ling número *m* ordinal
rank 1. *adj* esbelto, grácil; **2.** *de bot* brote *m*; (*cepa*) pámpa-no *m*
rant'soen *het* ración *f* (limitada); **~eren** *vt* racionar
ranzig *adj* rancio
rap *adj* ágil, veloz; **~en** *vt* recoger
rap'port *het* 1. informe *m*, memoria *f*; 2. *stud* lista *f* de notas; **~eren** *vi adm* informar, presentar un informe de; dar parte
ras *het* raza *f*; **~echt** *adj* de raza; (*persona*) de pura cepa, nato
rasp *de* rallador *m*; **~en** *vt* rallar
rat *de* rata *f*
ratel *de* carraca *f*; **~slang** *de* serpiente *f* de cascabel
ratifi'/catie *de* ratificación *f*; **~ceren** *vt* ratificar

ratio'neel *adj* racional
rauw *adj* 1. crudo; 2. (*voz*) ronco; **~kost** *de gastr* verduras crudas
ra'vijn *het* barranco *m*, garganta *f*
ray'on *de/het* 1. com área *f* (de trabajo), distrito *m*; 2. *txtl* rayón *m*
raz/en *vi* 1. rabiar; 2. ir embalado; **~end** *adj* 1. furioso (**op** con); 2. (+ *adj, substantivo*) tremendo; **~er'nij** *de* <~en> furia *f*, cólera *f*
razzia *de* redada *f*, raz(z)ia *f*
re *de mús* re *m*
re'actie *de* reacción *f*
reactio'nair *adj* reaccionario
rea'geren *vi* reaccionar (**op** a), responder a; **niet ~** ignorar, no hacer caso (**op** de)
reali's/eren *vt* realizar; **z. ~eren** darse cuenta de; **~me** *het* realismo *m*; **~tisch** *adj* realista
reali'teit *de* realidad *f*
re'bel *de* rebelde *m*; **~leren** *vi* rebelarse, sublevarse (**tegen** contra); **~'lie** *de* 1. rebelión *f*; **~s** *adj* rebelde
re'censie *de* reseña *f*
re'cent *adj* reciente; **~elijk** *adj* recientemente
re'cept *het med, gastr* receta *f*; **~ie** *de* recepción *f*; **~ionist** *de* recepcionista *m*
re'ces *het pol* vacaciones *fpl* parlamentarias; **~sie** *de econ* recesión *f*

re'cherch/e *de* policía *f* judicial; **~'eur** *de* funcionario *m* de la policía judicial

recht 1. *adj* derecho, recto; **2.** *adv* derecho, directamente; **3.** *het* 1. derecho *m*; 2. justicia *f*; 3. *pl* (*de autor*) derechos *mpl*; 4. *pl com* impuestos *mpl*, derechos *mpl*; **~bank** *de jur* juzgado *m*; (*jueces*) tribunal; **~'door** *adv* todo recto; **~er** *de* juez *m*; **~~erhand** *de* mano *f* derecha; **~erlijk** *adj* judicial; **~geaard** *adj* bien nacido

rechthoek *de* rectángulo *m*; **~ig** *adj* rectangular

recht'/matig *adj* legítimo; **~op** *adv* derecho, erguido

rechts *adj* 1. (*lugar*) a la derecha; 2. diestro; 3. *pol* de derechas, de la derecha; **~'af** *adv* (*torcer*) a la derecha; **~bijstand** *de* asistencia *f* jurídica

recht'schapen *adj* recto, honesto

rechts'/geldig *adj* válido, legal; **~handig** *adj* diestro

rechtsom'keert: ~ maken dar la vuelta **rechts/orde** *de* orden *m* jurídico; **~persoon** *de* persona *f* jurídica

recht/spraak *de* 1. jurisdicción *f*; 2. justicia *f*; 3. jurisprudencia *f*; **~spreken** *vi* administrar justicia

rechtsstaat *de* estado *m* de derecho

recht'streeks *adj* derecho, directo

rechts/wetenschap *de* (ciencia del) derecho *m*; **~zaak** *de* proceso *m*, causa *f*; **~zitting** *de* audiencia *f*

recht'vaardig *adj* justo; **~en** *vt* justificar; **~heid** *de* justicia *f*

recht/zetten *vt* 1. enderezar; 2. *fig* rectificar; **~zinnig** *adj* ortodoxo

re'clame *de* 1. publicidad *f*, propaganda *f*; 2. (*espacio*) anuncio *m*; **~ren** *vt/i* reclamar; **~spot** *de* <~s> spot *m* publicitario

reclas'ser/en *vt* realizar la reinserción social; **~ing** *de* rehabilitación *f* social

re'cord *het* <~s> marca *f*, récord *m*

recre'atie *de* recreo *m*, esparcimiento *m*

rector *de* <~en> *stud* (*instituto*) director; **~ mag'nificus** *de stud* rector *m*

re'çu *het com* recibo *m*, resguardo *m*

recycling *de ing* reciclaje *m*

redac/'teur *de* <~en, ~s> redactor *m*; **~tie** *de* redacción *f*; **onder de ~tie van** bajo la dirección de; **~tio'neel** *adj* editorial

redd/eloos *adj* sin remedio; **~en** *vt* salvar; **z. ~en** arreglárselas; **~ing** *de* 1. salvación *f*; 2. *nav* salvamento *m*

rede *de* 1. (*capacidad*) razón *f*; 2. discurso *m*; 3. *ling* habla *f*; 4. *nav* rada *f*; **~lijk 1.** *adj* racional, razonable; 2. *adv* bastante

reden *de* <~en> razón *f*, motivo *m*; **om die ~** por ese motivo; **~'eren** *vi* razonar; **~'ering** *de* razonamiento *m*

reder *de* naviero; **~'ij** *de* <~en> compañía *f* naviera

rede/twisten *vi* debatir, mantener una controversia; **~voering** *de* discurso *m*

redu'c/eren *vt* reducir; **~tie** *de* 1. reducción *f*, 2. *com* rebaja *f*, descuento *m*

ree *de* <~ën> corzo *m*

reeds *adv* ya

re'ëel *adj* 1. real; 2. realista, razonable

reeks *de* 1. serie *f* (de cosas); 2. sucesión *f*

reep *de* 1. tira *f*, franja *f*; 2. (*chocolate*) barra *f*

reet *de vulg* culo *m*

refe'ren/dum *het* <~s> *pol* referéndum *m*; **~tie** *de* 1. referencia *f*; 2. (*recomendación*) referencias *fpl*, informes *mpl*

reflec'teren *vt* reflectar, (*o. fig*) reflejar

re'flex *de* reflejo *m*

Reform/'atie *de hist* Reforma *f*; **~*'eren** *vt* reformar; **~*winkel** *de* ± herbolario *m*

re'frein *het* estribillo *m*

regel *de* 1. (*texto*) línea *f*, renglón *m*; 2. norma *f*, precepto *m*, regla *f*; **in de ~** en general; **~baar** *adj* regulable; **~en** *vt* 1. organizar; 2. (*estipular*) regular; 3. (*tráfico*) dirigir; **~ing** *de* 1. regulación *f*; 2. (*reglas*) régimen *m*; 3. acuerdo *m*, arreglo *m*; **~maat** *de* regularidad *f*; **~'matig** *adj* regular; **~recht 1.** *adj* directo; **2.** *adv* directamente, por línea recta

regen *de* lluvia *f*; **~achtig** *adj* lluvioso; **~boog** *de* arco *m* iris; **~bui** *de* chaparrón *m*, chubasco *m*; **~en** *vlimpers* (*o. fig*) llover; **hard ~en** diluviar; **~jas** *de* impermeable *m*

re'gent *de* regente *m*

regenval *de* lluvia(s) *f(pl)*, pluviosidad *f*;

re'ger/en *vt* gobernar, (*o. ling*) regir; (*monarca*) reinar; **~ing** *de* 1. gobierno *m*; 2. (*monarca*) reinado *m*

re'gie *de cine, teat, TV* dirección *f* (escénica)

re'gi/me *het pol* régimen *m*; **~'ment** *het* regimiento *m*

regis'/seren *vt cine, teat, TV* dirigir; **~'seur** *de* director *m*; **~ter** *het* 1. registro *m*; (*materias*) índice *m*; **~'tratie** *de* registro *m*, inscripción *f*; **~'treren** *vt* registrar

regle'ment *het* reglamento *m*; **~'air** *adj* reglamentario; **~'eren** *vt* reglamentar

regu'/leren vt regular; **~lier** adj regular
rehabili'/tatie de rehabilitación f; **~teren** vt rehabilitar
reiger de garza f
reik/en 1. vi alcanzar, llegar (**tot** a/hasta); **2.** vt (**mano**) tender; **~halzend** adj ansioso, con ansiedad
rein adj 1. limpio; 2. puro; **~igen** vt 1. limpiar, asear; 2. fig purificar; **~iging** de 1. limpieza f; 2. fig purificación f
reis de viaje m; **~bureau** het agencia f de viajes; **~cheque** de banc cheque m de viaje; **~genoot** de compañero m de viaje; **~gezelschap** het grupo m (de viaje); **~gids** de (libro, persona) guía m/f turístico,-a
reiz/en vi <o. zijn> viajar; **~iger** de viajero m
rek 1. de elasticidad f; **2.** het estante m, estantería f, repisa f, tendedero m; **~baar** adj elástico
reken/en 1. vi 1. calcular; 2. contar (**op** con); **2.** vt calcular, considerar, tener en cuenta; **~ing** de (o. banc) cuenta f, factura f; **~'kundig** adj aritmético; **~machine** de calculadora f; **~schap** de fig cuenta f
rekken 1. vi dar de sí; **2.** vt 1. estirar; 2. (tiempo) alargar
rekru'teren vt reclutar
rel de revuelta f, trifulca f

re'laas het relato m
re'latie de 1. relación f; 2. relación f amorosa; 3. contactos mpl, relaciones fpl
rela'tief adj relativo
re'liëf het relieve m
re'li/gie de religión f; **~'gieus** adj religioso
reli'kwie de reliquia f
reling de barandilla f
rem de freno m; **~blok** het zapato m de freno; **~'bours** de correo rembolso m
re'medie de remedio m
re'mise de 1. banc remesa f; 2. sport empate m, (ajedrez) tablas fpl
remmen vt/i frenar
renais'sance de renacimiento m
ren/baan sport pista f; (hípico) hipódromo m; **~'dabel** adj rentable; **~'deren** vi com rentar, rendir
rendez-'vous de fr cita f
rendier het reno m
renne/n vi correr; **~r** de corredor m
reno'/vatie de renovación f; **~veren** vt renovar
rentabili'teit de rentabilidad f
rente de banc interés m, intereses mpl; **~loos** adj sin interés; **~'nieren** vi vivir de sus rentas
reorgani'/satie de reorganización f; **~seren** vt reorganizar
rep: in ~ **en roer zijn** estar trastornado

repa'/ratie *de* reparación *f*; **~reren** *vt* reparar, arreglar
reper'toire *het* repertorio *m*
repe'/teren *vt* 1. repetir; 2. *stud* repasar; **~titie** *de* 1. repaso *m*; 2. *stud* evaluación *f*; 3. ensayo *m*
re'pliek *de* réplica *f*
repor'tage *de* reportaje *m*
repre'saille *de* represalia *f*
represen'tatie *de* representación *f*; **~f** *adj* representativo
repres'sief *adj* represivo
reprodu'ceren *vt* reproducir
rep'tiel *het zool* reptil *m*
repu/bliek *de* república *f*; **~bli'kein** *de* republicano *m*; **~blikeins** *adj* republicano
repu'tatie *de* reputación *f*
reser/'vaat *het* reserva *f* natural; **~ve** *de* 1. reserva(s) *f(pl)*; 2. sustituto *m*; **~vewiel** *het* rueda *f* de recambio/repuesto; **~veren** *vt* reservar
reso'/lutie *de* resolución *f*; **~luut** *adj* resuelto
respect *het* respeto *m*; **~'abel** *adj* respectable; **~'eren** *vt* respetar; **~'ievelijk** 1. *adj* respectivo; 2. *adv* respectivamente
rest *de* resto *m*, lo demás; **~'ant** *het* resto *m*, sobrante *m*
restau'/rant *het* restaurante *m*; **~ra'teur** *de* 1. restaurador *m*; 2. dueño *m* de un restaurante; **~'ratie** *de* 1. restauración *f*; 2. restaurante *m*; **~'reren** *vt* restaurar

rest/en *vi* quedar, restar; **~'erend** *adj* sobrante
resul'taat *het* 1. resultado *m*; 2. *fig* fruto *m*;
resu'mé *het* resumen *m*
reto/'riek *de* retórica *f*; **~risch** *adj* retórico
reuk *de* 1. (*sentido*) olfato *m*; 2. olor *m*; **~water** *het* agua *f* de colonia, perfume *f*
reuma *de med* reuma *m*; **~tisch** *adj* reumático
reü'nie *de stud* ± reunión *f*
reus *de* gigante *m*; **~achtig** *adj* colosal, gigantesco, enorme
reuze *adv* enormemente
reuzel *de* manteca *f* de cerdo
revali'datie *de med* rehabilitación *f*
re'vanche *de* desquite *m*, revancha *f*
revo'lu/tie *de* revolución *f*; **~tio'nair** 1. *adj* revolucionario; 2. *de* revolucionario *m*
re'volver *de* revólver *m*
re'vue *de* espectáculo *m* de variedades
rib *de* 1. *med* costilla *f*; 2. *gastr* chuleta *f*; **~fluweel** *het txtl* pana *f*
richten *vt* 1. dirigir, 2. (*arma*) apuntar; **z. ~** 1. (**naar**) seguir; 2. dirigirse (**tot** a); 3. concentrarse (**op** en); **~ing** *de* 1. dirección *f*; sentido *m*; 2. *fig* tendencia *f*; **~lijn** *de* directiva *f*, directriz *f*

ridder *de* hist caballero *m*; **~lijk** *adj* caballeresco; **~orde** *de* (orden *m* de) caballería *f*
riem *de* cinturrón *m*, correa *f*
riet *het* bot caña *f*; **~je** *het* paja *f*; **~suiker** *de* azúcar *m* de caña
rif *het* arrecife *m*
rij *de* <~en> 1. (*en línea*) fila *f*; (*personas, tráfico*) cola *f*; 2. serie *f*; **~baan** *de* carril *m*, vía *f*; **~bewijs** *het* permiso *m* de conducir; **~den** <irr 75> **1.** *vi* (*en vehículo*), circular; **2.** *vt* conducir (*un vehículo*), llevar (*personas*) **~examen** *het* examen de conducción
rijk 1. *adj* 1. rico (**aan** en), adinerado; 2. abundante en; **2.** *het* 1. imperio *m*, reino *m*; **~dom** *de* riqueza *f*; **~elijk** *adj* abundante, (*comida*) copioso; **~spolitie** *de* policía *f* nacional; **~sweg** *de* <~en> carretera *f* nacional
rijm *het* 1. rima *f*, 2. (*poema*) verso *m*; **~en** *vi* 1. rimar (**op** con); 2. concordar (**met** con)
rijp 1. *adj* 1. maduro (*o. fig*); **2.** *de* escarcha *f*; **~en** *vi* <zijn> madurar; **~heid** *de* madurez *f*
rijschool *de* 1. *auto* autoescuela *f*; 2. (*caballos*) escuela *f* de equitación
rijst *de* arroz *m*
rijstrook *de* vía *f*, carril *m*
rijsttafel *de* gastr arroz *m* a la indonesia

rij/tuig *het* 1. carruaje *m*; 2. (*o. ferroca*) coche *m*; **~weg** *de* carretera *f*, calzada *f*; **~wiel** *het* bicicleta *f*
rijz/en <irr 76> *vi* 1. alzarse, levantarse; 2. (*masa*) fermentar, subir; **~ig** *adj* alto, esbelto
rillen *vi* tiritar; **~ing** *de* escalofrío *m*
rimboe *de* <~s> jungla *f*
rimpel *de* 1. arruga *f*; 2. (*agua*) onda *f*; **~en 1.** *vi* arrugarse; (*olas*) ondular; **2.** *vt* fruncir, arrugar; **~ig** *adj* arrugado
ring *de* 1. anillo *m*, sortija *f*; 2. *sport* anillas *fpl*; **~vinger** *de* (dedo) anular *m*
rinkelen *vi* 1. tintinear; 2. (*teléfono*) sonar
rio'lering *de* alcantarillado *m*
ri'ool *het* alcantarilla *f*, cloaca *f*; **~water** *het* aguas *fpl* residuales
risico *het* riesgo *m*
ris'/kant *adj* arriesgado; **~keren** *vt* arriesgar
rit *de* 1. recorrido *m*; 2. (*distancia*) trayecto *m*; **~me** *het* ritmo *m*; **~misch** *adj* rítmico
ritssluiting *de* cremallera *f*
ritu'eel 1. *adj* ritual; **2.** *het* ritual *m*, rito *m*
ri'vaal *de* rival *m*, contrincante *m*
rivier *de* río *m*; **~bedding** *de* cauce *m*, lecho *m*; **~bekken** *het* cuenca *f* del río; **~mond** *de* desembodadura *f*

ro'bijn *de* rubí *m*
robot *de* <~s> robot *m*, autómata *m*
ro'buust *adj* robusto
roddel/aar *de* chismoso *m*; **~en** *vi* cotillear, chismear; **~pers** *de* prensa *f* sensacionalista
rodon'dendron *de bot* rododendro *m*
roebel *de* (*moneda*) rublo *m*
roei/boot *de* bote *m* de remos; **~en** *vi* remar; **~er** *de* remero *m*
roekeloos *adj* temerario, imprudente
roem *de* fama *f*, gloria *f*; **~en** *vt* elogiar, alabar
Roe'/meen *de* rumano *m*; **~meens 1.** *adj* rumano; **2.** *het* rumano *m*; **~menië** *het* Rumanía *f*
roemrijk *adj* glorioso
roep *de* llamada *f* (**om** de); clamor *m* por, exigencia *f*; **~en** <irr 77> *vt* 1. llamar; 2. (*alto*) gritar, vocear; 3. pedir, clamar (**om** por); **~ing** *de* vocación *f*
roer *het nav* timón *m*; **~ei** *het* huevo *m* revuelto; **~en** *vt* 1. remover; 2. *fig* conmover; **z. ~en** 1. moverse; 2. rebelarse; **~end** *adj* 1. conmovedor; 2. *com* mueble *m*; **~ig** *adj* 1. animado, movido; 2. turbulento; **~loos** *adj* inmóvil, quieto
roes *de* (*o. fig*) embriaguez *f*
roest *de/het* óxido *m*, herrumbe *m*; **~en** *vi* <zijn> oxidarse, herrumbarse; **~ig** *adj* herrumboso; **~vrij** *adj* inoxidable
roet *het* hollín *m*
rogge *de* centeno *m*; **~brood** *het* pan *m* de centeno
rok *de* 1. falda *f*; 2. (*chaqueta*) frac *m*
rok/en 1. *vi* (*chimenea*) humear; **2.** *vt* 1. fumar; 2. (*pescado*) ahumar; **~er** *de* fumador *m*
rol *de* 1. rollo *m*; 2. rodillo *m*; 3. *teat, fig* papel *m*; **een ~ spelen** 1. *teat* interpretar un papel; 2. jugar un papel, contar; **~gordijn** *het* persiana *f*; **~'lade** *de gastr* rollo *m* de carne atada; **~len** *vi* 1. rodar; 2. caer, (*lágrimas*) correr; **~luik** *het* telón *m* metálico; **~schaatsen** *vi* patinar; **~stoel** *de* silla *f* de ruedas; **~trap** *de* escalera *f* mecánica
Ro'maans *adj* románico
ro'man *de* novela *f*; **~schrijver** *de* novelista *m*; **~'tiek** *de* romanticismo *m*; **~'tisch** *adj* romántico
Ro'meins *adj* romano
rommel *de* 1. desorden *m*; 2. (*objetos*) cachivaches *mpl*, baratijas *fpl*; **~en** *vi* 1. (*ruido*) retumbar, tronar; 2. (*buscando*) trastear, revolver; **~ig** *adj* desordenado; **~markt** *de* baratillo *m*, rastro *m*
romp *de* 1. (*barco*) casco *m*; 2. (*avión*) fuselaje *m*; (*persona*) tronco *m*

rond 1. prep alrededor de, entorno a; **2.** adj redondo, esférico; **3.** het: **in het ~** en redondo, a la redonda; **~brengen** vt repartir (de casa a casa); **~draaien** vt/i dar vueltas (a), girar (alrededor de); **~e** de <~s, ~n> 1. ronda f; 2. sport vuelta f; **~hangen** vi gandulear; **~ing** de curva f; **~komen** vi <zijn> **kunnen ~komen** tener suficiente para vivir

rondleid/en vt guiar, enseñar, **~ing** de visita f con guía

rond/lopen vi callejear; **~om** prep alrededor de, en torno a; **~reis** de viaje m gira f; **~rit** de paseo m en coche; **~schrijven** het circular f; **~uit** adv francamente, en redondo; **~vaart** de paseo m en barco (por los canales); **~weg** de carretera f de circunvalación; **~zwerven** vi vagabundear

röntgenfoto de radiografía f

rood adj (o. pol) rojo, colorado; **~harig** adj pelirrojo; **~vonk** de med escarlatina

roof de robo m, rapiña f; **~dier** het fiera f; **~overval** de atraco m, asalto m; **~vogel** de ave m rapaz

rook de humo m; **~coupé** de ferroc coche m de fumadores; **~vlees** het cecina f

room de 1. nata f; 2. (café) crema; **zure ~** nata f agria; **~boter** de mantequilla f

rooms-katho'liek 1. adj católico (romano); **2.** de católico m

roos de 1. bot rosa f, rosal m; 2. (pelo) caspa f; 3. (tiro) blanco m de la diana; **~'kleurig** adj fig de color de rosa; **~ter** het 1. gastr parrilla f; 2. rejilla f; 3. stud horario m; **~teren** vt emparrillar, (pan) tostar

rosbief het gastr rosbif m

rot adj 1. (fruta) podrido, putrefacto; 2. psicol miserable

ro'tatie de rotación f

ro'tonde de <~n, ~s> glorieta f, rotonda f

rots de roca f, peña f; **~achtig** adj rocoso, de roca; **~vast** adj 1. firme, inamovible; 2. fig inquebrantable

rott/en vi <zijn> pudrirse, podrirse; **~ing** de putrefacción f

rotzooi de desorden m, cajón m de sastre;

rou'l/atie de circulación f; **~ette** de ruleta f

rout/e de ruta f, camino m; **~'ine** de rutina f

rouw de luto m; **in de ~ zijn** estar de luto; **~band** de brazalete m negro; **~centrum** het tanatorio m; **~dienst** de funeral m; **~en** vi guardar luto; **~ig** adj afligido; **~kaart** de esquela f mortuoria

rov/en vt robar, saltear; **~er** de ladrón m, salteador m

ro'yaal adj 1. generoso, despren-

dido, dadivoso; 2. (*espacio*) amplio, espacioso
roze *adj inv* de color rosa, rosa, rosado; **~t** *de* 1. rosetón *m*; 2. *arq* roseta *f*
ro'zijn *de* pasa *f*
rubber *de/het* caucho *m*
ru'briek *de* 1. (*periódico*) crónica *f*; 2. categoría *f*, apartado *m*; 3. *radio, TV* espacio *m*
ruchtbaarheid *de* publicidad *f*
rudimentair *adj* rudimentario
rug *de* 1. espalda *f*; 2. (*animal, libro*) lomo *m*; 3. (*silla*) respaldo *m*; **~by** *het* rugby *m* **ruggen/graat** *de* espina *f* dorsal; **~merg** *de* médula *f* espinal; **~steun** *de fig* respaldo *m*; **~wervel** *de* vértebra *f*
rug/gesprakk *de* consulta *f*; **~leuning** *de* respaldo *m*; **~zak** *de* mochila *f*; **~zijde** *de* dorso *m*, revés *m*
ruig *adj* 1. áspero; 2. (*persona*) bruto, rudo
ruik/en <irr 78> *vi* oler (**naar** a); **~er** *de* ramo *m* de flores
ruil *de* (inter)cambio *m*, permutación *f*; *in ~ voor* a cambio de; **~en** *vt* cambiar, permutar, trocar; **~handel** *de* comercio *m* de trueque
ruim **1.** *adj* 1. amplio, holgado; 2. algo más de (+ *num*); algo más que (+ *adj*); **2.** *het* 1. *astron* espacio *m*; 2. *nav* bodega *f*; **~en** *vt* quitar, vaciar; *uit de weg ~en* eliminar, suprimir; **~schoots** *adj* ampliamente, de sobra; **~te** *de* <~s, ~n> espacio *m*, sitio *m*; **~telijk** *adj* espacial; **~vaart** *de* navegación *f* espacial
ru'ïne *de* ruina *f*; **~ren** *vt* 1. arruinar; 2. destruir
ruit *de* 1. vidrio *m*, cristal *m*; *auto* luneta *f*; 2. *txtl* cuadro *m*; **~enwisser** *de* limpiaparabrisas *fpl*
ruiter *de* jinete *m*; **~lijk** *de* franco, sincero
ruk *de* (es)tirón *m*; **~ken** *vt* arrancar
rum *de* ron *m*; *~ cola* *de* cuba libre *m*
ru'moer *het* ruido *m*, bullicio *m*; **~ig** *adj* ruidoso, bullicioso
run *de* agolpamiento *m*, carrera *f*
rund *het* 1. res *f* bovina; 2. *coloq* imbécil *m*; **~erlapje** *het* filete *m* de vaca; **~errollade** *de* carne *f* de vaca enrollada; **~vee** *het* ganado *m* vacuno, **~vlees** *het* carne *f* vacuna;
rups *de* oruga *f*
Rus *de* ruso *m*; **~land** *het* Rusia *f*; **~sisch 1.** *adj* ruso; **2.** *het ling* ruso *m*
rust *de* (*estado*) tranquilidad *f*, calma *f*, 2. (*o. sport*) descanso *m*, reposo *m*; **~dag** *de* <~en> día *m* de descanso; **~eloos** *adj* inquieto, intranquilo; **~en** *vi* 1. descansar (**op** sobre);

2. (*enterrado*) yacer; **~huis** *het* casa *f* de reposo; **~ig** *adj* tranquilo, plácido, sereno; **~plaats** *de* lugar *m* de descanso

ruw *adj* 1. (*superficie*) rugoso, áspero; 2. (*no elaborado*) en bruto, crudo; 3. (*persona*) rudo, grosero

ru/zie *de* riña *f*, disputa *f*; **~ziën** *vi* reñir, pelear, discutir

S

saai *adj* soso, aburrido
saam'horigheid *de* solidaridad *f*, unión *f*
sabbat *de* sábado *m* judío
sabbelen *vi* (**op**) chupar, chupetear
sabel *het* sable *m*
sabo'/tage *de* sabotaje *m*; **~teren** *vt* sabotear
sacra'ment *het relig* sacramento *m*
sacris'tie *de* <~ën> sacristía *f*
sa'dis/me *het* sadismo *m*; **~t** *de* sádico *m*; **~tisch** *adj* sádico
safe *ing* 1. *adj inv* seguro; 2. *de* caja *f* fuerte
saf'fraan *de* azafrán *m*
sage *de* <~n> saga *f*
Saksisch *adj* sajón
sa'lade *de* ensalada *f*
sala'mander *de zool* salamandra *f*
sa'laris *het* <~sen> salario *m*, sueldo *m*

saldo *het* <~s, saldi> saldo *m*
sales manager *de ing* jefe *m* de ventas
salie *de* salvia *f*
sa'lon *de* <~s> salón *m*
sal'peter *de quím* salitre *m*; **~zuur** *het* ácido nítrico
salvo *het* <~s> salva *f*
samen *adv* juntos; *mat* en total; **~hang** *de* coherencia *f*, conexión *f*; **~hangen** *vi* estar relacionado; **~leving** *de* sociedad *f*; **~loop** *de* 1. (*ríos*) confluencia *f*; 2. coincidencia *f*; **~scholing** *de desp* agrupación *f*, concentración *f*; **~smelten** 1. *vi* <zijn> fundirse, fusionarse; 2. *vt* fundir; **~spannen** *vi* conspirar, confabularse (**met/tegen** con/contra); **~spel** *het* 1. combinación *f*; 2. *sport* juego *m* en equipo; **~stellen** *vt* componer, confeccionar; **~stelling** *de* composición *f*, (*libro*) compilación *f*; (*textos*) redacción *f*; **~stromen** *vi* congregarse; **~vallen** *vi* <zijn> coincidir, sobreponerse; **~vatten** *vt* resumir, compendiar, sintetizar; **~vatting** *de* resumen *m*, síntesis *f*, compendio *m*; **~voegen** *vt* 1. juntar; 2. *tecn* ensamblar; **~werken** *vi* colaborar, cooperar; **~werking** *de* colaboración *f*, cooperación *f*; **~wonen** *vi* convivir, vivir juntos; **~zijn** *het* reunión *f*; **~zweerder** *de* cons-

pirador *m*; **~zweren** *vi* conjurar, conspirar; **~zwering** *de* conspiración, conjuración *f*

sana'torium *het* <~s, sanatoria> sanatorio *m*

sanctie *de* sanción *f*

san'daal *de* sandalia *f*

sa'ner/en *vt* sanear; **~ing** *de* saneamiento *m*, reorganización *f*

sani'tair 1. *adj* sanitario; **2.** *het* instalación *f* sanitaria

sap *het* 1. zumo *m*, jugo *m*; **op ~** en almíbar; **~pig** *adj* jugoso

sar'cas/me *het* sarcasmo *m*; **~tisch** *adj* sarcástico

sarren *vt* irritar, hacer rabiar

Satan *de* Satán *m*, Satanás *m*; **~*isch** *adj* satánico

satel'liet *de* satélite *m*

sa'tijn *het* raso *m*, satén *m*

sa'tir/e *de* sátira *f*; **~isch** s *adj* atírico

sau'cijzebroodje *het* ± empanadilla *f* de carne, aguja *f*

sauna *de* sauna *f*

saus *de* 1. salsa *f*; 2. aliño *m*, aderezo *m*

sau'teren *vt gastr* saltear, rehogar

saxo/fo'nist *de* saxofonista *m*; **~'foon** *de* saxófono *m*

scala *de* gama *f*, serie *f*, escala *f*

Scandi'navi/ë *het* Escandinavia *f*; **~ër** escandinavo *m*; **~sch** *adj* escandinavo

scanner *de ing* escáner *m*

sce'nario *het* guión *m*; **~schrijver** *de* guionista *m*

scept/ti'cisme *het* escepticismo *m*; **~isch** *adj* escéptico

schaaf *de* 1. cepillo *m*; 2. rodajera *f*, rallador *m*; **~wond** *de med* rozadura *f*

schaak *de* jaque *m*; **~bord** *het* tablero *m* de ajedrez; **~mat** *adj* jaque mate; **~spel** *het* (juego *m* de) ajedrez *m*

schaal *de* 1. fuente *m*, plato *m*; 2. (*huevo*) cáscara *f*; 3. (*crustáceo*) caparazón *m*; 4. *geogr* escala *f*; **op grote ~** a gran escala; **~dier** *het* marisco *m*, crustáceo *m*; **~verdeling** *de* graduación *f*

schaam/been *het med* pubis *m*; **~rood** *het* rubor *m*, bochorno *m*; **~te** *de* vergüenza *f*, rubor *m*; **~teloos** *adj* sin vergüenza *f*, desvergonzado

schaap *het* 1. *zool* oveja *f*; 2. (*persona*) borrego *m*; **~herder** *de* pastor *m* (de ovejas); **~skooi** *de* <~en> aprisco *m*, redil *m*

schaar *de* 1. tijeras *fpl*; 2. pinzas *fpl*; **~s** escaso; **~ste** *de* escasez *f*

schaats *de* patín *m*; **~en** *vi* patinar

schacht *de* 1. (*mina*) pozo *m*; 2. (*ascensor*) hueco *m*; 3. (*bota*) caña *f*

schade *de* 1. daño(s) *m(pl)*, deterioro *m*; 2. pérdida *f*, perjuicio *m*; **~ aanrichten** causar daño; **~claim** *de ing* reclamación *f* por daños; **~lijk** *adj* perjudicial, dañino, nocivo

schadeloosstell/en vt indemnizar (**voor** de), compensar de; **~ing** de indemnización f

schade/n vt dañar, causar daño, perjudicar; **~post** de pérdida f; **~vergoeding** de indemnización f;

schaduw de sombra f; **in de ~** a la sombra; **~en** vt fig vigilar de cerca, seguir; **~rijk** adj umbroso, umbrío

schakel de eslabón m; **~aar** de interruptor m, llave m, conmutador; **~bord** het cuadro de control, cuadro m de distribución; **~en** vt 1. encadenar; 2. electr conectar; 3. (coche) cambiar de marcha; **~ing** de 1. electr conexión f, agrupación f; (coche) cambio m

schake/n vi jugar al ajedrez; **~r** de jugador m de ajedrez; **~ren** vt matizar, alternar; **~ring** de coloración f, tono m

schalks adj pícaro, tunante

schamel adj pobre, mísero

schand/'aal het escándalo m; **~'alig** adj escandaloso; **~e** de vergüenza f, infamia f, deshonra f; **~elijk** adj vergonzoso, infame, escandaloso; **~vlek** de borrón m, deshonra f

schans de (esquí) trampolín m; **~springen** het salto m de trampolín

schap het estante m

schapen/bout de pierna f de cordero; **~vacht** de piel f de oveja; **~vlees** (carne f de) cordero m

schappelijk adj razonable; (precio) módico

schare de <zijn> muchedumbre f; **~n**: z. **~n** 1. adherirse (**achter** a); 2. juntarse (**om** alrededor de)

scharnier het <~en> bisagra f, pernio m, gozne m

scharrel de lío m, flirteo m; **~ei** het <~eren> huevo m de corral; **~en** vi 1. escarbar; 2. hacer chapuzas; 3. flirtear; **bij elkaar ~en** reunir a duras penas; **~kip** de pollo m del corral

schat de 1. tesoro m; 2. amor m, vida f, cielo m, cariño m; **een ~ van een kind** una delicia, un solete; **~eren** vi reír a carcajadas; **~kamer** de tesoro m; **~kist** de tesoro m público; **~rijk** adj riquísimo, opulento; **~ten** vt tasar (**op** en), estimar, valorar; **~tig** adj mono, precioso, lindo; **~ing** de estimación f; cálculo m; **naar ~ing** según se calcula

schaven vt 1. med rozar; 2. (madera) cepillar, lijar

scha/'vot het cadalso m; **~uit** de granuja m

schede de 1. <~n> vaina f; 2. med vagina f; **~l** de med cráneo m

scheef adj oblicuo, sesgado

scheel adj bizco

scheen *de med* espinilla *f*; **~been** *de* tibia *f*

scheep/sbouw *de* construcción *f* naval; **~swerf** *de* astillero *m*; **~vaart** *de* navegación *f*

scheer/apparaat *het* máquina *f* de afeitar; **~kwast** *de* brocha *f* de afeitar; **~mes(je)** *het* navaja *f* (cuchillo *m*) de afeitar

scheid/en 1. *vi* <zijn> divorciarse, separarse; **2.** *vt* separar; **~ing** *de* 1. separación *f*, división *f*; 2. divorcio *m*; 3. (*en pelo*) raya *f*; 4. límite *m*; **~srechter** *de* árbitro *m*

scheikund/e *de* química *f*; **~ig** *adj* químico; **~ige** *m* <~n> químico *m*

schel 1. *adj* (*tono*) agudo, chillón; (*luz*) deslumbrante; **2.** *de* campanilla *f*

scheld/en <irr 79> *vi* echar pestes (**op** de), insultar; **~woord** *het* insulto *m*

schelen 1. variar, diferir; 2. pasar, ocurrir; 3. importar; ***het kan me niets ~*** no me importa, me da igual

schelp *de* 1. *zool* concha *f*; 2. (*oreja*) pabellón *m*

schelvis *de* pescadilla *f*

schema *het* esquema *m*, plan *m*; **~tisch** *adj* esquemático

schemer *de* crepúsculo *m*, penumbra *f*; **~en** *vi* 1. amanecer; 2. anochecer; **~ing** *de* crepúsculo *m*; **~lamp** *de* lámpara *f* de mesa; lámpara *f* de pie

schend/en <irr 80> *vt* violar; infringir, abusar de; **~ing** *de* violación *f*, infracción *f*

schenk/en <irr 81> *vt* 1. echar, verter; 2. regalar, dar, donar; 3. *fig* conceder, prestar; **~ing** *de* donación *f*; donativo *m*

schep *de* 1. pala *f*; 2. cucharada *f*, palada *f*; **~net** *het* (*pesca*) red *f*, **~pen** <irr 84> *vt* 1. sacar/quitar con pala; 2. *fig* (*aire*) tomar; 3. crear, generar; **~per** *de* creador *m*; **~ping** *de* creación *f*; **~sel** *het* criatura *f*

scheren *vt* 1. afeitar, rasurar; 2. (*cabeza*) rapar; 3. (*oveja*) esquilar

scherf *de* pedazo *m*, casco *m*

scherm *de* 1. pantalla *f*; 2. *teat* (*o. fig*) bastidor *m*, telón *m*; 3. biombo *m*; **~en 1.** *vi* esgrimir; **2.** *het sport* esgrima *f*

scher'mutseling *de* escaramuza *f*

scherp *adj* 1. afilado, (punti)agudo; 2. *mat* agudo; 3. (*mirada*) perspicaz, agudo; 4. (*curva*) cerrado; 5. (*aire*) penetrante, cortante; 6. *foto* nítido; (*contraste*) marcado; 7. (*sabor*) picante; 8. (*tono, crítica*) áspero, mordaz; 9. (*olfato, oído*) fino; **~schutter** *de* buen tirador *m*; **~te** *de* 1. agudeza *f*; 2. asperaza *f*, acritud *f*; 3. *foto* nitidez *f*

scherp'zinnig *adj* ingenioso, agudo,

scherpzinning 262

perspicaz; **~heid** de agudeza f, perspicacia f

scherts de broma f, chanza f; **~en** vi bromear, chancear

schets de bosquejo m, esbozo m; **~boek** het álbum m de dibujo; **~en** vt esbozar, bosquejar

scheur de hendidura f, raja f, rasgón m; **~buik** med escorbuto m; **~en 1.** vi <zijn> 1. romperse, desgarrarse; 2. agrietarse, cuartearse; 3. henderse; rajarse; 4. (en coche) conducir a lo loco; **2.** vt romper, rasgar, desgarrar; **~ing** de fig ruptura f, cisma f; **~kalender** de calendario m de taco

scheut de 1. (líquido) chorro m; 2. bot retoño m; 3. med (dolor) pinchazo m, punzada f; **~ig** adj generoso (**met** con), desprendido

schiereiland het península f

schiet/en <irr 83> **1.** vi disparar(se), lanzar(se); fig (cabeza) pasar (**door** por), ocurrir; **2.** vt 1. tirar, disparar; 2. tirar al blanco; 3. sport chutar; 4. **laten ~en** dejar caer, soltar, abandonar; **~partij** de <~en> tiroteo m; **~schijf** de blanco m; **~terrein** het campo m de tiro

schiften 1. vi (leche) cortarse; **2.** vt separar, aislar

schijf de 1. disco m; 2. (alimento) rodaja f; 3. (rodilla) rótula f; (damas) pieza f

schijn de 1. brillo m, resplandor m; 2. apariencia f; **de ~ wekken** dar la impresión; **~baar 1.** adj aparente; **2.** adv según parece, aparentemente; **~beweging** de 1. sport finta f, amago m; 2. mil maniobra f fingida; **~en** <irr 84> vi 1. brillar, lucir, resplandecer; 2. parecer; **~'heilig** adj hipócrita; **~'heiligheid** de hipocresía f; **~werper** de foco m, reflector m, faro m

schijt de vulg mierda f; **~en** <irr 85> vi vulg cagar

schik de gusto m, placer m; **~ hebben** divertirse; **~ken 1.** vi convenir; **2.** vt arreglar, ordenar; **z. ~ken 1.** resignarse (**in** a); 2. acomodarse (**naar** a); **~ing** de arreglo m, compromiso m

schil de cáscara f; (fino) piel f

schild het 1. escudo m; 2. caparazón m; **~er** de pintor m; **~erachtig** adj pintoresco; **~eren** vt 1. pintar; 2. fig describir; **~e'rij** het <~en> cuadro m, pintura f; **~klier** de med glándula f tiroides; **~pad** het tortuga f; **~wacht** de centinela m

schilfer de pedacito m; (piel) escama f; **~en** vi desconcharse; (piel) descamarse

schillen vt pelar, (patata) mondar

schim de 1. sombra f; 2. fantasma f

schimmel *de* 1. moho *m*; 2. caballo *m* blanco; **~en** *vi* <zijn> enmohecerse; **~ig** *adj* mohoso, enmohecido

schip *het* <schepen> 1. barco *m*, buque *m*, nave *f*; 2. (*iglesia*) nave *f*; **~breuk** *de* naufragio *m*; **~breukeling** *de* náufrago *m*; **~per** *de* patrón *m* (de barco); **~peren** *vi* hacer compromisos, transigir

schitter/en *vi* brillar, resplandecer; **~end** *adj* 1. brillante, resplandeciente; 2. *fig* magnífico; **~ing** *de* brillo *m*, resplandor *m*

schizo'freen *adj* esquizofrénico

schmink *de* maquillaje *m*; **~en** *vt* maquillar; **z. ~en** maquillarse

schoeisel *het* calzado *m*

schoen *de* zapato *m*; (*alto*) bota *f*; **~er** *de nav* goleta *f*; **~maker** *de* zapatero *m*; **~poetser** *de* limpiabotas *m*

schoffel *de* escardillo *m*; **~en** *vt* escardar

schoft *de* bribón *m*, bellaco *m*

schok *de* 1. golpe *m*, choque *m*, conmoción *f*; 2. *elect* descarga *f* eléctrica; **~breker** *de* amortiguador *m*; **~golf** *de* honda *f* expansiva; **~ken** *vt* sacudir, estremecer; 2. *fig* chocar, conmocionar, escandalizar

schol *de* 1. *zool* platija *f*; 2. (*hielo*) témpano *m*

schol/en *vt* enseñar, formar; **~engemeenschap** *de* instituto *m* de segunda enseñanza; **~ier** *de* <~en> escolar *m*, alumno *m*; **~ing** *de* formación *f*, educación *f*

schommel *de* columpio *m*; **~en** *vi* balancearse, columpiarse; 2. mecerse; (*barco*) balancear; 2. *econ* fluctuar, oscilar; **~ing** *de* 1. balanceo *m*; 2. *econ* fluctuación *f*, oscilación *f*; **~stoel** *de* mecedora *f*

schooie/n *vi* pedir, mendigar; pordiosear; **~r** *de* 1. pordiosero *m*; 2. *desp* bellaco *m*

school *de* 1. escuela *f*, colegio *m*; 2. (*peces*) banco *m*; **~boek** *het* libro *m* de texto; **~geld** *het* matrícula *f* escolar; **~jaar** *het* año *m* escolar; **~lokaal** *het* clase *f*, aula *f*; **~s** *escolar*; **~slag** *de sport* braza *f* de pecho; **~tas** *de* cartera ; **~tijd** *de* 1. años *mpl* escolares; 2. horas *fpl* de clase

schoon *adj* 1. limpio; 2. hermoso, bello; **~dochter** *de* nuera *f* **~heid** *de* belleza *f*; hermosura *f*; **~houden** *vt* mantener limpio; **~maak** *de* limpieza *f*; **~maakbedrijf** *het* empresa *f* de limpieza; **~maken** *vt* limpiar; **~moeder** *de* suegra *f*; **~ouders** *de* suegros *mpl*; **~vader** *de* suegro *m*; **~zoon** *de* yerno *m*

schoorsteen *de* chimenea *f*; **~veger** *m* deshollinador *m*

schoorvoetend *adj* vacilando, de mala gana

schoot *de* regazo, (o. fig) seno *m*

schop *de* 1. patada *f*, puntapié *m*; 2. pala *f*; 3. palada *f*; **~pen 1.** *de* (*cartas*) picos *mpl*, espada *f*; **2.** *vt* dar patadas, golpear con los pies

schorpi'oen *de* 1. *zool* escorpión *m*; *astrol* Escorpio *m*

schors *de* corteza *f*; **~en** *vt* suspender; **~ing** *de* suspensión *f*

schort *de/het* delantal *m*, mandil *m*

schot *het* 1. disparo *m*, tiro *m*; 2. progreso *m*; 3. tabique *m*; 4. **~*** escocés *m*; **~el** *de* 1. plato *m*; 2 fuente *f*; **~*land** *het* Escocia *f*; **~ 1.** *de* (*hielo*) témpano *m*; **2. ~*** *adj* escocés

schouder *de* hombro *m*; **~blad** *het* <~en> omoplato *m*

schouw/burg *de* teatro *m*; **~spel** *het* espectáculo *m*

schraal *adj* 1. pobre, frugal; 2. *meteo* (frío y) seco

schrammen *vt* arañar, rasguñar

schrander *adj* listo, inteligente

schrapen *vt* 1. raspar; 2. tacañear

schrappen *vt* 1. raspar; 2. tachar, borrar

schrede *de* <~n> paso *m*

schreef: *over de ~ gaan* extralimitarse, pasarse de la raya

schreeuw *de* grito *m*, alarido *m*; **~en** *vi* 1. gritar, vocear; 2. llorar; 3. clamar (**om** por), pedir a gritos; **~end** *adj* llamativo, chillón

schreien *vi* llorar, verter lágrimas

schriel *adj* flaco, delgado

schrift 1. *de* escritura *f*; **2.** *het* 1. cuaderno *m*; 2. escritura *f*, letra *f*; **~elijk** *adj* escrito, por escrito

schrijden <irr 86> *vi elev* andar con paso solemne

schrijf/taal *de* lengua *f* escrita; **~wijze** *de* ortografía *f*

schrijve/n <irr 87> *vt* escribir; **~r** *de* escritor *m*, autor *m*

schrik *de* terror *m*, susto *m*, miedo *m*; **~barend** *adj* terrible, horrible; **~beeld** *het* fantasma *f*, pesadilla *f*; **~bewind** *het* régimen *m* de terror; **~draad** *het* alambre *m* electrizado; **~keljaar** *het* año *m* bisiesto; **~ken** <irr 90> *vt* asustarse, espantarse, alarmarse

schril *adj* 1. agudo, estridente; 2. (*color*) chillón; 3. (*contraste*) fuerte

schrobbe/n *vt* fregar; **~r** *de* escoba *f*

schroef *de* 1. tornillo *m*; 2. *aero* hélice *f*; **~bout** *de* perno *m*; **~dop** *de* tapón *m* de rosca; **~draad** *het* rosca *f* de tornillo

schroeien *vi* <zijn> chamuscarse, abrasarse

schroeven *vt* atornillar; **~draaier** *de* destornillador *m*

schrokken *vt* engullir

schrome/lijk adj terrible, enorme; **~n** vi recatarse (**om** de)
schroot 1. het chatarra f; **2.** de (madera) listón m
schuchter adj tímido
schudden 1. vi sacudirse; **2.** vt agitar, sacudir
schuif/dak het <zijn> 1. (coche) capota f; 2. techo m corredizo; **~deur** de puerta f corrediza
schuil/en vi 1. ponerse a cubierto, guarecerse; 2. fig residir, radicar (**in** en); **~gaan** vi <zijn> fig esconderse, ocultarse; **~kelder** de refugio m antiaéreo; **~naam** de seudónimo m
schuim het 1. espuma f, espumajo m; 2. escoria f; **~blusser** de extintor m de espuma; **~en** vi espumar; **~plastic** het espuma f de plástico; **~rubber** de/het espuma f de caucho
schuin adj 1. oblicuo, torcido; 2. (chiste) verde; **~ houden** inclinar; **~ aankijken** mirar de reojo
schuit de barcaza f, lanza f
schuiven <irr 91> vt empujar, arrastrar, pasar
schuld de 1. culpa f, culpabilidad f; 2. banc deuda f; **~bekentenis** de <~sen> 1. confesión f; 2. banc pagaré m, obligación f; **~eiser** de com acreedor m; **~enaar** de deudor m; **~ig** adj culpable, pecador; *iem iets ~ig zijn* deber algo a alg

schunnig adj 1. desharrapado; 2. obsceno
schuren 1. vi <zijn> rozar; **2.** vt 1. fregar, estregar; 2. lijar
schurft de sarna f
schurk de bribón m, granuja f
schutt/er de 1. tirador m; 2. astrol Sagitario m; **~ing** de valla f, cerca f
schuur de 1. cobertizo m; 2. granero m; **~papier** het papel m de lija
schuw adj huraño, esquivo, insociable; **~en** vt evitar, esquivar
scle'rose de med esclerosis f
scooter de ing scooter m, vespa f
score de sport resultado m; **~bord** het marcador m; **~n** vi marcar (tantos)
scrabbelen vi jugar al scrabble
scru'pu/les pl escrúpulos mpl; **~leus** adj escrupuloso
se'conde de <~n> segundo m
secretari'aat het secretaría f, secretariado m; **~s** de secretario m
sectie de 1. med autopsia f; 2. sección f
sector de <~s, en> sector m
secun'dair adj secundario
se'cuur adj cuidadoso, meticuloso
sedert 1. prep desde; **2.** conj desde que
seg'ment het segmento m
sein het señal f; **~en** vi dar señales

seismograaf

seismo'graaf *de* sismógrafo *m*
sei'zoen *het* 1. temporada *f*; 2. estación *f*
seks/e *de* <~n> sexo *m*; **~u'eel** *adj* sexual
sekte *de* <~n> secta *f*
selderie *de* apio *m*
se'lect *adj* selecto · **~'eren** *vt* seleccionar; **~ie** *de* selección *f*; **~'ief** *adj* selectivo
se'mester *het* semestre *m*
semi'narie *het relig* seminario *m*
se'naat *de* senado *m*; **~nator** *de* <~en, ~s> senador *m*
se'niel *adj* senil
senior *adj* sénior; **~en** *pl* personas *fpl* mayores
sen'sa/tie *de* sensación *f*; **~io'neel** *adj* sensacional
sensu'eel *adj* sensual
sentimen'teel *adj* sentimental
sepa'raat 1. *adj* separado; 2. *adv* por separado
sepo'neren *vt jur* sobreseer, abandonar
sep'tember *de* septiembre *m*
ser'geant *de* <~en, ~s> *mil* sargento *m*
se/rie *de* serie *f*; **~ri'eus** *adj* serio
serre *de* veranda *f* de cristales
serum *het* <~s, sera> *med* suero *m*
ser'/veerster *de* camarera *f*; **~veren** *vt* servir; **~vet** *het* servilleta *f*
service *de ing com* servicio *m* posventa

ser'vies *het* vajilla *f*, juego *m* de servicios
sesamzaad *het* ajonjolí *m*
set *de* <~s> juego *m*
sex'tet *het mús* sexteto *m*
sexy *adj* atractivo, provocativo
sfeer *de* 1. esfera *f*; 2. ámbito *m*; 3. clima *m*, ambiente *m*
sfinx *de* esfinge *m*
shag *de ing* tabaco *m* para liar
shampoo *de* champú *m*
sherry *de ing* vino *m* de jerez, fino *m*
shirt *het ing* camiseta *f*
shit 1. *de ing vulg* mierda *f*; 2. *excl* ¡mierda!
shock *de med* shock *m*
short *de ing* pantalón *m* corto
show *de ing* espectáculo *m*; **~room** *de ing* sala *f* de muestras
sidderen *vi* temblar, estremecerse
sier/aad *het* adorno *m*, joya *f*; **~en** *vt* 1. honrar; 2. adornar; **~lijk** *adj* elegante, gracioso
si'gaar *de* <sigaren> puro *m*, cigarro *m*
siga'ret *de* cigarrillo *m*
sig'naal *het* <signalen> señal *m*
signa/le'ment *het* señas *fpl* personales; **~'leren** *vt* 1. señalar; 2. observar
sik *de* 1. *zool* cabra *f*; 2. perilla *f*
silhou'et *de/het* silueta *f*, perfil *m*
simpel *adj* 1. simple, sencillo; 2. bobo

simul'taan *adj* simultáneo
sinaasappel *de* naranja *f*
sinds 1. *prep* desde; **2.** *conj* desde que; **~'dien** *adv* desde entonces
singel *de* 1. canal *m* circular; 2. ± avenida *f*, bulevar *m*
sint *de* santo *m*; **~er'klaas** *de* 1. San Nicolás; 2. fiesta *f* de San Nicolás
sip *adj* abatido, desanimado
si'rene *de* <~n, ~s> sirena *f*
si'roop *de* jarabe *m*
situ'atie *de* situación *f*
sjaal *de* <~s> bufanda *f*, chal *m*
sja'lot *de* escalonia *f*, chalote *m*
sjeik *de* jeque *m*
sjerp *de* faja *f*, banda *f*
sjezen *vi* <zijn> 1. embalarse; 2. llevar calabazas
sjoemelen *vi* amañar, enredar
sjofel *adj* miserable, andrajoso
sjouwen *vi* 1. llevar, cargar; 2. trajinar
ske'let *het* esqueleto *m*
ski *de* <~'s> esquí *m*; **~ën** *vi* esquiar; **~lift** *de* telesilla *f*
sla *de* 1. lechuga *f*; 2. ensalada *f*
slaaf *de* esclavo *m*
slaan <irr 90> **1.** *vi* 1. (*corazón*) latir, palpitar; 2. (*reloj*) dar la hora; 3. referirse (**op a**); **2.** *vt* 1. pegar, golpear; 2. (*huevo, nata*) batir; (*damas*) comer
slaap *de* 1. sueño *m*; 2. legaña *f*; 3. sien *f*; **~bank** *de* sofá *m* cama; **~dronken** *adj* medio dormido; **~kamer** *de* dormitorio *m*; **~kop** *de* dormilón *m*; **~middel** *het* somnífero *m*; **~wandelaar** *de* sonámbulo *m*; **~wagen** *de* coche *m* cama *f*; **~zak** *de* saco *m* de dormir
slaatje *het* ensaladilla *f*
slacht/en *vt* matar, sacrificar; **~huis** *het* matadero *m*; **~ing** *de* matanza *f*; **~offer** *het* víctima *f*
slag 1. *de* <~en> 1. golpe *m*; manotazo *m*, bofetada *f*; martillazo *m*; paliza *f*; puñetazo *m*; 2. batalla *f*, combate *m*; 3. (*corazón*) latido; 4. pulsación *f*; **2.** *het* clase *f*, calaña *f*; **~ader** *de* <~s, ~n> arteria *f*; **~boom** *de* barrera *f*; **~en** *vi* <zijn> 1. tener éxito; 2. aprobar; *erin ~en om* conseguir, lograr; **~er** *de* carnicero *m*; **~e'rij** *de* <~en> carnicería *f*; **~room** *de* nata *f* batida; **~tand** *de* colmillo *m*; **~veld** *het* campo *m* de batalla; **~werk** *het* batería *f*; **~zin** *de* eslogan *m*, consigna *f*
slak *de* caracol *m*
slang *de* 1. serpiente *f*; 2. tubo *m*, manga *f*; 3. manguera *f*
slank *adj* esbelto, delgado
sla/olie *de* aceite *m* (para ensalada); **~saus** *de* salsa *f* para ensalada
slap *adj* flojo, débil; **~e'loosheid** *de* insomnio *m*; **~en** <irr 91> *vi* dormir; **~erig** *adj* adormilado, soñoliento

slaver'nij *de* esclavitud *f*

slavink *de gastr* carne *f* picada envuelta de una loncha de tocino

slecht 1. *adj* malo, mal; **2.** *adv* mal; **~en** *vt fig* allanar; **~er** *adj* (*comparativo*) peor; **~'horend** *adj* duro de oído; **~s** *adv* sólo, solamente

slee *de* <~ën> trineo *m*; **~ën** *vi* ir en trineo

sleep/boot *de* remolcador *m*; **~touw:** **op ~touw nemen** llevar a remolque

slenteren *vi* callejear

slepen *vt* 1. arrastrar; 2. (*barco*) remolcar

slet *de* coloq zorra *f*, furcia *f*

sleuf *de* hendidura *f*, ranura *f*

sleur *de* rutina *f*; **~en** *vt* arrastrar

sleutel *de* 1. (*o. tecn*) llave *f*; 2. (*o. mús*) clave *f*; **~been** *het* clavícula *f*; **~gat** *het* <~en> ojo *m* de la cerradura; **~ring** *de* llavero *m*

slijm *het* 1. moco *m*; 2. flema *f*; 3. (*caracol*) baba *f*; **~en** *vi* hacer la pelota; **~vlies** *het* mucosa *f*

slijpen <irr 94> *vt* 1. afilar; 2. (*piedra*) pulir, tallar

slij't/age *de* desgaste *m*; **~en 1.** *vi* <irr 92> desgastarse; **2.** *vt* 1. gastar, usar; 2. (*tiempo*) pasar; 3. *com* vender; **~e'rij** *de* <~en> tienda *f* de vinos y licores

slikken *vt* 1. tragar; 2. (*medicamentos*) tomar; 3. *fig* tragarse

slim *adj* astuto, listo; **~heid** *de* astucia *f*

slinger *de* 1. guirnalda *f*; 2. (*reloj*) péndulo *m*; **~en 1.** *vi* <zijn> 1. oscilar, balancear; (*camino*) serpentear; **2.** *vt* arrojar, echar, lanzar; **~plant** *de* enredadera *f*

slink/en *vi* mermar, menguar, disminuir; **~s** *adj* astuto, taimado

slip *de* 1. slip, calzoncillos; (*mujer*) braga *f*; 2. (*abrigo*) faldón *m*; 3. (*coche*) patinazo *m*, derrape *m*; **~-'over** *de* chaleco *m*; **~pen** *vi* <zijn> patinar, derrapar; **~per** *de* chancla *f*; **~pertje** *het* (*sexual*) aventura *f*, escapada *f*; **~vrij** *adj* antideslizante

sloddervos *de* persona *f* desordenada

sloeber: *arme* **~** pobre diablo *m*

sloep *de nav* chalupa *f*, bote *m*

slof *de* 1. zapatilla *f*, babucha *f*; 2. (*cigarrillos*) cartón *m*; **~fen** *vi* arrastrar los pies

slogan *de ing* eslogan *m*

slok *de* sorbo *m*, trago *m*; **~darm** *de* esófago *m*

sloom *adj* lento, inerte

sloop *de* 1. *txtl* funda *f* (de almohada); 2. derribo *m*, demolición *f*; 3. (*coche*) desguace *m*

sloot *de* zanja *f*, gavia *f*

slopen *vt* 1. (*edificio*) derribar, demoler; 2. (*coche*) desguazar; 3. *fig* minar

sloppenwijk *de* barrio *m* de chabolas

slordig 1. descuidado, desordenado; 2. (*aspecto*) desaliñado, abandonado

slot *het* <~en> 1. cerradura *f*; 2. fin *m*; 3. castillo *m*; ***per ~ van rekening*** a fin de cuentas; **~som** *de* conclusión *f*

sluier *de* velo *m*

sluik *adj* (*pelo*) lacio, laso

sluimeren *vi* dormitar

sluip/en *vi* <irr 93> ir de puntillas; **~schutter** *de* francotirador *m*

sluis *de* esclusa *f*

sluit/en <irr 94> **1.** *vi* <zijn> 1. cerrar; 2. cuadrar; **2.** *vt* 1. cerrar, clausurar; 2. (*amistad*) entablar; 3. (*matrimonio*) contraer; **~ing** *de* 1. cierre *m*; clausura *f*; 2. celabración *f*

slurf *de* trompa *f*

sluw *adj* astuto, taimado; **~heid** *de* astucia *f*

smaad *de* afrenta *f*, ultraje *m*

smaak *de* sabor *m*, gusto *m*; ***in de ~ vallen*** gustar, caer bien; **~vol** *adj* de buen gusto, elegante

smachten *vi* suspirar (**naar** por), anhelar

smadelijk *adj* difamatorio, afrentoso

smak *de* 1. golpe *m* seco; 2. (*dinero*) montón *m*; **~elijk** *adj* sabroso; ***eet ~elijk!*** ¡que aproveche(n)!; **~eloos** *adj* 1. insípido, sin sabor; 2. *fig* de mal gusto; **~en** *vi* saber; ***lekker ~*** saber bien; **~ken** *vi* hacer ruido al comer

smal *adj* estrecho, angosto

smalend *adj* despectivo, con desdén

sma'ragd *de* esmeralda *f*

smart *de* dolor *m*, pena *f*, pesar; **~elijk** *adj* doloroso, penoso; **~engeld** *het jur* indemnización *f* por daños inmateriales

smeden *vt* 1. forjar, fraguar; 2. *fig* tramar

smeedijzer *het* hierro *m* forjado

smeekbede *de* 1. súplica *f*; 2. *relig* plegaria

smeer *de* grasa *f*; **~boel** *de* porquería *f*; **~geld** *het* <~en> soborno *m*; **~kaas** *de* queso *m* fundido; **~lap** *de desp* puerco *m*; **~olie** *de* aceite *m* lubricante

smeken *vi* suplicar, implorar

smelten <irr 95> **1.** *vi* <zijn> derretirse, fundirse; **2.** *vt* derretir, fundir

smer/en *vt* 1. untar; 2. engrasar, lubrificar; **~ig** *adj* 1. sucio, asqueroso; 2. indecente, vil

smet *de fig* mancha *f*; **~teloos** *adj* 1. inmaculado; 2. *fig* impecable

smeuïg *adj* 1. bien untable; 2. *fig* sabroso

smeulen *vi* arder sin llama

smid *de* <smeden> herrero *m*

smijten <irr 96> *vt* arrojar; ***met geld ~*** tirar el dinero

smoking

smoking *de* <~s> esmoquin *m*
smokkel *de* contrabando *m*; **~aar** *de* contrabandista *m*; **~en** *vt* contrabandear; **~waar** *de* alijo *m*, contrabando *m*
smoren *vt* 1. sofocar, ahogar; 2. *gastr* estofar, guisar
smul/len *vi* comer con gusto; **~partij** *de* festín *m*
snaar *de* cuerda *f*
snackbar *de ing* ± cafetería *f*
snappen *vt* 1. entender, comprender; 2. (*personas*) pillar, atrapar
snavel *de* pico *m*
snede (**snee** <ën>) *de* 1. corte *m*, incisión; 2. (*pan*) rebanada *f*
sneeuw *de* nieve *f*; **natte ~** aguanieve *f*; **~bal** *de* bola *f* de nieve; **~bril** *de* gafas *fpl* de esquiador; **~en** *v/impers* nevar; **~ketting** *de* cadena *f* antideslizante; **~klokje** *het bot* campanilla *f* blanca; **~val** *de* nevada *f*; **~vlok** *de* copo *m* de nieve
snel *adj* rápido, veloz, de prisa; **~buffet** *het* bufete *m* rápido; **~heid** *de* velocidad *f*; **~kookpan** *de* olla *f* a presión; **~weg** *de* <~en> autovía *f*, autopista *f*
snert *de* sopa *f* de guisantes
sneu *adj* decepcionante, una lástima; **~velen** *vi* <zijn> 1. morir, caer; 2. *fig* (*cosa*) romperse
snij/biet *de* acelgas *fpl*; **~bloemen** *pl* flores *fpl* cortadas; **~boon** *de* judía *f* larga; **~den** <irr 97> *vt* cortar, trinchar; (*fino*) picar; **z. ~den** cortarse; **~wond** *de med* cortadura *f*
snik 1. *de* sollozo *m*; 2. *adv*; **niet goed ~ zijn** estar chiflado; **~ken** *vi* sollozar
snit *de* corte *m*
snob *de* <~s> esnob *m*; **~'istisch** *adj* esnob
snoeien *vt* podar, recortar
snoek *de* lucio *m*; **~baars** *de* lucioperca *f*
snoep *de* dulces *mpl*, golosinas *fpl*; **~en** *vi* comer dulces; **~er** *de* goloso *m*
snoer *de* 1. hilo *m*; 2. *electr* cordón *m*, cable *m*
snoeve/n *vi* fanfarronear; presumir (**op** de); **~r** *de* fanfarrón *m*
snoezig *adj* mono, precioso
snor *de* bigote *m*; **~kelen** *vi* bucear con un tubo de respiración
snuf/felen *vi* 1. olfatear; 2. husmear, fisgar; **~je** *het* 1. pizca *f*; 2. novedad *f*
snuiste'rijen *pl* baratijas *fpl*, fruslerías *fpl*
snuit *de* hocico *m*, morro *m*; **~en** *vt* <irr 98>: **zijn neus ~en** sonarse
snuiven <irr 99> *vt* esnifar
snurken *vi* roncar
sober *adj* sobrio, astuto
soci'aal *adj* social; **~-democraat** *adj* socialdemócrata
socia'list *de* socialista *m*; **~isch** *adj* socialista

socië'teit de club m; (España) casino m
sociolo'gie de sociología f
soda de 1. sosa f; 2. (agua) soda f
soep de sopa f; **~balletje** het albondiguilla f; **~el** adj flexible f
soeve'rein 1. adj soberano; **2.** de soberano m; **~i'teit** de soberanía f
sofinummer het número m de identificación fiscal
soft/drugs pl ing drogas fpl blandas; **~~ijs** het crema f de helado
sojasaus de salsa f de soja
sok de calcetín m; **~kel** de pedestal m
so'larium het <~s> solario m
sol'daat m soldado m
sol'deren vt soldar;
soli/'dair adj solidario, **~dari'teit** de solidaridad f
so'lide adj 1. sólido, firme, sólido; 2. seguro
so'list de solista m
solli'ci/tant de candidato m, aspirante m (a un puesto); **~tatie** de solicitud f (de empleo); **~teren** vi (**naar**) solicitar (un puesto)
som de 1. suma f; 2. importe m
somber adj 1. sombrío, oscuro; 2. (persona) pesimista, triste
sommige(n) pron indef unos, algunos
soms adv a veces, de vez en cuando

soort het 1. clase f, tipo m; 2. biol especie f; **~elijk** adj específico; **~ge'lijk** adj parecido, similar
sop het agua f (espuma) de jabón; **~pen** vt remojar, empapar
sorbet de <~s> sorbete m
sor'ter/en vt clasificar, seleccionar; **~ing** de surtido m
souf'fleur de teat apuntador m
soute'neur de proxeneta m
souter'rain het fr sótano m
souve'nir het fr recuerdo m
Spaans 1. adj español; **2.** het ling español, castellano m; **~*'sprekend** adj hispanohablante
spaar/bank de caja f de ahorros; **~bankboekje** het banc libreta f de ahorros; **~geld** het ahorros mpl; **~pot** de hucha f; **~zaam** adj ahorrativo, económico
spa'ghetti de espaguetis mpl
spandoek de/het pancarta f
Span/jaard de español m; **~je** het España f
spann/en vt 1. (cuerda) tender; 2. tecn tensar; 3. (músculos) contraer; **~end** adj emocionante, lleno de suspense; **~ing** de 1. tensión f, fig tirantez f; 2. ansiedad f; 3. electr voltaje m
spar de bot abeto m
sparen vt 1. (o. fig) ahorrar; 2. coleccionar
spat de salpicadura f; **~bord** het guardabarros m; **~ten** vt/i salpicar
spece'rij de <~en> esencia f

speci'aal *adj* especial, particular; **z. ~ali'seren** *vt* especializarse; **~a'list** *de* especialista *m*, perito *m*; **~ali'teit** *de* especialidad *f*

specie *de arq* mortero *m*

speci/fi'catie *de* especificación *f*, descripción *f* detallada; **~fi'ceren** *vt* especificar; **~'fiek** *adj* específico

spectacu'lair *adj* espectacular

spectrum *het* <~s, spectra> espectro *m*

specu'laasje *het* galleta *f* de genjibre

specu'/latie *de* especulación *f*; **~leren** *vi* especular (**op** en)

speech *de* <~es, ~en> *ing* discurso *m*

speeksel *het* saliva *f*

speel/film *de* película *f*; **~goed** *het* juguetes *mpl*; **~kwartier** *het stud* recreo *m*; **~plaats** *de* campo *m* de juegos; **~ruimte** *de* 1. *tecn* holgura *f*; 2. *fig* espacio (de acción); **~s** alegre, juguetón; **~tuin** *de* parque *m* infantil

speen *de* chupete *m*; **~varken** *het* cochinillo *m*, lechón *m*

speer *de* lanza *f*, jabalina *f*; **~werpen** *het sport* lanzamiento *m* de la jabalina

spek *het* tocino *m*; **~takel** *het* 1. espectáculo *m*; 2. alboroto *m*

spel *het* 1. juego *m*; 2. (*cartas*) baraja *f*

speld *de* alfiler *m*; **~en** *vt* prender (con alfileres)

spel/en *vi* 1. jugar (**met** con); 2. *teat* actuar, trabajar; 3. *mús* tocar (un instrumento); *een rol ~en* desempeñar un papel; **~er** *de* jugador *m*; **~fout** *de* falta *f* de ortografía; **~ing** *de* 1. juego *m*, margen *m*; 2. (*naturaleza*) capricho *m*; **~len** *vt* deletrear; **~ling** *de ling* ortografía *f*; **~regel** *de* regla *f* de juego

spencer *de txtl* chaleco *m*

spen'deren *vt* gastar (**aan** en)

sperwer *de* gavilán *m*

speur/en *vi* (**naar**) 1. buscar, rastrear; 2. investigar; **~tocht** *de* búsqueda *f*

sperzieboon *de* judía *f* verde

spiegel *de* espejo *m*, luna *f*; *auto* (espejo) retrovisor *m*; **~beeld** *het* reflejo *m*, imagen *f* reflejada; **~ei** *het* <~eren> huevo *m* frito; **~en** *vi* reflejar (la luz)

spieken *vi stud* copiar

spier *de* músculo *m*; **~bal** *de* bíceps *m* **~ing** *de zool* eperlano *m*; **~pijn** *de* agujetas *fpl*

spijbelen *vi stud* hacer novillos

spijker *de* clavo *m*; **~broek** *de* vaqueros *mpl*; **~en** *vt* clavar

spijs *de* 1. manjar, alimento; 2. masa *f* dulce; **~vertering** *de* digestión *f*

spijt *de* arrepentimiento *m*, pesar; **~en** <irr 100>: *het spijt me* lo siento, siento; **~ig** *adj*: *het*

is ~ig es una pena, una lástima

spil *de* 1. *tecn, fig* eje *m*; 2. *sport* medio centro *m*

spin *de* araña *f*

spi'nazie *de* espinacas *fpl*

spinn/en *vi* 1. hilar; 2. (*gato*) ronronear; **~enweb** *het* telaraña *f*; **~ewiel** *het* torno *m* de hilar

spi'raal *de* espiral

spi'ritus *de* alcohol *m* etílico

spit **1.** *het* asador *m*; **2.** *de med* lumbago *m*

spits 1. *adj* 1. (punti)agudo; 2. (*cara*) afilado; **2.** *de* 1. punta *f*, (*montaña*) pico *m*; (*torre*) aguja *f*; 2. *sport* delantero *m* 3. *transp* hora *f* punta; **~uur** *het transp* hora *f* punta; **~'vondig** *adj* ingenioso, sutil

spitten *vt* cavar

spleet *de* grieta *f*, hendidura *f*, raja *f*

splijten <irr 101> **1.** *vi* <zijn> partirse, rajarse; **2.** *vt* partir, rajar, hender

splinter *de* astilla *f*, espina *f*; **~nieuw** *adj* flamante

splits/en *vt* 1. dividir, partir; 2. (*cuerda*) empalmar; **~ing** *de* 1. división *f*; 2. *transp* bifurcación *f*

spoed *de* urgencia *f*, prisa *f*; **~geval** *het* (caso de) emergencia *f*; **~ig 1.** *adj* rápido; **2.** *adv* pronto, en breve

spoel *de* bobina *f*, carrete *m*; **~en** *vt* enjuagar, aclarar; 2. enrollar, devanar; **~ing** *de* enjuague *m*, aclarado *m*

spons *de* esponja *f*

sponsoren *vt* patrocinar

spon'taan *adj* espontáneo

spook *het* fantasma *m*, aparición *f*; **~'achtig** *adj* fantasmal; **~beeld** *het* fantasma *m*; **~huis** *het* (*feria*) túnel *m* del miedo

spoor *het* 1. huella *f*, rastro *m*; *fig* vestigio *m*, 2. (*tren*) vía *f*; 3. ferrocarril *m*; 4. *bot* espora *f*; **~baan** *de* vía *f*; **~boekje** *het* guía de ferrocarriles *f*; **~lijn** *de* vía *f* ferroviaria; **~loos** *adj* desaparecido sin dejar huella; **~wegovergang** *de* paso *m* a nivel

spo'radisch *adj* esporádico

sport *de* deporte *m*; **~complex** *het* polideportivo *m* ; **~'ief** *adj* 1. deportivo; 2. deportista; **~man** *de* deportista *m*; **~vliegtuig** *het* avioneta *f* (deportiva)

spot *de* 1. burla *f*; mofa *f*; 2. *TV* anuncio *m*; 3. *electr* foco *m*; **~prijs** *de* precio *m* irrisorio; **~ten** *vi* burlarse (**met** de), mofarse de; **~tend** *adj* burlón

spraak *de* 1. lenguaje *m*; 2. habla *m*; **~kunst** *de* gramática *f*; **~zaam** *adj* locuaz

sprake: er is ~ van 1. se dice; 2. se trata de *f*; **geen ~ van!** ¡ni hablar!; **~loos** *adj* perplejo

sprankje *het* pizca *f* , atisbo *m*

spray *de ing* pulverizador *m*, (e)spray *m*
spreek/beurt *de* conferencia *f*, charla *f*; **~kamer** *de med* consulta *f*; **~taal** *de* lenguaje *m* hablado; **~uur** *het* hora *f* de consulta; **~woord** *het* proverbio *m*, refrán *m*
spreeuw *de* estornino *m*
sprei *de* <~en> colcha *f*; **~den** *vt* extender; (*pago*) espaciar, distribuir; **~ding** *de* distribución *f*
sprek/en <irr 102> *vt/i* hablar; **met elkaar ~** hablarse; **~end** *adj* 1. que habla; 2. (*parecido*) vivo, exacto; **~er** *de* 1. hablante *m*; 2. orador *m*,
spreuk *de* dicho *m*, aforismo *m*
spring/concours *het* concurso *m* hípico; **~en** <irr 103> *vi* saltar, brincar, lanzarse, tirarse; 2. reventar, romperse; **~plank** *de* (*o. fig*) trampolín *m*; **~stof** *de* explosivo *m*; **~tij** *het* (*mar*) marea *f* viva; **~touw** *het* comba *f*
sprinkhaan *de* saltamontes *m*, langosta *f*
sproeien *vt* rociar, regar
sproet *de* peca *f*
sprong *de* salto *m*, brinco *m*
sprookje *het* cuento *m* de hadas; *fig* cuento; **~sachtig** *adj* fantástico, irreal
spruit *de* 1. retoño *m*, vástago *m*; 2. col *m* de Bruselas; **~en** <irr 104> *vi* brotar
spugen *vt* 1. escupir; 2. vomitar

spuit *de* 1. manguera *f*; 2. (*pintura*) pistola *f*; 3. *med* jeringuilla *f*; **~en** <irr 105> **1.** *vi* <zijn> salir a chorro; **2.** *vt* 1. (*liquido*) echar a chorro, arrojar; 2. *med* inyectar
spul *het* 1. sustancia *f*; 2.(*o. ~len pl*) cosas *fpl*
spuug *de* saliva *f*
staaf *de* barra
staal *het* 1. acero *m*; 2. muestra *f*; **~tje** *het fig* muestra *f*, ejemplo *m* (**van de**)
staan <irr 106> *vi* 1. estar (en pie); (*persona*) estar de pie; 2. estar parado; **blijven ~** 1. seguir de pie; 2. detenerse; 3. insistir (**op** en); 4. (**achter**) respaldar; 5. (*ropa*) sentar; **~d** *adj* de pie; **~plaats** *de* plaza *f* de pie (sin asiento)
staart *de* (*o. fig*) cola *f*; rabo *m*; **~been** *het med* cóccix *m*
staat *de* 1. *pol* estado *m*; 2. estado *m*, situación *f*; 3. lista *f*, cuadro *m*; *in ~ zijn* ser capaz de; **~kundig** *adj* político
staats/burger *de* ciudadano *m*; **~greep** *de* golpe *m* de estado; **~inrichting** *de* organización *f* política; **~lote'rij** *de* lotería *f* nacional; **~'rechtelijk** *adj* de derecho público; **~secretaris** *de* <~sen> secretario *m* de Estado
sta'biel *adj* estable, sólido
stabili'/seren *vt* estabilizar; **~teit** *de* estabilidad *f*

stad *de* <steden> ciudad *f*; **~'huis** *het* ayuntamiento *m*
stadion *het* <~s> estadio *m*
stadium *het* <~s, stadia> fase *f*, estadio *m*
staf *de* 1. bastón *m*, vara *f*; 2. *adm* dirección *f*; 3. *adm* plantilla *f*, cuadro *m*
stage *de* prácticas *fpl*; **~ lopen** hacer prácticas
stag'natie *de* estancamiento *m*; **~neren** *vi* estancarse
stak/en 1. *vi* hacer huelga; estar en huelga; **2.** *vt* terminar, suspender; **~er** *de* huelguista *m*; **~ing** *de* huelga *f*, paro *m*
stal *de* establo *m*, cuadra *f*; **~len** *vt* (*vehículo*) guardar en garaje; **~ling** *de* aparcamiento *m*
stam *de* 1. *bot* tronco *m*; 2. tribu *f*; **~boom** *de* árbol *m* genealógico; **~elen** *vi* balbucear, tartamudear; **~gast** *de* parroquiano *m*, (cliente) asiduo *m*; **~men** *vi* <zijn> descender, proceder (**uit** de)
stamp/en 1. *vi* 1. dar una patada contra el suelo, patear; 2. dar golpes; **2.** *vt* machacar, pulverizar; **~pot** *de* guiso *m* holandés de patatas machacadas con verduras
stand *de* 1. estado (de las cosas) *m*, situación *f*; 2. (*persona*) posición *f*; 3. *sport* puntuación *f*; 4. (*agua*) nivel *m*; 5. (*luna*) fase *f*, 6. clase *f* (social); **~aard** <~s, ~en> 1. estandarte *m*; 2. soporte *m*; 3. norma *f*, estándar *m*; **~beeld** *het* estatua *f*; **~punt** *het* punto *m* de vista, postura *f*; **~'vastig** *adj* firme
stank *de* mal olor *m*; hedor *m*
stap *de* (*o. fig*) paso *m*; **~el** *de* apilar, (*o. fig*) amontonar; **~elen** *vt* apilar, amontonar; **~pen** *vt* 1. dar un paso; 2. salir, ir de copas
star *adj* fijo, rígido; **~en** *vi* mirar fíjamente
start *de* 1. principio *m*, comienzo *m*; 2. *sport* salida *f*; **~baan** *de aero* pista *f* de aterrizaje; **~en** **1.** *vi* <zijn> arrancar, salir; comenzar (**met** con) **2.** *vt* poner en marcha
statiegeld *het* pago *m* de envase/embalaje
statig *adj* solemne, ceremonioso
sta'tion *het* <~s> 1. estación *f*; *radio* emisora *f*; **~'eren** *vt* colocar
stati/'stiek *de* estadística *f*; **~sch** *adj* estático; **~stisch** *adj* estadístico
status *de* 1. nivel *m*, rango *m*, (e)status *m*
steak *de* <~s> bisté *m*
stedelijk *adj* 1. municipal; 2. (*ciudad*) urbano
steeds *adv* siempre, cada vez; **nog ~** todavía
steeg *de* callejón *m*
steek *de* 1. picadura *f*; 2. cuchi-

llada f; 3. puñalada f; 4. med punzada; 5. txtl puntada f; *in de ~ laten* abandonar; **~proef** de prueba f aleatoria; **~wapen** het arma f blanca

steel de 1. mango m; 2. bot tallo m; **~pan** de cazo m

steen de 1. piedra f, 2. ladrillo m; 3 (*damas*) ficha f; **~bok** de astrol Capricornio m; **~groeve** de cantera f; **~kool** de carbón m; **~puist** de med furúnculo

steiger de 1. arq andamio m; 2. embarcadero m

steil adj empinado, escarpado

stek de esqueje m

stek/el de 1. (*erizo*) púa f; 2. bot pincho m; **~varken** het puercoespín m; **~en** <irr 107> vt 1. (*insecto*) picar; 2. (*cuchillo*) clavar, apuñalar; 3. (*en funda*) meter, colocar

stekker de electr clavija f

stel het 1. par de; 2. juego de; 3. pareja f

stelen <irr 108> vt robar, hurtar

stell/en vt 1. poner, colocar; 2. suponer; **~ing** de 1. construcción f, 2. proposición f, teorema f; 2. mil posición f

stelsel het sistema f, régimen m

stelt de zanco m

stem de 1. (o. mús) voz f; 2. voto m; **~banden** pl cuerdas fpl vocales; **~biljet** het papeleta f (para votar); **~bureau** het centro m electoral; **~bus** de urna f; **~gerechtigd** adj con derecho a voto; **~hokje** het cabina f electoral; **~men 1.** vi votar; **2.** mús (*instrumento*) afinar; **~ming** de 1. votación f; 2. ambiente m; 3. (*persona*) estado m de ánimo

stempel het 1. sello m; 2. fig impronta f; **~en** vt sellar

stemrecht het derecho m a voto

stengel de bot tallo m

step de patinete m; **~pe** de <~n> estepa f

ster de estrella f

sterf/elijk adj mortal; **~geval** het fallecimiento m; **~te** de mortalidad f

ste'riel adj 1. estéril; 2. aséptico

sterili'seren vt esterilizar

sterk 1. adj 1. fuerte, sólido; 2. poderoso, potente; **2.** adv 1. fuertemente; 2. mucho; **~en** vt dar fuerzas; **~te** de fuerza f, potencia f, resistencia f; **~te!** ¡ánimo!

sterren/beeld het 1. astron constelación f; 2. signo m del Zodíaco; **~kunde** de astronomía f; **~wacht** de observatorio m astronómico

sterve/ling de mortales mpl; *geen ~ling* ni un alma; **~n** <irr 109> vi morir, morirse (**van** de), fallecer; *op ~n liggen* agonizar

steun de 1. apoyo m, respaldo m; 2. subsidio m de desempleo; **~en** vi **1.** descansar, (o. fig) apoyarse (**op** en) **2.** *vt* apoyar, respaldar; **~pilaar** *de* <~pilaren> 1. columna *f*; 2. (*persona*) soporte *m*; **~punt** *het* punto *m* de apoyo

stevig *adj* fuerte, robusto, sólido

steward *de ing* auxiliar *m* de vuelo; **~ess** *de* <~en> azafata *f*

sticht/en *vt* 1. fundar, formar; 2. provocar, causar; **~er** *de* fundador *m*; **~ing** *de* fundación *f*

stief/dochter *de* hijastra *f*; **~moeder** *de* madrastra *f*; **~vader** *de* padrastro *m*; **~zoon** *de* hijastro;

stiekem *adj* 1. disimulado, taimado; 2. en secreto, a escondidas

stier *de* 1. toro *m*; 2. *astrol* Tauro *m* **stieren/gevecht** *het* corrida *f* (de toros); **~vechten** *het* toreo *m*; **~vechter** *de* torero *m*, matador *m*

stift *de* rotulador *m*

stijf *adj* 1. tieso, rígido; espeso; 2. torpe; **~sel** *het* almidón *m*

stijgen *vi* <irr 110, zijn> subir, ascender; 2. aumentar

stijl *de* estilo *m*; **~loos** *adj* de mal gusto; **~vol** *adj* de buen gusto

stik/ken 1. *vi* <zijn> ahogarse, sofocarse; **2.** *vt txtl* pespuntear, coser; **~stof** *de* nitrógeno *m*

stil *adj* silencioso; (*persona*) callado; **~len** *vt* 1. (*hambre*) aplacar; 2. (*dolor*) acallar; **~leven** *het arte* bodegón *m*, naturaleza *f* muerta; **~staan** *vi* parar, detenerse (**bij** en); **~stand** *de* parón *m*; **~te** *de* <~n, ~s> silencio *m*; **~zwijgen** *het* silencio *m*

stimu'/lans *de* estímulo *m*; **~leren** *vt* estimular

stinken <irr 111> *vi* oler mal, apestar

stipt *adj* puntual; **~heidsactie** *de* huelga *f* de celo

stoeien *vi* juguetear, retozar

stoel *de* silla *f*, sillón *m*, butaca *f*; **~gang** *de* defecación *f*, deposición *f*; **~tjeslift** *de* telesilla *m*

stoep *de* acera *f*

stoer *adj* macho, machista

stoet *de* comitiva *f*, séquito *m*

stof 1. *het* polvo *m*; **2.** *de* 1. materia *f*, sustancia *f*; 2. tela *f*, tejido *m*; **~bril** *de* gafas *fpl* de protección; **~felijk** *adj*: *het* **~***felijk overschot* restos *mpl* mortales; **~fen** *vt* quitar el polvo a; **~'feren** *vt* tapizar; **~wisseling** *de med* metabolismo *m*; **~zuiger** *de* aspiradora *f*

stoï'cijns *adj* estoico

stok *de* 1. palo *m*; 2. bastón *m*; 3. asta *f*; **~brood** *het* barra *f* de pan, baguette *f*; **~en 1.** *vi* 1. calentar (la casa); 2. *fig* sembrar discordia; **2.** *vt* quemar (combustible); **~vis** *de* bacalao *m*

stollen *vi* <zijn> coagularse, cuajarse

stom *adj* 1. mudo; 2. *desp* tonto, estúpido; **~en** *vt* 1. cocer al vapor; 2. (*ropa*) limpiar en seco; *laten ~en* llevar al tinte; **~e'rij** *de* <~en> tinte *m*, tintorería *f*; **~heid** 1. mutismo; 2. estupidez *f*; **~meling** *de* tonto *m*, imbécil *m*

stomp *de* puñetazo *m*; **~en** *vi* dar puñetazos

stoofschotel *de gastr* estofado *m* cazuela *f*

stoom *de* vapor *m*; **~cursus** *de* curso *m* intensivo

stoornis *de* <~sen> trastorno *m*, perturbación *f*

stoot *de* empujón *m*; (*billar*) tacada *f*

stop *de* 1. tapón *m*; 2. *electr* fusible *m*; 3. parada *f*; **~!** ¡alto!; **~contact** *het* enchufe *m*; **~licht** *het* semáforo *m*; **~pen 1.** *vi* <zijn> detenerse, pararse; dejar (**met** de); **2.** *vt* 1. *txtl* zurcir; 2. meter (**in** en); 3. parar, detener

stor/en *vt* 1. molestar, estorbar; interrumpir; *stoor ik?* ¿interrumpo?; **z. ~en** molestarse (**aan** por); **~ing** 1. *de* interrupción *f*; 2. *tecn* fallo *m*; 3. *telec* interferencia *f*; 4. *meteo* bajas presiones *fpl*

storm *de* tempestad *f*, tormenta *f*; **~achtig** *adj* tormentoso; **~en** *v/impers* haber tormenta, haber tempestad; **~loop** *de* gran afluencia *f* de gente

stort/bui *de* chaparrón *m*, aguacero *m*; **~en 1.** *vi* precipitarse; **2.** *vt* 1. arrojar, echar; 2. (*dinero*) ingresar, pagar; **~ing** *de banc* desembolso *m*, imposición *f*; **~plaats** *de* vertedero *m*, basurero *m*; **~regen** *de* lluvia *f* torrencial

stoten *vt* 1. empujar; golpearse, darse (**tegen** con); 2. *fig* tropezar (**op** con)

stotteren *vi* tartamudear

stout *adj* 1. travieso, malo; 2. *fig* audaz; **~erd** *de*; niño *m* travieso

stoven *vt* estofar, guisar

straal *de* 1. (*luz*) rayo *m*; 2. (*agua*) chorro *m*; 3. *mat* radio *m*; **~jager** *de* avión *m* a reacción

straat *de* calle *f*; **~* van Gibraltar** Estrecho *m* (de Gibraltar); **~veger** *de* barrendero *m*; **~weg** *de* <~en> carretera *f*

straf 1. *adj* fuerte, severo; **2.** *de* castigo *m*; *jur* pena *f*; **~baar** *adj* delictivo; **~blad** *het* antecedentes *mpl* penales; **~feloos** *adj* impune, sin castigo; **~fen** *vt* castigar; **~recht** *het* derecho *m* penal; **~schop** *de sport* penalty *m*

strak *adj* 1. fijo; 2. (*ropa*) ajustado; ajustado, ceñido; 3. tenso

straks *adv* luego; *tot ~!* ¡hasta luego!

stral/en *vi* 1. radiar, brillar; 2. (*persona*) resplandecer; **~end**

strotenhoofd

adj radiante; **~ing** *de* radiación *f*

strand *het* playa *f*; **~en** *vi* <zijn> 1. encallar; 2. *fig* malograrse; **~stoel** *de* tumbona *f*

streek *de* 1. región *f*, comarca *f*; 2. (*pintura*) plumazo *m*, pincelada *f*; 3. *fig* jugada *f*, pasada *f*

streep *de* raya *f*, línea *f*; *mil* galón *m*

strekk/en *vt* estirar, tender; **~ing** *de* tenor *m*, fin *m*

strel/en *vt* acariciar; **~ing** *de* caricia *f*

stremm/en *vt* (*trafico*) interrumpir; **~ing** *de* interrupción *f*

streng **1.** *adj* severo, duro, rígido; (*frío*) riguroso; **2.** *adv* esctrictamente, rigurosamente

stress *de ing* estrés *m*, tensión *f*

stretcher *de ing* cama *f* de lona

streven 1. *vi* aspirar (**naar** a), afanarse por; **2.** *het* 1. afán *m*, empeño *m*; 2. objetivo *m*, objeto *m*

strijd *de* lucha *f* (**om** por), combate *m*, pelea *f*; *in* **~** *zijn met* ser contrario a, atentar contra; **~baar** *adj* combativo; **~bijl** *de* hacha *f* de guerra; **~en** <irr 112> *vi* luchar (**tegen** contra), combatir; **~er** *de* luchador *m*, combatiente *m*; **~ig** *adj* contrario (**met** a); **~krachten** *pl* fuerzas *fpl*, armadas; **~lustig** *adj* combativo; **~macht** *de* ejército *m*

strijk/en <irr 113> *vt* 1. alisar, planchar; 2. rozar, pasar (**langs** por); 3. (*en pan*) untar; **~ijzer** *het* plancha *f*; **~instrument** *het* instrumento *m* de cuerda; **~plank** *de* tabla *f* de planchar

strik *de* 1. lazo *m*; 2. trampa *f*; **~ken** *vt* anudar, hacer un nudo; **~t** *adj* estricto, riguroso

stro *het* paja *f*

stroef *adj* 1. áspero; 2. (*persona*) hosco, adusto

strofe *de* estrofa *f*

stroken *vi* cuadrar (**met** con)

stroman *de* testaferro *m*

strom/en *vi* (*líquido*) fluir, correr; (*sangre*) circular; **~ing** *de* (*o. fig*) corriente *f*

strooien *vt* esparcir, echar

strook *de* franja *f*, banda *f*; (*falda*) volante *m*

stroom *de* 1. *electr* corriente *m*; 2. río *m*; 3. *fig* aluvión *m*, oleada *f*; **~gebied** *het* cuenca *f*; **~versnelling** *de fig* aceleración *f*

stroop *de* melaza *f*, almíbar *m*; **~likker** *de* zalamero *m*, pelotillero *m*; **~wafel** *de* barquillo *m* relleno de melaza

strop *de* 1. soga *f*; 2. *fig* chasco *m*; 3. *com* pérdida *f*; **~das** *de* corbata *f*

strop/en *vt* cazar furtivamente; **~er** *de* cazador *m* furtivo; **~erig** *adj* viscoso

strot *de* garganta *f*; **~tenhoofd** *het med* laringe *f*

strubbeling *de* dificultad *f*, tropiezo *m*

struc/tu'reel *adj* estructural; **~~tu'reren** *vt* estructurar; **~'tuur** *de* estructura *f*

struik *de* arbusto *m*, mata *f*; **~elblok** *het fig* obstáculo *m*, traba *f*; **~elen** *vi* <zijn> 1. tropezar (**over** con); *over zijn woorden* ~ trabarse; 2. *fig* cometer un desliz; **~gewas** *het* matorral *m*; **~rover** *de* salteador *m* de caminos

struisvogel *de* avestruz *f*; **~politiek** *de* política *f* de avestruz

stu'deerkamer *de* estudio *m*

stu'dent *de* estudiante *m*; **~enflat** *de* residencia *f* de estudiantes; **~enhaver** *de* mezcla *f* de frutos secos y pasas; **~enstop** *de* numerus *m* clausus; **~i'koos** *adj* estudiantil

stu'deren *vt/i* estudiar; **~de** *de* estudiante *m*

studie *de* 1. estudios *mpl*; 2. (*universidad*) carrera *f*; (*trabajo*) estudio *m*; **~beurs** *de* <~beurzen> beca *f*; **~gids** *de* guía *f* de estudios; **~boek** *het* libro *m* de texto; **~jaar** *het* curso *m* académico; **richting** *de* stud especialidad *f*, rama *f*; **~toelage** *de* beca *f*

studio *de* <~s> esudio *m*

stug *adj* 1. (*material*) rígido, duro; 2. (*persona*) adusto, hosco; 3. tenaz, perseverante; 4. *dat lijkt me* ~ me resulta difícil de creer

stuif/meel *het* polen *m*

stuip *de* convulsión *f*, espasmo *m*; **~trekken** *vi* tener convulsiones; **~trekking** *de* convulsión *f*

stuiten 1. *vi* <zijn> botar; **2.** *vt* 1. *fig* detener, atajar; 2. tropezar (**op** con), encontrar; **~d** *adj* chocante, repugnante

stuiven <irr 114> *vi* 1. levantar polvo; 2. lanzarse; *uit elkaar* ~ dispersarse

stuk 1. *adj* roto, estropeado; **2.** *het* 1. trozo *m*, pieza *f*, pedazo *m*, fragmento *f*; 2. *een* ~ *of vier* unos cuatro; *aan één* ~ *door* sin parar; 3. ~ *grond* terreno *m*, parcela *f*; 4. (*jabón*) pastilla *f*; 5. *jur* documento *m*; 6. *coloq* tía *f* buena; 7. *van* ~ de estatura; 8. *teat*, *mús* pieza *f*, obra *f*; *een heel* ~ mucho; *van zijn* ~ aturdido, confundido

stuka'door *de* <~s> estucador *m*

stukprijs *de* precio *m* por unidad

stumperd *de* <~s> pobre(cito) *m*

stunt *de* proeza *f* excepcional, maniobra *f* sensacional; **~elig** *adj* torpe

sturen *vt* 1. enviar, mandar; 2. *auto* conducir; (*barco*) gobernar; 3. (*aparato*) operar, manejar

stuur *het* (*bicicleta*) manillar *m*; 2. *auto* volante *m*; *achter het*

~ al volante; 3. (*barco*) timón *m*; **~boord** *het nav* estribor *m*; **~knuppel** *de* palanca *f* de mando; **~loos** *adj nav* sin gobierno, (*o. fig*) fuera de control; **~man** *de nav* timonel *m*

stuurs *adj* desabrido, malhumorado

stuw/dam *de* presa *f*; **~en** *vt* 1. propulsar; 2. estibar, contener; **~kracht** *de* fuerza *f* motriz; *fig* pujanza *f*

su'biet *adj* inmediatamente, súbitamente, en seguida

subject *het* sujeto *m*; **~'ief** *adj* subjetivo

su'bliem *adj* sublime

sub'si/die *de* subvención *f*; **~diëren** *vt* subvencionar

sub'stan/tie *de* sustancia *f*; **~tieel** *adj* sustancial

subtropisch *adj* subtropical

subver'sief *adj* subversivo

suc'ces *het* <~sen> éxito *m*, logro *m*; **~!** ¡suerte!; **~'sievelijk** *adv* sucesivamente; **~vol** *adj* de mucho éxito

sudderen *vi* hervir a fuego lento

suède 1. *adj inv* de ante; 2. *de/het* ante *m*

suf *adj* soñoliento, atontado; **~fen** estar soñoliento, cabecear

sug'ge'reren *vt* sugerir; **~'gestie** *de* sugerencia *f*, sugestión *f*

suiker *de* azúcar *m*; **~biet** *de* remolacha *f* azucarera; **~goed** *het* dulces *mpl*; **~klontje** *het* terrón *m* de azúcar; **~patiënt** *de med* diabético; **~riet** *het* caña *f* de azúcar; **~ziekte** *de* diabetes *f*

suite *de* suite *f*

suizen *vi* murmurar

su'kade *de gastr* acitrón *m*

sukkelen *vi* 1. estar enfermizo; 2. <zijn> andar lentamente

sul *de* bonachón *m*; **~lig** *adj* bonachón

sum'mier *adj* sumario, breve

superi'eur 1. *adj* superior; 2. *de* superior *m*; **~ori'teit** *de* superioridad *f*

supermarkt *de* supermercado *m*

super'sonisch *adj* supersónico

supple'ment *het* suplemento *m*

sup'poost *de* vigilante *m*

surf/en 1. *het* surfing *m*; 2. *vi* hacer surf; **~plank** *de* tabla *f* de surf

sur'prise *de* sorpresa *f*

surro'gaat *het* sucedáneo *m*

surveil'lance *de* vigilancia *f*; **~leren** *vi* vigilar

sussen *vt* calmar, sosegar

symbo/'liek *de* simbolismo *m*; **~lisch** *adj* simbólico; **~li'seren** *vt* simbolizar

sym'bool *het* símbolo *m*

symfo'nie *de* <~ën> sinfonía *f*

symmetrie *de* simetría *f*

sympa/'thie *de* <~ën> simpatía *f*; **~thiek** *adj* simpático; **~thi'seren** *vi* simpatizar

symp'toom *het* síntoma *m*

syna'goge *de* <~n> sinagoga *f*
syndi'caat *het* sindicato *m*
syn'droom *het* síndrome *m*
syno'niem *het* sinónimo *m*
syn'the/se *de* síntesis *f*; **~tisch** *adj* sintético
sys'teem *het* sistema *m*
systema/'tiek *de* sistemática *f*; **~tisch** *adj* sistemático

T

Taag *de* (*río*) Tajo *m*
taai *adj* (*carne*) duro, correoso; (*persona*) enjuto, tenaz, fuerte; (*complexión*) resistente; (*líquido*) viscoso
taak *de* tarea *f*, trabajo *m*, deber *m*; **~verdeling** *de* división *f* del trabajo
taal *de* 1. lengua *f*, idioma; 2. (*uso*) lenguaje *m*; **~fout** *de* error *m* gramatical; **~kunde** *de* lingüística *f*; **~'kundig** *adj* lingüístico
taart *de* pastel *m*, tarta *f*
ta'bak *de* tabaco *m*; **~swinkel** *de* estanco *m*
ta'bel *de* tabla *f*, lista *f*, cuadro *m* sinóptico
ta'blet *de* pastilla *f*, (*o. chocolate*) tableta *f*
ta'boe *het/de* <~s> tabú *m*
tachtig *num* ochenta
tackelen *vt* (*fútbol*) echar una zancadilla

tact *de* tacto *m*, tiento *m*; **~'iek** *de* táctica *f*; **~loos** *adj* indiscreto, poco delicado
tafel *de* 1. mesa *f*; 2. *mat* tabla *f* (de multiplicación); **~en** *vi* estar a la mesa, comer; **~kleed** *het* tapete *m*; **~tennis** *het* tenis *m* de mesa, ping-pong *m*; **~voetbal** *het* futbolín *m*
tafe'reel *het* escena *f*, cuadro *m*
taille *de* cintura *f*; **~ren** *vt* entallar
tak *de* 1. rama *f*, ramo *m*; 2. (*sección*) ramo *m*, sector *m*; **~el** *de* aparejo *m*, polea *f*; **~elen** *vt* izar, aparejar
tal: **~ van** numerosos
ta'lent *het* talento *m*; **~vol** *adj* talentoso
talk *de* talco *m*; **~poeder** *de/het* polvos *m* de talco
tal/loos *adj* innumerable; **~rijk** *adj* numeroso, abundante
talmen *vi* tardar
tam *adj* manso, domesticado
tamelijk *adv* bastante
tam'pon *de* <~s> tampón *m*
tam'tam: **met veel ~** a bombo y platillo
tand *de med* 1. diente *m*; 2. púa *f*; **~aanslag** *de* placa *f* dental; **~arts** *de* dentista *m*, odontólogo *m*
tandem *de* tándem *m*
tand/enborstel *de* cepillo *m* de dientes; **~heelkunde** *de* odontología *f*; **~pasta** *de* pasta *f* de dientes; **~rad** *het* <~raderen>

rueda f de engranaje; **~vlees** het encía f

tanen vi <zijn> declinar, bajar

tang de tenazas fpl, alicates mpl; **~a** de tanga m; **~o** de tango m

tank de ing <~s> 1. mil tanque m, carro m de combate; 2. depósito m; (líquido) cisterna f; **~en** vi echar, gasolina; **~station** het gasolinera f

tante de tía f

tap de 1. espita f, grifo m; 2. (bar) barra f, mostrador m

tape de ing 1. cinta f adhesiva; 2. cinta f magnetofónica

ta'pijt het 1. alfombra f; 2. (pared) tapiz m

tap/kast de mostrador m, barra f; **~pen** vt 1. servir de barril; 2. (chistes) contar

tarbot de rodaballo m

ta'rief het tarifa f, (aduanas) arancel m

tar'taar de gastr carne f de ternera cruda picada

tarten vt 1. (destino) desafiar; 2. (persona) retar, provocar

tarwe de trigo m; **~brood** het pan m de trigo

tas de 1. bolso m; 2. (compra) bolsa f; 3. (libros) cartera f

tast/baar adj (o. fig) palpable, tangible; fig manifiesto; **~en** vi palpar, tantear

tatoe'ëren vt tatuar

taugé de brotes mpl de soja

tax/a'teur de tasador m; **~'atie** de tasación f, valoración f; **~'eren** vt 1. tasar, valorar; 2. estimar

taxi de taxi m; **~chauffeur** de taxista m; **~standplaats** de parada f de taxis

te 1. adv (delante de adj) demasiado; **2.** prep 1. (lugar) en; 2. (~ + inf) que, de; *veel ~ doen* mucho que hacer; *moeilijk ~ verstaan* difícil de entender

team het ing equipo m; **~sport** de deporte m de equipo

tech/nicus de técnico m; **~'niek** de técnica f; **~nisch** adj técnico

techno/lo'gie de tecnología f; **~'logisch** adj tecnológico; **~'loog** de tecnólogo m

teder adj tierno, cariñoso, afectivo; **~heid** de ternura f, cariño m

teelt de 1. zool cría f; 2. bot cultivo m

teen de 1. dedo m del pie; 2. **~tje knoflook** 1. diente m de ajo; *grote (kleine) ~* dedo gordo (pequeño) del pie

teenager de ing adolescente m

teer 1. adj delicado, sensible; **2.** de alquitrán m, brea f

tegel de 1. (suelo) baldosa f, losa f; 2. (pared) azulejo m

tege'lijk adv a la vez; **~ertijd** adv a la vez, al mismo tiempo, simultáneamente

tege'moet *adv* en dirección a, al encuentro de; **~komend** *adj* transigente, bien dispuesto; **~koming** *de* 1. concesión *f*; 2. (*dinero*) compensación *f*

tegen 1. *adv* contra, en contra; **2.** *prep* 1. (*lugar*) contra, pegado a; 2. (*actitud*) contra, en contra de; 3. (*tiempo*) hacia, para; 4. contrario a; 5. *fig* frente a, comparado con; **~'aan** *adv* 1. (+ *verbo*) contra; 2. (+ *lopen, rijden, etc.*) tropezar, chocar con; **~aan lopen** (*o. fig*) encontrar, toparse con

tegen/deel *het* lo contrario, opuesto; **~gaan** *vt* ir en contra de, combatir; **~gesteld** *adj* opuesto, contrario, contrapuesto; **~gif** *het* antídoto *m*; **~hanger** *de* homólogo *m*, complemento *m*; **~houden** *vt* 1. contener, parar; 2. impedir; **~komen** *vi* <zijn> 1. encontrar; 2. encontrarse con; **~ligger** *de auto* vehículo *m* que viene en dirección contraria; **~lopen** *vi* <zijn> salir mal (u/c a alg)

tegen'over 1. *adv* enfrente; **2.** *prep* 1. (*lugar*) enfrente de; 2. *fig* frente a; **~gesteld** *adj* contrario, opuesto

tegen/partij *de* 1. contrario *m*, adversario *m*; 2. *jur* parte *f* contraria; **~pool** *de* polo *m* opuesto; **~prestatie** *de* contrapartida *f*, compensación *f*

tegen/slag *de* contratiempo *m*; **~spartelen** *vi* forcejear, resistir; **~speler** *de sport* adversario *m*; **~spoed** *de* desgracia *f*, adversidad *f*; **~spraak** *de* objeción *f*, desacuerdo *m*, réplica *f*; **~spreken** *vt* 1. contradecir, replicar; 2. rebatir, desmentir; **~staan** *vi* repeler, desagradar (u/c a alg); **tegenstand** *de* resistencia *f*, oposición *f*; **~er** *de* adversario *m*, contrincante *m*; **~er zijn van** estar en contra de

tegenstelling *de* contraste *m*, contraposición *f*; *in ~ met/tot* contrariamente a

tegen'strijdig *adj* contradictorio, contrario; **~heid** *de* contradicción *f*

tegenvall/en *vi* <zijn> defraudar, decepcionar; **~er** *de* contratiempo *m*, revés *m*

tegenwerk/en *vt* contrariar, obstaculizar, dificultar; **~ing** *de* oposición *f*, resistencia

tegen/wicht *het* (*o. fig*) contrapeso *m*; **~wind** *de* viento *m* adverso/en contra

tegen'woordig 1. *adj* presente, actual; **2.** *adv* hoy por hoy, actualmente; **~heid** *de* presencia *f*; *in ~heid van* en presencia de

tegenzin *de* desgana *f*, disgusto *m*; *met ~* con desgana

tegenzitten *vi* estar en contra, ser desfavorable

te'goed 1. *adj*: *ik heb geld van je* ~ me debes dinero; **2.** *het banc* saldo *m* a favor/positivo; **~bon** *de* vale *m*, bono *m*
te'huis *het* hogar *m*, residencia *f*
teil *de* tina *f*, barreño *m*
teisteren *vt* azotar
te'keergaan: ~ *tegen iem* despotricar contra alg
teken *het* signo *m*, señal *f*, marca *f*; *ten ~ van* en señal de; **~aar** *de* dibujante *m*; **~blok** *het* bloc *m* de dibujo; **~en** *vt* 1. dibujar; 2. firmar; **~end** *adj* característico, típico (**voor** para) **~film** *de* <~s> (película de) dibujos *mpl* animados; **~ing** *de* 1. dibujo *m*; 2. firma *f*; 3. *arq* plano *m*, dibujo *m*; *volgens ~ing* según plano
te'kort *het* falta (**aan** de), escasez, (*o. econ*) déficit *m*; **~koming** *de* fallo *m*, deficiencia *f*
tekst *de* texto *m*, **~verwerker** *de informat* procesador *m* de textos
tel *de* 1. cuenta *f*; 2. instante *m*, santiamén *m*; *de ~ kwijt zijn* perder la cuenta; **~baar** *adj* contable
telecommunicatie *de* telecomunicación *f*
tele/fo'neren *vi* telefonear, hablar por teléfono; **~'fonisch** *adj* telefónico, por teléfono
tele'foon *de* teléfono *m*; *mobiele ~* teléfono *m* móvil; **~boek** *het* guía *f* telefónica; **~cel** *de* cabina *f* telefónica; **~gesprek** *het* llamada *f* telefónica; **~kaart** *de* tarjeta *f* telefónica; **~nummer** *het* número *m* de teléfono; **~tje** *het* telefonazo *m*, llamada *f*; **~toestel** *het* aparato *m* telefónico
tele/'graaf *de* telégrafo *m*; **~gra'feren** *vi* telegrafiar; **~'grafisch** *adj* telegráfico
tele/'gram *de* telegrama *m*; **~lens** *de* teleobjetivo *m*
telen *vt* cultivar, cruzar
telepa'thie *de* telepatía *f*
tele'scoop *de* telescopio *m*
te'leurstell/en *vt* decepcionar, defraudar; **~end** *adj* decepcionante, defraudador; **~ing** *de* desencanto *m*, desengaño *m*
tele'visie *de* televisión *f*; (*aparato*) televisor; **~toestel** *het* televisor *m*, aparato *m* de televisión
telex *de* télex *m*, teletipo *m*
telg *de* descendiente *m*, vástago *m*
tell/en *vt/i* contar; **~er** *de* 1. contador *m*, 2. *mat* numerador *m*; **~ing** *de* 1. cuenta *f*, recuento *m*; 2. (*votos*) escrutinio *m*
temmen *vt* domar
tempel *de* templo *m*
tempera/'ment *het* temperamento *m*; **~tuur** *de* temperatura *f*
temperen *vt* moderar, mitigar
tempo *het* tempo *m*
tenden/s *de* tendencia *f*; **~'tieus** *adj* tendencioso

ten'einde *conj* a fin de que, para
tenger *adj* (*persona*) fino, delicado
ten'minste *adv* al menos, por lo menos
tennis *de* tenis *m*; **~sen** *vi* jugar al tenis
tent *de* 1. tienda *f* de campaña, carpa *f*, pabellón *m*; 2. (*puesto*) tenderete *m*
ten'takel *de* tentáculo *m*
ten'tamen *het* examen *m* parcial
ten'toonstell/en *vt* exponer, exhibir; **~ing** *de* exposición *f*
te'nue *de/het* uniforme *m*, atuendo *m*
tenzij *conj* a menos que (+ *subj*), a no ser que (+ *subj*)
tepel *de* pezón *m*
ter'aardebestelling *de* 1. entierro *m*; 2. (*ceremonia*) exequias *fpl*
ter'dege *adv* a fondo; **~ bekend zijn** saberse de sobra
te'recht 1. *adj* justo; 2. *adv* con razón; ***ergens ~ kunnen*** encontrar alojamiento/ayuda en algún sitio; **~komen** *vi* <zijn> 1. ir a parar, llegar; 2. arreglarse, solucionarse; ***wat is er van hem terechtgekomen?*** ¿qué ha sido de él?; **~stellen** *vt* ejecutar, ajusticiar; **~stelling** *de* ejecución *f*; **~wijzing** *de* represión *f*, reprimenda *f*
teren 1 *vi* nutrirse (**op** de), vivir de; 2. *vt* (*calle*) alquitranar

tergen *vt* provocar, exasperar
ter'loops *adj* de paso, casual, de pasada
term *de* (*o. mat*) término *m*; **~mijn** *de* término *m*, plazo *m*; ***op korte ~ijn*** a corto plazo
terminolo'gie *de* terminología *f*
ter'nauwernood *adv* apenas, por poco
ter'neergeslagen *adj* abatido, deprimido,
terpen'tijn *de* aguarrás *m*, trementina *f*
ter'ras *het* terraza *f*
ter'rein *het* (*o. fig*) terreno *m*, campo *m*
terreur *de* terror *m*; **~organisatie** *de* organización *f* terrorista
territori/'aal *adj* territorial; **~um** <~s, territoria> *het* territorio *m*
terroris/'eren *vt* aterrorizar; **~me** *het* terrorismo *m*; **~t** *de* terrorista *m*; **~tisch** *adj* terrorista
terstond *adv* inmediatamente, enseguida
te'rug *adv* 1. de vuelta; ***hij is ~*** ha vuelto; 2. (*tiempo*) hace; 3. (*lugar*) atrás; **~betalen** *vt* (*dinero*) reembolsar, devolver; **~blik** *de* retrospección *f*; **~brengen** *vt* 1. devolver; 2. reducir (**tot** a); **~deinzen** *vi* <zijn> retroceder (**voor** ante); **~draaien** *vt fig* anular, revertir; **~gaan** *vi* <zijn> 1. volver, regresar; 2. retroceder; 3. remontarse (**tot** a); **~gang** *de* retro-

ceso *m*; ~**keren** *vi* <zijn > regresar, volver; ~**komen** *vi* <zijn > 1. regresar (**op** a), volver; 2. desistir (**van** de); ~**komst** *de* regreso *m*, vuelta *f*; ~**krijgen** *vt* recobrar, recuperar; ~**lopen** *vi* <zijn > 1. retroceder, ir hacia atrás (andando) 2. *fig* disminuir, reducirse; ~**nemen** *vt* 1. volver a tomar; 2. (*palabras*) retirar, retractarse; ~**reis** *de* vuelta *f*; ~**roepen** *vt* 1. contestar gritando; 2. (*a persona*) hacer volver, llamar; ~**schrikken** *vi* <zijn > arredarse (**voor** ante), acobardarse por; ~**slag** *de* 1. rechazo *m*, rebote *m*; 2. *fig* retroceso *m*; *med* recaída *f*; *econ* recesión *f*; ~**tocht** *de* 1. vuelta *f*; 2. *fig* retirada *f*; ~**treden** *vi* <zijn > retirarse; (*cargo*) dimitir; ~**trekken** *vt* retirar; **z.** ~**trekken** retirarse, recogerse; ~**val** *de* (*enfermedad*) recaída *f*; (*comportamiento delictivo*) reincidencia *f*; ~**vallen** *vt* recaer (**in** en), reincidir en; ~**verlangen** *vt* 1. reclamar, reivindicar; 2. (**naar**) añorar; ~**vinden** *vt* (volver a) encontrar; ~**weg** *de* (camino de) vuelta *f*, regreso *m*; ~**werkend** *adj*: **met** ~**werkende kracht** (*ley*) con efecto retroactivo; ~**zenden** *vt* 1. *correo* reenviar, remitir; 2. no dejar pasar, volver a enviar a casa; ~**zien** *vt* (**op**) (*o. fig*) mirar hacia atrás

ter'**wijl** *conj* mientras, mientras que, ~'**zijde** *adv* al lado, hacia un lado; ~*zijde leggen* apartar (u/c); *iem* ~*zijde staan* ayudar a alg

test 1. *de* <~s > prueba *f*, test *m*; **2. test**... de prueba

testa'ment *het jur, relig* testamento *m*

test/en *vt* probar, ensayar; ~**vlucht** *de* vuelo *m* de prueba

teug *de* sorbo *m*, trago *m*; ~**el** *de* rienda *f*;

tevens *adv* 1. también, además; 2. a la vez, al mismo tiempo

tever'geefs *adv* en vano, en balde

te'voren *adv* antes, anteriormente; *van* ~ de antemano, con antelación

te'vreden *adj* contento (**met** de/con), satisfecho; ~**heid** *de* satisfacción *f*

te'waterlating *de* (*barco*) botadura *f*

te'weegbrengen *vt* (*cambios, inquietud*) provocar, causar, originar

tex'tiel *de/het* 1. *com* industria *f* textil; 2. (*material*) tejido(s) *mpl*; 3. (*ropa*) productos *mpl* textiles; ~**industrie** *de* industria *f* textil

thans *adv elev* ahora, en estos momentos

the'ater *het* teatro *m*; **~stuk** *het* obra *f* de teatro

thea'traal *adj* teatral

thee *de* <~ën> té *m*, (*de hierbas*) infusión *m*; **~builtje** *het* bolsita *f* de té; **~doek** *de* paño *m* de cocina; **~lepeltje** *het* cucharilla *f* de té; **~pot** *de* tetera *f*

thema *het* tema *m*, asunto *m*, materia *f*

theo/lo'gie *de* teología *f*; **~loog** *de* teólogo

theo/retisch *adj* teórico; **~'rie** *de* teoría *f*

thera'/peut *de* terapeuta *m*; **~pie** *de* terapia *f*

thermo/meter *de* termómetro *m*; **~sfles** *de* termo *m*

thriller *de* novela/película *f* de suspense

thuis 1. *adv* 1. en casa; 2. versado (**in** en); **2.** *het* hogar *m*; **~komst** *de* vuelta *f* a casa; **~reis** *de* viaje *m* de regreso a casa

ticket *het ing* billete *m*, pasaje *m*

tien *num* diez; **~er** *de* adolescente *m*; **~tal** *het* decena *f*

tieren *vi* 1. chillar, vociferar, bramar; 2. **welig ~** proliferar, prosperar

tij *het* marea *f*

tijd *de* 1. (*o. ling*) tiempo *m*; 2. (*período*) época *f*; 3. momento *m*, hora *f*; **op ~** a tiempo; **van ~ tot ~** de vez en cuando; **~elijk** *adj* temporal, provisional, transitorio; **~ens** *prep* durante; **~geest** *de* espíritu *m* del tiempo; **~perk** *het* época *f*; **~rekening** *de* calendario *m*; **~rovend** *adj* entretenido; **~schrift** *het* revista *f*; **~stip** *het* momento *m*; **~vak** *het* período *m*, época *f*; **~verdrijf** *het* pasatiempo *m*

tijger *de* tigre *m*

tijm *het bot* tomillo *m*

tikken *vi* golpetear, dar golpecitos

tillen *vt* 1. levantar; 2. estafar

timmer/en *vt* hacer u/c de madera; **~man** *de* carpintero *m*

tin *het* estaño *m*

tip *de* 1. punta *f*; 2. (*pista*) información *f*, consejo *m*

tipp/elen *vi fig* hacer la calle; **erin ~elen** caer en la trampa; **~en** *vt* informar, dar una pista

ti'ran *de* tirano *m*; **~'nie** *de* tiranía *f*

titel *de* (*o. jur, sport*) título *m*; **~blad** *het* portada *f*; **~houder** *de* poseedor *m* de un título

tl-buis *de* tubo *m* fluorescente

toast *de gastr* 1. brindis *m*; 2. pan *m* tostado, tostada *f*

toch *adv* 1. sin embargo, no obstante; 2. (*en pregunta*) ¿no? **dat weet je ~?** ¿no lo sabes?; 3. (*en imperativo*) **houd ~ op!** ¡para ya!; 4. (*lamentación*) **had ik ~ naar hem geluisterd** ojalá le hubiera hecho caso

tocht *de* 1. corriente *f* (de aire); 2. viaje *m* excursión *f*; **~en** *vi* hacer corriente; **~je** *het* excursión *f*, paseo *m*

toe 1. *adv* 1. en dirección a; 2. (*más*) encima, extra; **2.** *excl* ¡anda!, ¡venga!

toe/behoren 1. *het* accesorios *mpl*; **2.** pertenecer (**aan** a); **~dienen** *vt* 1. *med* administrar; 2. (*daño físico*) propinar; **~doen** *het* intervención *f*; **~dracht** *de* circunstancias *fpl*, hechos *mpl*; **z. ~eigenen** usurpar, apropiarse de

toegang *de* acceso *m*; **~sbewijs** *het* (*billete*) entrada *f*; **~sweg** *de* <~en> vía *f* de acceso

toe/'gankelijk *adj* (*o. fig*) accesible; **~'geefljk** *adj* 1. indulgente; 2. *desp* blando; **~geven 1.** *vi* 1. consentir, ceder (**aan** a); 2. admitir; **2.** *vt* admitir, reconocer; **~gift** *de* mús bis *m*, propina *f*; **~juichen** *vt* aclamar, vitorear; (*o. fig*) aplaudir; **~kennen** *vt* adjudicar, otorgar, conceder (**aan** a); **~kijken** *vt* mirar, contemplar; **~komen** 1. (*pertenecer*) corresponder a; 2. llegar (**aan** a), tener tiempo para; **~komst** *de* futuro *m*, porvenir *m*; **~'laatbaar** *adj* admisible; **~lage** *de* 1. (*sueldo*) sobresueldo *m*, suplemento *m*; 2. subvención *f*; 3. *stud* beca *f*

toelat/en *vt* 1. (*acceso*) admitir; 2. permitir, consentir; **~ing** *de* acceso *m*; **~ingsexamen** *het* examen *m* de acceso

toeleggen: z. ~ concentrarse (**op** en), especializarse en

toelicht/en *vt* aclarar, explicar, comentar; **~ing** *de* explicación *f*, comentario *m*

toen 1. *adv* entonces, en aquel entonces; **2.** *conj* (*pasado*) cuando

toe/nadering *de* aproximación *f*; **~name** *de* aumento *m*, crecimiento *m*; **~nemen** *vi* <zijn> crecer, aumentar

toen/malig *adj* de entonces, de aquella época

toe'pass/elijk *adj* apropiado; **~en** *vt* aplicar (**op** a), utilizar para; **~ing** *de* aplicación *f*, utilización *f*

toer *de* 1. vuelta *f*, excursión *f*; 2. *mec* rotación *f*, revolución *f*; **~en** *vi* viajar, dar una gira; **~ental** *het mec* número *m* de revoluciones

toe'ris/me *het* turismo *m*; **~t** *de* turista *m*; **~tisch** *adj* turístico

toer'nooi *het hist, sport* torneo *m*

toe/schouwer *de* espectador *m*; **~schrijven** *vt* 1. atribuir (**aan** a); 2. *desp* achacar a; **~slaan** *vi* atacar, dar un golpe; **~slag** *de ferroc* suplemento *m*; **~speling** *de* 1. alusión *f*; 2. *desp* insinuación *f*; **~spraak** *de* discurso *m*;

toespreken 290

~spreken vt dirigir la palabra a; dirigirse a; **~staan** vt permitir, autorizar; **~stand** de 1. situación f, estado; 2. desp embrollo m, lío m; **~stel** het 1. (o. sport) aparato m; 2. aero avión m

toestemm/en vt acceder (**in** a), consentir; **~ing** de autorización f

toestromen vi <zijn> afluir, acudir en masa

toe/ter de bocina f, trompeta f; **~tje** het postre m

toets de 1. prueba f; 2. (instrumentos) tecla f; **~en** vt examinar, someter a prueba; **~enbord** het teclado m, consola f

toeval het casualidad f, azar m, coincidencia f; **~lig** adj fortuito, casual, accidental

toevlucht de refugio m, amparo m

toevoeg/en vt añadir, agregar, incorporar; **~ing** de adición f, añadidura f

toe/voer de com suministro m; **~wensen** vt (*iem iets ~*) desear u/c a alg; **~wijding** de dedicación f, devoción f; **~wijzen** vt (*iem iets ~*) adjudicar, conceder u/c a alg **toezegg/en** vt: *iem iets ~en* prometer u/c a alg; **~ing** de promesa f

toe/zicht het vigilancia f, control m; **~ houden op** vigilar, controlar; **~zien** vt 1. mirar, contemplar; 2. **erop ~ dat** vigilar que, cuidar de que

tof adj coloq estupendo, (persona) majo; **~'fee** de <~s> caramelo m de café con leche

toga de toga m

toi'let het 1. servicio m, lavabo m; 2. aseo m; **~papier** het papel m higiénico; **~tafel** de mesa f de tocador; **~tas** de neceser m; **~zeep** de jabón m de tocador

tol de 1. peaje m; 2. (juguete) peonza f

tole'rant adj tolerante; **~ie** de tolerancia f

tolk de intérprete m

tolvrij adj exento de peaje

to'maat de tomate m

to'matensoep de sopa/crema de tomate

tom'poes de gastr milhojas fpl

ton de 1. barril m, tonel m; 2. (peso) tonelada f

to'neel het 1. (o. fig) escenario m, escena f; 2. (o. fig) teatro m; **~gezelschap** het compañía f de teatro; **~school** de academia f de teatro; **~schrijver** de dramaturgo m; **~speler** de actor m; **~stuk** het obra f de teatro

tonen vt mostrar, enseñar; **z. ~** mostrarse

tong de 1. lengua f; 2. gastr lenguado m; **~val** ling acento m

to/nic de gastr tónica f; **~'nijn** de gastr atún m

toon de (mús, color) tono m; **~aan'gevend** adj (persona) prominente, influyente; **~bank** de mostrador m; **~beeld** het ejemplo m; **~ladder** de mús escala f; **~zaal** de sala f de exposición

toorn de elev ira f, cólera f

top de 1. cumbre f, cima f, pico m; (dedo) punta f; 2. dirección f; **~conferentie** de cumbre f; **~prestatie** de hazaña f, proeza f; **~punt** het cumbre f, apogeo m, colmo m

tor de escarabajo m

toren de (o. ajedrez) torre f; 2. (cosas) pila f

tor'nado de tornado m, huracán m

torpe'deren vt torpedear; **~do** de torpedo m

tot 1. prep hasta; **van ... ~** de ... a; 2. conj hasta que (+ subj)

to'taal 1. adj total, entero, completo; 2. het total m, totalidad f

totdat conj hasta que (+ subj)

touringcar de autocar m (de turismo)

tour'nee <~s> (artistas) gira f

touw het 1. cuerda f; (gruesa) soga f; **~trekken** vi sport tirar de la cuerda

tove'naar de mago m; **~ren** vi hacer magia/brujería; **~'rij** de brujería f, magia f; **~rslag** de; **bij ~slag** por arte de magia

traag adj lento, perezoso; **~heid** de pereza f, inercia f, lentitud f

traan de 1. lágrima f; 2. aceite m de ballena; **~gas** het gas m lacrimógeno

trachten vt intentar (**te** de), tratar de

tra'di/tie de tradición f; **~tio'neel** adj tradicional

tra'gedie de teat, fig tragedia f; **~isch** adj trágico

train/en 1. vi entrenarse; **2.** vt entrenar; **~ingspak** het chandal m

trai'teur de fr persona f que prepara comidas por encargo

tra'ject het recorrido m, tramo m, trajecto m

trak/'taat het tratado m; **~tatie** de delicia f, regalo m; **~teren** vt (pagar, repartir) invitar (**op** a)

tralie de barrote m

tram de <~s, ~men> tranvía f; **~halte** de parada f de tranvía f

trans'actie de com transacción f

transfor'ma/tie de transformación f; **~tor** de <~s, ~en> transformador m

trans/pa'rant adj transparente; **~pi'reren** vi transpirar; **~plan'tage** de trasplante m; **~planteren** vt trasplantar; **~'port** het 1. transporte m; 2. jur entrega f jurídica; **~por'teren** vt transportar

trant *de* manera *f*, modo *m*, estilo *m*

trap *de* 1. escalera *f*; 2. patada *f*; 3. *sport* saque *m*; 4. *ling* (*adjetivos*) grado *m*; **~'eze** *de* trapecio *m*; **~gevel** *de* hastial *m* escalonado; **~leuning** *de* barandilla *f*, pasamanos *m*; **~pelen** *vi* patear, patalear; **~pen** *vt/i* 1. dar patadas a; 2. (**op**) pisar; 3. (*bicicleta*) pedalear; **~per** *de* pedal *m*; **~portaal** *het* descansillo *m*

trauma *het* 1. *med* traumatismo *m*; 2. *psicol* trauma *m*; **~tisch** *adj* traumático

traves'tiet *de* travestí *m*, travestido *m*

trechter *de* embudo *m*

tred/e *de* <~n> peldaño *m*, escalón *m*; **~en** *vi* <irr 115; zijn> pisar; **~molen** *de* rutina *f*, monotonía *f*

treff/en 1. *het* 1. enfrentamiento *m*, 2. (*o. sport*) encuentro *m* **2.** <irr 116> *vt* 1. alcanzar; 2. *fig* conmover, emocionar; 3. (*medidas, etc*) tomar, adoptar; 4. *het* **~en** tener suerte; **~end** *adj* acertado; **~punt** *het* punto *m* de encuentro

trein *de* tren *m*; **~stel** *het* convoy *m*; **~taxi** *de* taxi *m* que lleva y trae a usuarios del tren con tarifa reducida

treiteren *vt* fastidiar, molestar

trek *de* 1. rasgo *m*, característica *f*; 2. (*cara*) facciones *fpl*; 3. (*cigarillo*) calada *f*; 4. (e)migración *f*; 5. **~ hebben** tener apetito; **~ken** <irr 117> **1.** *vi* 1. ir, irse; 2. tirar (**aan** de); 3. *gastr* (*té, caldo*) hacerse; **2.** *vt* 1. tirar 2. tirar de, arrastrar; 3. *fig* atraer; 4. sacar (**uit** de), extraer; **~ker** *de* 1. excursionista *m*; 2. (*pistola*) gatillo *m*; **~king** *de* sorteo *m*; **~pleister** *de* atracción *f* (turística); **~tocht** *de* excursión *f*, caminata *f*; **~vogel** *de* ave *f* migratoria

trenchcoat *de ing* gabardina *f*

trend *de* <~s> tendencia *f*

treur/en *vi* estar triste/afligido (**om/over** por); **~ig** *adj* 1. triste; 2. lamentable; **~spel** *het teat* tragedia *f*; **~wilg** *de* sauce *m*

tribu/'naal *het* tribunal *m*; **~ne** *de* <~s> tribuna *f*

trill/en *vi* 1. temblar, tiritar; 2. (*cuerda*) vibrar; **~ing** *de* vibración *f*; (*tierra*) temblor *m*

trim/baan *de* circuito *m* de footing y ejercicio físico; **~men** *vi* hacer footing, con ejercicio físico

trio *het* (*o. mús*) trío *m*

tri'omf *de* triunfo *m*, victoria *f*, éxito *m*; **~tocht** *de* entrada *f* triunfal

trip *de* <~s> excursión *f*, viaje *m*

troebel *adj* turbio

troef(kaart) *de* (*cartas*) triunfo *m*;

***het is daar armoe* ~** allí reina la pobreza

troep *de* 1. desorden *m*; *desp* basura *f*; 2. *mil* tropa *f*; **~enmacht** *de* mil tropas *fpl*

tro'f/ee *de* <~ën> trofeo *m*; **~fel** *de* llana *f*, trulla *f*

trom *de* tambor *m*, caja *f*; **~'bone** *de* mús trombón *m*; **~bo'nist** *de* trombón *m*; **~'bose** *de med* trombosis *f*

trommel *de* tambor *m*; **~en** *vi* tocar el tambor; **~rem** *de* freno *m* de tambor; **~vlies** *het med* tímpano *m*

trom'pet *de* trompeta *f*; **~ten** *vi* tocar la trompeta; **~'tist** *de* trompetista *m*

tronie *de desp* jeta *f*, cara *f* fea

troon *de* trono *m*; **~opvolger** *de* sucesor (al trono); **~rede** *de* discurso *m* anual del rey/ de la reina; **~afstand** *de* abdicación *f*

troost *de* consuelo *m*; **~eloos** *adj* desolador; **~e'loosheid** *de* desolación *f*; **~en** *vt* consolar, confortar; *z.* **~en** consolarse **(met** con)

trop/en *pl* trópicos *mpl*; **~enrooster** *het* jornada *f* intensiva; horario *m* de verano; **~isch** *adj* tropical, trópico

tros *de* 1. *bot* racimo *m*; 2. *nav* amarra *f*

trots *adj* 1. orgulloso; 2. *desp* arrogante, soberbio; **~** *zijn* estar orgulloso (**op** de); **~'eren** *vt* 1. afrontar, hacer frente a; 2. (*p.e. el frío*) resistir, aguantar

trot'toir *het* <~s> acera *f*

trouba'dour *de* <~s> trovador *m*

trouw **1.** *adj* fiel (**aan** a), leal; **2.** *de* fidelidad *f*; lealtad *f*; **~akte** *de* partida *f* de matrimonio; **~boekje** *het* libro *m* de familia; **~dag** *de* día *m* de la boda; **~eloos** *adj* infiel; **~en** **1.** *vi* casarse (**met** con); **2.** *vt* casar; **~ens** *adv* además, por otra parte; a propósito, por cierto; **~e'rij** *de* <~en> boda *f*; **~ring** *de* anillo *m* de boda, alianza *f*

truc *de* <~s> truco *m*

truck *de* <~s> camión *m* de remolque

truffel *de* 1. *bot* trufa *f*; 2. bombón *m* trufado, trufa *f*

trui *de* <~en> jersey *m*

tsaar *de* zar *m*

T-shirt *het ing* camiseta *f*

Tsjech *de* checo *m*; **~ië** *het* República *f* Checa; **~isch 1.** *adj* checo; **2.** *het* checo *m*

tube *de* tubo *m*

tubercu'lose *de med* tuberculosis *f*

tucht *de* disciplina *f*, orden *m*; **~igen** *vt* castigar, dar una lección

tuig *het* 1. (*animal de tiro*) aparejo *m*, guarniciones *mpl*; 2. chusma *f*, gentuza *f*

tuimel/en *vi* <zijn> voltear, volcar; **~raam** het ventana f abatible

tuin de jardín m; **~architect** de paisajista m; **~bouw** de horticultura f; **~der** de hortelano m; **~ieren** vi trabajar en el jardín; **~man** de <tuinlieden, ~lui> jardinero m; **~slang** de manguera f, manga f de riego

tulband de 1. turbante m; 2. gastr rosca f

tulp de tulipán m; **~enbol** de bulbo m de tulipán

tumor de <~'s> tumor m

tu'mult het alboroto m, tumulto m

tunnel de túnel m

turen vi mirar fijamente

turf de turba f

Turk de turco m; **~ije** het Turquía f; **~s 1.** adj turco; **2.** het turco m

tur'quoise adj turquesa

turnen vi hacer gimnasia

tussen prep entre, en medio de; **~'beide** adj: **~beide komen** intervenir; **~deur** de puerta f intermedia; **~'door** adv entretanto; **~'doortje** het gastr tentempié m; **~handel** de comercio m intermedio; **~'in** adv en medio, entremedio; **~komst** de intervención f, mediación f; **~landing** de escala f; **~persoon** de intermediario m; **~poos: bij/met ~pozen** a intervalos; **~regering** de interregno m; **~spel** het 1. mús interludio m; 2. teat entreacto m, intermedio m; **~tijds** adj 1. entre horas; 2. anticipado; **~'uit** adv: **~uit gaan** salir, cambiar de aires; **~uit knijpen** escabullirse; **~weg** de fig término m medio, compromiso m

tuto'yeren vt tutear; **elkaar ~** tutearse

tutti'frutti de frutos mpl secos variados

t'v de <~'s> televisión f, tele f; **~-kijker** de televidente m, telespectador m

twaalf num doce; **~'uurtje** het almuerzo m

twee num dos; **~dehands** adj de segunda mano, usado; **~*de-'Kamerlid** het <Kamerleden> pol diputado m; **~derangs** adj fig de segunda categoría; **~dracht** de discordia f; **~ling** de 1. mellizos mpl; **eeneiïge ~ling** gemelos mpl; 2. astrol Géminis m; **~'slachtig** adj 1. biol bisexual, andrógino; 2. fig equívoco, ambiguo; **~sprong** de transp bifurcación f; **~tal** het 1. par m; 2. (personas) pareja f; **~'talig** adj bilingüe; **~'voudig** adj doble; **~wieler** de bicicleta m

twijfel de duda f; **zonder ~** sin duda; **~achtig** adj dudoso, cuestionable; **~en** vi 1. dudar, titubear, vacilar; 2. dudar (**aan/over**

de/sobre, acerca de), desconfiar de

twijg *de* rama *f*

twin/'set *het* conjunto *m* (de jersey y chaqueta); **~tig** *num* veinte

twist *de* 1. (*baile*) twist *m*; 2. controversia *f*; **~en** *vi* 1. discutir, altercar, tener un altercado; 2. bailar un twist; **~gesprek** *het* discusión *f*, rencilla *f*; **~punt** *het* punto *m* de controversia *f*

ty/'foon *de* tifón *m*; **~fus** *de* tifus *m*

type *het/de* <~s, ~n> tipo *m*; **~n** *vt* escribir a máquina; **~ren** *vt* caracterizar, tipificar; **~rend** *adj* típico, característico

typisch *adj* 1. típico, característico; 2. peculiar

U

u *pron pers* 1. (*sujeto*) *sg* usted; *pl* ustedes; 2. (*compl*) *sg* lo, le, la (a usted); *pl* los, les, las (a ustedes); 3 (*después de prep*) *sg* usted, *pl* ustedes

ui *de* <~en> cebolla *f*; **~ensoep** *de* sopa *f* de cebolla

uil *de* lechuza *f*, buho *m*; **~skuiken** *het fig* estúpido *m*, tonto *m*, majadero *m*

uit **1.** *adj* 1. (*lugar*) fuera; 2. terminado, concluido; 3. (*luz*) apagado; 4. pasado de moda; *het* *spel is ~* se acabó el juego; **2.** *adv* fuera; *dag in dag ~* día tras día; **3.** *prep* 1. (*lugar*) de, desde; 2. (*motivo*) por; *~ angst* por miedo

uit/ademen *vi* espirar; **~bannen** *vt* (*espíritu*) exorcizar

uitbarst/en *vi* estallar, reventar, romper (**in** en); **~ing** *de* 1. estallido *m*; (*volcán*) explosión *f*; 2. arrebato *m*, arranque *m* (**van** de)

uit/beelden *vt* 1. representar, expresar, pintar; 2. *teat* interpretar; **~besteden** *vt* 1. (*niño*) alojar; 2. (*trabajo*) adjudicar, encargar; **~betalen** *vt com* 1. desembolsar; 2. (*cheque*) hacer efectivo; **blazen 1.** *vi* tomar aliento; **2.** *vt* agagar soplando; **~blijven** *vi* <zijn> hacerse esperar, no venir

uitblink/en *vi* destacar, sobresalir (**in** en); **~er** *de fig* as *m*, campeón *m*

uitbouw *de arq* ampliación *f*, anexo *m*; **~en** *vt* 1. *arq* ampliar; 2. *fig* desarrollar

uitbrander *de* reprimenda *f*;

uitbreid/en 1. *vi* hacer ampliaciones; **2.** *vt* extender, ampliar; **z. ~en** extenderse (**over** por); **~ing** *de* expansión *f*, ampliación *f*

uit/breken 1. *vi* 1. escaparse (**uit** de), fugarse; (*fuego, guerra*) estallar, declararse; **2. ~bren-**

uitbrengen 296

gen vt 1. emitir; (*informe*) remitir; 2. com lanzar; (*libro*) publicar; **~broeden** vt 1. empollar, incubar; 2. *fig* concebir; **~buiten** vt *fig* explotar, abusar de; **~'bundig** adj efusivo, desbordante; **~checken** vi marcharse (de un hotel)
uitdag/en vt retar, desafiar (**tot** a); **~end** adj provocativo, desafiante; **~ing** *de* desafío *m*, reto *m*
uit/delen vt repartir; **~denken** vt idear, inventar; **~deuken** vt desabollar; **~diepen** vt profundizar, ahondar en; **~dijen** vi <zijn> hincharse; **~doen** vt 1. (*ropa*) quitarse; 2. (*luz*) apagar; **~dossen: z. ~dossen** engalanarse, ataviarse; **~draaien** **1.** vi acabar (**op** en); **2.** vt apagar (girando); (*gas*) cerrar; **~drogen** vi <zijn> secarse **uit'drukk/elijk** adj expreso, explícito; **~en** vt 1. expresar; 2. apagar (apretando); **z. ~en** expresarse; **~ing** *de* expresión *f*; **tot ~ing komen** expresarse
uit'een adv separadamente; **~gaan** vi <zijn> separarse
uit'eenlopen vi <zijn> divergir; **~d** adj dispar, divergente
uit'eenzett/en vt explicar, exponer; **~ing** *de* explicación *f*, exposición *f*
uiteinde *het* <~n> 1. extremo *m*, extremidad *f*; 2. fin; **zalig ~** (*deseo*) feliz fin de año; **~lijk** adj final; **2.** adv al final, finalmente
uit/en vt manifestar, expresar; **z. ~en** 1. expresarse; 2. manifestarse (**in** en); **~erlijk 1.** adj exterior; **2.** adv a más tardar; **3.** *het* aspecto *m*, apariencia *f*; **~ermate** adv extremadamente; **~erst 1.** adj extremo; **2.** adv en extremo, sumamente; **~erste** *het* extremo *m*, límite *m*
uitgang *de* 1. salida *f*; 2. *ling* terminación *f*; **~spunt** *het* punto *m* de partida
uitgave *de* <~n> 1. com gasto *m*; 2. *impr* edición *f*, tirada *f*; 3. publicación *f*
uitgebreid adj extenso, detallado; **~heid** *de* extensión *f*, prolijidad *f*
uitge/laten adj eufórico; **~leide: iem ~leide doen** despedir a alg; **~lezen** adj selecto; **~put** adj agotado; **~rekend** adv precisamente; **~slapen** adj astuto
uitgestrekt adj extenso; **~heid** *de* (*paisaje*) extensión *f*
uitgev/en vt 1. (*dinero*) gastar (**aan** en); 2. *impr* editar, publicar; 3. *banc* emitir, poner en circulación; **~er** *de* editor *m*; **~e'rij** *de* (*casa*) editorial *f*
uit/gezonderd adj excepto, con excepción de; **~gifte** *de* emisión *f*; **~glijden** vi <zijn> resbalar, deslizarse; **~gommen** vt

borrar; **~graven** vt desenterrar, excavar; **~groeien** vi <zijn> crecer, fig desarrollarse (**tot** hasta); **~halen 1.** vi fig (tegen) censurar, reprochar; **2.** vt 1. sacar, vaciar; 2. (punto) deshacer; 3. **het haalt niets uit** no sirve de nada

uithang/bord het letrero m; **~en 1.** vi (persona) estar (metido); **2.** vt 1. colgar fuera; 2. (bandera) enarbolar

uit/'heems adj exótico; **~hoek** de lugar m aislado, rincón m; **~hollen** vt 1. ahuecar, vaciar; 2. fig socavar; **~horen** vt (**iem ~**) sonsacar u/c a alg

uithoud/en vi resistir, aguantar; **~ingsvermogen** het aguante m, resistencia f; **~huilen** vi desahogarse

uit/ing de expresión f, manifestación f; **~je** het excursión f

uitker/en vt 1. pagar; 2. (dividendo) repartir; **~ing** de 1. pago m; 2. prestación f, subsidio m

uitkiezen vt elegir, escoger

uitkijk de acecho m; **op de ~** al acecho; **~en** vi 1. tener cuidado (**met/voor** con, al/de); 2. (**naar**) buscar, esperar con ilusión; **~toren** de atalaya f

uitkleden vt 1. desvestir; 2. fig desplumar; **z. ~** desvestirse, quitarse la ropa

uitknijpen vt estrujar

uitkom/en vi <zijn> 1. (aparecer) divulgarse, salir; 2. cuadrar, resultar ser exacto; 3. (flor) brotar, abrirse; 4. **dat komt me goed uit** me viene muy bien; 5. (**voor**) reconocer, admitir; 6. destacar, sobresalir (**boven** sobre); 7. dar (**op** a); (calle) desembocar en; **~st** de 1. resultado m; 2. solución f; mat suma f

uitkramen: onzin ~ decir disparates

uitlaat de escape m; **~klep** de (o. fig) válvula f de escape

uitla/chen vt reírse de; **~den** vt descargar; **~ten** vt 1. dejar salir, acompañar a la puerta; 2. (perro) sacar a pasear; **z. ~ten** pronunciarse (**over** sobre), opinar sobre; **~ing** de declaración f, opinión f

uitleg de explicación f; **~gen** vt 1. explicar, aclarar; interpretar; 2. desplegar, desdoblar

uit/lekken vi <zijn> 1. escurrir, gotear; 2. fig (secreto) trascender; **~lenen** vt prestar, dar prestado

uitleven: z. ~ desmadrarse, desenfrenarse

uitlever/en vt entregar, extraditar; **~ing** de extradición f

uit/lezen vt (libro) terminar (de leer) **uitlokk/en** vt provocar, suscitar; **~ing** de provocación f

uitlop/en 1. vi <zijn> 1. salir (caminando de); 2. terminar (**op** en); 3. bot brotar, retoñar;

uitlopen 4. *sport* sacar delantera; 5. (*calle*) desembocar (**op** en); **2.** *vt* (*calle*) andar hasta el final; **~er de** 1. (*montaña*) estribo *m*, ramal *m*; 2. *bot* brote *m*

uit/loten *vt* 1. sortear; 2. no admitir; **~maken** *vt* (*pareja*) romper (**met** con); 2. importar; 3. decidir; 4. constituir; 5. calificar (**voor** de); **~monden** *vi* <zijn> desembocar (**in** en); **~moorden** *vt* masacrar

uitmunten *vi* sobresalir (**door** por); **~d** *adj* excelente, sobresaliente

uitnodig/en *vt* invitar, convidar; **~ing** *de* invitación *f*, (*comida*) convite *m*

uit/oefenen *vt* ejercer, practicar; **~pakken 1.** *vi* (*terminar*) salir; **goed ~pakken** salir bien; **2.** *vt* desempaquetar; **~persen** *vt* 1. estrujar; (*fruta*) exprimir; 2. *fig* explotar; **~pluizen** *vt* desenmarañar; **~praten 1.** *vi* terminar de hablar; **2.** *vt* solucionar hablando **~puilen** *vi* abultar; (*ojos*) desorbitarse

uitputt/en *vt* agotar; **~end** *adj* exhaustivo; **~ing** *de* agotamiento *m*

uitreik/en *vt* entregar, distribuir; **~ing** *de* entrega *f*

uit/rekenen *vt* calcular; **~rekken** *vt* estirar; **~rijden** *vi* 1. (*calle*) ir hasta el final; 2. (*garaje*) salir de; **~rit** *de* salida *f* de vehículos; **~roeien** *vt* exterminar; **~rukken** *vt* arrancar

uitrust/en 1. *vi* <zijn> descansar (**van** de); **2.** *vt* equipar (**met** de); **~ing** *de* equipo *m*, material *m*

uit/schakelen *vt* 1. *electr* desconectar, desenchufar; 2. *fig* eliminar; **~scheiden 1.** *vi* <zijn> parar (**met** con); **2.** excretar, segregar; **~schelden** *vt* insultar; **~schieten 1.** *vi* resbalarse, irse; 2. (*ropa*) quitarse de prisa; **~schieter** *de* 1. pico *m*; 2. *fig* algo *m* extraordinario; **schot** *het* restos *mpl*, (*o. fig*) escoria *f*; **~schrijven** *vt* 1. redactar, transcribir; 2. *adm* (*hacer público*) anunciar, convocar; 3. dar de baja, borrar; **~schudden** *vt* sacudir

uitschuif/baar *adj* extensible; **~en** *vt* (*mesa*) abrir, extender

uit/slaan 1. *vi* salir; 2. rezumar, exudar; **2.** *vt* 1. (*brazos*) abrir; 2. hablar; **~slag** *de* 1. resultado *m*; 2. (*piel*) erupción *f*; **~slapen** *vi* <zijn> dormir hasta tarde

uitsluit/en *vt* excluir, descartar; **~end** *adj* exclusivo; **~ing** *de* exclusión *f*; **~sel** *het* respuesta *f* definitiva

uit/smeren *vt* untar; 2. repartir; **~smijter** *de* 1. (*discoteca*) portero *m*; 2. *gastr* huevos fritos con jamón sobre rebanadas de pan; **~sparen** *vt* economizar, ahorrar; **~spatting** *de* desenfreno *m*, exceso *m*; **~spelen** *vt* terminar el juego; **~spoelen** *vt* enjuagar, aclarar; **~spraak** *de* 1. pronunciación *f*; 2. frase *f*; 3. *jur* sentencia *f*; **~spreiden** *vt* extender, desplegar; **~spreken 1.** *vi* terminar de hablar; **2.** *vt* 1. pronunciar, 2. expresar; **z. ~spreken** pronunciarse; **~staan.** *vi* 1. sobresalir; 2. (*dinero*) tener invertido; **2.** *vt* aguantar, soportar

uitstall/en *vt* exhibir, exponer; **~ing** *de* exposición *f*

uitstap/je *het* excursión *f*, escapada *f*; **~pen** *vi* <zijn> bajarse, apearse

uit/steeksel *het* saliente *m*; **~stek: bij ~stek** por excelencia; **~steken 1.** *vi* (**boven**) sobresalir; *fig* destacar; **2.** *vt* 1. (*parte del cuerpo*) sacar; 2. (*mano*) tender (**naar** a); 3. (*bandera*) enarbolar

uitstel *het* prórroga *f*, aplazamiento *m*, demora *f*; **~ *van betaling*** moratoria *f*; **~len** *vt* aplazar, posponer

uit/sterven *vi* <zijn> *zool*, *bot* extinguirse; **~storten** *vt* verter; ***zijn hart ~storten*** desahogarse; **~stoten** *vt* expulsar

uitstral/en *vt* irradiar; **~ing** *de* 1. (ir)radiación; 2. *fig* presencia *f*, carisma *m*

uitstrekken *vt* extender, (*mano*) tender (**naar** hacia); **z. ~** extenderse (**over** sobre)

uittocht *de* salida *f*; ***massale ~*** éxodo *m*

uit/treden *vi* <zijn> salir, retirarse; darse de baja (**uit** de); **~trekken** *vt* 1. estirar, sacar; 2. (*ropa*) quitarse; 3. arrancar, extraer; 4. (*dinero*, *tiempo*) destinar (**voor** a); **~treksel** *het* resumen *m*, extracto *m*

uitvaardigen *vt adm* decretar, dictaminar; 2. (*ley*) promulgar

uitvaart *de elev* funerales *mpl*, exequias *fpl*; **~centrum** *het* tanatorio *m*

uitval *de* 1. (*palabras*) exabrupto *m*; 2. (*pelo*) caída *f*; **~len** *vi* <zijn> 1. (*palabras*) estallar, arremeter (**tegen** contra); 2. caerse; 3. resultar (ser), salir; 4. (*máquina*, *sport*) abandonar

uit/varen *vi* <zijn> 1. *nav* zarpar; 2. *fig* despotricar (**tegen** contra)

uitver/kocht *adj* agotado, vendido; **~koop** *de* rebajas *fpl*, liquidación *f*; **~koren** *adj* elegido, preferido

uitvind/en *vt* inventar, descubrir; **~er** *de* inventor *m*; **~ing** *de* invención *f*, invento *m*

uit/vissen *vt* averiguar; **~vloeisel** *het* consecuencia *f*, resultado *m*; **~vlucht** *de* excusa *f*, escapatoria *f*

uitvoer de 1. exportación f; 2. informát output m; 3. **ten ~ brengen** ejecutar; **~baar** adj factible, viable, realizable; **~en** vt 1. exportar; 2. ejecutar, realizar; 3. teat representar; **~ig** adj detallado; **~ing** de 1. ejecución f, realización f; 2. versión f, presentación f; 3. mús interpretación f; 4. teat representación f

uit/vragen vt sonsacar; **~vreten** vt 1. hacer (de las suyas); 2. corroer, carcomer; **~wedstrijd** de sport partido m fuera de casa; **~weg** de salida f, escape m; **~weiden** vi (tema) explayarse, extenderse (**over** sobre); **~'wendig** adj (o. med) exterior, externo; **~wendig gebruik** med uso m tópico

uitwerk/en vt detallar, elaborar; mat resolver; **~ing** de 1. desarrollo m, elaboración f; 2. efecto m, resultado m

uit/wijken vi <zijn> 1. auto desviarse; (peatón) apartarse; 2. huir (**naar** a); **~wijzen** vt 1. expulsar; 2. (de)mostrar **uitwissel/en** vt intercambiar; (formal) canjear; **~ing** de intercambio m, canje m

uit/wissen vt borrar, quitar; **~wringen** vt retorcer

uitzaai/en vt agr sembrar; **~zaaiing** de 1. sembrado m; 2. med metástasis m

uitzend/bureau het agencia f de trabajo; **~en** vt 1. enviar (con un cometido); 2. telec emitir, (re)transmitir; **~ing** de telec 1. emisión f, programa m; 2. difusión f, retransmisión f; **~kracht** de trabajador m eventual

uitzet de ajuar m; **~ten 1.** vi <zijn> dilatarse, expandirse; **2.** vt 1. echar (fuera); (edificio) desalojar; (país) expulsar; 2. electr apagar, desconectar; 3. (dinero) colocar; **~ing** de 1. expulsión f; (casa) desalojo m, jur desahucio m; 2. dilatación f, expansión f

uit/zicht het vista f, panorama f, perspectiva f, **~zieken** vi <zijn> med recuperarse

uitzien vi 1. (**er ~**) aparentar, tener un aspecto/pinta; 2. (**naar**) desear; buscar, mirar; 3. dar (**op** a); 4. **ernaar ~ dat** parecer que

uit/zingen vi fig aguantar; **~'zinnig** adj frenético; **~zitten** vt (pena) cumplir; (sesión) aguantar hasta el final; **~zoeken** vt 1. elegir, escoger; 2. ordenar; 3. averiguar, buscar

uitzonder/en vt exceptuar, excluir; **~ing** de excepción f; **~lijk** adj excepcional

uit/zuigen vt 1. chupar; 2. fig explotar; **~zwaaien** vt despedir, decir adiós con la mano

uk(kepuk) de peque m

ul'tiem *adj* último, final; **~ti'matum** *het* <~s> ultimátum *m*
unicum *het* <~s, unica> algo único
unie *de* unión *f*
u'niek *adj* único
uni/form 1. *adj* uniforme; **2.** *het* uniforme *m*; **~late'raal** *adj* unilateral; **~seks** *adj* unisex
univer'seel *adj* universal
universi'/tair *adj* universitario; **~teit** *de* universidad *f*
uni'versum *het* universo *m*
ur'gent *adj* urgente; **~ie** *de* urgencia *f*
urin/e *de* orina *f*; **~eren** *vi* orinar; **~oir** *het* urinario *m*
urn *de* urna *f*
uro'loog *de* urólogo *m*
uto'/pie *de* utopía *f*; **~pisch** *adj* utópico
uur *het* hora *f*; **~loon** *het* salario-hora *m*; **~werk** *het* 1. reloj *m*; 2. mecanismo *m* del reloj
uw *pron pos sg* su, de usted(es); *pl* sus, de usted(es)
u'zelf *pron reflexivo (sujeto, compl) sg* usted mismo/misma; *pl* ustedes mismos

V

vaag *adj* vago, confuso, indeterminado
vaak *adv* a menudo, muchas veces
vaal *adj* deslucido, descolorido; *(piel)* lívido, pálido
vaan/del *het* bandera *f*; estandarte *m*; **~drager** *de* abanderado *m*; **~tje** *het* banderita *f*
vaardig *adj* hábil, diestro; **~heid** *de* habilidad *f*, destreza *f*
vaar/geld *het* tasa *f* de navegación; **~geul** *de* canal *m* navegable; **~t** *de* 1. velocidad *f*; 2. navegación *f*; 3. canal *m*; **~tuig** *het* embarcación *f*; **~water** *het* vía *f* fluvial, ruta *f* de navegación; **~'wel 1.** *excl* **~!** ¡adiós! **2.** *het* adiós *m*
vaas *de* florero *m*, jarrón *m*
vaat: de ~ doen fregar los platos; **~doek** *de* trapo *m* de cocina; **~werk** *het* vajilla *f*, cacharros *mpl*; **~ziekte** *de med* enfermedad *f* vascular
va'cant *adj* vacante
vaca'ture *de* vacante *f*, puesto *m* vacante
vac'cin *het* <~s> vacuna *f*; **~eren** *vt* vacunar
vacht *de (animal)* pelo *m*; *(oveja)* lana *f*
vacuüm 1. *adj* vacío; **2.** *adv* **~ verpakt** envasado al vacío
vader *de* padre *m*; **~land** *het* patria *f*; **~lands** *adj* patrio, nacional; **~lands'lievend** *adj* patriótico; **~lijk** *adj* paternal; **~schap** *het* paternidad *f*
vadsig *adj* indolente, perezoso

vage/bond *de* vagabundo *m*; **~vuur** *het relig* purgatorio *m*

vagina *de* vagina *f*

vak *het* 1. casilla *f*; 2. profesión, oficio *m*; 3. *stud* materia *f*, asignatura *f*

va'kantie *de* vacaciones *fpl*; **~dag** *de* día *m* libre; **~ganger** *de* turista *m*; **~kamp** *het* campamento *m*

vak/bekwaam *adj* cualificado, competente; **~beweging** *de* movimiento *m* sindical; **~bond** *de* sindicato *m*; **~centrale** *de* central *f* sindical; **~gebied** *het* área *f*, especialidad *f*; **~groep** *de* (*facultad*) sección *f*; **~kennis** *de* conocimientos *mpl* técnicos; **~'kundig** *adj* profesional, experto; **~man** *de* <vaklui, vaklieden> profesional *m*, experto *m*; **~opleiding** *de* formación *f* profesional; **~term** *de* término *m* técnico; **~werk** *het* 1. trabajo *m* de especialista; 2. *arq* entramado *m*

val *de* 1. caída *f*; **ten ~ brengen** *fig* hacer caer; 2. (*para animales, o. fig*) trampa *f*; **in de ~ lopen** caer en la trampa

valeri'aan *de bot* valeriana *f*

valhelm *de* casco *m* protector

valk *de* halcón *m*

valkuil *de fig* trampa *f*

val'lei *de* <~en> valle *m*

vallen *vi* <irr 118; zijn> 1. caer; **laten ~** dejar caer; 2. haber; **er ~ klappen** hay golpes; 3. resultar; **het valt me zwaar** me resulta difícil; 4. caer (**buiten** fuera de); 5. caer (**bajo** onder); 6. (**op**) (re)caer en; *fig* gustar; 7. (**over**) tropezar con; *fig* molestar se por

valreep: op de ~ a última hora

vals *adj* 1. falso, falsificado; 2. traidor, pérfido; 3. *mús* desacorde;

valscherm *het* paracaídas *m*

valsheid *de* falsedad *f*

valstrik *de* lazo *m*, trampa *f*

va'luta *de banc* moneda *f*

vam'pier *de* <~s> vampiro *m*

van *prep* 1. de ~ **hout** de madera; **~ gisteren** de ayer; (*propiedad*) **~ hem** suyo; (*de parte de*) **dat is lief ~ je** eres muy amable; **~ tevoren** de antemano; 2. que **ik denk ~ wel** creo que sí

van'/af desde, a partir de; **~af heden** a partir de hoy; **~avond** *adv* esta noche; **~daag** *adv* hoy

van'daan: 1. **waar (kom je) vandaan?** ¿de dónde (vienes)? 2. **daar vandaan** de allí

van'daar 1. (*lugar*) de allí; 2. (*motivo*) por eso, de ahí

vanda'lis/me *het* vandalismo *m*; **~tisch** *adj* vandálico

van'door: er ~ gaan irse (pitando), largarse

vang/en <irr 119> *vt* 1. (*con manos*) coger; 2. capturar, atrapar; 3. (*peces*) pescar; **~net** *het* red

vaststellen

f (de caza, de protección); **~rail** *de valla f* protectora; **~st** *de* captura *f*, presa *f*; (*peces*) pesca *f*

va'nille *de* vainilla *f*

van'/nacht *adv* 1. esta noche; 2. anoche; **~ouds** *adv* tradicionalmente, desde siempre; **~waar** 1. (*lugar*) de dónde; 2. (*motivo*) por qué; **~wege** 1. a causa de; 2. por parte de

van'zelf *adj* solo, por sí mismo; *dat spreekt ~!* ¡no hace falta ni decirlo!; **~'sprekend** *adj* natural, evidente

varen 1. *de bot* helecho *m*; 2. *vi* <irr 120; zijn> navegar

vari'/abel *adj* variable; **~ant** *de* variante *f*; **~atie** *de* 1. variación *f*; 2. variedad *f*; **~ëren** *vt/i* variar; **~é'té** *het* teat revista *f*; **~ë'teit** *de* (*o. biol*) variedad *f*

varken *het* (*o. fig*) cerdo, puerco *m*, cochino *m*

varkens/haas *de* solomillo *m* de cerdo; **~karbonade** *de* chuleta *f* de cerdo; **~lapje** *het* filete *m* de cerdo; **~pest** *de* peste *f* porcina; **~stal** *de* (*o. fig*) pocilga *f*, cuchitril *m*

vase'line *de* vaselina *f*

vast 1. *adj* 1. fijo, firme; (*empleo*) *m* fijo; 2. meteo (*tiempo*) estable; 3. (*estado*) sólido; 2. *adv* 1. firmemente, (*dormir*) profundamente; 2. sin duda; *hij komt ~* seguro que viene; 3. mientras, ya; *ga maar ~* vete yendo

vastbe'raden *adj* decidido, resuelto; **~heid** *de* determinación *f*, firmeza *f*

vastbinden *vt* atar

vaste'land *het* tierra *f* firme, continente *m*

vasten 1. *het* ayuno *m*; 2. *vi* ayunar; **~tijd** *de* cuaresma *f*

vast/goed *het* bienes *mpl* inmuebles; **~grijpen** *vt* agarrar, asir; **~hechten** *vt* fijar, unir

vasthouden 1. *vi* aferrarse (**aan** a); 2. *vt* 1. sujetar, retener; 2. *jur* detener; **~d** *adj* perseverante, tenaz

vastklampen: z. ~ agarrarse (**aan** a), aferrarse a

vast/knopen *vt* anudar; (*abrigo*) abrochar; **~leggen** *vt* 1. hacer constar, consignar (por escrito); 2. registrar; 3. *nav* amarrar; **~liggen** *vi* 1. estar fijado, constar; 2. *nav* estar amarrado; **~lopen** *vi* <zijn> 1. *fig* atascarse, atrancarse; 2. *nav* encallar; **~maken** *vt* atar, fijar, sujetar; **~plakken** *vt* (*con pegamento*) pegar; **~prikken** *vt* fijar, sujetar

vast/'recht *het* tarifa *f* base; **~roesten** *vi* <zijn> 1. oxidarse; 2. *fig* emparrarse (**in** en); **~schroeven** *vt* atornillar; **~spijkeren** *vt* clavar, sujetar con clavos; **~staan** *vi* constar, ser un hecho; **~stellen** *vt* 1. fijar, esta-

vast/zetten vt 1. (*objeto*) fijar, sujetar; 2. (*dinero*) imponer, inmovilizar; 3. *jur* encarcelar; **~zitten** vi 1. (*tráfico*) estar atascado; 2. *jur* estar encarcelado; 3. (*máquina*) estar atrancado; 4. *fig* estar comprometido (**aan** con)

vat *het* <~en> barril *m*, cuba *f*; *med* vaso; **~baar** *adj* 1. *med* propenso (**voor a**), 2. *fig* susceptible a

Vati'caan *het* Vaticano *m*

vatten vt 1. coger, pillar; 2. (*joya*) engastar; 3. *fig* entender

vecht/en <irr 121> vi luchar (**om** por), pelear; **~lust** *de* afán *m* combativo; **~partij** *de* <~en> pelea *f*; riña *f*

vee *het* ganado *m*; **~arts** *de* veterinario *m*; **~fokke'rij** *de* <~en> 1. criadero *m* de ganado; 2. cría *f* de ganado; **~houder** *de* ganadero *m*

veeg *de* escobazo *m*; *een ~ uit de pan geven* soltar una reprimenda

veel 1. *pron indef* 1. mucho; 2. a menudo, frecuentemente; *heel ~* muchísimo; *te ~* demasiado; *zo ~* tanto; **2.** *adv* mucho; *~ te duur* demasiado caro; **~al** *adv* generalmente; **~be'lovend** *adj* prometedor; **~be'wogen** *adj* movido, agitado; **~eer** *adv* más bien, antes; **~'eisend** *adj* exigente; **~hoek** *de* polígono *m*; **~om'vattend** *adj* extenso, amplio; **~'soortig** *adj* múltiple; **~'stemmig** *adj* polifónico; **~voud** *het* múltiplo *m*; **~'voudig** *adj* 1. múltiple; 2. variado; 3. frecuente; **~vraat** *de* glotón *m*; **~'vuldig** *adj* 1. variado; 2. frecuente; **~'zeggend** *adj* significativo; **~'zijdig** *adj* 1. *fig* polifacético, 2. *mat* multilátero

veemarkt *de* mercado *m* de ganado

veen *het* 1. turba *f*; 2. (*terreno*) turbera *f*

veer *de* (*ave*) pluma *f*; 2. *tecn* muelle *m*, resorte *m*

veer/boot *de* transbordador *m*; **~dienst** *de* servicio *m* de transbordador; **~kracht** *de* elasticidad *f*, empuje *m*; **~'krachtig** *adj* elástico, resistente

veer/tien *num* catorce; *~ dagen* quince días; **~tig** *adj* cuarenta; **~tiger** *de* cuarentón *m*

vee/stal *de* establo *m*; **~stapel** *de* ganado *m*, censo *m* ganadero; **~teelt** *de* ganadería *f*, indústria *f* ganadera; **~voeder** *het* forraje *m*; piensos *mpl*

veg/en vt 1. barrer; 2. cepillar; *zijn voeten ~* limpiarse los zapatos; **~er** *de* 1. cepillo *m*; 2. escoba *f*

vege'ta/riër *de* vegetariano *m*;

~risch *adj* vegetariano; **~tie** *de* vegetación *f*
vege'teren *vi* vegetar
ve'hikel *het* cacharro *m*, armatoste *m*
veilen *vt* subastar, sacar a subasta
veilig *adj* seguro; **~heid** *de* seguridad *f* **veiligheids/dienst** *de* servicio *m* de seguridad; **~gordel** *de* cinturón *m* de seguridad; **~halve** *adv* para mayor seguridad; **~raad** *de* Consejo *m* de Seguridad; **~speld** *de* imperdible *m*
veiling *de* subasta *f*
veinzen *vt* fingir, simular
vel *het* 1. piel *f*, *coloq* pellejo *m*; 2. (*papel*) hoja *f*; 3. (*en leche*) tela *f*
veld *het* campo *m*, campaña *f*; terreno *m*; **~bed** *het* catre *m*; **~fles** *de* cantimplora *f*; **~heer** *de* general *m*, estratega *m*; **~sla** *de* hierba *f* de canónigos; **~slag** *de* batalla *f*; **~tocht** *de* campaña *f*, expedición *f* militar
velen 1. *vt*: *iets niet kunnen ~* no soportar u/c; 2. *pron indef* muchos, muchas
velg *de auto* llanta *f*
vellen *vt* 1. cortar, talar; *fig* derribar; 2. *jur* (*fallo*) dictar, pronunciar; 3. (*juicio*) emitir
ve'nijn *het fig* veneno *m*; **~ig** *adj* venenoso, mordaz
vennoot *de com* socio *m*; **~schap** *het com* sociedad *f*; **naamloze ~schap** sociedad *f* anónima
venster *het* ventana *f*; **~bank** *de* alféizar *m*
vent *de coloq* tipo *m*, tío *m*
ven'tiel *het* válvula *f*
venti'/latie *de* ventilación *f*; **~lator** *de* <<~s, ~en> ventilador *m*; **~leren** *vt* ventilar
ver 1. *adj* remoto, lejano, distante; 2. *adv* lejos; *hoe ~ is het?* ¿qué distancia hay?; *hoe ~ is het nog?* ¿cuánto queda?
ver'ach/telijk 1. despreciable; 2. despectivo; **~ten** *vt* 1. despreciar; 2. desdeñar; **~ting** *de* desprecio *m*, desdén *m*
ver'ademing *de* alivio *m*
veraf *adv* lejos; **~gelegen** *adj* apartado, lejano
ver'af/goden *vt* idolatrar; **~schuwen** *vt* detestar, aborrecer
ve'randa *de* veranda *f*, galería *f*
ver'ander/en 1. *vi* <zijn> cambiar; 2. *vt* cambiar, modificar; **~ing** *de* cambio *m*, transformación *f*, modificación *f*; **~lijk** *adj* variable, inconstante; *meteo* inestable
verant'woord/elijk *adj* responsable; **~elijkheid** *de* responsabilidad *f*; **~en** *vt* 1. dar cuenta de; 2. justificar; *z. ~en* dar cuenta (*voor* de); **~ing** *de* 1. justificación *f*; 2. responsabilidad *f*
ver'arm/en *vi* <zijn> empobre-

verarmen

cerse; **~ing** *de* empobrecimiento *m*

ver'baasd *adj* asombrado, sorprendido

ver'band *het* 1. conexión *f*, relación *f*; 2. *med* venda *f*, vendaje *m*; **~gaas** *het* gasa *f* gasa *f* hidrófila; **~trommel** *de* botiquín *m*

ver'bannen *vt* exiliar, desterrar

ver'bazen *vt* asombrar, sorprender; **z. ~** asombrarse (**over** de), extrañarse de; **~d** *adj* asombrarse, sorprendente

ver'beeld/en *vt* representar; **z. ~** imaginarse, figurarse; **~ing** *de* 1. imaginación *f*, fantasía *f*; 2. presuntuosidad *f*; **~ingskracht** *de* poder *m* imaginativo

ver'/bergen *vt* esconder, ocultar; **~beten** *adj* enconado

ver'beter/en *vt* 1. mejorar; 2. corregir, enmendar; 3. perfeccionar; **~ing** *de* 1. mejora *f*; 2. enmienda *f*, corrección *f*

ver'/bieden <irr 122> *vt* prohibir; **~bijstering** *de* desconcierto *m*

ver'bijten *vt* reprimir, contener; **z. ~** morderse la lengua

ver'bind/en *vt* 1. unir, ligar, vincular; 2. (*teléfono*) poner (**met** con); 3. *med* vendar; 4. (*tren*) enlazar con; 5. relacionar (**aan** con) 6. *quím* mezclarse; **~ing** *de* 1. unión *f*, conexión *f*;

2. enlace *m*; 3. *quím* compuesto *m*

ver'bintenis *de* <~sen> 1. obligación *f*, compromiso *m*; 2. (*boda*) enlace *m*

ver'bitter/d *adj* amargado, resentido; **~ing** *de* amargura *f*, resentimiento *m*

ver'/bleken *vi* <zijn> 1. desteñirse; 2. (*persona*) palidecer; **~blijden** *vt* alegrar, hacer feliz **ver'blijf** *het* permanencia *f*, estancia *f*; 2. (*lugar*) residencia *f*; 3. alojamiento *m*; **~plaats** *de* paradero *m*

ver'blijven *vi* <zijn> permanecer, estar, residir

ver'/blinden *vt* (*o. fig*) cegar, deslumbrar; **~bloemen** *vt* disimular

ver'bod *het* <~en> prohibición *f*; **~en** *adj* prohibido; **~en toegang** prohibida la entrada; **~sbord** *het* señal *f* preceptiva

ver'bond *het* 1. alianza *f*, liga *f*, unión *f*; 2. (*verdrag*) pacto *m*, tratado *m*

ver'bouw/en *vt* 1. *arq* reformar; 2. *agric* cultivar; **~e'reerd** *adj* aturdido, desconcertado; **~ing** *de* reformas *fpl*

ver'brand/en 1. *vi* <zijn> quemarse, abrasarse; **2.** *vt* quemar; (*basura*) incinerar; **~ing** *de* combustión *f*, quema *f*; (*basura*) incineración *f*; **~ingsmotor** *de* motor *m* de combustión *f*

verdraaiden

ver/brassen *vt* malgastar, despilfarrar; **~breden** *vt* ensanchar
ver/breid/en *vt* extender, divulgar; propagar; **~ing** *de* difusión *f*, divulgación *f*; propagación *f*
ver/breken *vt* 1. romper, cortar; 2. rescindir; **~brijzelen** *vt* astillar, destrozar, machacar
ver/broeder/en *z. met elkaar ~en* hermanarse; **~ing** *de* hermanamiento *m*, fraternización *f*
ver/brokkelen 1 *vi* <zijn> deshacerse; **2** *vt* desmenuzar
ver/bruik *het* consumo *m*; **~en** *vt* consumir; **~er** *de* consumidor *m*
ver/buigen *vt* 1. torcer; 2. *ling* declinar
ver/dacht *adj* 1. sospechoso; 2. *~ zijn op* estar preparado para **~making** *de* difamación *f*
ver/damp/en 1. *vi* <zijn> evaporarse; 2. *vt* evaporar; **~ing** *de* evaporación *f*
ver/dedig/en *vt* defender, justificar; **~er** *de* 1. *jur* defensor *m*; 2. *sport* defensa *m*; **~ing** *de* defensa *f*
ver/delen *vt* 1. partir, dividir; 2. repartir, distribuir (**onder** entre)
ver/delg/en *vt* exterminar; **~ing** *de* exterminio *m*; **~ingsmiddel** *de* <~en> plaguicida *f*, pesticida *f*
ver/deling *de* 1. partición *f*, división *f*; 2. distribución *f*, reparto *m*

ver/denk/en *vt* sospechar, recelar; **~ing** *de* sospecha *f*
verder 1. *adj* (*comparativo*) 1. más lejos; 2. más, demás, adicional; **2.** *adv* 1. después, más adelante; 2. además; 3. por lo demás; 4. (**+** *verbo*) seguir, continuar; *~ lezen* seguir leyendo; *ga ~!* ¡sigue!; *~ weg* más lejos, más allá
ver/derf *het* ruina *f*, perdición *f*; **~elijk** *adj* pernicioso
ver/dien/en *vt* 1. ganar; 2. merecer; **~ste** *de* <~n> 1. sueldo *m*; 2. ganancia *f*, beneficio *m*; 3. mérito *m*; **~stelijk** *adj* meritorio; *z. ~elijk maken* hacer méritos
ver/diep/en *vt* profundizar, ahondar; *z. ~en* profundizar (**in** en), estudiar a fondo; **~ing** *de* piso *m*, planta *f*
ver/doen *vt* malgastar, desperdiciar; **~doezelen** *vt* disimular, desdibujar; **~dommen** *vt* negarse rotundamente; **~dorren** *vi* <zijn> secarse; **~dorven** *adj* perverso
ver/dov/en *vt* 1. *fig* aturdir; 2. *med* anestesiar; **~end** *adj*: *~end middel* *het* estupefaciente *m*; **~ing** *de* anestesia *f*, narcosis *f*
ver/draagzaam *adj* tolerante; **~heid** *de* tolerancia *f*
ver/draai/d 1. *adj* torcido; 2. *~!* *excl* ¡caramba!; **~en** *vt* *fig* dis-

verdraaiden

torsionar, retorcer, tergiversar; **~ing** *de fig* distorsión *f*, tergiversación *f*

ver'drag *het* <~en> tratado *m*, acuerdo *m*, pacto *m*; **~en** *vt* 1. tolerar, soportar; 2. aguantar; (*comida*) tolerar

ver'driet *het* pena *f*, tristeza *f*; **~ig** *adj* triste, afligido

ver'drijven *vt* echar, expulsar, ahuyentar

ver'dringen *vt* 1. empujar; 2. desbancar, desplazar, suplantar; 3. *psicol* reprimir

ver'/drinken 1. *vi* <zijn> ahogarse; **2.** *vt* (*o. fig*) ahogar; **~drogen** *vi* <zijn> secarse; **~drukking** *de* represión *f*; **~dubbelen 1.** *vi* <zijn> doblarse, duplicarse; **2.** *vt* doblar, duplicar; **~duidelijken** *vt* aclarar, poner en claro

ver'duister/en *vt* 1. oscurecer; 2. (*dinero*) malversar, desfalcar; **~ing** *de* 1. oscurecimiento *m*; 2. *astron* eclipse *m*; 3. (*dinero*) desfalco *m*

ver'dunn/en *vt* diluir, aclarar; (*vino*) aguar; **~er** *de* diluyente *m*

ver'/duren *vt* soportar, aguantar; **~dwaasd** *adj* aturdido, atontado; **~dwalen** *vi* <zijn> extraviarse, perderse; **~dwijnen** *vi* <irr 123; zijn> desaparecer; **~een'voudigen** *vt* simplificar; **~eenzamen** *vi* <zijn> quedar-

308

se aislado, quedarse solo; **~eeuwigen** *vt* inmortalizar; **~effenen** *vt* 1. arreglar; 2. (*factura*) liquidar, saldar; 3. (*conflicto*) arreglar

ver'eis/en *vt* exigir, requirir; **~t** *adj* necesario; **~ zijn** requerirse, hacer falta; **~te** *het* <~n> necesidad *f*, exigencia *f*, requisito *m*

veren *vi* ser elástico

ver'enig/baar *adj* compatible, conciliable; **~en** *vt* 1. unir, reunir, juntar, combinar; 2. compaginar, conciliar; **~ing** *de* 1. unión *f*; 2. asociación *f*

ver'/eren *vt* adorar, venerar, honrar; **~ergeren 1.** *vi* <zijn> agravarse; , empeorarse; **2.** *vt* agravar, empeorar; **~ering** *de* adoración *f*

verf *de* 1. pintura *f*; 2. (*pelo, tejido*) tinte *m*

ver'/fijnen *vt* refinar, perfeccionar; **~filmen** *vt* filmar; **~foei/en** *vt* detestar aborrecer; **~fraaien** *vt* embellecer

ver'friss/en *vt* refrescar; **~ing** *de* refresco *m*

ver'gaan *vi* <zijn> 1. *nav* naufragar, hundirse; 2. pudrirse, gastarse; 3. pasar, ocurrir; **hoe is het je ~?** ¿qué tal te ha ido?; 4. (*tiempo*) pasar; 5. morirse (**van** de)

ver'gader/en *vi* reunirse, celebrar una reunión; **~ing** *de* reunión *f*, junta *f*, asamblea *f*

ver'geef/lijk *adj* perdonable; **~s** *adv* en vano

ver'geeld *adj* amarillento

ver'geetachtig *adj* olvidadizo; **~heid** *de* mala memoria *f*

ver'geld/en *vt* pagar, vengar; **~ing** *de* desquite *m*, represalia *f*

verge'lijk *het* arreglo *m*, avenencia *f*, comprimoso *m*; **~baar** *adj* comparable; **~en** <irr 124> *vt* comparar (**met** con); **~ing** *de* comparación *f*; **in ~ing met** comparado con

ver'gemakkelijken *vt* facilitar

vergen *vt* exigir, requerir

ver'get/elheid *de* olvido *m*; **~en** <irr 125> *vt* olvidar

ver'gev/en *vt* 1. perdonar; 2. dar, repartir; **~ensgezind** indulgente, clemente; **~ing** *de* 1. perdón *m*; 2. *relig* absolución *f*

verge/vorderd *adj* muy avanzado; **~'zellen** *vt* acompañar; **~zicht** *het* vistas *fpl*, panorama *m*; **~zocht** *adj* rebuscado

ver'gif/fenis *de* 1. perdón *m*; 2. *relig* absolución *f*; **~tig** *adj* venenoso *m*; **~tigen** *vt* envenenar

ver'giss/en: z. ~en equivocarse, confundirse; **~ing** *de* error *m*; **bij/per ~ing** erróneamente, por equivocación

ver'goed/en *vt* pagar, abonar, compensar, indemnizar; **~ing** *de* abono *m*, indemnización *f*, pago *m*

ver'goelijken *vt* excusar, disculpar

ver'/gooien *vt* (*vida*) malgastar; (*oportunidad*) desperdiciar; **~grijp** *het jur* delito *m*; **~grijzen** *vi* <zijn> encanecer, echar canas; **~grootglas** *het* lupa *f*

ver'grot/en *vt* agrandar, ampliar, incrementar, extender; **~ing** *de* (*o. foto*) ampliación *f*, incremento *m*

ver'gunning *de* permiso *m*, (*para alcohol*) licencia *f*

ver'/haal *het* 1. historia *f*, narración *f*, relato *m*; 2. derecho *m* de indemnización; **~halen** *vt* 1. contar, narrar; 2. *schade op iem ~halen* pedir indemnización por daños y perjuicios a alg

ver'handel/en *vt* negociar, comercializar; **~ing** *de* 1. ensayo *m*, exposición *f*; 2. venta *f*

ver'/harden 1. *vi* <zijn> endurecerse; 2. *vt* endurecer; **~heerlijken** *vt* glorificar; ensalzar

ver'heffen *vt* (*local*) alzar, levantar; (*moralmente*) ennoblecer; (*mat*) elevar; **~d** *adj* edificante

ver'/helen *vt* esconder, ocultar (**voor** a); **~helpen** *vt* remediar, arreglar; *niet te ~* irremediable

ver'heug/d *adj* contento, alegre (**over** por); **~en** *vt* alegrar; *z. ~en op* esperar u/c con ilusión; **~end** *adj* (*noticias*) gratas

ver'heven *adj* elevado, sublime

ver'hinder/en *vt* impedir; **~ing** *de* impedimento *m*; ausencia *f*

ver'hit *adj fig* acalorado, caldeado; **~ten** *vt* calentar; *fig* acalorar

ver'hog/en *vt* 1. elevar, subir; 2. aumentar, subir; 3. ensalzar; **~ing** *de* 1. elevación *f*; 2. aumento *m*, incremento *m*

ver'hongeren *vi* <zijn> (*o. fig*) morirse de hambre

ver'/hoor *het jur* 1. interrogatorio *m*; 2. (*de testigo*) examen *m*; **~horen** *vt jur* interrogar; 2. (*de testigo*) tomar declaración

ver'houding *de* 1. relación *f*, relaciones *fpl*; 2. proporción *f*; **naar ~** en proporción

ver'huiz/en *vi* <zijn> mudarse, mudar de casa; **~ing** *de* mudanza *f*

ver'huren *vt* alquilar, arrendar

ver'huur *de* alquiler *m*; **~der** *de* arrendador *m*

veri'fiëren *vt* comprobar, verificar

ver'ijdelen *vt* frustrar

vering *de* 1. suspensión *f*; 2. muelles *mpl*

ver'/jaardag *de* 1. aniversario *m*; 2. (*persona*) cumpleaños; **~jagen** *vt* ahuyentar; **~jaren** *vi* <zijn> *jur* prescribir

ver'jong/en *vi* <zijn> rejuvenecer; **~ingskuur** *de* tratamiento de rejuvenecimiento

ver'kavel/en *vt* (*terreno*) parcelar, lotear; **~ing** *de* parcelación *f*

ver'keer *het* 1. tráfico *m*, circulación *f*; 2. (*personal*) trato *m*; **doorgaand ~** *transp* todas las direcciones; **sexueel ~** relaciones *fpl* sexuales

ver'keerd 1. *adj* 1. malo; 2. erróneo, equivocado; **2.** *adv* mal

ver'keers/agent *de* policía *m* de tráfico; **~bord** *het* señal *m* de tráfico; **~drempel** *de* espigón *m*; **~licht** *het* semáforo *m*; **~ongeval** *het* accidente *m* de tráfico; **~opstopping** *de* embotellamiento *m*, atasco *m*; **~overtreding** *de* infracción *f*; **~toren** *de aero* torre *f* de control

ver'kenn/en *vt* explorar; **~er** *de* explorador *m*; **~ing** *de* exploración *f*, reconocimiento *f*

ver'ker/en *vi* encontrarse (**in** en), hallarse, frecuentar; **~ing** *de* relación *f*, noviazgo *m*

ver'kiesbaar *adj* elegible

ver'kiez/en *vt* 1. elegir; 2. preferir (**boven** a), querer; **~ing** *de* elección *f*; **~ingen** *pl pol* elecciones *fpl*

ver'kijken: z. ~ juzgar mal, equivocarse (**op** en)

ver'kikkerd *adj*: **~ zijn op** chiflarse por

ver'klappen *vt* (*secreto*) soplar

ver'klaarbaar *adj* explicable

ver'klar/en *vt* 1. (*o. jur*) declarar, certificar, 2. explicar; **~end** *adj* explicativo; **~ing** *de* 1. (*o. jur*) declaración; certificado *m*; 2. explicación *f*, aclaración *f*

ver'kleden: z. ~ 1. cambiarse de ropa; 2. disfrazarse (**als** como)

ver'klein/en *vt* reducir, disminuir; **~woord** *het ling* diminutivo *m*

ver'/kleumen *vi* <zijn> aterirse, pasmarse de frío; **~kleuren** *vi* <zijn> descolorarse, desteñirse

ver'klikk/en *vt* soplar, delatar; **~er** *de* 1. (*persona*) soplón *m*; 2. *electr* detector *m*;

ver'knocht *adj* devoto a, *fig* adicto a; **~ zijn aan** tener apego a

ver'/knoeien *vt* 1. estropear, echar a perder; 2. (*dinero, tiempo*) malgastar; **~kondigen** *vt* anunciar, proclamar, predicar

verkoop *de* venta *f*; **~datum** *de* fecha *f* de venta; **uiterste ~datum** fecha *f* de caducidad

ver'kop/en *vt* vender; **~er** *de* vendedor *m*, (*tienda*) dependiente *m*

ver'korten *vt* acortar, abreviar

ver'koud/en *adj* resfriado, acatarrado, constipado; **~heid** *de* resfriado *m*, catarro *m*, constipado *m*

ver'kracht/en *vt* violar; **~ing** *de* violación *f*

ver'krijg/baar *adj* adquirible, de venta; **~en** *vi* conseguir, obtener

ver'/kruimelen 1. *vi* <zijn> desmig(aj)arse; 2. *vt* desmig(aj)ar; **~kwisten** *vt* derrochar, despilfarrar

ver'lag/en *vt* 1. bajar, rebajar, reducir; **z. ~en** rebajarse; **~ing** *de* rebaja *f*, reducción *f*, recorte *m*

ver'lamm/en *vt* paralizar; **~ing** *de* paralización *f*; *med* parálisis *f*

ver'lang/en **1.** *het* deseo *m* (**naar/om** de), afán *m*, ansia *f*; **2.** *vi* (**naar**) desear, apetecer, querer; **3.** *vt* exigir (**van** de), pedir; **~end** *adj* deseoso, ansioso; **~lijst** *de* lista *f* de regalos

ver'/laten 1. *adj* 1. solo, abandonado; 2. (*lugar*) desierto, solitario; **2.** <irr 126> *vt* 1. dejar; 2. abandonar; **~leden 1.** *adj* pasado, último **2.** *het* pasado *m*

ver'legen *adj* tímido, cohibido; **~ zijn om** necesitar, precisar; **~heid** *de* 1. timidez *f*; 2. apuro *m*

ver'leid/elijk *adj* seductor; **~en** *vt* 1. tentar; 2. seducir, persuadir; **~ing** *de* tentación *f*

ver'lenen *vt* dar, conceder, otorgar

ver'leng/en *vt* 1. alargar; 2. prolongar; (*plazo*) prorrogar; (*carnet, pasaporte*) renovar; **~ing** *de* 1. prolongación *f*; 2. prórroga *f*; 3. renovación *f*

ver'levendigen *vt* avivar, amenizar

ver'licht *adj* (*o. fig*) iluminado; **~en** *vt* 1. alumbrar, iluminar; 2. (*espíritu*) ilustrar; 3. *fig, med*

verlichten

aliviar, mitigar; **~ing** de iluminación f, alumbrado m; 2. ilustración f **de ~*ing** la Ilustración f; 3. fig alivio m

ver'liefd adj enamorado (**op** de); **~ worden** enamorarse (**op** de); **~heid** de enamoramiento m

ver'/lies het 1. pérdida f; 2. (guerra) baja f; **~liezen** <irr 127> vt/i perder (**met** por); **~liezer** de perdedor m

ver'loederen vi <zijn> degradarse, venir a menos

ver'lof 1. permiso m; (o. mil) licencia f; **met ~** de permiso

ver'lokk/en vt tentar, seducir; **~ing** de tentación f

ver'loochenen vt negar, renegar de

ver'/loop het 1. (tiempo) curso m, transcurso m; 2. proceso m, desarrollo m; **na ~loop van tijd** al cabo de un tiempo; **~lopen** vi <zijn> 1. (tiempo) pasar, transcurrir; 2. desarrollarse; 3. (carnet) expirar, caducar

ver'loren adj perdido

verlos'kundige de <~n> med tocólogo m

ver'loss/en vt liberar, librar (**van** de); **~er** de relig Salvador m; **~ing** de 1. liberación f; 2. relig salvación f

ver'lot/en vt sortear, rifar; **~ing** de sorteo m, rifa f

ver'lov/en: z. ~en formalizar el noviazgo; **~ing** de noviazgo m

ver'/maak het diversión f, entretenimiento m; **~maard** adj famoso, célebre; **~mageren** vt/i adelgazar, perder peso

ver'maken vt 1. txtl cambiar; 2. jur legar; **z. ~** divertirse

ver'maning de reprimenda f, amonestación

ver'meerderen vt/i aumentar, incrementar

ver'meld/en vt mencionar, citar; **~ing** de mención f, anotación f

ver'mengen vt mezclar

vermenig'vuldig/en vt multiplicar (**met** por); **~ing** de multiplicación f

vermi'celli de fideos mpl

ver'mijden vt eludir, evitar

ver'minder/en 1. vi <zijn> reducirse (**met** en), disminuir; **2.** vt reducir, diminuir; **~ing** de reducción f, disminución f

ver'mink/en vt mutilar, lisiar; **~ing** de mutilación f, desfiguración f

ver'mist adj desaparecido

ver'moed/elijk adj presunto, probable; **~en 1.** het 1. presunción f, suposición f; 2. presentimiento m; 3. sospecha f; **2.** vt 1. suponer, presumir; 2. presentir; 3. sospechar

ver'moei/d adj (persona) cansado; **~heid** de cansancio m; **~en** vt cansar; **~end** adj cansado

ver'mogen het econ capital m,

fortuna *f*, patrimonio *m*; 2. (*persona*) poder, facultad *f*; don *m*; 3. *tecn* potencia *f*; **~d** *adj* rico, adinerado; **~sbelasting** de impuesto *m* sobre el patrimonio

ver'momm/en: z. ~ (als de) disfrazar; **~ing** *de* disfraz *m*

ver'moorden *vt* matar, asesinar

ver'mout *de* vermut *m*

ver'nauwing *de* 1. estrechamiento *m* 2. **~ van de bloedvaten** *med* estenosis *m* capilar

ver'neder/en *vt* humillar, rebajar; **~ing** *de* humillación *f*

ver'nemen *vt* saber (**van de**), enterarse de

ver'niel/en *vt* destrozar, destruir; **~ing** *de* destrucción *f*, destrozo *m*; **~zucht** *de* vandalismo *m*

ver'nietig/en *vt* 1. destruir, aniquilar; 2. *jur* anular; **~end** *adj* arrollador, fulminante; **~ing** *de* 1. destrucción *f*, exterminación *f*, 2. anulación *f*

ver'nieuw/en *vt* renovar; **~ing** *de* renovación *f*, remodelación *f*

veronder'stell/en *vt* suponer, presumir; **~ing** *de* suposición *f*, presunción; **in de ~ing dat** suponiendo que

ver'ongelukken *vi* <zijn> morir (**bij** en) accidente, perecer

veront'reinig/en *vt* contaminar; **~ing** *de* contaminación *f*

veront'rusten *vt* inquietar, preocupar; **~d** *adj* inquietante, alarmante

veront'schuldig/en *vt* disculpar, perdonar; **z. ~en** disculparse, excusarse; **~ing** *de* disculpa *f*, excusa *f*

veront'waardiging *de* indignación *f*

ver'oordel/en *vt* 1. desaprobar; 2 *jur* condenar, sentenciar; **~ing** *de* condena *f*

ver'oorloven *vt* permitir; **z. ~** permitirse

ver'oorzaken *vt* ocasionar, causar, provocar

ver'orden/en *vt adm* decretar, ordenar; **~ing** *de* decreto *m*, ordenanza *f*

ver'ouderd *adj* anticuado, caído en desuso

ver'over/aar *de* conquistador *m*; **~en** *vt* conquistar; **~ing** *de* conquista

ver'pachten *vt* arrendar

ver'pakk/en *vt* embalar, empaquetar, envolver; (*tarro, lata*) envasar; **~ing** *de* embalaje *m*, envase *m*; empaquetado *m*

ver'/panden *vt* empeñar, dejar en prenda; **~pesten** *vt* 1. (*aire*) envenenar; 2. estropear, apestar, arruinar

ver'plaatsen *vt* trasladar, cambiar de sitio; **z. ~** trasladarse, desplazarse

ver'planten *vt* trasplantar

ver'pleeg/huis *het* casa *f* de convalencencia; ~**'kundige** *de* <~n> enfermero *m*

ver'pleg/en *vt* atender, cuidar, asistir; ~**er** *de* enfermero *m*; ~**ing** *de* asistencia *f* (a los enfermos)

ver'pletteren *vt* aplastar

ver'plicht *adj* 1. obligatorio; 2. obligado; ~**en** *vt* obligar (**tot/om** a); **z.** ~**en** comprometerse (**tot/om** a); ~**ing** *de* obligación *f*

ver'prutsen *vt* estropear, echar a perder

ver'raad *het* traición *f*

ver'rad/en *vt* 1. traicionar; 2. delatar; 3. (*secreto*) revelar; ~**er** *de* traidor *m*; ~**erlijk** *adj* traicionero, traidor

ver'rassen *vt* sorprender; coger de sorpresa, sobrevenir; dar una sorpresa; ~**ing** *de* sorpresa *f*

verregaand *adj* extremo, radical

ver'rekenen *vt com* 1. compensar, descontar; 2. imputar (**met** sobre); **z.** ~ calcular mal

verrekijker *de* prismáticos *mpl*

verreweg *adv* con mucho

ver'richt/en *vt* realizar, hacer, efectuar; ~**ing** *de* acción *f*, realización *f*

ver'rijken *vt* enriquecer; **z.** ~ enriquecerse **ver'rijzen** *vi* <zijn> levantarse; (*de la muerte*) resucitar; ~**roesten** *vi* <zijn> oxidarse

ver'rot *adj* podrido, putrefacto; ~**ten** *vi* <zijn> podrirse, pudrirse

ver'ruilen *vt* trocar, cambiar (**voor** por)

ver'ruk/kelijk *adj* delicioso; ~**king** *de* embeleso *m*, éxtasis *m*; ~**t** *adj* encantado, embelesado

vers 1. *adj* 1. fresco; 2. *fig* nuevo; **2.** *het* 1. verso *m*, poesía *f*; (*de poema*) estrofa *f*

ver'schaffen *vt* proporcionar, facilitar; **z.** ~ adquirir

ver'scheiden/e *pron indef* varios; ~**heid** *de* variedad *f*, diversidad *f*

ver'schepen *vt* embarcar; ~**scherpen** *vt* agudizar; intensificar, apretar; ~**scheuren** *vt* 1. rasgar, romper; 2. *zool*, *fig* desgarrar

ver'schijn/en *vi* <zijn> 1. aparecer, presentarse; 2. *jur* comparecer; 3. *impr* publicarse, salir; ~**ing** *de* 1. aparición *f*; 2. *jur* comparecencia *f*; 3. *impr* publicación *f*; ~**sel** *het* fenómeno *m*

ver'schil *het* 1. (*o. mat*) diferencia *f*, distinción *f*; 2. ~ **van mening** discrepancia *f*, desacuerdo *m*; ~**len** *vi* diferenciarse, ser distinto; ~**lend 1.** *adj* diferente, distinto; **2.** *pron* diversos, varios

ver'schonen *vt* 1. (*cama*, *niño*) cambiar ropa; **z.** ~ ponerse ropa limpia

ver'schoppeling *de* paria *m*

ver'schrikk/elijk adj espantoso, horrible, terrible; **~ing** de horror f

ver'schroeien 1. vi <zijn> chamuscarse, quemarse; **2.** vt quemar, chamuscar

ver'schuiv/en vt 1. mover, correr; 2. (fecha) aplazar; **~ing** de 1. (o. fig) cambio m; 2. (fecha) aplazamiento

ver'schuldigd adj: *iem iets ~ zijn* deberle u/c a alg

versie de versión f

ver'sier/en vt 1. adornar, decorar; 2. ligar con/a ; **~ing** de adorno m

ver'slaafd adj dado (**aan** a), adicto a; *drog* enganchado

ver'slaan vt 1. vencer, abatir; 2. (*prensa*) comentar, informar sobre

ver'slag het <~en> 1. informe m, memoria f; 2. (*prensa*) reportaje m; **~en** adj vencido, abatido; **~gever** de corresponsal m, reportero m

ver'slapen: z. ~ dormir más de la cuenta

ver'slappen 1. vi <zijn> aflojarse; **2.** vt aflojar

ver'slaving de *drog* dependencia f (**aan** de), adicción f

ver'slechter/en vi <zijn> empeorar, agravarse; **~ing** de deterioro m, empeoramiento m

ver'/sleten adj (des)gastado, caduco; (*ropa*) raído; **~slijten** vt 1. gastar, desgastar; 2. tomar (**voor** por)

verslikken: z. ~ atragantarse (**in** con)

ver'slinden <irr 128> vt devorar

ver'snapering de 1. tapa f; 2. golosina f

ver'snell/en vt acelerar; **~ing** de 1. aceleración f; 2. *mec* marcha f, velocidad f; **~ingsbak** de caja f de cambios

ver'/snijden vt (*vino*) adulterar; **~spelen** vt perder; **~sperren** vt (*calle, paso*) cortar, bloquear, obstruir; **~spillen** vt derrochar, desperdiciar

ver'spreid/en vt 1. esparcir, diseminar; dispersar; 2. (*noticia*) difundir, divulgar; **~ing** de 1. dispersión f, distribución f; 2. (*prensa*) difusión f; 3. (*virus*) propagación f

ver'staan vt entender, comprender

verstand het inteligencia f, razón f, entendimiento m; **~elijk** adj intelectual, racional; **~houding** de relación f; **~ig** adj razonable, inteligente, sensato; **~skies** de muela f de juicio; **~sverbijstering** de enajenación f mental

verstarren vi <zijn> inmovilizarse

ver'stek: *bij ~ veroordelen* jur condenar en rebeldía; **~eling** de polizón m

ver'steld *adj*: **~ staan** quedarse perplejo, atónito

ver'sterk/en *vt* reforzar, potenciar, fortalecer; (*sonido*) amplificar; (*opinión*) reafirmar; **~ing** *de* refuerzo *m*

ver'stikken *vt* ahogar, asfixiar

ver'stopp/en *vt* 1. esconder, ocultar; 2. tapar, obstruir; **~ertje: ~ertje spelen** jugar al escondite; **~ing** *de* 1. obstrucción *f*; 2. (*tráfico*) embotellamiento *m*; 3. *med* estreñimiento *m*

ver'/storen *vt* perturbar, alterar; **~stoten** *vt* rechazar, repudiar; **~strekken** *vt* facilitar, suministrar; **~strijken** *vi* <zijn> (*tiempo, plazo*) pasar, transcurrir

ver'stooi/d *adj* despistado, distraído; **~en** *vt* 1. dispersar; 2. distraer; **~ing** *de* 1. dispersión *f*; 2. distracción *f*; 3. diversión *f*

ver'stuiken *vt* dislocarse, torcerse

ver'tal/en *vt* traducir; **~er** *de* traductor *m*; **~ing** *de* traducción *f*

verte *de* <~n, ~s> lejanía *f*; **in de ~** a lo lejos

ver'/tederen *vt* enternecer, conmover; **~teerbaar** *adj* digerible

vertegen'woordig/en *vt* representar; **~er** *de* representante *m*

ver'tell/en *vt* contar, narrar; **~er** *de* narrador *m*; **~ing** *de* cuento *m*, narración *f*

ver'ter/en 1. *vi* <zijn> 1. (*alimento*) digerirse; 2. descomponerse, pudrirse; 3. **2.** *vt* 1. (*alimento, fig*) digerir; 2. (*dinero*) gastar; **~ing** *de* 1. digestión *f*, 2. consumición *f*

verti'caal *adj* vertical

ver'tier *het* distracción *f*; **~tolken** *vt teat* interpretar

ver'ton/en *vt* 1. mostrar, (re)presentar; 2. *arte* exhibir, exponer; 3. *cine* proyectar; **~ing** *de* 1. (re)presentación *f*, espectáculo *m*

ver'toon *het* ostentación *f*, exhibición *f*

ver'trag/en *vt* retrasar, retardar; **~ing** *de* retraso *m*

ver'trek *het* 1. habitación *f*; 2. salida *f*, parida *f*; **~ken** *vi* <zijn> salir, irse, partir; **~hal** *de* sala de salidas

ver'troe/belen *vt* (*fig*) enturbiar; **~telen** *vt* mimar

ver'trouw/d *adj* 1. de confianza; 2. familiarizado (**met** con); **~elijk** *adj* 1. íntimo, familiar; 2 confidencial; **~eling** *de* confidente *m*; **~en 1.** *het* confianza *f*; **2.** *vi* 1. tener confianza en, fiarse de; 2. confiar (**op** en), contar con

ver'twijfeld *adj* desesperado

ver'vaardigen *vt* fabricar, elaborar

ver'vagen *vt* esfumarse, desvanecerse

ver'val *het* 1. decadencia *f*, declive *m*; 2. *adm* vencimiento *m*;

3. (*terreno*) desnivel *m*; **~datum** de fecha de vencimiento *m* o caducidad; **~vallen 1.** *adj* 1. ruinoso, destartalado; 2. *adm* vencido; **2.** *vi* <zijn> 1. decaer, declinar; 2. (*casa*) desmoronarse

ver'vals/en *vt* falsificar; **~ing** de falsificación *f*

ver'vang/en *vt* substituir, reemplazar; (*piezas*) reponer; ***niet te ~en*** insustituible; **~er** de sustituto *m*, suplente *m*; **~ing** de sustitución *f*, reemplazo *m*; **ter ~ing van** en sustitución de

ver'velen *vt* aburrir, cansar; **z. ~en** aburrirse, estar aburrido; **~end** *adj* 1. aburrido, tedioso, pesado; 2. latoso, fastidioso; ***wat ~!*** ¡qué lata!; ***doe niet zo ~end!*** ¡no seas pelma!; **~ing** de aburrimiento *m*, muermo *m*

ver'vellen *vi* <zijn> despellejarse

verven *vt* 1. pintar; 2. (*tejido, pelo*) teñir

ver'versen *vt* (*aceite, agua*) cambiar, renovar

ver'vliegen *vt* 1. evaporarse, volatilizarse; 2. (*tiempo*) pasar volando

ver'vloek/en *vt* maldecir; **~ing** de maldición *f*; **~t** *adj* maldito, condenado

ver'voegen *vt* *ling* conjugar

ver'voer *het* transporte *m*; **~en** *vt* transportar, trasladar, llevar; **~ing** de éxtasis *m*, arrebato *m*, trance *m*; **~middel** *het* <~en> medio *m* de transporte

vervolg *het* continuación *f*; ***in het ~*** en lo sucesivo, en adelante; **~en** *vt* 1. continuar, seguir; 2. perseguir; 3. *jur* perseguir; proceder judicialmente contra; **~ens** *adv* a continuación, después; **~ing** de 1. persecución *f*; 2. *jur* procesamiento *m*, persecución *f*

ver'vreemden *vi* <zijn> enajenarse (**van** de), distanciarse de

ver'vuil/en *vt* contaminar; **~ing** de contaminación *f*

ver'vull/en *vt* cumplir, satisfacer, realizar; **~ing** de cumplimiento *m*, realización *f*

ver'waarlozen *vt* descuidar, abandonar

ver'wacht/en *vt* esperar, aguardar; **~ing** de esperanza *f*, previsión *f*

ver'wantschap de parentesco; *fig* afinidad *f*

ver'ward *adj* 1. revuelto; 2. confuso

ver'warm/en *vt* calentar; **~ing** de calefacción *f*

ver'/warring de confusión *f*, desconcierto *m*; **~wekken** *vt* 1. engendrar; 2. causar, generar; **~welkomen** *vt* dar la bienvenida; **~wennen** *vt* mimar, malcriar, consentir; **~werkelijken** *vt* realizar, llevar a cabo; **~werpen** *vt* rechazar, descartar, des-

verwerpen 318

aprobar; **~wezenlijken** *vt* realizar, llevar a cabo

ver'wijder/d *adj* distante, alejado; **~en** *vt* quitar, remover, alejar; **~ing** *de* alejamiento *m*, distanciamiento *m*

ver'wijt *het* reproche *m*; **~en** *vt* reprochar, echar en cara

ver'wisselen *vt* 1. cambiar (**met** por), 2. confundir

ver'woest/en *vt* destruir, devastar; **~ing** *de* destrucción *f*, devastación *f*

ver'wond/en *vt* herir, lesionar; **~ing** *de* herida *f*, lesión *f*

ver'zachten *vt* 1. suavizar, ablandar; 2. *fig* paliar, mitigar, atenuar

ver'zamel/aar *de* coleccionista *m*; **~en** *vt* 1. coleccionar; (*juntar*) reunir; **~ing** *de* colección *f*, compilación *f*

ver'zekeren *vt* asegurar; **z. ~** asegurarse (**van** de)

ver'zekering *de* 1. seguridad *f*, garantía *f*; 2. *com* seguro *m*; **~sagent** *de* agente *m* de seguros; **~smaatschappij** *de* <~en> compañía *f* de seguros; **~spolis** *de* <~sen> póliza *f* de seguro; **~spremie** *de* prima *f* de seguro

verzend/en *vt* enviar, expedir; **~kosten** *pl* gastos *mpl* de envío

ve'rzet *het* resistencia *f*, protesta *f*; **~je** *het* diversión *f*, distracción *f*; **~ten** *vt* 1. mover de sitio; 2. (*fecha*) aplazar; **z. ~ten** oponerse (**tegen** a)

ver'zinnen <irr 129> *vt* inventar, idear, imaginar

ver'zoek *het* ruego *m*, solicitud *f*; petición; *f*, (*escrito*) instancia *f*; **op ~ van** a instancias de; **~en** *vt* pedir, rogar, suplicar

ver'zoen/en *vt* reconciliar; **z. ~en** reconciliarse (**met** con); **~ing** *de* reconciliación *f*

ver'zorg/d *adj* cuidado, pulcro; **~en** *vt* cuidar, atender; **~er** *de* cuidador *m*

verzorging *de* cuidado *m*, asistencia *f*; **~sflat** *de* apartamento *m* con servicios

ver'zot *adj* **~ zijn** morirse (**op** por)

ver'zuim *het* 1. negligencia *f*; 2. ausencia *f*; **~en** *vt* 1. omitir, faltar a; 2. perder

ver/zwakken *vi* <zijn> debilitarse; **~zwelgen** <irr 130> *vt* tragarse, devorar

ver'zwijgen *vt* callar, silenciar, ocultar

vest *het* 1. chaqueta *f*, rebeca *f*; 2. (*sin mangas*) chaleco *m*; **~i'bule** *de* vestíbulo *m*

vesti/gen *vt* establecer, fijar; **z. ~gen** establecerse, domiciliarse; **~ging** *de* 1. establecimiento *m*; 2. *com* sucursal *f*; **~ng** *de* fortificación *f*

vet 1. *adj* 1. gordo, grueso, obeso; 2. (*producto*) grasiento; **2.** *het* grasa *f*

vete *de* <~-n, ~-s> enemistad *f* hereditaria
veter *de* cordón *m*
vete/'raan *de* veterano *m*; **~ranenziekte** *de* legionella *f*
vet/gehalte *de* contenido *m* de grasa; **~mesten** *vt* (*ganado*) cebar; **~o** *het* veto *m*; **~tig** *adj* grasiento, seboso
veulen *het* potro *m*
vezel *de* fibra *f*, hebra *f*
via *prep* a través de, por; **~'duct** *het* viaducto *m*
vici'eus *adj* vicioso
video *de* vídeo *m*; **~band** *de* cinta *f* de vídeo; **~camera** *de* cámara *f* de vídeo; **~theek** *de* videoclub *m*, videoteca *f*
vier *num* cuatro; **~en** *vt* celebrar, festejar; **~ing** *de* celebración *f*; **~kant 1.** *adj* cuadrado **2.** *het* cuadrado *m*
vies *adj* 1. sucio; 2. (*sabor*) asqueroso; 3. obsceno, grosero; **~peuk** *de* puerco *m*, guarro *m*
vig'net *het* viñeta *f*
vijand *de* enemigo *m*; **~elijk** *adj* enemigo; **~ig** *adj* hostil
vijf *num* cinco; **~enzestigplusser** *de* persona *f* de la tercera edad; **~tien** *num* quince; **~tig** *num* cincuenta
vijg *de bot* higo *m*
vijl *de* lima *f*; **~en** *vt* limar
vijver *de* estanque *m*
villa *de* villa *f*, chalet *m*
viltstift *de* rotulador *m*
vind/en <irr 131> *vt* 1. encontrar, hallar; 2. creer, opinar; 3. *ik vind het leuk* me parece bonito, me gusta; **~dingrijk** *adj* ingenioso
vinger *de* dedo *m*; **~afdruk** *de* huella *f* dactilar
vink *de zool* pinzón *m*
vinnig *adj* mordaz
vi'ool *de* violín *m*
virus *het* <~-sen> virus *m*
vis *de* 1. *zool* pez *m*; 2. *gastr* pescado *m*; **~boer** *de* pescadero *m*
visie *de* <~-s> *fig* punto *m* de vista, visión *f*
visite *de* visita *f*; *op ~* de visita; **~kaartje** *het* tarjeta *f* (de visita)
visse/n *vi* pescar; **~r** *de* pescador *m*; **~'rij** *de* pesca *f*
visum *het* <~-s, visa> visado *m*
vi'taal *adj* vital, esencial
vita'mine *de* vitamina *f*
vi'trage *de* visillo *m*
vla *de gastr* natillas *fpl*
vlaag *de* 1. *meteo* ráfaga *m*; 2. *psicol* arrebato *m*, ataque *m*
Vlaams *adj* flamenco
Vlaanderen *het* Flandes *m*
vlag *de* bandera *f*
vlak 1. *adj* plano, llano; **2.** *het* 1. plano *m*, lado *m*; 2. *fig* campo *m*; **3.** *adv* justo; *~ bij* *adv* cerca de; *~ voor* justo delante; **~te** *de* <~-n, ~-s> llanura *f*
vlam *de* 1. llama *f*; 2. *fig* ardor *m*, pasión *f*

Vlaming

Vlaming de flamenco m
vlas het bot lino m
vlecht de trenza f; **~en** vt trenzar
vleermuis de zool murciélago m
vlees het carne f; **~kleurig** adj de color carne; **~waren** pl embutidos mpl, fiambres mpl
vleien vt adular, lisonjear
vlek de mancha f; **~keloos** adj fig impecable; **~ken** vt manchar
vleugel de 1. (o. arq) ala f; 2. mús piano m de cola
vlieg de zool mosca f; **~basis** de base f aérea; **~en** <irr 132> 1. vi <zijn> volar; fig ir volando; 2. vt pilotar, transportar en avión; **~er** de 1.aviador m; 2. (juguete) cometa f; **~tuig** het avión m; **~veld** het aeropuerto m
vlijt de celo m, aplicación f; **~ig** adj aplicado
vlinder de mariposa f
vlo de <vlooien> pulga f
vloed de 1. marea f alta; 2. (o. med) flujo m; **~golf** de marejada f, (o. fig) oleada f
vloei/baar adj líquido, fluido; **~en** vi fluir; **~end** adj fig fluido, con soltura; **~stof** de líquido m
vloek de 1. maldición f; 2. palabrota f; **~en** vi jurar, soltar tacos
vloer de piso m, suelo m; **~bedekking** de moqueta f; **~kleed** het alfombra f
vlooienmarkt de mercadillo m, mercado m de segunda mano
vloot de 1. flota f; 2. mil armada f
vlot 1. adj 1. fluido; 2. rápido; 3. (persona) desenvuelto; 2. het balsa f; **~ten** vt fig avanzar
vlucht de 1. vuelo m; 2. huida f, fuga f; 3. (pájaros) bandada f; **~eling** de 1. fugitivo m; 2. pol refugiado m; **~en** vi <zijn> huir, refugiarse, fugarse; **~heuvel** de (tráfico) isleta f; **~ig** adj fugaz, superficial; **~strook** de transp arcén m
vlug adj rápido, pronto, veloz
vocht het líquido m, humedad f; **~ig** adj húmedo
vod het trapo m, andrajo m
voeden vt alimentar, nutrir
voeding de alimentación f, nutrición f; **~sbodem** de caldo m de cultivo; **~smiddel** het <~en> producto m alimenticio
voed/sel het alimento m **~pakket** het paquete m de alimentos;
voedzaam adj nutritivo
voeg de tecn junta f; **~en** vi añadir (**bij** a), adjuntar con
voel/baar adj palpable; **~en 1.** vi dar una sensación; **2.** vt 1. sentir, percibir; 2. tocar, palpar; 3. intuir; **z. ~en** sentirse
voer het forraje m, pasto m, pienso m; **~en** vt 1. llevar (**naar** a); 2. alimentar, dar de comer; 3. fig llevar, mantener; 4. txtl forrar; **~ing** de forro m; **~taal**

de lengua f oficial; **~tuig** *het* vehículo *m*

voet *de* pie *m*; base *f*; **~bal** *de* pelota *f*; **~ballen** *vi* jugar al fútbol; **~baller** *de* futbolista *m*

voetganger *de* peatón *m*; **~oversteek-plaats** *de* paso *m* de peatones

voet/pad *het* acera *f*, vía *f* peatonal; **~spoor** *het* huella *f*, vestigio *m*; **~stap** *de* paso *m*; **~stuk** *het* pedestal *m*; **~zool** *de* planta *f* del pie

vogel *de* pájaro *m*, ave *f*; **~kooi** *de* jaula *f*

vol *adj* 1. lleno (de); 2. entero, completo; **~'brengen** *vt* llevar a cabo, cumplir; **~'daan** *adj* 1. satisfecho; 2. (*factura*) pagado; **~'doen 1.** *vi* 1. satisfacer; 2. cumplir (**aan** con); **2.***vt* 1. *com* pagar; **~'doening** *de* satisfacción *f*

volge/ling *de* seguidor *m*, discípulo *m*; **~n** *vt* 1. seguir; 2. deducirse (**uit** de), resultar de; **~nd** *adj* siguiente; **~ns** *prep* según, de acuerdo con

volg/orde *de* orden (de sucesión); **~zaam** *adj* dócil

vol'hard/en *vi* perseverar; **~ing** *de* perseverancia *f*

volhouden 1. *vi* perseverar, persistir; **2.** *vt* sostener, insistir en

volk *het* <~en, eren> pueblo *m*, nación *f*; gente *f*; **~enkunde** *de* etnología *f*; **~recht** *het jur* derecho *m* internacional público

vol'komen *adj* 1. perfecto; 2. completo

vol'korenbrood *het* pan *m* integral

volks/gezondheid *de* sanidad *f* pública; **~lied** *het* himno *m* nacional; **~telling** *de* censo *m*; **~universiteit** *de* universidad *f* popular

volksvertegenwoordig/er *de* diputado *m*; **~ing** *de* parlamento *m*; Cortes *fpl*

vol'ledig *adj* completo, íntegro;

volleybal *het* voleibol *m*

vol/'maakt *adj* perfecto; **~macht** *de* poder *m*; **~'op** *adv* en abundancia, mucho; **~pensi'on** *het* pensión *f* completa; **~'slagen** *adj* completo, total; **~'staan** *vi* bastar (**met** con); **~strekt** *adj* absoluto

volt *de electr* voltio *m*; **~age** *het*/*de* voltaje *m*

vol'tallig *adj* completo *m*

vol'tooi/en *vt* acabar, terminar; **~'ing** *de* terminación *f*

vo'lume *het* volumen *m*

vol/'waardig *adj* completo, pleno; **~wassen** *adj* adulto; **~wassene** *de* <~n> adulto *m*

vondst *de* descubrimiento *m*

vonk *de* chispa *f*

vonnis *het* <~sen> *jur* sentencia *f*, fallo *m*

voogd de tutor m; **~'ij** de tutela f; **onder ~ij** bajo tutela

voor 1. adv 1. (tiempo, lugar) delante; a favor de; **~ liggen** tener ventaja; **~ lopen** ir adelantado; **2.** prep 1. (lugar) delante de; 2. (tiempo) antes de; 3. (a favor de) para; 4. (en lugar de) por; **tien ~ zes** las seis menos diez; **3.** het pro m; **4.** de agric surco m

voor'aan adv delante; **~staand** adj destacado, prominente

voor'af adv antes, de antemano; **~gaan** vi <zijn> preceder (**aan** a); **~je** het gastr entremés m

voor'al adv sobre todo, particularmente; **~s'nog** adv por el/de momento

voor/arrest het jur prisión f preventiva; **~avond** de víspera f; **~baat** adv: **bij ~baat** de antemano; **~barig** adj prematuro, precipitado

voorbeeld het ejemplo m, modelo m (**voor** para); **~ig** adj ejemplar

voorbehoedmiddel het anticonceptivo m

voorbehoud het restricción f, salvedad f; **onder ~** con reserva

voorbereid/en vt preparar; **z. ~en** prepararse (**op** para); **~end** adj preparatorio, preliminar; **~ing** de preparación f

voor'bij 1. adj terminado; **2.** adv pasar; **dat is ~** eso ha terminado; **laat me ~** déjame pasar; **~gaan** vi <zijn> 1. pasar; 2. (**aan**) pasar por alto; **~ganger** de transeúnte m

voor/dat conj antes de que; **~deel** het (o. sport) ventaja f, beneficio m, provecho m; **~'delig** adj ventajoso

voordoen vt mostrar, enseñar; **z. ~** 1. (dificultad) presentarse, surgir; 2. (persona) mostrarse; hacerse pasar (**als** por)

voor/dracht de conferencia f; **~dragen** vt recitar

voor/gaan vi <zijn> preceder, ir delante; **~ganger** de 1. antecesor m; 2. relig pastor m

voor/gerecht het gastr entrada f; **~geschiedenis** de 1. antecedentes mpl; 2. prehistoria f; **~gevel** de fachada f; **~gevoel** het presentimiento m; **~'goed** adj para siempre; **~grond** de primer plano m

voor/hoofd het med frente f; **~in** adv 1. delante; 2. (libro) al principio de; **~jaar** het primavera f; **~kant** de frente m, parte f delantera; **~keur** de preferencia; predilección (**voor** por) **bij ~keur** preferentemente; **~laatst** adj penúltimo; **~letter** de inicial f; **~lezen** vt leer en voz alta

voorlicht/en vt informar, orientar; **~ing** de información f, orientación f

voor/liefde de predilección f; **~liegen** vt mentir

voorlop/en *vi* preceder, ir delante; *(reloj)* ir adelantado; **~er** *de* precursor *m*; **~ig** *adv* por el/de momento

voor/'malig *adj* antiguo, ex; **~middag** *de* (últimas horas de la) mañana *f*; **~naam** *de* nombre *m*; **~'namelijk** *adv* principalmente, sobre todo

voornemen 1. *het* intención *f*, propósito *m*; **2.** *z.* **~** proponerse

voor/onderzoek *het* 1. investigación *f* preliminar; 2. *jur* sumario *m*; **~oordeel** *het* prejuicio *m*; **~op** *adv* al frente, a la cabeza; **~'over** *adv* boca abajo; **~pagina** *de* (*periódico*) portada *f*

voor/raad *de* existencias *fpl*, provisión *f*; **~'radig** *adj* en existencia

voorrang *de* prioridad *f*; *transp* prioridad *f* de paso; **~sweg** *de* <~en> carretera *f* de prioridad/con preferencia

voor/recht *het* privilegio *m*; **~ruit** *de auto* parabrisas *m*

voorschijn: te ~ komen aparecer; **te ~ halen** sacar

voor/schot *het* adelanto *m*, anticipo *m*; **~schrift** *het adm* precepto *m*, disposición *f*; **~sorteren** *vi auto* ponerse en el carril correspondiente; **~spel** *het* 1. *teat* prólogo *m*; 2. *mús* preludio *m*; **~spoed** *de* prosperidad *f*; **~'spoedig** *adj* próspero; **~sprong** *de* delantera *f*, ventaja *f*; **~stad** *de* <voorsteden> suburbio *m*; **~stander** *de* partidario *m*, quien está a favor de u/c

voorstel *het* propuesta *f*; **~len** *vt* 1. proponer; 2. presentar; 3. (*imagen, papel*) representar; **z. ~len** 1. figurarse, imaginarse; 2. presentarse; **~ling** *de* 1. presentación *f*; 2. *teat* función *f*; *cine* sesión *f*; 3. *fig* concepto *m*, idea *f*; 4. (*imagen*) representación *f*

voor'taan *adv* en lo sucesivo

voort'duren *vi* continuar; **~d** *adj* continuo, constante

voorteken *het* presagio *m*; **~tijdig** *adj* prematuro, antes de tiempo

voort/komen *vi* <zijn> provenir (uit de) **voortplant/en: z. ~en** reproducirse; **~ing** *de* reproducción *f*

voor'treffelijk *adj* excelente, magnífico

voortzett/en *vt* seguir, continuar; **~ing** *de* continuación *f*

voor'uit *adv* 1. (*lugar*) hacia adelante; 2. (*tiempo*) de antemano; **~gaan** *vi* <zijn> 1. ir adelante, (o. *fig*) avanzar; 2. *med* mejorar, progresar; **~gang** *de* progreso *m*

vooruit/'strevend *adj* progresista; **~zicht** *het fig* perspectiva *f*, expectativa *f*

voor/vader *de* <~s, ~en> antepasado *m*; **~val** *het* incidente *m*, suceso *m*; **~vallen** *vi* <zijn> suceder, ocurrir; **~vechter** *de* defensor *m*; **~voegsel** *het ling* prefijo *m*

voorwaar/de *de* <~n> condición *f*, requisito *m*; **~delijk** *adj (o. jur)* condicional; **~ts** *adj* adelante

voor/wendsel *het* pretexto *m*; **~werp** *het* 1. objeto *m*; 2. *ling* complemento *m*; **~wiel** *het* rueda *f* delantera; **~woord** *het* prólogo *m*; **~zetsel** *het ling* preposición *f*

voor'zichtig *adj* prudente, cauteloso, cuidadoso; **~heid** *de* cautela *f*, prudencia *f*

voor'zien *vt* 1. prever, anticipar; 2. abastecer (**van** de), proveer de; **~ing** *de* 1. disposición *f*, medida *f*; 2. suministro *m*; 3. (*instalaciones*) equipamiento *m*, comodidad *f*

voor/zijde *de* parte *f* delantera

voorzitter *de* presidente *m*; **~schap** *het* presidencia *f*

voorzorg *de* precaución *f*, previsión *f*; **~smaatregel** *de* medida *f* de precaución

vorder/en **1.** *vi* <zijn> progresar, avanzar; **2.** *vt* exigir, reclamar; **~ing** *de* 1. progreso *m*, avance *m*; 2. *com* reclamación *f*; *jur* demanda *f*

vorig *adj* anterior, pasado

vork *de* 1. tenedor *m*; 2. *agric* horca *f*

vorm *de* 1. forma *f*; 2. (*objeto*) molde *m*; 3. modales *fpl*; **~en** *vt* 1. formar, constituir; 2. moldear; **~geving** *de arte* diseño *m*; **~ing** *de* formacion *f*

vorst *de* 1. monarca *m*, soberano *m*; 2. *meteo* helada *f*; **~endom** *het* principado *m*; **~enhuis** *het* casa *f* real, dinastía *f*

vos *de* zool, *fig* zorro *m*

vouw *de* pliegue *m*; (*pantalón*) raya *f*; **~en** *vt* plegar, doblar; (*manos*) cruzar

vraag *de* 1. pregunta *f*; 2. *com* demanda *f*; **~gesprek** *het* entrevista *f*, interviú *m*; **~stuk** *het* problema *m*; **~teken** *het ling* signo *m* de interrogación

vracht *de* 1. carga *f* cargamento *m*; 2. *fig* montón *m*; **~schip** *het* buque *m* de carga; **~wagen** *de* camión *m*

vragen <irr 133> **1.** *vi* 1. preguntar (**naar** por); 2. (**om**) pedir; **2.** *vt* preguntar, (*o. com*) pedir; **~lijst** *de* cuestionario *m*

vred/e *de* paz *f*; **~e'lievend** *adj* pacífico; **~ig** *adj* apacible, pacífico

vreedzaam *adj* pacífico

vreemd *adj* 1. extranjero; 2. extraño, raro; **~e** *de* <~n> forastero *m*, extranjero *m*

vrees *de* miedo *m*, temor *m*

vreselijk *adj* terrible, horrible

vreten <irr 134> vt 1. (*animales*) comer; 2. (*personas*) engullir, tragar

vrezen vi temer (**voor** por)

vriend de 1. amigo m; 2. novio m; **~elijk** adj amable, simpático; **~enkring** de círculo m de amigos; **~schap** de amistad f; **~'schappelijk** adj amistoso

vriezen <irr 135> vi helar

vrij 1. adj 1. libre (**van** de); 2. gratis; **2.** adv 1. libremente; 2. bastante; **~'blijvend** adj sin compromiso; **~buiter** de 1. pirata m; 2. aventurero m; **~dag** de viernes m; **~denker** de librepensador m

vrij/en vi hacer el amor, acostarse (**met** con); **~er** de amante m; **~e'tijdsbesteding** de actividades fpl para el tiempo libre; **~'gevig** adj generoso; **~ge'zel** de soltero m; **~handel** de econ librecambio m; **~haven** de puerto m franco; **~heid** de libertad f; **in ~heid stellen** poner en libertad

vrij/kaart de entrada f libre; **~komen** vi <zijn> 1. quedar libre; quedar en libertad; **~laten** vt 1. dejar libre; 2. dejar en libertad, excarcelar; **~maken** vt 1. (*lugar*) desocupar; 2. (*tiempo*) reservar; **~'postig** adj impertinente, descarado

vrij/spraak de jur absolución f; **~spreken** vt jur absolver; **~stellen** vt eximir (**van** de); **~stelling** de exención f; **~wel** adv casi, prácticamente

vrij'willig adj voluntario; **~er** de voluntario m

vroedvrouw de comadrona f

vroeg adj/adv temprano, pronto; **~er 1.** adj anterior, antiguo; **2.** adv antes; **~te** de: **in alle ~te** muy de mañana; **~tijdig** adj temprano

vrolijk adj alegre, risueño; **~heid** de alegría f

vroom adj relig piadoso, devoto

vrouw de 1. mujer f; 2. esposa f; 3. (*cartas*) reina f; **~enarts** de ginecólogo m

vrucht de 1. fruta f; 2. bot, fig fruto m; 3. med feto m; **~baar** adj 1. fértil, fecundo; 2. fig fructífero; **~ensap** het zumo m de frutas; **~gebruik** het usufructo m

vuil 1. adj (*o. fig*) sucio; **2.** het 1. suciedad f, porquería f; 2. basura f; **~nis** de basura f; **~nisbak** de cubo m de basura; **~nisman** de basurero m

vuist de puño m; **~slag** de puñetazo m

vul'gair adj vulgar

vul'kaan de volcán m; **~'kanisch** adj vulcánico

vul/len vt 1. llenar; 2. gastr rellenar; 3. (*muela*) empastar; **~ling** de 1. relleno m; 2. (*muela*) empaste m; **~pen** de pluma f estilográfica; **~potlood** het portaminas m

vur/en vi disparar (**op** a), abrir fuego; **~ig** adj ardiente, fervoroso

vuur het 1. fuego m; 2. fig fervor m, ardor m; **~toren** de nav faro m; **~wapen** het arma f de fuego; **~werk** het fuegos mpl artificiales

W

waag de hist casa f de pesas; **~hals** de atrevido m, temerario m; **~stuk** het hazaña f, proeza f

waai/en 1. vi soplar; **2.** vlimpers hacer viento; **~er** de abanico m

waak/hond de perro m guardián; **~vlam** de llama f piloto; **~zaam** adj vigilante, alerta

Waal de valón m; **~s** adj valón

waan de ilusión f, quimera f; **~zin** de locura f; **~'zinnig** adj loco, increíble, terrible

waar 1. adj 1. verdadero, de verdad; 2. auténtico; **eerlijk ~!** ¡de verdad! **2.** adv 1. (interr) dónde, qué; 2. (rel) donde, en (el) que/cual; **3.** de mercancía(s) fpl, género m

waar/'achtig adj verdadero, auténtico; **~borg** de garantía f, fianza f; **~borgen** vt garantizar

waard adj: **~ zijn** valer; **de moeite ~ zijn** valer la pena

waarde de <~n> 1. valor m; 2. importancia f; **(geen) ~ hechten aan** (no) valorar, (no) dar importancia a; **ter ~ van** por valor de; **~bon** de com vale m, bono m; **~loos** adj sin valor, inútil; **~oordeel** het juicio m de valor; **~ren** vt apreciar, estimar, valorar; **~ring** de 1. aprecio m, estima f; 2. valoración f; **~vast** adj de valor fijo, estable; **~vol** adj valioso, precioso

waardig adj digno; **~heid** de dignidad f

waar/'heen adv 1. (interr) ¿adónde?; 2. (rel) adonde; **~heid** de verdad f; **~'in** adv 1. (interr) ¿en qué?; 2. (rel) en el que, en el cual; **~maken** vt realizar, cumplir; **~'na** adv 1. (interr) ¿después de qué?; 2. (rel) después de que, después del cual; **~naar** adv 1. (interr) ¿a qué?; 2. (rel) al que, al cual; **~neembaar** adj perceptible; **~nemen** vt 1. advertir, percibir; 2. observar; 3. adm encargarse de; **~nemer** de 1. observador m; 2. interino m; **~om** adv 1. (interr) ¿por qué?; 2. (rel) por el que, por el cual; **~'onder** adv 1. (interr) ¿debajo de qué?; 2. (rel) debajo de que, debajo del cual; **~op** adv 1. (interr) ¿en/sobre qué?; 2. (rel) en/sobre el que, en/sobre el cual; **~'over** adv 1. (interr) ¿encima/en/sobre qué?; 2. (rel) encima del que, encima del cual; en/sobre que, en/sobre el cual

waar'schijnlijk 1. adj probable, presumible; **2.** adv probablemente; **~heid** de probabilidad f

waarschuw/en vt advertir, avisar; **~ing** de advertencia f, amonestación f

waarzegger de adivino m, vidente m

waas de vaho m, niebla f

wacht de 1. guardia f; 2. mil centinela f; **~en** vi esperar (**op** a), (**met** para); **~er** de guarda m, guardián m; **~kamer** de sala f de espera; **~lijst** de lista f de espera; **~meester** de mil sargento m; **~woord** het contraseña f

wad het marisma f

wafel de gastr 1. gofre m; 2. barquillo m

wagen de 1. carro m; 2. coche m; 3. ferroc vagón m, coche m

wa'gon de ferroc <~s> coche m, vagón m

waken vi velar, vigilar

wakker adj (o. fig) despierto; **~ maken** despertar; **~ worden** despertarse

wal de 1. terraplén m; 2. hist muralla f; 3. nav muelle m; 4. fig tierra f firme; 4. (ojos) bolsas f; **aan ~ gaan** desembarcar

Wales het ing Gales f

walg/elijk adj asqueroso, repugnante; **~en** vi sentir asco (**van** de), aborrecer; **~ing** de repugnancia f

Wal'lonië het Valonia f

walm de humo m, humareda f

wal/noot de 1. nuez f; 2. (madera) nogal m; **~rus** de zool morsa f

wals de 1. (baile) vals m; 2. apisonadora f; **~en** vi 1. bailar el vals; 2. (**over**) arrollar

walvis de ballena f

wanbetaler de moroso

wand de 1. pared f; 2. (separación) tabique m

wandel/en vi pasear; **~ing** de paseo m; **een ~ing maken** dar un paseo; **~pad** het senda f

wang de mejilla f

wan/hoop de desesperación f; **~hopen** vi desesperarse; **~hopig** adj desesperado

wan'neer 1. adv cuándo; **2.** conj cuando, si

wanorde de desorden m, confusión f; **~lijk** adj desordenado

want 1. conj porque, pues; es que; **2.** de manopla f

wantrouw/en 1. het desconfianza f; **2.** vt desconfiar de; **~ig** adj desconfiado

wapen het 1. arma f; 2. escudo m (de armas); **~en: z. ~en**

wapen

1. armarse; 2. protegerse (**tegen** contra); **~stilstand** *de* armisticio *m*

wapperen *vi* (*bandera*) ondear, flamear

war: *in de ~ brengen* confundir, enredar; *in de ~ raken* enredarse, turbarse; *in de ~ zijn* estar hecho un lío, estar confuso; **~boel** *de* confusión *f*, revoltijo *m*

ware: *als het ~* por así decirlo

warenhuis *het* almacén *m*

warm *adj* 1. caliente; 2. (*clima, fig*) cálido, caluroso; **~'bloedig** *adj fig* apasionado; **~en** *vt* calentar; **z. ~en** calentarse; **~te** *de* calor *m*

was *de* 1. cera *f*; 2. colada *f*; 3. ropa *f* (que se lava); *de ~ doen* lavar la ropa; **~em** *de* vaho *m*; **~goed** *het* ropa (sucia/que se lava); **~handje** *het* manopla *f*; **~mand** *de* cesta *f* para la ropa sucia; **~middel** *het* detergente *m*; **~sen** *vt* lavar; **~se'rette**, **~se'rij** *de* <~en> lavandería *f*; **~tafel** *de* lavabo *m*

wat 1. *pron interr* ¿qué?; *~ voor (een)* qué clase de; **2.** *pron rel* lo que; **3.** *pron indef* algo, una cosa; *heel ~* bastante; **4.** *adv* 1. algo, un poco; qué; *~ mooi* qué bonito

water *het* agua *f*; **~bouwkunde** *stud* (ingeniería *f*) hidráulica; **~'dicht** *adj* impermeable; **~en** *vi* orinar; **~golven** *de* (*pelo*) marcar; **~ig** *adj* acuoso; **~ijsje** *het* polo *m*; **~kant** *de* orilla *f*, ribera *f*; **~kers** *de bot* berro *m*; **~kraan** *de* grifo *m*; **~leiding** *de* cañería *f*; **~lelie** *de bot* nenúfar *m*; **~meloen** *de* sandía *f*; **~pas** *de* nivel *m* (de agua); **~pokken** *de* varicela *f*; **~polo** *het* waterpolo *m*; **~put** *de* pozo *m*; **~skiën** *vi* practicar el esquí *m* acuático; **~snood** *de* inundación *f*; **~sport** *de* deporte *m* acuático; **~stand** *de* nivel *m* del agua; **~tanden** hacerse la boca agua; **~val** *de* cascada *f*, (grande) catarata *f*; **~verf** *de* acuarela *f*; **~vrees** *de* fobia *f* al agua

watt *de electr* vatio *m*

watten *de* algodón *m*; **~staafje** *het* bastoncillo *m* de algodón

wazig *adj* borroso

w.c. *de* wáter *m*, baño *m*, lavabo *m*

we *pron pers* nosotros, nosotras

wedden *vi* apostar; **~schap** *de* apuesta *f*

weder/geboorte *de* renacimiento *m*; **~helft** *de* media naranja *f*; **~'kerig** *adj* mutuo, recíproco; **~'om** *adv elev* de nuevo, otra vez; **~'opbouw** *de* reconstrucción *f*; **~'opstanding** *de* resurrección *f*; **~'rechtelijk** *adj* ilegítimo, ilícito; **~'zijds** *adj* recíproco, mutuo

wegomlegging

wed/ijveren *vi* competir (**met** con); **~loop** *de* carrera *f*; **~strijd** *de* competición *f*, concurso; (*velocidad*) carrera *f*; (*equipos*) partido *m*

weduwe *de* <~n> viuda *f*; **~naar** *de* viudo *m*

wee *de* <~ën> dolor del parto

weef/getouw *het* telar *m*; **~sel** *het* txtl, *biol* tejido *m*

weegschaal *de* 1. balanza *f*, báscula *f*; 2. **~*** *astrol* Libra *f*

week 1. *adj* blando; **2.** *de* 1. semana *f*; 2. remojo *m*; **~blad** *het* <~en> semanario *m*, revista *f* semanal

weelderig *adj* 1. lujoso, suntuoso; 2. abundante

weemoed *de* melancolía *f*; **~ig** *adj* melancólico;

weer 1. *adj* de nuevo, otra vez; **2.** *het meteo* tiempo *m*, clima *m*; *nooit* ~ nunca más; **~'barstig** *adj* rebelde, obstinado; **~bericht** *het* parte *m* meteorológico; **~galoos** *adj* sin par, incomparable; **~gave** *de* (*copia*) reproducción *f*; **~geven** *vt* 1. expresar; 2. reproducir; **~haak** *de* gancho *m*; **~haan** *de* veleta *f*; **~'klinken** *vi* resonar; **~'leggen** *vt* refutar, rebatir; **~loos** *adj* indefenso; **~sgesteldheid** *de* condiciones *fpl* atmosféricas

weerskanten: *aan* ~ en ambos lados

weer/'spiegelen *vt* reflejar; **~'staan** *vt* resistir, hacer frente a; **~stand** *de* 1. *electr, fis* resistencia *f*; 2, *méd* defensas *fpl*; **~sverwachting** *de* pronóstico *m* del tiempo; **~zien** *het* reencuentro *m* (**met** con); **~zin** *de* repugnancia *f*, aversión *f*; **~zin'wekkend** *adj* repulsivo, repugnante

wees *de* huérfano *m*; **~huis** *het* orfanato *m*

weg 1. *adj*: ~ *zijn van* estar loco por; **2.** *adv* fuera; ~ *zijn* no estar, estar fuera, haber salido, haber desaparecido; ~ *met ...!* ¡fuera ...!; **3.** *de* <~en> camino *m*; *op* ~ *naar* en camino a/hacia

weg/blijven *vi* <zijn> no volver; **~brengen** *vt* llevar; **~dek** *het* pavimento *m*, asfalto *m*; **~doen** *vt* deshacerse de (u/c), tirar

wegen <irr 136> **1.** *vi* pesar; **2.** *vt* pesar, (*en la mano*) sopesar; **~s** *prep* a causa de, por; **~wacht** *de* (*servicio*) auxilio *m* en carretera

weg/gaan *vi* <zijn> irse; **~geven** *vt* dar, regalar; **~gooien** *vt* tirar; **~jagen** *vt* ahuyentar; **~kruipen** *vi* <zijn> esconderse; **~laten** *vt* omitir, suprimir; **~leggen** *vt* guardar; **~ligging** *de auto* estabilidad *f*; **~lopen** *vi* <zijn> 1. irse; 2. fugarse; **~maken** *vt med* anestesiar; **~omlegging** *de transp* desvío *m*;

wegraken

~raken *vi* <zijn> perderse, extraviarse; **~restaurant** *het* restaurante *m* de carretera; **~stoppen** *vt* esconder, ocultar; **~sturen** *vt* 1. echar; *sport, stud* expulsar (**van** de); 2. (*carta*) mandar, enviar; **~vallen** *vi* <zijn> ser suprimido, desaparecer; **~verkeer** *het* tráfico *m*

wegwerp/en *vt* tirar; **~fles** *de* botella *f* no retornable

weg/wijzer *de* (*tráfico*) indicador *m*, poste *m*

weid/en *vi* *agric* pastar; **~s** *adj* grandioso, magnífico

weifel/aar *de* indeciso *m*; **~en** *vi* vacilar

weiger/en 1. *vi* (*aparato*) no funcionar; 2. *vt* 1. negarse (**om** a); 2. no aceptar, rechazar; **~ing** *de* negativa *f*, rechazo *m*

weinig 1. *pron indef* poco; 2. *adv* 1. (*cantidad*) poco, apenas; 2. (*tiempo*) poco, pocas veces

wekelijks *adj/adv* semanal(mente)

weken *vt* poner en remojo

wekke/n *vt* despertar; **~r** *de* despertador *m*

wel 1. *adv* 1. (*para confirmar*) sí (que), desde luego, efectivamente; 2. (*para contradecir una negación*) que) sí; 3. probablemente; 2. *excl* 1. (*pregunta*) ¿y qué?, ¿y bien?; 2. (*asombro*) ¡vaya!

wel/behagen *het* bienestar *m* **~'dadig** *adj* 1. beneficioso, benéfico; 2. placentero; **~doener** *de* benefactor *m*, bienhechor *m*; **~dra** *adv* pronto, dentro de poco; **~gema'nierd** *adj* de buenos modales; **~ge'meend** *adj* sincero; **~ge'moed** *adj* alegre, de buen humor; **~ge'steld** *adj* acomodado; **~gevallen**: *z.* **laten ~gevallen** dejarse hacer u/c **~ge'zind** *adj* favorable, bien dispuesto; **~ig** *adj* exuberante, abundante; **~ingelicht** *adj* bien informado; **~is'waar** *adv* es verdad/cierto que, si bien

welk 1. *pron interr* qué, cuál; 2. *pron indef* cualquier; *in* **~e** *stad dan ook* en cualquier ciudad

welkom 1. *adv* bienvenido, grato; 2. *excl* ¡bienvenido!; 3. *het* bienvenida *f*

wel'nu *excl* ¡bien!, ¡bueno!

welletjes: *zo is het* **~!** ¡basta ya!, ¡está bien por hoy!

wel'licht *adv* acaso, a lo mejor, quizás; **~lust** *de* 1. deseo *m*; 2. *desp* lujuria *f*; **~ig** *adj* voluptuoso

welp *de* 1. *zool* cachorro *m*; 2. niño *m* explorador

welstand *de* prosperidad *f*, bienestar *m*

welterusten *excl* ¡buenas noches!, ¡que duermas bien!

wel/vaart *de* prosperidad *f*; **~'varend** *adj* próspero; **~ving** *de* curva *f*; **~'willend** *adj* benévolo, complaciente; **~zijn** *het* 1. bienestar *m*; 2. buena salud *f*

wemelen *vi* abundar (**van** en), estar plagado de

wend/en *vt* girar; **z. ~en** dirigirse (**tot** a); **~ing** *de* cambio *m*, giro *m*

wenen *vi elev* llorar

wenk *de* seña *f*, señal *f*, indicación *f*; **~brauw** *de* ceja *f*; **~en** *vi* hacer señas

wennen 1. *vi* acostumbrarse, adaptarse; 2. *vt* acostumbrar

wens *de* deseo *m*, voluntad *f*; **een ~ doen** pedir un deseo; **~droom** *de* sueño *m*, ilusión *f*; **~elijk** *adj* deseable, conveniente; **~en** *vt* desear; **~kaart** *de* tarjeta *f*

wentel/en *vt* girar; **z. ~en** volcarse; **~trap** *de* escalera *f* de caracol

wereld *de* mundo *m*; **ter ~ brengen** dar a luz; **ter ~ komen** venir al mundo; **~burger** *de* cosmopolita *m*; **~deel** *het* continente *m*; **~kampioen** *de* campeón *m* mundial; **~lijk** *adj* secular, profano; **~oorlog** *de* guerra *f* mundial; **~record** *het* récord *m* mundial; **~s** *adj* terrenal, mundano; **~'schokkend** *adj* de repercusión mundial; **~wijd** *adj* mundial, por el mundo entero

weren *vt* negar la entrada; **z. ~** defenderse

werf *de* astillero *m*

werk *het* 1. trabajo *m*, empleo *m*; 2. obra *f*; **te ~ gaan** actuar, proceder; **~dag** *de* <~en> día *m* laboral; jornada *f*; **~elijk 1.** *adj* real, efectivo; **2.** *adv* realmente; **~elijkheid** *de* realidad *f*; **~en** *vi* 1. trabajar; 2. (*aparato*) funcionar; 3. (*medicamento*) actuar, tener efecto; **~end** *adj* (*persona*) trabajador, activo; **~er** *de* trabajador *m*; **~gelegenheid** *de* empleo *m*; **~ing** *de* 1. funcionamiento *m*; 2. efecto *m*, acción *f*; **buiten ~ing** fuera de servicio;

werkloos *adj* 1. inactivo; 2. desempleado, parado; **~heid** *de* desempleo *m*, paro *m* (forzoso)

werk/loze *de* <~n> parado *m*, desempleado *m*; **~nemer** *de* obrero *m*, empleado *m*; **~plaats** *de* taller *m*; **~ster** *de* asistenta *f*; **~stuk** *het* stud trabajo *m*, memoria *f*, tesina *f*; **~tuig** *het* utensilio *m*, herramienta *f*, instrumento *m*; **~vergunning** *de* permiso *m* de trabajo; **~wijze** *de* <~n> método *m* (de trabajo); **~woord** *het* ling verbo *m*

werpen <irr 137> *vt* 1. tirar, lan-

werpen 332

zar, echar, arrojar; 2. *zool* parir; **z.** ~ abalanzarse (**op** sobre)

wervel *de* vértebra *f*; **~kolom** *de med* columna vertebral; **~storm** *de* ciclón *m*, tornado *m*

werven *vt* (*personal*) contratar, reclutar

wesp *de* avispa *f*; **~ennest** *het* (*o. fig*) avispero *m*

west 1. *de* oeste *m*; **2.** *adv* del oeste; **~elijk** *adj* occidental; **~en** *het* oeste *m*, occidente *m*, poniente *m*; **ten ~en van** al oeste de; **buiten ~en** *med* inconsciente; **~erling** *de* (*persona*) occidental; **~ers** *adj* occidental

wet *de* ley *f*; **~boek** *het jur* código *m*; **burgerlijk ~boek** código *m* civil

weten <irr 138> **1.** *vt* saber; **laten ~** hacer saber; **te ~ komen** enterarse; **2.** *het* saber *m*, conocimiento *m*; **bij mijn ~** que yo sepa **wetenschap** *de* 1. ciencia *f*; 2. disciplina *f*; 3. conocimiento *m*; **in de ~ dat** sabiendo que; **~pelijk** *adj* científico; **~per** *de* científico *m*

wetenswaardig *adj* interesante; **~heid** *de* curiosidad *f*, detalle *m* interesante

wet/geving *de jur* legislación *f*; **~houder** *de* concejal; **~sbepaling** *de jur* disposición *f* legal; **~sontwerp** *het adm* proyecto *m* de ley; **~telijk** *adj* (*estipulado en la ley*) legal, legítimo; **~tig** *adj* (*según la ley*) legal, legítimo

weven *vt* tejer

wezen *het* ser *m*, criatura *f*; 2. esencia *f*; 3. naturaleza *f*; **~lijk** *adj* esencial, fundamental; **~loos** *adj* inexpresivo

wie 1. *pron interr* ¿quién?; **2.** *pron rel* 1. *sg* el/la que, quien; 2. *pl* los/las que; **~ (dan) ook** cualquier(a), sea quien sea

wieden *vt* escardar

wieg *de* cuna *f*; **~en 1.** *vi* mecerse, balancearse; **2.** *vt* (*bebé*) mecer

wiek *de* (*molino*) aspa *f*

wiel *het* rueda *f*

wiel/ersport *de* **~rennen** *het* ciclismo *m*; **~renner** *de sport* ciclista *m*; **~rijder** *de* ciclista *m*

wier *het bot* alga *f*; **~ook** *het* incienso *m*

wij *pron pers* nosotros, nosotras

wijd *adj* amplio, ancho; **~en** *vt* 1. consagrar; 2. dedicar (**aan** a) **z. ~** dedicarse (**aan** a); **~te** *de* anchura *f*

wijf *het coloq* mujer *f*, tía *f*; **~je** *het* 1. *zool* hembra *f*; 2. *coloq* tía *f*

wijk *de* barrio *m*; **~agent** *de* policía *m* de barrio; **~en** *vi* <irr 139, zijn> ceder, desaparecer

wijlen *adj* difunto, desaparecido

wijn *de* vino *m*; **~azijn** *de* vinagre *m* de vino; **~boer** *de* viñador *m*, viticultor *m*; **~bouw** *de* viticultura *f*; **~gaard** *de* viña *f*; **~kaart** *de gastr* carta *f* de los vinos; **~kelder** *de* bodega *f*; **~oogst** *de* vendimia *f*; **~proever** *de* catador *m* de vinos; **~stok** *de* vid *m*, cepa *f*; **~streek** *de* región *f* vinícola

wijs 1. *adj* 1. sensato, razonable; 2. sabio; **2.** *de mús* melodía *f*; **~begeerte** *de* filosofía *f*; **~elijk** *adj* prudentemente; **~geer** *de* filósofo *m*; **~heid** *de* sabiduría *f*

wijsmaken (*iem iets ~*) hacer creer u/c a alg, engañar

wijs/neus *de* pedante *m*, sabelotodo *m*; **~vinger** *de* (dedo) índice *m*

wijten <irr 140> *vt* achacar, imputar (**aan** a); ***te ~ zijn*** deberse (**aan** a), ser achacable a

wijwater *het* agua *f* bendita

wijze *de* <~n> sabio *m*; **~n** <irr 141> *vt/i* 1. señalar, indicar; 2. (**op**) indicar, hacer observar, advertir; ***de weg ~n*** indicar el camino

wijzer *de* (*reloj*) manecilla *f*; aguja *f*, indicador *m*; **~plaat** *de* esfera *f*

wijzigen *vt* cambiar, modificar

wikkel *de* envoltura *f*; **~en** *vt* envolver (**in** en)

wikken *vt* (so)pesar; ***na lang ~ en wegen*** después de mucha deliberación

wil *de* voluntad *f* (**tot** de); ***ter ~le van*** con vistas a

wild 1. *adj* 1. *zool* salvaje, fiera; 2. *bot* silvestre; *fig* salvaje, furioso; **2.** *het* caza *f*, animales; ***groot (klein) wild*** caza *f* mayor (menor); **~e** *de* <~n> salvaje *m*; **~ernis** *de* zona *f* salvaje, selva *f*

wilg *de bot* sauce *m*

willekeur *de* capricho *m*, arbitrariedad *f*; **~ig** *adj* 1. arbitrario; 2. cualquier(a)

will/en *vt* querer, desear; ***dat wil zeggen*** es decir; **~ig** *adj* 1. de buena voluntad; 2. dócil

wilskracht *de* fuerza *f* de voluntad

wimper *de* pestaña *f*

wind *de* 1. viento *m*; 2. pedo *m*; **~en** <irr 143> *vt* enrollar; **~energie** *de* energía *f* eólica; **~erig** *adj* 1. ventoso; 2. *med* flatulento; ***het is ~erig*** hace mucho viento; **~hoos** *de* tornado *m*; **~jak** *het* anorak *m*; **~kracht** *de* fuerza *f* del viento; **~molen** *de* molino *m* de viento; **~park** *het* parque *m* eólico; **~scherm** *het* paravientos *m*; **~'stil** *adj* sin viento, en calma; **~stoot** *de* ráfaga *f* de viento; **~streek** *de* punto *m* cardinal; **~surfen** *het* windsurfing *m*

wingerd *de bot* vid *m*, parra *f*

winkel *de* tienda *f*, **~centrum** *het* centro *m* comercial; **~en** *vi* hacer compras; ***gaan ~en*** ir de

winkelen 334

compras; **~'ier** *de* tendero *m*, comerciante *m*; **~straat** *de* calle *f* comercial
winn/aar *de* ganador *m*; **~en** *vt/i* 1. ganar, obtener; 2. (*mineral*) extraer; **~ing** *de* (*mineral*) extracción *f*
winst *de* beneficio(s) *m(pl)*, ganancia *f*, lucro *m*; **~ maken** obtener beneficios; **~bejag** *het* ánimo *m* de lucro; **~'gevend** *adj* lucrativo; **~marge** *de* margen *de* beneficio
winter *de* invierno *m*; **~s** *adj* invernal; **~sport** *de* deporte *m* de invierno
wip *de* balancín *m*; **~neus** *de* nariz *f* respingona; **~pen** *vi* 1. jugar en el balancín; 2. dar saltitos; 3. *coloq* follar
wiskund/e *de* matemáticas *fpl*; **~ig** *adj* matemático
wispel'turig *adj* caprichoso, inconstante
wissel *de* 1. *ferroc* aguja *f*; 2. *com* letra *f* de cambio; **~en** *vt/i* 1. (*o. dinero, palabra, ideas*) cambiar; 2. intercambiar; **~geld** *het* cambio *m*, (dinero) suelto *m*; **~kantoor** *het com* oficina *f* de cambio; **~koers** *de* tipo *m* de cambio; **~'vallig** *adj* inestable, variable; **~werking** *de* interacción *f*
wisse/n *vt* borrar, quitar; **~wasje** *het* bagatela *f*
wit 1. *adj* blanco; **2.** *het* blanco *m*; **~lof** *het* endibia(s) *f(pl)*; **~tebrood** *het* pan *m* blanco; **~tebroodsweken** *de* luna *f* de miel; **~wassen** *vt* (*dinero*) blanquear
wodka *de* vodka *m*
woede *de* rabia *f*, cólera *f*, furia *f*; **~n** *vi* hacer estragos; **~nd** *adj* furioso, enfurecido; **~nd worden** enfurecerse
woeker *de* usura *f*; **~en** *vi* 1. prestar a usura, usurar; 2. sacar todo el provecho posible (**met** de); 3. *bot* (*vegetación*) crecer con exuberancia; **~prijs** *de* precio *m* abusivo
woel/en *vi* dar vueltas, revolverse; **~ig** *adj* turbulento
woensdag *de* miércoles *m*
woest *adj* 1. salvaje; 2. (*persona*) furioso; **~e'nij** *de* páramo *m*; **~'ijn** *de* desierto *m*
wol *de* lana *f*
wolf *de* 1. lobo *m*; 2. *med* caries *f*
wolk *de* nube *f*; **~breuk** *de* lluvia *f* torrencial; **~eloos** *adj meteo* despejado; **~enkrabber** *de* rascacielos *m*
wond *de* herida *f*
wonder *het* <**~en**> milagro *m*, prodigio *m*, maravilla *f*; **~'baarlijk** *adj* milagroso, prodigioso; **~dokter** *de* curandero *m*; **~kind** *het* niño *m* prodigio; **~lijk** *adj* extraño, asombroso
wonen *vi* vivir (**bij** con), habitar

woning *de* vivienda *f*, casa *f*; **~bureau** *het* agencia *f* de alquiler de pisos; **~inrichting** *de* decoración *f* interior; **~nood** *de* escasez *f* de viviendas; **~wetwoning** *de* vivienda *f* de protección oficial

woon/'achtig *adj* domiciliado (**in** en); con domicilio en; **~blok** *het* bloque *m* de viviendas; **~boot** *de* barco-vivienda *m*, casa *f* flotante; **~kamer** *de* salón *m*; **~plaats** *de* residencia *f*, domicilio *f*

woord *het* palabra *f*; *iem te ~ staan* atender a alg; *onder ~en brengen* expresar, formular; **~elijk** *adj* literal; **~enboek** *het* diccionario *m*; **~enschat** *de* vocabulario *m*, léxico *m*; **~enwisseling** *de* altercado *m*, disputa *f*; **~speling** *de* juego *m* de palabras; **~voerder** *de* portavoz *f*

worden <irr 144; zijn> **1.** *vi* hacerse, ponerse, volverse, convertirse en, llegar a ser; *bleek ~* ponerse pálido; *gek ~* volverse loco; *oud ~* envejecer; *het wordt lente* llega la primavera; *hij wordt acht* cumple ocho años; *ik wil schrijver ~* quiero ser escritor; **2.** *v auxiliar (voz pasiva)* *er wordt gezegd* se dice

worm *de zool* gusano *m*, lombriz *f*

worp *de* 1. tiro *m*; 2. *zool* camada *f*

worst *de* 1. *(general)* embutido *m*; 2. *(en pan)* salchichón *m*, chorizo *m*; 3. *(para freir)* salchicha *f*

worstel/aar *de sport* luchador; **~en** *vi sport, fig* (**met** con)

wortel *de* <~s, ~en> 1. *(o. fig)* raíz *f*; 2. *(verdura)* zanahoria *f*; 3. *mat* raíz *f* cuadrada; **~en** *vi* <zijn> echar raíces, arraigar

woud *het* bosque *m*; *(tropical)* selva *f*

wraak *de* venganza *f*; *~ nemen* vengarse (**op** de); **~'zuchtig** *adj* vengativo

wrak **1.** *adj* débil, ruinoso; **2.** *het* 1. restos *mpl* (de un coche, un buque) 2. *fig (persona)* ruina *f*;

wrat *de* verruga *f*

wreed *adj* cruel

wreef *de* empeine *m*

wreken <irr 145> *vt* vengar; **z. ~** vengarse (**op** de)

wrevelig *adj* irritado

wrijven <irr 146> *vt* frotar, restregar; **~ing** *de* irritación *f*, fricciones *fpl*

wringen <irr 147> **1.** *vi*: *het wringt* hay roces; **2.** *vt* (re)torcer; **z. ~** abrirse paso (**door** por)

wroeging *de* remordimiento *m*

wroeten *vi* escarbar, hurgar

wrok *de* rencor *m*, resentimiento *m*

wuiven *vi* 1. hacer señas (con la

mano) (**naar** a); 2. saludar (con la mano)
wulps *adj* voluptuoso
wurm *de* 1. gusano *m*; 2. *fig* crío *m*

X

xan'tippe *de* arpía *f*, bruja *f*
x-benen *de* piernas *fpl* torcidas
xenofo'bie *de* xenofobia *f*
x-stralen *de* rayos *mpl* equis
xylo'foon *de* *mús* xilófono *m*, xilofón *m*

Y

yankee *de* <~s> yanqui *m*
yen *de* yen
yoga *de* yoga *f*
yoghurt *de* yogur *m*
yup(pie) *de* yuppy *m*

Z

zaad *de* 1. *bot* semilla *f*; 2. *zool* esperma *f*, semen *m*; **~bal** *de* testículo *m*; **~lozing** *de* eyaculación *f*
zaag *de* sierra *f*; **~sel** *het* serrín *m*
zaaien *vt* (*o. fig*) sembrar
zaak *de* 1. cosa *f*, (*cuestión*) asunto *m*; 2. *com* negocio *m*, comercio *m*, tienda *f*; 3. *jur* causa *f*, proceso *m*; **~gelastigde** *de* <~n> encargado *m* de negocios; *Buitenlandse Zaken* *pl* Asuntos Exteriores; **ter zake!** ¡al grano!; **~s** *adj*: **niet veel ~s zijn** cosa *f* de poca monta
zaal *de* sala *f*; **~sport** *de* deporte *m* en sala; **~voetbal** *de* fútbolsala *m*
zacht *adj* 1. (*dureza*) blando, suave; 2. (*rapidez*) lento; 3. (*voz, ruido*) bajo; 4. (*color*) suave; 5. (*persona*) indulgente; 6. (*clima*) templado; **~aardig** *adj* bondadoso, tierno, dulce; **~gekookt** *adj* (*huevo*) pasado por agua; **~jes** *adj* despacio, en voz baja, bajito
zadel *het* (*caballo*) silla *f*; (*bicicleta*) sillín *m*; **~en** *vt* ensillar
zage/n *vt* serrar; **~'rij** *de* <~en> serrería *f*
zak *de* 1. bolso *m*; (*cono*) cucurucho *m*; 2. saco *m*; 3. (*ropa*) bolsillo *m*; 4 *vulg* (*persona*) cabrón *m*; **~doek** *de* pañuelo *m*
zakelijk *adj* 1. comercial; 2. objetivo, práctico; 3. conciso, directo; **~heid** *de* objetividad *f*, pragmatismo *m*
zak/enman *de* hombre *m* de negocios; **~geld** *het* dinero *m* para los gastos
zakken *vi* <zijn> 1. descender, bajar; 2. *fig* disminuir; 3. *stud* suspender; **~roller** *de* carterista *m*, ratero *m*
zak/lopen *vi* hacer una carrera de sacos; **~mes** *het* navaja *f*

zalf de pomada f, fig bálsamo m

zalig adj 1. gastr delicioso; 2. (moral) bienaventurado; **~heid** de 1. felicidad f, gloria f; 2. relig beatitud f; **~makend** adj beatífico, salvador

zalm de salmón m

zalven vt untar, ungir

zand het arena f; **~bak** de cajón m de arena; **~bank** de banco m de arena; **~loper** de reloj m de arena; **~steen** de arenisca f

zang de canto m; **~er** de cantante m (flamenco) cantaor m; **~koor** het coro m, (sin música) orfeón m

zaniken vi machacar, importunar

zat 1. adj 1. harto; 2. borracho; 2. adv de sobra, en abundancia

zaterdag de sábado m

ze pron pers 1. (sujeto) sg ella; pl ellos/ellas; 2. (complemento no acentuado) pl los, les, las

zebra de zool cebra f; **~pad** het <~en> paso m de cebra

zede de <~n> costumbre m, uso m; **~lijk** adj moral; **~loos** adj inmoral

zeden pl moral f; **~bederf** het depravación f moral; **~delict** het delito m sexual; **~leer** de moral f, ética f

zedig adj pudoroso, casto, honesto

zee de <~ën> 1. (o. fig) mar m; 2. fig océano m, torrente m; **~beving** de maremoto m; **~bodem** de <~s> fondo m del mar; **~duivel** de rape m; **~engte** de <~n> estrecho m

zeef de 1. colador m; 2. (fino) tamiz m

zee/haven de puerto m marítimo; **~klimaat** het clima m marítimo; **~lucht** de aire m del mar

zeem het/de (piel de) gamuza f

zee/macht de 1. mil fuerzas fpl navales; 2. potencia f marítima/ naval; **~meermin** de sirena f; **~meeuw** de zool gaviota f; **~mijl** de milla f marina; **~mogendheid** de potencia f marítima

zeep de jabón m; **~bel** de pompa f de jabón; **~poeder** de detergente m en polvo

zeer 1. adj doloroso, dolorido; 2. adv (con adj y adv) muy; 3. het dolor m; **~ doen** doler; z. ~ doen lastimarse

zee/reis de viaje m por mar; **~rob** de foco m; lobo m de mar; **~rover** de pirata m; hist corsario m; **~spiegel** de nivel m del mar; **~ster** de estrella f de mar; **~straat** de estrecho m

zeevaart de navegación f; **~school** de escuela f naval

zee/visserij de pesca f marítima; **~waardig** adj (barco) navegable; **~waarts** adv 1. hacia el mar; 2. mar adentro; **~water**

zeewater

het agua *f* de mar; **~ziek** *adj* mareado

zeg *excl* ¡oye!, ¡dime!; *nou ~!* ¡anda!, ¡bueno!

zege *de* victoria *f*, triunfo *m*

zegel *de* sello *m*, cupón *m*; **~en** *vt* sellar, timbrar; (*con lacra*) lacrar

zegen *de* 1. *relig*, *fig* bendición *f*; 2. *fig* suerte *f*; **~en** *vt* bendecir; **~ing** *de* bendición *f*

zege/tocht *de* marcha *f* triunfal; **~vieren** *vi* triunfar

zeggen 1. *het*: *naar zijn ~* según él; 2. *vt* 1. decir; 2. significar; *niets te ~ hebben* no pintar nada; *dat zegt niets* esto no significa nada; **~schap** *de* poder *m* de decisión

zegs/man *de* portavoz *f*, informador *m*; **~wijze** *de* dicho *m*, modismo *m*, giro *m*

zeil *het* 1. *nav* vela *f*; 2. *txtl* lona *f*; 3. (*suelo*) linóleo *m*; **~boot** *de* velero *m*, barco *m* de vela; **~en** *vi* <~zijn> navegar a vela; **~schip** *het* velero *m*, barco *m* de vela; **~sport** *de* vela *f*; **~wedstrijd** *de* regata *f*

zeis *de* guadaña *f*

zeker 1. *adj* seguro; *~ zijn* estar seguro (*van de*); *hij komt ~ te laat* seguro que llega tarde; 2. *pron indef* cierto; *op ~e dag* un buen día; **~heid** *de* seguridad *f*, certeza *f*; *voor de/alle ~heid* por si acaso, para mayor seguridad; **~ing** *de* fusible *m*

zelden *adv* muy pocas veces, rara vez

zeldzaam 1. *adj* 1. raro; 2. escaso; 2. *adv* excepcionalmente

zelf *pron dem sg* mismo/a; propio/a; *pl* mismos, mismas; propios, propias; en sí; *ik ~* yo mismo; **~bediening** *de* autoservicio *m*; **~bedrog** *het* autoengaño *m*; **~beheersing** *de* dominio *m* de sí mismo, autocontrol; **~beschikking** *de* autodeterminación *f*; **~bestuur** *het adm* autonomía *f*; **~bewust** *adj* seguro de sí mismo; **~de** *de* mismo *m*, igual *m*, idéntico *m*; **~ge'noegzaam** *adj* autosuficiente; **~kritiek** *de* autocrítica *f*

zelfmoord *de* suicidio *m*; *~ plegen* suicidarse; **~enaar** *de* suicida *m*

zelfportret *het* autorretrato *m*;

zelfs *adv* incluso, aun, hasta

zelf/standig *adj* autónomo, independiente; **~studie** *de* autodidáctica *f*; **~verdediging** *de* autodefensa *f*; **~vertrouwen** *het* confianza *f* en sí mismo; **~verzekerd** *adj* seguro de sí mismo; **~voldaan** *adj* satisfecho de sí mismo; **~'zuchtig** *adj* egoísta

zend/eling *de* misionero *m*; **~en** <irr 148> *vt* 1. mandar, enviar, remitir; 2. *telec* emitir, retransmi-

zenuw *de* nervio *m*; **~achtig** *adj* nervioso; **~arts** *de* neurólogo *m*; **~inrichting** *de* hospital psiquiátrico; **~ontsteking** *de* neuritis *f*; **~pees** *de fig* manojo *m* de nervios

zes *num* seis, **~tien** *num* dieciséis; **~tig** *num* sesenta

zet *de* 1. (*juego*) jugada *f*; 2. empujón *m*; **~el** *de* 1. asiento *m*; 2. *com* sede *f*, residencia *f*; 3. *pol* escaño *m*; **~elen** *vi* residir (**in** en), tener su sede en

zet/meel *het* fécula *f*; **~pil** *de* supositorio *m*

zetten *vt* 1. poner, colocar; 2. *impr* componer; 3. (*joya*) engastar; 4. (*té, café*) preparar; 5. (*juego de mesa*) mover

zeug *de* cerda *f*, puerca *f*, cochina *f*

zeulen *vt* arrastrar

zeur *de* pelma *m*; latoso *m*; **~en** *vi* dar la tabarra, dar la lata

zeven *num* siete; **~tien** *num* diecisiete; **~tig** *num* setenta

zich *pron reflexivo* (3ª persona *sg* y *pl*) se; (*después de prep*) sí

zicht *het* 1. vista *f*; *meteo* visibilidad *f*; 3. *fig* visión *f*; **in ~ zijn** estar a la vista; **~baar** *adj* visible, manifiesto

zichzelf *pron reflexivo* sí mismo; **in ~ gekeerd** ensimismado

ziek *adj* enfermo, malo; **~elijk** *adj* 1. *med* enfermizo, achacoso; 2. *fig* patológico, morboso

zieken/auto *de* ambulancia *f*; **~bezoek** *het* visita a un enfermo; **~fonds** *het* caja *f* (seguro *m*) de enfermedad; seguridad *f* social; **~huis** *het* hospital *m*; **~verpleger** *de* enfermero *m*

ziekte *de* enfermedad *f*; **een ~ oplopen** contraer una enfermedad; **~beeld** *het* cuadro *m* patológico; **~kiem** *de* germen *m* patógeno; **~verzuim** *het* bajas *fpl* por enfermedad

ziel *de* alma *m*; **~ig** *adj* triste, lastimoso

zien <irr 149> **1.** *vi*: **eruit ~** estar (un aspecto); **2.** *vt* 1. ver, percibir, observar; 2. (*te + inf*) intentar, tratar de; **laten ~** enseñar; **~derogen** *adv* visiblemente

ziezo *excl* ¡ya está!, ¡por fin!

zigeuner *de* gitano *m*

zigzag *de* zigzag *m*

zij 1. *pron pers* 1. *sg* ella; 2. *pl* ellos, ellas; **2. de** *de* costado *m*; **~ aan ~** codo con codo; **~de** *de* 1. *txtl* seda *f*; 2. lado *m*, cara *f*; 3. *med* costado *m*;

~delings 1. *adj* 1. de lado, oblicuo; 2. *fig* indirecto; **2.** *adv* indirectamente; **~derups** *de zool* gusano *m* de seda; **~deur** *de* puerta *f* lateral; **~kant** *de* lateral *m*, lado *m*; **~lijn** *de sport* línea *f* de banda

zijn 1. <irr 150; zijn> *vi* 1. ser; 2. estar; 3. ser (**van** de); 4. **er ~** haber; **er is, er ~** hay; 5. (*voz pasiva*) haber sido; 6. (*verbo auxiliar*) haber: **hij is gekomen** ha venido; **we ~er** hemos llegado; **2.** *pron pos* su, sus; **de/het ~e** el/lo suyo, la suya, los suyos; **~erzijds** *adv* por su parte

zij/rivier *de* afluente *m*; **~straat** *de* bocacalle *f*, calle *f* transversal; **~waarts** *adv* oblicuo, lateral; **~weg** *de* <**-en**> camino *m* lateral; **~wind** *de* viento *m* lateral

zilver *het* plata *f*; **~werk** *het* objetos *mpl* de plata

zin *de* 1. sentido *m*; 2. ganas *fpl*; 3. *ling* oración *f*; **geen ~ hebben** 1. no tener sentido, ser inútil; 2. (*persona*) no tener ganas; **in zekere ~** en cierto modo; **~delijk** *adj* pulcro, limpio; 2. **~delijk zijn** (*niño*) ya controlar el pis

zingen <irr 151> *vt* cantar

zink *de* cinc *m*; **~en** *vi* <irr 152; zijn> *nav* hundirse, irse a pique

zinloos *adj* carente de sentido, inútil

zinnebeeld *het* símbolo *m*, emblema *m*

zinnelijk *adj* 1. sensual; 2. sensorial

zinn/en 1. *vi* gustar; **2.: ~en op** rumiar, cavilar; **~ig** *adj* sensato

zinsbouw *de ling* estructura *f* de la frase

zinspelen *vi* aludir (**op** a)

zinsverband *het* contexto *m*

zintuig *het* sentido *m*; **~lijk** *adj* sensorial

zinvol *adj* sensato; **~ zijn** tener sentido

zionis/me *het* sionismo *m*; **~t** *de* sionista *m*

zit/kamer *de* salón *m*, living *m*; **~plaats** *de* plaza *f*, asiento *m*

zitten <irr 153> *vi* 1. estar; 2. estar sentado; 3. (*ropa*) quedar, sentar; **~ te** (+ *inf*) estar (+ *gerundio*); 4. *coloq* estar en la cárcel; 5. **gaan ~** sentarse; 6. **blijven ~** quedarse (sentado); *fig stud* repetir curso; 7. **laten ~** dejar; 8. (**aan**) tocar; 9. estar preocupado (**met** por); **hoe zit dat?** ¿cómo es eso?; **~blijver** *de* repetidor *m* de curso; **~d** *adj* sentado

zit/ting *de* 1. asiento *m*; 2. (*reunión*) sesión *f*; 3. *jur* audiencia *f*; **~vlak** *het* asentaderas *fpl*, trasero *m*

zo 1. *adv* 1. así; de esta manera; 2. (+ *adj*) tan; (+ *veel*) tanto; 3. (*temporal*) ahora mismo, en

zonsverduistering

seguida; 4. **~ een (zo'n)** tal, semejante, así; más o menos; **2.** *excl* 1. ¿verdad?; 2. ¡por fin!; **~ja (nee)** en caso afirmativo (negativo); **~ nodig** si hace falta

zo/als *conj* como; **~danig** *adj/adv* tal; **~danig dat** de tal manera que; **~'dat** *conj* de modo que; **~doende** *adv* de esa manera, por eso; **~dra** *conj* en cuanto, tan pronto como

zoek 1.: op zoek gaan ir en búsqueda (**naar** a); **2.** *adj* perdido; **~ zijn** haberse perdido; **~en** <irr 154> *vt* buscar; **~en naar** buscar; **~er** *de foto* visor *m*

zoem/en *vi* zumbar; **~er** *de* timbre *m*, zumbador *m*

zoen *de* beso *m*; **~en** *vt* besar

zoet *adj* 1. (*sabor, o. fig*) dulce; 2. (*niño*) bueno; **~ekauw** *de* goloso *m*; **~hout** *het* regaliz *f*; **~ig** *adj* dulzón; **~igheid** *de* dulces *mpl*, golosinas *fpl*; **~stof** *de* sacarina *f*; edulcorante *m*; **~zuur** *adj* agridulce

zo/genaamd 1. *adj* 1. llamado; 2. (*falso*) supuesto, presunto; **2.** *adv* supuestamente, aparentemente; **~goed: ~goed als** prácticamente, casi; **~'juist** *adv* hace un momento; *het is ~juist verschenen* acaba de publicarse; **~'lang 1.** *adv* entretanto; **2.** *conj* mientras que (+ *subj*)

zolder *de* 1. buhardilla *f*; 2. (*tras-tero*) desván *m*; **~kamer** *de* guardilla *f*; **~verdieping** *de* ático *m*

zomen *vt txtl* hacer un dobladillo

zomer *de* verano *m*; **~s** *adj* veraniego, *elev* estival; **~seizoen** *het* temporada *f* de verano; **~sproeten** *de* pecas *fpl*

zon *de* sol *m*; *in de ~* al sol; **~daar** *de* pecador *m*; **~dag** *de* domingo *m*; *'s ~dags* los domingos; **~dags** *adj* de domingo, dominguero

zonde *de* <~n> pecado *m*; *het is ~* es una lástima; **~bok** *de* chivo *m* expiatorio; cabeza *f* de turco

zonder *adv* sin; **~ meer** sin más; **~ling 1.** *adj* extraño, excéntrico; **2.** *de* tipo *m* extraño

zondig *adj* pecador; **~en** *vi* pecar (**tegen** contra)

zondvloed *de* (*o. fig*) diluvio *m*

zone *de* zona *f*

zonne/baden *vi* tomar el sol; **~bank** *de* solario *m*; **~bloem** *de* girasol *m*; **~brand** *de* eritema *m* solar; **~brandolie** *de* aceite *m* bronceador; **~bril** *de* gafas *fpl* de sol; **~klep** *de txtl* visera *f*; **~scherm** *het* (*ventana*) toldo *m*; **~steek** *de* insolación *f*

zonnig *adj* soleado

zons/'ondergang *de* puesta *f* de sol; **~'opgang** *de* salida *f* del sol; **~verduistering** *de* eclipse *m* solar

zoogdier *het* mamífero *m*
zooi *de* 1. montón *m*; 2. *desp* desorden *m*
zool *de* suela *f*
zoom *de* 1. borde *m*, orilla *f*; 2. *txtl* dobladillo *m*
zoon *de* hijo *m* (varón)
zootje *het* desorden *m*, desastre *m*
zorg *de* 1. preocupación *f*; 2. cuidado *m*; **met ~** cuidadosamente; **~elijk** *adj* crítico, preocupante; **~eloos** *adj* despreocupado; **~en** *vi* (**voor**) 1. cuidar de, atender a; 2. (*tarea*) encargarse de; 3. **ervoor ~ dat** encargarse de que, hacer que, procurar; **~enkind** *het* 1. niño *m* problemático; 2. *fig* preocupación *f* constante; **~'vuldig** *adj* cuidadoso, concienzudo; **~'wekkend** *adj* alarmante, crítico; **~zaam** *adj* solícito
zot *adj* tonto, bobo, ganso; **~heid** *de* tontería *f*, necedad *f*
zout 1. *adj* salado; 2. *het* sal *f*; **~arm** *adj* con poca sal; **~en** *vt* salar; **~loos** *adj* sin sal
zoveel *pron indef* tanto; **~ mogelijk** en lo posible; **~ (als)** cuanto; **twee keer ~** dos veces más
zover: het is ~ ha llegado el momento; **ben je ~?** ¿estás listo?; **in ~re** en lo que concierne; **tot ~** hasta allí
zo'wat *adv* casi

zo/wel: ~wel ... als tanto ... como; **~zeer** *adv* tanto, tan
zuchten *vi* suspirar
zuid 1. *adj* sur; 2. *de* sur *m*; **~*-'Afrika** *het* Sudáfrica, África del Sur; **~*afri'kaan** *de* sudafricano *m*; **~*afri'kaans** *adj* sudafricano; **~*-A'merika** *het* Sudamérica, América del Sur; **~*ameri'kaan** *de* sudamericano *m*; **~*ameri'kaans** *adj* sudamericano; **~elijk** *adj* meridional, del sur; **~en** *het* sur *m*; **ten ~en van** al sur de; **~erkeerkring** *de* trópico *m* de Capricornio; **~pool** *de* polo *m* sur
zuig/eling *de* lactante *m*; **~en** <irr 155> 1. *vi* (**op**) chupar; 2. *vt* aspirar, succionar; (*bebé*) mamar; **~er** *de tecn* pistón *m*, émbolo *m*; **~fles** *de* biberón *m*; **~kap** *de* campana *f* extractora
zuil *de arq* columna *f*
zuinig *adj* ahorrador *m*, económico; **~ zijn op** cuidar mucho; **~heid** *de* economía *f*, ahorro *m*
zuip/en <irr 156> *vt* beber mucho; **~lap** *de* borracho *m*
zuivel *de/het* productos *mpl* lácteos
zuiver *adj* (*general*) puro; (*lengua*) correcto, (*aire*) limpio; **~en** *vt* purificar, (o. *fig*) limpiar, (o. *pol*) depurar; **~ing** *de* 1. depuración *f*; 2. (*pol*) depuración *f*; **~ingsinstallatie** *de* planta *f* depura-

radora; **~ingszout** het bicarbonato m de sosa;
zulk 1. pron indef tal, tales, así; **2.** adv tan
zullen <irr 157> **1.** vi deber; **2.** v auxiliar 1. (futuro, condicional) *hij zal komen* vendrá; 2. (suposición, duda) *hij zal wel thuis zijn* estará en casa; 3. (voluntad del hablante) *je zult gaan* irás; 4. (propuesta) *~ we gaan?* ¿nos vamos?; 5. (preguntar por voluntad del otro) *zal ik dat doen?* ¿lo hago?
zus de hermana f; **~ter** de 1. (o. relig) hermana f; 2. med enfermera f
zuur 1. adj (o. fig) agrio ácido; **2.** 1. (o. quím) ácido m; 2. med (estómago) acidez f; **~kool** de gastr chucrut m; **~pruim** de persona f agria; **~stof** de oxígeno m; **~tje** het caramelo m
zwaai/en vi 1. (met) agitar, blandir; 2. saludar con la mano (**naar** a); **~licht** het luz f giratoria
zwaan de cisne m
zwaar adj 1. (peso) pesado, masivo; 2. difícil, duro, pesado; 3. (tabaco) negro; 4. (enfermedad) fuerte, severo
zwaard het espada f
zwaar/gebouwd adj robusto, fornido; **~gewicht** het sport peso pesado; **~gewond** adj herido de gravedad; **~'moedig** adj melancólico, sombrío; **~tekracht** de gravedad f, gravitación f; **~tepunt** het fis centro m de gravedad; fig esencia f
zwabber de escoba f blanda
zwachtel de venda f; **~en** vt vendar
zwager de cuñado m
zwak 1. adj débil; (luz) tenue; **2.** het debilidad f; **~begaafd** adj retrasado (mental); **~heid** de debilidad f; **~keling** de persona f débil; **~stroom** de corriente f de baja tensión; **~'zinnig** adj deficiente mental, subnormal
zwaluw de golondrina f
zwam de hongo m
zwanger adj embarazada, preñada; **~schap** de embarazo m; **~schapsverlof** het baja f por maternidad
zwart adj 1. (color) negro; 2. (ilegal) negro, clandestino; 3. fig sombrío; **~e** de <~n> negro m; **~werker** de trabajador m clandestino
zwavel het azufre m; **~zuur** het ácido m sulfúrico
Zweden het Suecia f
Zweed de sueco m; **~s 1.** adj sueco; **2.** het ling sueco m
zweefvlieg/en vi sport planear, volar sin motor; **~tuig** het planeador m
zweep de látigo m; **~slag** de <~en> latigazo m

zweer *de med* úlcera *f*, abceso *m*
zweet *het* sudor *m*
zwelgen <irr 130> *vt* tragar, engullir
zwell/en *vi* <irr 158; zijn> hincharse; **~ing** *de* hinchazón *m*
zwem/bad *het* <~en> piscina *f*; **~broek** *de* bañador *m*; **~men** <irr 159> *vi* nadar; **~mer** *de* nadador *m*; **~pak** *het* bañador *m*; **~vest** *het* chaleco *m* salvavidas
zwendel *de* estafa *f*; **~aar** *de* estafador *m*; **~en** *vi* estafar
zwengel *de* manivela *f*; (*bomba*) balancín *m*
zwenken *vi* (*vehículo*) girar
zweren 1. *vi med* supurar; **2.** *vt* (*o. jur*) jurar; ***ik zou ~ dat*** juraría que
zwerftocht *de* peregrinación *f*
zwerm *de* bandada *f*, enjambre *m*
zwerv/en <irr 160> *vi* errar, vagar, vagabundear; **~er** *de* vagabundo *m*
zwete/n *vi* sudar, transpirar; **~rig** *adj* sudoroso
zweven *vi* (*en el aire*) flotar, planear
zwichten *vi* <zijn> ceder, caer (**voor** ante)
zwier *de* 1. giro *m*; 2. *fig* garbo *m*, gracia *f*; **~ig** *adj* garboso, airoso
zwijg/en <irr 161> *vi* 1. callar(se); 2. no pronunciarse (**over** sobre); **~zaam** *adj* callado
zwijm *de* desmayo *m*; ***in ~ vallen*** desmayarse
zwijn *het* (*o. fig*) cerdo *m*, puerco *m*; marrano *m*
Zwitser *de* suizo *m*; **~land** *het* Suiza *f*; **~s** *adj* suizo
zwoegen *vi* afanarse, ajetrearse
zwoel *adj* 1. *meteo* sofocante, bochornoso; 2. *fig* sensual
zwoerd *het* corteza *f* de tocino

DICCIONARIOS POCKET HERDER

DICCIONARIO POCKET

II
ESPAÑOL – NEERLANDÉS

JOHANNA G. SATTLER

Herder

VOORWOORD

Het Woordenboek Pocket Herder is geheel nieuw bewerkt en verschilt enigszins van de andere, vergelijkbare woordenboeken die tot nu toe zijn verschenen. Dit woordenboekje bevat de meest voorkomende, algemeen gebruikte woorden in het Nederlands en het Spaans. Het spreekt vanzelf dat een woordenboek van dit formaat slechts een klein gedeelte kan bevatten van de immens rijke woordenschat van beide talen. Het was derhalve van belang een juiste keuze te maken uit alle bestaande woorden en uitdrukkingen.

Bij de keuze van de woordenschat zijn vooral twee criteria gehanteerd:

a) Er is gebruik gemaakt van zogenaamde **basiswoordenschatten**, bestaande uit de meest frequente woorden in beide talen, zoals b.v. de woordenlijsten die zijn gepubliceerd door de Raad van Europa ter voorbereiding van de examens voor de taalcertificaten.

b) Om zoveel mogelijk tegemoet te komen aan de behoeften van de mensen die op reis zijn in Nederlands- of Spaanstalige landen is er bijzondere aandacht besteed aan het opnemen van trefwoorden op het gebied van het toerisme.

De nieuwe spellingsregels die voor het Spaans sinds 1994 en voor het Nederlands sinds 1996 bestaan zijn bij deze bewerking toegepast.

De inleiding bevat een beknopt overzicht van de uitspraak en de grammatica van beide talen met lijsten van vervoegde regelmatige en onregelmatige werkwoorden. Met de praktische conversatiegids achterin dit boekje kan de gebruiker zich tijdens een verblijf in het buitenland verstaanbaar maken en kan hij zich in de meeste alledaagse situaties behoorlijk goed redden.

JOHANNA G. SATTLER   HERDER EDITORIAL

I
GEBRUIKSAANWIJZING

I.-1. Alfabetische volgorde van de trefwoorden

De trefwoorden zijn in beide delen van dit woordenboek strikt alfabetisch geordend. Bij het zoeken naar een trefwoord in het Spaans moet rekening worden gehouden met het feit dat volgens de Spaanse spellingshervorming van 1994 de "ch" en de "ll" niet meer als afzonderlijke letters worden beschouwd. Woorden waarin ze voorkomen worden dus volgens de lettercombinatie gealfabetiseerd. De Spaanse "ñ" staat na de "n" en vóór de "o".

I.-2. Oppbouw van de artikelen

Ter besparing van ruimte zijn dikwijls meerdere, meestal -maar niet altijd- zinverwante trefwoorden ondergebracht in één artikel. Alle trefwoorden staan vet gedrukt, maar slechts één trefwoord wordt in zijn geheel gedrukt. Het schuine streepje (/) in het eerste trefwoord duidt aan dat het woorddeel vóór het streepje bij de volgende trefwoorden door een tilde is vervangen. Deze "nestvorming" heeft echter geen invloed op de streng alfabetische volgorde van de trefwoorden. De betekenissen van de trefwoorden in de doeltaal staan in het gewone lettertype en de grammaticale en lexicografische gegevens in cursief schrift.

I.-3. Cijfers, tekens en symbolen

I.-3.1. Cijfers

De vet gedrukte cijfers (**1.** ...; **2.** ...) worden gebruikt ter nummering van de woorden die gelijk worden geschreven maar tot verschillende woordsoorten behoren. Voorbeelden:

contra 1. *prep* tegen; *en ~ de* tegen, in tegenstelling tot; **2.** *m* tegen *het*, bezwaar *het*

Dit geldt ook voor werkwoorden die transitief, intransitief en onpersoonlijk worden gebruikt. Voorbeeld:

rayar 1. *vt* 1. (door)strepen; 2. liniëren, lijnen trekken; **2.** *vi* grenzen (**en, con** aan)

De cijfers die in het gewone lettertype zijn gedrukt (1. ...; 2. ...) dienen om de verschillende betekenissen van een bepaald trefwoord te onderscheiden. Het zijn dus betekenisnummers. Voorbeelden:

administrar *vt* 1. besturen, beheren; 2. (*medicijnen*) toedienen

I.-3.2. Tekens en symbolen

- De tilde (~) vervangt het woorddeel dat vóór het schuine streepje (/) van het eerste trefwoord in het artikel staat. Voorbeeld:

    trabaja/dor, -a 1. *adj* ijverig; **2.** *m/f* arbeid(st)er; **~r 1.** *vi* werken; **2.** *vt* bewerken
    De trefwoorden die moeten worden gelezen zijn: trabajador en trabajar

- De asterisk achter een tilde (~*) geeft aan dat of het trefwoord of het woorddeel dat vóór het scheidingsstreepje staat, met een hoofdletter i.p.v. met een kleine letter moet worden gelezen of met een kleine letter i.p.v. met een hoofdletter. Voorbeeld:

    mediterráneo, -a 1. *adj* mediterraan; **2. ~*** *m* Middellandse Zee
    Men leze dus het trefwoord: Middellandse Zee

- De drie puntjes die achter een Nederlands trefwoord staan geven aan dat dit trefwoord (als eerste element) in bijzonder veel samenstellingen voorkomt, en in die samenstellingen steeds dezelfde vertaling(en) heeft. Voorbeeld:

    lievelings... preferido, favorito

I.-4. Behandeling van de verschillende woordsoorten

I.-4.1. Zelfstandige naamwoorden

Het grammaticale geslacht van Spaanse zelfstandige naamwoorden wordt in het enkelvoud met de afkortingen: *m* = mannelijk, *f* = vrouwelijk en in het meervoud met *mpl*, *fpl* aangeduid. Deze afkortingen hebben dus alleen betrekking op de woordsoort zelfstandig naamwoord.

In het Nederlands wordt in het Nederlands-Spaanse deel het zelfstandig naamwoord direct gevolgd door het bijbehorende lidwoord, terwijl in het Spaans-Nederlandse deel alleen achter de onzijdige zelfstandige naamwoorden het bijbehorende lidwoord *het* staat. Zo weten we dat alle andere zelfstandige naamwoorden waar geen lidwoord achter staat mannelijk of vrouwelijk zijn en dus het lidwoord *de* krijgen. Staat het zelfstandig naamwoord in het meervoud, dan staat er in beide delen de afkorting *pl* achter.

In het Nederlands-Spaanse deel staan de meervoudsuitgangen van de Nederlandse onregelmatige zelfstandige naamwoorden tussen punthaken <...>. Voorbeeld:

> **kind** *het* <~eren>
> Men leze: het kind, de kinderen

I.-4.2. Bijvoeglijke naamwoorden

Achter de Spaanse bijvoeglijke naamwoorden wordt steeds de vrouwelijke vorm aangegeven. Voorbeeld:

> **bueno,-a**

Ook in het Nederlands worden de onveranderlijke bijvoeglijke naamwoorden met deze afkorting aangeduid. Voorbeeld:

> **eigen** *adj inv* propio

Worden de mannelijke en de vrouwelijke vorm gelijk geschreven, dan staat direct achter het bijvoeglijke naamwoord de aanduiding *m/f*. Voorbeelden:

> **cortés** *adj m/f* beleefd, attent

I.-4.3. Werkwoorden

De *Nederlandse onregelmatige werkwoorden* worden aangeduid met <*irr*> en een nummer dat verwijst naar een alfabetische lijst van onregelmatige werkwoorden die te vinden is op pag. 32-36. Dit geldt echter niet voor samengestelde werkwoorden. Voorbeeld:

treffen *vt* <*irr 116*>

De Nederlandse werkwoorden die in de voltooid tegenwoordige tijd het hulpwerkwoord **zijn** hebben, worden aangeduid met <zijn>. Voorbeelden:

opstaan *vi* <zijn>

Bij zowel de Spaanse als de Nederlandse werkwoorden wordt aangegeven of er sprake is van overgankelijke, onovergankelijke of onpersoonlijke werkwoorden. Hiervoor worden respectievelijk de afkortingen *vt, vi, vlimpers* gebruikt. Bij de reflexieve (of pronominale) werkwoorden in het Nederlands staat vóór de infinitief een vet gedrukte **z.**. Voorbeeld:

ver'velen *vt* aburrir, cansar; **z.** ~ aburrirse, estar aburrido

Bij de Spaanse werkwoorden staat in dat geval **se** achter de infinitief. Voorbeeld:

vestir 1. *vt* (aan-, be-) kleden;(*kleding*) dragen, aanhebben; **2.** *vi* z. kleden; **~se** z. aankleden; z. hullen (**de** in)

De overgangelijke, onovergankelijke en onpersoonlijke werkwoorden worden door vet gedrukte cijfers gescheiden. Voorbeeld:

rayar 1. *vt* 1. (door)strepen; 2. liniëren, lijnen trekken; **2.** *vi* grenzen (**en, con** aan)

In veel gevallen worden de voorzetsels die onverbrekelijk met een bepaalde betekenis van een werkwoord of een bijvoeglijk naamwoord zijn verbonden aangegeven.

II

KORTE INLEIDING IN DE UITSPRAAK VAN HET SPAANS

II.-1. Woord vooraf (inleidende opmerkingen)

Een van de moeilijkheden waarmee men in het Spaans vooral in het begin te kampen heeft is de omstandigheid dat de woorden niet afzonderlijk worden uitgesproken, maar dat syntactisch bij elkaar behorende woorden nauw met elkaar worden verbonden.

De uitspraak en spelling van het Spaans is echter in vergelijking met die van veel andere talen vrij eenvoudig. Grotendeels is de spelling fonetisch; er is voor het grootste deel een één-op-één relatie tussen de geschreven letters en de uitgesproken klanken. Om die reden werd het niet nodig geacht de trefwoorden van een phonetische transcriptie te voorzien. Hier volgt een kort overzicht van het Spaanse klanksysteem.

II.-2. Uitspraak van de klinkers en medeklinkers

Vocales

Foneem	Schrijfwijze	Uitspraak
[a]	a	1. In een beklemtoonde open lettergreep iets minder lang dan de lange *a* in het Nederlands. 2. In een niet-beklemtoonde open lettergreep is de klinker iets zwakker. 3. In een gesloten lettergreep, vooral voor *ch*, *ll* en *ñ*, slechts iets langer dan de Nederlandse korte *a*.

Foneem	Schrijfwijze	Uitspraak
[e]	e	1. In een beklemtoonde open lettergreep vrijwel net zo lang als in het Nederlands. 2. In een gesloten lettergreep vergelijkbaar met de Nederlandse korte *e*. 3. In een eindlettergreep vergelijkbaar met de *schwa* in b.v. *vader*.
[i]	i, y	1. In een beklemtoonde open en gesloten lettergreep iets korter dan de Nederlandse *i* in b.v. *dief*. 2. In een niet-beklemtoonde lettergreep is de *i* iets zwakker. 3. De *y* wordt alleen in het voegwoord *y* (*en*) als *i* uitgesproken.
[o]	o	1. In een beklemtoonde open lettergreep vergelijkbaar met de Nederlandse lange *o*, maar iets minder lang. 2. In een niet-beklemtoonde open lettergreep en in een gesloten lettergreep vergelijkbaar met de Nederlandse korte *o*, echter als laatste letter van het woord iets langer, b.v. *barco*.
[u]	u	1. In een beklemtoonde open lettergreep vergelijkbaar met de Nederlandse *oe*, alleen iets korter. 2. In een niet-beklemtoonde lettergreep is de *oe* iets zwakker.

Consonantes

Foneem	Schrijfwijze	Uitspraak
[p]	p	1. Vergelijkbaar met de stemloze *p* van het Nederlands. 2. Aan het begin van enkele wetenschappelijke termen vóór een *s* wordt de *p* niet uitgesproken - b.v. in *psicología* - en soms ook niet geschreven. 3. Vóór een *t* wordt de letter erg zwak uitgesproken.

Foneem	Schrijfwijze	Uitspraak
[b]	**b, v**	1. Als stemhebbende medeklinkers komt de uitspraak overeen met die van de Nederlandse **b**, b.v. in *baño*, *vino*. 2. Als stemhebbende fricatieven worden ze iets zwakker uitgesproken, b.v. in *hablar* en *avión*. 3. In woorden gevormd door *ab-*, *sub-* en *ob-* gevolgd door een *s* gaat de **b** in de uitspraak vrijwel verloren.
[t]	**t**,	Als stemloze medeklinker vergelijkbaar met de **t** van het Nederlands.
[d]	**d**	1. Vergelijkbaar met de Nederlandse **d** aan het begin van een woord, b.v. in *dormir*, of voorafgegaan door een *n*, b.v. in *donde*. 2. Staat de letter tussen twee klinkers, dan wordt hij zwakker uitgesproken en lijkt hij een beetje op de Engelse fricatief *th*. 3. In de vulgaire uitspraak wordt de **d** van het voltooide deelwoord - b.v. in *acabado* - soms geheel weggelaten. 4. Ook aan het eind van een woord wordt de letter zeer zwak uitgespoken, b.v. in *Madrid*.
[k]	**c**^{a,o,u} Es.: *caro, como, cura* **k** Es.: *kilo* **qu**^{e,i} Es.: *queso, quien*	1. Komt overeen met de Nederlandse stemloze **k**. Deze klank wordt alleen in enkele vreemde woorden als **k** gespeld 2. Vóór *a*, *o*, *u*, wordt de klank als **c** gespeld en vóór *e* en *i* schrijft men **qu**. 3. De dubbele **cc** wordt als *kth*, dus als k+Engelse *th* uitgesproken, b.v. in *acción*.
[g]	**g**^{a,o,u} Es.: *gato, gorro, gusto* **gu**^{ue,i} Es.: *guerra*, Es.: *guitarra*	1. Aan het begin van een woord vóór *a*, *o*, en *u*, vóór medeklinkers of volgend op *n* klinkt de **g** als de Engelse **g** in b.v. *go*. 2. Tussen twee klinkers wordt de letter als fricatief zwakker uitgesproken, b.v. in *lago*. 3. Wordt **gu** gevolgd door de letter *a*, dan wordt de **u** wel uitgesproken,

Fo- neem	Schrijfwijze	Uitspraak
		b.v. in *guardar*. 4. Wordt *gu* voor de klinkers *e* of *i* als *gw* uitgesproken, dan moet de *u* worden voorzien van een trema (deelteken).
[s]	s	1. Als stemloze fricatief - b.v. in *casa* - wordt hij ongeveer als een Nederlandse dubbele *s* uitgesproken, waarbij de punt van de tong licht tegen het tandvlees van de boventanden wordt gebracht. 2. Wordt de *s* gevolgd door een stemhebbende medeklinker, dan wordt hij zelf ook stemhebbend en dus als de Nederlandse *z* in b.v. *zijde* uitgesproken, b.v. in *Islam*. 3. Wordt de *s* gevolgd door een *r*, dan wordt hij nauwelijks uitgesproken, b.v. in *Israel*.
[θ]	z Es.: *zapato* c^{e,i} Es.: *cena, cine*	Deze stemloze fricatief [?] bestaat niet in het Nederlands. 1. Vóór de klinkers *e* en *i* wordt deze klank met het letterteken *c* gespeld. De uitspraak komt overeen met de stemloze *th* in b.v. *think*. 2. Vóór een stemhebbende medeklinker wordt hij eveneens stemhebbend en is dan vergelijkbaar met de stemhebbende *th* van het Engels, in b.v. *breathe*.
[f]	f	Als stemloze medeklinker vergelijkbaar met de *f* van het Nederlands.
	h	De klankwaarde is nihil. De letter wordt niet uitgesproken, b.v. in *horno*. In vreemde woorden wordt de *h* soms als een zwakke *g* uitgesproken, b.v. in *Hamlet*.
[tʃ]	ch	Vergelijkbaar met de *ch* van het Engels in b.v. *church*. De Spaanse klank wordt wel iets korter uitgesproken dan de Engelse.

Foneem	Schrijfwijze	Uitspraak
[χ]	j^{a,e,i,o,u} Es.: *jamón, jerga, jota* g^{e,i} Es.: *general, girar*	Komt overeen met de *ch* van het Nederlands in b.v. *kachel*. Vóór *e* en *i* kan deze klank ook als een *g* worden gespeld.
[m]	m	1. Vergelijkbaar met de stemhebbende *m* van het Nederlands. 2. Aan het eind van een woord wordt hij als *n* uitgesproken - b.v. in *álbum* - en meestal ook geschreven.
[n]	n	1. Vergelijkbaar met de *n* van het Nederlands. 2. Gevolgd door een *m* wordt de letter aan deze medeklinker geassimileerd, b.v. in *inminente*. 3. In de lettergrepen *ins-*, *cons-* en *trans-* wordt de uitspraak kort en zwak.
[ŋ]	ñ	De stemhebbende nasaal *ñ* komt overeen met de *nj* van het Nederlands in woorden als *Spanje*, *plunje*.
[l]	l	Iets dunner dan de Nederlandse *l*: een kleiner deel van de punt van de tong drukt tegen het harde gehemelte.
[ʎ]	ll	Wordt als één klank uitgesproken en niet als *l+j*. In Noord-Spanje wordt ze nog als palatale medeklinker uitgesproken, maar in de rest van Spanje en in Latijns-Amerika als *j* uitgesproken.
[r]	r Es.: *arma*	1. De Spaanse *r* wordt vóór in de mond gevormd, door de punt van de tong in trilling te brengen. De *r* wordt dus gerold, maar niet te sterk. 2. De *r* in *para* is zeer zwak. 3. Na de medeklinkers *l*, *n* of *s* wordt zij dubbel gerold, b.v. in *alrededor*.

Foneem	Schrijfwijze	Uitspraak
[r̄]	-rr- Es.: carro r Es.: Roma	1. De **rr** wordt als één ondeelbare medeklinker beschouwd en is qua uitspraak vergelijkbaar met **r** (3.), alleen houdt de trilling iets langer aan. 2. Staat een enkele **r** aan het begin van een woord, dan wordt deze trilling versterkt.

II.-3. Uitspraak van de diftongen (diptongos)

Het Spaans kent - evenals het Nederlands - verbindingen van een klinker met een zogenaamde semivocaal of halfklinker en van een semiconsonant met een klinker die men in het Nederlands "tweeklanken" of "diftongen" en in het Spaans "diptongos" noemt. De tweeklanken komen steeds in één lettergreep voor, wat erg belangrijk is voor de intonatieregels. De lettertekens *i* en *u* moeten hier dus niet als klinkers maar als respectievelijk semivocaal en semiconsonant worden beschouwd. Ze kunnen met elkaar of met een andere klinker worden verbonden. We onderscheiden hier twee groepen:

II.-3.1. Dalende diftongen

Hier vormen de *i* en de *u* het tweede element van de diftong en verworden daarbij tot semivocalen of halfklinkers:

Schrijfwijze	Voorbeelden	Uitspraak
ai, ay	*hay, baile*	als in "detail"
au	*causa*	als in "kous"
ei, ey		als in "rij"
eu	*euro, europeo*	niet als de Nederlandse *eu* maar *e-u* gescheiden uitspreken
oi, oy	*oigo, soy*	als in "hoi"
ou (uiterst zelden)	*Port Bou*	niet als de Nederlandse *ou* maar *o-u* gescheiden uitspreken
uy	*muy*	als in "foei"

II.-3.2. Stijgende diftongen

Hier vormen de *i* en de *u* het eerste element van de diftong en verworden daarbij tot semiconsonanten:

Schrijfwijze	Voorbeelden	Uitspraak
ia	*aciago*	niet als *i+a* maar kort en in één klank uitspreken, ongeveer als "ja"
ie	*pie*	niet als *i+e* maar kort en in één klank uitspreken, ongeveer als "jé"
io	*biombo*	niet als *i+o* maar kort en in één klank uitspreken, ongeveer als "jo" in "jong"
ua	*agua*	niet als *u+a* maar ongeveer als "wa" uitspreken
ue	*puerta*	niet als *u+e* maar ongeveer als "wè" ("we" in "wel") uitspreken
uo	*antiguo*	niet als *u+o* maar ongeveer als "wo" in "wol" uitspeken
iu	*viuda*	niet als *i+u* maar kort en in één klank uitspreken, ongeveer als «joe»
ui	*ruido*	niet als de Nederlandse *ui* maar ongeveer als "wie" uitspreken

II.-4. Woordintonatie

1. Voor een juiste woordintonatie in het Spaans bestaan er twee eenvoudige regels:
   a) Woorden die eindigen op een niet-beklemtoonde klinker, op een tweeklank of op *n* of *s* hebben het accent op de voorlaatste lettergreep, b.v. *mañana*, *imagen*, *viernes*.
   b) Woorden die eindigen op een medeklinker (behalve *n* en *s*) hebben het accent op de laatste lettergreep, b.v. *Madrid*, *amor*.
2. Afwijkingen van deze twee regels moeten worden voorzien van het accent aigu (á, é, í, ó, ú), het enige accentteken dat het Spaans kent. Voorbeelden zijn: *dirección*, *lápiz*, *política*.

3. Wanneer op de klinker *i* een accentteken moet worden geplaatst, dient de punt te vervallen.
4. Tweeklanken of diftongen worden als één lettergreep beschouwd.
5. Het accent aigu heeft behalve als accentteken ook de functie - bij meestal eenlettergrepige woorden - homoniemen te onderscheiden, b.v. bij *más* en *mas*, bij *el* en *él*.

III

INLEIDING IN DE SPAANSE GRAMMATICA

III.-1. Het lidwoord
III.-1.1 Het bepaald lidwoord

	Mannelijk	Vrouwelijk
Enkelvoud	el	la
Meervoud	los	las

1. Vóór een vrouwelijk zelfstandig naamwoord in het enkelvoud dat met een beklemtoonde *a-* of *ha-* begint kan alleen het bepaalde lidwoord *el* staan, b.v. in *el ala*.
2. Wanneer het bepaalde lidwoord *el* wordt voorafgegaan door de voorzetsels *a* of *de* ontstaan door samentrekking respectievelijk de vormen *al* en *del*, b.v. *al mercado* (naar de markt) en *del trabajo* (van het werk).

III.-1.2. Het onbepaald lidwoord
Artículo determinado:

	Mannelijk	Vrouwelijk
Enkelvoud	el	la
Meervoud	los	las

III.-2. Het bijvoeglijk naamwoord (adjectief)

	Mannelijk	Vrouwelijk
Enkelvoud	un	una
Meervoud	unos	unas

Meestal staat het bijvoeglijk naamwoord achter het zelfstandig naamwoord (zoals bij kleuraanduiding en nationaliteiten), soms vóór het zelfstandig naamwoord (in figuurlijke zin of bij nadruk).

Het adjectief komt in het Spaans in geslacht en getal overeen met het substantief waarop het betrekking heeft. Van de adjectieven die eindigen op -o, verandert de slotklinker in het vrouwelijke -a.

Bijvoeglijke naamwoorden die eindigen op -án, -ín, -ón, -or, -ete, ote, en nationaliteitsaanduidingen op -ol, -és en -uz krijgen in het vrouwelijk -a, b.v. *conservadora*. De overige adjectieven, ook die op -e (behalve bovengenoemde), ondergaan in het vrouwelijk geen verandering.

De adjectieven *bueno, malo, primero, tercero, postrero, alguno, ninguno, uno* verliezen de uitgang -o als zij vóór een mannelijk zelfstandig naamwoord in het enkelvoud komen te staan. Het adjectief *grande* verliest de uitgang -de vóór een mannelijk én vóór een vrouwelijk zelfstandig naamwoord in het enkelvoud.

III.-3. Het zelfstandig naamwoord (substantief)

III.-3.1. Meervoudsvorming van de naamwoorden

Voor de meervoudsvorming van de zelfstandige en bijvoeglijke naamwoorden dienen volgende regels in acht te worden genomen:

III.-3.1.1. <u>Woorden die op een niet-beklemtoonde klinker eindigen</u> hebben in het meervoud de uitgang -s:

la rosa - las rosas
el coche - los coches

III.-3.1.2. <u>Woorden die op een beklemtoonde klinker eindigen</u> hadden vroeger in het meervoud meestal de uitgang -es; toen waren er reeds veel uitzonderingen op die regel. In het moderne taalgebruik bestaat de neiging slechts een -s aan het enkelvoud toe te voegen. Er zijn echter een aantal woorden dat traditiegetrouw aan de -es vasthoudt. De belangrijkste daarvan zijn:

iraquí - iraquíes
israelí - israelíes

III.-3.1.3. <u>Woorden die op een medeklinker eindigen</u> hebben in het meervoud de uitgang -es:

el pintor - los pintores
el árbol - los árboles

III.-3.1.4. <u>Bij de woorden die op -s eindigen</u> onderscheidt men drie groepen:

<u>Eenlettergrepige zelfstandige naamwoorden die op -s eindigen</u> krijgen in het meervoud de uitgang -es:

el mes - los meses
el gas - los gases

<u>Zelfstandige naamwoorden van meer dan één lettergreep die op -s eindigen en waarvan de laatste lettergreep niet wordt beklemtoond</u> ondergaan in het meervoud geen verandering:

la crisis - las crisis
el miércoles - los miércoles

<u>Zelfstandige naamwoorden van meer dan één lettergreep waarvan de laatste lettergreep beklemtoond wordt en op -s eindigt</u> krijgen in het meervoud de uitgang -es:

el francés - los franceses
el compás - los compases

III.-3.1.5. <u>Bij vreemde woorden die nog niet verspaanst zijn</u> krijgt de meervoudsvorm meestal slechts de uitgang -s:

club - clubs
cártel - cártels

III.-3.1.6. <u>De samengestelde zelfstandige naamwoorden waarvan de bestanddelen tot één woord zijn samengesmolten</u> krijgen de meervoudsuitgang in de regel alleen achter het tweede deel van de samenstelling. Ze kunnen in twee groepen worden verdeeld:

<u>Zelfstandige naamwoorden die niet op -s eindigen</u> krijgen de uitgang -s of -es. De uitgang wordt in dit geval bepaald door bovengenoemde regels:

el ferrocarril - los ferrocarriles
el sordomudo - los sordomudos

<u>Zelfstandige naamwoorden waarvan het tweede deel van de samenstelling zelf reeds de meervoudsuitgang heeft</u> ondergaan geen verandering:

el sacacorchos - los sacacorchos
el rascacielos - los rascacielos

III.-4. HET AANWIJZEND VOORNAAMWOORD

Het Spaans onderscheidt drie vormen:

- *este* dient om zelfstandigheden aan te wijzen die zich dichtbij de spreker bevinden.
- *ese* dient om zelfstandigheden aan te wijzen die zich dichtbij de toegesprokene bevinden.
- *aquel* dient om zelfstandigheden aan te wijzen die zich verderaf bevinden.

		dichtbij	niet dichtbij	verderaf
enkelvoud	Mannelijk	este	ese	aquel
	Vrouwelijk	esta	esa	aquella
meervoud	Mannelijk	estos	esos	aquellos
	Vrouwelijk	estas	esas	aquellas

III.-4.1. Het bezittelijk voornaamwoord

	enkelvoud		meervoud	
	onbeklemtoond	beklemtoond	onbeklemtoond	beklemtoond
	Masc/Fem	Masc/Fem	Masc/Fem	Masc/Fem
enkelvoud				
1ª pers	mi	mío,-a	mis	míos,-as
2ª pers	tu	tuyo,-a	tus	tuyos,-as
3ª pers	su	suyo,-a	sus	suyos,-as
meervoud				
1ª pers	nuestro, a	nuestro,-a	nuestros,-as	nuestros,-as
2ª pers	vuestro,-a	vuestro,-a	vuestros, as	vuestros,-as
3ª pers	su	suyo,-a	sus	suyos,-as

De onbeklemtoonde vorm van het bezittelijk voornaamwoord staat altijd vóór het zelfstandig naamwoord; de beklemtoonde vorm kan worden gebruikt a) zonder lidwoord en substantief, d.w.z. predikatief, b) zonder substantief maar met bepaald lidwoord of c) achter het zelfstandig naamwoord.

III.-5. DE BELEEFDHEIDSVORM

Het Spaanse equivalent van de beleefde vorm *u* luidt **usted** (afkorting **Vd.**) voor de derde persoon enkelvoud en **ustedes** (afkorting **Vds**.) voor de derde persoon meervoud.

III.-6. Vragende voornaamwoorden

Wat?	¿Qué?	Hoe?	¿Cómo?
Welk(e)?	¿Qué?	Hoeveel?	¿Cuánto?
Wat voor (een)?	¿Qué tipo de?	Waar?	¿Dónde?
Wie?	¿Quién?	Wanneer?	¿Cuándo?

III.-7. Het werkwoord

III.-7.1. De vervoeging van de hulpwerkwoorden

Het Spaans kent de volgende hulpwerkwoorden: **ser** (werkwoord van de lijdende vorm) en **haber** (gebruikt voor de vorming van de voltooide werkwoordstijden).

Haber

a) Onvoltooide tijden

Gerundio: habiendo   **Participio:** habido

Indicativo

Presente	Imperf.	Pret. indef.	Futuro imp.	Condicional
he	había	hube	habré	habría
has	habías	hubiste	habrás	habrías
ha	había	hubo	habrá	habría
hemos	habíamos	hubimos	habremos	habríamos
habéis	habíais	hubisteis	habréis	habríais
han	habían	hubieron	habrán	habrían

Subjuntivo

Presente	Imperfecto	Futuro imp.	Imperativo	
haya	hubiera/hubiese	hubiere		
hayas	hubieras/hubieses	hubieres	he	
haya	hubiera/hubiese	hubiere	haya	
hayamos	hubiéramos/hubiésemos	hubiéremos	hayamos	
hayáis	hubierais/hubieseis	hubiéreis	habed	
hayan	hubieran/hubiesen	hubieren	hayan	

b) Voltooide tijden

De structuur van de voltooide tijden is **hulpwerkwoord + voltooid deelwoord van het zelfstandige werkwoord**

Indicativo	
Pret. perfecto:	he/has/ha... + habido
Pret. pluscuamperfecto:	había/habías/había... + habido
Pret. anterior:	hube/hubiste/hubo... + habido
Futuro perfecto:	habré/habrás/habrá... + habido
Condicional compuesto:	habría/habrías/habría... +habido

Subjuntivo	
Pret. perfecto:	haya/hayas/haya... + habido
Pret. pluscuamperfecto:	hubiera-hubiese/hubieras-hubieses/hubiera-hubiese... + habido
Futuro perfecto:	hubiere/hubieres/hubiere... + habido

Ser

a) Onvoltooide tijden

Gerundio: siendo   **Participio:** sido

Indicativo				
Presente	Imperf.	Pret. indef.	Futuro imp.	Condicional
soy	era	fui	seré	sería
eres	eras	fuiste	serás	serías
es	era	fue	será	sería
somos	éramos	fuimos	seremos	seríamos
sois	erais	fuisteis	seréis	seríais
son	eran	fueron	serán	serían

Subjuntivo

Presente	Imperfecto	Futuro imp.	Imperativo
sea	fuera/fuese	fuere	
seas	fueras/fueses	fueres	sé
sea	fuera/fuese	fuere	sea
seamos	fuéramos/fuésemos	fuéremos	seamos
seáis	fuerais/fueseis	fuereis	sed
sean	fueran/fuesen	fueren	sean

b) Voltooide tijden

Indicativo

Pret. perfecto:	he/has/ha... + sido
Pret. pluscuamperfecto:	había/habías/había... + sido
Pret. anterior:	hube/hubiste/hubo... + sido
Futuro perfecto:	habré/habrás/habrá... + sido
Condicional compuesto:	habría/habrías/habría... + sido

Subjuntivo

Pret. perfecto:	haya/hayas/haya... + sido
Pret. pluscuamperfecto:	hubiera-hubiese/hubieras-hubieses/hubiera-hubiese... + sido
Futuro perfecto:	hubiere/hubieres/hubiere... + sido

III.-7.2. De vervoeging van de regelmatige werkwoorden

In het Spaans onderscheidt men, afhankelijk van de uitgang, drie groepen van regelmatige werkwoorden:

Groep I: werkwoorden die eindigen op **-ar**
Groep II: werkwoorden die eindigen op **-er**
Groep III: werkwoorden die eindigen op **-ir**

Groep I, vervoeging op -ar:

a) Onvoltooide tijden

amar

Gerundio: amando **Participio:** amado

Indicativo

Presente	Imperf.	Pret. indef.	Futuro imp.	Condicional
amo	amaba	amé	amaré	amaría
amas	amabas	amaste	amarás	amarías
ama	amaba	amó	amará	amaría
amamos	amábamos	amamos	amaremos	amaríamos
amáis	amabais	amasteis	amaréis	amaríais
aman	amaban	amaron	amarán	amarían

Subjuntivo

Presente	Imperfecto	Futuro imp.	Imperativo	
ame	amara/amase	amare		
ames	amaras/amases	amares	ame	
ame	amara/amase	amare	ame	
amemos	amáramos/amásemos	amáremos		amemos
améis	amarais/amaseis	amareis		amad
amen	amaran/amasen	amaren		amen

b) Voltooide tijden

Indicativo

Pret. perfecto:	he/has/ha... + amado
Pret. pluscuamperfecto:	había/habías/había... + amado
Pret. anterior:	hube/hubiste/hubo... + amado
Futuro perfecto:	habré/habrás/habrá... + amado
Condicional compuesto:	habría/habrías/habría... + amado

Subjuntivo

Pret. perfecto:	haya/hayas/haya... + amado
Pret. pluscuamperfecto:	hubiera-hubiese/hubieras-hubieses/hubiera-hubiese... + amado
Futuro perfecto:	hubiere/hubieres/hubiere... + amado

Groep II, vervoeging op -er

a) Onvoltooide tijden

temer

Gerundio: temiendo   **Participio:** temido

Indicativo

Presente	Imperf.	Pret. indef.	Futuro imp.	Condicional
temo	temía	temí	temeré	temería
temes	temías	temiste	temerás	temerías
teme	temía	temió	temerá	temería
tememos	temíamos	temimos	temeremos	temeríamos
teméis	temíais	temisteis	temeréis	temeríais
temen	temían	temieron	temerán	temerían

Subjuntivo

Presente	Imperfecto	Futuro imp.	Imperativo
tema	temiera/temiese	temiere	
temas	temieras/temieses	temieres	teme
tema	temiera/temiese	temiere	tema
temamos	temiéramos/temiésemos	temiéremos	temamos
temáis	temierais/temieseis	temiereis	temed
teman	temieran/temiesen	temieren	teman

b) Votooide tijden

Indicativo

Pret. perfecto:	he/has/ha... + temido
Pret. pluscuamperfecto:	había/habías/había... + temido
Pret. anterior:	hube/hubiste/hubo... + temido
Futuro perfecto:	habré/habrás/habrá... + temido
Condicional compuesto:	habría/habrías/habría... + temido

Subjuntivo

Pret. perfecto:	haya/hayas/haya... + temido
Pret. pluscuamperfecto:	hubiera-hubiese/hubieras-hubieses/hubiera-hubiese... + temido
Futuro perfecto:	hubiere/hubieres/hubiere... + temido

Groep III, vervoeging op -ir

a) Onvoltooide tijden

vivir

Gerundio: viviendo   **Participio:** vivido

Indicativo

Presente	Imperf.	Pret. indef.	Futuro imp.	Condicional
vivo	vivía	viví	viviré	viviría
vives	vivías	viviste	vivirás	vivirías
vive	vivía	vivió	vivirá	viviría
vivimos	vivíamos	vivimos	viviremos	viviríamos
vivís	vivíais	vivisteis	viviréis	viviríais
viven	vivían	vivieron	vivirán	vivirían

Subjuntivo			
Presente	Imperfecto	Futuro imp.	Imperativo
viva	viviera/viviese	viviere	
vivas	vivieras/vivieses	vivieres	vive
viva	viviera/viviese	viviere	viva
vivamos	viviéramos/viviésemos	viviéremos	vivamos
viváis	vivierais/vivieseis	viviereis	vivid
vivan	vivieran/viviesen	vivieren	vivan

b) Voltooide tijden

Indicativo	
Pret. perfecto:	he/has/ha... +vivido
Pret. pluscuamperfecto:	había/habías/había... +vivido
Pret. anterior:	hube/hubiste/hubo... + vivido
Futuro perfecto:	habré/habrás/habrá... + vivido
Condicional compuesto:	habría/habrías/habría... + vivido

Subjuntivo	
Pret. perfecto:	haya/hayas/haya... + vivido
Pret. pluscuamperfecto:	hubiera-hubiese/hubieras-hubieses/hubiera-hubiese... + vivido
Futuro perfecto:	hubiere/hubieres/hubiere... + vivido

III.-7.3. De belangrijkste onregelmatige werkwoorden

dar

Pres. Indicativo	Pres. Subjuntivo	Pret. Indefinido	Imperativo
doy	dé	di	
das	des	diste	da
da	dé	dio	dé
damos	demos	dimos	demos
dais	deis	disteis	dad
dan	den	dieron	den

decir

Gerundio: diciendo **Participio:** dicho

Pres. Indicativo	Pret. Indefinido	Fut. Imperfecto	Imperativo
digo	dije	diré	
dices	dijiste	dirás	di
dice	dijo	dirá	diga
decimos	dijimos	diremos	digamos
decís	dijisteis	diréis	decid
dicen	dijeron	dirán	digan

escribir

Participio: escrito

hacer

Participio: hecho

Pres. Indicativo	Pret. Indefinido	Fut. Imperfecto	Imperativo
hago	hice	haré	
haces	hiciste	harás	haz
hace	hizo	hará	haga
hacemos	hicimos	haremos	hagamos
hacéis	hicisteis	haréis	haced
hacen	hicieron	harán	hagan

ir

Gerundio: yendo

Pres. Indicativo	Pret. Indefinido	Pret. Imperfecto	Pres. Subj.
voy	fui	iba	vaya
vas	fuiste	ibas	vayas
va	fue	iba	vaya
vamos	fuimos	íbamos	vayamos
vais	fuisteis	ibais	vayáis
van	fueron	iban	vayan

Imperativo: ve, vaya, vamos, id, vayan

poder

Gerundio: pudiendo

Pres. Indicativo	Pret. Indefinido	Fut. Imperfecto
puedo	*pude*	*podré*
puedes	*pudiste*	*podrás*
puede	*pudo*	*podrá*
podemos	*pudimos*	*podremos*
podéis	*pudisteis*	*podréis*
pueden	*pudieron*	*podrán*

querer

Pres. Indicativo	Pret. Indefinido	Fut. Imperfecto
quiero	*quise*	*querré*
quieres	*quisiste*	*querrás*
quiere	*quiso*	*querrá*
queremos	*quisimos*	*querremos*
queréis	*quisisteis*	*querréis*
quieren	*quisieron*	*querrán*

romper

Participio: roto

saber

Pres. Indicativo	Pret. Indefinido	Fut. Imperf.	Pres. Subjuntivo
sé	supe	sabré	sepa
sabes	supiste	sabrás	sepas
sabe	supo	sabrá	sepa
sabemos	supimos	sabremos	sepamos
sabéis	supisteis	sabréis	sepáis
saben	supieron	sabrán	sepan

salir

Pres. Indicativo	Futuro Imperfecto	Imperativo
salgo	saldré	
sales	saldrás	sal
sale	saldrá	salga
salimos	saldremos	salgamos
salís	saldréis	salid
salen	saldrán	salgan

traer

Gerundio: trayendo   **Participio:** traído

Presente Indicativo	Pretérito Indefinido
traigo	traje
traes	trajiste
trae	trajo
traemos	trajimos
traéis	trajisteis
traen	trajeron

venir

Gerundio: viniendo

Pre. Indicativo	Pret. Indefinido	Fut. Imperfecto	Imperativo
vengo	*vine*	*vendré*	
vienes	*viniste*	*vendrás*	*ven*
viene	*vino*	*vendrá*	*venga*
venimos	*vinimos*	*vendremos*	*vengamos*
venís	*vinisteis*	*vendréis*	*venid*
vienen	*vinieron*	*vendrán*	*vengan*

ver

Gerundio: viendo **Participio:** visto

Pre. Indicativo	Pret. Indefinido	Pret. imperfecto
veo	*vi*	*veía*
ves	*viste*	*veías*
ve	*vio*	*veía*
vemos	*vimos*	*veíamos*
veis	*visteis*	*veíais*
ven	*vieron*	*veían*

volver

Participio: vuelto

Pre. Indicativo
vuelvo
vuelves
vuelve
volvemos
volvéis
vuelven

A

a 1. aan ~ *la derecha* aan de rechterkant; 2. naar, in, tot *llegar ~ Madrid* in Madrid aankomen, *ir ~ casa/al cine* naar huis, de bioscoop gaan; 3. om, op *(tijd)* ~ *las cinco* om vijf uur, ~ *medianoche* om middernacht; 4. te, met *(manier)* ~ *pie* te voet, ~ *mano* met de hand; 5. + lijd vw *(persoon)* onvertaald: *vi ~ mi tía* ik zag mijn tante

ábaco *m* telraam *het*

abad *m* abt; **~ía** *v* abdij(kerk); pastorie

abajo 1. naar beneden; 2. beneden; *hacia* ~ neerwaarts

abalanzarse *fig* z. storten (**sobre** op); afstormen (**a, hacia** op)

abalizar *vt nav* van bakens voorzien

abanderado,-a *m/f* vaandeldra(a)g(st)er, aanvoer(st)er

abandon/ado,-a *adj* 1. *ser* ~ onverzorgd, verlopen; 2. *estar* ~ verlaten; **~ar** *vt* verlaten, achterlaten, in de steek laten, opgeven; **~arse** z. verwaarlozen, z. overleveren (**a** aan)

abanico *m* 1. waaier; 2. *fig* gamma

abarata/miento *m* prijsverlaging; **~r** *vt* goedkoper maken; **~rse** goedkoper worden

abarcar *vt* omvatten; beslaan, bestrijken

abarrot/ado,-a *adj* stampvol, afgeladen; **~ar** *vt (ruimte)* tot de nok toe vullen; volstoppen (**de** met)

abastec/edor,-a *m/f* leverancier; **~er** *vt* bevoorraden, (toe)leveren; voorzien (**de, con** van); **~erse** z. van het nodige voorzien; **~imiento** *m* bevoorrading

abate *m* abbé

abatible *adj m/f* neer-, in-, op-, uitklapbaar

abati/do,-a *adj* verslagen, teneergeslagen; **~miento** *m* verslagenheid, moedeloosheid; **~rse** de moed verliezen; z. laten verwurmen (**a, ante** door)

abdica/ción *f (troon)* afstand; *vi (v. troon)* afstand doen

abdom/en *m* buikholte, (onder)buik; **~inal** *adj m/f* buik-

abecedario *m* abc *het*, alfabet *het*

abej/a *f zool* bij; **~orro** *m* hommel

aberración *f* afwijking; vergissing, misvatting

abertura *f* 1. opening; 2 *fig* open(hartig)heid

abeto *m bot* spar

abierto,-a *adj (o. fig)* open, geopend

abisal *adj m/f* diepzee-

abismal *adj m/f* onmetelijk, enorm (groot)

abjura/ción *f* afzwering; **~r** *vt* afzweren

ablación *f* verwijdering (*v. lichaamsdeel*)

ablandamiento

ablanda/miento *m* het week, zacht worden/maken; **~r** *vt* week, zacht maken; *fig* kalmeren, vermurwen; **~rse** week, zacht worden; *fig* z. laten vermurwen

ablución *f* (rituele) reiniging, ablutie

abnegación *f* opoffering, onbaatzuchtigheid; **~do,-a** *adj* onzelfzuchtig

aboca/do,-a *adj* 1. halfzoet (*v. wijn*); 2. *fig* vlakbij, gedoemd (**a** te); **~r** **1.** *vt* overgieten, dichtbij brengen; **2.** *vi* leiden (**a** tot)

abochornado,-a *adj* beschaamd

abofetear *vt* in het gezicht slaan

aboga/do,-a *m/f* advocaat,-cate, raadsman,-vrouwe; **~do del Estado** landsadvocaat; **~do de oficio** pro deo advocaat; **~r** *vi* bepleiten, pleiten (**por** voor)

abolengo *m* (adellijke) komaf

aboli/ción *f* afschaffing; **~cionismo** *m* abolitionisme; **~cionista** *m* abolitionist; **~r** *vt* afschaffen, herroepen

aboll/ado,-a *adj* gedeukt; **~adura** *f* deuk

abomina/ble *adj m/f* weerzinwekkend, afschuwelijk; **~ción** *f* walging, afschuw; **~r** *vt* walgen van, verafschuwen

abon/ado,-a **1.** *m/f* abonnee; **2.** *adj* betaald, voldaan; **~ar** *vt* betalen, voldoen; (be)mesten; **~se** z. abonneren (**a** op); **~o** *m* 1. *agr* mest; 2. abonnement *het*; 3. *banc* betaling; **nota de ~o** creditnota

aborda/ble *adj m/f* 1. toegankelijk, aanspreekbaar; 2. (*prijs*) redelijk; **~je** *m* (het) enteren, vastmaken; **~r** *vt* 1. aanvaren, aanleggen; 2. *fig* aanspreken, aansnijden

aborigen *m/f* autochtoon, inboorling(e)

aborrec/er *vt* verafschuwen, verfoeien; **~ible** *adj m/f* weerzinwekkend; **~imiento** *m* afkeer, weerzin

abort/ar **1.** *vt* voortijdig afbreken; **2.** *vi* een miskraam hebben; aborteren; **~o** *m* 1. miskraam, abortus; 2. *fig* misbaksel *het*, wangedrocht *het*

abrasa/dor,-a *adj* verzengend, gloeiend; **~r** **1.** *vt* verzengen, (uit)bijten, verteren; **2.** *vi* gloeiend heet zijn; **~rse** verbranden, verteerd worden

abrasivo,-a *adj* (af)schurend, bijtend

abraz/ar *vt* omarmen, omvatten, omhelzen; **~o** *m* omhelzing, omarming

abre/botellas *m* flesopener; **~cartas** *m* briefopener; **~latas** *m* blikopener

abreva/dero *m* drenkplaats; **~r** *vt* drenken

abrevia/ción *f* afkorting; verkorting, verkorte versie; **~r** *vt* ver-

korten, afkorten; **~tura** *f* afkorting
abridor *m* opener; *~ de ostras* oestermesje
abrig/ado,-a *adj* warm gekleed; **~ar** *vt* ; warm inpakken, beschutten (**de** tegen); **~arse** z. warm kleden; **~o** *m* 1. mantel, jas; 2. bescherming
abril *m* april
abrir 1. *vt* openen; openmaken, opendoen; 2. *vi* opengaan; **~se** opengaan, z. openen
abrocha/dor *m* knopehaakje *het*; **~r** *vt* dichtknopen, vastmaken; **~rse** dichtknopen, vastmaken
abrojo *m bot* soort distel
abruma/dor,-a *adj* overstelpend; overladen; **~r** *vt* 1. overweldigen, overstelpen; 2. verwarren
abrupto,-a *adj* 1. abrupt, kortaf; 2. steil; oneffen
absceso *m* abces *het*, ettergezwel *het*, zweer
absenta *f bot* alsem, absint
absentismo *m* absenteïsme *het*, verzuim *het*
absolu/ción *f* 1. *relig* absolutie, vergeving; 2. *jur* vrijspraak; **~to,-a** *adj* absoluut, volledig; **en ~** geenszins, helemaal niet
absolver *vt* 1. *jur* vrijspreken; 2. (*plicht*) ontheffen (**de** van)
absor/ber *vt* absorberen, opnemen; **~ción** *f* 1. absorptie; 2. overname (*v. bedrijf*)

abstemio,-a *m/f* geheelonthoud(st)er
absten/ción *f* abstinentie; stemonthouding; **~erse** z. onthouden (**de** van)
abstinencia *f* (vrijwillige) onthouding
abstrac/ción *f* abstractie; verstrooidheid
abstraer *vt* abstraheren, los zien van; **~se** in gedachten verzinken
abstraído,-a *adj* in gedachten verzonken
absurdo,-a *adj* absurd, dwaas
abuche/ar *vt* uitjoelen, uitfluiten; **~o** *m* uitfluiting, boegeroep *het*
abuel/a *f* grootmoeder, oma; **~o** *m* grootvader, opa; **~os** *mpl* grootouders *pl*
abulta/do,-a *adj* groot, volumineus; **~r** **1.** *vi* veel ruimte innemen, volumineus zijn; **2.** *vt* overdrijven, aandikken, opblazen
abundan/cia *f* overvloed, weelde; *en ~cia* in overvloed, volop; **~te** *adj m/f* overvloedig
aburri/do,-a *adj* vervelend, saai; verveeld; *estar ~do* z. vervelen; **~miento** *m* verveling, landerigheid; **~r** *vt* vervelen; **~rse** z. vervelen; genoeg krijgen (**de** van)
abus/ar *vi* (**de**) misbruiken; **~ivo** excessief, buitensporig (*v. prijs*), onbillijk; **~o** *m* misbruik *het*

acá hier(heen)

acaba/do,-a 1. adj voltooid, klaar, gereed; **2.** s/m afwerking; **~r 1.** vt beëindigen, voltooien, afmaken; **2.** vi 1. aflopen, eindigen; 2. net klaar zijn (**de + inf** met); 3. een eind maken (**con** aan)

acacia f bot acacia

academia f 1. academie; 2. particulier opleidingsinsituut het; **~ militar** militaire academie

académico,-a 1. adj academisch, school- ; **2.** m/f lid het v. een academie

acaecer vi gebeuren, voorvallen

acallar vt tot zwijgen (bedaren) brengen

acalora/do,-a adj 1. heet; 2. opgewonden, verhit; **~miento** m 1. warmte; 2. opwinding; **~r** vt 1. verhitten; 2. opwinden; **~rse** 1. rood worden, het warm krijgen; 2. opgewonden raken

acampar vi bivakkeren; kamperen

acantilado 1.-a adj steil, klipachtig; **2.** m steile kust, klip

acapara/dor,-a m/f hebberd; hamsteraar(ster); **~miento** m het hamsteren; **~r** vt 1. hamsteren, opkopen; 2. z. meester maken van

acariciar vt 1. aaien, liefkozen; 2. (gedachte) koesteren

ácaro m zool mijt

acarrear vt met z. meebrengen, veroorzaken; **~se** z. op de hals halen

acaso misschien; **por si ~** voor alle zekerheid

acatar vt gehoorzamen; eerbiedigen

acatarr/ado,-a adj verkouden; **~arse** verkouden worden

acaudalado,-a adj kapitaalkrachtig, vermogend

acceder vi toegeven (**a** aan) instemmen met; gehoor geven, inwilligen

acce/sible adj m/f toegankelijk, bereikbaar (**a** voor); **~sión** f toestemming

acceso m toegang

accesorio m accessoire; **~s** mpl toebehoren, benodigdheden pl

accident/ado,-a adj heuvelachtig, bergachtig; veelbewogen; **~al** adj m/f toevallig; bijkomstig; waarnemend; **~e** m ongeluk het; toevalligheid; **~e de trabajo** arbeids-, bedrijfsongeval het

acción f 1. handeling, daad; 2. werking; 3. econ aandeel het

accion/ar vt in werking stellen, aandrijven; **~ista** m/f econ aandeelhoud(st)er

acebo m bot hulst, beshulst

acechar vt bespieden; loeren, azen op

acedera f bot (veld)zuring

aceite m olie; **~ de broncear** zonnebrandolie; **~ de girasol** zon-

nebloemolie; **~ de oliva** olijfolie; **~ vegetal** plantaardige olie; **~ra** f olieflesje het; **~ro** v/d olie; olie-
aceitoso,-a adj oliehoudend
aceitun/a f olijf; **~ero** m olijvenoogster, olijvenverkoper; **~o** m olijfboom
acelera/ción f versnelling; **~dor** m gaspedaal; versnelling; **~r** vt versnellen; optrekken
acelga f bot snijbiet
acent/o m 1. accent, 2. nadruk; **~uar** vt accentueren; benadrukken
acepción f betekenis
acept/able adj m/f acceptabel, aanvaardbaar; **~ación** f acceptatie, goedkeuring, succes; **~ar** vt accepteren, aanvaarden, aannemen
acera f trottoir het, stoep
acerbo,-a adj 1. scherp, bijtend; 2. fig wreed, bitter
acerca de prep omtrent, over, aangaande
acerca/miento m (toe)nadering; **~r** vt dichterbij brengen; **~se** 1. dichterbij komen; 2. gaan (**a** naar), naderen
acerería f staalfabriek
acero m staal; **~ inoxidable** roestvrij staal
acert/ado,-a adj geslaagd; terecht; raak; **~ar** vt 1. raak schieten; 2. een juiste keus doen; 3. het raden; **~ijo** m raadsel het

acervo m 1. berg, hoop; 2. gemeenschappelijke boedel; erfgoed het
achacar vt toeschrijven (**a** aan); aanwrijven
achaque m kwaal, kwaaltje het
achicharrar vt (ver)schroeien, verbranden; **~se** verbranden; stikken van hitte
achicoria f bot, gastr cichorei
achuch/ar vt 1. ophitsen; 2. stevig knuffelen; **~ón** m 1. douw; 2. knuffel
aciago,-a adj rampzalig, onheilspellend
aciano m bot korenbloem
acicalar vt poetsen; gladschuren; optooien **~se** z. optooien, z. opdoffen
acidez f zuurgraad; (maag)zuur het
ácido,-a 1. m 1. zuur het; 2. LSD; **2.** adj zuur
acierto m 1. (het) raken, voltreffer, 2. fig schot in de roos, goede keus; 2. tact, bekwaamheid
aclama/ción f gejubel het, bijval; **~r** vt toejuichen, bejubelen
aclara/ción f opheldering, verduidelijking, uitleg; **~r** vt 1. toelichten, verduidelijken; 2. uitspoelen; 3. verdunnen
aclimata/ción f acclimatisatie; **~r** vt acclimatiseren; **~rse** acclimatiseren, wennen
acné f acné, jeugdpuistjes pl

acobardado 384

acobarda/do,-a *adj* bang; **~r** *vt* bang maken, intimideren; **~rse** afgeschrikt worden

acod/ado,-a *adj* gebogen; **~arse** met de ellebogen steunen (**en op**)

acogedor,-a *adj* 1. gastvrij; 2. gezellig, sfeervol

acog/er *vt* opnemen, opvangen, onderbrengen; **~ida** *f* opname; ontvangst

acogollar 1. *vt bot* afdekken; **2.** *vi* uitbotten; **~se** uitlopen, uitbotten

acogotar *vt* nekken, onderdrukken **acojon/ante** *adj m/f coloq* verbazingwekkend; **~ar** *vt* bang maken, intimideren; **~o** *m* angst

acólito *m* acoliet; koorknaap, misdiendaar

acomet/er *vt* aanvallen, ondernemen; **~ida** *f* 1. aanval; 2. *electr* aansluiting

acomoda/ción *f* aanpassing; **~r** *vt* een plaats geven, bergen; aanpassen; **~rse** 1. z. aanpassen (**a** aan); 2. gemakkelijk gaan zitten

acompaña/do,-a *adj* vergezeld, niet alleen; **~miento** *m* 1. gezelschap *het*; 2. begeleiding; **~nte** *m/f* begeleid(st)er, metgezel(lin); **~ar** *vt* vergezellen, begeleiden

acomplejar *vt* een complex bezorgen; **~se** een complex krijgen

acondiciona/do,-a *adj* geschikt/ gereed gemaakt; **~miento** *m* (het) in gereedheid brengen; **~r** *vt* in gereedheid brengen

acongojar *vt* bedroeven, beklemmen

aconsejar *vt* aanraden, adviseren

acontec/er *vi* gebeuren; **~imiento** *m* gebeurtenis, voorval *het*

acopla/miento *m* koppeling; **~r** *vt* koppelen; **~rse** aan elkaar vastkoppelen

acordar *vt* afspreken, overeenkomen; **~se** z. herinneren (**de** aan); denken aan

acord/e 1. *m mús* akkoord *het*; **2.** *adj m/f* in overeenstemming (**con** met); **~eón** *m* accordeon; **~eonista** *m/f* accordeonist(e)

acoralar *vt* insluiten; in de hoek drijven

acortar *vt* ver-, in-, be- korten

acos/ar *vt* bestoken, achtervolgen; **~o** *m* het najagen, lastigvallen; **~o sexual** ongewenste intimiteiten

acostar *vt* neerleggen, naar bed brengen; **~se** 1. naar bed gaan; 2. vrijen (**con** met)

acostumbra/do,-a *adj* gewend, gewoon; **~r** *vi* wennen (**a** aan); *vi* gewend zijn, plegen; **~rse** wennen (**a** aan)

acota/do,-a *adj* verboden; **~r** *vt* beperken, afpalen, begrenzen

acre *adj m/f* (*geur*) scherp, vinnig, bijtend

acrecentar vt vermeerderen, vergroten

acredita/do,-a adj goed bekend staand; **~r** vt bewijzen, aantonen; **~rse** naam maken

acreedor,-a m/f crediteur, creditrice, schuldeiser(es)

acrobacia f acrobatiek

acróbata m/f acrobaat, acrobate

acta f 1. adm notulen, akte; 2. jur akte

actitud f houding; instelling

activación f activatie; stimulering

activ/idad f activiteit; **~ar** vt activeren; bevorderen

acto m 1. handeling; 2. plechtigheid; 3. teat akte; **en el ~** onmiddellijk

actor m acteur; komediant; jur eiser

actriz f actrice; (toneel)speelster

actuación f handelswijze; optreden het

actual adj m/f actueel; **~idad** f actualiteit

actuar 1. vt in werking stellen; 2. vi 1. handelen, te werk gaan; 2. acteren

acuar/ela f aquarel het; **~io** m aquarium het; **Acuario** m astr Waterman

acuático,-a adj v/h water, water-

acudir vi (ergens) op af gaan, heen gaan; gaan (**a** naar)

acueducto m aquaduct het

acuerdo m akkoord het, overeenkomst; **¡de ~!** okay!; **estar de ~** het eens zijn, instemmen

acumula/ción f opeenhoping, accumulatie; **~r** opeenhopen, verzamelen

acusa/ción f beschuldiging; **~do, -a 1.** adj (o. jur) beschuldigd, aangeklaagd; **2.** m/f verdachte, beklaagde; **~r** vt beschuldigen (**de** van)

acuse m: **~ de recibo** bevestiging (van ontvangst)

acústic/a f akoestiek; **~o,-a** adj akoestisch, geluids-

adapta/ción f aanpassing; **~r** vt aanpassen (**a** aan); **~rse** z. aanpassen (**a** aan)

adecua/do,-a adj geschikt, passend; **~r** vt aanpassen (**a** aan), geschikt maken voor

adelanta/do,-a adj (ver)gevorderd, voor(uit); **~miento** m inhaalmanoeuvre; **~r** vt 1. vooruitgaan; 2. transp inhalen; **~rse** voor zijn, vooruitlopen (**a** op)

adelante 1. verder(op); later; 2. **¡~!** excl binnen!

adelanto m 1. vooruitgang, snufje het; 2. voorschot het

adelgazar vi vermageren, afvallen

además bovendien; **~ de** behalve

adentro (naar) binnen

adepto,-a m/f volgeling(e), aanhang(st)er

aderezar *vt* gereedmaken; aanmaken

adeudar *vt/i* verschuldigd zijn; afschrijven

adheren/cia *f* aanhechting, aanslag; **~te** *adj m/f* (vast)plakkend, klevend

adherir *vt* plakken (**a** aan), z. hechten; **~se** z. aansluiten (**a** bij)

adhes/ión *f* adhesie; aansluiting (**a** bij); **~ivo** *m* kleefmiddel *het*, plaksel *het*; sticker

adic/ción *f* verslaving; **~to,-a 1.** *adj* verslaafd, verknocht (**a** aan); **2.** *m/f* verslaafde

adic/ión *f* toevoeging; optelling; **~ional** *adj m/f* aanvullend, extra; **~ionar** *vt* toevoegen

adiestrar *vt* trainen, oefenen; africhten

adinerado,-a *adj* vermogend, welgesteld

adiós *m* **1.** afscheid *het*; **2.** *¡~!* dag, vaarwel

aditivo,-a 1. *adj* additief; **2.** *s/m* toevoeging

adivin/anza *f* raadsel; **~ar** *vt* voorspellen, raden, vermoeden; **~o,-a** *m/f* waarzegger,-zegster

adjetivo *m ling* bijvoeglijk naamwoord *het*

adjudica/ción *f* toekenning, toewijzing; **~r** *vt* toekennen, toewijzen

Administración *f* overheid

administra/ción *f* **1.** administratie, **2.** (hoofd)bureau *het*, administratiekantoor *het*; **3.** bestuur *het*, beheer *het*; **4.** (*medicijnen*) toediening; **~dor,-a** *m/f* administrateur,-trice; beheerder,-ster; **~r** *vt* **1.** besturen, beheren; **2.** (*medicijnen*) toedienen; **~tivo,-a** *adj* administratief

admira/ble *adj m/f* bewonderenswaardig; **~ción** *f* bewondering; **~dor,-a** *m/f* bewonderaar(ster); **~r** *vt* bewonderen; **~rse** verbaasd zijn (**de** over)

admisi/ble *adj m/f* toelaatbaar, toegestaan; **~ón** *f* toelating, aanneming

admitir *vt* goedkeuren; toelaten; toegeven

adob/ar *vt* marineren; **~o** *m* marinade

adolecer *vi* lijden, mank gaan (**de** aan)

adolescen/cia *f* tienerjaren, puberteit; **~te** *m/f* tiener

adonde, adónde waarheen

adop/ción *v* aanneming, adoptie; **~tar** *vt* aannemen, adopteren; **~tivo,-a** *adj* geadopteerd

adoquín *m* straatsteen, kei

adora/ble *adj m/f* aanbiddelijk, schattig; **~ción** *f* aanbidding, verering; **~r** *vt* aanbidden

adorn/ar *vt* versieren; **~o** *m* versiering

adosa/do,-a *adj* **1.** vast(gemaakt); **2.** geschakeld; **~r** *vt* plaatsen tegen

adqui/rir vt verwerven, aanschaffen; **~sición** f verwerving; aanschaf, aankoop
adrede adv expres; met opzet
aduan/a f douane; **~ero,-a 1.** m/f douane-beambte; **2.** adj douane
adueñarse z. meester maken (**de** van)
adulter/ar vt vervalsen, knoeien met; **~ io** m overspel het, echtelijke ontrouw
adverbio m ling bijwoord
advers/ario,-a m/f tegenstand(st)er; **~idad** f tegenspoed, tegenslag; **~o,-a** adj ongunstig
advert/encia f opmerking; waarschuwing ; **~ir** vt opmerken; wijzen op, waarschuwen
aéreo,-a adj in/door de lucht, lucht-, luchtvaart-
aero/náutico,-a adj luchtvaart-; **~puerto** luchthaven ; **~sol** m aërosol, spuitbus, inhalator
afable adj m/f vriendelijk, beminnelijk
afán m 1. ijver, inzet; 2. streven het, drang
afanarse z. uitsloven; zijn best doen
afect/ar vt raken; beïnvloeden; **~ivo,-a** adj gevoels-; **~o** m genegenheid
afeitar vt (af)scheren; **~se** z. scheren
afgano,-a 1. adj Afghaans; **2.** m/f Afghaan(se)

afición f liefhebberij; hobby
aficionado,-a m/f 1. amateur; 2. liefhebber,-ster, 3. fan, supporter
afila/do,-a adj scherp; **~r** vt slijpen, scherpen
afilia/ción m aansluiting, lidmaatschap het; **~rse** lid worden (**a** van), z. aansluiten bij
afincarse z. (permanent) vestigen
afinidad f affiniteit; fig verwantschap
afirma/ción f bewering, bevestiging; **~r** vt vastzetten, beweren, bevestigen; **~tivo,-a** adj bevestigend, ja
afligi/do,-a adj diepbedroefd; **~rse** bedroefd worden, treuren
aflojar 1. vt (doen) verslappen, losdraaien
2. vi afnemen, verslappen
afluencia f toevloed, toeloop; overvloed
afonía f heesheid
afónico,-a adj hees; **estar ~** geen stem hebben
afortunad/amente gelukkig; **~o,-a** adj gelukkig
afrenta f belediging; **~r** vt krenken
África f Afrika; **~ del Sur** Zuid-Afrika
africano,-a 1. adj Afrikaans; **2.** m/f Afrikaan(se)
afrontar vt het hoofd bieden, trotseren
afta f afte, spruw

afuera buiten, naar buiten

agacharse z. bukken, voorover buigen

agarrar 1. vi wortel schieten; pakken **2.** vt (vast)pakken, (vast)grijpen

agencia f agentschap het, bureau het; **~ de viajes** reisbureau het; **~ inmobiliaria** makelaardij; **~r** vt verschaffen

agenda f agenda; dagorde

agente m/f agent(e), vertegenwoordig(st)er

ágil adj m/f beweeglijk, lenig, vlug, rap

agili/dad f lenigheid, soepelheid; **~zar** vt bespoedigen, vergemakkelijken

agita/ción f agitatie, drukte, opwinding; **~do,-a** adj gejaagd, druk; **~dor,-a** m/f agitator, onrusto(o)k(st)er; **~r** vt 1. schudden, roeren, 2. opruien

aglomeración f agglomeratie, hoop

agobi/ado,-a adj onder druk; **~ar** vt doen buigen; benauwen; **~o** m zware last, beklemming

agolparse samenstromen, z. verdringen

agonía f doodsstrijd, hevige smart

agonizante adj m/f in doodsstrijd, stervend

agosto m augustus

agota/do,-a adj 1. uitgeput; 2. uitverkocht; **~miento** m uitputting; **~r** vt 1. uitputten, opgebruiken; 2. (thema) uitputtend behandelen; **~rse** 1. uitgeput raken; 2. uitverkocht raken

agraciado-a 1. adj 1. bevallig; begiftigd (**de** met); 2. winnend; **2.** m/f de gelukkige (winnaar, winnares)

agrad/able adj m/f aangenaam; **~ar** vi behagen, aanstaan; **~ecer** vt dankbaar zijn voor, bedanken; **~cido,-a** adj dankbaar; **~decimiento** m dankbaarheid; dank

agrado m genoegen het, plezier het

agrandar vt vergroten; fig overdrijven

agrario,-a adj landbouw-, agrarisch

agrava/nte 1. adj m/f verzwarend; **2.** m/f verzwarende omstandigheid; **~r** vt verzwaren; verergeren

agravi/ar vt grieven, kwetsen; **~o** m belediging, onrecht het

agredir vt aanvallen

agrega/do,-a m/f attaché; **~r** vt toevoegen

agres/ión f agressie, aanval; **~ivo, -a** adj agressief aanvallend; **~or, -a 1.** adj aanvallend, **2.** m/f aanvaller, aanvalster, agressor

agrícola adj m/f landbouw-, agrarisch

agricult/or,-a m/f boer(in), landbouw(st)er; **~ura** f landbouw

aislante

agridulce *adj m/f* zoetzuur
agrio,-a *adj* zuur, wrang
agr/onomía *f* landbouwkunde; **~ónomo,-a** *m/f* landbouwkundige
agrupa/ción *f* groepering, samenscholing; **~r** *vt* groeperen, samenvoegen; **~rse** *z.* groeperen, bijeenkomen
agua *f* water *het*; **~ de Colonia** eau de cologne; **~ corriente** stromend water *het*; **~ del grifo** leidingwater *het*; **~ mineral** mineraalwater *het*; **~ potable** drinkwater *het*; **~s residuales** rioolwater *het*
aguacate *m bot* avocado
agua/cero *m* plensbui, stortbui; **~fiestas** *m/f* spelbre(e)k(st)er
aguanieve *f* natte sneeuw
aguantar 1. *vt* vasthouden, doorstaan, verdragen, standhouden; **2.** *vi* volhouden; **~se** *z.* bedwingen, niets laten merken
aguard/ar *vt/i* afwachten; te wachten staan; **~iente** *m* brandewijn, sterke drank
aguarrás *m* terpentijn(olie)
agud/eza *f* scherpte, scherpzinnigheid; **~o,-a** *adj* scherp, scherpzinnig, geestig
aguijón *m* prikkel, angel; stimulans
águila *f zool* arend, adelaar
aguja *f* 1. naald, 2. haarspeld; 3. kompasnaald; **~etas** *fpl* spierpijn; **~erear** *vt* perforeren; **~ero**

m gat *het*; **~ero de ozono** gat *het* in de ozonlaag
ahí daar(ginds); **por ~** daar ergens
ahija/do,-a *m/f* petekind *het*; pleegkind *het*; **~r** *vt* 1. adopteren; 2. verwijten, aanwrijven
ahincado,-a *adj* ijverig, vurig; doeltreffend
ahoga/do,-a *adj* benauwd; **~r** *vt* wurgen, verstikken; **~rse** verdrinken, stikken
ahondar *vt/i* 1. verdiepen, 2. dieper doordringen, z. verdiepen (**en** in)
ahora nu, dadelijk; **~bien** welnu; **~ mismo** nu meteen; **por ~** voorlopig
ahorcar *vt* ophangen **~se** *z.* ophangen
ahorr/ar *vt* 1. sparen, 2. bezuinigen; **~o** *m* het sparen; bezuiniging; **~os** *mpl* spaargeld *het*
ahuma/do,-a *adj* gerookt; **~r** *vt* roken, met rook vullen
ahuyentar *vt* verdrijven, wegjagen
aire *m* 1. lucht, wind, tocht; **~ acondicionado** airconditioning; **~ libre** buitenlucht; 2. air; 3. **~s** allure, verwaandheid; 4. *mús* melodie, deuntje *het*
airoso,-a *adj* succesvol, zwierig; **salir ~** er goed van af komen, met succes volbrengen
aisla/do,-a *adj* geïsoleerd, afzonderlijk; **~miento** *m* isolement; **~nte 1.** *adj m/f* isolerend; **2.** *m*

aislar 390

isolering, isolatiemateriaal *het*; **~r** *vt* isoleren, afzonderen; **~rse** z. afzonderen

ajedrez *m* schaakspel *het*, het schaken

ajeno,-a *adj* 1. van een ander, andermans; 2. vreemd (**a** aan), afzijdig van

ajetreo *m* drukte, rompslomp

aj/illo *m*: **al ~** met knoflook(saus); **~o** *m* knoflook

ajuar *m* 1. uitzet; 2. huisraad, inboedel

ajusta/do,-a *adj* strak, nauw; afgestemd (**a** op); **~r** *vt* afstellen; aanpassen (**a** aan), afstemmen op; **~se** z. richten (**a** naar); stroken met

ajusticiar *vt* terechtstellen

ala *f* 1. vleugel; 2. rand, (uitschuif) blad *het*

Alá *m* Allah

alaba/nza *f* lof(uiting); **~r** *vt* loven, prijzen

alacrán *m* schorpioen

alambr/ado *m* afrastering, draadversperring; **~e** *m* ijzerdraad *het*, (metaal)draad *het*

alameda *f* 1. laan; 2. *bot* populierenbos *het*

álamo *m bot* populier

alarde *m* vertoon *het*; **hacer ~** pronken (**de** met), te koop lopen met

alargar *vt* verlengen; **~se** langer worden; (steeds maar) voortduren

alarido *m* luide kreet, gil

alarma *f* alarm; **~nte** *adj m/f* alarmerend, verontrustend; **~r** *vt* alarmeren; verontrusten

alavés,-vesa v/d provincie Alava

alba *f* dageraad

albahaca *f bot* basilicum

alban/és, esa 1. *adj* Albanees; **2.** *m/f* Albaniër, Albanische; **~*ia** Albanië

albañil *m* metselaar; **~ería** *f* metselwerk *het*

albaricoque *m* abrikoos

albedrío *m* (vrije) wil; **al libre ~** naar eigen goeddunken

alberg/ar *vt* herbergen; in z. hebben; **~ue** *m* herberg; **~ue juvenil** jeugdherberg

albino,-a 1. *adj* wit gekleurd **2.** *m/f* albino

albóndiga *f* gehaktbal(letje)

albor *m* witheid; ochtendlicht *het*; **~es** *mpl* begin *het*, aanvang

albornoz *m* badmantel, badjas

alborot/ado,-a *adj* opgewonden; verhit; **~ar 1.** *vt* verontrusten, verstoren; **2.** *vi* lawaai *het* maken; opschudding veroorzaken; **~o** *m* drukte; herrie, opschudding; schrik

albufera *f* binnenzee, lagune

álbum *m* album *het*

alcachofa *f bot, gastr* artisjok

alcald/e *m* burgemeester; **~esa** *f* vrouwlijke burgemeester; **~ía** *f* burgemeestersambt *het*; gemeentehuis *het*

alcalino,-a *adj* alkalisch
alcance *m* bereik *het*, draagwijdte, reikwijdte
alcantarilla *f* riool *het*; **~do** *m* riolering
alcanzar 1. *vt* 1. bereiken, verwerven; 2. (be)grijpen **2.** *vi* voldoende zijn
alcaparra *f* kappertje *het*; (*boom*) kappertjes
alcázar *m* (middeleeuws) fort *het*, paleis *het*
alcoba *f* slaapkamer
alco/hol *m* alcohol; **~hólico,-a 1.** *adj* alcoholisch; **2.** *m/f* alcoholist(e); **~holismo** *m* alcoholisme *het*
alcornoque *m* bot kurkeik
aldea *f* dorpje *het*, gehucht *het*
alea/ción *f* legering **~r** *vt* legeren; **~torio,-a** *adj* toevallig
aleccionar *vt* onderwijzen; de les lezen
aledaño,-a *adj* aangrenzend; **~s** *mpl* omgeving
alega/ción *f* pleidooi *het*; bezwaarschrift *het*; **~r** *vt* aanvoeren; **~to** *m* betoog *het*, pleidooi *het*
aleg/oría *f* allegorie; **~órico,-a** *adj* allegorisch
alegr/ar *vt* verheugen; blij maken; **~arse** *z.* verheugen (**de** over); **~e** *adj* *m/f* vrolijk, opgewekt; **~ía** *f* vreugde, blijdschap
aleja/do,-a *adj* ver, veraf; afgezonderd (**de** van); **~miento** *m*

afstand; verwijdering; **~r** *vt* verwijderen; **~rse** *z.* verwijderen (**de** van)
¡aleluya! halleluja!; hoera!
alem/án,-ana 1. *adj* Duits; **2.** *m/f* Duitser; Duitse; **2.** *s/m ling* Duits *het*; **~*ania** *f* Duitsland
alentar *vt* bemoedigen, moed inspreken
alerta 1. *adj m/f* waakzaam, alert; **2.** *f* alarm(signaal) *het*, waarschuwing; **~r** *vt* waarschuwen
aleta *f* 1.*vin*; kleine vleugel; 2. zwemvlies *het*
alev/ín,-ina *m/f* beginneling(e); *sport* jeugdspe(e)l(st)er
alevo/sía *f* verraad *het*, ontrouw; **~so,-a 1.** *adj* verraderlijk; **2.** *m/f* verra(a)d(st)er
alfa/bético,-a *adj* alfabetisch; **~beto** *m* alfabet *het*
alfiler *m* 1. speld; 2. broche
alfombr/a *f* tapijt *het*, vloerkleed *het*; **~illa** *f* matje *het*
alga *f* alg, (zee)wier *het*
algebra *f* algebra
algo iets, een beetje *het*, wat
algodón *m* 1. katoen; 2. *bot* katoenplant; 3. watten
alguacil *m* 1. (*v. gerecht/gemeentehuis*) bode; gerechtsdienaar; 2. loper
alg/uien iemand; **~ún/uno/una** enig(e), een of ander; **~unos/unas** enkele, een paar, sommige
aliado,-a 1. *adj* geallieerd; **2.** *m/f* bondgenoot,-genote

alianza

alianza f 1. verbond het; band; 2. trouwring
aliarse een verbond aangaan; z. verenigen (**con** met)
alicates mpl tang, nijptang
aliciente m lokmiddel het, stimulans
aliena/ción f vervreemding; verstandsverbijstering; **~r** vt vervreemden
aliento m 1. adem, zuchtje het; 2. fig moed
aligerar vt verlichten; versnellen
alijo m smokkelwaar
aliment/ación f voeding; (het) voeden; **~ar** vt voeden; **~arse** z. voeden; **~o** m voedsel het; **~o para perros** hondevoer het; **~os** mpl 1. levensmiddelen pl; 2. jur alimentatie
alinea/ción f sport opstelling; **~r** vt op een rij/lijn zetten; sport opstellen
aliñ/ar vt aanmaken; **~o** m saus, dressing
alisar vt gladmaken; gelijkmaken
alisios: vientos ~ passaatwinden
alistar vt op een lijst zetten; mil ronselen; **~se** mil in dienst gaan
alivi/ar vt verlichten, verzachten; **~o** m verlichting; **¡qué ~o!** wat een opluchting!
allá daar; daarheen; **más ~** verder (**de** dan), voorbij; hiernamaals; **por ~** daar ergens
allanar vt effenen, plat maken

allegado,-a 1. adj naast, nabij; **2.** m/f familielid het; aanhang(st)er
allí daar(ginds); **por ~** daar ergens
alma f ziel, geest
alma/cén m pakhuis het, magazijn het; **grandes ~es** mpl warenhuis het; **~cenar** vt opslaan; bewaren
almeja f kleine mossel
almendr/a f amandel; **~o** m amandelboom
almibar m suikerstroop; **en ~** op siroop
almidón m stijfsel; zetmeel
almirante m/f admiraal
almohad/a f (hoofd)kussen het; **~illa** kussentje het; **~ón** m groot kussen het
almorranas fpl med aambeien pl
almorzar vt lunchen, rond de middag een maaltijd gebruiken
almuerzo m lunch, middageten het
alocado,-a adj dwaas, onverstandig
aloja/miento m onderdak, accomodatie; logies; **~r** vt huisvesten; onderdak verlenen
alpargata f touwschoen, hennepsandaal
Alpes mpl: **los ~** de Alpen
alpinis/mo m alpinisme; bergsport; **~ta** m/f bergbeklimmer,-klimster, alpinist(e)
alquil/ar vt 1. huren; 2. verhuren; **~er** m 1. huur; 2. verhuur; **~er de coches** autoverhuur

alquitrán *m* teer
alrededor om, rondom; **~es** *mpl* omgeving, omtrek
Alsacia Elzas; **~*no,-a 1.** *adj* Elzassisch; **2.** *m/f* Elzasser, Elzassische
alta *f* (*ziekenhuis*) ontslag *het*; *dar el ~ med* ontslaan; *darse de ~* z. laten inschrijven, opgeven
altamente in hoge mate, zeer
altar *m* altaar *het*
altavoz *m* luidspreker; versterker
altera/ble *adj m/f* veranderbaar; **~ción** *f* verandering, verstoring; **~r** *vt* wijzigen, verstoren; **~rse** van de wijs raken, geïrriteerd raken
altercado *m* ruzie; woordenwisseling
alterna/r *vt* (elkaar) afwisselen; **~tiva** *f* alternatief *het*; **~tivo, -a** *adj* alternatief, afwisselend
alterno,-a *adj* afwisselend, om en om
alteza *f* verhevenheid, hoogheid
altibajos *mpl* ups en downs
alti/tud *f* hoogte; **~vez** *f* arrogantie, aanmatiging; **~vo,-a** *adj* hooghartig, neerbuigend
alto,-a 1. *adj* 1. hoog; 2. (*persoon*)lang
alto 1. *adv* hard, luid; **2.** *m de ~* hoogte, lengte; **3.** *¡~!* halt!
altruis/mo *m* altruïsme *het*; **~ta 1.** *adj m/f* altruïstisch, onbaatzuchtig; **2.** *m/f* altruïst(e)
altura *f* 1. hoogte, peil *het*; (*persoon*) lengte; 2. hoge plek; 3. *fig* niveau *het*
alubia *f gastr* grote (witte) boon
alucina/ción *f* hallucinatie; **~nte** *adj m/f* huiveringwekkend; **~r** *vt* hallucineren
alud *m* 1. lawine; 2. *fig* stroom
aludi/do,-a *adj* bedoeld, genoemd; **~r** *vt* zinspelen (**a** op), verwijzen naar
alumbra/do *m* verlichting; **~miento** *m* 1. (het) verlichten; 2. bevalling **~r 1.** *vt* verlichten, bijlichten; **2.** *vi* bevallen
aluminio *m* aluminium
alumno,-a *m/f* leerling(e)
alusión *f* zinspeling, toespeling (**a** op)
alza *f* stijging; **~miento** *m* (het) verheffen; opstand; **~r** *vt* heffen, verhogen; **~rse** 1. z. verheffen; 2. in opstand komen
ama *f* bazin; *~ de casa* huisvrouw; *~ de llaves* huishoudster
ama/bilidad *f* vriendelijkheid; **~ble** *adj m/f* vriendelijk, aardig; **~do,-a** *adj* bemind(e)
amaestrar *vt* africhten, dresseren
amag/ar *vi* dreigen; **~o** *m* 1. schijnbeweging; 2 dreiging, teken *het*
amainar *vi* (*wind*) afnemen; zakken
amalgama *m* amalgaam *het*; mengeling
amamantar *vt* zogen, borstvoeding geven

amanecer 1. *m* ochtendgloren; 2. *vi* dag, (licht) worden

amanerado,-a *adj* aanstellerig, gekunsteld

amansar *vt* temmen, kalmeren

amante 1. *adj m/f* ~ **de** dol op; 2. *m/f* 1. minnaar, minnares, geliefde; 2. liefhebber,-hebster (**de** van)

amañar *vt* handig regelen; sjoemelen

amapola *f bot* klaproos

amar *vt* beminnen, houden van

amarg/ar *vt* vergallen, verbitteren; **~o,-a** *adj* bitter; **~ura** *f* verbittering

amarill/ento,-a *adj* gelig, vergeeld; **~o,-a** *adj* geel

amarr/ado *vt* vastgebonden; **~r** *vt nav* aanleggen; vastbinden

amasar *vt* 1. *gastr* kneden; 2. beramen; 3. vergaren

amazona *f* amazone, paardrijdster

ámbar *m* amber; ~ *amarillo* barnsteen

Amberes Antwerpen

ambici/ón *f* ambitie, aspiratie; **~onar** *vt* ambiëren; **~oso,-a** *adj* ambitieus

ambient/ador *m* luchtverfrisser; **~al** *adj m/f* milieu-, omgevings-; **~ar** *vt* situeren (**en** in); **~e** *m* 1. omgeving, milieu *het*; 2. sfeer

ambig/üedad *f* dubbelzinnigheid; **~uo,-a** *adj* dubbelzinnig

ámbito *m* omgeving, kring; gebied *het*

ambos, ~as beide, alle twee

ambula/ncia *f* ambulance, ziekenauto; **~nte** *adj m/f* ambulant, trekkend; **~torio** *med* 1. *adj* poliklinisch; 2. *m* groepspraktijk

amedrentar *vt* angst aanjagen

amén amen; ~ *de* behalve, bovendien

amenaza *f* dreiging; **~nte** *adj m/f* dreigend; **~r** *vt/i* dreigen; bedreigen (**con** met)

amen/izar *vt* opluisteren; **~o,-a** *adj* plezierig

América *f* Amerika *het*

americano,-a 1. *adj* Amerikaans; 2. *m/f* Amerikaan(se)

ametralla/dora *f* mitrailleur, machinegeweer *het*; **~r** *vt* beschieten (met mitrailleur)

amianto *m* asbest *het*

amigable *adj m/f* vriendschappelijk

amígdala *f* keelamandel

amigdalitis *f* amandelontsteking

amigo,-a 1. *m/f* vriend(in); 2. *adj* bevriend

aminorar *vt* (ver)minderen

amist/ad *f* vriendschap; **~ades** *fpl* vrienden(kring); **~oso,-a** *adj* vriendschappelijk

amnesia *f med* geheugenverlies *het*

amnésico,-a *adj med* lijdend aan geheugenverlies *het*

anatómico

amnistía *f* amnestie

amo,-a *m/f* baas, bazin

amoldar *vt* aanpassen, in een vorm gieten; **~se** z. schikken (**a** naar)

amonesta/ción *f* terechtwijzing, waarschuwing; **~r** *vt* vermanen, waarschuwen

amoníaco *m* ammoniak

amontonar *vt* opstapelen; vergaren

amor *m* 1. liefde; 2. geliefde; **~al** *adj m/f* amoreel

amordazar *vt* knevelen

amorfo,-a *adj* amorf, vormeloos

amor/ío *m* verliefdheid, avontuurtje *het*; **~oso,-a** *adj* lief, teder; verliefd, liefdes-

amortigua/dor *adj* dempend; 2. *m* schokbreker; **~r** *vt* dempen, temperen

amortizar *vt* 1. aflossen; 2. (*kosten*) eruit halen

amovible *adj m/f* afneembaar, uitwisselbaar

amparar *vt* beschermen (**de** tegen)

amparo *m* bescherming, steun; *al* **~** beschermd (**de** door), onder bescherming van

amplia/ción *f* uitbreiding, vergroting; **~mente** ruimschoots; **~r** *vt (o. foto)* vergroten; vermeerderen

amplifica/ción *f* 1. uitbreiding, 2. versterking; **~dor** *m mús* versterker; **~r** *vt* 1. uitbreiden, vergroten; 2. *mús* versterken

amplio,-a *adj* ruim, uitgebreid

amplitud *f* uitgebreidheid; omvang

ampolla *f* 1. ampul, flesje *het*; 2. *med* blaar

amputa/ción *f* amputatie; **~r** *vt* amputeren

amuebla/do,-a *adj* gemeubileerd, ingericht; **~ar** *vt* meubileren, inrichten

amuleto *m* amulet

amuralla/do,-a *adj* ommuurd; **~r** *vt* ommuren

anaconda *f zool* anaconda (*reuzenslang*)

anacrónico,-a *adj* anachronistisch

anal *adj m/f* anaal; **~es** *mpl* annalen, jaarboeken

analfabet/ismo *m* analfabetisme *het*; **~o,-a** *m/f* analfabeet,-bete

analgésico,-a *med* 1. *m* pijnstiller; 2. *adj* pijnstillend

análisis *m* analyse; onderzoek *het*; ontleding

anal/ista *m/f* analist(e); **~ítica** *m* laboratoriumonderzoek *het*; **~ítico,-a** *adj* analytisch; **~izar** *vt* analyseren; **~ogía** *f* analogie

análogo,-a *adj* analoog, gelijk, overeenkomstig

anaranjado,-a *adj* oranje

anar/quía *f* anarchie; **~quismo** *m* anarchisme *het*; **~quista** *m/f* anarchist(e)

anat/omía *f* anatomie; **~ómico,-a** *adj* anatomisch

ancas *fpl*: ~ **de rana** kikkebilletjes

ancestr/al *adj m/f* voorouderlijk; **~o** *m* voorouder

ancho,-a 1. *adj* breed; wijd; **2.** *s/m* breedte

anchoa *f* ansjovis

anchura *f* breedte; wijdte

ancian/a *f* oude, bejaarde vrouw; **~o** *m* oude man, bejaarde

¡anda! *excl* vooruit!; hup!; toe nou!

Andalucía *f* Andalusië *het*

andaluz,-a 1. *adj* Andalusisch; **2.** *m/f* Andalusiër, Andalusische

andar 1. *vi* 1. lopen, 2. gaan, functioneren; **2.** *vt* (*weg*) afleggen

andén *m* perron; kade

And/es *mpl*: **los ~** de Andes

andino,-a *adj* v/d Andes

anécd/ota *f* anekdote

anejo,-a 1. *adj* annex, bijbehorend; **2.** *s/m* 1. bijlage, aanhangsel *het*; 2. dependance, bijgebouw *het*

anemia *f* bloedarmoede

anest/esia *f* anesthesie, verdoving; **~esiar** *vt* verdoven; **~esista** *m/f* anesthesist(e)

anex/ar *vt* annexeren; **~ión** annexatie; **~ionar** *vt* annexeren; **~o,-a** *V.* anejo

anfiteatro *m* amfitheater *het*

anfitri/ón, ona 1. *adj* gast- **2.** *m/f* gastheer; -vrouw

ánfora *f* amfora, amfoor

ángel *m* (*relig, fig*) engel; schatje *het*

angeli/cal *adj m/f* engelachtig; **~to** *m* engeltje *het*

angina *f* angina, keelontsteking; **~ de pecho** *med* angina pectoris

angli/cano,-a *adj* Anglicaans; **~cismo** anglicisme *het*

anglosaj/ón, -ona 1. *m* Angelsaks(ische), Engelsman, Engelse; **2.** *adj* Angelsaksisch, Engels

ang/uila *f* aal, paling; **~ula** *f* glasaal(tje) *het*

angular *adj m/f* hoekig; hoek-; hoekvormig

ángulo *m* 1. hoek; 2. *fig* gezichtspunt *het*

angusti/a *f* angst; diepe droefheid; **~ado,-a** angstig; in spanning **~ar** *vt* angstig, bedroefd maken; **~arse** angstig, bedroefd worden; **~oso,-a** beklemmend, beangstigend

anhelar *vt* hevig verlangen naar

anillo *m* ring; **~ de boda** trouwring

anima/ción *f* levendigheid; **~do,-a** opgewekt; druk; **~dor,-a** *m/f* 1. conferencier,-cière; 2. animator, animatrice

animal 1. *adj m/f* dierlijk; dier-; **2.** *m* 1. dier *het*, beest *het*; 2. *fig coloq* stommeling, bruut

animar *vt* aanmoedigen, animeren, opvrolijken; **~se** in de stemming komen

ánimo *m* 1. geest, gemoed *het*; 2. ¡~! sterkte!
aniquila/miento *m* vernietiging; **~r** *vt* vernietigen
anís *m* anijs, anijslikeur
aniversario *m* verjaardag; herdenkingsdag
ano *m* anus
anoche gisteravond; **~cer** *vi* avond worden, donker worden
anodino,-a *adj* pijnstillend; onbeduidend
anomalía *f* anomalie, abnormaliteit
anónimo,-a 1. *adj* anoniem; **2.** *s/m* 1. anonymus, anoniem persoon, 2. anoniem schrijven *het*
anonimato *m* anoniemiteit
anorak *m* anorak, windjack *het* met capuchon
anormal *adj m/f* abnormaal, afwijkend
anotar *vt* noteren, opschrijven
ansi/a *f* verlangen *het*; spanning, beklemming; **~ar** *vt* hunkeren naar; **~edad** *f* spanning; beklemming; **~oso,-a** gretig; begerig (**de** naar)
antaño,-a *adj* voorheen, weleer, vroeger
Antár(c)ti/co *m* Zuidpool; **~da** *f* Zuidpool
ante 1. *m* suède; **2.** *prep* tegenover; ten overstaan van; **~ todo** in de eerste plaats
ante/ayer eergisteren; **~brazo** *m* onderarm

antece/dente 1. *adj m/f* voorafgaand; **2.** *m* antecedent(en); **~s penales** *jur* strafblad; **~der** *vt* voorafgaan aan; **~sor,-a** *m/f* voorgang(st)er
antelación: con ~ van tevoren, tijdig
antemano: de ~ van tevoren, bij voorbaat
antena *f* 1. *zool* voelspriet; 2. antenne; **~ parabólica** *tecn* schotelantenne
anteojo *m* (enkele) verrekijker; **~s** *mpl* bril
antepasado *m* voorouder; **~s** *mpl* voorgeslacht *het*
anteponer *vt* plaatsen (**a** vóór)
anterior *adj m/f* voorafgaand (**a** aan), vorig; **~idad f con ~idad** voordien; (**a**) vóór
antes 1. *adv* eerder, daarvoor, vroeger; **cuanto ~** zo snel mogelijk **2. ~ de** (*prep*) voor; **2. ~ (de) que** *conj* voordat
anticip/ación *f* (het) vooruitlopen op; **~ar** *vi* vervroegen; meedelen; vooruitbetalen **~arse** vooruitlopen (**a** op); **~o** *m* 1. voorschot *het*, 2. vooruitbetaling; 3. voorproefje *het*
anticonceptivo *m* voorbehoedsmiddel *het*
anticu/ado,-a *adj* ouderwets, verouderd; **~ario,-a** *m/f* antiquair(e)
anticuerpo *m* antistof
antídoto *m* tegengif *het*

antifaz *m* masker *het* (voor ogen)
antigüedad *f* 1. oudheid; 2. antiek *het* (voorwerp), antiquiteit; **~es** *fpl* antiek *het*
antiguo,-a oud; ouderwets; antiek
antill/ano,-a 1. *adj* Antilliaans; **2.** *m/f* Antilliaan(se); **~*as** *fpl* Antillen
antílope *f zool* antilope
antipatía *f* antipathie, afkeer
antipático,-a *adj* onsympathiek, antipathiek
antípoda *f* antipode, tegenvoeter
antirrobo *adj inv* tegen diefstal, veiligheids-
antisemita 1. *adj m/f* antisemitisch; **2.** *m/f* antisemiet(e)
antoj/arse *vt*: *se me* **~a** ik heb zin in; het komt me voor; **~o** *m* gril, bevlieging
antol/ogía *f* bloemlezing; **~ógico,-a** *adj* anthologisch, gedenkwaardig
antónimo *m* antoniem *het*, tegengestelde *het*
antorcha *f* fakkel, toorts
antro *m* grot, spelonk
antropófago *f* kanibaal, menseneter
anual *adj m/f* jaarlijks; op jaarbasis
anuario *m* jaarboek *het*, almanak
anudar *vt* vastknopen, aanknopen
anula/ción *f* annulering, opzegging; **~r 1.** *vt* annuleren, opzeggen; **2.** *adj m/f* ringvormig; **3.** *m* ringvinger
anunciar *vt* aankondigen, melden, bekendmaken
anuncio *m* aankondiging; advertentie, reclamespot
anzuelo *m* vishaak
añadi/dura *f* toevoeging; **~r** *vt* toevoegen, bijvoegen
añejo,-a *adj gastr* oud, belegen, overjarig
añicos *mpl* scherven, diggelen
año *m* jaar *het*; **~ bisiesto** schrikkeljaar *het*
añora/nza *f* heimwee, **~r** *vt* heimwee hebben naar, (terug)verlangen naar
apabullar *vt coloq* overdonderen
apacible *adj m/f* vredig, rustig
apaciguar *vt* kalmeren, tot rust brengen
apadrinar *vt* peet zijn van; beschermen
apaga/do,-a *adj* 1. gedoofd; 2. dof; 3. apathisch; **~r** *vt* uitdoen; blussen, doven
apagón *m* (plotselinge) lichtuitval
apañarse handig regelen, het redden
aparato *m* apparaat *het*, toestel *het*; **~s electrodomésticos** elektrische, huishoudelijke apparaten
aparca/miento *m* parkeerplaats; **~ subterráneo** parkeergarage

aparear *vt* 1. paren vormen; 2. doen paren
aparecer *vi* verschijnen, komen opdagen
aparent/ar *vt* voorwenden, net doen alsof; **~e** *adj m/f* schijnbaar
aparición *f* verschijning, visioen *het*
apariencia *f* schijn, uiterlijk *het*
aparta/do,-a 1. *adj* afgelegen; afgezonderd; **2.** *s/m* 1. paragraaf, alinea; 2. postbus; **~ de correos** postbus; **~mento** *m* appartement *het*, flat; **~r** *vt* wegleggen, opzij schuiven; **~se** z. verwijderen; uitwijken, uit de weg gaan
aparte opzij, weg, apart; **~ de** afgezien van, behalve; **~ de eso** afgezien daarvan; **~ de que** *conj* afgezien van het feit
apasiona/do,-a *adj* hartstochtelijk; **~miento** *m* hartstocht; **~rse** in vervoering raken
apatía *f* apathie, onverschilligheid
apearse uitstappen, afstappen
apela/ción *f* appel *het*, beroep *het*; **~r** *vi* 1. in beroep gaan; 2. een beroep doen (**a** op)
apellid/arse heten (v. achternaam); **~o** *m* achternaam
apenas *conj* nauwelijks; ternauwernood
apéndice *m* aanhangsel *het*
apendicitis *m* blindedarmontsteking
aperitivo *m* aperitief *het*; borrel
apertura *f* 1. opening; 2. *pol* openheid
apestar 1. *vt* verpesten; **2.** *vi* stinken als de pest
apete/cer 1. *vt* begeren; **2.** *vi* zin, trek hebben in, **~cible** *adj m/f* begeerlijk
apetito *m* eetlust; trek; **~so,-a** *adj* smakelijk
apiadarse medelijden krijgen (**de** met)
ápice *m* 1. greintje *het*, zier; 2. toppunt *het*
apicult/or,-a *m/f* imker; **~ura** *f* bijenteelt
apio *m bot* selderij
apisona/dora *f* wals; **~r** *vi* (plat) walsen
aplasta/nte *adj m/f* verpletterend; **~r** *vt* 1. platdrukken, verpletteren; 2. *fig* overweldigen
aplau/dir *vt* applaudisseren, klappen; **~so** *m* applaus *het*, toejuichingen; bijval
aplaza/miento *m* uitstel *het*; **~r** *vt* uitstellen, opschorten; (*datum*) verschuiven
aplica/ble *adj m/f* toepasbaar; **~ción** *f* toepassing **~do,-a** *adj* 1. toegepast; 2. vlijtig; **~r** *vt* toepassen
apodar *vt* een bijnaam geven; **~se** een bijnaam hebben, genoemd worden
apodera/do,-a *m/f* 1. agent(e); 2. gevolmachtigde; 3. procura-

tiehoud(st)er **~rse** z. meester maken (**de** van)
apodo m bijnaam
apogeo m fig apogeum het, hoogtepunt het
aplejía f med (**ataque de ~**) beroerte
aporta/ción f bijdrage, inbreng; **~r** vt 1. bijdragen, 2. inbrengen, aanvoeren
aposento m vertrek het
aposta expres, met opzet; **~r** vt wedden (**por** om); inzetten op; kiezen voor
apostilla f apostille; aantekening
apóstol m apostel
apóstrofe f apostrof
apoteosis f apotheose; verheerlijking
apoyar 1. vt steunen, ondersteunen; **2.** vi leunen, steunen (**en** op); **~se** 1. (o. fig) leunen (**en** op); aanleunen (**contra** tegen)
apoyo m steun; hulp; ondersteuning
aprecia/ble adj m/f 1. achtenswaardig; 2. merkbaar; 3. aanzienlijk; **~ción** f 1. waardering; 2. com raming; 3. banc opwaardering; **~do,-a** adj 1. geacht; 2. waardevol; **~r** vt 1. waarderen, achten; 2. com ramen, taxeren; 3. waarnemen, opmerken
aprecio m waardering; raming
apremi/ar 1. vt aandringen bij; (aan)manen; **2.** vi dringend zijn; **~o** m 1. haast, drang; 2. jur dwangbevel het; 3. gebrek het, schaarste
aprend/er vt leren; **~iz,-a** m/f leerling(e); **~izaje** m 1. (het) leren; 2. leertijd; 3. opleiding
aprensi/ón f (ongegronde) vrees; ongerustheid; **~vo,-a 1.** adj angstvallig; hypochondrisch; **2.** m/f bangerik; hypochonder
apresura/do,-a adj gejaagd, haastig; **~rse** z. haasten; voortmaken
apreta/do,-a adj 1. strak; vast; 2. dicht (opeen) **~r 1.** vt 1. drukken; 2. fig onder druk zetten; 3. aandrukken; aandraaien; dichtknijpen; **2.** vi 1. drukken; 2. hevig, sterk zijn
aprieto m moeilijkheid; knel; verlegenheid
aprisa adv snel, haastig
aproba/ción f goekeuring; aanneming; **~do** m voldoende; **~r** vt 1. goedkeuren; (motie) aannemen; 2. laten slagen; 3. slagen
apropia/ción f toeëigening; **~do,-a** adj passend; geschikt; **~r** vt aanpassen (**a** aan); **~rse** z. toeëigenen; z. meester maken (**de** van)
aprovecha/ble adj m/f nuttig, bruikbaar; **~do,-a 1.** adj 1. goed benut; 2. ijverig; handig; **2.** m/f profiteur; klaplo(o)p(st)er; **~miento** m 1. profijt het; 2. gebruik het; exploitatie; **~r** vt benutten,

archivar

gebruiken; *¡que aproveche!* eet smakelijk!; **~rse** uitbuiten; profiteren (**de** van)

aprovisiona/miento *m* bevoorrading; voorziening; **~r** *vi* voorzien (**con, de** van); bevoorraden met

aproxima/ción *f* nadering; toenadering; **~damente** ongeveer, circa; **~rse** (**a**) naderen; benaderen; **~tivo,-a** *adj* bij benadering

apt/itud *f* geschiktheid; bekwaamheid; **~o,-a** *adj* geschikt bevonden (**para** voor); bekwaam

apuest/a *f* weddenschap; inzet; **~o,-a** *adj* elegant; knap; parmantig

apunt/ar *vt* 1. noteren, opschrijven; 2. (*wapen*) richten, mikken; 3. *teat* souffleren; **~arse** z. aanmelden; z. opgeven; **~e** *m* 1. aantekening, notitie; 2. souffleur; **~es** *mpl* aantekeningen

apuñalar *vt* steken, neersteken

apur/ado,-a *adj* moeilijk, benard; **~ar** *vt* opmaken, leegmaken; **~arse 1.** benauwd raken, z. zorgen maken; **~o** *m* moeilijkheid, knel, verlegenheid

aque/l, ~ella, ~ello, *pron dem* die, dat

aquí *adv* hier; *de ~ para allá* heen en weer

árabe 1. *adj m/f* Arabisch; **2.** *m/f* Arabier, Arabische; **3.** *ling* Arabisch *het*

Arabia *f* Arabië ; **~ Saudí** Saoedi-Arabië

arábigo Arabisch

Arag/ón Aragon; **~*onés,-esa 1.** *adj* Aragonees; **2.** *m/f* Aragonees, Aragonese

arancel *m com* recht *het*, heffing, (douane)tarief *het*

arándano *m bot* (blauwe) bosbes

araña *f* 1. *zool* spin; 2. kroon(luchter); **~r** *vt* 1. krabben; 2. bijeenschrapen; **~zo** *m* schram, kras

arar *vt* ploegen; voren trekken in

arbitra/je *m* arbitrage; **~l** *adj m/f* scheidsrechterlijk **~r** *vt* 1. *jur* als arbiter optreden; 2. *sport* leiden, fluiten; **~rio,-a** *adj* arbitrair, willekeurig

árbitro,-a *m/f* scheidsrecht(st)er

árbol *m* boom

arca *f* 1. geldkist, kluis; 2. dekenkist

arcada *f* arcade, (zuilen)galerij; **~s** *fpl* braakneigingen *pl*

arca/ico,-a *adj* archaïsch; **~ísmo** *m* archaïsme *het*

arcángel *m* aartsengel

arce *m bot* ahorn

arcén *m* vluchtstrook

archi/duque,-duquesa *m/f* aartshertog(in)

archipiélago *m* archipel

archiv/ador *m* archiefkast; ordner; **~r** *vt* in een archief opber-

archivo

gen; **~o** m 1. archief m; 2. electrón file
arcilla f klei, boetseerklei
arco m boog; beugel; **~ iris** regenboog
arder vi branden, gloeien
ardid m list
ardiente adj m/f brandend, vurig, heftig
ardilla f bot eekhoorn
ardor m gloed, hitte, **~ de estómago** med branderig gevoel in de maag, maagzuur het
arduo,-a adj erg moeilijk, zwaar, inspannend
área f 1. oppervlakte, gebied het; 2. vakgebied het; **~ de descanso (servicio)** wegrestaurant het met benzinestation het; **~ metropolitana** stedelijk gebied het
aren/a f 1. zand het; 2. arena; **~al** m zandvlakte; **~oso,-a** adj zanderig
arenque m haring
Argel Algiers; **~ia** Algerije; **~*ino,-a** 1. adj Algerijns; 2. m/f Algerijn(se)
Argentin/a (la) f Argentina; **~*o,-a** 1. adj Argentijns; 2. m/f Argentijn(se)
arg/ucia f spitsvondigheid; **~üir** vi aanvoeren, betogen; pleiten
argument/ar vi argumenteren, betogen; **~o** m 1. argument het; betoog het; plot; 2. korte inhoud

aria f mus aria
árido,-a adj dor, droog; onvruchtbaar
Aries astr Ram, Aries
arisco,-a adj (mensen)schuw, stug
arista f rib, kantlijn
arist/ocracia f aristocratie; **~ócrata** m/f aristocraat,-crate; **~ocrático,-a** adj aristocratisch
aritmétic/a f rekenkunde; **~o,-a** adj rekenkundig
arlequín m Harlekijn; (hof)nar
arma f wapen het; **~ de fuego** vuurwapen het; **~s** fpl wapen(schild) het; **~da** f marine; (oorlogs)vloot; **~do,-a** adj gewapend; **~dor** m reder; **~dura** f harnas; draagconstructie, frame het; **~mento** m bewapening; **~rse** z. (be)wapenen, z. uitrusten **(de** met), z. voorzien van
armario m kast; **~ empotrado** ingebouwde kast
Armeni/a f Armenië; **~*o,-a** adj Armeens
armiño m hermelijn; hermelijnsvel het
armisticio m wapenstilstand
armon/ía f harmonie, eensgezindheid
armónic/a f mondharmonica; **~o,-a** adj harmonisch
armonizar vt harmoniseren **(con** met)
arnés m harnas het
aro m ring, hoepel, beugel; **pasar**

arrojo

por el ~ door de knieën gaan, zwichten
aroma *m* aroma *het*; geur; *gastr* boeket *het*
arp/a *f* harp; **~ista** *m/f* harpist(e)
arpón *m* harpoen
arquear *vt* buigen, krommen, optrekken
arque/ología *f* archeologie; **~ológico,-a** *adj* archeologisch; **~ólogo,-a** *m/f* archeoloog,-loge
arquero *m* 1. boogschutter; 2. *sport* keeper
arquitect/o,-a *m/f* architect(e); **~ónico,-a** *adj* bouwkundig; **~ura** *f* architectuur
arraig/ado,-a *adj* ingeworteld; **~ar** *vi* wortel schieten; **~arse** wortel schieten, wortelen; **~o** *m* (o. *fig*) (het) wortels hebben
arranc/ado,-a *adj* geruïneerd; **~ar** *vt* **1.** *vt* rukken, losrukken **2.** *vi* starten, op gang komen
arranque *m* 1. (het) wegrukken; 2. begin *het*, start
arrasar *vt* met de grond gelijk maken, verwoesten
arrastrar **1.** *vt* (mee)slepen, (voort-)trekken; **2.** *vi* kruipen; **~se** z. voortslepen
arrebat/ado,-a *adj* onbezonnen, razend; **~ar** *vt* wegrukken; roven; **~arse** z. opwinden, kwaad worden; **~o** *m* vlaag, woede(aanval)
arrecife *m* rif *het*

arregl/ado,-a *adj* keurig, ordelijk, in orde; **~ar** *vt* regelen, ordenen; repareren; **~arse** z. opknappen; **~o** *m* 1. regeling; akkoord *het*, 2. reparatie
arremeter *vi* tekeer gaan (**contra** tegen)
arrenda/dor,-a *m/f* verhuurder,-ster; **~miento** *m* huur(som); **~r** *vt* verhuren, huren; **~tario,-a** *m/f* huurder,-ster
arrepenti/do,-a *adj* berouwvol; **~miento** *m* berouw *het*, spijt; **~rse** berouw, spijt hebben (**de** van)
arrest/ar *vt* arresteren; **~o** *m* arrest *het*
arriba boven, bovenaan, naar boven; verderop; *de ~ abajo* van boven tot onder
arriesga/do,-a *adj* gewaagd, riskant; **~r** *vt* riskeren; wagen; **~rse** het wagen (a om)
arrimar *vt* dicht(er)bij brengen; **~rse** dicht (er)bij komen; bijschuiven
arrinconar *vt* 1. in een hoek zetten; 2. *fig* in het nauw drijven
arroba *f* 1. gewichtsmaat (± 11 kg); 2. *electrón* apenstaartje
arrodillarse (neer)knielen
arrogan/cia *f* arrogantie; **~te** *adj m/f* arrogant
arroj/ar *vt* 1. gooien, werpen; 2. (*als resultaat*) opleveren; **~arse** z. werpen, storten (**a** in, op); **~o** *m* durf, onverschrokkenheid

arrollador 404

arrolla/dor,-a *adj* overweldigend; **~r** *vi* 1. overrijden; verpletteren; 2. oprollen

arropar *vt* toedekken; beschermen

arroyo *m* beek; goot

arroz *m* rijst; **~al** *m* rijstveld *het*

arruga *f* rimpel; kreuk; **~do,-a** *adj* gerimpeld; gekreukt; **~r** *vt* 1. fronsen; 2. (ver)kreukelen

arruina/do,-a *adj* geruïneerd, failliet; **~r** *vt* ruïneren, verwoesten; **~rse** z. ruïneren

arsenal *m* arsenaal *het*, wapenvoorraad

arte *m/f* kunst, kunsten; vaardigheid

artefacto *m* 1. apparaat *het*; 2. bom

arteria *f* 1. *med* slagader; 2. verkeersader

arterioesclerosis *f med* aderverkalking

artes/anal *adj m/f* ambachtelijk; **~anía** *f* handwerk *het*; ambachtswerk *het*; **~ano,-a** *m/f* ambachtsman,-vrouw; handwerk(st)er

ártico,-a *adj* v/d noordpool, arctisch

articula/ción *f* gewricht *het*; **~do,-a** *adj* geleed, gearticuleerd; **~r** *vt* articuleren

artículo *m* artikel *het*; lidwoord *het*

artífice *m/f* maker, maakster; schepper; auteur

artifici/al *adj m/f* kunstmatig; **~o** *m* vernuft *het*; list; **~oso,-a** *adj* kunstmatig; gemaakt, geveinsd

artiller/ía *f* artillerie, geschut *het*; **~o,-a** *adj* artillerie-

artilugio *m* maaksel *het*, prul

artimaña *f* valstrik, list

artista *m/f* artiest(e), kunstenaar,-nares

artístico,-a *adj* artistiek, kunstzinnig

artritis *f* artritis, gewrichtsreumatiek

arzobisp/ado *m* aartsbisdom *het*; **~o** *m* aartsbisschop

as *m* 1. aas; 2. *fig* kei, ster, topspeler

asa *f* handvat *het*, hengsel *het*, oor *het*

asado,-a 1. *adj* gebraden; **2.** *m* gebraad, gebraden vlees; **~r** *m* braadspit *het*; vleesgriller

asalariado,-a *m/f* werknemer,-neemster (*in loondienst*)

asalt/ar *vt* overvallen, aanvallen, bestormen; **~o** *m* overval, aanval, bestorming

asamblea *f* vergadering, congres *het*

asar *vt* braden, poffen; **~se** stikken v/d hitte

ascen/dencia *f* afkomst, voorouders; **~dente** *adj m/f* stijgend; **~der** *vi* 1. stijgen; 2. bedragen; 3. opklimmen (**a** tot); **~diente** *m* voorouder; **~*sión** *f* Hemelvaart; **~so** *m* 1. bestijging, 2. promotie, bevordering; **~sor** m lift; **~sorista** m/f liftbediende

asceta m/f (o. fig) asceet

ascético,-a adj ascetisch

asco m afschuw; hekel; *¡qué ~!* bah!, afschuwelijk!

asear vt schoon maken, netjes maken; **~se** z. opknappen, z. wassen

asedi/ar vt belegeren; **~o** m belegering

asegura/do,-a adj verzekerd; **~dor,-a 1.** adj verzekerings-; **2.** m/f verzekeraar(ster), verzekeringsmaatschappij; **~r** vt verzekeren; beweren

asemejarse lijken (**a** op)

asenta/do,-a adj gevestigd; **~rse** z. vestigen

aseo m 1. netheid, reiniging; 2. toilet het, wc

aséptico,-a adj aseptisch

asequible adj m/f 1. toegankelijk, bereikbaar, 2. betaalbaar

aser/ción f bewering; **~tivo,-a** adj bevestigend

asesina/r vt vermoorden; **~to** m moord

asesino,-a 1. adj moordend; **2.** m/f moordenaar,-nares

asesor,-a m/f adviseur, adviseuse; **~ fiscal** belastingconsulent(e); **~amiento** m advies het; **~ar** vt adviseren; **~ía** f adviesbureau het

asestar vt (steek, slag) toebrengen

asevera/ción f bewering; **~r** vt beweren

asfalt/ar vt asfalteren; **~o** m asfalt het

asfixia f verstikking; **~rse** stikken

así adv 1. zo; aldus; op die manier; 2. zo een

Asia f Azië

asiático,-a 1. adj Aziatisch; **2.** m/f Aziaat, Aziatische

asidu/idad f regelmaat; ijver; **~o, -a 1.** adj regelmatig, trouw; **2.** m/f trouwe bezoek(st)er

asiento m zitplaats, stoel, bank; plaats

asigna/ción f toewijzing; toelage; **~r** vt toekennen; **~tura** f vak het, cursus

asilo m asiel het; tehuis het, inrichting

asimila/ción f assimilatie; verwerking; **~r** vt assimileren; **~rse** z. aanpassen

asimismo ook, eveneens, mede

asisten/cia f aanwezigheid; hulp, bijstand; **~ en carretera** wegenwacht; **~ sanitaria** gezondheidszorg; **~ta** f werkster; **~te** m/f assistent(e); **~tes** mpl publiek het

asisti/do,-a adj bijgestaan, kunstmatig; **~r 1.** vt helpen, bijstaan; **2.** vi (**a**) bijwonen

asm/a m astma; **~ático,-a 1.** adj astmatisch **2.** m/f astmapatiënt(e)

asno m 1. ezel; 2. domoor

asocia/ción f vereniging, genootschap het; **~do,-a 1.** adj aangesloten; **2.** m/f 1. com compagnon, partner; 2. lid het; **~r** vt verenigen; associëren; **~rse** z. aansluiten (**a** bij); z. associëren (**con** met)

asolar vt vernietigen, verwoesten; teisteren

asomar vt laten zien, naar buiten steken; **~se** z. vertonen; **~se a la ventana** uit het raam kijken, bij het raam gaan staan

asombr/arse z. verbazen (**de** over); **~o** m verbazing; **~oso, -a** adj verbazingwekkend

aspa m (molen)wiek; haspel

aspecto m uiterlijk het; aanblik, voorkomen het; **tener ~ de** eruit zien als

aspereza f ruwheid; ruigheid; oneffenheid

áspero,-a adj ruw; bits; schraal; stug

aspira/ción f 1. het inademen; 2. aspiratie, ambitie; **~dor,-a** m/f stofzuiger; **~nte** m/f aspirant(e), gegadigde, kandidaat,-date; **~r 1.** vt 1. inademen; 2. opzuigen; **2.** vi. ambiëren, streven (**a** naar)

aspirina f aspirine

asque/ado,-a adj misselijk (**de** van); **~ar** vt doen walgen; **~roso,-a** adj erg smerig; afschuwelijk

asta f stok, handvat het; steel; 2. hoorn (v. stier)

ast/illa f splinter; **~illero** m (scheeps)werf

astringente adj m/f samentrekkend; bloedstelpend

astr/o m hemellichaam het; **~ología** f astrologie; **~ólogo,-a** m/f astroloog,-loge; **~onauta** m/f astronaut(e); **~onomía** f astronomie, sterrenkunde; **~ónomo,-a** m/f astronoom,-nome

astu/cia f sluwheid, geslepenheid

Asturias Asturië

asturiano,-a adj uit Asturië, Asturisch

astuto,-a adj sluw, geslepen, doortrapt

asumir vt aanvaarden, op zich nemen

asunto m aangelegenheid; kwestie

atac/ante 1. adj m/f aanvallend; **2.** m/f aanvaller,-valster; **~ar** vt 1. aanvallen, bestormen; 2. aanpakken

atad/o,-a adj vastgebonden; **~ura** f 1. (het) vastmaken; 2. verbintenis, band

ataj/ar vi een kortere weg nemen; **~o** m kortere (kortste) weg

ataque m 1. aanval; 2. med attaque; 3. vlaag

atar vt (vast)binden; stropen, strikken

atardecer 1. vi avond worden, schemeren; **2.** m het vallen van de avond, schemering

atareado,-a *adj* druk bezig, met veel werk
atasc/ar *vt* verstoppen; **~arse** verstopt raken; **~o** *m* 1. opstopping, file; 2. verstopping
ataúd *m* doodkist
ataviar *vt* uitdossen, opsieren, tooien
ateísmo *m* atheïsme *het*
atemorizar *vt* bang maken, angst aanjagen; **~se** angstig worden
atención *f* 1. aandacht, attentie; 2. *com* bediening; 3. **~ médica** medische verzorging, zorg; 4. ¡**~**! kijk uit!, opgepast!
atender *vt* 1. aandacht schenken, tegemoetkomen aan, luisteren naar; 2. bedienen
ateneo *m* literair-culturele vereniging
atenerse z. houden (**a** aan)
atent/ado *m* aanslag; **~amente** 1. oplettend, aandachtig; 2. (*brief*) hoogachtend; **~ar** *vt* een aanslag plegen (**contra** op); **~o,-a** *adj* oplettend
atenua/nte *m jur* verzachtende omstandigheid; **~r** *vt* verzachten, temperen
ateo,-a *m/f* atheïst(e)
aterra/dor,-a *adj* angstaanjagend; **~r** *vt* angst aanjagen, afschrikken
aterriz/aje *m* landing; **~ar** *vi* landen
aterrorizar *vt* angst aanjagen, terroriseren

atest/ación *f* getuigenis; **~ado** *m* procesverbaal, verklaring; **~iguar** *vt* getuigen
atiborrar overladen, volproppen (**de** met)
ático *m* dakverdieping; zolderverdieping
atina/do,-a *adj* raak; **~r** *vi fig* in de roos schieten
atlántico,-a *adj* atlantisch
Atlántico *m* Atlantische Oceaan
atlas *m* atlas
atlet/a *m/f* atleet, atlete
atlético,-a *adj* atletisch
atletismo *m* atletiek, baansporten
atm/ósfera *f* 1. atmosfeer; 2. stemming; **~osférico,-a** *adj* atmosferisch, lucht-
atolón *m* atol *het*
atolondrado,-a *adj* verward, de kluts kwijt
atolladero *m* 1. modderpoel; 2. moeilijk parket *het*
atómico,-a *adj* atomisch, atoom-, kern-
atomizar *vt* versplinteren, verstuiven
átomo *m* atoom *het*
atónito,-a *adj* verbluft, sprakeloos, perplex
atormentar *vt* kwellen; verdriet doen
atornilla/dor *m* schroevendraaier; **~r** *vt* vastschroeven
atraca/dero *m* steiger, aanlegplaats; **~dor,-a** *m/f* overvaller,-

atracar

valster; **~r 1.** *vi* aanleggen; **2.** *vt* overvallen; aanleggen; aanmeren

atracc/ión *f* 1. aantrekkingskracht; 2. attractie, bezienswaardigheid

atraco *m* (roof)overval; beroving

atractivo,-a 1. *adj* aantrekkelijk; charmant, sexy; **2.** *s/m* aantrekkelijkheid, charme

atraer *vt* aantrekken, trekken, lokken

atragantarse 1. z. verslikken; 2. *fig* hakkelen

atrapar *vt* vangen, te pakken krijgen

atrás achter; *años* ~ jaren geleden; *por* ~ van achteren; *hacia* ~ achteruit

atras/ado,-a *adj* achter; verouderd; onderontwikkeld; **~ar** *vt* vertragen, uitstellen; **~o** *m* achterstand; **~os** *mpl* achterstallige betaling

atravesar *vt* oversteken, gaan door

atrayente *adj m/f* aantrekkelijk, aanlokkelijk

atrev/erse durven (**a** te); **~ido,-a** *adj* gewaagd, vermetel; **~imiento** *m* durf; brutaliteit

atribu/ción *f* toekenning; bevoegdheid; **~ir** *vt* toeschrijven, toekennnen; **~irse** 1. z. verantwoordelijk stellen, opeisen; 2. toeschrijven (**a** aan)

atrincherarse z. verschansen (**en** in)

atrocidad *f* gruweldaad; kattekwaad *het*

atrofia/do,-a *adj* verschrompeld; **~rse** verschrompelen

atropellar *vt* overrijden, aanrijden

atroz *adj m/f* wreed, barbaars; enorm, geweldig

A.T.S. *m/f* verpleger, verpleegster

atuendo *m* kledij, uitdossing, tooi

atufar *vt* verstikken

at/ún *m* tonijn; **~unero** *m* tonijnvisser

aturdi/do,-a *adj* verbaasd, beduusd; **~r** *vt* verdoven; verbazen; **~rse** in de war raken

auda/cia *f* stoutmoedigheid; **~z** *adj m/f* gedurfd

audi/ble *adj m/f* hoorbaar; **~ción** *f* 1. gehoor *het*; 2. auditie; **~encia** *f* 1. audiëntie; 2. publiek *het*; 3. *jur* gerechtszitting; 4. gerechtsgebouw *het*; **~ovisual** *adj m/f* audiovisueel; **~tivo,-a** *adj* auditief, gehoor-

auditor,-a *m/f* accountant; **~ía** *f* accountantsonderzoek *het*; **~io** *m* auditorium *het*; publiek *het*

auge *m* bloei; hoogtepunt *het*

augur/ar *vt* voorspellen; **~io** *m* voorteken *het*; voorspelling

aula *f* klaslokaal *het*; collegezaal; ~ **magna** aula

aull/ar *vi* loeien, janken; **~ido** *m* gejank *het*

aument/ar *vt* vergroten; doen

toenemen, vermeerderen; **~o** m toename, uitbreiding
aun zelfs; **~ así** toch, niettemin
aún nog, nog steeds
aunar vt verenigen, bundelen
aunque hoewel, ofschoon; ook al
aupar vt coloq optillen, omhoogtillen
aureola f stralenkrans, aureool; roem
auricular m hoorn; **~es** mpl koptelefoon
aurora f dageraad, ochtendgloren het
auscultar vt med ausculteren
ausen/cia f afwezigheid; verzuim het; **~tarse** weggaan; **~te** adj m/f afwezig
auspici/ar vt steunen; **~os** mpl auspiciën pl
auster/idad f soberheid, strengheid; **~o,-a** adj sober, streng
austral adj m/f zuidelijk; **~*ia** Australië; **~iano,-a 1.** adj Australisch; **2.** m/f Australiër, Australische
Austria f Oostenrijk
austriaco,-a 1. adj Oostenrijks; **2.** m/f Oostenrijker, Oostenrijkse
autenticidad f echtheid, authenticiteit
auténtico,-a adj authentiek. echt, waar
auto m 1. auto; 2. jur uitspraak, 3. vonnis het, gerechtelijke belissing, 4. bevel het

auto/biografía f autobiografie; **~bús** m bus; **~car** m bus, touringcar; **~caravana** f camper, kampeerauto; **~crítica** f zelfkritiek
autóctono,-a adj autochtoon, inheems
autodidacta m/f autodidact
autógrafo m handtekening
autómata m 1. automaat; 2. fig marionet
auto/mático,-a 1. adj automatisch; **2.** m drukknoop; **~matismo** m automatisme het
automatizar vt automatiseren
automedicación f zelfmedicatie
auto/móvil m auto; **~movilismo** m autosport **~movilista** m/f automobilist(e)
autonomía f 1. autonomie, zelfbestuur het; 2. Esp autonome streek
autónomo,-a adj autonoom, zelfstandig
autopista f autosnelweg; Esp tolweg
autopsia f autopsie, lijkschouwing
autor,-a m/f 1. auteur, schrijver, schrijfster; 2. jur dader
autori/dad f 1. gezag het; 2. gezagdrager; autoriteit; expert; **~tario,-a** adj autoritair, bazig; **~zación** f toestemming, machtiging; volmacht; **~zar** vt 1. machtigen, 2. toestaan, 3. vergunning verlenen
autorretrato m zelfportret het

autoservicio *m* zelfbediening, self-service

autostop *m* (het) liften; *hacer ~* liften

autovía *f Esp* tolvrije autosnelweg

auxili/ar 1. *adj m/f* assistent-, helpend; **2.** *m/f* assistent(e), medewerk(st)er; **3.** *vt* helpen, bijstaan; **~o** *m* hulp, bijstand; *med primeros ~s* eerste hulp

aval *m* aval, borg, garantie

avalancha *f* lawine; stortvloed

aval/ar *vt* 1. *jur* borg, garant staan voor; 2. *fig* steunen

avan/ce *m* 1. opmars; 2. vooruitgang; **~zado,-a** *adj* gevorderd; **~zar** *vt* vooruitgaan, vorderen

avarici/a *f* gierigheid, hebzucht; **~oso,-a** *adj* gierig, hebzuchtig

avaro,-a 1. *adj* gierig; **2.** *m/f* gierigaard

ave *f* vogel; **~s** *fpl* gevogelte *het*; **~s de corral** pluimvee *het*

avecinarse naderen, op handen zijn

avellan/a *f* hazelnoot; **~o** *m* hazelnotenboom

avena *f bot* haver

avenencia *f* compromis *het*, akkoord *het*, schikking

avenida *f* laan, boulevard

aventaja/do,-a *adj* uitstekend, bevoordeeld, begaafd; **~r** *vt* overtreffen, overtroeven, beter zijn dan

aventu/ra *f* avontuur *het*; **~rero, -a** *m/f* avonturier(ster)

avergonza/do,-a *adj* beschaamd; **~r** *vt* beschamen; **~rse** *z.* schamen (**de** voor)

aver/ía *f* averij; schade, storing, panne; **~iarse** schade oplopen; kapot gaan

averiguar *vt* nagaan, natrekken, checken

aversión *f* aversie, afkeer, weerzin

avestruz *f zool* struisvogel

avia/ción *f* luchtvaart; **~dor,-a** *m/f* vliegenier(ster)

avícola *adj m/f* pluimvee-

avicultor,-a *m/f* pluimveehoud(st)er

avidez *f* gretigheid, gulzigheid

ávido,-a *adj* gulzig, hebzuchtig

avión *m* vliegtuig *het*; **~ de hélice** propellervliegtuig *het*; **~ a reacción** straalvliegtuig *het*; **por ~** per luchtpost

avioneta *f* klein vliegtuig *het*, sportvliegtuig *het*

avisar *vt* berichten; waarschuwen

avispa *f* wesp; **~do,-a** *adj* pienter, slim, goochem

avistar *vt* in het oog krijgen, bespeuren

avivar *vt* verlevendigen, verhevigen

axial *adj m/f* axiaal, van de as

axila *f* oksel

axioma *m* grondstelling, grondregel

ayer gisteren

ayuda *f* hulp, steun; **~ en carre-**

***tera** wegenwacht; **~nte** *m* hulp, assistent; **~r** *vt* helpen, hulp verlenen, bijstaan
ayun/ar *vt* vasten; **~as: en ~as** nuchter, op de nuchtere maag
ayuntamiento *m* gemeentebestuur *het*; stadhuis *het*, gemeentehuis *het*
azafata *f* stewardess, hostess
azafrán *m* saffraan
azahar *m* oranjebloesem
azar *m* toeval *het*; **~oso** gevaarlijk, vol risico
azotea *f* dakterras *het*
azteca 1. *adj m/f* Azteeks; **2.** *m/f* Azteek
azúcar *m* suiker
azucar/ado,-a *adj* gesuikerd; **~ar** *vt* suikeren; **~ero** *m* suikerpot
azucena *f bot* lelie
azufre *m* zwavel
azul *adj m/f* blauw
azulejo *m* tegel, wandtegel
azulgrana *adj m/f* blauw en rood

B

bab/a *f* kwijl, speeksel *het*; **~ear** *vi* kwijlen **babero** *m* slabbetje *het*
bable *m* dialect uit Asturias
babor *m nav* bakboord *het*
babos/a *f* 1. *zool* naaktslak; 2. kwijlster; **~o,-a 1.** *adj* slijmerig, dwaas; **2.** *s/m* 1. kwijler; 2. snotneus

baby *m* 1. slabbetje *het*; 2. kinderschort op school
baca *f auto* imperiaal
bacalao *m zool* stokvis; kabeljauw
bacanal *f* bacchanaal *het*; drinkgelag *het*
bache *m* 1.kuil, gat *het* (*in het wegdek*); 2. inzinking
bachiller *m/f* jongere met einddiploma *het* middelbare school; **~ato** *m* einddiploma *het* middelbare school
bacon *m* bacon
bacteria *f* bacterie; **~no,-a** *adj* bacterieel
badén *m* goot in het wegdek, geul
bagaje *m* geestelijke bagage
bagatela *f* bagatel, kleinigheid
bahía *f* baai, inham
bail/aor,-a *m/f* flamencodanser(es); **~ar** *vi* dansen; **~arín,-arina** *m/f* (beroeps-)danser(es), balletdanser(es); **~e** *m* dans, bal *het*
baja *f* 1. daling; 2. ontslag *het*, 3. opzegging; 4. verlies *het*; ***dar de ~ a alg*** 1. royeren, 2. als lid schrappen; ***darse de ~*** 1. z. afmelden, 2. eruit stappen; 3. *med* z. ziek melden;
bajada *f* daling, afdaling; (het) zakken
bajar 1. *vt* 1. naar beneden brengen, laten zakken; 2. reduceren, verminderen; 3. (*prijs*) verlagen; **2.** *vi* 1. omlaag gaan;

bajar   412

zakken; 2. afnemen; **~se** 1. dalen, 2. uitstappen, afstappen
bajeza f gemeenheid, laagheid
bajo,-a 1. adj 1. laag; diep; (lengte) klein; 2.(stem) zacht; 3. fig gemeen, lelijk, laag, nederig; **2.** m 1. begane grond, parterre; 2. onderkant; zoom; 3. mús bas **3.** adv zachtjes; diep; **4.** prep onder; vanuit
bajón m 1. plotselinge daling, 2. inzinking; 3. achteruitgang
bajorrelieve m bas-reliëf
bala f 1. kogel; 2. baal; **~da** f ballade
balance m com, fig balans, overzicht het; **~ar 1.** vi balanceren, schommelen; **2.** vt schommelen; (laten) bungelen; **~cearse** schommelen, deinen
balanza f 1. balans, 2. weegschaal; **~ comercial** handelsbalans; **~ de pagos** betalingsbalans
balar vi blaten
balazo m 1. schot(wond); 2. kogelinslag
balbu/cear vt/i stamelen, stotteren; brabbelen; **~ceo** m gestamel het, gebrabbel het
Balcanes mpl Balkan
balcánico,-a adj v/d Balkan
balcón m 1. balkon het; 2. uitkijkpunt het
balda f (kast)plank; boekenplank
balde m emmer; **en ~** tevergeefs, voor niets

baldosa f plavuis het, (wand, vloer) tegel
balear adj m/f v/d Balearen; ***~es** pl de Balearen
balístic/a f ballistiek; **~o,-a** adj ballistisch
ballen/a f walvis; **~ero** m walvisvaarder
ballesta f 1. (kruis)boog; 2. veer; voetangel
ballet m ballet het
balneario,-a 1. adj v/d badplaats **2.** m badplaats; kuuroord het;
balompié m voetbal
balón m 1. grote bal, voetbal; 2. karaf
balon/cesto m sport basketbal het; **~mano** m sport handbal het
balsa f nav 1. vlot het; 2. opblaasbare boot; 3. plas, poel; **~ de salvamento** reddingsvlot het
bálsamo m 1. balsem; 2. fig troost
báltico,-a adj Baltisch; **el (mar) *~o** de Oostzee
baluarte m bolwerk het, bastion het, vesting
bambole/ar vi heen en weer schommelen, wiegen; **~o** m geschommel het; schommeling
bambú m bamboe
banan/a f banaan; **~ero** m bananenboom
banca f bankwezen het, de banken; **~rio,-a** adj bank-
banco m 1. banc bank; 2. (zit)bank
banda f 1. bende, stel het; 2. mu-

bandada f 1. zwerm; 2. (vissen) school

bandeja f 1. (dien)blad het, 2. bakplaat

bandera f vlag, vaandel het

banderilla f gastr spiesje het; taur versierd spiesje het

banderín m 1. vlaggetje het; 2. gids (v. soldaten); 3. sport cornervlag

bandi/do bandiet, (struik)rover; schavuit

bando m 1. partij; kamp het; 2. officiële bekendmaking

bandolera f 1. bandelier, draagriem; 2. bandietenvrouw

bandolero m struikrover

bandolina f mandoline

bandurria f kleine twaalfsnarige gitaar

banquero m bankier

banquet/a f bankje het, kruk; **~e** m banket het

banquillo m 1. (voeten)bankje het; 2. jur beklaagdenbank; 3. sport (reserve)bank

bañ/ador m badpak het, zwembroek; **~ar** vt 1. baden; 2. (onder) dompelen, overgieten; **~arse** z. baden, zwemmen; **~era** f bad (kuip); **~ista** m/f badgast(e), ba(a)d(st)er; **~o** m bad(kamer), toilet het

baptist/a m/f doopsgezinde; **~erio** m doopkapel; doopvont

baqueta f mús staafje het, stokje het

baraja f spel het; kaarten pl; **~r** vt 1. schudden (v. kaarten); 2. overwegen; 3 fig goochelen met

barandilla f balustrade, (brug)leuning, reling

barat/ija f prulletje het, prulding het; **~ijas** fpl snuisterijen pl; **~illo** m rommelmarkt, rommelwinkel; **~o,-a** adj goedkoop

barba f baard; **~coa** f barbecue

barbari/dad f, iets barbaars; dwaasheid; gruwelijke fout; **~smo** m barbarisme het

bárbaro,-a 1. m/f barbaar; **2.** adj geweldig; denderend; wreed, afschuwelijk

barbero m barbier, herenkapper

barbilla f kin

barca f (roei)boot; **~za** f nav schuit, barkas

barcelonés,-esa uit Barcelona, Barcelonees

barco m schip het; **~de vela** zeilboot

barítono m bariton

barman m barkeeper

barniz m vernis, lak; **~ar** vt vernissen, lakken

barómetro m barometer

bar/ón m baron; **~onesa** f baronnes

barqu/ero m schipper, veerman; **~illo** m wafel, oublie

barra *f* staaf, stang, tralie; ~ **de pan** stokbrood *het*

barran/co *m* ravijn *het*, afgrond; **~quismo** *m* canyonning

barrendero,-a *m/f* straatve(e)g(st)er

barrer *vt* (aan)vegen; wegvegen; **~a** *f* barrière; hindernis, versperring; slagboom

barri/cada *f* barricade, versperring; **~ga** *f* buik

barril *m* ton; vat *het*

barrio *m* buurt, wijk; ~ **de chabolas** krottenwijk; **~bajero,-a** *adj* uit de achterbuurt

barrizal *m* modderpoel

barro *m* modder, slijk *het*, **~co** barok; **~te** *m* dikke staaf; tralie

barruntar *vt* vermoeden, voelen aankomen

barullo *m* drukte, warboel

basar *vt* baseren; **~se** z. baseren (**en** op)

báscula *f* weegschaal

base *f* 1. (*o. mil*) basis; 2. *quím* base; 3. *sport* honk *het*; ~ **de datos** *informát* database; ~ **imponible** belastbaar inkomen *het*

básico,-a *adj* fundamenteel, essentieel, basis-, grond-

basílica *f* basiliek

basilisco *m zool* basilisk

¡basta! genoeg!, hou op!, schei ermee uit!

basta/nte 1. *adj m/f* genoeg, voldoende; **2.** *adv* 1. genoeg; 2. behoorlijk; **~r** *vi* genoeg zijn, volstaan

bastardo,-a 1. *adj* bastaard; laag(hartig); **2.** *m* bastaard, schoft

bastidor *m* 1. raamwerk *het*; 2. coulisse

basto,-a *adj* ruw, grof; niet verfijnd

bastón *m* (wandel)stok; staf; skistok **bastoncillo** *m* staafje *het*; ~ **de algodón** wattenstaafje *het*

basur/a *f* vuil(nis), afval; rommel; **~ero** *m* 1. vuilnisman; 2. vuilstortplaats; 3. *fig* zwijnestal

bata *f* 1. ochtendjas, duster; 2. werkjas; **~cazo** *m* dreun, harde klap

batalla *f* (veld)slag, gevecht *het*; **~r** *vi* strijden

batallón *m* bataljon *het*, regiment *het*

batata *f* bataat, yamswortel

batería 1. *f* 1. accu; 2. batterij; 3. *mús* drumstel *het*; **~de cocina** keukengerei *het*, pannenset *het*; **2.** *m/f mús* slagwerk(st)er, drummer,-ster

batid/a *m* drijfjacht, razzia; **~ora** *f* mixer

batir *vt* 1. slaan; beuken; 2. kloppen; **~se** elkaar bestrijden

batista *f* batist *het*

batracio *m* kikvors

batuta *f mús* dirigeerstok, staf

baúl *m* hutkoffer; dekenkist
bauti/smo *m* doop; **~sta** *m/f* baptist(e), doopsgezinde; **~zar** *vt* 1. dopen; 2. (*wijn*) versnijden; **~zo** *m* doop, doopfeest *het*
bauxita *f* bauxiet *het*
bávaro,-a 1. *adj* Beiers; 2. *m/f* Beier(se)
baya *f bot* bes
bayeta *f* dweil, vaatdoek
bayonesa *f* koek gevuld met kalebasjam
bayoneta *f* bajonet
baza *f* 1. slag (*in kaartspel*); 2. meevaller
bazar *m* 1. bazaar, 2. fancy-fair
bazo *m med* milt
bazofia *f* 1. etensresten; 2. rommel, troep
bazuca *f* bazooka
beatifica/ción *f* zaligverklaring; **~r** *vt* zalig verklaren
beato,-a *m/f* kwezel; vroom mens
bebé *m* baby
bebe/dero *m* drinkbak; **~dor,-a** *m/f* stevige drink(st)er; **~r** *vt* drinken; **~rse** opdrinken
bebi/da *f* drank(je); **~das alcohólicas** *fpl* sterkedrank; **~do, -a** *adj* dronken, aangeschoten
beca *f* (studie)beurs; **~do,-a** *adj* met een beurs; **~rio,-a** *m/f* beursstudent(e)
bechamel *m* béchamelsaus
bedel *m* pedel

beduino,-a *m/f* bedoeïen(e)
begonia *m bot* begonia
beige, beis *adj inv* beige
béisbol *m sport* honkbal *het*, baseball *het*
bejuco *f bot* liaan, slingerplant
belén *m* kerstkribbe, kerststal
belga 1. *adj m/f* Belgisch; 2. *m/f* Belg(ische)
Bélgica *m* België
bélico,-a *adj* oorlogs-, krijgs-
beli/coso,-a *adj* oorlogszuchtig; **~gerante** *adj m/f* in staat van oorlog, oorlogvoerend
bellaco,-a 1. *adj* sluw, gelepen; 2. *m/f* schurk
bell/eza *f* schoonheid; **~o** mooi, knap
bellota *f bot* eikel; knop
bemol *m mús* mol, molteken *het*
bencina *f* benzine, wasbenzine
bend/ecir *vt* zegenen; **~ición** *f* zegen(ing);
~ito,-a 1. *adj* gezegend, gelukkig; 2. *m/f* 1. heilige; 2. goedzak, sul, domme gans
benedictino *m* benedictijn
benefi/cencia *f* liefdadigheid; **~ciar** *vt* goed/gunstig zijn voor; **~ciarse** baat vinden (**de bij**); **~cio** *m* baat, nut *het*, profijt *het*
benéfico,-a *adj* liefdadig
beneplácito *m* goedkeuring, instemming
benévolo,-a *adj* welwillend, minzaam
bengala *f* (*vuurwerk*) lichtkogel

benigno,-a adj goedaardig
berberecho m gastr kokkel
bereber 1. adj m/f Berbers; **2.** m/f Berber
berenjena f bot aubergine
bergamota f bot bergamotboom
berlinés,-esa 1. adj Berlijns; **2.** m/f Berlijner, Berlijnse
bermudas fpl korte heren(zwem)broek
berr/ear vt krijsen, blèren, janken
berro m bot waterkers
berza f kool
bes/ar vt kussen, zoenen; **~o** m kus, zoen
bestia 1. f beest; **2.** m 1. beest het, onmens; 2. stommeling; **~l** adj m/f 1. beestachtig; 2. fantastisch; **~lidad** f beestachtigheid; stommiteit
besugo m zool, gastr zeebrasem
besuquear vt afzoenen, kusjes geven
betún m schoensmeer, schoenpoets
biberón m zuigfles
bibli/a f bijbel
bíblico,-a adj bijbels, v/d bijbel
biblio/grafía f bibliografie, literatuurlijst; **~teca** f bibliotheek; **~tecario,-a** m/f bibliothecaris,-caresse
bicarbonato m bicarbonaat
bicéfalo,-a adj tweekoppig
biceps m biceps
bicharraco m 1. raar beestje; 2. rotbeest

bicho m 1. (klein) beest, dier; 2. belhamel
bici, bicicleta f fiets, rijwiel het
bicolor adj m/f tweekleurig
bidé, bidet m bidet het
bidimensional adj m/f tweedimensionaal
bidón m blik het, jerrycan
biela f drijfstang
bien 1. ¡~! uitstekend!, mooi zo!, prima!, akkoord! goed dan!; **2.** adv 1. goed, fijn, 2. zeer; **más ~** eerder; **si ~** hoewel; **está ~** goed, o.k.; **3.** m goed het; **~es** mpl goederen; **~es de consumo** consumptiegoederen pl
bienal adj m/f tweejaarlijks, tweejarig
bien/aventurado,-a adj gelukkig, gelukzalig; **~estar** m welzijn het, welstand; **~hechor,-a** m/f weldoen(st)er; **~intencionado,-a** adj met goede bedoelingen; **~venida** f welkom (sgroet); **~venido,-a** adj welkom
bies m biaisband het; **al ~** schuin, dwars
bífido,-a adj gespleten, gevorkt, in tweeën
biftec m gastrl steak, biefstuk het
bifurca/ción f splitsing; **~rse** z. splitsen
bigamia f bigamie
bígamo,-a m/f bigamist(e)
bigote m snor

blindado

bikini *m*, **biquini** *m* bikini
bilateral *adj m/f* bilateraal, tweezijdig
bilingü/e *adj m/f* tweetalig; **~ismo** *m* tweetaligheid
bilis *f* 1. gal; 2. *fig* chagrijn *het*
billar *m* biljart *het*; biljartzaal
billete *m* kaartje *het*, plaatsbewijs *het*; toegangsbewijs *het*; (bank)biljet *het*; **~ de ida y vuelta** retourtje *het*; **~ de lotería** lot *het*; **~ sencillo** enkele reis; **~ro** *m* portefeuille
billón *m* biljoen
bimensual *adj m/f* twee keer per maand
bimotor 1. *adj* tweemotorig; 2. *m* tweemotorig vliegtuig *het*
binario,-a *adj* binair, tweedelig, tweevoudig
biografía *f* biografie
biógrafo,-a *m/f* biograaf,-grafe
biología *f* biologie
biológico,-a *adj* biologisch
biólogo,-a *m/f* bioloog,-loge
biombo *m* kamerscherm
biopsia *f* biopsie
bipartidismo *m* tweepartijenstelsel *het*
birlar *vt* ontfutselen, afhandig maken
birria *f coloq* prul, prutswerk *het*, rommel
bis *m mús* toegift; **~abuela** *f* overgrootmoeder; **~abuelo** *m* overgrootvader
bisagra *f* scharnier *het*

bisel *m* schuin geslepen rand; **~ar** *vt* schuin afsnijden
bisiesto: año ~ schrikkeljaar *het*
bisnieto,-a *m/f* achterkleinkind *het*
bisonte *m zool* bison
bisoño,-a *m/f* recruut,-crute; nieuweling(e)
bisté, bistec *m* steak, biefstukje *het*
bisturí *m* operatiemes *het*, bistouri
bisutería *f* bijouterieën *pl*
bit *m com* bit
bizantino,-a *adj* 1. Byzantijns; 2. *fig* muggenzifterig
bizco,-a *adj* scheel; **~cho** *m* biscuit; luchtige cake
blanca *f mús* halve noot; blanke vrouw; ***~nieves** *f* Sneeuwwitje *het*
blanc/o,-a 1. *adj* wit, blank; 2. *s/m* 1. wit; 2. blanke (man); 3. doelwit *het*, mikpunt *het*; 4. open plek; **dar en el ~** in de roos schieten; **~ura** *f* witheid
bland/engue *adj m/f* slap, zwak; **~o,-a** *adj* zacht, week, slap; **~ura** *f* slapheid
blanquear *vt* 1. wit/blank maken, bleken; 2. (geld) witwassen
blasfem/ar *vi* vloeken, godslasteringen uiten; **~ia** *f* godslastering, vloek
blasón *m* blazoen *het*, wapenschild *het*
blinda/do,-a *adj* geblindeerd,

blindaje

kogelvrij; **~je** m blindering; **~r** vt blinderen, pantseren

bloc m blocnote, schrijfblok het

bloque m blok het; **~ar** vt blokkeren, belemmeren; **~o m** blokkade, blokkering

blusa f blouse, bloes; kiel

boa f zool boa

bobada f dwaasheid, zotheid

bobina f spoel, klos; **~r** vt opspoelen

bobo,-a 1. adj dwaas, dom, simpel; **2.** m/f onnozele hals, domme gans

boca f 1. mond; 2. opening; toegang, ingang; **~abajo** voorover; **~calle** f zijstraat; **~dillo** m broodje het, sandwich; **~do** m hap, beet, part het; **~jarro: a ~** rakelings, van dichtbij; **~za** f grote mond; **~zas** m/f opschepper, opschepster

boceto m schets

bocha f bal (v. jeu de boules)

bochorno m 1. drukkende hitte; 2. schaamte; **~so,-a** adj 1. broeierig; 2. gênant, beschamend

bocina f claxon, hoorn, toeter

bocio m med krop

boda f bruiloft, huwelijk het; trouwfeest het

bode/ga f 1. wijnkelder; 2. wijnwinkel; 3. vrachtruimte (v. schip); **~gón** m stilleven het

bodrio m wanstaltig kunstwerk het; misbaksel het

B.O.E. m Boletín Oficial del Estado Spaans Staatsblad het

bofetón m klap, mep, oorvijg

boga f mode, trend; **estar en ~** in de mode zijn; **~vante** m zool soort zeekreeft

bohemi/a f bohémienleven het; bohème; **~o** m bohémien

boicot m boycot; **~ear** vi boycotten

boina f alpino(pet), baret

boj m bot buxus, palm(boom)

bol m 1. kom; 2. punchbowl; **~a** f 1. bal(letje), bol, 2. tecn kogel(tje); 3. coloq leugen, smoes

bole/ra f kegelbaan; **~ro** m 1. mús bolero 2. (kort vestje) bolero; **~tín** m bulletin het, bericht het; **~to** m loterijbriefje het; formulier het; (invul)bon

bol/i m coloq (bal)pen; **~ígrafo** m balpen

bollo m 1 (zoet)luxe broodje het; 2. deuk

bolo m kegel; **~s** mpl kegelspel het

bolsa f 1. tas, zak; 2. com (effecten)beurs; **~ de basura** vuilniszak; **~ de plástico** plastic zak

bols/illo m zak (in kleding); **~o** m tas, damestas; **~o de viaje** reistas

bomba 1. f 1. bom; 2. tecn pomp; 3. sensationeel nieuws het; **2.** adj/adv inv coloq fantastisch, geweldig

bombarde/ar *vt* bombarderen; **~o** *m* bombardement *het*; **~ro** *m* bommenwerper

bomb/ear *vt* (op)pompen; **~ero, -a** *m/f* brandweerman,-vrouw; **~eros** *mpl* brandweer; **~illa** *f* gloeilamp; **~o** *m* grote trom; **~ón** *m* bonbon; **~ona** *f* fles, cilinder, mandfles; **~ona de butano** butagasfles

bonachón *m* goedzak

bon/anza *f* voorspoed

bondad *f* goedheid; vriendelijkheid; **~oso,-a** *adj* goedig, mild

boniato *m* maniok, cassave(wortel)

bonificación *f* korting, vergoeding; **~ificar** *vi* korting geven, vergoeden

bonito,-a 1. *adj* mooi, fraai; leuk; **2.** *s/m gastr* gestreepte tonijnvis

bono *m* 1. (tegoed)bon, waardebon; 2. *com* obligatie; **~ bus** (*bus*) soort strippenkaart; **~ del Tesoro** Schatkistbewijs *het*

boñato *m V.* **boniato**

boñiga *f* mest (*v. koeien en paarden*)

boom *m com* boom, hausse

boque/rón *m gastr* verse anchovis; **~te** *m* bres, gat *het*

boqui/abierto,-a *adj* met open mond, met stomheid geslagen; **~lla** *f* mondstukje *het*

borbollar *vi* bruisen, bobbelen

Borbón *m* Bourbon

borda *f nav* boord; **~do** *m* borduursel *het*; borduurwerk *het*; **~r** *vt* borduren

borde 1. *adj m/f* naar, onuitstaanbaar; **2.** *m* rand, kant, oever, zoom; **2. ~ar** *vt* omzomen, omringen; langs de kust gaan

bordillo *m* stoeprand

bordo *m nav* boord *het*; *a ~* aan boord

Borgoña *f* Bourgondië

borla *f* pompon, kwast

borrach/era *f* dronkenschap *het*; zuippartij; **~o,-a 1.** *adj* dronken; **2.** *m/f* dronkaard, dronkelap

borra/dor *m* klad *het*, eerste concept *het*; **~ja** *f* bernagie; **~r** *vt* uitvegen, uitwissen

borrasca *f* onweersbui, storm

borrego *m* 1. *zool* lam *het*, lammetje *het*; 2. *fig* onnozele hals

borrico *m* 1. *zool* ezel; 2. *fig* stomme ezel

borr/ón *m* 1. (inkt)vlek, klad *het*; 2. *fig* schandvlek; **~oso,-a** *adj* wazig, vaag, onduidelijk

bosque *m* bos *het*, woud *het*; **~jar** *vt* schetsen; **~jo** *m* (ruwe) schets

bostez/ar *vi* gapen, geeuwen; **~o** *m* geeuw

bota *f* 1. laars; 2. leren wijnzak; **~dura** *f* tewaterlating, stapelloop

botánic/a *f* botanica, plantkunde; **~o,-a 1.** *adj* botanisch;

botánico

2. *m/f* botanicus,-ca, plantkundige

botar 1. *vi* terugkaatsen, stuiten; **2.** *vt nav* van stapel laten lopen

bote *m* 1.(roei)boot; 2. pot, blik *het*; 3. sprong, het stuiten; **~lla** *f* fles; **~llín** *m* flesje *het*

botica *f coloq* apotheek; **~rio,-a** *m/f* apotheker(es)

boti/jo *m* aarden waterkruik (met hengsel, vulopening en tuit)

botín *m* 1. rijglaars, halfhoge schoen; 2. (oorlogs)buit

botiquín *m* medicijnkastje *het*, medicijnkistje *het*

botón *m* 1. knoop; 2. *electr* knop

botones *m* piccolo, loopjongen, liftboy

bóveda *f* gewelf *het*

bovino,-a *adj* rund-, runder-

boxe/ador *m* bokser; **~ar** *vi* boksen; **~o** *m* boksen *het*, bokssport

boya *f* boei; drijfkurk; **~nte** *adj m/f* succesvol, voorspoedig

boz/al *m* muilkorf

brace/ar *vi* met de armen zwaaien; **~ro** *m* dagloner, knecht

braga *f* 1. (dames)slip(je *het*), onderbroekje *het*; 2. vliescol; **~pañal** luierbroekje *het*

bragueta *f* gulp

bram/ar *vt* loeien, brullen; **~ido** *m* gebrul *het*

branquia *f zool* kieuw

bras/a *f* gloeiende houtskool; **a la ~a** geroosterd, gegrild; **~ero** *m* vuurpot

brasileño,-a 1. *adj* Braziliaans; **2.** *m/f* Braziliaan(se)

brav/o,-a *adj* 1. moedig, dapper; 2. wild; woest; **~ura** *f* 1. moed; 2. wildheid

braza *f* zwemslag; **~da** *f* armzwaai; **~lete** *m* armband

brazo *m* 1. arm, bovenarm; 2. armleuning

brebaje *m* vies drankje *het*, (smerig) brouwsel *het*

brecha *f* bres; opening, kier

brécol *m bot* broccoli

brega *f* strijd; **~r** *vi* worstelen (**con** met)

bretón,-ona 1. *adj* Bretons; **2.** *m/f* Breton(se)

breve *adj m/f* kort, beknopt; **en ~** binnenkort; **~dad** *f* kortheid, beknoptheid

bribón,-bona *m/f* schooi(st)er, schurk

bricolaje *m* doe-het-zelf

brígad/a 1. *m/f mil* ± sergeant-majoor; **2.** *f* gespecialiseerd (politie)team, brigade

brill/ante 1. *adj* schitterend; briljant; **2.** *m* briljant; **~antez** *f* schittering, het briljant zijn; **~ar** *vi* 1. stralen, schitteren; 2. *fig* uitmunten

brinc/ar *vi* (op)springen; **~o** *m* sprongetje *het*

brind/ar toosten; toost uitbrengen; **~is** *m* toost, dronk

brío *m* 1. daadkracht, pit; 2. fierheid, zwier
brioso,-a *adj* 1. daadkrachtig; 2. vastberaden; 3. zwierig
briqueta *f* briket
brisa *f* bries
británico,-a **1.** *adj* Brits; **2.** *m/f* Brit(se)
brizna *f* 1. klein stukje *het*; 2. draadje *het*
broca *f* metaalboor; **~do** *m* brokaat *het*
brocha *f* (verf)kwast
broche *m* broche; haaksluiting, gesp
brocheta *f gastr* grilspies
brócoli *m* broccoli
brom/a *f* grap(je) *het*, mop; **~ear** *vi* grappen maken; **~ista** *m/f* grapjas, grappenmaker
bronca *f* 1. (knallende) ruzie; 2. gejoel *het*; 3. berisping, uitbrander; *echar una ~ a alg* iem de mantel uitvegen
bron/ce *m* brons *het*; **~ceado,-a 1.** *adj* door zon gebruind; **2.** *m* bruine teint; **~cear** *vi* bruin worden; **~co,-a** *adj* ruw; nors, kortaangebonden
bronqui/os *mpl* bronchiën, luchtwegen; **~tis** *f* bronchitis
brot/ar *vi* 1. uitlopen, uitbotten; 2. *fig* opkomen, ontstaan; **~e** *m* knop, spruit
bruj/a *f* heks, tovenares
Brujas Brugge

bruj/ería *f* tovenarij; **~o** tovenaar, magiër
brújula *f* kompas *het*
bruma *f* dunne mist, nevel
brusco,-a *adj* 1. bruut, grof; 2. plotseling, onverwacht
Bruselas Brussel
brusquedad *f* 1. norsheid; 2. abruptheid
brutal *adj m/f* bruut, grof, beestachtig; **~idad** *f* beestachtigheid, wreedheid
bruto,-a 1. *adj* bruut, grof, ruw; 2. stom; 3. bruto; **2.** *m/f* bruut, beest, lomperd
bucal *adj m/f* v/d mond, mond-
buce/ador-a *m/f* duik(st)er; **~ar** *vi* duiken; onder water zwemmen; **~o** *m* duiksport
bucle *m* (pijpe)krul
budín *m gastr* 1. stijve pudding; 2. pastei (met vlees en groente)
budis/mo *m* boeddhisme *het*; **~ta 1.** *adj m/f* boeddhistisch **2.** *m/f* boeddhist(e)
buena/mente *adv* zonder moeite; **~ventura** *f* geluk *het*, toekomstvoorspelling
bueno,-a 1. *adj* 1. goed; braaf; 2. gezond; 3. aardig; 4. lekker; *lo ~* het goede; **2.** *¡~!* goed!; vooruit, wel
buey *m* os
búfalo *m* buffel
bufanda *f* sjaal, das
bufé *m* koud buffet *het*

buf/ete *m* 1. advocatenkantoor *het*; 2. buffet *het*; **~ón,-fona** 1. *adj* clownesk; 2. *m/f* hofnar, nar, grapjas
buhardilla *f* mansarde, dakwoning
búho *m* oehoe; ooruil
buitre *m* 1. *zool* (aas)gier; 2. *fig* profiteur
bujía *f mec* bougie
bula *f* bul, aflaat
bulbo *m bot* bloembol
bulevar *m* boulevard
búlgaro,-a 1. *adj* Bulgaars; 2. *m/f* Bulgaar(se); 3. *m ling* Bulgaars *het*
bulla *f* herrie, lawaai, rumoer *het*
bulllicio *m* drukte, kabaal *het*; herrie
bulto *m* 1. bult, bobbel; 2. pakket *het*, baal
bumerán, bumerang *m* boemerang
buñuelo *m* beignet, oliebol
buque *m* boot, schip *het*
burbuj/a *f* 1. luchtbel; 2. zeepbel; **~ear** *vi* borrelen, bruisen
burdel *m* bordeel *het*
burdeos *adj inv* bordeaux; ***~** Bordeaux
burdo,-a *adj* ruw, grof, lomp
burgo *m hist* burcht
bur/gués,-guesa 1. *adj* bourgeois, burgerlijk; 2. *m/f* bourgeois(e); **~guesía** *f* bourgeoisie, burgerij
burla *f* spot, hoon; **~r** *vt* 1. bedriegen, misleiden; 2. ontwijken; 3. verijdelen; **~rse** bespotten, de spot drijven (**de** met)
burlesco,-a *adj* burlesk, kolderiek
bur/ocracia *f* bureaucratie; **~ócrata** *m/f* bureaucraat,-crate; **~ocrático,-a** *adj* bureaucratisch
burr/a *f* 1. ezelin; 2. stomme ezel; **~da** *f* onzin; stommiteit; **~o** *m* 1. ezel; 2. *fig* ezel; stomkop
bursátil *adj m/f* v/d beurs, beurs-
busca *f* het zoeken **en ~ de** op zoek naar; **~dor,-a** *m/f* zoek(st)er; **~r** *vt* 1. zoeken; 2. (op)halen
búsqueda *f* het zoeken, de zoektocht; opsporing
busto *m* borstbeeld *het*, buste
butaca *f* 1. luie stoel; fauteuil; 2. zitplaats in schouwburg/bioscoop
butano *m* butaan *het*
butifarra *f* Catalaanse worst
buzo *m* duiker; (werk)overall
buzón *m* brievenbus; **~ de voz** *telec* mailbox

C

cabal *adj inv* 1. compleet; 2. juist; 3. (*persoon*) integer
cabalga/r *vi* (paard)rijden, te paard rijden; **~ta** *f* rit, ruiterstoet, optocht (*met ruiters en praalwagens*)

caballa *f* makreel
caballer/esco,-a *adj* ridderlijk; **~ía** *f* cavalerie, ruiterij; **~o** *m* ridder; heer, gentleman
caballete *m* schildersezel; nok (*v. dak*)
caball/o *m* paard *het*; **montar a ~** paardrijden; **~ito** *m* paardje *het*; **hobbelpaard** *het*; **~ito de mar** zeepaardje *het*
cabaña *f* hut
cabaret *m* nachtclub; **~ista** *m/f* (cabaret)artiest(e)
cabec/era *f* 1. hoofdeinde *het* (*v. bed*); hoofdsteun; 2. begin (punt) *het*; 3. krantenkop; **~illa** *m* aanvoerder, bendeleider
cabell/o *m* haar *het*; **~ de angel** kalebasjam; **~udo,-a** *adj* behaard, harig; **cuero ~udo** hoofdhuid
caber *vi* 1. passen; er in/doorheen/omheen kunnen; 2. passend zijn, mogelijk zijn
cabestr/illo *m med* mitella; **~o** *m* halster
cabez/a *f* hoofd *het*; **~ de familia** gezinshoofd *het*; **~ón,-ona** 1. met een groot hoofd; 2. koppig, halsstarrig; **~ota** *m* stijfkop
cabida *f* inhoud(smaat), capaciteit
cabina *f* cabine; kajuit; cockpit; kleedkamer; badhokje *het*; **~ telefónica** telefooncel
cabizbajo,-a *adj* teneergeslagen, somber

cable *m* kabel, snoer
cabo *m* 1. (uit)eind *het*; 2. kaap; 3. korporaal; **al ~ de** na verloop van
cabra *f* geit; **~les** *m gastr* soort sterke Roquefort kaas
cabre/ado,-a *adj coloq* boos, woedend; **~arse** nijdig worden; **~o** *m* boosheid, woede
cabr/ito *m* geitje *het*, bokje *het*; **~ón** *m* bok; *coloq* klootzak, rotzak; **~onada** *f* gemene streek, rotstreek
caca *f* poep, kak; **una ~** waardeloos; **¡~!** *coloq* verdomme!; **hacer ~** poepen
cacahuete *m* pinda
cacao *m* cacao, cacaoplant, cacaoboon; **~ mental** *coloq* geestelijke verwarring
cacarear *vi* kakelen, kraaien
cacatúa *f* kaketoe
cacería *f* jacht, jachtpartij; jachttafereel *het*
cacerola *f* pan, braadpan, stoofpan
cachalote *m* potvis
cacharr/ería *f* potten- en pannenwinkel; **~o** *m* 1. grove pot; 2. *coloq* (on)ding *het*; **~os** *mpl* vaatwerk; potten en pannen
cachas (**estar ~**) sterk, stevig, gespierd
cache/ar *vt* fouilleren; **~o** *m* fouillering
cachete *m* 1. (bolle) wang; 2. klap (*op hoofd of in het gezicht*)

cacho *m* stuk(je) *het*, brok(je), snee

cachond/earse *coloq* de draak steken, spotten (**de**, *met*); **~eo** *m coloq* gekheid; **~o,-a** *adj* 1. loops, geil, wellustig; 2. *coloq* grappig

cachorro *m* jong *het*, welp

caciqu/e *m* plaatselijke machthebber, machtige man; **~ismo** *m* plaatselijk despotisme *het*

caco *m* dief, zakkenroller

cacofonía *f* kakofonie

cacto, cactus *m* cactus

cada elk, ieder; **~ uno**, **~cual** elk, ieder; **~ dos días** om de dag; **~ dos por tres** om de haverklap; **~ vez (más)** steeds (meer)

cadalso *m* 1. podium *het*, tribune *het*; 2. schavot *het*

cadáver *m* lijk *het*, kadaver *het*

cadena *f* 1. ketting, keten, reeks; 2. omroep, kanaal *het*

cadencia *f* cadans, ritme *het*; *mús* cadens

cadera *f* heup

caduc/ar *vt* verlopen, vervallen, verjaren; **~idad** *f* nietigheid; **fecha de ~idad** vervaldag; uiterste verkoopdatum; **~o,-a** *adj* 1. heel oud; 2. vergankelijk; 3. verlopen, vervallen

caer *vi* 1. vallen, vervallen, geraken (**en**, *in*); omvallen; sneuvelen; 2. dalen, zinken; 3. liggen; 4. snappen; **~ bien (mal)** 1. goed (slecht) vallen; 2. (*persoon*) (niet) mogen

café *m* 1. koffie; 2. koffiebar; 3. koffieboom; **~ con leche** koffie met melk; **~ cortado** koffie met wolkje melk; **~descafeinado** cafeïnevrije koffie; **~ instantáneo** oploskoffie; **~ solo** zwarte koffie

cafe/ína *f* cafeïne; **~tera** *f* koffiepot; **~tería** *f* koffiehuis *het*, lunchroom, restauratie

caga/da *f coloq* stront, poep; 2. blunder; **~lera** *f coloq* schijterij, diarree *f*; **~r 1.** *vi coloq* schijten, kakken; **2.** *vt coloq* bevuilen; verpesten

caíd/a *f* (het) vallen, val; daling, teruggang; helling; **~ del sol** zonsondergang; **~o** *m* gevallene

caimán *m* kaaiman, krokodil

caja *f* 1. doos, kist, trommel; 2. kassa, geldla; 3. fonds *het*; 4. (laad)bak; 5. krat; **~ de ahorros** spaarbank; **~ de cambios** *auto* versnellingsbak; **~ fuerte** kluis; **~* Postal** Postbank; **~ torácica** borstkas

caj/era *f* cassière; **~ero** *m* kassier; **~ero automático** *m* geldautomaat, bankautomaat; **~etilla** *f* pakje *het*, doosje *het*; **~ón** *m* lade

cal *f* kalk; *a ~ y canto* hermetisch (dicht)

cala *f geogr* kreek, kleine baai

calaba/cín *m* courgette; **~za** *f* pompoen, kalebas; *dar* **~zas a alg** iem. afwijzen, iem. laten zakken
cala/bozo *m* kerker, cel
cala/dero *m* visgrond; **~do 1.** *adj* kletsnat; **2.** *m* 1. *nav* diepgang; 2. *fig* betekenis, belang *het*
calamar *m*, **calamares** *mpl gastr* inktvis
calambre *m* **1.** *med* kramp *f*; **2.** elektrische schok
calamidad *f* ramp, onheil *het*; *fig* stakker
calar *vt* 1. (door)lekken, doorregenen; 2. *fig* doordringen tot
calavera *f* doodshoofd *het*, schedel
calcar *vt* calqueren, overtrekken; naäpen
calcáreo,-a *adj* kalkhoudend, kalk-
calcetín *m* sok, korte kous
calcinar *vt* verschroeien, verzengen
calcio *m* calcium *het*
calco *m* 1. overgetrokken tekening; 2. exacte imitatie; 3. carbonpapier *het*; **~grafía** *f* kopergraveerkunst
calcul/able *adj m/f* berekenbaar; **~ador** berekenend; **~adora** *f* rekenmachine; **~ar** *vt* rekenen, berekenen; schatten
cálculo *m* berekening; schatting; *~ biliar med* galsteen; *~ renal med* niersteen

calde/ado 1. verwarmd; 2. *fig* opgewonden; **~ar** *vt* 1. verwarmen, 2. *fig* animeren; **~ra** *f* ketel; boiler; **~derilla** *f* kleingeld *het*
caldo *m* bouillon, consommé; **~so,-a** *adj* sausachtig
calé 1. *adj m/f* v/d zigeuners, zigeuner-; **2.** *m* taal van de zigeuners
calefacción *f* verwarming; *~ central* centrale verwarming
calendario *m* kalender; planning
calenta/dor *m* verwarmer; boiler, geiser; *~ de agua* geiser, boiler; **~miento** *m* verwarming; **~r** *vt* verwarmen, verhitten; (*o. sport*) opwarmen
calent/ito,-a *adj* warmpjes; **~ura** *f* koorts(uitslag)
calibrar *vt* kalibreren, ijken
calidad *f* 1. kwaliteit; 2. hoedanigheid; 3. eigenschap
cálido 1. warm; 2. *fig* warm, hartelijk
caliente *adj m/f* 1. warm, heet; 2. vurig, heftig; *en ~* 1. heet, 2. onmiddellijk
califa *m* kalief
califica/ción *f* kwalificatie; cijfer *het*; **~do,-a** *adj* bevoegd, bekwaam; **~r** *vt* 1. beoordelen, een cijfer geven; 2. bestempelen (**de**, *als*); **~tivo** *m* kwalificatie
calimocho *m gastr* mengsel van cola en rode wijn
cáliz *m* kelk, miskelk

caliza f kalksteen het

calla/do,-a adj stil, zwijgzaam, gereserveerd ; **~r 1.** vi zwijgen, de mond houden; **2.** vt 1. het zwijgen opleggen; 2. verzwijgen; **~rse** zwijgen, de mond houden; verzwijgen

calle f straat; baan; **~jear** vi (over straat) rondlopen; **~jón** m steeg, smal straatje het; **~jón sin salida** 1. doodlopende steeg; 2. fig slop het, impasse

call/icida m likdoorntinctuur; **~ista** m/f pedicure; **~o** m likdoorn

callos gastr gerecht van pens

calma f kalmte; rust; **~nte** m kalmerend middel, pijnstiller; **~r** vt kalmeren, bedaren

caló m zigeunertaal

calor m warmte; **hace ~** het is warm; **~ sofocante** drukkende hitte

caloría f calorie; **bajo en ~s** caloriearm

calumnia f laster; **~r** vi lasteren

caluroso,-a adj 1. heet; 2. fig warm; hartelijk

calv/a f kale plek, kaal hoofd het; **~ario** m lijdensweg; **~icie** f kaalheid; **~inismo** m calvinisme het; **~inista** m/f rel calvinist(e); **~o,-a** adj kaal

calza/da f weg, laan; **~ romana** Romeinse heirweg; **~do** m schoeisel het, schoenen; **~dor** m schoenlepel **~r** vt/i schoenen dragen/ aandoen

calzoncillos mpl (heren)onderbroek

cama f 1. bed het; 2. laag; **~ de matrimonio** twee-persoonsbed het; **~ plegable** opklapbed het; **~ suplementoria** (hotel) extra bed

camaleón m kameleon

cámara 1. f 1. camera, fototoestel het; 2. kamer; 3. binnenband; **2.** m cameraman

camar/ada m/f kameraad; **~era** f serveerster; **~ero** m kelner, ober; **~ín** m kleedkamer; **~ote** m nav hut, kajuit

cambia/nte adj m/f veranderend; **~r 1.** vt 1. veranderen, verplaatsen; 2. ruilen; **2.** vi veranderen (**de, van**); auto schakelen; **~r de tren** overstappen; **~zo** m 1. oplichterij; 2. plotselinge verandering

cambio m 1. verandering; 2. ruil; 3. kleingeld het, wisselgeld het; 4. auto versnelling(sbak); **a ~ de** in ruil voor; **en ~** daarentegen; **~ oficial** banc officiële koers; **~ de marchas** schakeling

camelar vt coloq vleien, lijmen, bedriegen

camelia f bot camelia

camello m 1. zool kameel; 2. (kleine) drugsdealer

camerino m kleedkamer

cami/lla f brancard, draagbaar; **~llero** m ziekenbroeder
camin/ante m trekker, wandelaar; **~ar** vt trekken, wandelen; **~o** m weg; **de ~o** onderweg; **en el ~o** op weg, onderweg
cami/ón m vrachtwagen; **~onero,-a** m/f vrachtwagenchauffeur; **~oneta** f bestelwagen
camis/a f (over)hemd het; **~eta** f t-shirt het; **~ón** m nachthemd het
camorra f 1. maffia; 2. ruzie
campamento m kamp het; mil legerkamp het
campana f klok, bel; **~da** f klokslag; **~rio** m klokketoren
campante adj m/f zelfvoldaan; kalm, onverstoord
campaña f 1. vlakte, land het; 2. campagne, actie
campar vi 1. kamperen; 2. uitblinken
campechano,-a adj ongedwongen, hartelijk
campe/ón,-ona m/f kampioen(e), winnaar, winnares; **~onato** m kampioenschap het
campes/ino,-a m/f boer(in), landbouwer; **~tre** adj m/f landelijk, plattelands-
camp/ing m camping, kampeerterrein het; **hacer ~** kamperen; **~ista** m/f kampeerder, kampeerster
campo m 1. platteland het; 2. veld het, terrein het; 3. kamp het; **~ de deportes** m sportveld het; **ir al ~** de stad uitgaan
camufla/je m camouflage; **~r** vt camoufleren
can m hond
cana f grijs haar het; **echar una ~ al aire** de bloemetjes buiten zetten
canal m kanaal het, gracht; **~ización** f kanalisatie, leiding; **~izar** vt kanaliseren
canall/a m schurk, schoft; **~ada** f rotstreek, smeerlapperij; **~esco,-a** adj schofterig, gemeen
canalones mpl gastr cannelloni
canario,-a adj 1. Canarisch; 2. m/f Canariër, Canarische; 3. s/m zool kanarie(pietje het)
canast/a f (grote) mand; (basketbal) (doel)punt het
cancela/ción f annulering, opzegging; **~do,-a** adj geannuleerd; **~r** vt annuleren, opzeggen
cáncer m 1. kanker; 2. kwaad het; 3. ~* astr m Kreeft
cancer/ígeno,-a adj kankerverwekkend; **~oso,-a** adj kanker-
cancha f (tennis, basketbal, ski) veld, piste
canciller m kanselier; **~ía** f kanselarij
canci/ón f lied(je) het; **~onero** m liedboek het; bloemlezing
candado m hangslot(je) het
candeal adj m/f: **pan ~** wittebrood het

candela f kaars; **~bro** m armkandelaar

candelero m kandelaar; *estar en el ~* in het centrum van de belangstelling staan

candida/to,-a m/f kandidaat, -date, sollicitant(e); **~tura** f kandidatuur

cándido,-a adj argeloos, onschuldig

canela f kaneel

canelones mpl cannelloni

canesú m lijfje het zonder mouwen

cangrejo m zool 1. krab 2. rivierkreeft

canguro 1. m zool kangoeroe; 2. f kinderoppas

caníbal m kannibaal; woesteling; **~ismo** m kannibalisme het

canica f knikker

caniche m poedel

canícula f hondsdagen

canijo,-a adj armetierig, slap

canino,-a adj v/d hond(en), honde-

canje m uit-/inwisseling; **~able** adj m/f inwisselbaar; **~ar** vt uitwisselen, ruilen (**por**, tegen)

canoa f kano; *ir en ~* kanovaren

canon m 1. regel, norm; 2. *jur, mús* canon

canóni/co,-a adj kanoniek; **~gos** mpl gastr veldsla

canonizar vt heilig verklaren

canoso,-a adj met grijs haar, grijs

cansa/do,-a adj moe, vermoeid; **~ncio** m vermoeidheid; **~rse** moe worden

Cantabria f Cantabrië

cántabro,-a 1. adj Cantabrisch; **2.** m Cantabriër, Cantabrische

canta/nte m/f zanger(es); **~or,-a** m/f flamencozanger(es); **~r** vt/i zingen; **~rín,-rina** dol op zingen

cántaro m (water)kruik

cantautor,-a m/f zanger(es)-componist(e)

cante m zang, lied het; **~ra** f (steen)groeve; *de ~ra* voortgekomen uit eigen gelederen

cántico m kerkzang; zang

cantidad f 1. hoeveelheid; 2. bedrag het

cantimplora m veldfles

cantimpalo: *chorizo de ~* soort Spaanse paprikaworst

cantina f kantine

canto m 1. zang, gezang het; 2. rand, kant; 3. kiezelsteen

cant/ón m kanton het; **~onal** adj m/f kantonnaal

canutas: *pasarlas ~* coloq in de rats zitten

caña f 1. riet(stengel) het; 2. glas het bier, pilsje het; 3 pijpbeen het; ***~ de azúcar*** suikerriet het; ***~ de pescar*** vishengel

cáñamo m hennep, henneptouw het

cañería f pijp(leiding), buizennet het

cañ/o m korte buis, pijp; **~ón** m 1. kanon het; 2. *geogr* canyon, smal ravijn het; **~onazo** m kanonschot het

caoba f mahonie(hout het)

ca/os m chaos, warboel; **~ótico, -a** adj chaotisch

capa f 1. cape, mantel; 2. laag

capa/cidad f 1. inhoud, capaciteit; 2. vermogen het; **~citado,-a** adj bekwaam, competent; **~taz** m/f opzichter; **~z** adj m/f capabel, in staat

capar vt 1. castreren; 2. snoeien; 3. fig beknotten; **~azón** m schild het, bescherming

capea f amateurstierengevecht

capellán m kapelaan

Caperucita f: **~ Roja** Roodkapje het

caperuza f capuchon, kapje het, puntmuts

capicúa: número ~ symmetrisch getal het

capilar adj m/f capillair, v/h haar, haar-

capilla f kapel; **~ ardiente** rouwkapel

capital 1. adj m/f v/h grootste belang, hoofd-; **2.** m kapitaal het, vermogen het; **3.** f hoofdstad; **~ismo** m kapitalisme het; **~ista** m/f kapitalist(e); **~izar** vt 1. kapitaliseren; 2. fig munt slaan uit

capit/án, -ana m/f kapitein, gezagvoerder; sport aanvoerder, -voerster; **~anear** vt aanvoeren, aan het hoofd staan van

capitula/ción f capitulatie, overgave; **~r** vi capituleren

capítulo m hoofdstuk het; kapittel het

capó m motorkap

capote m (stierenvechters)cape; **~ar** vt met de cape bevechten

capricho m gril, nuk; **~so,-a** adj 1. grillig, onberekenbaar; 2. willekeurig

Capricornio m astr Steenbok

cápsula f 1. capsule; 2. zaadbol; 3. mil huls

capt/ación f ontvangst; (het) verkrijgen; **~ar** vt vangen, opvangen; kunnen krijgen; **~ura** f vangst, (het) vangen; **~urar** vt vangen, gevangen nemen

capu/cha f kap, capuchon; **~chino** m 1. kapucijn; 2. capuccino; **~chón** m capuchon; dop, kap; m; **~llo** m 1. zool cocon; 2. bot knop; 3. coloq eikel, sul

caqui m 1. kaki(boom) het; kaki(kleur) het

cara f 1. gezicht het; 2. aspect het; 3. kant, zijde; 4. durf, lef het; **~ o cruz** kruis of munt; **tener buena (mala) ~** er goed (slecht) uitzien

carab/ela f karveel; **~ina** f mil karabijn

caracol m slak; slakkehuis het

carácter m (pl caracteres) 1. karakter het; 2. letter(teken); 3. teat personage

característic/a f kenmerk *het*; **~o,-a** *adj* kenmerkend

caracterizar *vt* kenmerken; vertolken; **~se** z. kenmerken, z. onderscheiden (**por** door)

caradura 1. *m coloq* brutale vent; lefgozer; **2.** f 1. brutaliteit; 2. brutaal mens

carajillo *m* koffie met cognac

¡caramba! verdorie!, verdraaid!, verrek!

carambola f 1. carambole; 2. truc; 3. toeval *het*

caramelo *m* 1. karamel; 2. snoepje *het*, zuurtje *het*

carátula f 1. masker *het*, tronie; 2 hoes (*cd*)

caravana f 1. karavaan; 2. *auto* caravan; 3. *transp* file

carbón *m* steenkool, houtskool, carbon

carbon/ato *m quím* carbonaat *het*

carbónico,-a *adj quím* kool-

carbon/izar *vt* carboniseren, verkolen; **~o** *m quím* koolstof

carbura/ción f *tecn* carburatie; **~dor** *m* carburator; **~nte** *m* brandstof; **~r** *vi* werken, functioneren

carca *adj m/f* reactionair, bekrompen; **~jada** f schaterlach; **~jearse** schateren (**de**, om)

carcasa f 1. bekisting, chassis; 2. borstkas

cárcel f gevangenis

carcelario,-a *adj* gevangenis-

carcom/a f houtworm; **~er** *vt* wegvreten

cardenal *m* 1. kardinaal; 2. *med* blauwe plek

cardinal *adj m/f* hoofd-

cardíaco,-a *adj* hart-; *ataque* **~** hartaanval

cardo *m bot* distel

care/ar *vt jur* confronteren

care/cer *vi* (**~ de**) missen, ontberen, niet hebben; **~ncia** f gebrek *het*, tekort *het* (**de** aan); **~nte** *adj m/f* (**de**) ontberend, zonder

careo *m jur* confrontatie van getuigen en verdachten

carero,-a *adj* duur; *ser muy* **~** een afzet(s)ter zijn

carestía f 1. gemis *het*; 2. duurte

careta f masker *het*

carga f 1.(het) laden, bevrachting; 2. lading, last; 3. gewicht *het*, druk; 4. *electr* lading, weerstand; 5. *mil* aanval; **~do,-a** *adj* geladen, beladen; **~dor** *m* laadapparaat *het*; **~mento** *m* lading, vracht; **~nte** *adj m/f* lastig, vervelend; **~r** *vt* laden, beladen, bevrachten

carg/o *m* 1. functie, baan; 2. *fig* tenlastelegging, beschuldiging; 3. zorg, verantwoordelijkheid; **~uero** *m* vrachtschip *het*

Caribe *adj m/f* Caribisch; **~* Caribisch gebied *het*

caricatur/a f karikatuur, spotprent; **~izar** *vt* karikaturiseren, bespottelijk maken

cari/cia *f* aai, streling; **~dad** *f* liefdadigheid

caries *f* tandbederf *het*

carillón *m* carillon *het*, klokkenspel *het*

cariño *m* genegenheid, liefde; **2.** schat, lieverd; **~s** *mpl* liefkozingen; **~samente** liefdevol; **~so,-a** *adj* lief(devol), aanhankelijk

carioca *adj m/f* uit Rio de Janeiro

carisma *m* charisma *het*, uitstraling

caritativo,-a *adj* liefdadig, charitatief

cariz *m* gesteldheid, aanzien *het*

carmelita *f rel* karmeliet

carn/al *adj m/f* vleselijk, lichamelijk; **~aval** *m* carnaval *het*

carn/e *f* vlees *het*; **~é, ~et** *m* (legitimatie) bewijs *het*; **~et de conducir** rijbewijs *het*; **~et de identidad** persoonsbewijs *het*

carn/icería *f* slagerij; **~icero** *m* slager; **~ívoro** *m* vleeseter, carnivoor; **~oso,-a** *adj* vlezig

caro,-a *adj* **1.** duur; **2.** dierbaar

carpa *f* **1.** *zool* karper; **2.** circustent, feesttent

carpeta *f* map, schrijfmap, dossiermap

carpinter/ía *f* (het) timmeren, timmerwerk *het*; **~o** *m* timmerman

carrer/a *f* **1.** race; **2.** carrière, loopbaan; studie; **~ contra reloj** tijdrit; **~illa** *f* aanloop, sprintje *het*

carret/a *f* platte kar, wagen; **~e** *m* **1.** spoel, klos; **2.** *foto* filmrolletje *het*; **~era** *f* (grote) weg; **~era de circunvalación** ringweg; **~ comarcal** lokale weg; **~ nacional** rijksweg, hoofdweg; **~illa** *f* kruiwagentje *het*

carril *m* spoor *het*; rijstrook, rijbaan; **~ bici** fietspad *het*; **~ de acceso** invoegstrook

carrito *m* wagen(tje *het*), karretje *het*

carro *m* kar, (winkel)wagen; **~cería** *f* carrosserie; **~ña** *f fig* aas *het*, kreng *het*; **~za** *m* **1.** ouwe sok; **2.** praalwagen

carruaje *m* rijtuig *het*, koets

carrusel *m* **1.** carrousel; **2.** *fig* spektakel *het*

carta *f* **1.** brief; **2.** kaart; **3.** menu *het*; **~ certificada** aangetekende brief; **~ comercial** zakenbrief **~ urgente** expresbrief

Carta *f* charter, handvest *het*

cartearse elkaar schrijven, corresponderen (**con** met)

cartel *m* aanplakbiljet *het*; plakkaat *het*

cártel *m econ* kartel *het*, verbond *het*

cartelera *f* aanplakbord *het*; programmaoverzicht *het* in krant

carter/a *f* **1.** portefeuille; **2.** aktentas; **~ista** *m/f* zakkenroller; **~o** *m* postbode

cartílago *m* kraakbeen *het*

cartilla f abc-leesboek het; **~ de ahorros** spaarbankboekje het
cartón m karton het
cartucho m 1. patroonhuls; 2. filmrolletje het
cartu/ja f kartuizerklooster het
cartulina f dun karton het, bristolkarton het
casa f huis het; huishouden het; **~ de campo** buitenhuis het; **~ de huéspedes** pension het, logement het; **~ rural** huuraccomodatie op het platteland, landhuis
casa/dero,-a adj huwbaar; **~do,-a** adj getrouwd, gehuwd; **~r 1.** vt trouwen; **2.** vi samengaan, stroken (**con** met); **~se** trouwen
cascabel m belletje het
cascada f waterval
cascar vt 1. breken; 2. een klap om de oren geven; 3. mollen, stuk maken
cáscara f schil, schaal, dop
casco m helm; **~ antiguo** oude stadskern; **~ urbano** bebouwde kom
caser/ío m 1. gehucht het; 2. boerenhoeve; **~ero 1.** adj 1. v/h huis; 2. zelfgemaakt; 3. huiselijk; **2.** m huisbaas, huiseigenaar; **~ón** m groot huis het
casi conj bijna
casete, casette 1. m cassetterecorder; **2.** f cassetteband(je)

casill/a f hokje het, ruitje het (op papier); **~ero** m loketkast, vakje het
casino m 1. casino het; 2. sociëteit, club
caso m geval het, zaak; **hacer ~ a alg** naar iem luisteren, aandacht aan iem schenken
caspa f (hoofd)roos, schilvers
casquería f winkel waar slachtafval wordt verkocht
casta f kaste, klasse, komaf
castañ/a f kastanje; **~o** m kastanjeboom; **~uela** f castagnette, handklepper
castellano,-a 1. adj Castiliaans; **2.** m (het) Castiliaans (Spaans); **3.** m/f Castiliaan(se)
castidad f kuisheid
castig/ar vt 1. straffen, bestraffen; 2. teisteren; **~o** m straf
Castilla f Castilië
cast/izo,-a adj (ras)echt, oer-, authentiek; **el Madrid ~** het echte Madrid; **~o** kuis, eerbaar; **~or** m bever
castra/ción f castratie; **~r** vt castreren
castrense adj m/f leger-, militair
casual adj m/f toevallig, incidenteel; **~idad** f toeval het; **~mente** toevallig, bij toeval
cata f (het) keuren, (het) proeven; **~clismo** m 1. grote ramp; 2. totale ommekeer; **~cumbas** fpl catacomben
catalán,-lana 1. adj Catalaans;

2. *m* ling Catalaans *het*; **3.** *m/v* Catalaan(se)

catalejo *m* verrekijker

catalizador *m* katalysator

cat/alogar *vt* catalogiseren, rubriceren; **~álogo** *m* catalogus

catar *vt* proeven, keuren

cata/rata *f* 1. *med* staar; 2. waterval; **~rro** *m* verkoudheid, catarre; **~stral** *adj m/f* kadastraal; **~stro** *m* kadaster *het*

catástrofe *f* catastrofe, ramp

catastrófico,-a *adj* catastrofaal, rampzalig

catear *vt* (*examen*) laten zakken

catecismo *m* rel catechismus; catechese

cátedra *f* 1. leerstoel; 2. hoogleraarschap *het*

catedral *f* kathedraal

catedrático *m* professor, hoogleraar

categ/oría *f* categorie, rang, klasse; *de baja* ~ van slechte kwaliteit; *de segunda* ~ tweederangs; **~órico** beslist, categorisch

catequesis *f* catechisatie

cateto,-a 1. *adj* boers, pummelig; 2. *m/f* boerenkinkel, boerentrien

católico,-a *adj* 1. katholiek; 2. in orde, gezond

catorce veertien

cauce *m* 1. bedding, loop; 2. *fig* baan, weg

caucho *m* rubber, gummi

caución *f* borg, borgtocht

caud/al *m* 1. watermassa; 2. vermogen *het*; 3 overvloed, schat; **~illo** *m* leider, aanvoerder

causa *f* 1. oorzaak; 2. zaak; 3. rechtszaak; **~nte** *m/f* veroorza(a)k(st)er; **~r** *vt* veroorzaken

cautel/a *f* behoedzaamheid, voorzichtigheid; **~so,-a** *adj* voorzichtig

cautiv/ar *vt* 1. gevangen nemen; 2. boeien; **~idad** *f* gevangenschap; **~o,-a** *adj* gevangen

cauto,-a *adj* behoedzaam

cava *f* **1.** *m* Spaanse champagne; **2.** *f* wijnkelder; **~r** *vt* spitten, graven

cavern/a *f* holte, grot, spelonk

caviar *m* gastr kaviaar

cavidad *f* holte, gat *het*

caza **1.** *f* jacht, (het) jagen; wild; **2.** *m* gevechtsvliegtuig; **~dor** *m* jager **~dora** *f* (wind)jack *het*

caz/o *m* steelpan; scheplepel; **~uela** *f* 1. lage kookpot van aardewerk; 2. stoofschotel

ceba/da *f* bot gerst; **~rse** 1. helemaal opgaan (**en** in); wreed behandelen, woede koelen (**con** op)

cebo *m* mestvoer *het*; lokaas; **~lla** *f* 1. ui; 2. bloembol; **~lleta** *f* bieslook

cebra *f* zebra; *paso de* ~ zebrapad *het*

ceder 1. *vi* 1. meegeven; 2. toegeven aan; **2.** *vt* afstaan; ~ *el*

ceder 434

paso u nadert een voorrangsweg
cegar *vt* blind maken; **~rse** verblind worden (**de** door)
ceguera *f* blindheid
ceja *f* wenkbrouw
celda *f* cel
celebra/ción *f* (plechtige) viering; **~r** *vt* 1. vieren; 2. houden; 3. z. verheugen over
célebre *adj m/f* beroemd, vermaard
celebridad *f* beroemdheid, roem
celeridad *f* snelheid, spoed, vaart
celeste *adj m/f* hemels; hemelsblauw
celestina *f* koppelaarster
celibato *m* celibaat *het*
celo *m* 1. ijver, vlijt; 2. (eigenl. **cello** (r) *m*) *zool* bronst, loopsheid; **~s** *mpl* jaloezie
celta **1.** *adj* Keltisch; **2.** *m* 1. Kelt; 2. (het) Keltisch; **3.** *f* Keltische
célula *med* cel
celular *adj m/f* cellulair, celcement/erio** *m* begraafplaats; **~o** *m* cement *het*
cena *f* avondeten *het*, diner *het*; **~r** *vt/i* dineren, 's avonds eten
cenicero *m* asbak
cenicienta *f* assepoester
cenit *m* 1. zenit; 2. *fig* hoogtepunt *het*
ceniz/a *f* as; **~o** *m* pechvogel; onheilsbrenger
censo *m* volkstelling

censura *f* censuur; **~r** *vt* censureren
centena *f* honderd(tal *het*); **~rio** *m* 1. honderdjarige; 2. eeuwfeest
centeno *m bot* rogge
céntimo *m* cent; centiem
centinela *m* schildwacht
centolla *f gastr* soort zeespin, spinkrab
central 1. *adj* 1. centraal, middenste; 2. hoofd-; **2.** *s/f* centrale; hoofdkantoor *het*; **~ nuclear** kerncentrale; **~ita** *f* (interne) telefooncentrale; **~izar** *vt* centraliseren
centrar *vt* centreren; **~se** z. concentreren (**en** op)
céntrico,-a *adj* centraal, in het centrum
centrifuga/dora *f* centrifuge; **~r** *vt* centrifugeren
centro *m* centrum *het*, middelpunt *het*, midden *het*
centuria *f* eeuw
ceñi/do,-a *adj* strak, nauwsluitend; **~r** *vt* omsluiten; **~rse** z. beperken (**a** tot)
cepa *m* 1. stronk; wijnstok; 2. *fig* afkomst
cepill/ar *vt* borstelen; **~se los dientes** z'n tanden borstelen; **~o** *m* borstel
cera *f* was; oorsmeer
cerámica *f* ceramiek, aardewerk *het*
cerca 1. *f* omheining, hek; **2.** *adv*

dichtbij, vlakbij; **~nía** f nabijheid, buurt; **~nías** fpl nabije omgeving; **~no,-a** adj nabij, naburig; **~r** vt omringen; omsingelen

cerco m omheining; omsingeling

cerdo m varken het, zwijn het, big

cereal m 1. graangewas het; 2. granen; cornflakes

cerebr/al adj m/f hersen-; **~o** m hersenen

ceremonia f ceremonie, plechtigheid

cerez/a f kers; **~o** m kerseboom; kersehout

cerilla f lucifer

cernícalo m torenvalk

cero m nul

cerra/do,-a adj gesloten; **~dura** f slot het; **~jero** m slotenmaker

cerrar vt (af)sluiten; dichtdoen; dempen; **~se 1.** z. terugtrekken, 2. volharden (**en** in)

cerro m heuvel, steile rots; **~jo** m grendel

certamen m wedstrijd, toernooi het; prijsvraag

certeza f zekerheid, overtuiging, waarheid

certifica/ción f attest het, verklaring; **~do,-a** adj **1.** adj aangetekend; **2.** m certificaat, bewijs; aangetekend stuk; **~r** vt aantekenen, certificeren

cervecería f 1. bierbrouwerij; 2. biertapperij, café het

cerveza f bier het; **~ negra** donker bier het

cervical adj m/f v/d hals, hals-, nek-

cesa/ción f onderbreking, stop; **~r** vt beëindigen, stoppen, op non-actief stellen

cesárea f med keizersnede

cese m 1. stopzetting; 2. beëindiging van de arbeidsverhouding; 3. afvloeiing

cesión f afstand, overdracht

césped m gazon het, grasmat, grasveld

cest/a f mand, korf; **~o** m mand, korf

cetáceo,-a adj walvisachtig

chabacano,-a adj platvloers, plat

chabola f krot(woning), hut

chacal m jakhals

chafa/do,-a adj kapot; **~r** vt kapot maken

chaflán m schuine rand; hoekhuis het

chal m sjaal, omslagdoek

chalad/o,-a adj getikt, maf; **~ura** f dwaasheid

chaleco m vest het, spencer; **~ salvavidas** zwemvest het, reddingsvest het

chalet m, **chalé** m vrijstaand huis het met tuin, bungalow; **~ adosado** schakelwoning

champán m, **champagne** m champagne

champiñón m champignon

champú m shampoo

chamuscar vt schroeien

chanchullo m coloq oplichterij, bedriegerij

chancla, chancleta f slipper, klepper

chándal m trainingspak het; joggingpak het

chantaje m chantage, afpersing

chapa f 1. kroonkurk; 2. (metaal) plaat

chaparrón m meteo stortbui; fig stortvloed

chapuce/ar vi knoeien, prutsen; beunhazen; **~ro** m prutser, knoeier

chapurrear vt radbraken; brabbelen

chapuza f knoeiwerk het, gepruts het; karweitje het, klusje het; **~s** m prutser, beunhaas

chaqueta f jas(je), colbert het, jack het

charanga f hoempapa-orkest het, fanfare

charcutería f 1. charcuterie; 2. vleeswaren

charla praatje het, gesprek het; **~r** vi een praatje maken, babbelen

charol m lakleder, lakleer het

chasco m teleurstelling, tegenvaller

chasis m chassis

chatarra m oudroest, schroot het

chauvinismo, chovinismo m chauvinisme het

chaval m gozer, knul; **~a** f meisje het, grietje het

checo,-a 1. adj Tsjechisch; **2.** s/m ling Tsjechisch het; **3.** m/f Tsjech(ische)

chepa 1. m gebochelde; **2.** f med bochel

cheque m cheque; **~ de viaje** reischeque; **~ regalo** cadeaubon; **~ar** vt 1. nagaan; 2. med onderzoeken; **~o** m med 1. grondig onderzoek; 2. tecn revisie

chica f (jong) meisje het

chicharrones mpl kaantjes pl

chichón m med bult, buil (op hoofd)

chicle m kauwgom

chico,-a 1. adj klein, laag; **2.** s/m jongen

chiflado,-a 1. adj coloq getikt, gek; **2.** m/f coloq halve gare, mafkees, rare

chile 1. m chilipeper, Spaanse peper; **2. ~*** Chili

chileno,-a 1. adj Chileens; **2.** m/f Chileen(se)

chill/ar vi gillen, krijsen; **~ido** m gegil het

chimenea f schoorsteen; open haard

chimpancé m chimpansee

China f China

chinchar vt treiteren, pesten

chino,-a 1. adj Chinees; **2.** s/m ling Chinees het; **3.** m/f Chinees, Chinese

chipirón m kleine inktvis

Chipre Cyprus

chiquillo,-a *m/f col* jongetje *het*, meisje *het*

chirla *f gastr* venusschelp, kleine kokkel

chism/e *m* roddel, kletspraatje *het*; **~ear** *vi* roddelen, kletsen; **~oso,-a** *m/f* roddelaar(ster)

chisp/a *f* 1. vonk; 2. greintje *het*; 3. gevatheid; **~ear** *vi* 1. motregenen; 2. vonken schieten

chist/e *m* grap(je *het*), mop; **~oso** grappig

chiva/rse *vt* verklikken, verraden; **~to,-a** *m/f* klikspaan, verklikker,-ster

choc *m* shock; **~ante** *adj m/f* schokkend; **~ar 1.** *vi* botsen, stoten; **2.** *vt* verbazen, verrassen

chocolat/e *m* 1. chocolade; 2. *coloq* hasj; **~ con leche** melkchocolade; **~ negro** pure chocolade; **~ina** *f* chocolaatje *het*, flikje *het*

chófer *m/f* chauffeur,-feuse

chollo *m* buitenkansje *het*; goudmijn(tje *het*)

chop/itos *gastr* jonge inktvisjes *pl*; **~o** *m bot* zwarte populier

choque *m* 1. botsing; 2. confrontatie, ruzie; gevecht; 3. schok

chorizo *m* 1. Spaanse paprikaworst; 2. kruimeldief, crimineel

chorrada *f* kletspraat; onzin, stommiteit

chorr/ear *vi* druipen; **~o** *m* stroom, straal

chotis *m* Madrileense (paren)dans

chuchería *f* snoepgoed *het*, snoepje *het*

chucho *m desp* hond, mormel

chule/ar 1. *vi coloq* opscheppen; **2.** *vt* voor de gek houden; **~ría** *f* stoerheid, opschepperij

chuleta 1. *f* 1. *gastr* kotelet, karbonade; 2. spiekbriefje *het*; **2.** *m* luilak

chulo,-a 1. *adj* 1. mooi; 2. ijdel; 3. charmant; **2.** *s/m* pooier, souteneur; **3.** *m/f* opschepper,-ster

chupar *vt* opzuigen, zuigen aan; **~se** aflikken

chupete *m* fopspeen, zuigspeen

churro *m* gefrituurde deegstengel

churruscarse aanbranden, aanzetten

chusma *f* gespuis *het*, geboefte *het*

chutar *vt sport* (op het doel) schieten

cianuro *m* cyanide

ciática *f med* ischias, heupjicht

ciber/nético,-a *adj* cybernetisch; **~café** *m* cybercafé *het*

cicate/ar *vi* beknibbelen; **~ro,-a 1.** *adj* gierig, krenterig; **2.** *m/f* gierigaard

cicatriz *f* litteken *het*; **~ación** *f* heling; littekenvorming; **~ar** *vt* helen; een litteken vormen

cicerone *m/f* gids, begeleid(st)er

cíclico,-a *adj* cyclisch, regelmatig terugkerend

ciclis/mo m wielersport; **~ta** m/f fiets(t)er; wielrenner,-ster

ciclo m cyclus; **~motor** m bromfiets; **~turismo** m fietstoerisme het, cyclotoerisme het

ciclón m meteo cycloon, wervelstorm

ciego,-a **1.** adj blind; **2.** m/f blinde

cielo m 1. hemel, lucht; 2. lieverd, schat

ciempiés m zool duizendpoot

cien m honderd; **~ por ~** honderd procent

ciencia f wetenschap; **~s** fpl exacte wetenschappen

cient/ífico,-a m/f wetenschapper,-ster, geleerde

ciento honderd; honderdtal

cierre m (af)sluiting; opheffing

cierto,-a adj zeker; waar; bepaald; **es ~** het is waar; **por ~** overigens

cifra f cijfer, getal; **~r** vi 1. coderen; berekenen (**en** in)

cigala f zool soort kleine zeekreeft

cigarr/illo m sigaret; **~o** m sigaar, sigaret

cigüeña f ooievaar

cilantro m koriander

cilindra/da f cilinderinhoud

cil/índrico,-a adj cilindervormig; **~indro** cilinder

cima f top, kruin; fig hoogtepunt het, toppunt het

cim/entar vi funderen, onderbouwen; **~iento** m fundering; grondslag, basis

cinc m zink het

cincel m beitel; **~ar** vt beitelen

cinco vijf

cincuent/a vijftig; **~ón,-ona** m/f vijftig(st)er

cine m 1. bioscoop; 2. filmkunst; **~asta** m/f cineast(e); **~club** m cineclub, filmhuis het

cinema/teca f filmotheek; **~tografía** f filmkunst

cínico,-a adj cynisch; schaamteloos

cinismo m cynisme het, schaamteloosheid

cint/a f band, lint n; filmband; mús cassette; **~ura** f taille; **~urón** m riem, gordel; **~ de seguridad** veiligheidsgordel

ciprés m cypres, cipres

circ/iense adj m/f v/h circus, circus-; **~o** m circus het

circuito m circuit het, parcours het, kringloop; **corto ~** m kortsluiting

circulación f 1. circulatie, roulatie; 2. bloedsomloop; 3. verkeer het

circula/r **1.** m (transp) ringlijn; **2.** f circulaire, rondschrijven; **3.** vi 1. circuleren, rouleren, in omloop zijn; 2. rijden; **4.** adj m/f cirkelvormig, rond-, kring-; **~torio,-a** adj 1. v/h verkeer; 2. v/d bloedsomloop

círculo m 1. cirkel, kring; 2. groep, club

circunci/dar *vt rel* besnijden; **~sión** *f* besnijdenis
circun/dante *adj m/f* omliggend; **~ferencia** *f* cirkelomtrek; **~scribir** *vt* bepalen, beperken; **~scripción** *f jur* arrondissement *het*; **~stancia** *f* omstandigheid
circunvalación *f* (het) omringen
cirio *m* gedoe *het*, warboel
ciruel/a *f* pruim; **~o** *m* pruimenboom
ciru/gía *f* chirurgie; **~gia plástica/estética** plastische chirurgie; **~jano** *m* chirurg
cism/a *m rel* scheuring; *fig* onenigheid
cisne *m zool* zwaan
cisterna *f* watertank; stortbak van wc
cistitis *f med* blaasontsteking
cita *f* 1. afspraak ; 2. citaat *het*; **~ción** *f jur* dagvaarding; **~r** *vt* 1. ontbieden; afspraak maken met; 2. citeren; **~rse (con** met) een afspraak maken, afspreken
cítrico,-a 1. *adj* citroen-; 2. *m* citrusvrucht
ciudad *f* stad; **~anía** *f* staatsburgerschap *het*; **~ano** *m* burger; **~ela** *f* citadelle
cívico,-a *adj* v/d goede burger, fatsoenlijk
civil *adj m/f* burgerlijk, civil; **~ización** *f* beschaving; **~izado** beschaafd
civismo *m* gemeenschapszin; beleefdheid

clamar *vi* jammeren, smeken (**por** om)
clamor *m* geschreeuw *het*; gejammer *het*; **~oso,-a** 1. schreeuwerig, luidruchtig; 2. *fig* enorm
clan *m* clan, kliek
clandestin/idad *f* 1. heimelijkheid; 2. ondergronds verzet *het*; **~o,-a** *adj* geheim; ondergronds
clara *f* 1. eiwit *het*; 2. open, kale plek; 3. *gastr* sneeuwwitje *het*
clarear *vi* dag worden, licht worden
clari/dad *f* 1. licht *het*; helderheid; 2. *fig* duidelijkheid; **~ficar** *vt* verlichten; *fig* ophelderen
cla/rín *m* klaroen; **~rinete** *m* klarinet
clarividen/cia *f* vooruitziende blik; **~te** *adj m/f* helderziend; vooruitziend
claro,-a 1. *adj* licht, helder; duidelijk; **2.** *m* 1. open plek; 2. opklaring; **3. ¡~!** natuurlijk!, vanzelf!
clase *f* 1. (jaar)klas, lokaal *het*, college *het*; 2. soort *het*, slag; 3. stand, klasse, kwaliteit
clasicismo *m* classicisme
clásico,-a 1. *adj* (o. *mús*) klassiek; typisch; **2.** *m* klassiek werk *het*, standaardwerk *het*
clasifica/ción *f* classificatie, klassement *het*; **~dor** *m* ordner; **~r** *vt* classificeren, sorteren, indelen

claudicar *vi* verplichtingen niet nakomen
claustro *m* 1. klooster *het*; 2. kloostergalerij
cláusula *f* clausule, bepaling
clausura *f* 1. sluiting; 2. sluitingsceremonie; 3. klooster(leven) *het*; **~r** *vt* officieel sluiten
clavar *vt* 1. (vast)spijkeren; 2. steken (**en** in)
clave 1. *adj m/f* doorslaggevend; 2. *f* code, (*o. mús*) sleutel; 3. *m* clavecimbel; **~l** *m* anjer, anjelier
clavícula *f* sleutelbeen *het*
clavija *f* 1. pin, pen, stift; 2. stekker
clavo *m* 1. spijker, nagel; 2. *gastr* kruidnagel
clemen/cia *f* clementie; **~te** *adj m/f* genadig, mild
cleptómano,-a *m/f* kleptomaan,-mane
clerical 1. *adj m/f* klerikaal; 2. *m* geestelijke
clérigo *m* geestelijke, priester, predikant
clero *m* clerus, geestelijkheid
cliente *m/f* klant; **~la** *f* clientèle, klantenkring
clima *m* (*o. fig*) klimaat *het*, sfeer
climatización *f* airconditionning
climatológico,-a *adj* klimatologisch
clínic/a *f* kliniek, ziekenhuis *het*; **~o,-a** *adj* klinisch
clip *m* paperclip
cloaca *f* 1. riool; 2. *fig* rotzooi

cloro *m* chloor *het*; **~fila** *f* bladgroen *het*, chlorofyl
club *m* club; **~ nocturno** nachtclub
coacci/ón *f* dwang, druk; **~onar** *vt* dwingen
coagula/ción *f* stremming, stolling; **~rse** stremmen, stollen
coágulo *m* coagulaat *het*, gestolde massa
coalición *f* coalitie, verbond *het*
coartada *f* alibi, excuus *het*
coautor,-a *m/f* 1. co-auteur; 2. mededader
cobalto *m* kobalt *het*
cobard/e 1. *adj m/f* laf, bangig; 2. *m/f* lafaard, bangerd; **~ía** *f* lafheid
cobaya *m* proefkonijn *het*
cobert/izo *m* afdakje *het*; **~ura** *f* bedekking
cobij/ar *vt* 1. bedekken; 2. herbergen; 3. beschermen; **~o** *m* onderdak *het*; bescherming
cobra *f* *zool* cobra; **~dor** *m* ontvanger; **~r** *vt* 1. (*salaris*) ontvangen, beuren, innen; 2. in rekening brengen, berekenen
cobr/e *m* koper *het*; **~o** *m* inning, ontvangst
coca/ína *f* cocaïne; **~inómano, a** *m/f* cocaïneverslaafde
coc/ción *f* (het) koken; kooktijd; **~er** *vt* koken; **~ al vapor** stomen
coche *m* 1. wagen; auto; 2. wagon; 3. koets; **~ de alquiler**

huurauto; **~ de caballos** paardenkoets; **~ de carreras** raceauto; **~ cama** slaapwagen; **~ restaurante** restauratiewagen; **~ todo terreno** terreinwagen
cochi/nada f zwijneboel; **~nillo** m speenvarken het; **~no** m 1. varken het; 2. viespeuk
cocido,-a 1. adj gekookt; 2. m eenpansgerecht het (v. peulvruchten, vlees en groenten)
cociente m mat quotiënt het
cocina f keuken, fornuis het; **~r** vt/i koken
cociner/o,-a m/f kok(kin)
coco m kokos(noot); **~drilo** m krokodil
cóctel m cocktail; cocktailparty
codazo m elleboogstoot
codear vt aanstoten; **~se** omgaan (**con** met)
codici/a f hebzucht; **~ar** vi begeren, azen op; **~oso,-a** adj hebberig, inhalig
código m 1. code; 2. jur wetboek het; **~ civil** burgerlijk wetboek het; **~de barras** m streepjescode; **~ postal** m postcode
codo m 1. elleboog; 2. tech kniestuk het
codorniz f zool kwartel
coeficiente m coëfficiënt het
coetáneo,-a adj gelijktijdig
coexist/encia f coëxistentie; **~ir** vi coëxisteren
cofradía f rel congregatie; broederschap het

coger vt grijpen, nemen, pakken, oppakken
cogestión f econ medezeggenschap
cogollo m 1. kern; 2. gastr hart het v. slakrop
cohabitar vi samenwonen
cohecho m omkoperij, corruptie
cohe/rencia f coherentie; **~rente** adj m/f coherent; **~sión** f cohesie, samenhang
cohete m vuurpijl; raket
coincid/encia f samenloop, toeval het; **~ir** vi overeenstemmen; gelijktijdig gebeuren
coito m coïtus, paring
cojear vi mank lopen; wiebelen
coj/ín m kussen het; **~o,-a** adj mank, kreupel; **~ón** m vulg kloot, bal; **~ones** mpl fig lef
col f kool; **~es de Bruselas** spruitjes
cola f 1.rij, file; **hacer ~** in de rij staan; 2. staart
colabora/ción f medewerking; **~r** vt 1. medewerken; 2. een bijdrage leveren
colad/a f 1. was; 2. wasgoed het; **~or** m zeef, filter het
colaps/ar vi instorten; **~o** m ineenstorting; inzinking; collaps
colar vt filteren; **~se** voor zijn beurt gaan; binnenglippen
colch/a f (bedde)sprei; **~ón** m matras; **~ón neumático** luchtbed het; **~oneta** f sport mat
colear vi kwispelstaarten; nawer-

colear

ken
colecci/ón f verzameling, collectie; **~onar** vt verzamelen; sparen
coleg/a m/f colega; coloq makker; **~io** m 1. school; 2. college het; 3. beroepsgenootschap het; **~ mayor** m studentenhuis het
cólera 1. f cholera; 2. m woede, razernij
coleta f paardestaart
colga/do,-a adj verslaafd, high; **~r** vt/i hangen, ophangen
colibri m zool kolibrie
cólico m koliek, kramp
coli/flor f bloemkool; **~lla** f peuk, eindje het; **~na** heuvel; **~ndante** adj m/f aangrenzend; **~sión** f botsing; **~tis** f karteldarmontsteking
colm/ar vt tot de rand toe vullen; (**de** met) overladen; **~ena** f bijenkorf; **~illo** m 1. hoektand, 2. slagtand; **~o** m summum het, toppunt het
collar m halsketting; **~ín** m halskettinkje het
coloca/ción f plaatsing; betrekking; **~r** vt plaatsen; aanstellen; beleggen
colón m med karteldarm, colon
colonia f 1. kolonie; 2. vakantiekamp; 3. eau de cologne; **~lismo** m kolonialisme het
coloniza/ción f kolonisatie; **~dor, -a** m/f kolonist(e)
coloquio m 1. samenspraak; 2. colloquium het
color m kleur; **~ado,-a** adj rood; **~ear** vt kleuren
colosal adj m/f kolossaal; schitterend
columna f zuil; med wervelkom; kolom
column/iar vt (doen) schommelen; **~se** schommelen; **~io** m schommel
colza f koolzaad het, raapzaad het
coma 1. f komma; **2.** m med coma
comadre f vroedvrouw
comand/ante m comandant, majoor; **~ar** vt commanderen; **~o** m commando het, bevel het
comarca f landstreek; gewest het
combat/e m strijd, gevecht het; **~ir** vt bestrijden
combina/ción f 1. combinatie; 2. transp verbinding; **~r** vt combineren
combusti/ble 1. adj m/f brandbaar; **2.** m brandstof; **~ón** f verbranding
comedia f toneelstuk het; komedie
comedor m 1. eetkamer; 2. eetgelegenheid
comensal m/f tafelgenoot,-genote
comentar vt 1. commentaar geven op; 2. verklaren; **~io** m commentaar het, opmerking; **~ista** m/f commentator,-trice
comenzar vt beginnen

comer *vt/i* 1. eten; 2. (*spel*) slaan; 3. *fig* opvreten

comercia/l *adj m/f* commercieel, zakelijk; **~lizar** *vt* op de markt brengen; **~nte** *m/f* handelaar(ster), winkelier(ster); **~r** *vt* handel drijven

comercio *m* handel

comestible *adj m/f* eetbaar; **~s** *mpl* levensmiddelen

cometa *f* 1. komeet; 2. vlieger

cometer *vt* begaan, plegen

cómic *m* strip(verhaal *het*); **~o,-a** **1.** *adj* grappig, amusant; komedie-; **2.** *m* komiek, acteur

comida *m* eten *het*, voedsel *het*; maaltijd; **~ rápida** fast food *het*

comienzo *m* begin *het*, start, aanvang

comillas *fpl* aanhalingstekens

comino *m* komijn

comisaría *f* commissariaat *het*; **~ de policía** politiebureau *het*

comisión *f* commissie

comité *m* comité *het*, commissie

como *adv* als, zoals; *conj* 1. als, indien; 2. (**~ si**) alsof

cómo hoe; **¡~!** *excl* wat, hoe; **~da** *f* commode

como/didad *f* confort *het*, gemak *het*, gerief *het*; **~dín** *m* joker

cómodo,-a *adj* gemakkelijk, handig, comfortabel

compadecer *vt* medelijden hebben met, beklagen

compañero,-a *m/f* kameraad; -genoot, -note; collega

compañía *f* 1. gezelschap *het*; 2. *com* maatschappij

compara/ble *adj m/f* vergelijkbaar; **~ción** *f* vergelijking; **~r** *vt* vergelijken; **~tivo,-a** *adj* vergelijkend

comparece/ncia *f* verschijning; **~r** *vi* verschijnen

compás *m* 1. *mús* maat *f*; 2. passer

compasi/ón *f* medelijden *het*; **~vo,-a** *adj* medelijdend

compati/bilidad verenigbaarheid; **~ble** *adj m/f* verenigbaar (**con** met)

compatriota *m/f* landgenoot, -note

compensación *f* compensatie; vergoeding

competencia *f* 1. concurrentie; 2. bevoegdheid, competentie; 3. bekwaamheid

competi/ción *f* wedijver; competitie; **~dor,-a** *m* rivaal, rivale; deelne(e)m(st)er **~r** *vi* concurreren; **~tivo,-a** *adj* concurrerend

compilación *f* (het) samenstellen; verzameling

complace/ncia *f* voldoening; inschikkelijkheid; **~r** *vt* een gunst bewijzen; behagen

complej/idad *f* ingewikkeldheid; **~o,-a** ingewikkeld; complex

completa/mente volledig, geheel; **~r** *vt* voltooien, aanvullen

completo,-a *adj* geheel; voltooid;

completo vol(geboekt)
complica/ción f complicatie, verwikkeling; **~r** vt ingewikkeld maken, compliceren
cómplic/e m/f medeplichtige
complicidad f medeplichtigheid
compló, complot m samenzwering
componer vt 1. samenstellen; 2. *mús* componeren
comporta/miento m gedrag het, houding; **~rse** z. gedragen
composi/ción f compositie; samenstelling; **~tor,-a** m/f componist(e)
compota f (vruchten)moes
compra f koop, aanschaf; **~r** vt kopen
comprender vt begrijpen, billijken
comprensi/ble adj m/f begrijpelijk; **~ón** f begrip het; **~vo,-a** adj tolerant, ruimhartig
compresa f 1. *med* kompres, gaasje; 2. maandverband het
comprimi/do,-a adj samengeperst; 2. m tablet, pil; **~r** vt 1. samenpersen; 2. *fig* onderdrukken
comproba/nte m bewijsstuk het, kassabon; **~r** vt nagaan; verifiëren, toetsen
compromet/er vt in verlegenheid brengen; **~ido,-a** adj geëngageerd, betrokken
compromiso m compromis het, schikking
compuesto,-a adj samengesteld

computa/dor(a) m/(f) computer; **~r** vt tellen
común adj m/f gemeenschappelijk; gewoon
comuna f commune; **~l** gemeentelijk
comuni/cación f communicatie, contact het; **~car** vt berichten, mededelen; **~dad** f gemeenschap; **~ón** f communie; **~smo** m communisme het; **~sta** m/f communist(e)
con met, bij
cóncavo m holte, uitholling
con/cebir vt 1. zwanger worden van; 2. bedenken; begrijpen; **~ceder** vt toekennen
concejal,-a m/f gemeenteraadslid het
concentra/ción m concentratie, manifestatie; **~r** vt concentreren; **~rse** z. concentreren; bijeenkomen
concep/ción f conceptie; idee het; **~to** m begrip het, opvatting
concertar vt overeenkomen, afspreken
concesión f 1. vergunning; 2. (het) verlenen
concesionario,-a m/f com dealer
concha f schelp, schaal
conciencia f bewustzijn het, besef het; geweten het
concierto m 1. concert het; 2. overeenkomst
conciliar vt verenigen; verzoenen
conciso,-a adj bondig, beknopt

conclu/ir vt beëindigen, afsluiten; concluderen; **~sión** f 1. beëindiging; 2. conclusie

concordar vi overeenstemmen

concret/ar vi concetiseren; **~o,-a** adj concreet

concurr/encia m opkomst, aanwezigen pl; **~ido,-a** adj druk bezocht

concurs/ante m/f deelne(e)m(st)er; **~ar** vi deelnemen; **~o** m wedstrijd, prijsvraag

cond/ado m graafschap het; **~e** m graaf

condecora/ción f onderscheiding **~r** vt onderscheiden

condena f jur veroordeling **~do, -a 1.** adj veroordeeld; **2.** m/f veroordeelde; boef; **~r** vt veroordelen; afkeuren, verwerpen

condensa/ción f condensatie, verdichting; **~do,-a** adj gecondenseerd; **~r** vt condenseren

condesa f gravin

condici/ón f 1. voorwaarde; 2. aard; 3. toestand; **~onal** adj m/f voorwaardelijk **~onar** vt ondergeschikt maken (**a** aan)

condiment/ar vt kruiden; **~o** m specerij

condolencia f condoleantie, rouwbeklag het

condón m condoom het

conduc/ción f transp (het) rijden **~ir** vt 1. rijden; 2. besturen, leiden; **~ta** f gedrag het; **~to** m leiding, pijp, (o. fig) kanaal het

~tor,-a m/f chauffeur,-feuse, bestuurder,-ster

conectar vt contact opnemen (**con** met)

conejo,-a m/f zool konijn het

conexión f 1. samenhang; 2. aansluiting

confección f 1. vervaardiging; 2. confectie

confeccionar vt vervaardigen

conferencia f 1. conferentie, lezing; 2. telefoongesprek

conferir vt toekennen, verlenen

confes/ar vt bekennen, (o. rel) biechten; **~ión** f 1. bekentenis; 2. (rel) biecht; 3. geloof het; **~or** m biechtvader

confia/do,-a adj goedgelovig; **~anza** f vertrouwen het; **~r 1.** vt toevertrouwen; **2.** vi vertrouwen

confiden/cia f ontboezeming; **~cial** adj m/f vertrouwelijk **~te** m/f 1. vertrouweling(e); 2. verklikker,-ster

configura/ción f vorming, vorm; **~r** vt vormen, vorm geven aan

confirma/ción f bevestiging; **~r** vt bevestigen

confisca/ción f inbeslagneming **~r** vt in beslag nemen

confita/do,-a adj gekonfijt; **~r** vt konfijten

conflict/ivo,-a adj controversieel; conflict-; **~o** m conflict het, geschil het, strijd; dilemma het

conform/ar vt vormen **~arse** z.

tevreden stellen **(con met)**; **~e** *adj m/f* eens, akkoord **(con** met**)**; **~e a** in overeenstemming met; **~idad** *f* overeenstemming
confort *m* confort *het*, gerief *het*; **~able** *adj m/f* comfortabel; **~ar** *vt* opbeuren, bemoedigen
confronta/ción *f* confrontatie, botsing **~r** *vt* confronteren
confu/ndir *vt* verwarren, door elkaar halen; **~ndirse** *z.* vergissen; **~sión** *f* onduidelijkheid, verwarring; vergissing; wanorde; **~so,-a** *adj* onduidelijk, verward
congela/ción *f* 1. bevriezing, 2. *fig* stop; **~do,-a** *adj* bevroren; ingevroren; **~dor** *m* diepvries; **~r** *vt* bevriezen, invriezen; **~rse** 1. bevriezen; 2. *fig* kleumen
conge/niar *vi* het goed kunnen vinden; **~stión** *f* 1. (verkeers)opstopping; 2. *med* bloedaandrang; **~stionarse** verstopt raken
congoja *f* ademnood; angst; smart
congratularse *z.* gelukkig prijzen
conjuga/ción *f* 1. verbinding, 2. *ling* vervoeging; **~r** *vt* 1. verbinden; 2. *ling* vervoegen
conjun/ción *f* 1. verbinding, samenloop; 2. *ling* voegwoord *het*; **~tivitis** *f med* blindvliesontsteking; **~to** *m* 1. geheel *het*, totaal *het*; 2. (muziek)groep; 3. mantelpak *het*
conllevar *vt* met z.meebrengen, impliceren
conmemorar *m* herdenken, vieren
conmigo met mij
conmo/ción *f* schok, opschudding; **~ cerebral** *med* hersenschudding; **~vedor,-a** *adj* ontroerend; **~ver** *vt* schokken, ontroeren
cono *m* kegel; **~cedor,-a** *m/f* kenner, expert; **~cer** *vt* kennen, leren kennen; **~cido,-a** **1.** *adj* bekend; **2.** *m/f* kennis; **~cimiento** *m* kennis
conque dus, derhalve
conquista *f* verovering; **~dor,-a** *m/f* veroveraar(ster); **~r** *vt* veroveren
consciente *adj m/f* bewust
consecu/ción *f* verwezenlijking; **~encia** *f* gevolg *het*; consequentie; **~ente** *adj m/f* consequent; **~tivo,-a** *adj* opeenvolgend, achtereenvolgend
conseguir *vt* bereiken, (ver)krijgen, slagen
consejer/ía *f Sp* departement ; **~o,-a** *m/f* adviseur,-seuse; **~o** *m* 1. advies; 2. *pol* raad; **~o de ministros** ministerraad
consentir *vt* toestemmen, toegeven
conserje *m/f* conciërge; **~ de hotel** portier; **~ría** *f* portiersloge; (hotel)receptie
conserva *f* conserve, inmaak; **~ción** *f* 1. behoud; 2. onderhoud; **~dor,-a 1.** *adj* conserva-

tief; **2.** *m/f* **1.** conservator,-trice; **2.** *pol* conservatief; **~nte** *m* conserveermiddel het; **~r** *vt* bewaren, behouden; **~rse** goed blijven; **~torio** *m* conservatorium het

considera/ble *adj m/f* aanzienlijk; **~ción** *f* overweging, beschouwing

consigna *f* **1.** bagagedepot het; **2.** wachtwoord het; leus; **~r** *vt* in bewaring geven

consigo met zich

consist/encia *f* stevigheid; **~ente** *adj m/f* stevig, vast; **~ir** *vi* bestaan (**en** uit)

consola *f* **1.** console; **2.** bedieningspaneel het; **~ción** *f* troost; **~r** *vt* troosten

consolidar *vt* consolideren, verstevigen

consomé *m* heldere bouillon, heldere soep

consonan/cia *f* **1.** overeenstemming; **2.** samenklank; **~te** *adj m/f* gelijkklinkend

conspira/ción *f* samenzwering; **~dor,-a** *m/f* samenzweerder,-ster; **~r** *vi* samenzweren

consta/ncia *f* **1.** volharding; **2.** zekerheid, bewijs het; **~nte** *adj m/f* constant; **~r** *vi* vermeld staan; **hacer ~r** (schriftelijk) vastleggen; **~tar** *vt* vaststellen, constateren

consterna/ción *f* consternatie; **~do,-a** *adj* onthutst; **~r** *vt* diep raken, erg aangrijpen

constipa/do,-a 1. *adj* verkouden; **2.** *s/m* verkoudheid

constitu/ción *f* **1.** oprichting; **2.** structuur; **3.** grondwet; **~cional** *adj m/f* constitutioneel; **~ir** *vt* oprichten; vormen, zijn

constru/cción *f* bouw; bouwwerk het; **~ctor** *m* bouwer, aannemer; **~tora** *f* bouwonderneming; **~ir** *vt* bouwen, maken

consuelo *m* troost

cónsul *m* consul

consula/do *m* consulaat het; **~r** *adj m/f* consulair

consult/a *f* raadpleging, overleg het; *jur, med* praktijk; **~ar** *vt* raadplegen; **~or** *m* adviseur; **~ora** *f* **1.** adviesbureau het; **2.** consulente; **~orio** *m* informatiebureau het

consum/ición *f* consumptie; **~ido,-a** *adj* uitgeteerd; **~idor,-a** *m/f* consument(e); **~ir** *vt* verbruiken, consumeren; **~o** *m* gebruik het, verbruik het

contab/ilidad *f* boekhouding; **~le** *m/f* boekhoud(st)er

contact/ar *vt* contact opnemen (**con** met); **~o** *m* contact het; contactpersoon

conta/do,-a *adj* schaars; **al ~o** contant; **~dor** *m* meter

conta/giar *vt* besmetten, aansteken; **~giarse 1.** besmettelijk zijn; **2.** besmet worden; **~gio** *m* besmetting; **~gioso,-a** *adj*

contagioso besmettelijk

conta/minación f verontreiniging; **~ del medio ambiente** milieuvervuiling; **~minante** adj m/f vervuilend; **~minar** vt vervuilen

contar vt tellen, rekenen (**con** op); vertellen

contempla/ción f beschouwing; **~r** vt beschouwen; rekening houden met

contemporáneo,-a 1. adj eigentijds, hedendaags; **2.** m/f tijdgenoot, -note

conten/edor m container, afvalbak; **~er** vt bevatten; bedwingen; **~ido** m inhoud, gehalte het

content/ar vt tevredenstellen; **~o,-a** adj tevreden (**con** met)

contesta/ción f antwoord; protest; **~dor** m antwoordapparaat; **~r** vt/i (be)antwoorden

contexto m context, verband het

contienda f strijd, ruzie

contigo met jou; **~uo,-a** adj aangrenzend

continente m werelddeel het, continent het

continu/ación f voortzetting; **~ar 1.** vt voortzeten; **2.** vi (voort)duren; doorgaan (**con** met); **~o,-a** adj voortdurend

contor/no m omtrek; **~nos** mpl omgeving

contra 1. prep tegen; **en ~ de** tegen, in tegenstelling tot; **2.** m tegen het, bezwaar het; **~ataque** m tegenaanval **~bajo** m contrabas; **~bandista** m/f smokkelaar(ster); **~bando** m smokkel

contracción f samentrekking; wee

contra/cepción f anticonceptie; **~chapado,-a** adj (hout) gelamelleerd, gelaagd; **~corriente** adj m/f tegen de stroom in

contractura f verkramping

contra/decir vi tegenspreken; in strijd zijn met; **~dicción** f tegenstrijdigheid; **~dictorio,-a** adj tegenstrijdig

contraer vt 1. aangaan; 2. (ziekte) oplopen; **~ matrimonio** in het huwelijk treden

contra/indicado,-a adj schadelijk; **~luz** f tegenlicht het; **~partida** f compensatie; **~pelo: a ~pelo** tegen de draad in; **~peso** m tegenwicht het; **~poner** vt tegenover elkaar stellen; **~producente** adj m/f averechts; nadelig; **~reloj** f tijdrit

contrari/a f: **llevar la ~** tegenspreken; **~edad** f tegenslag; **~o,-a 1.** adj tegen(over)gesteld; strijdig (**a** met); **2.** s/m tegenstander

contra/rrestar vt tegengaan; tegenwerken; **~sentido** m 1. onzinnigheid; 2. tegenstrijdigheid; **~seña** f 1. wachtwoord het; 2. contramerk het

contrast/ar vi contrasteren (**con**

cónyuge

met); *vt* vergelijken, beproeven; **~e** *m* contrast *het*

contrata/ción *f* aanneming; aanstelling; **~r** *vt* een contract sluiten met; aannemen

contra/tiempo *m* tegenslag; **~tista** *m/f* aannemer; **~to** *m* contract *het*; overeenkomst

contribu/ción *f* contributie; **~ir** *vi* 1. bijdragen (**a** tot); 2. belasting betalen; **~yente** *m/f* belastingbeta(a)ler(ster)

contrincante *m/f* rivaal,-vale; tegenstand(st)er

control *m* 1. controle, leiding; 2. beheersing; **~ *remoto*** *tecn* afstandsbediening; **~ *de seguridad*** veiligheidscontrole; **~ador,-a** *m/f* controleur,-leuse; **~*ador aéreo*** luchtverkeersleider; **~ar** *vt* controleren, beheersen; **~arse** z.beheersen

controver/sia *f* controverse; **~tido,-a** *adj* omstreden; aanvechtbaar

contu/ndente *adj m/f* beslist, overtuigend; **~sión** *f med* kneuzing; **~sionar** *vt* kneuzen

convalece/ncia *f (ziekte)* herstel *het*; **~ciente** *adj m/f* herstellend

convalida/ción *f (v. (buitenlands) diploma, vakken)* erkenning; homologatie; **~r** *vt* erkennen, homologeren; geldig verklaren

conven/cer *vt* overtuigen; **~cimiento** *m* overtuiging; **~ción** *f* conventie; congres *het*; **~cional** *adj m/f* conventioneel; **~iencia** *f* nut *het*; wenselijkheid; **~iente** *adj m/f* passend; wenselijk; **~io** *m* overeenkomst, akkoord *het*; **~ir** *vi* afspreken, overeenkomen (**en** om)

convento *m* klooster *het*

convers/ación *f* gesprek *het*; onderhoud *het*; **~ar** *vi* praten, converseren

conver/sión *f* bekering; *banc* omrekening; **~so,-a** *adj* bekerling(e); **~tible** *adj m/f* converteerbaar; **~tir** *vt* veranderen; bekeren; omrekenen; **~tirse** *vt* 1. veranderen (**en** in), worden; 2. z. bekeren

convic/ción *f* overtuiging; **~to,-a** 1. *adj jur* schuldig bevonden; 2. *m/f* veroordeelde

convid/ado,-a *m/f* genodigde; **~ar** *vt* trakteren

convi/ncente *adj m/f* overtuigend; **~te** *m* uitnodiging; feestmaal *het*; **~vencia** *f* (het) samenleven; **~vir** *vi* samenleven

convoca/r *vt* 1. bijeenroepen; 2. uitschrijven, afkondigen; **~toria** *f* oproep

convoy *m* konvooi *het*

convulsi/ón *f* stuiptrekking; agitatie; **~vo,-a** *adj* krampachtig

conyugal *adj m/f* echtelijk, huwelijks-

cónyuge *m/f* echtgenoot, -note

coña/c *m* cognac; **~zo** *m vulg* zei-

coñac 450

kerd; *dar el ~zo* zitten te zeiken/kloten

coño *m vulg* kut; **¡ ~!** *excl* kut!, shit!

coopera/ción *f* samenwerking; **~r** *vi* samenwerken (**con** met); **~tiva** coöperatie

coordina/ción *f* coördinatie; **~r** *vt* coördineren; bundelen

copa *f* 1. glas *het* (met voet); 2. (*sport*) cup, beker 3. (*boom*) kruin; *tomar una ~* een glaasje *het* drinken

copia *f* 1. kopie, duplikaat *het*; imitatie; **~r** *vt* 1. kopiëren; 2. nadoen; 3. spieken

copi/loto *m/f* co-piloot; **~oso,-a** *adj* overvloedig

copla *f* (vierregelig) vers *het*

copo *m* vlok; **~ de nieve** sneeuwvlok

copropiedad *f* medeëigendom *het*

coquet/ear *vt* flirten; **~o,-a** *adj* koket; charmant

cor/al 1. *adj m/f* koor-; **2.** *m* koor *het*; **~án** *m* koran

coraza *f mil* kuras; pantser(ing); **~ón** *m* hart *het*; **~onada** *f* voorgevoel *het*; opwelling

corbata *f* stropdas

corche/a *f mús* achtste noot; **~te** *m* haakje en oogje *het*

corcho *m* kurk; dobber

cord/el *m* dun touw *het*

cordero *m* schaap *het*; **~ asado** lamsgebraad; **~ lechal** zuiglam *het*

cordial *adj m/f* hartelijk; **~idad** *f* hartelijkheid

cordillera *f* bergketen

cord/ón *m* veter; koord *het*; **~ umbilical** navelstreng

cordura *f* gezond verstand *het*

core/ografía *f* choreografie; **~ógrafo,-a** *m/f* choreograaf

cornada *f* stoot met horens

córnea *f* (*oog*) hoornvlies *het*

cornear *vt* op de horens nemen

corneta 1. *f mus* kornet; **2.** *m/f* kornettist(e)

cornudo,-a *adj* gehoornd; *s/m fam* bedrogen

coro *m mus* koor *het*

corona *f* kroon; krans; aureool *het*; **~ción** *f* kroning, bekroning; **~ar** *vt* kronen; bekronen; **~ria** *med* **arteria ~** kransslagader

coronel *m* colonel

corp/iño *m* lijfje *het*; **~oración** *f* genootschap *het*; **~oral** *adj m/f* lichamelijk; **~ulencia** *f* zwaarlijvigheid; **~ulento,-a** *adj* gezet, corpulent

corr/al *m* erf *het*, ren; **~ea** *f* riem, band, lijn *f*

correc/ción *f* correctie, verbetering; **~to** correct, juist; **~tor, -a** *m/f* proeflezer(es)

corred/ero,-a *adj* glijdend, schuivend; **~or,-a** *m/f* 1. hardlo(o)p(st)er; renner,-ster; 2. beursmakelaar

corregir *vt* 1. verhelpen; 2. corrigeren

correo *m* post; koerier; ~ **aéreo** luchtpost; ~ **electrónico** e-mail; **(oficina de) ~s** *mpl* postkantoor *het*

correr 1. *vi* 1. rennen; 2. z. haasten; 3. *(tijd)* verstrijken; 4. stromen; **2.** *vt* verschuiven; opzij duwen; **~se** *coloq* klaarkomen

correspon/dencia *f* 1. briefwisseling; correspondentie; 2. post; **~der** *vt* 1. corresponderen, *fig* beantwoorden; 2. ten deel vallen; **~se** 1. passen bij; 2. elkaars gevoelens beantwoorden; overeenkomen; **~diente** *adj m/f* respectief; bijbehorend; **~sal** *m/f* verslaggever,-geefster

corrida *f* ~ **de toros** stierengevecht *het*

corriente 1. *adj m/f* 1. stromend; 2. ordinair; gewoon; 3. huidig; **2.** *m* **al ~** op de hoogte **3.** *f* 1. (o. *electr*) stroom; 2. tocht; 3. tendens; ~ **de aire** luchtstroming; ~ **alterna** wisselstroom

corroborar *vt* bevestigen

corromper *vt* 1. omkopen; 2. op het slechte pad brengen

corrosi/ón *f* aantasting; **~vo,-a** *adj* bijtend

corrup/ción *f* corruptie; **~tible** *adj m/f* omkoopbaar; **~to,-a** *adj* corrupt

cors/ario *m* kaper; **~é** *m* korset *het*

corta/césped *m* grasmaaier; **~do,-a 1.** *adj* 1. gesneden; 2. beschaamd; houterig; 3. *(weg)* afgesloten; **2.** *s/m* koffie met scheutje melk; **~dura** *f* snee, kerf; **~r** *vt* 1. snijden, knippen, hakken; 2. verbreken; **~se** 1. z. snijden; 2. z. schamen; 3. laten knippen; 4. *gastr* schiften

cort/e 1. *m* 1. keep; 2. onderbreking; 3. doorsnede; 4. pasvorm, 5. coupe; 6. vinnig antwoord; **2.** *f* 1. hof *het*; 2. hofhouding; 3. *jur* gerechtshof *het* **Cortes** *fpl Sp* Eerste en Tweede Kamer **cort/ejar** *vt* het hof maken; **~és** *adj m/f* beleefd, attent; **~esía** *f* beleefdheid; **~eza** *f* schors, korst, schil

cortina *f* gordijn *het*

corto,-a 1. *adj* kort, schaars; beperkt van begrip; **~de oído/ vista** slechthorend; bijziend; **2.** *m* kort filmpje *het*; **~circuito** *m elec* kortsluiting; **~metraje** *m* korte film

cosa *f* ding *het*

cosecha *f* oogst; **~r** *vt* oogsten; innen

cos/er *vt* naaien; **~ído,-a** *adj* genaaid

cosmético,-a *adj* cosmetisch; **~s** *mpl* cosmetica

cósm/ico,-a *adj* kosmisch

cosmo/nauta *m/f* ruimtevaard-(st)er; **~polita** *adj m/f* kosmopolitisch; **~s** *m* heelal *het*

cosquill/as *fpl* **hacer ~** kietelen; **~eo** *m* gekietel *het*, gekriebel

cosquilleo

het

cost/a f 1. kust; 2. *a ~ de* ten koste van; **~ado** *m* zij, zijkant, flank; **~ar** *vt/i* kosten; moeilijk zijn; **-e** *m* kosten *pl*, prijs; **~ear** *vt* bekostigen; **~ero,-a** *adj* v/d kust; **~illa** f 1. rib *het*; 2. *gastr* karbonade; **~oso,-a** *adj* 1. duur, prijzig; 2. moeilijk

costra f korst, schors

costumbre f gewoonte, gebruik *het*, zede

costur/a f naaiwerk *het*; *alta ~* haute couture; **~era** f naaister, coupeuse

cotidiano,-a *adj* dagelijks, alledaags

cotille/ar *vi* roddelen; **~o** *m* geroddel *het*

cotiza/ción f (beurs)notering; koers; **~r 1.** *vi* een bijdrage betalen; **2.** *vt* noteren; **~rse** 1. genoteerd staan; 2. erg in trek zijn

coto *m* afgepaald stuk land *het*; *~ de caza* jachtterrein *het*

coyote *m* prairiewolf

coyuntura f 1. situatie; 2. *eco* conjunctuur; **~l** *adj m/f* conjunctureel

cráneo *m* schedel; *fig* hersenen *pl*

cráter *m* krater

crea/ción f schepping; creatie; **~dor,-a** *m/f* schepper,-ster; ma(a)k(st)er; **~r** *vt* scheppen, creëren; **~tivo,-a** *adj* creatief

crec/er *vi* groeien; toenemen;

~ida f stijging (v. rivier); **~iente** *adj m/f* toenemend; **~imiento** *m* groei; toename

crédito *m* 1. goede naam; 2. *com* krediet *het*; credit *het*

crédulo,-a *adj* lichtgelovig, goedgelovig

cre/encia f 1. *rel* geloof *het*; 2. diepe overtuiging; **~er** *vt* 1. *rel* geloven; 2. denken; **~íble** *adj m/f* geloofwaardig

crema f 1. crème; 2. room **~llera** f ritssluiting

cremoso,-a *adj* romig, smeuïg

crepe *m gastr* flensje, dunne pannekoek

crepúsculo *m* schemering

creyente 1. *adj m/f rel* gelovig; **2.** *m/f* gelovige

cría f 1. teelt; 2. jong; klein/jong meisje *het*

cria/da f huishoudhulp; **~dero** *m* kwekerij; fokkerij; **~do** *m* (huis)knecht; **~dor** *m* fokker; **~r** *vt* opvoeden; fokken; **~tura** f schepsel *het*, creatuur

criba f selectie; schifting; **~r** *vt* selecteren

crim/en *m* misdaad; **~inal 1.** *adj m/f* misdadig; **2.** *m/f* crimineel; **~inalidad** f criminaliteit

crío,-a *m/f* kind *het*, peuter

criollo,-a *adj* creools

cripta f crypte, grafkelder; hol *het*

crisantemo *m* chrysant

crisis f crisis

crisol *m* smeltkroes

crispa/ción f spanning; **~do,-a** adj gespannen; **~r** vt irriteren; op de zenuwen werken

cristal m 1. kristal het; glas het; 2. ruit, raam het; **~ería** f glaswerk het; glashandel; **~ino 1.** adj glashelder; **2.** m med kristallens, ooglens; **~izar** vi kristalliseren

cristian/ismo m christendom het; **~o,-a 1.** adj christelijk; **2.** m/f christen

Cristo Christus, kruisbeeld het

criterio m 1. maatstaf, criterium het; 2. mening, oordeel het; 3. standpunt het

crítica f recensie, beoordeling; kritiek

criticar vt 1. beoordelen, 2. (be)kritiseren

crítico,-a 1. adj kritisch, ernstig; **2.** m/f criticus, recensent(e)

croata 1. adj Kroatisch; **2.** m/f iem. uit Kroatië; **3.** s/m ling Kroatisch het

cromo m 1. chroom het 2. plaatje het; **~soma** m chromosoom het

crónica f kroniek, verslag het; **~o,-a** adj chronisch

cron/ista m/f kroniekschrijver,-schrijfster; **~ología** f chronologie; **~ológico,-a** adj chronologisch; **~ómetro** m chronometer, stopwatch

croqueta gast f kroket(je) het

croquis m schets, ontwerp het

cruc/e m kruispunt het, kruising; (het) oversteken; **~ero** m nav cruise, scheepsreis; **~cial** adj m/f cruciaal, doorslaggevend; **~ificar** vt kruisigen; **~fijo** m crucifix het; **~ifixión** f kruisiging; **~igrama** m kruiswoordraadsel het

crudeza f ruwheid, realisme het; **~o,-a 1.** adj 1. gastr rauw; 2. ruw, onbewerkt; 3. bar, streng; 4. (kleur) ongebleekt; **2.** s/m ruwe olie

crue/l adj m/f wreed, hardvochtig; **~ldad** f wreedheid; **~nto,-a** adj bloedig

cruji/do m gekraak het, geknars het, geritsel het; **~ente** adj m/f krokant, bros; **~r** vi knarsen, kraken, ritselen

crustáceos mpl schaaldieren pl

cruz f 1. kruis het; 2. fig ellende; **~ada** f kruistocht; **~ar** vt kruisen; doorkruisen; oversteken

cuaderno m schrift het; schrijfboek het; cahier het

cuadra f stal; **~do,-a 1.** adj vierkant; **2.** s/m vierkant het; kwadraat het; **al ~** tot de tweede macht; **~r** vi 1.com kloppen; sluiten; 2. stroken (**con** met)

cuadro m 1. schilderij het; tafereel het; 2. vierkant het; 3. electr paneel het; 4. frame het; 5. staf; **~ de mandos** schakelbord het; **a ~s** (stof) geruit

cuaja/da f wrongel, gestremde

melk; **~r** *vi* 1. vast worden; 2. slagen; werkelijkheid worden; **~rse** stollen, stremmen; dik worden

cual 1. *pron rel* **el, la , lo ~** wat, die, dat, welke; *por lo* **~** daarom; 2. *adv* net als; (zo)als; 3. *conj* als (een), gelijk

cuál *pron interr* welk(e)

cuali/dad *f* kwaliteit, eigenschap, deugd; **~ficación** *f* kwalificatie; **~ficado,-a** *adj* vakbekwaam, gekwalificeerd; **~tativo,-a** *adj* kwalitatief

cualquier *pron ind* willekeurig, het geeft niet welk(e); **~ cosa** iets willekeurigs; **~a** ieder(e), elk(e) willekeurig(e), wie ook

cuándo 1. *pron interr* wanneer; 2. *conj* wanneer

cuando 1. *adv* wanneer, toen, als; **de vez en ~** zo nu en dan, af en toe; 2. *conj* (telkens) wanneer, als **~ quieras** wanneer je maar wilt; 3. *prep* ten tijde van

cuant/ía *f* hoeveelheid; bedrag *het*; **~ificar** *vt* in getallen uitdrukken, ramen; **~ioso,-a** *adj* overvloedig, talrijk; **~itativo, -a** *adj* kwantitatief

cuanto al de/het/die/dat, alles wat; **~ antes** zo snel/spoedig mogelijk; **en ~** zodra; **en ~ a** wat betreft; **en ~ que** zodra

cuánto,-a 1. hoeveel; **¿~ cuesta?** hoeveel kost 2. wat ...!, wat een ...!

cuarent/a veertig; **~ena** *f* quarantaine; **~ón, ona** veertig(st)er

cuaresma *f* vasten *het*, vastentijd

cuart/a *v* vierde versnelling; **~el** *m* kazerne; **~el general** hoofdkwartier *het*

cuart/eto *mús* kwartet *het*; **~illa** *f* velletje *het*

cuarto *m* 1. vierde *card*; 2. kwart *het*, **un ~de hora** kwartier *het*; 2. kamer, vertrek *het*; **~ de baño** badkamer

cuarzo *m* kwarts

cuatr/imestre *m* periode v. vier maanden; **~o** vier; **~ocientos,-as** vierhonderd

cuba *f* ton, kuip, *fig* zuiplap; **~no, -a** 1. *adj* Cubaans; 2. *m/f* Cubaan(se); **~ta** *m* cubalibre

cubertería *f* tafelgarnituur *het*, bestek *het*

cúbico,-a *adj* kubiek

cubiert/a *f* bedekking, (boek) omslag; *nav* dek *het*; **~o** *m* couvert *het*, bestek *het*; **ponerse a ~o** dekking zoeken

cubis/mo *m* kubisme *het*; **~ta** *adj m/f* kubistisch

cubito *m* blokje *het*; *med* ellepijp; **~de hielo** ijsblokje *het*

cubo *m* emmer; **~de la basura** vuilnisemmer

cubrir *vt* dekken; bedekken

cucaracha *f* kakkerlak

cuchar/a *f* lepel; **~ada** *f* lepel(vol); **~adita** *f* lepeltje(vol); **~illa** *f* (thee)lepeltje *het*; **~ón** *m* pollepel, opscheplepel

cuchill/a *f* mes(je) *het*; **~ada** *f* messteek, steekwond; **~o** *m* mes

cuchufleta *f* kwinkslag, grap

cuclillas *fpl* **en ~** op de hurken

cucurucho *m* papieren puntzak; ijshoorntje *het*

cuello *m* 1. nek, hals; 2. boord, kraag

cuenc/a *f* holte; (rivier)bekken *het*; **~o** *m* kom

cuenta *f* (be)rekening; **~atrás** aftellen *het*; **~ corriente** *f* rekening-courant; **~ de ahorros** *f* spaarrekening; **darse ~** beseffen; **tener en ~** rekening houden met; **~kilómetros** *m* kilometerteller; **~rrevoluciones** *m* toerenteller

cuento *m* (kort) verhaal *het*, smoes; **~ chino** verzinsel *het*; **~ de hadas** sprookje *het*

cuerda *f* touw *het*, snaar, veer; **dar ~** opwinden; **~s vocales** stembanden

cuerdo,-a *adj* verstandig, zinnig

cuerno *m* hoorn, gewei *het*; **irse al ~** *coloq* naar de maan gaan

cuero *m* leer(tje) *het*, huid; **~ cabelludo** hoofdhuid; **en ~s** *fam* spiernaakt; *fig* berooid

cuerpo *m* lichaam *het*; voorwerp *het*; stevigheid; **~ de bomberos** brandweerkorps; **~ diplomático** corps *het* diplomatique;

a ~ zonder jas

cuervo *m zool* raaf

cuesta *f* helling; **~ abajo** bergafwaarts **~arriba** bergopwaarts; **en ~** hellend

cuesti/ón *f* kwestie, probleem *het*; **~onar** *vt* in twijfel trekken; **~onario** *m* vragenlijst

cueva *f* grot, hol *het*

cuida/do *m* zorg; voorzichtigheid; **tener ~do** oppassen; **¡~do!** pas op!, kijk uit!; **~dor,-a** *m/f* verzorg(st)er; **~dos intensivos** *med* intensive care; **~doso,-a** *adj* zorgvuldig, zorgzaam; **~r** *vt* 1. verzorgen; verplegen; 2. oppassen op; **~se** 1. z. verzorgen; 2. z. ontzien

cule/bra *f* gladde slang; **~brón** *m* TV soap

culinario,-a *adj* culinair, kook-

culmina/ción *f* hoogtepunt *het*; **~nte** *adj m/f* hoogste; **~r** *vi* uitlopen (**en** op); zijn hoogtepunt bereiken

culo *m coloq* kont, gat *het*, reet; (*fles*) bodem

culpa *f* schuld, blaam; **echar la ~** de schuld geven; **tener la ~** de schuld hebben; **~bilidad** *f* schuld(igheid); **~ble** *adj m/f* schuldig; **~r** *vt* betichten, de schuld geven (**de** van)

cult/ivado,-a *adj* ontwikkeld, beschaafd; **~ivar** *vt* bebouwen, kweken; beoefenen; **~ivo** *m* gewas *het*, teelt; **~o,-a** *adj* ont-

culto

wikkeld; geleerd; **~ura** kultuur; beschaving; **~ural** *adj m/f* cultureel; **~urismo** *m* bodybuilding

cumbre 1. *adj m/f* top-, belangrijkste; **2.** *s/f* 1. (berg)top; 2. hoogtepunt *het*; 3. *pol* topconferentie;

cumpleaños *mpl* verjaardag

cumpli/do,-a 1. *adj* 1. vervuld, 2. voltooid, 3. attent; **2.** *s/m* compliment *het*; **~dor,-a** *adj* plichtsgetrouw; **~mentar** invullen; uitvoeren; **~miento** *m* uitvoering; plichtpleging; **~r 1.** *vt* 1. vervullen, naleven; 2. uitvoeren, voldoen aan; **2.** *vi* (**con**) zijn plicht doen, zijn belofte nakomen

cun/a *f* wieg; ; **~dir** *vi* 1. z. verspreiden; 2. resultaat opleveren; **~eta** *f* greppel, goot

cuña/da *f* schoonzuster; **~do** *m* zwager

cuño *m* 1. stempel; 2. (het) aanmunten

cuota *f* 1. aandeel *het*; bijdrage; 2. quotum *het*

cup/lé *m* luchtig liedje *het*; **~o** *m* evenredig deel *het*, quotum *het*; **~pón** *m* 1. coupon, bon, 2. lot *het*

cúpula *f* 1. koepel; 2. (v. partij) top, leiding

cura 1. *m* priester, pastoor; **2.** *f* 1. behandeling, kuur; 2. genezing; **~ de reposo** rustkuur; *tener* **~** te genezen zijn; **~ble** *adj m/f* geneeslijk; **~ción** *f* genezing; **~do,-a** *adj* 1. genezen; 2. *gastr* gedroogd, belegen; **~ndero,-a** *m/f* kwakzalver; wonderdokter; **~r** *vi* genezen, helen; **~rse** genezen; **~tela** *f* curatele; **~tivo,-a** *adj* genezend; geneeskrachtig

curios/ear *vi* (rond)snuffelen; **~idad** *f* nieuwsgierigheid; curiositeit; **~o,-a** *adj* 1. (*persoon*) nieuwsgierig; 2. merkwaardig

cursar *vt* studeren, volgen; *(brief)* zenden

cursi *adj inv* aanstellerig, kitscherig; **~lería** *f* aanstellerij; kitsch, banaliteit

curs/illo *m* korte cursus; **~o** *m* 1. cursus, opleiding, studiejaar *het*; klas; vak *het*; 2. (be)loop; baan; *en el* **~o de** in de loop van

curti/do,-a *adj* 1. gelooid; 2. *fig* gehard, ervaren; **~r** *vi* 1. looien, 2. *fig* harden

curv/a *f* bocht; curve; kromme lijn, ronding; **~atura** *f* kromming; **~o,-a** *adj* krom

cúspide *f* 1. top, piek; 2. hoogtepunt *het*

custodi/a *f* hoede, bewaring, beheer *het*; **~ar** *vt* bewaken, beschermen; bewaren

cutáneo,-a *adj med* huid-

cutis *m* huid (v. gezicht)

cuy/o-a wiens, wier, waarvan, van wie

D

dado,-a 1. *adj* 1. gegeven; 2. geneigd (**a** tot); **2.** *prep* gegeven, gezien; **3.** *conj:* **~ que** aangezien, omdat, daar; **4.** *s/m* dobbelsteen; **~s** *mpl* dobbelspel *het*
daga *f* dolk, dolkmes *het*
dalia *f bot* dahlia
dama *f* dame; **(juego m de) ~s** *fpl* damspel *het*; **jugar a las ~s** dammen
damasco *m* damast
damnifica/do,-a *m/f* gedupeerde, benadeelde; **~r** *vt* schaden, duperen
danés,-esa 1. *adj* Deens; **2.** *m/f* Deen(se); **3.** *m ling* Deens *het*
danza *f* dans; **~r** *vt/i* dansen
dañ/ado,-a *adj* beschadigd; **~ar** *vt* beschadigen; schaden; **~arse** beschadigd worden; **~ino,-a** *adj* schadelijk, slecht; **~o** *m* 1. schade, 2. afbreuk; pijn; **hacer ~o** 1. schaden, 2. kwaad doen, 3. pijn doen; **hacerse ~o** z. bezeren, z. pijn doen
dar 1 *vi:* in werking brengen; **~ a** (raam) uitzien op; **~ con** (toevallig) vinden, raken, treffen; **~ contra** botsen tegen; **2.** *vt* geven; toedienen; **~ de comer** te eten geven; **dan las once** de klok slaat 11 (uur); **~ por** beschouwen als; **~se** voorkomen
dardo *m* speer, werppijl(tje) *het*; **~s** *mpl* darts *pl*

dársena *f* 1. (open) dok *het*; 2. busperron *het*
datar *vt/i* dateren (**de** van)
dátil *m* dadel
dativo *m ling* datief, derde naamval
dato *m* gegeven, feit *het*; **~s** *mpl* gegevens *pl*; data, informatie
de *prep* van, uit, vanuit, als; **~ madera** van hout *het*; **un vaso ~ vino** een glas *het* wijn; **jamón ~ España** ham uit Spanje; **el hombre ~l traje gris** de man in/met het grijze pak; **~ niño** als kind *het*; **~ noche** 's nachts
deambular *vi* slenteren, rondzwerven
debacle *m* ramp, afgang
debajo 1. *adv* eronder, lager; **2.** *prep:* **(por) ~ de** onder (door)
debat/e *m* debat *het*, discussie; **~ir** *vt/i* bespreken, discussiëren over
deb/er 1. *vt* 1. verschuldigd zijn; 2. *fig* te danken hebben; 3. ~ **(+ inf)** moeten, behoren; **2.** *m* plicht; **~eres** *mpl* huiswerk *het*; **~erse** te wijten/danken zijn (**a** aan); **~idamente** op de juiste wijze; **~ido,-a** *adj* 1. juist; 2. verschuldigd; **~ido a** vanwege, door; **como es ~ido** zoals het hoort
débil *adj m/f* zwak
debili/dad *f* zwakheid, zwak punt

debilitar

het; **~tar** *vt* (doen) verzwakken; **~tarse** zwak worden

débito *m* debet, verschuldigd bedrag *het*

debut *m mús, teat* debuut *het*; **~ante** *m/f teat* debutant(e), beginneling(e); **~ar** *vi* debuteren

década *f* decennium *het*; **la ~ de** de jaren

deca/dencia *f* verval *het*, teloorgang; decadentie; **~dente** *adj m/f* decadent, in verval; **~er** *vi* in verval raken; achteruitgaan; **~ído,-a** *adj* 1. vervallen; 2. teneergeslagen; **~imiento** *m* verval *het*

decano 1. *m rel* deken; 2.,-**a** *m/f* decaan

decapitar *vt* onthoofden

decatlón *m sport* tienkamp

decelera/ción *f* afremming, vertraging; **~rse** vertragen, verlangzamen

decena *f* tiental *het*; **~s de miles** tienduizenden *pl*

decen/cia *f* fatsoen *het*; **~io** *m* decennium *het*; **~te** *adj m/f* 1. fatsoenlijk, net; 2. (*prijs*) redelijk

decepci/ón *f* teleurstelling, tegenvaller; **~onante** *adj m/f* teleurstellend; **~onar** *vt* 1. teleurstellen; 2. tegenvallen

deci/dido,-a *adj* vastberaden, resoluut; **~dir** *vt* beslissen (**sobre** over), een besluit nemen; **~dirse** besluiten (**a** om te)

décima *f* tiende *het*(deel *het*); *med* **unas ~s** een beetje verhoging

decimal 1. *adj m/f* decimaal; 2. *m* decimaal

décimo,-a 1. *adj* tiende; 2. *s/m* 1. tiende deel; 2. tiende deel van loterijlot

decir 1. *vt/i* zeggen; **es ~** dat wil zeggen; **¡diga!** (*telefoon*) hallo!; **por así ~lo** bij wijze van spreken; **~ que sí** ja zeggen; **se dice que** er wordt beweerd dat; 2. *m* spreuk; **es un ~** bij wijze van spreken

decisi/ón *f* 1. beslissing, besluit; 2. *jur* uitspraak; **~vo,-a** *adj* beslissend, cruciaal

declama/ción *f* voordracht; **~r** *vt/i* voordragen

declara/ción *f* 1. verklaring; 2. opgave; **~ción de la renta** belastingaangifte; **tomar ~ción** *jur* horen; **~r** *vt/i* verklaren, verklaring afleggen; *jur* getuigen; **~rse** 1. ontstaan; 2. (*brand*) uitbreken

declinar 1. *vt* 1. afwijzen, afslaan; 2. *ling* verbuigen; 2. *vi* achteruitgaan, tanen

declive *m* neergang; **en ~** in verval *het*

decomisar *vt* confisqueren

decora/ción *f* decoratie, versiering, **~do** *m* decor; **~r** *vt* decoreren, inrichten; **~tivo,-a** *adj* decoratief

decoro *m* stijl, fatsoen; **~so,-a** *adj* fatsoenlijk
decrecer *vi* verminderen, afnemen
decrépito,-a *adj* afgeleefd, aftands; versleten
decre/tar *vt* verordenen, afkondigen; **~to** *m* verordening, decreet *het*
dedal *m* vingerhoed
dédalo *m* doolhof *het*, wirwar
dedic/ación *f* toewijding, inzet; **~ar** *vt* wijden, besteden (**a** aan); **~arse** z. wijden (**a** aan), z. bezighouden met; **~atoria** *f* opdracht, dedicatie
dedo *m* 1. vinger; 2. (**~ del pie**) teen; **~ gordo** duim; **~ índice** wijsvinger; **a ~** *adv* willekeurig
deduc/ción *f* 1.conclusie; 2. aftrekking; 3. *com* aftrek(post); **~ir** *vt* 1. afleiden, opmaken (**de** uit); 2. (*kosten*) aftrekken
defect/o *m* gebrek *het*, defect *het*; afwezigheid; **~uoso,-a** *adj* 1. gebrekkig, onvolmaakt; 2. stuk
defen/der *vt* verdedigen; **~derse** 1. z. verdedigen, z. beschermen (**de** tegen) 2. z. redden; **~sa 1.** *f* 1. verdediging, verweer *het*; 2. bescherming; ***legítima ~sa*** noodweer; **2.** *m/f sport* verdedig(st)er; **~sivo,-a** *adj* verdedigend, defensief; **~sor,-a** *m/f* 1. verdedig(st)er, voorvecht(st)er; 2. *jur* raadsman,-vrouwe; **~ del pueblo** ombudsman

deficien/cia *f* gebrek *het*; **~te** *adj m/f* deficiënt
déficit *m* tekort *het* (**de** aan); *com* debetsaldo *het*
defini/ción *f* definitie; omschrijving; **~r** *vt* definiëren, preciseren; **~tivo,-a** *adj* definitief
deforestación *f* ontbossing
deform/ación *f* vervorming; **~ar** *vt* ver-, misvormen; **~e** *adj m/f* vervormd, mismaakt
defrauda/ción *f* bedrog *het*, zwendel, (*belasting*) ontduiking; **~r** *vt* 1. bedriegen, oplichten; (*belasting*) ontduiken; 2. teleurstellen, tegenvallen
defunción *f* sterfgeval *het*; (het) overlijden
degenera/do,-a *adj* gedegenereerd; **~r** *vi* ontaarden (**en** in), degenereren
degrada/ción *f* verloedering; **~nte** *adj m/f* vernederend; **~r** *vt mil* degraderen
degusta/ción *f* (het) proeven, (het) keuren; **~r** *vt* (*eten, drinken*) proeven, keuren
deja/dez *f* slordigheid, laksheid; **~do,-a** *adj* 1. laks, slordig; 2. (**estar ~**) verlaten, verwaarloosd
dejar 1. *vt* 1. laten; 2. toelaten; 3. overlaten; 4. achterlaten, 5. verlaten; 6. (*baan*) opgeven; **~ caer** laten vallen; **2.** *vi* stoppen, ophouden (**de** met) **~ que** (+ *subj*) toestaan, dulden dat;

no ~ niet nalaten (**de** te) steeds doorgaan met; **~se** (**+ inf**) z. laten (**+ inf**)

delantal *m* schort

delante vooraan, voorin, voorop; **~ de** voor; **~ra** *f* 1. voorkant; 2.voorsprong; 3. (*voetbal*) voorhoede ; **~ro 1.** *adj* voor-; **2.** *m sport* voorhoedespeler, spits

delat/ar *vt* aangeven; verraden; **~or,-a** *m/f* verklikker,-klikster, informant(e)

delega/ción *f* 1. delegatie, afvaardiging; 2. afdeling; **~do,-a** *m/f* afgevaardigde, gezant; **~r 1.** *vt* afvaardigen; **2.** delegeren, overdragen (**en aan**)

deleit/ar *vt* bekoren, genot verschaffen; **~arse** genieten (**con** van); **~e** *m* genot *het*

deletrear *vt* spellen

delfín *m* dolfijn

delgad/ez *f* dunheid, slankheid; **~o,-a** *adj* dun, slank

delibera/ción *f* beraad *het*; overleg *het*; **~damente** opzettelijk; expres; **~do,-a** *adj* opzettelijk; bewust; **~r** *vi* overleggen, z. beraden (**sobre** over)

delicad/eza *f* 1. teerheid; 2. tact; **~o,-a** *adj* 1. teer, fijn; 2. zwak; 3. delicaat, gevoelig, netelig

delici/a *f* lust, waar genot *het*, genoegen *het*; **~oso,-a** *adj* heerlijk, zalig, verrukkelijk

delictivo,-a *adj* strafbaar, misdadig

delimitar *vt* (*o. fig*) afbakenen, begrenzen

delincuen/cia *f* criminaliteit; **~te** *m/f* misdadig(st)er, delinquent, crimineel

delinea/nte *m/f* technisch tekenaar; **~r** *vt* tekenen, schetsen

delinquir *vi* een misdrijf *het*/misdaad begaan

delir/ante *adj m/f* 1. waanzinnig; 2. *med* ijlend; 3. (*applaus*) stormachtig; **~ar** *vi* ijlen, wartaal uitslaan; **~io** *m* 1. delirium *het*, waanzin; 2. uitzinnig enthousiasme *het*

delito *m* delict *het*, misdrijf *het*, vergrijp *het*

demacrado,-a *adj* uitgemergeld, mager en bleek

demand/a *f* 1. eis; 2. *com* vraag (**de** naar); 3. *jur* dagvaarding; **~ado,-a** *m/f* beklaagde; **~ante** *m/f* eiser(es); **~ar** *vt* 1. eisen, vragen, verzoeken; 2. *jur* dagvaarden

demarca/ción *f* 1. afbakening; 2. *pol, jur* amtsgebied *het*; **~r** *vt* afbakenen, begrenzen

demás overige; **lo ~** de rest; **los ~** de anderen; **por lo ~** overigens, verder

demasiado,-a *adj/adv* 1. te; 2. te veel

demen/cia *f* dementie; **~te 1.** *adj m/f* dement, krankzinnig; **2.** *m/f* demente man/vrouw

dem/ocracia *f* demokratie; **~ócra-**

ta m/f demokraat,-krate; **~ocrático,-a** adj demokratisch

democristiano,-a adj christen-democratisch

demol/edor,-a adj vernietigend **~er** vt slopen, afbreken; **~ición** f sloop, afbraak

demonio m duivel, boze geest; *¡qué ~s!* verdomme, in godsnaam

demora f vertraging, oponthoud het; *sin ~* onmiddellijk; **~r** vt vertragen, uitstellen

demostra/ble adj m/f aanwijsbaar; **~ción** f demonstratie; vertoon het; **~r** vt aantonen, bewijzen; **~tivo, a** 1. demonstratief; 2. ling aanwijzend

denega/ción f weigering, afwijzing; **~r** vt 1. weigeren, afslaan; 2. ontkennen

denigra/nte adj m/f vernederend, kwetsend; **~r** vt kleineren; afgeven op

denomina/ción f 1. naam, benaming; 2. **~ción de origen** *(produkten)* aanduiding van herkomst; **~dor** m mat noemer; **~r** vt noemen, benoemen

denotar vt aangeven, aanduiden

dens/idad f dichtheid; **~o,-a** adj dicht, compact

denta/do,-a adj getakteld; **~dura** f gebit het; **~dura postiza** kunstgebit het; **~l** adj m/f tand-, v/d tanden; **dent/ición** f het tanden krijgen; **~ífrico** m *(pasta ~ífrica)* tandpasta; **~ista** m/f tandarts

dentro 1. adv binnen, erin; *desde ~* van binnenuit; *por ~* van binnen; 2. prep *~ de* 1. in; binnen; 2. *(tijd)* over

denuncia f 1. aangifte, aanklacht; 2. *(verdrag)* opzegging; **~nte** m/f aangever,-geefster; verklikker,-ster; **~r** vt aangeven, aangifte doen van; (openlijk) veroordelen; *(verdrag)* opzeggen

departamento m 1. afdeling, bureau het; departament het; vakgroep; 2. ferroc coupé

depend/encia f 1. afhankelijkheid; 2. bijgebouw het; **~er** vi afhangen, afhankelijk zijn (**de** van); vallen onder; **~e** dat ligt eraan; **~ienta** f verkoopster; **~iente** 1. adj afhankelijk; 2. m verkoper; medewerker

depila/ción f ontharing; **~r** vt epileren; **~rse** z. ontharen; **~torio,-a** adj ontharings-

deplora/ble adj m/f betreurenswaardig; ellendig; **~r** vt betreuren

deporta/ción f deportatie; **~r** vt deporteren

deport/e m sport; *~ acuático* watersport **~ista** m/f sportman, sportvrouw; **~ivo,-a** adj sportief; sport

deposi/ción f 1. afzetting; 2. jur getuigenis; 3. med stoelgang;

depositar

~tar vt deponeren; in bewaring geven
depósito m 1. bewaring, 2. *banc* (het) deponeren; (het) storten; 3. depot *het*; opslagplaats
deprava/ción f verdorvenheid, bederf *het*; **~do,-a** adj verdorven; **~r** vt bederven, perverteren
depre/ciación f (geld-)ontwaarding; **~ciar** vt de waarde verminderen van; **~ciarse** in waarde dalen
depre/sión f depressie; **~sivo** depressief
deprim/ente adj m/f deprimerend; **~ido,-a** adj bedrukt, gedeprimeerd; **~ir** vt deprimeren, bedrukken
deprisa haastig, snel; **¡ ~! ** excl opschieten!
depura/ción f zuivering; **~dora** f zuiveringsinstallatie; **~r** vt (o. *fig*) zuiveren
derecha f 1. rechterhand, rechterkant; 2. *pol* rechts, rechtervleugel; **a/hacia la ~** naar rechts; **a la ~ de** rechts van; **por la ~** van rechts
derecho,-a 1. adj 1. recht; 2. rechter; 3. (*karakter*) eerlijk; **2.** adv 1. rechtdoor; 2. rechtop; **3.** s/m 1. recht *het*, aanspraak; 2. *jur* recht *het*; (*studie*) rechten; 3. goede kant; **~ civil** burgerlijk recht *het*; **~ penal** strafrecht *het*; **~s** *mpl jur* rechten, leges

deriva f (het) afdrijven; **a la ~** op drift; **~ción** f 1. aftakking; 2. (*ling*) afleiding; **~r** vi 1. voortkomen (**de** uit); 2. *nav* afdrijven 3. *fig* leiden (**en** tot); **~rse** voortkomen (**de** uit)
derma/titis f huidontsteking; **~tólogo,-a** m/f dermatoloog,-loge, huidarts
deroga/ción f afschaffing; **~r** vt afschaffen, (*wet*) intrekken, herroepen
derram/ar vt morsen; omgooien; **~arse** z. verspreiden; **~e** m 1. uitstorting; 2. lekkage; **~e cerebral** *med* hersenbloeding
derrapar vi *auto* slippen
derretir vt smelten; **~se** smelten
derrib/ar vt 1. omverwerpen; afbreken, uit de weg ruimen; slopen; 2. (*vliegtuig*) neer-schieten; **~o** m afbraak, sloop
derrocar vt *pol* omverwerpen, afzetten
derroch/ador,-a adj verkwistend; **~ar** vt verkwisten; **~e** m 1. verspilling, verkwisting; 2. overvloed, overdaad
derrot/a f 1. nederlaag; 2. *nav* koers; **~ar** vt verslaan; **~ero** m richting, koers, weg
derruir vt slopen, afbreken; **~se** instorten
derrumb/amiento m instorting; **~ar** vt doen instorten, slopen; **~arse** instorten, in elkaar zakken; sterk dalen; **~e** m instorting

desa/bastecer vt niet voorzien (**de** van); **~bastecimiento** tekort het (**de** aan); **~brigado, -a** adj te dun gekleed; **~brochar** vt losknopen

desa/certado,-a adj verkeerd, misplaatst; **~certar** vi z. vergissen; **~cierto** m vergissing, verkeerde beslissing

desaconsejar vt afraden, ontraden

desacoplar vt tecn ont-, los-, afkoppelen

desacostumbra/do,-a adj ongewoon; **~r** vt ontwennen; **~rse (de)**afleren, afwennen

desacredita/do-a adj in diskrediet het; **~r** vt in diskrediet het brengen

desacuerdo m meningsverschil het, onenigheid

desafiar vt 1. uitdagen; 2. trotseren

desafila/do,-a adj stomp; **~rse** stomp worden

desafina/do,-a adj mús vals; **~r** vi vals klinken

desafío m 1. uitdaging; 2. duel het

desaforado,-a adj buitensporig, uitzinnig

desafortunado,-a adj ongelukkig; onfortuinlijk

desagra/dable adj m/f onaangenaam; **~dar** vi mishagen; **~decer** vt ondankbaar zijn; **~decido,-a** adj ondankbaar; **~decimiento** m ondankbaarheid; **~do** m ongenoegen het

desagravio m genoegdoening

desagüe m afvoer(buis); afwatering

desahog/ado,-a adj ruim, royaal, heel goed; **~ar** vt (emoties) afreageren; **~arse** zijn hart luchten; **~o** m 1. opluchting; 2. ruimheid

desah/uciar vt 1. alle hoop ontnemen; 2. jur iem uit z'n huis zetten; **~ucio** m jur uitzetting (uit pand), ontruiming

desaira/do,-a adj gekwetst; **~r** vt vernederen

desajust/ar vt ontwrichten, ontregelen; **~e** m (het) ontregelen; (het) niet aansluiten

desalar vt ontzouten

desal/entar vt ontmoedigen; **~iento** m moedeloosheid, neerslachtigheid

desaliñ/ado m/s adj slordig; **~r** vt in de war maken; **~o** m slordigheid, onverzorgdheid

desalmado,-a adj gewetenloos, wreed

desaloj/ar vt 1. ruimen, ontruimen; 2. verplaatsen; **~o** m 1. ontruiming, 2. verplaatsing

desamor m bekoeling van liefde

desampar/ado,-a adj hulpeloos, onverzorgd; **~ar** vt 1. in de steek laten; 2. jur verlaten; **~o** m verlating; gebrek aan hulp/steun

desangrarse hevig bloeden, doodbloeden

des/animado,-a *adj* moedeloos, down; **~animar** *vt* ontmoedigen; **~animarse** de moed verliezen, versagen **~ánimo** *m* moedeloosheid, matheid

desapacible *adj m/f* 1. naar, onaangenaam; 2. (weer) guur

desapar/ecer *vi* verdwijnen; tenietgaan; **~ición** *f* verdwijning

desa/pasionado,-a *adj* onpartijdig; koel; **~pego** *m* onverschilligheid (de jegens); **~percibido,-a** *adj* ongemerkt, onopgemerkt

desaprensi/ón *f* ongegeneerdheid; **~vo,-a** *adj* 1. ongegeneerd; zonder scrupules

desaproba/ción *f* afkeuring; **~r** *vt* afkeuren

desaprovecha/do,-a *adj* onbenut; **~miento** *m* (het) niet benutten; **~r** *vt* onbenut laten; verknoeien

desarm/ar *vt* 1. mil, fig ontwapenen; 2. tecn demonteren; **~e** *m* mil 1. ontwapening; 2. demontage

desarrai/gar *vt* ontwortelen; uitroeien; **~go** *m* (o. fig) ontworteling; uitroeiing

desarregl/ado,-a *adj* slordig; **~ar** *vt* in de war sturen; **~o** *m* 1. wanorde; 2. storing, defect *het*

desarroll/ado,-a *adj* ontwikkeld; **~ar** *vt* 1. ontrollen; 2. (o. foto) ontwikkelen; 3. ontplooien; **~arse** 1. z. ontwikkelen; 2. z. afspelen; **~o** *m* 1. ontwikkeling; 2. ontplooiing

desarroparse zijn kleren uitdoen

desarticula/ción *f* ontwrichting; ontmanteling; **~r** *vt* 1. ontmantelen; 2. (bende) oprollen

desasos/egar *vt* ongerust maken; **~iego** *m* onrust, bezorgdheid

desastr/e *m* ramp, onheil *het*; **~oso,-a** *adj* rampzalig, verschrikkelijk

desata/do,-a *adj* los(geraakt); **~r** *vt* losmaken, ontketenen; **~rse** losraken; uitbreken; **~scar** *vt* 1. ontstoppen; 2. losmaken, vrij maken

desaten/ción *f* 1. gebrek *het* aan aandacht; 2. onbeleefdheid; **~der** *vt* geen aandacht schenken aan; verwaarlozen, negeren; **~dido,-a** *adj* verwaarloosd; **~to,-a** *adj* weinig attent

desatin/ado,-a *adj* verkeerd, onjuist; **~ar** *vi* onbezonnen handelen; **~o** *m* dwaasheid

desatornillar *vt* losschroeven

desautorizar *vt* geen toestemming geven voor; afkeuren

desaven/encia *f* onenigheid, onmin; **~ido,-a** *adj* oneens, gebrouilleerd; **~tajado,-a** *adj* nadelig

desayun/ar *vi* ontbijten; **~o** *m* ontbijt *het*

desbancar vt (iem) verdringen, eruit werken

desazón f onbehagen het, spanning

desbara/juste m bende, chaos; **~tar** vt 1. in de war sturen, ruïneren; 2. verijdelen

desbloquear vt vrijmaken, doorbreken

desborda/nte adj m/f grenzenloos; **~r** vt overschrijden; **~rse** 1. (rivier) buiten zijn oevers treden; 2. overlopen (**de** van)

descabe/llado,-a adj waanzinnig, absurd; **~zar** vt 1. onthoofden; 2. bot toppen

descafeinado,-a adj 1. cafeïnevrij; 2. fig flauw, slap

descalabr/ar vt 1. verwonden; 2. ernstige schade toebrengen; **~o** m ramp, mislukking

descal/ificación f 1. diskwalificatie; 2. diskrediet het; **~ificar** vt 1. diskwalificeren; 2. in diskrediet brengen

descalzo,-a adj op blote voeten, barrevoets

descambiar vt (om)ruilen

descampado m open veld het, kale vlakte

descans/ado,-a adj uitgerust; **~r** vi (uit)rusten, pauzeren; **~o** m rust, pauze, verpozing; vrije dag; **sin ~o** onafgebroken

descapotable adj m/f auto met vouwdak

descarado,-a adj brutaal, ongegeneerd

descarg/a f 1. het lossen, uitladen; 2. electr ontlading, schok; **~ar 1.** vt 1. lossen, af-, uitladen; 2. (wapen, electr) ontladen; 3. (schot) afvuren; 4. afreageren op; 5. jur vrijpleiten; **2.** vi z. ontladen; **~o** m 1. (het) uitladen; 2. kwijting; ontheffing; 3. jur vrijspraak

descaro m schaamteloosheid, brutaliteit

descarria/do,-a adj verdwaald; **~r** vt van het rechte spoor doen afdwalen

descarrila/miento m ontsporing; **~r** vi ontsporen

descartar vt uitsluiten, van de hand wijzen

descen/dencia f 1. afkomst, afstamming; 2. nageslacht het; **~dente** adj m/f dalend, neergaand; **~der** vt/i 1. (af)dalen; 2. uitstappen; 3. afstammen (**de** van); **~diente 1.** adj m/f dalend, neergaand; **2.** m/f afstammeling(e); **~so** m 1. afdaling 2. teruggang; 3. daling; vermindering

descifrar vt 1. ontcijferen; 2. fig ontraadselen

descoc/ado,-a adj coloq brutaal, onbeschaamd; **~arse** brutaal doen

descolgar vt afnemen, (hoorn) v/d haak nemen

descolorido,-a *adj* verbleekt, flets, vaal

descomedido,-a *adj* buitensporig, overdreven

descompensado,-a *adj* 1. uit balans, niet in evenwicht; 2. buitensporig

descompo/ner *vt* ontleden, ontbinden; afbreken; **~nerse** 1. tot ontbinding overgaan; (weg)rotten; 2. *fig* van zijn stuk raken; **~sición** *f* 1. het uiteenvallen; ontbinding, rotting

descompuesto,-a *adj* 1. stuk, ontregeld; 2. uit elkaar; 3. verrot; 4. *fig* in de war, van streek; razend

descomunal *adj m/f* buitengewoon, enorm

desconcerta/do,-a *adj* verbijsterd, perplex; **~r** *vt* in de war brengen, van zijn stuk brengen

desconcierto *m* ontreddering, verbijstering

desconectar 1. *vi* geestelijk afhaken; 2. *vt electr* 1. verbreken; 2. uitschakelen, uitdoen

desconfia/do,-a *adj* achterdochtig; **~nza** *f* wantrouwen *het*; **~r** *vi* wantrouwen *het*, geen vertrouwen hebben (**de** in); z. hoeden voor

descon/gelar *vt* 1. ontdooien; 2. *fig* deblokkeren; **~gestionar** *vt* ontstoppen

desconoc/er *vt* niet kennen, niet weten; **~ido,-a 1.** *adj* onbekend; *estar* ~ onherkenbaar zijn; **2.** *m/f* onbekende, vreemde; **~imiento** *m* onbekendheid met, onwetendheid

descon/siderado,-a *adj* tactloos, onhebbelijk; **~solado,-a** *adj* ontroostbaar, indroevig; **~solador,-a** *adj* hartverscheurend; **~suelo** *m* verdriet *het*, verslagenheid

desconta/do: *dar por* ~do ervan uitgaan; ***por* ~do** uiteraard; **~r** *vt* aftrekken, in mindering brengen

descontent/ar *vt* ontevreden maken; **~o 1.** *adj* ontevreden; **2.** *m* ontevredenheid

descontrol *m* wanorde, gebrek *het* aan discipline; **~ado,-a** *adj* ongecontroleerd; **~rse** zijn zelfbeheersing verliezen

desconvoca/ción afgelasting; **~r** *vi* aflasten

descorcha/dor *m* kurketrekker; **~r** *vt* ontkurken

descorrer *vt* (*gordijnen*) opendoen; (*grendel*) wegschuiven

descort/és *adj m/f* onbeleefd; **~esía** *f* onbeleefdheid

descos/er *vt* lostornen; **~ido,-a** *adj* losgetornd

descrédito *m* diskrediet

descri/bir *vt* beschrijven, omschrijven; **~pción** *f* beschrijving; **~ptivo** beschrijvend

descubiert/o,-a 1. *adj* 1. onbedekt, open; onbewolkt; ontmaskerd; 2. *banc* ongedekt; **2.** *m* tekort *het*, nadelig saldo *het*, deficit *het*

descubri/dor,-a *m/f* ontdekker,-dekster; **~miento** *m* ontdekking; **~r** *vt* 1. ontdekken, vinden; 2. onthullen; 3. ontmaskeren; 4. ontwaren, bespeuren

descuento *m* korting, reductie, disconto *het*

descuid/ado,-a *adj* 1. nonchalant, laks, nalatig; 2. slordig, onverzorgd; 3. nergens op verdacht; **~ar 1.** *vi* gerust zijn; **2.** *vt* verwaarlozen, verontachtzamen; **~arse** niet oletten, z. verwaarlozen; **~o** *m* onoplettendheid; verwaarlozing; ongelukje

desde 1. *prep* 1. (*tijd*) sinds, vanaf, van; ~ *hace un año* sinds een jaar; 2. (*plaats*) vanuit; vanaf; **2.** *adv* ~ *luego* natuurlijk, uiteraard; **3.** *conj* ~ *que* sinds

desdecirse (de) terugnemen, herroepen

desd/én *m* minachting, verachting; **~eñable** *adj m/f* te verwaarlozen; **~eñar** *vt* 1. minachten, 2. versmaden; 3. verwaarlozen; **~eñoso,-a** *adj* verachtelijk, laatdunkend

desdibujar *vt* doen vervagen; **~se** vervagen, onduidelijk worden

desdicha *f* ongeluk *het*, ellende; **~do,-a 1.** *adj* ongelukkig; **2.** *m/f* stakker, pechvogel

desdoblar *vt* 1. openvouwen; 2. splitsen, delen

desea/ble *adj m/f* wenselijk; begeerlijk; **~r** *vt* 1. wensen, verlangen, willen; 2. (toe)wensen

desecar *vt* drooggleggen; doen uitdrogen

desech/able *adj m/f* te verwerpen; wegwerp-; **~ar** *vt* 1. afdanken, weggooien; 2. uitsluiten, verwerpen; **~o** *m* vuilnis, restant *het*; **~os** *mpl* afval(stoffen *pl*) *het*

desembalar *vt* uitpakken

desembar/cadero *m* aanlegplaats, kade; **~car 1.** *vt* ontschepen; lossen; **2.** *vi* van boord gaan; **~co** *m* ontscheping; lossing; **~que** *m* ontscheping; (het) van boord gaan

desemboca/dura *f* monding; opening; **~r** *vi* 1. uitmonden (**en** in); 2. *fig* resulteren in

desembols/ar *vt* (*geld*) spenderen, uitgeven; (af)betalen; **~o** *m* betaling; storting; uitgave

desembra/gar *vt/i tecn* ontkoppelen; **~gue** *m tecn* ontkoppeling

desempaquetar *vt* uitpakken

desempeñ/ar *vt* 1. (*pand*) inlossen; 2. vervullen; 3. (*functie*) bekleden; 4. (*rol*) spelen; **~o** *m* 1. inlossing; vervulling; 2. handigheid

desempleo *m* werk(e)loosheid

desempolvar vt 1. afstoffen; 2. opdiepen

desencadenar vt ontketenen; **~se** losbarsten

desencaja/do,-a adj 1. uit z'n voegen; 2. (gezicht) verwrongen; **~r** vt 1. ontwrichten; 2. uit zijn voegen rukken

desencant/ar vt ontgoochelen, teleurstellen; **~o** m ontgoocheling, desillusie

desenchufar vt uit het stopcontact halen

desenfad/ado,-a adj vrijmoedig; informeel; **~o** m vrijmoedigheid; brutaliteit

desenfocado,-a adj foto onscherp

desenfren/ado,-a adj ongeremd, wild; **~o** m losbandigheid

desenganchar vt 1. losmaken, ontkoppelen; 2. (paard) uitspannen; **~se** drog afkicken

desengañ/ar vt teleurstellen, ontgoochelen; **~arse** teleurgesteld raken; een vergissing inzien; *¡desengáñate!* geloof me nou maar!; **~o** m teleurstelling, desillusie

desenlace m ontknoping; afloop; slot het

desenred/ar vt ontwarren; **~o** m ontwarring

desenroscar vt losschroeven

desentend/erse 1. z. van den domme houden; 2. voorbijgaan (de aan); **~ido**: *hacerse el ~ido* niets laten merken

desenterrar vt 1. opgraven; 2. fig oprakelen

desentona/do,-a adj vals; **~r** vi vals klinken

desen/voltura f vrijmoedigheid; **~volver** vt 1. uitpakken; 2. uiteenzetten; **~volverse** z. ontwikkelen, z. redden; **~vuelto,-a** adj ongedwongen

deseo m wens, verlangen het; **~so,-a** adj verlangend (de naar)

desequilibr/ado,-a adj onevenwichtig, labiel; **~ar** vt uit zijn evenwicht brengen

deser/ción f desertie; **~tar** vi deserteren (**de** uit); overlopen; **~tor,-a** m/f deserteur

desescombro m (het) puinruimen

desespera/ción f wanhoop; **~do,-a** adj wanhopig; **~r** 1. vt wanhopig maken; 2. vi wanhopen (**de** aan); **~rse** wanhopen, radeloos worden

desestima/ción f 1. minachting; 2. jur afwijzing; **~r** vt minachten, onderschatten; jur (verzoek) afwijzen

desfachatez f onbeschaamdheid, brutaliteit

desfalc/ar vt verduisteren; **~o** m verduistering, oplichting

desfallec/er vi (bijna) flauw vallen, bezwijken; **~imiento** m flauwte

desfas/ado,-a adj onaangepast, ouderwets; **~e** m (fase)verschil

desfavorable adj m/f ongunstig
desfigurar vt misvormen, vertekenen
desfil/adero m bergpas; **~ar** vi achter elkaar lopen; defileren; **~e** m mil parade, optocht; **~e de modelos** modeshow **desgana** f 1. gebrek aan eetlust; 2. tegenzin; **a ~** met tegenzin; **~rse** 1. zijn eetlust verliezen; 2. geen zin hebben
desgarr/ado,-a adj gescheurd, kapot; **~ador,-a** adj hartverscheurend; **~ar** vt (ver)scheuren; **~o** m 1. scheur; 2. fig brutaliteit; **~ón** m grote scheur, flard
desgast/ado,-a adj versleten, afgedragen; **~ar** vt verslijten; **~arse** slijten; **~e** m slijtage; uitputting
desgracia f ongeluk het; **por ~** helaas; **~damente** helaas; **~do,-a** 1. adj ongelukkig, jammerlijk; 2. m/f ongelukkige, lammeling, kreng
desgrava/ble adj m/f aftrekbaar; **~ción** f aftrek, aftrekbaarheid; **~r** vt verlagen, aftrekken, ontheffen
deshabitado,-a adj onbewoond
deshacer vt 1. los maken, uit elkaar halen; 2. oplossen; 3. (koffer) uitpakken; **~se** 1. uiteenvallen; verbrokkelen, 2. (mist) optrekken; 3. z. ontdoen (**de** van); 4. z. uitputten (**en** in)
deshecho,-a adj 1. kapot, 2. ongedaan; **estar ~** bekaf, op zijn; ontredderd zijn
des/helar vt/i ontdooien; **~heredar** vt onterven; **~hidratado, -a** adj uitgedroogd; **~hielo** m dooi; **~hilachado,-a** adj gerafeld, versleten; **~hincharse** leeglopen
deshojarse de bladeren verliezen
deshon/esto,-a adj onfatsoenlijk; onzedelijk; **~or** m schande; belediging; smaad; **~ra** f schande, schandvlek; **~rar** vt onteren
deshora f: **a ~** op een ongelegen tijdstip, bij nacht en ontij
deshuesar vt gastr uitbenen; ontpitten
desierto 1. adj m/f verlaten; niet toegekend; **2.** m 1. woestijn; 2. fig woestenij
design/ación f 1. benoeming; 2. benaming; **~ar** vt 1. benoemen; 2. bepalen; 3. aanduiden
desigual adj m/f ongelijk; wisselend; **~dad** f ongelijkheid; oneffenheid
desilusi/ón f desillusie; **~onar** vt teleurstellen; tegenvallen; **~onarse** gedesillusioneerd worden
desinfec/ción f ontsmetting; **~tante** m ontsmettingsmiddel het; **~tar** vt ontsmetten
desinflarse 1. leeglopen; 2. ineenschrompelen

desinhibi/do,-a *adj* ongeremd; **~rse** zijn remmingen verliezen

desintegra/ción *f* 1. ineenstorting; 2. *quím* ontbinding, afbraak, splijting; **~rse** 1. uiteenvallen; 2. *quím* afbreken, splijten

desinter/és *m* gebrek het aan belangstelling; **~esado,-a** *adj* 1. belangeloos; 2. ongemotiveerd

desintoxica/ción *f* desintoxicatie; ontwenning; **~r** *vt* nuchter maken

desistir *vi* ervan afzien; afzien (**de** van)

desleal *adj m/f* 1. trouweloos; 2. afvallig; **~tad** *f* trouweloosheid, oneerlijkheid

deslenguado,-a *adj* brutaal, los in de mond

desliga/do,-a *adj* los(gemaakt) (**de** van); **~r** *vt* 1. losmaken; 2. *fig* scheiden (**de** van)

desliz *m* 1. misstap; blunder; 2. slippertje *he*; **~ante** *adj m/f* glad, glibberig; **~ar** *vt/i* 1. laten glijden; 2. z. laten ontvallen; **~arse** 1. (uit)glijden; slippen; 2. *fig* een misstap begaan

desluci/do,-a *adj* 1. dof, vaal; 2. weinig briljant; onbeduidend; **~miento** *m* 1. vaalheid; 2. saaiheid; **~r** *vt* 1. zijn glans ontnemen; 2. *fig* te schande maken; **~rse** een modderfiguur het slaan

deslumbrar *vt* 1. verblinden; 2. imponeren

desmadr/arse z. laten gaan; over de schreef gaan; **~e** *m* chaos, troep, puinhoop

desmán *m* exces, uitspatting

desmantela/miento *m* ontmanteling, afbraak; **~r** *vt* ontmantelen; ontbinden

desmaquilla/dor *m* remover; **~rse** make-up verwijderen

desmay/ado,-a *adj* 1. bewusteloos; 2. zwak; (*kleur*) flets, verbleekt; **~arse** flauwvallen; **~o** *m* flauwte, krachteloosheid

desmedi/do,-a *adj* buitensporig; **~rse** te ver gaan

desmejora/do,-a *adj* verslechterd; **~r** *vi* achteruitgaan; **~rse** verslechteren

desmembrar *vt* verscheuren; verdelen; **~se** uiteenvallen

desmemoriado,-a *adj* vergeetachtig, verstrooid

desmentir *vt* ontkennen, tegenspreken

desmenuzar *vt* 1. verbrokkelen; 2. uiteenrafelen

desmesurado,-a *adj* buitensporig, excessief

desmont/able *adj m/f* demonteerbaar, uitneembaar; **~aje** *m* demontage; **~ar 1.** *vi* afstijgen; **2.** *vt* demonteren, slopen; **~e** *m* 1. afgraving; 2. ontbossing; 3. verwijdering

desmoraliza/do,-a *adj* ontmoe-

despedir

digd; **~dor,-a** adj demoraliserend; **~r** vt demoraliseren; ontmoedigen

desmorona/miento m instorting, verval het; **~rse** afbrokkelen, uiteenvallen, vervallen

desnatado,-a adj afgeroomd, mager

desnivel m niveauverschil het, ongelijkheid

desnu/dar vt 1. ontbloten; 2. fig uitkleden; **~darse** z. ontbloten, z. uitkleden; **~dez** f naaktheid; **~do,-a 1.** adj 1. naakt; 2. kaal; **2.** m naakt, naaktheid; **~trición** f ondervoeding; **~trido,-a** adj ondervoed

desobed/ecer vt niet gehoorzamen; zondigen tegen; **~iencia** f ongehoorzaamheid; **~diente** adj m/f ongehoorzaam

desocupa/ción f 1. ontruiming; leegstand; 2. werkloosheid; **~do,-a** adj 1. leeg; 2. vrij. 3. werk(e)loos; **~r** vt ontruimen; leegmaken; **~rse** vrij komen

desodorante m deodorant

desoír vt negeren, doof zijn voor

desola/ción f 1. verwoesting; 2. verslagenheid, verdriet het; **~do,-a** adj verwoest; verslagen; **~dor,-a** adj alles verwoestend; bedroevend; **~r** vt verwoesten, ruïneren

desorbita/do,-a adj overdreven, absurd; uitpuilend; **~nte** adj m/f extreem, buitensporig

desorden m wanorde, rommel; **~ado,-a** adj wanordelijk, ongeordend; **~ar** vt 1. in de war maken; 2. rommel maken, een bende maken

desorganiza/ción f desorganisatie; verwarring; **~r** vt ontwrichten, in de war sturen

desorienta/do,-a adj 1. verward; 2. de weg kwijt; **~r** vt 1. doen verdwalen; 2. in de war brengen; **~se** 1. verdwalen; 2. in de war raken

despach/ar 1. vt 1. afwerken; afdoen; 2. (klant) bedienen; 3. (probleem) afwikkelen; z. afmaken van; **2.** vi 1. opschieten; 2. (zaken) afhanden; **~o** m 1. afhandeling, afwikkeling; 2. kantoor het, bureau het; werkkamer; 3. bericht het; **~ de aduana** inklaring, uitklaring; **~ de bebidas** tapperij; **~ de billetes** kaartverkoop

despaci/o adv langzaam; **~to** kalmpjes

despecho m verbittering, rancune; **a ~ de** in weerwil van, ondanks

despectivo,-a adj laatdunkend, pejoratief

despedazar vt kapot maken; in stukken snijden

despedi/da f 1. afscheid; afsluiting; 2. ontslag het; **~r** vt 1. uitgeleide doen, uitzwaaien; 2. ontslaan; 3. (geur) uitschei-

despedirse den; **~rse** afscheid het nemen (**de** van)

despe/gado,-a adj los(gemaakt), afstandelijk; **~gar 1.** vt losmaken, scheiden; **2.** vi aero 1. opstijgen; 2. gelanceerd worden; **~gue** m aero 1. (het) opstijgen; 2. lancering

despeinado,-a adj ongekamd

despej/ado,-a adj 1. meteo onbewolkt, helder; 2. (blikveld) ruim, wijds; 3. wakker, lucide; **~ar** vt 1. ontruimen, plaats maken; 2. fig ophelderen; **~arse** 1. meteo opklaren; 2. wakker worden; 3. opgehelderd worden

despensa f voorraadkast, provisiekamer

desperdi/ciar vt verspillen, verknoeien; **~cio** m verspilling; **~cios** mpl afval

desperdigar vt her en der verspreiden

desperfecto m schade, gebrek, defect

desperta/dor m wekker; **~r** vt wekken; **~rse** wakker worden

despi/do m ontslag het; **~erto, -a** adj 1. (estar ~) wakker; 2. (ser ~) pienter, bijdehand, vlug van begrip

despilfarro m verkwisting, verspilling

despist/ado,-a adj coloq verstrooid; gedesoriënteerd, **~ar** vt op een dwaalspoor brengen, in de war brengen; **~e** m verstrooidheid; vergissing

desplaza/miento m 1. verplaatsing; 2. reis(je het), trip; **~r** vt 1. verplaatsen; 2. de plaats innemen van; **~rse** 1. reizen (**a** naar); 2. van plaats veranderen

desplegar vt uitspreiden; ontplooien; tonen

desplom/arse in(een)storten, inzakken; **~e** m 1. instorting; 2. econ recessie

despobla/ción f ontvolking, leegloop; **~do,-a** adj onbewoond; verlaten **~r** vt ontvolken

despoj/ar vt ontdoen, beroven (**de** van); **~arse** z. ontdoen, z. bevrijden (**de** van)

déspota m/f (o. fig) despoot, tiran

desprecia/ble adj m/f 1. verachtelijk; 2. te verwaarlozen; **~r** vt 1. verachten; 2. verwaarlozen; versmaden; **~o** m minachting; **~tivo,-a** adj minachtend, hooghartig

desprend/er vt 1. losmaken; 2. (geur) afgeven; **~erse** loslaten; afstand doen (**de** van); **~imiento** m 1. (het) losmaken; 2. uitscheiding

despreocupa/ción f onbezorgdheid; **~do,-a** adj nonchalant; zorgeloos; lichtzinnig

desprestigiar vt in diskrediet brengen; **~o** m prestigeverlies

desprevenido,-a adj onvoorbereid; **coger** ~ overrompelen, verrassen

desproporcionado,-a *adj* onevenredig, niet in verhouding (**con** met,tot)

despropósito *m* iets dat nergens op slaat

desprotegido,-a *adj* onbeschermd

desprovisto,-a *adj* gespeend (**de** van), zonder

después 1. *adv* erna, later, dan; **2.** *prep*: ~ **de** na; ~ **de que** nadat; ~ **de todo** al met al

destaca/do,-a *adj* opvallend; vooraanstaand; **~r 1.** *vt* z. onderscheiden, opvallen; **2.** *vt* 1. detacheren; 2. benadrukken; de aandacht vestigen op; **~rse** 1. z. onderscheiden (**por** door); 2. z. aftekenen (**contra** tegen)

destap/ar *vt* 1. openen; 2. ontstoppen; 3. van dekens ontdoen; **~arse 1.** z. blootwoelen; 2. strippen; **~e** *m* 1. (het) openen; 2. striptease

destemplado,-a *adj* 1. licht koortsig; 2. *mús* vals

desteñir *vi* (*kleur*) afgeven

desterra/do-a *m/f* 1. balling(e); 2. paria **~r** *vt* verbannen; verdrijven

destiempo *m*: **a** ~ ongelegen; op het verkeerde moment *het*

destierro *m* verbanning

destil/ación *f* destillatie; **~ar** *vt* destilleren; **~ería** *f* destilleerderij

destin/ar *vt* 1. bestemmen (**a/para** voor); 2. (*bedrag*) uittrekken; 3. uitzenden; **~atario,-a** *m/f* ontvang(st)er, geadresseerde; **~o** *m* 1. (nood)lot; 2. bestemming; 3. baan, functie

destitu/ción *f* afzetting (uit ambt); **~ir** *vt* (ont)zetten (uit ambt)

destornilla/dor *m* schroevendraaier; **~r** *vt* losschroeven

destreza *f* handigheid; vaardigheid

destroza/do,-a *adj* kapot, stuk; *fig* verslagen; zielsbedroefd; **~r** *vt* 1. kapot maken, vernielen; 2. (*hart*) breken; **~o** *m* verwoesting, vernieling

destru/cción *f* vernieling, verwoesting; **~ctivo,-a** *adj* afbrekend, vernietigend; **~ctor,-a** *adj* destructief; **~ir** *vt* vernietigen, verwoesten

desu/nión *f* verdeeldheid, scheiding; **~nir** *vt* scheiden, verdelen; **~so** *m*: **caer en ~so** in onbruik raken

desvali/jar *vt* beroven, plunderen; **~miento** *m* (het) hulpbehoevend zijn

desván *m* vliering; zolder

desvanecer *vt* doen vervagen; verdrijven; **~se** 1. verdwijnen; 2. flauwvallen

desvel/ar *vt* 1. wakker houden; 2. onthullen; **~arse** niet kunnen slapen

desven/taja *f* nadeel *het*; achterstand; ~**tajoso,-a** *adj* nadelig; ~**tura** *f* ongeluk

desver/gonzado,-a *adj* schaamteloos; ~**gonzarse** zo brutaal zijn (**a** om); ~**güenza** *f* schaamteloosheid, schande

desvestir *vt* uitkleden; ~**se** z. uitkleden

desv/iación *f* 1. afwijking; 2. *transp* omleiding; ~**iar** *vt* 1. afleiden; afwenden; 2. omleiden; ~**iarse** 1. afdwalen, afwijken; 2. afslaan (**hacia** naar)

desvincula/ción *f* ontkoppeling; ~**r** *vt* losmaken (**de** van)

desvío *m* 1. omleiding; 2. afwijking

detall/adamente *adv* uitvoerig, gedetailleerd; ~**ar** *vt* precies aangeven; nader omschrijven; ~**e** *m* 1. detail *het*; 2. attentie; ~**ista** *m/f* kleinhandelaar

detect/ar *vt* ontdekken, opsporen; ~**ive** *m/f* detective; ~**or** *m tecn* detector; ~ **or de humo** rookmelder

deten/ción *f* 1. (het) tegenhouden; 2. arrestatie; 3. onderbreking; 4. zorgvuldigheid; ~**er** *vt* 1. aanhouden; arresteren; 2. tegenhouden; 3. stopzetten; ~**erse** blijven staan; stoppen; ~**ido,-a** 1. *adj* grondig, uitvoerig; 2. *m/f* arrestant(e); gedetineerde

detergente *m* wasmiddel *het*

deterior/ar *vt* beschadigen; aantasten; ~**arse** achteruitgaan; ~**o** *m* achteruitgang

determina/ción *f* besluit *het*; vastberadenheid; ~**do,-a** *adj* bepaald; vastberaden (**a** om); ~**r** *vt* bepalen, vaststellen

detesta/ble *adj m/f* verfoeilijk, afschuwelijk; ~**r** *vt* verafschuwen

detona/nte *adj m/f* explosief; ~**r** *vi* knallen, afgaan

detract/ar *vt* kwaad spreken over; ~**or,-a** *m/f* lasteraar(ster), roddelaar(ster)

detrás 1. *adv* achter, erachter, achterin; *por* ~ van achteren; 2. *prep*: ~ **de** achter

detrimento *m* schade; *en* ~ *de* ten koste van

deud/a *f* schuld (*o. fig*) ~**or,-a** 1. *adj* schuldig, debet-; 2. *m* debiteur,-trice

devalua/ción *f* devaluatie; ~**r** *vt* devalueren; ~**rse** devalueren

devasta/ción *f* verwoesting, ravage; ~**r** *vt* verwoesten

deveng/ar *vt* verdienen; ~**o** *m* loon *het*

devoción *f* verering; toewijding

devol/ución *f* 1. terugbetaling; teruggave; ~**ver** *vt* 1. teruggeven; 2. terugbetalen; 3. vergelden; 4. overgeven

devorar *vt* verslinden

devoto,-a *adj* 1. vroom, devoot; 2. toegewijd

día *m* dag; ~ *festivo* feestdag ~

dificultar

háb*il* werkdag; **al ~** up-to-date; **cada ~** dagelijks; **de ~** overdag; **el otro ~** onlangs; **todos los ~s** dagelijks; **un ~** eens; **¡buenos ~s!** goeden dag, goede morgen

diab/etes *f* suikerziekte; **~ético, -a** *m/f* suikerpatiënt(e)

dia/blo *m* duivel; **~bólico,-a** *adj* duivels

diagn/osis *f* diagnose; **~osticar** *vt/i* diagnostiseren; **~óstico** *m* diagnose **diagonal 1.** *adj m/f* diagonaal; **2.** *s/f* diagonaal

dialecto *m* dialect *het*

diálogo *m* dialoog

diamante *m* diamant

diana *f* midden van schietschijf, roos

diámetro *m* doorsnede, diameter

diapositiva *f* foto dia

diario,-a 1. *adj* dagelijks; **a ~** iedere dag; **de ~** voor alle dag; **2.** *m* 1. dagboek *het*; 2. krant

diarrea *f* diarree

dibuj/ante *m/f* tekenaar, tekenares; **~ar** *vt* tekenen; **~o** *m* (het) tekenen; tekening; **~os animados** tekenfilm

diccionario *m* woordenboek *het*

dicha *f* geluk *het*, fortuin *het*

dicho,-a 1. *adj* gezegd; bovengenoemd; **2.** *s/m* gezegde *het*, spreuk; **~so,-a** *adj* 1. gelukkig; 2. vervloekt, rot-

diciembre *m* december

dicta/do *m* dictaat *het*, dictee *het*, (het) dicteren; **~dor** *m* dictator; **~dura** *f* dictatuur

dicta/men *m* 1. rapport *het*, 2. advies *het*, 3. oordeel *het*; **~minar** *vt/i* zijn oordeel *het* geven; uitvaardigen **~r** *vt* 1. dicteren; 2. voorschrijven; 3. (*wetten*) uitvaardigen; 4. (*lezing*) houden; **~r sentencia** een vonnis wijzen

dieci/nueve negentien; **~ocho** achttien; **~séis** zestien; **~siete** zeventien

diente *m* tand; **~ de ajo** teentje *het* knoflook

diestra *f* 1. rechterhand; 2. rechtshandige speelster; **~o,-a 1.** *adj* 1. rechts(handig), rechter-; 2. bekwaam; **2.** *m* 1. stierenvechter; 2. rechtshandige speler

dieta *f* dieet *het*; **~s** *fpl* presentiegeld *het*

diez tien; **~mar** *vt* decimeren

difama/ción *f* laster; **~r** *vt* zwart maken

difer/encia *f* verschil *het*; discrepantie; **~enciar** *vt* onderscheiden; differentiëren; **~ente** *adj m/f* verschillend (**de** van), anders; **~ido: en ~** *TV* opgenomen, niet rechtstreeks; **~ir 1.** *vt* uitstellen; **2.** *vi* verschillen (**de** van)

difícil *adj m/f* 1. moeilijk, zwaar; 2. onwaarschijnlijk

dificult/ad *f* moeilijkheid; **~ar**

dificultoso

vt bemoeilijken, hinderen; **~oso,-a** *adj* moeizaam

difteria *f* difterie

difundir *vt* 1. verbreiden; 2. *TV, radio* uitzenden; **~se** z. verspreiden; bekend worden

difunto,-a 1. *adj* wijlen; **2.** *m/f* overledene

difusión *f* 1. verbreiding; 2. *TV, radio* uitzending

digerible *adj m/f* verteerbaar; **~r** *vt* 1. verteren; 2. *fig* verwerken; 3. overdenken; **no ~** niet kunnen uitstaan

digestión *f* (spijs)vertering; **~vo, -a 1.** *adj* 1. spijsverterings-; 2. goed voor de spijsvertering; **2.** *s/m* digestief *het*, likeur

digital *adj m/f* 1. vinger-; 2. digitaal

dignarse (+ *inf*) z. verwaardigen om; **~atario,-a** *m/f* hoogwaardigheidsbekleder; **~idad** *f* waardigheid, eergevoel *het*; **~o,-a** *adj* (**de**) waardig; behoorlijk; verdienstelijk

dilapidación *f* verkwisting, **~r** *vt* verspillen; verkwisten

dilatación *f* uitzetting; verwijding; **~ado,-a** *adj* uitgestrekt, wijd; **~ar** *vt* 1. doen uitzetten; 2. langer maken; 3. *fig* vertragen, uitstellen; **~se** 1. uitzetten; 2. uitweiden, langdradig zijn; 3. langer worden

dilema *m* dilemma *het*

diligencia *f* 1. vlijt, ijver; 2. spo-

ed; 3. postkoets; **~cias** *fpl jur* handeling, stap, voorbereiding; **~te** *adj m/f* zorgvuldig; ijverig

dilucidar *vt* ophelderen; **~ido, -a** *adj* verdund; **~ir** *vt* verdunnen, aanlengen

diluviar *vi* stortregenen; **~o** *m* 1. *rel* zondvloed; 2. stortregen; 3. *fig* stortvloed

dimensión *f* afmeting, dimensie

dimisión *f* ontslag *het*; **~tir 1.** *vt* opgeven; **2.** *vi* aftreden (**de** als)

dinámica *f* dynamiek; **~o,-a** *adj* dynamisch

dinamita *f* dynamiet; **~r** *vt* opblazen

dinamo, dínamo *m* dynamo

dineral *m* kapitaal *het*; **~o** *m* geld *het*; **~o en efectivo/metálico** contant geld *het*

Dios God; **¡por ~!** in hemelsnaam!

dios *m* god(heid); **~a** *f* godin

diploma *m* diploma *het*; **~acia** *f* (o. *fig*) diplomatie; **~ado,-a** *m/f* **1.** *adj* gediplomeerd; **2.** *m/f* gediplomeerde; **~ático,-a 1.** *adj* (o. *fig*) diplomatiek; **2.** *m/f* diplomaat,-mate

diputación *f* afvaardiging; **~ción provincial** provinciebestuur *het*; -huis *het*; **~do,-a** *m/f* afgevaardigde, kamerlid *het*; **~r** *vt* afvaardigen

dique *m* dijk; dam; dok *het*

dirección *f* 1. adres *het*; 2. richting; 3. directie, leiding, regie;

4. *auto* besturing; **~tamente** direct; **~tiva** 1. richtlijn; 2. bestuur *het*; **~tivo,-a 1.** *adj* leidend; **2.** *m/f* manager, directielid *het*; **~to,-a** *adj* direct; rechtstreeks

director,-a *m/f* directeur,-trice; **~ de cine** filmregisseur; **~ de orquesta** dirigent; **~io** *m* adresboek *het*; **~io telefónico** telefoonboek *het*

directriz *f* richtlijn; norm

dirig/ente *m/f* leid(st)er; **~ir** *vt* 1. leiden; regisseren; 2. richten; adresseren (**a** aan); 3. *mús* dirigeren; **~irse** 1. z. richten, wenden (**a** tot); 2. gaan, z. begeven (**a** naar)

discapaci/dad *f* handicap; **~tado,-a 1.** *adj* lichamelijk gehandicapt; invalide; **2.** *m/f* lichamelijk gehandicapte; invalide

discernir *vt* onderscheiden (**entre** tussen)

disciplina *f* discipline; **~rio,-a** *adj* disciplinair

discípulo,-a *m/f* discipel, volgeling(e), leerling(e)

disco *m* 1. schijf, plaat; 2. *sport* discus; 3. stoplicht *het*; **~ compacto** compact-disc; cd; **~ duro** *inform* harde schijf; **~gráfico,-a** *adj* platen-

discordancia *f* meningsverschil *het*

discordia *f* tweedracht, onenigheid

discoteca *f* discotheek

discre/ción *f* discretie, verstand *het*; **a ~ción** naar eigen goeddunken; **~cional** *adj m/f* 1. naar eigen inzicht; 2. (*bus, halte*) op verzoek

discrepa/ncia *f* discrepantie; meningsverschil *het*; **~r** *vi* (van mening) verschillen

discreto,-a *adj* 1. discreet, bescheiden; 2. redelijk

discrimina/ción *f* discriminatie; **~r** *vt* 1. discrimineren; 2. onderscheiden

disculpa *f* excuus *het*; **~r** *vt* verontschuldigen; **~rse** z. verontschuldigen (**por** voor)

discurso *m* rede; verhandeling; betoog *het*

discu/sión *f* 1. gesprek *het*; 2. discussie; **~tible** aanvechtbaar; **~tir** *vt/i* 1. discussiëren (**sobre** over); 2. bespreken; 3. tegenspreken

disen/sión *f* onenigheid; **~tería** *f med* dysenterie; **~tir** *vi* het oneens zijn (**en** met)

diseñ/ador,-a *m/f* ontwerp(st)er; **~ar** *vt* ontwerpen; **~o** *m* ontwerp *het*, vormgeving

disfraz *m* masker *het*, vermomming; **~ar** *vt* 1. vermommen; 2. *fig* verdoezelen; **~arse** z. verkleden (**de** als)

disfrut/ar *vi* genieten (**con/de** van); **~e** *m* 1. genot *het*; 2. bezit *het*

disgust/ado,-a *adj* ontstemd; gebrouilleerd; **~ar** *vt* ontstemmen, boos maken; **~arse** boos worden; onstemd raken; **~o** *m* ongenoegen het, verdriet het, ergernis

disimul/ación *f* veinzerij; **~ado** 1. heimelijk, stiekum; 2. achterbaks; **~ar 1.** *vt* verbergen; verdoezelen; **2.** *vi* veinzen

disipa/ción *f* 1. (het) verdwijnen; 2. verkwisting; **~do** opgelost; losbandig; **~r** *vt* 1. verdrijven, 2. (mist) doen oplossen; 3. verkwisten

diskette *f inform* diskette, floppy disk

disloca/ción *f med* ontwrichting; **~ar** *vt* ontwrichten, verrekken

disminu/ción *f* vermindering; afname; **~ir 1.** *vt* (ver)minderen, verkleinen; **2.** *vi* verminderen, afnemen, teruglopen

disocia/ción *f* ontbinding, scheiding; **~r** *vt* scheiden (**de** van)

disolución *f* 1. ontbinding; 2. *quím* oplossing

disolve/nte *m* oplosmiddel het; **~r** *vt* oplossen; ontbinden

dispar *adj m/f* uiteenlopend; **~ado,-a** *adj* gehaast; **~ador** *m* 1. (wapen) trekker; 2. foto ontspanner; **~ar** *vt/i* 1. schieten; 2. foto klikken; **~arse** (schot) afgaan; (prijzen) omhoog schieten; **~ate** *m* dwaasheid, onzin; **~o** *m* schot het

dispensar *vt* 1. verlenen; 2. kwijtschelden

dispers/ar *vt* verspreiden; **~ión** *f* verspreiding; **~o,-a** *adj* verspreid, plaatselijk

dispon/er 1. *vt* 1. in orde brengen; 2. beschikken; **2.** *vi* beschikken (**de** over); **~ibilidad** *f* beschikbaarheid; **~ible** *adj m/f* 1. beschikbaar; 2. besteedbaar

disposi/ción *f* 1. opstelling; 2. bepaling; 3. instelling; **~tivo** *m* mechaniek, snufje het

dispuesto,-a *adj* 1. bereid (**a** om); 2. gereed, klaar; 3. capabel

disputar 1. *vt* 1. aanvechten, betwisten; 2. sport spelen; **2.** *vi* ruzie maken (**por** over); **~rse** wedijveren om; sport gespeeld worden

disquete *m inform* diskette, floppy disk

distan/cia *f* afstand; **~ciado,-a** *adj* ver verwijderd; **~ciarse** z. distantiëren (**de** van); **~te** *adj m/f* ver; afstandelijk

distar *vi* 1. afliggen (**de** van); 2. verschillen

distendido,-a *adj* ontspannen

distensión *f* (o. med) verrekking; *pol* ontspanning, rust

distin/ción *f* 1. onderscheiding, eer; 2. verschil het, onderscheid het; **sin ~ción** door elkaar; **~guido,-a** *adj* deftig; vooraanstaand; **~guir** *vt* onderscheiden; uit elkaar houden; **~tivo,-a**

1. *adj* onderscheidend; **2.** *s/m* onderscheidingsteken *het*; **~to,-a** *adj* verschillend, anders

distorsión *f* 1. *TV* vervorming, storing; 2. *med* verstuiking

distra/cción *f* 1. vermaak *het*; 2. verstrooidheid; 3. onoplettendheid; 4. afleiding; **~er** *vt* amuseren, afleiden; **~ído,-a** *adj* verstrooid; afwezig

distribu/ción *f* 1. verdeling, 2. indeling; 3. *com* distributie; **~idor** *m* 1. bezorger; *com* leverancier, dealer; 2. *electr* stroomverdeler; **~ automático** automaat; **~idora** *f com* 1. groothandel, grossierderij; 2. leverancierster; **~ir** *vt* 1. verdelen; 2. verspreiden; 3. leveren

distrito *m* district *het*; stadsdeel *het*

disturbio *m* opstootje *het*, storing; **~s** *mpl pol* onlusten *pl*, rellen *pl*

disua/dir *vt* ontraden, afraden; **~sorio,-a** *adj* afschrikkend

diurno,-a *adj* v/d dag; dagdiva *f* diva

divagar *vi* afdwalen; dwalen

diver/gencia *f* 1. verschil *het* van mening; 2. afwijking; **~gente** *adj m/f* afwijkend (**de** van); **~gir** *vi* 1. van mening verschillen; 2. afwijken (**de** van)

divers/idad *f* verscheidenheid; **~ificación** *f* spreiding, variatie; **~ificar** *vt* spreiden, variëren; **~ión** *f* vermaak *het*, vertier *het*; afleiding; **~o,-a** *adj* verschillend; divers

diverti/do,-a *adj* grappig, leuk; **~r** *vt* vermaken, amuseren; **~rse** *z.* vermaken, *z.* amuseren

dividir *vt* 1. verdelen, 2. scheiden; 3. *mat* delen

divin/amente *adv* geweldig; **~idad** *f* godheid; **~o,-a** *adj* goddelijk

divisa/a *f* embleem *het*; devies *het*, motto *het*; **~as** *fpl banc* deviezen *pl*, valuta; **~ible** *adj m/f* deelbaar; **~ión** *f* 1. (*o. mat*) deling, 2. scheiding; 3. *mil* divisie; **~orio,-a** *adj* scheidend, tussen-

divorci/ado,-a *adj* gescheiden; **~arse** scheiden; **~o** *m* echtscheiding

divulga/ción *f* verbreiding, verspreiding; **~r** *vt* verspreiden, ruchtbaarheid geven aan

do *m mús* do, c

dobla/dillo *m* zoom; **~do,-a** *adj* dubbelgevouwen; **~dura** *f* vouw; **~r** **1.** *vt* 1. verdubbelen; 2. buigen, vouwen; 3. (*film*) nasynchroniseren; **2.** *vi* 1. afslaan; 2. (*klok*) luiden

doble 1. *adj m/f* dubbel; dubbel; **2.** *m/f* dubbele, dubbelgang(st)er; stuntman,-vrouw; **~gar** *vt* doen buigen; vermurwen; **~garse** zwichten; **~z** **1.** *m* vouw; **2.** *f fig* hypocrisie

doce twaalf; **~na** f dozijn het, twaalftal het

docen/cia f onderricht het, (het) onderwijzen; **~te** adj m/f onderwijs-

dócil adj m/f meegaand, volgzaam; gehoorzaam

docto geleerd, erudiet; **~r,-a** m/f 1. doctor; 2. dokter, arts; **~rado** m promotie; **~ral** adj m/f promotie-

doctrina f leer, doctrine

document/ación f 1. documentatie; papieren; 2. legitimatie (bewijs het); **~al 1.** adj m/f op documenten gebaseerd; **2.** s/m documentaire; **~ar** vt documenteren; boekstaven; **~o** m 1. document het; stuk het; 2. akte

dogma m dogma het

dólar m dollar

dol/encia f kwaal, aandoening; **~er** vi pijn doen; **~erse** klagen (de over); **~ido,-a** adj bedroefd

dolor m pijn; **~oso,-a** adj pijnlijk; smartelijk

doma/dor,-a m/f temmer, -ster, dompteur,-teuse; **~r** vt temmen; onderwerpen

dom/esticar vt temmen; **~éstico,-a** adj huiselijk, huishoudelijk

domicili/ado,-a adj woonachtig (en te); **~iar** vt vestigen; domiciliëren; **~o** m verblijfplaats; plaats van vestiging; adres het

domina/ción f overheersing; **~nte** adj m/f dominant; **~r** vt/i overheersen, beheersen

domingo m zondag

dominio m 1. (o. fig) heerschappij; 2. beheersing; 3. fig gebied het

dominó m dominospel het

don m 1. gave, knobbel; 2 mijnheer (vóór voornaam): **un ~ Juan** charmeur

dona/ción f donatie, schenking; **~nte** m/f 1. schenk(st)er; 2. donor; **~r** vt schenken

donde (al)waar, bij

¿dónde? waar?; **¿a ~?** waarheen?; **¿de ~?, ¿desde ~?** waarvandaan?; **¿hacia ~?** in welke richting?; **¿por ~?** waarlangs?

dondequiera waar dan ook

doña f mevrouw (vóór voornaam)

dopa/je m doping; **~rse** drugs gebruiken

dora/da f gastr goudbrasem; **~do,-a** adj goudkleurig, verguld; **~r** vt lichtbruin bakken

dormi/dera f bot papaver; **~do,-a** adj in slaap; verdoofd; **~lón, lona** m/f slaapkop; **~r** vi slapen; **~rse** in slaap vallen; **~tar** vi dommelen; **~torio** m slaapkamer

dors/al 1. adj m/f rug-; **2.** m rugnummer; **~o** m 1. rug, 2. achterkant; **al ~o** aan ommezijde

dos twee; **~cientos** tweehonderd

dosi/ficar vt doseren, **~s** f dosis

dota/ción f 1. personeel het; 2. toegekende middelen; **~do,-a** adj 1. begaafd; 2. voorzien (**de** van); **~r** vt bedelen, uitrusten (**de** met)

dote f bruidschat; **~s** mpl aanleg, talent het

drag/a f baggermolen; **~ar** vt (uit)baggeren; **~ón** m draak

dram/a m drama; **~ático,-a;** adj 1. dramatisch; 2. v/h toneel; **~atizar** vt dramatiseren; **~aturgo,-a** m/f toneelschrijver,-schrijfster; dramaturg(e)

drena/je f drainage; (het) afvoeren; **~r** vt 1. draineren, droogleggen; 2. (etter) afvoeren

droga f verdovend middel, drug; **~dicción** f drugsverslaving; **~gadicto,-a** m/f (drugs)verslaafde

droguería f drogist(erij)

ducha f douche; **~r** vt een douche geven; **~rse** z. douchen, een douche nemen

ducho,-a adj doorgewinterd, bedreven (**en** in)

dúctil adj m/f 1. buigzaam; 2. fig volgzaam, soepel

duda f twijfel; **sin ~** ongetwijfeld; **poner en ~** in twijfel trekken; **~ar 1.** vi 1. twijfelen (**sobre** over), (**de** aan); 2. schromen (**en** om); **2.** vt betwijfelen

dudoso,-a adj onzeker; twijfelachtig, betwistbaar

duelo m 1. rouw; 2. duel het

duende m 1. spook het, kabouter; 2. magische aantrekkingskracht

dueñ/a f eigenares; hospita; **~o** m eigenaar, baas

dul/ce 1. adj m/f zoet; lief; **2.** m zoete spijs; **~ces** mpl zoetigheid; **~zón, zona** mierzoet; **~zura** f 1. zachtaardigheid; 2. zoetheid

duna f duin

dúo m mús duo het

dupli/cación f verdubbeling; **~cado,-a 1.** adj dubbel; **por ~cado** in tweevoud; **2.** m duplicaat het, kopie; **~car** vt verdubbelen

duplo m tweevoud het; dubbele het

duque m hertog; **~sa** f hertogin

dura/bilidad f duurzaamheid; **~ble** adj m/f duurzaam; **~ción** f duur; lengte; tijd; **~dero,-a** adj duurzaam; **~nte** prep tijdens; **~r** vi 1. (voort)duren, duren; 2. meegaan

dureza f 1. hardheid; stugheid; 2. hardvochtigheid; 3. harde plek; eeltplek

durmiente 1. adj m/f slapend; **2.** s/m dwarsbalk

duro,-a 1. adj 1. hard; 2. inspannend; 3. zwaar, pijnlijk; 4. streng, hardvochtig; **~ de oído** hardhorend; **2.** adv hard, stevig, flink

E

e (= y, *vóór* i *of* hi) en
ebanista *m/f* meubelmaker
ébano *m* 1. ebbeboom; 2. ebbenhout *het*
ebrio,-a *adj* 1. dronken; 2. *fig* dronken, gek (**de** van)
ebullición *f* 1. kook(punt *het*), (het) koken; 2. *fig* beroering, opstand
echar 1. *vt* gooien, werpen; uitblazen, uitstoten; 2. *vi* beginnen (**a** + *inf* te); **~se** 1. gaan liggen; 2. z. werpen, z. storten (**sobre** op); 4. beginnen (**a** te)
eclesiástico,-a 1. *adj* kerkelijk, kerk-; 2. *s/m* geestelijke
eclips/ar *vt* 1. verduisteren; 2. *fig* in de schaduw stellen; **~e** *m* 1. verduistering, eclips; 2. verdwijning
eco *m* echo; **~grafía** *f med* echografie; **~logía** *f* ecologie; **~lógico,-a** *adj* ecologisch; milieu-; **~parque** *m* ecopark *het*
econ/omía *f* 1. economie; 2. zuinigheid; financieel; **~ómico,-a** *adj* 1. economisch; financieel; 2. zuinig; **~omista** *m/f* econoom,-nome; **~omizar** *vt/i* (be)sparen, zuinig zijn met
ecua/ción *f mat* vergelijking
ecua/dor *m* evenaar; **el ~*dor** Ecuador; **~toriano,-a** 1. *adj* Ecuador(i)aans; 2. *m/f* Ecuador(i)aan(se)

eczema *m med* eczeem *het*
edad *f* 1. leeftijd; 2. tijdperk *het*; **~* Media** middeleeuwen *pl*
edic/ión *f* editie; druk, uitgave; oplage; **~ión de bolsillo** pocketeditie; **~iones** *fpl* uitgeverij; **~to** *m* edict *het*, verordening
edifi/cación *f* bouwsel *het*, (het) bouwen; bebouwing; **~car** *vt* 1. bouwen; 2. *fig* (zedelijk) stichten; **~cio** *m* gebouw *het*, bouwwerk *het*
edit/ar *vt* uitgeven, publiceren; **~or,-a** *m/f* 1. uitgever,-geefster; 2. redacteur,-trice; **~orial** 1. *f* uitgeverij; 2. *m* hoofdartikel *het*
edredón *m* 1. dekbed *het*; 2. eiderdons
educa/ción *f* 1. onderwijs *het*; 2. opvoeding, beschaving; **~ción física** lichamelijke opvoeding; **~do,-a** *adj* beleefd; **~r** *vt* 1. opvoeden; 2. opleiden; **~tivo,-a** *adj* opvoedings-, vormend
edulcora/nte *m* zoetstof; **~r** *vt* zoeten
efect/ivo,-a 1. *adj* 1. effectief; 2. werkelijk; 3. (*geld*) contant; 2. *m* contant geld *het*; **~s** *mpl* personeel *het*; manschappen *pl*; **en ~ivo** contant, cash; **~o** *m* effect *het*; resultaat *het*; uitwerking; **en ~o** inderdaad; **~o secundario** bijverschijnsel *het*; **~os** *mpl* effecten *pl*; benodigd-

heden *pl*; **~uar** *vt* uitvoeren, verrichten

efervescen/cia *f* 1. (het) bruisen; 2. *fig* opwinding; **~te 1.** *adj m/f* bruisend; **2.** *s/m* bruistablet

efi/cacia *f* efficiëntie, rechtsgeldigheid; **~caz** *adj m/f* efficiënt; effectief, afdoend; **~ciencia** *f* efficiëntie, werkzaamheid; **~ciente** *adj m/f* efficiënt, doeltreffend

efusivo,-a *adj* innig; hartelijk, warm

egip/cio,-a 1. *adj* Egyptisch; **2.** *m/f* Egyptenaar, Egyptische; **~*to** *m* Egypte

egoís/mo *m* egoïsme het, zelfzucht; **~ta 1.** *adj m/f* zelfzuchtig, egoïstisch; **2.** *m/f* egoïst(e)

eje *m* 1. as, spil; 2. *fig* kern

ejecu/ción *f* 1. uitvoering, realisering; 2. *jur* voltrekking; terechtstelling; **~tar** *vt* uitvoeren, realiseren, voltrekken; **~tiva** *f* dagelijks bestuur het, uitvoerend college het; **~tivo, -a 1.** *adj* uitvoerbaar; **2.** *m/f* staflid het, manager; **~tor,-a** *m/f* uitvoerder,-voerster

ejempl/ar 1. *adj m/f* voorbeeldig; **2.** *m* exemplaar het, stuk het; **~o** *m* 1. voorbeeld; 2. model het; *por* **~o** bij voorbeeld het

ejerc/er *vt/i* 1. werkzaam zijn; 2. uit-oefenen; bedrijven; **~icio** *m* 1. oefening; 2. uitoefening; 3. lichaamsbeweging; 4 *econ* boekjaar het

ejército *m* (*o. fig*) leger het, krijgsmacht

el de, het; die, dat; **~ que** degene die

él (*pl* **ellos**) *pron* hij; (*na prep*) hem

elabora/ción *f* be-, ver-, uitwerking, vervaardiging; **~r** *vt* vervaardigen; verwerken; uitwerken, ontwikkelen

elasticidad *f* veerkracht; rek

elástico,-a 1. *adj* elastisch; rekbaar; **2.** *m* elastiek(je het) het

elec/ción *f* 1. (het) kiezen; keuze; 2. verkiezing; **~to,-a** *adj* gekozen (*maar nog niet in functie*); **~tor,-a** *m/f* kiezer(es), kiesgerechtigde; **~torado** *m* kiezers; **~toral** *adj m/f* kies-, verkiezings-

electrici/dad *f* electriciteit, stroom; **~sta** *m/f* electricien, elektromonteur

eléctrico,-a *adj* elektrisch, elektriciteits-

electr/izar *vt* elektriseren (*o. fig*); **~odomésticos** *mpl* elekrische huishoudelijke apparaten *pl*; **~ónica** *f* elektronika; **~ónico, -a** *adj* elektronisch

elefante *m* olifant

elegan/cia *f* 1. elegantie, gratie; 2. nobelheid; **~te 1.** *adj m/f* elegant, chic, stijlvol; 2. nobel, verheven

elegir *vt* (ver)kiezen (voor), selecteren

element/al *adj m/f* elementair;

basis-; **~o** *m* 1. element *het*, bestanddeel *het*; 2. factor; 3 rare snuiter

eleva/ción *f* verheffing, verhoging, hoogte; **~do,-a** *adj* hoogstaand, verheven; **~lunas** *m auto* raambediening; **~r** *vt* 1. ver-, opheffen, ophijsen; 2. verhogen, opvoeren; **~arse** 1. z. verheffen, (op)stijgen; 2. oplopen (**a** tot)

elimina/ción *f* verwijdering; eliminering; **~r** *vt* 1. elimineren, verwijderen; 2. *sport* uit-schakelen; **~toria** *f sport* afvalwedstrijd; voorronde

elipse *f mat* ellips

elite *f* elite

ella zij, ze; (*na prep*) haar

ello het; dat (*na prep*) er-, daar-; *estar en ~* ermee bezig zijn; *por ~* daarom

elocuen/cia *f* welsprekendheid; **~te** *adj m/f* eloquent; veelzeggend, sprekend

elogi/ar *vt* loven, roemen; prijzen; **~o** *m* lof; **~oso** lovend, prijzend

elucidar *vt* verduidelijken, toelichten

eludir *vt* 1. ontwijken; vermijden; 2. *jur* ontduiken

emanar 1. *vi* komen (**de** van), voortge-bracht worden door; 2. *vt* uitwasemen

emanciparse z. emanciperen; z. vrijmaken

embajad/a *f dipl* ambassade; **~or,-a** *m/f* ambassadeur,-drice

embala/je *m* verpakking(skosten *pl*); **~r** *vt* in-,verpakken **~rse** 1. *coloq* enthousiast worden; 2. (*motor*) wegsjezen

embals/ar *vt* in een stuwmeer opslaan; **~e** *m* stuwmeer *het*; spaarbekken *het*

embaraz/ada zwanger; **~o** *m* 1. verlegen-heid; 2. zwangerschap; **~oso,-a** *adj* hinderlijk; pijnlijk

embarca/ción *f* vaartuig *het*, schip *het*; **~dero** *m* aanlegsteiger, pier; **~r 1.** *vt* 1. inschepen, inladen; verschepen; 2. *fig* betrekken (**en** in); **2.** *vi* aan boord gaan, instappen; **~rse** 1. aan boord gaan; 2. deelnemen (**en** aan)

embar/gar *vt* 1. hinderen; 2. beslag leggen op; **~go** *m* 1. *pol* embargo *het*; 2. beslag(legging) *het*; *sin ~go* niettemin, toch; **~que** *m* 1. (het) aan boord gaan; 2. inscheping; (*goederen*) inlading

embarullar *vt* door elkaar gooien

embauca/dor,-a 1. *adj* bedrieglijk; **2.** *m/f* bedrieg(st)er; **~r** *vt* bedriegen, beduvelen

embelesa/do,-a *adj* in vervoering; **~dor,-a** *adj* betoverend; **~r** *vt* in verrukking brengen

embellec/er *vt* verfraaien, mooi(er) maken; **~imiento** *m* verfraaiing

embesti/da f aanval; **~r** vt aanvallen; z. storten op
emblem/a m zinnebeeld het, symbool het; **~ático,-a** adj emblematisch, symbolisch
embobar vt verbazen; **~se** z. verbazen
embocado,-a adj (wijn) enigszins zoet
embolia f med embolie
embolsar vt opstrijken, in zijn zak steken
emborrachar vt dronken maken; **~se** z. bedrinken; bedwelmd worden
emboscada f hinderlaag, val
embotella/do,-a adj (wijn) gebotteld; **~dora** f bottelarij; **~miento** m verkeersopstopping
embrag/ar vt tecn koppelen, de koppeling laten opkomen; **~ue** m koppeling
embriag/ador,-a adj bedwelmend; **~ar** vt bedwelmen; dronken maken; **~arse** z. bedrinken; **~uez** f dronkenschap het
embri/ón m embryo; **~onario,-a** adj embryonaal
embroll/ar vt verwarren; sjoemelen met; **~o** m 1. warboel; 2. lastig parket het
embrujar vt betoveren; fascineren
embucha/do m worst; **~r** vt 1. (worst) stoppen; 2. schrokken
embudo m 1. trechter; 2. fig oplichterij

empalagar

embuste m leugen; bedrog het, zwendel; **~ro,-a 1.** adj leugenachtig; **2.** m/f leugenaar(ster), bedrieger(ster)
embuti/dos mpl vleeswaren pl; **~r** vt 1. (worst) vullen, stoppen; 2. volproppen
emerge/ncia f noodsituatie, urgentie; **~nte** adj m/f 1. opduikend, bovenkomend; 2. voortvloeiend (**en** uit); **~r** vi opduiken; opdoemen
emigra/ción f emigratie; **~nte** m/f emi-grant(e); **~r** vi emigreren; (vogels) trekken
emilio m coloq e-mail
eminen/cia f eminentie; voortreffelijk-heid; **~te** adj m/f hoog; voortreffelijk, eminent
emi/sión f emissie; uitgifte; (aandelen) afgifte; (radio) uitzending; **~sor** m zender; **~sora** f zendstation, zender; **~tir** vt 1. (geld) in omloop brengen; 2. (uitspraak) doen; 3. (radio) uitzenden; 4. uitbrengen
emoci/ón f emotie; spanning; **~onal** adj m/f emotioneel, gemoeds-; **~onante** adj m/f ontroerend; opwindend; **~onar** vt ontroeren, aangrijpen
empa/char vt (maag) overladen; indigestie veroorzaken; **~charse** een indigestie krijgen; **~cho** m indigestie
empalag/ar vt 1. misselijk maken van zoetigheid; 2. fig doen wal-

empalagoso

gen; **~oso,-a** *adj* 1. walgelijk zoet; 2. *fig* slijmerig, klef
empalm/ar *vi* aansluiten (**con** bij/op); **~e** *m* 1. verbinding; aansluiting; 2. *transp* verbindingsweg; 3. (*trein*) knooppunt *het*
empana/da *f* (*vlees*)pasteitje *het*; **~r** *vt gastr* paneren
empantanado,-a *adj* vastgelopen
empa/ñarse (*glas*) beslaan, dof worden; **~pado,-a** *adj* kletsnat, doorweekt; **~par** *vt* 1. kletsnat maken; 2. doordrenken (**de/en** met)
empapela/do *m* behang *het*; **~r** *vt* behangen
empaquetar *vt* verpakken, inpakken
empare/dado *m* sandwich; **~jado,-a** *adj* naast elkaar, gelijk op; **~ntado,-a** *adj* verwant
empast/ar *vt* 1. met lijm insmeren; 2. (*tand*) vullen; **~e** *m* (*tand*) vulling
empa/tar *vi* gelijk eindigen/spelen; **~te** *m* 1. gelijkspel *het*; 2. staking van stemmen
empecina/do,-a *adj* halsstarrig; **~rse** koppig zijn; staan (**en** op)
empedernido,-a *adj* verstokt, verwoed
empedrado *m* bestrating, plaveisel *het*
empeine *m* (*voet*) wreef
empellón *m* duw, por, stoot
empeñ/ar *vt* verpanden; verplichten; **~arse** 1. schulden maken; 2. zijn uiterste best doen (**en** om); 3. staan op; **~o** *m* 1. verpanding; 2. ijver; hardnekkigheid
empeora/miento *m* verslechtering, achteruitgang; **~r** **1.** *vt* verslechteren; erger maken; **2.** *vi* achteruitgaan; **~rse** verslechteren, achteruitgaan
empera/dor *m* 1. keizer; 2. *zool* zwaardvis; **~triz** *f* keizerin
emperrarse zijn zinnen zetten (**en** op)
empezar *vt/i* beginnen, aanvangen (**a** te), (**por** met)
empina/do,-a *adj* kaarsrecht; steil; *fig* verwaand; **~r** *vt* overeind zetten; optillen
empírico,-a 1. *adj* empirisch; **2.** *m* empiricus
emplast/ar *vt med* een pleister plakken op; **~ecer** *vt* plamuren; **~o** *m med* pleister
emplaza/miento *m* 1. plaatsing; 2. *jur* dagvaarding; **~r** *vt* 1. plaatsen; 2. *jur* dagvaarden
emple/ado,-a *m/f* employé, werkne(e)m(st)er; **~ar** *vt* 1. gebruiken; 2. in dienst nemen/hebben; **~o** *m* 1. gebruik *het*; 2. werk *het*
empobrec/er *vt/i* arm maken; verarmen; **~imiento** *m* verarming, verpaupering
empollar 1. *vt* broeden, eitjes leggen; **2.** *vi stud* blokken, ploeteren

empotra/do,-a *adj arq* ingebouwd; **~r** *vt* inbouwen
emprende/dor,-a *adj* ondernemend; actief; **~r** *vt* beginnen, ondernemen, aanpakken
empresa *f* onderneming; bedrijf *het*; **~rial** *adj m/f* bedrijfs-; **~rio,-a** *m/f* ondernemer
empuj/ar *vt* duwen, dringen; **¡~ar!** *(deur)* duwen!; **~e** *m* 1. duw, druk; 2. *fig* energie; **~ón** *m* duw, stoot, por
en *prep* 1. *(plaats)* in; aan; op; **~ todas partes** overal; 2. *(tijd)* in; op; **~ quince días** over 15 dagen; 3. *transp* met, per; **~ serio** echt; **~ español** in het Spaans; **~ honor de** ter ere van; **~ absoluto** helemaal niet; **creer ~ Dios** in God geloven; **rico,-a ~** rijk aan
enajenar *vt* 1. afstand doen van, 2. ver-vreemden; ontnemen, 3. in verwarring brengen
enamor/ado,-a *adj* verliefd (**de** op); **~ar** *vt* verliefd maken; het hof maken; **~arse** verliefd worden (**de** op)
enano,-a 1. *adj* dwerg-; piepklein; 2. *m/f* dwerg
encabeza/miento *m* (brief)hoofd *het*; **~r** *vt* 1. leiden; aanvoeren; 2. *(brief)* beginnen
encadena/miento *m* ketening; aaneenschakeling; **~r** *vt* 1. ketenen; aaneenrijgen; 2. *fig* kluisteren

encaj/ar 1. *vi* 1. passen (**con** bij), (**en** in); overeenkomen; **2.** *vt* (in)passen; *(schop)* incasseren; **~e** *m* 1. kant; 2. *com* reserve; **~onar** *vt* in kratten/kisten/dozen doen
encalla/dero *m* zandbank; **~r** *vi* 1. stranden; vastlopen; 2. *fig* mislukken
encaminar *vt* 1. op weg helpen; stimuleren; 2. richten (**a** op); **~se** op weg gaan (**a** naar); bedoeld zijn voor
encanta/do,-a *adj* verrukt, zeer verheugd (**de** over); **¡~do!** aangenaam!; **~dor,-a** *adj* (heel) charmant, innemend; **~miento** *m* betovering; **~r** *vt* betoveren; heel erg bevallen
encanto *m* betovering; charme; schatje *het*
encara/mar *vt* 1. opheffen, omhoog bren-gen; 2. *fig* zeer prijzen; **~rse** klimmen (**a/en** in/op); **~miento** *m* confrontatie
encarcelar *vt* gevangenzetten, opsluiten
encarec/er 1. *vi* duurder worden; **2.** *vt* duurder maken; **~idamente** met klem; **~imiento** *m* prijsverhoging; **con ~imiento** dringend, met klem
encarg/ado,-a 1. *adj* belast (**de** met); **2.** *m/f* iem. belast met iets; agent, zetbaas; **~ar** *vt* opdragen; bestellen; **~arse** zor-

encargo 488

gen (**de** voor); z. belasten met; **~o** *m* opdracht; bestelling; boodschap; *por* **~o** in opdracht

encarnar *vt* belichamen, symboliseren

encarnizado,-a *adj* fel, heftig, verbitterd

encend/edor *m* aansteker; **~er** *vt* 1. aansteken; 2. *fig* doen ontbranden; (op)wekken; **~ido,-a** 1. *adj* gloeiend; vuur-; **2.** *m auto* ontsteking

encerr/ar *vt* op-, insluiten; bevatten; **~ona** *f* dwangpositie, valstrik

enchuf/ar *vt* 1. *tecn* in elkaar schuiven, verbinden; 2. *electr* inschakelen; **~e** *m electr* stopcontact *het*; *fig* kruiwagen

encías *fpl* tandvlees *het*

enciclopedia *f* encyclopedie

encierro *m* opsluiting, bezetting

encima **1.** *adv* bovenop; daarop, erop; bovendien; *por* **~** (*fig*) oppervlakkig; **2.** *prep*: **~ de** op, boven (op); over

encina *f* 1. steeneik; 2. eikehout *het*

encinta (**estar**) zwanger (zijn)

enclenque *adj m/f* ziekelijk, zwak

encog/er **1.** *vt* intrekken, ophalen; doen krimpen; **2.** *vi* (*stof*) krimpen; **~erse** in elkaar krimpen; **~erse de hombros** zijn schouders ophalen; **~ido,-a** *adj* verlegen, bedeesd

enco/lar *vt* (vast)lijmen/plakken; **~lerizar** *vt/i* woedend maken/worden; **~mendar** *vt* opdragen; belasten met; toevertrouwen

encontra/do,-a *adj* tegengesteld; tegenstrijdig; **~r** *vt* vinden, aantreffen; ondervinden; **~rse** z. bevinden; z. voelen; elkaar tegenkomen

encornar met de horens verwonden; **~ a alg** *fig* iem. de hoorntjes opzetten

encuaderna/ción *f* (het) boekbinden; boekbinderij; **~r** *vt* (in)binden (*v. boek*)

encuadrar *vt* inlijsten; indelen (**en** bij)

encu/bierto,-a *adj* bedekt, verborgen; heimelijk; **~bridor,-a** **1.** *adj* verbergend; **2.** *m* iem. die iets verzwijgt; **~brimiento** *m* (het) verbergen; heling; **~brir** *vt* bedekken; verbergen; maskeren; helen

encuentro *m* ontmoeting; *pol* bijeenkomst

encuesta *f* enquête, (opinie)onderzoek *het*; **~do,-a** *m/f* ondervraagde; **~dor,-a** *m/f* enquêteur,-trice; **~r** *vt* ondervragen

encumbra/do,-a *adj* hoogstaand; hooggeplaatst; **~miento** *m* verheffing; **~r** *vt* verheffen

ende: por ~ *lit* derhalve, bijgevolg

endeble *adj m/f* zwak, krachteloos, fragiel

endemoniado,-a *adj* duivels, bezeten, furieus

endereza/do,-a *adj* geschikt; **~r** *vt* recht maken; rechtop zetten; **~rse** z. oprichten

endeuda/do,-a *adj* in de schulden; **~miento** *m* schuld(enlast); **~rse** z. in de schulden steken

endiablado,-a *adj* bezeten; duivels; furieus

endibia, endivia *f bot, gastr* witlof

endosar *vt* 1. endosseren; 2. opzadelen (**con** met)

endulzar *vt* 1. zoeten; 2. verzachten, verlichten

endurec/er *vt/i* (ver)harden; hard/onge-voelig maken/worden *o. fig*; **~imiento** *m* verharding, versteviging

enebro *m bot* jeneverbes(struik)

eneldo *m bot, gastr* dille

enem/igo,-a 1. *adj* vijandig; 2. *m* vijand(in); **~istad** *f* vijandschap *het*; **~istar** *vt* tot vijand maken; **~istarse** vijanden worden

energía *f* energie, kracht; vitaliteit

enérgico,-a *adj* energiek; vitaal; doortastend

energúmeno *m* bezetene, dolleman

enero *m* januari

enfad/adizo,-a *adj* lichtgeraakt; prikkelbaar; **~ado,-a** *adj* boos (**con** op); **~ar** *vt* boos maken; **~rse** boos worden (**con** op); **~o** *m* boosheid; wrevel; **~oso,-a** *adj* vervelend, lastig

énfasis *m* nadruk, klem; emfase

enfatizar *vt* beklemtonen, benadrukken

enferm/ar 1. *vt* ziek maken; 2. *vi* ziek worden; **~edad** *f* ziekte, kwaal; **~*edad contagiosa*** besmettelijke ziekte; **~era** *f* verpleegster; **~ería** *f* ziekenafdeling; **~ero** *m* verpleger; **~izo,-a** *adj* ziekelijk; **~o,-a** 1. *adj* ziek; **~o de** lijden aan; -patiënt; 2. *m/f* zieke, patiënt(e)

enflaquec/er 1. *vt* doen verslappen; 2. *vi* vermageren; *fig* verslappen; **~imiento** *m* vermagering; verslapping

enfo/car *vt* 1. *foto* instellen, scherpstellen; 2. belichten, dieper ingaan op; **~que** *m foto* instelling; *fig* benadering, aanpak

enfrent/ar *vt* het hoofd bieden, confronte-ren; **~arse** geconfronteerd worden (**con** met); **~e** *adv* tegenover; **~*e de*** *prep* tegenover

enfria/miento *m* (af)koeling; **~r** *vt/i* (laten) afkoelen; koelen; **~rse** 1. bekoelen; *fig* 1. afkoelen; 2. *med* verkouden worden

enfurecer *vt* woedend maken; **~se** woedend worden

engancha/do,-a *adj drog* verslaafd; **~r** *vt* (vast)haken/ koppelen; (*paard*) inspannen; **~arse** blijven haken; *drog* verslaafd raken

engañ/ar vt bedriegen; misleiden; **~arse** zichzelf iets wijsmaken; **~o** m bedrog het; misleiding; **~oso,-a** adj bedrieglijk

engatusar vt inpalmen, om de tuin leiden

engendr/ar vt verwekken; veroorzaken; **~o** m misbaksel het; monstruositeit, knoeiwerk het

englobar vt omvatten; onderbrengen (**en** in)

engord/ar 1. vt (vet)mesten; 2. vi dik worden; **~e** m (het) mesten; mest-

engorro m gezeur het, hinder; **~so,-a** adj lastig, vervelend

engrana/je m tandwerk het, raderwerk het; **~r** vi in elkaar grijpen (o. fig)

engrandec/er vt vergroten; uitbreiden; prijzen; **~imiento** m vergroting; verheerlijking

engras/ado m (het) smeren; **~ar** vt smeren, invetten; **~e** vt 1. smering, 2. smeermiddel het

engre/ído,-a adj verwaand, ijdel; **~imiento** m verwaandheid; **~irse** verwaand worden

engrosar 1. vt doen toenemen; dik(ker) maken; 2. vi (aan)zwellen, toenemen

enhorabuena f felicitaties; ¡**~**! gefeliciteerd!; **dar la ~** gelukwensen (**por** met)

enigm/a m raadsel het; **~ático,-a** adj raadselachtig

enjabonar vt 1. inzepen; 2. strooplikken

enjambre m bijenvolk het; zwerm (o. fig)

enjaular vt kooien; in een kooi zetten

enju/agar vt (uit)spoelen; **~agarse** zijn mond spoelen; **~ague** m spoelen; geknoei het

enjuiciar vt 1. berechten; 2. oordelen over

enlace m 1. aansluiting, (ver)binding; 2. verbintenis, huwelijk het

enlatar vt inblikken

enlazar 1. vt aan elkaar verbinden; vaststrikken; 2. vi 1. verband houden; 2. ferroc aansluiten (**con** op)

enloquec/edor,-a adj gek/dol makend; **~er** 1. vt gek maken; 2. vi gek worden

enmarañar vt in de war maken, compliceren

enmascara/do,-a m/f gemaskerde; **~r** vt vermommen; maskeren, verhullen

enm/endar vt 1. (ver)beteren; 2. schadeloos stellen; 3. jur amenderen; **~ienda** f 1. verbetering; 2. compensatie; 3. amendement het

enmoquetar vt van vloerbedekking voorzien

enmudecer vt 1. doen zwijgen; 2. vi verstommen

ennegrecer vt zwart maken; **~se** zwart worden

enoj/ado,-a *adj* boos; **~ar** *vt* boos maken, ergeren; **~arse** boos worden (**con** op)(**de** over); **~o** *m* boosheid, woede

enología *f* wijnkunde

enólogo,-a *m/f* wijnkenner, wijndeskundige

enorgullecer *vt* trots maken; **~se** 1. trots worden; 2. z. beroemen (**de** op)

enorm/e *adj m/f* enorm, reusachtig; **~idad** *f* enorme afmetingen; iets absurds

enred/adera *f* klimplant; slingerplant; **~ar 1.** *vt* in de war brengen; stoken; **2.** *vi* stoken; prutsen; **~o** *m* warboel; gekonkel *het*; **~oso,-a** *adj* ingewikkeld, lastig

enreja/do *m* traliewerk; rooster *het*; **~r** *vt* van een hek voorzien

enriquec/er *vt* verrijken; rijk maken; **~erse** z. verrijken, rijk worden; **~imiento** *m* verrijking

enrojecer *vi* rood worden, blozen

enrolla/do,-a *adj* 1. opgerold; *fig* druk; geëngageerd; **~r** *vt* (op)rollen, spoelen; **~rse** 1. eindeloos ouwehoeren; 2. snel vrienden maken

ensaimada *f* soort koffiebroodje *het*

ensalad/a *f* salade; **~era** *f* slakom, slabak

ensalza/miento *m* verheerlijking; **~r** *vt* verheerlijken, roemen

ensanch/ar *vt* verruimen; verwijden, verbreden, uitbreiden; **~arse** z. uitbreiden; **~e** *m* (stads)uitbreiding

ensangrentado,-a *adj* met bloed *het* bevlekt

ensaña/miento *m* verbetenheid; woede

~r *vt* woedend maken; **~rse** zijn woede koelen (**en** op)

ensay/ar *vt* 1. beproeven; proberen (**a** om); *mús, teat* 2. repeteren; 3. *tecn* testen; **~o** *m* proef; **~o general** generale repetitie

enseguida direct (daarna), even later

ensenada *f* baai, inham

enseña *f* vaandel *het*; **~nza** *f* onderwijs *het*, lering; **~r** *vt* onderwijzen; doceren; tonen

enseres *mpl* inboedel; gerei *het*

ensimismado,-a *adj* in gepeins verzonken

ensombrecer *vt* een schaduw werpen op

ensordece/dor,-a *adj* (lawaai) oorverdovend; **~r 1.** *vt* doof maken; **2.** *vi* doof worden

ensuciar *vt* smerig maken; bezoedelen

ensueño *m* droombeeld; illusie; **de ~** droom-

entablar *vt* 1. beginnen, starten; aanknopen; 2. *jur* een proces aandoen

entalla/do,-a *adj* getailleerd; **~r** *vt* inkepingen maken in; tailleren

ente 492

ente *m* wezen *het*; instelling, organisatie

entender *vt* begrijpen, verstaan; verstand *het* hebben (**de** van); *a mi* ~ mijns inziens; **~rse** het goed kunnen vinden (**con** met)

entendi/do,-a 1. *adj* begrepen, deskundig; **2.** *m/f* deskundige; **~miento** *m* verstand *het*; begrip *het*; verstandhouding

entera/do,-a *adj* op de hoogte; geïnformeerd; **~mente** volledig; **~r** *vt* op de hoogte stellen; **~rse** vernemen; erachter komen; snappen

enter/eza *f* integriteit; kracht; **~izo,-a** *adj* uit één stuk

entero,-a 1. *adj* geheel, helemaal; **2.** *m* geheel getal *het*; heel lot *het*; (*beurs*) punt *het*

enterrador *m* doodgraver; **~miento** *m* begravenis; **~r** *vt* begraven

entidad *f* instelling, orgaan *het*; entiteit

entierro *m* begravenis, teraardebestelling

entona/ción *f* intonatie; *mús* inzet; **~r** *vt* inzetten, aanheffen; (*kleuren*) combineren; **~rse** opkikkeren; bijkomen

entonces toen, destijds; toenmalig; *desde* ~ sindsdien; *en/por aquel* ~ toendertijd

entorn/ar *vt* (*deur*) op een kier zetten; (*ogen*) half sluiten; **~o** omgeving, milieu *het*

entorpec/er *vt* stijf maken; belemmeren; ophouden; **~imiento** *m* belemmering

entrada *f* 1. ingang; 2. binnenkomst; 3. input; *tecn* toevoer; 4. begin *het*; *tecn* toevoer; opening; 5. toegangsbewijs *het*; 6. vestibule; 7. *gastr* voorgerecht; 8. *com* aanbetaling; boeking; 9. *mús* inzet; 10. (*sport*) tackle; **~s** *fpl* ontvangsten

entramado *m* latwerk *het*; *fig* netwerk *het*

entraña/ble *adj m/f* innig, dierbaar; **~s** *fpl* ingewanden

entrar 1. *vi* 1. binnenkomen/-rijden/-vallen; naar binnen gaan; binnendringen (**en, a** in); 2. toetreden tot; opgenomen worden in; 3. passen in; **2.** *vt* binnenbrengen

entre tussen; ~ *semana* door de week; **~abierto,-a** *adj* half open; **~acto** *m* korte pauze; **~cortado,-a** *adj* haperend; **~dicho** *m* twijfel

entrega *f* 1. levering; overhandiging; 2. toewijding; ~ *a domicilio* wordt thuis bezorgd; **~r** *vt* leveren; overhandigen; overgeven (**a** aan); uitleveren; **~rse** 1. z. overgeven; 2. z. volledig wijden (**a** aan); 3. (*politie*) z. aangeven

entre/lazar *vt* vervlechten; **~medias** tussendoor; **~meses** *mpl* hors d'oeuvres *pl*

entrena/dor *m* trainer, coach;

envolver

~miento *m* training; opleiding, **~r** *vt/i* trainen

entre/sijos *mpl* verborgen aspecten; **~suelo** *m* tussenverdieping; **~tanto** ondertussen;

entrete/ner *vt* onderhouden, amuseren; bezighouden, afleiden; ophouden; **~nerse** z. vermaken (**con** met); dralen, treuzelen; **~nido,-a** *adj* amusant; tijdrovend **~nimiento** *m* vermaak *het*; amusement *het*; *tecn* onderhoud *het*

entretiempo *m* voor- en naseizoen *het*, rust

entrever *vt* 1. vaag zien; 2. voorzien;

entrevista *f* onderhoud *het*, interview *het*; **~r** *vt* interviewen; **~rse** een bespreking hebben (**con** met)

entristecer *vt* treurig maken, bedroeven

entrometido,-a *adj* bemoeiziek, indiscreet

entuerto *m* onrecht *het*, belediging

entumec/erse stijf/stram worden; verstijven; **~imiento** *m* verstijving

entusi/asmar *vt* enthousiast maken; **~asmarse** enthousiast worden; **~asmo** *m* enthousiasme *het*; **~asta** 1. *adj m/f* enthousiast; 2. *m/f* enthousiast(e), fan; **~ástico,-a** *adj* enthousiast

enumera/ción *f* opsomming; **~r** *vt* opsommen, tellen

enuncia/do probleemstelling; **~r** *vt* uiten

envas/ado,-a 1. *adj* verpakt; 2. *m* het verpakken, in potten/blikken doen; **~ar** *vt* verpakken; in potten/blikken/dozen doen; **~e** *m* verpakking, pot, blik *het*, doos, zak, pak *het*; **~e desechable** wegwerpverpakking

envejecer 1. *vt* oud maken; 2. *vi* oud worden, verouderen

envenena/miento *m* vergiftiging; **~r** *vt* vergiftigen

envergadura *f*; omvang, belang *het*; reikwijdte

envia/do,-a *m/f* gezant; verslaggever,-geefster; **~r** *vt* sturen, zenden (**a** naar); meegeven (**por** aan)

enviciar *vt* verslaafd maken; **~se** verslaafd raken

envidi/a *f* jaloezie, afgunst; **tener ~** benijden (**por** om); **~able** *adj m/f* benijdenswaardig; **~ar** *vt*: benijden, jaloers zijn op; **~oso, -a** *adj* jaloers

envío *m* 1. (ver)zending; 2. *banc* overmaking

enviudar *vi* weduwnaar/weduwe worden

envol/torio *m* verpakking; bundel; **~tura** *f* omhulsel; **~ver** *vt* 1. inpakken, verpakken; 2. betrekken (**en** in)

enyesa/do *m* 1. *arq* bepleistering; 2. *med* gipsverband *het*; **~r** *vt* in het gips doen

épic/a *f* epiek; **~o,-a** *adj* episch; gigantisch

epid/emia *f* epidemie; **~émico, -a** *adj* epidemisch; **~ermis** *f* opperhuid

epígrafe *m* opschrift *het*, titel; motto *het*

epil/epsia *f* epilepsie; **~éptico,-a** *adj* epileptisch

epílogo *m* epiloog, naschrift *het*

episcopa/do *m* episcopaat *het*; de bisschoppen *pl*; **~l** *adj m/f* bisschoppelijk

episodio *m* episode

época *f* tijdperk *het*; tijd; *de ~* antiek

equidad *f* billijkheid, rechtvaardigheid

equidistante *adj m/f* op gelijke afstand

equilibr/ado,-a 1. *adj* evenwichtig; sluitend; **~ar** *vt* 1. in evenwicht brengen; 2. (*begroting*) sluitend maken; **~io** *m* evenwicht *het*; evenwichtigheid; **~ista** *m* koorddanser

equinoccio *m* dag-en-nachtevening

equipa/je *m* bagage; **~je de mano** handbagage; **~miento** *m* uitrusting; **~r** *vt* outilleren (**con** met), voorzien van; **~rable** *adj m/f* vergelijkbaar; **~rar** *vt* gelijkstellen, gelijktrekken (**con** met)

equipo *m* 1. uitrusting; 2. ploeg, team *het*; 3. *tecn, electr* installatie, apparatuur

equita/ción *f* (het) paardrijden; paardrijkunst; **~tivo,-a** *adj jur* billijk, redelijk

equivale/ncia *f* gelijkwaardigheid; **~nte 1.** *adj m/f* gelijkwaardig; **2.** *m* equivalent; **~r** *vi* gelijk staan (**a** met), neerkomen op

equivoca/ción *f* vergissing, misverstand *het*; **~do,-a** *adj* verkeerd; *estar ~do* het mis hebben; **~r** *vt* verwisselen, verwarren; **~rse** z. vergissen; het mis hebben

equívoco,-a 1. *adj* dubbelzinnig, onduidelijk; **2.** *m* dubbelzinnigheid, misverstand *het*

era *f* hoofdtijdperk *het*, era; jaartelling

erec/ción *f* 1. oprichting, vestiging; 2. erectie; **~to,-a** *adj* stijf, recht overeind

erguir *vt* oprichten; **~se** z. oprichten

erigir *vt* oprichten, bouwen; verheffen (**en** tot)

eriza/do,-a *adj* 1. stekelig; 2. rechtopstaand; 3. bezaaid (**de** met); **~r** *vt* overeind zetten; compliceren; **~rse** 1. (*haar*) overeind gaan staan; 2. *fig* zijn stekels opzetten

erizo *m* 1. *zool* egel; 2. *fig* schuw,

onhandelbaar persoon; **~ de mar, ~ marino** zeeëgel

ermita *f* 1. afgelegen kapel; 2. kluize-naarswoning; **~ño** *m* kluizenaar, heremiet

erosión *f geol* erosie

erótico,-a *adj* erotisch

erotismo *m* erotiek

erradicar *vt* uitbannen, uitroeien

erra/do,-a *adj* verkeerd; **~nte** *m/f* zwervend; **~r** *vi* zwerven; z. vergissen; **~ta** *f* drukfout

err/óneo,-a *adj* onjuist, verkeerd; **~or** *m* vergissing, fout, **por ~or** per ongeluk

eruct/ar *vi* oprispen, boeren; **~o** *m* oprisping, boer

erudi/ción *f* eruditie; **~to,-a 1.** *adj* erudiet; **2.** *m/f* erudiet, geleerde, expert

erup/ción *f* 1. *geol* uitbarsting; 2. *med* huiduitslag

esbelt/ez *f* slankheid; **~o,-a** *adj* slank, gracieus

esboz/ar *vt* schetsen; **~o** *m* schets, ontwerp *het*

escabech/ar *vt* inleggen, marineren; **~e** *m gastr* inlegazijn; **en ~** ingelegd

escabroso,-a *adj* 1. oneffen, ruig; 2. *fig (mop)* scabreus, schuin; 3. hachelijk, moeilijk

escabullirse wegglippen; er tussenuit knijpen

escafandr/a *f* duikerpak *het*

escala *f* 1. schaal; scala; **a ~** op schaal; 2. *mús* toonladder; 3. ranglijst; **hacer ~** een tussenlanding maken, *nav* aandoen; **~da** *f* 1. beklimming; 2. escalatie; **~dor,-a** *m/f* bergbeklimmer, ster; **~fón** *m* ranglijst; salarisschaal; **~r** *vt* klimmen; *fig* opklimmen; escaleren

escaldar *vt* blancheren, met kokend water overgieten

escalera *f* trap; ladder; **~ automática** roltrap; **~ de incendios** brandtrap

escalfar *vt* pocheren

escalo/friante *adj m/f* huiveringwekkend; **~frío** *m* rilling; huivering; angst

escalón *m* trede, sport; *fig* opstapje *het*; **~ lateral** *(op verkeersbord)* steile berm

escalona/miento *m* spreiding; **~r** *vt* indelen; faseren; spreiden

escalope,-a *m/f gastr* schnitzel

escama *f* schub, vlok; **~do,-a** *adj* achterdochtig; **~r** *vt* 1. van schubben ontdoen; 2. verdacht voorkomen; **~rse** argwaan koesteren

escamotear *vt* wegmoffelen; verdoezelen

escampar *vt* opklaren, niet meer regenen

escandalizar *vt* schokken; choqueren; **~se** z. ergeren, aanstoot nemen (**de** aan)

escándalo *m* 1. schandaal; 2. kabaal

escandaloso,-a *adj* 1. schandalig; 2. luidruchtig

Escandinav/ia f Scandinavië;
~*o,-a 1. adj scandinavisch;
2. m/f Scandinaviër, vische
escanear vt inform scannen
escáner m inform scanner
escaño m bank; pol zetel
escapa/da f 1. ontsnapping; vluchtpoging; 2. uitstapje het; 3. slippertje het; **~r** vi; ontsnappen, wegkomen; **~rse** ontsnappen; ontkomen, ontvluchten (**de** aan); ontgaan
escapa/rate m etalage; **~ratista** m/f etaleur,-leuse; **~toria** f 1. uitweg; 2. voorwendsel; 3. snoepreisje
escape m 1. lek het, lekkage, ontsnapping; 2. uitweg; 3. auto uitlaat
escara/bajo m kever; **~muza** f schermutseling
escarbar vt wroeten in; fig snuffelen in
escarcha f rijp, ijzel; **~do,-a** adj 1. berijpt; 2. geglaceerd; **~r** 1. vi rijp vormen; ijzelen; 2. vt gastr glaceren, konfijten
escarlatina f med roodvonk
escar/mentar 1. vt (streng) straffen; **2.** vi leergeld betalen; **~miento** m lesje; straf
escarn/ecer vt beschimpen; **~io** m hoon **escarola** f gastr andijvie
escarpa f steile helling; **~do,-a** adj steil
esca/samente nauwelijks; **~sear** vi schaars zijn; **~sez** f schaarste, armoede; **~so,-a** adj schaars, gering; weinig; **~timar** vt beknibbelen op, sparen
escayol/a f gips het, pleister; **~ar** vt in het gips doen; **~ista** m stukadoor
escena f scène, tafereel het; toneel het, podium het; **~rio** m toneel het, podium het; omgeving, decor het
escénico,-a adj v/h toneel
escenografía f scenografie, decorontwerp het
escepticismo m scepsis
escéptico,-a 1. adj sceptisch; **2.** m/f scepticus,-ca
esclarec/er 1. vt verduidelijken, ophelderen; **2.** vi dagen; **~ido, -a** adj voornaam; **~imiento** m opheldering, verduidelijking
esclav/itud f slavernij; **~o,-a** m/f slaaf, slavin
esclusa f sluis
escob/a f bezem, veger; **~illa** f stoffer, borstel
escocer vi schrijnen, branden; prikken
escocés,-cesa 1. adj Schots; **2.** m/f Schot(se)
escog/er vt kiezen; uitkiezen; **~ido,-a** adj uitgelezen, select
escola/r 1. adj m/f school-; **2.** m/f leerling(e); **~rizar** vt naar school laten gaan/sturen
escollo m klip; hindernis, struikelblok het

escolta 1. *m* escorte, lijfwacht; **2.** *m* escorte, geleide; **~r** *vt* escorteren; (gewapend) begeleiden

escombros *mpl* puin *het*, puinhoop

escond/er *vt* 1. verstoppen; verbergen; 2. verzwijgen; **~idas**: *a ~idas* in het geheim; **~ite** *m* verstopplaats; **~rijo** *m* schuilplaats

escopeta *f* jachtgeweer *het*; **~ *de aire comprimido*** windbuks; **~zo** *m* geweerschot *het*

escoplo *m* beitel

escoria *f* 1. sintel, slak; 2. *fig* uitschot, tuig

Escorpi/o *m astr* Schorpioen; **~ón** *m zool* schorpioen

escot/ado,-a *adj* uitgesneden; **~ar** *vt* uitsnijden, decolleteren; **~e** *m* 1. decolleté; 2. door ieder te betalen deel

escotilla *f nav* luik *het*

escozor *m* branderig gevoel *het*; wrok

escri/bir *vt/i* schrijven; **~ *a máquina*** typen; **~to,-a 1.** *adj* geschreven; schriftelijk; **2.** *m* 1. geschrift; 2. (*gerechtelijk*) stuk; *por ~to* schriftelijk; **~tor,-a** *m/f* schrijver, schrijfster; **~torio** *m* (schrijf)bureau *het*; **~tura** *f* 1. (het) schrijven; 2. geschrift *het*; 3. *jur* (notariële) akte

escrúpulo(s) *m(pl)* scrupule, bedenking; grote nauwgezetheid

escrupul/osidad *f* nauwgezetheid; **~oso,-a** *adj* consciëntieus, nauwgezet; scrupuleus

escrut/ar *vt* 1. onderzoeken; 2. *pol* (*stemmen*) tellen; **~inio** *m* stemming; telling v. stemmen

escuadr/a *f* 1. *tecn* winkelhaak; 2. tekendriehoek; 3. *mil* eskader *het*; **~illa** *f* 1. formatie; 2. *aero* escadrille; **~ón** *m* eskadron *het*

escuchar *vt/i* luisteren; luisteren naar

escudo *m* schild *het*, wapenschild *het*, bescherming

escudriñar *vt* (grondig) onderzoeken

escuela *f* school; **~ *primaria*** basisschool

escueto,-a *adj* sober, zonder opsmuk, kaal

escul/pir *vt/i* beeldhouwen; **~tor,-a** *m/f* beeldhouw(st)er; **~tura** *f* 1. beeldhouwkunst; 2. sculptuur; **~tural** *adj m/f* v/d beeldhouwkunst; goedgevormd

escupir 1. *vi* spuwen; **2.** *vt* uitspugen

escurri/dizo,-a *adj* glad, glibberig; **~dor** *m* vergiet *het*, lekbakje *het*; afdruiprek *het*; **~r** *vt* 1. laten uitlekken; 2. (*was*) uitwringen; **~rse** 1. uitlekken; 2. uitglijden; 3. wegglippen; 4. z. vergissen

ese, esa (*pl* **esos, esas**) *pron dem* 1. (*vóór subst*) die, dat; 2. (*zon-*

ese   498

der subst) **ése, ésa, éso** (*pl* **ésos, ésas**) die, dat
esencia *f* 1. kern, wezen *het*; 2. essence; **~l** wezenlijk, essentieel, fundamenteel
esfera *f* 1. bol; sfeer, kring; 2. wijzerplaat
esférico,-a *adj* bolvormig; **forma ~a** bolvorm
esfinge *f* 1. sfinx; 2. soort nachtvlinder
esforza/do,-a *adj* sterk; gehard; dapper; **~r** *vt* forceren; **~rse** zijn best doen, z. inspannen (**para/por** om)
esfuerzo *m* (krachts)inspanning; kracht; *hacer un ~* zijn best doen, doorbijten
esfumarse verdwijnen; *fig coloq* met de noorderzon vertrekken
esgrim/a *f* schermsport; **~ir** 1. *vt* 1. zwaaien met; 2. *fig* schermen met; 2. *vi* schermen
esguince *m* 1. ontwijkende beweging; 2. *med* verstuiking
esla/bón *m* schakel; **~bonar** *vt* aaneenschakelen, verbinden
eslavo,-a 1. *adj* Slavisch; 2. *m/f* Slaviër,-vische
eslip *m text* slip
eslogan *m* slogan, leus
eslov/aco,-a 1. *adj* Slowaaks; 2. *m/f* Slowaak(se); **~eno** 1. *adj* Sloveens; 2. *m/f* Sloveen(se)
esmalt/ar *vt* emailleren; lakken; **~e** *m* (tand)glazuur *het*; nagellak; email *het*; lak

esmerado,-a *adj* verzord, keurig; zorgvuldig
esmeralda *f* smaragd
esmerarse zijn uiterste best doen (**en** bij)
esmero *m* zorgvuldigheid; **con ~** zorgvuldig
esnob 1. *adj inv* snobistisch; 2. *m/f* snob
eso *pron dem* (*subst*) dat; *¡~ es!* juist!; *por ~* daarom
ESO *Esp* **Enseñanza Secundaria Obligatoria** eerste fase van middelbare school
esófago *m med* slokdarm
esotérico,-a *adj* esoterisch, voor ingewijden
espabila/do,-a *adj* 1. klaarwakker; 2. *fig* bijdehand, snugger; **~r** 1. *vt* 1. wakker maken; 2. *coloq* jatten; 2. *vi* opschieten; **~rse** 1. klaar wakker worden; 2. opschieten
espaci/al *adj m/f* ruimtelijk; ruimte-; **~ar** *vt* 1. spreiden; 2. spatiëren; **~arse** verder uit elkaar gaan liggen/staan; **~o** *m* 1. ruimte; plaats; tussenruimte; 2. spatie; 3. *TV* programma; **~oso,-a** *adj* ruim, wijd; traag
espada *f* degen; zwaard *het*; **~s** *fpl* schoppen
espalda *f* rug; achterkant/-pand; *a mis ~s* achter mijn rug; *por la ~* van achteren
espant/apájaros *m* vogelverschrikker; **~ar** *vt* 1. verschrik-

ken; 2. wegjagen; 3. met afschuw vervullen; **~arse** schrikken; vluchten; **~o** *m* doodsschrik, afgrijzen *het*; **~oso,-a** *adj* verschrikkelijk; vervaarlijk

España *f* Spanje

español,-a 1. *adj* Spaans; **2.** *m/f* Spanjaard, Spaanse; **3.** *m ling* Spaans *het*

esparadrapo *m* hechtpleister, leukoplast

esparc/imiento *m* verspreiding; **~ir** *vt* uitstrooien; verspreiden; **~irse 1.** z. verspreiden; **2.** z. vermaken

espárrago *m* asperge

espasmo *m* kramp

espátula *f* spatel; plamuurmes *het*

especia *f* kruid *het*; specerij

especial *m/f* speciaal, bijzonder; eigenaardig; **en ~** in het bijzonder; **~idad** *f* specialiteit; bijzonderheid, specialisme; **~ista** *m/f* specialist(e), deskundige; **~izarse** z. specialiseren (**en** in)

especie *f* soort; **en ~** in natura

espec/ificar *vt* specificeren; nauwkeurig omschrijven; **~ífico,-a 1.** *adj* specifiek; **2.** *m med* specifiek geneesmiddel *het*

espect/acular *adj m/f* opzienbarend; opzichtig; **~áculo** *m* 1. voorstelling; 2. schouwspel *het*; opzienbarend; opzichtig; **~ador,-a** *m/f* toeschouw(st)er

espectro *m* spectrum *het*; geestverschijning

especula/ción *f* speculatie; hypothese; **~dor,-a** *m/f* speculant(e); **~r** *vt/i* speculeren (**sobre** over), (**en** in)

espe/jismo *m* fata morgana; **~jo** *m* spiegel *m*; **~luznante** *adj m/f* huiveringwekkend

espera *f* (het wachten); wachttijd; **en ~ de** in afwachting van; **~nza** *f* hoop; verwachting; **~nzado,-a** *adj* vol hoop; **~nzador,-a** *adj* hoopgevend; **~r** *vt/i* hopen; (ver-/af-)wachten

esperma *m* sperma; **~tozoide** *m* zaadcel

espes/ar *vt* dikker maken, binden; **~o,-a** *adj* dik; dicht; massief; gebonden; **~or** *m* dikte

espía *m/f* spion(ne)

espiar *vt/i* (be)spioneren; bespieden

espiga *f* 1. (koren)aar; 2. *tecn* pen, stift

espina *f* 1. doorn; splinter; 2. visgraat; **~ dorsal** ruggegraat, wervelkolom; **~ca(s)** *fpl* spinazie; **~l** *adj m/f* v/d ruggegraat

espin/illa *f* 1. scheen(been); 2. *med* meeëter; **~oso,-a** *adj* 1. stekelig; 2. *fig* lastig, netelig

espionaje *m* spionage

espira/l 1. *adj m/f* spiraalvormig; **2.** *f* spiraal(tje *het*) **~r 1.** *vt* uitademen; **2.** *vi* (uit)ademen

espíritu *m* 1. geest, ziel; 2. spiritus

espiritual geestelijk, spiritueel

espléndido,-a *adj* schitterend; magnifiek
esplendor *m* pracht, luister; glans; **~oso,-a** *adj* stralend, schitterend, prachtig
espliego *m bot* lavendel
espolvorear *vt* bestrooien, verstuiven
esponj/a *f* spons; **~oso,-a** *adj* sponzig, luchtig
espon/sor *m* sponsor; **~taneidad** *f* spontaniteit; **~táneo,-a** *adj* spontaan, ongevraagd
esporádic/amente sporadisch; **~o** sporadisch
espos/a *f* echtgenote; **~ar** *vt* handboeien omdoen; **~as** *fpl* handboeien *pl*; **~o** *m* echtgenoot
espum/a *f* schuim; **~adera** *f* schuimspaan; **~oso,-a** *adj* schuimend; (*wijn*) mousserend
esque/la *f* overlijdensbericht *het*; rouwbrief; **~lético,-a** *adj* broodmager; **~leto** *m* skelet *het*
esque/ma *m* schema *het*; **~mático,-a** *adj* schematisch; **~matizar** *vt* schematiseren
esquí *m* 1. ski; 2. skisport; **~ acuático** waterski; **~ de fondo/nórdico** langlaufen
esquia/dor,-a *m/f* skiër, skiester; **~r** *vi* skiën
esquimal 1. *adj m/f* eskimo-; 2. *m/f* eskimo
esquina *f* (buitenzijde van) hoek
esquiv/ar *vt* ontwijken; schuwen; **~o** schuw; stug; ontwijkend

estab/ilidad *f* 1. stabiliteit; stevigheid; 2. *auto* wegligging,; **~ilizar** *vt* stabiliseren; **~le** *adj m/f* 1. stabiel; standvastig; duurzaam; 2. (*werk*) vast; **~lecer** *vt* 1. vestigen; 2. bepalen; instellen; **~lecerse** z. vestigen; **~lecimiento** *m* 1. oprichting; instelling; 2. vestiging; zaak; **~lo** *m* stal
estaca *f* 1. paal; 2. (tent)haring; 3. knuppel; 4. loot
estación *f* 1. seizoen *het*; jaargetijde *het*; 2. station *het*; **~balnearia** badplaats; **~ de autobuses** busstation *het*; **~ de esquí** wintersportplaats; **~ de servicio** benzinestation
estaciona/l *adj m/f* seizoens-; **~miento** *m* parkeerplaats; **~rio,-a** *adj* stationair; **~rse** parkeren; in dezelfde toestand voortduren
estadio *m* 1. stadion *het*; 2. stadium *het*
estadístic/a *f* statistiek; **~o,-a** *adj* statistisch
estado *m* 1. staat; (toe)stand; overzicht *het*; **~ civil** burgerlijke staat; **~ de sitio** staat van beleg; **2. ~*** Staat, overheid; **~* Mayor** *mil* generale staf **~*s Unidos** *mpl* Verenigde Staten
estadounidense *adj m/f* Amerikaans, v/d VS
estafa *f* afzetterij; *jur* zwendel, fraude; **~dor,-a** *m/f* afzet(s)ter,

zwendelaar(ster); **~r** *vt* 1. afzetten, oplichten; 2. (*geld*) verduisteren

estafeta *f* hulppostkantoor

estall/ar *vi* knallen; barsten; uitbreken; **~ido** *m* knal; (het) uitbarsten; ontploffing

estamp/a *f* prent; uiterlijk *het*; stempel; **~ado,-a** **1.** *adj* bedrukt; **2.** *m* af-/opdruk; **~ar** *vt* (be-/af-) drukken; bestempelen; **~ida** *f* wilde vlucht; **~ido** *m* knal; **~illa** *f* stempel

estan/camiento *m* stagnatie; stilstand; **~car** *vt* doen stagneren; **~carse** blijven stilstaan; **~cia** *f* 1. verblijf *het*; 2. vertrek *het*; **~co** *m* winkel voor tabak en postzegels;

estand *m* stand

estándar **1.** *adj* standaard-; **2.** *m* standaard

estandarte *m* vaandel, banier

estanque *m* vijver

estante *m* rek *het*, schap *het*; (boeken)plank; **~ría** *f* boekenkast; rek *het*

estaño *m* tin

estar 1. zijn; z. bevinden; liggen; staan; 2. (*kleding*) zitten, staan, passen; **~ bien (mal)** (niet) goed in orde zijn; *¿cómo está Vd?* hoe gaat het met u?; *está mejor* het gaat beter met hem; *¡está bien!* okay, in orde; **~ de pie** staan

estatal *adj m/f* v/d staat; staat-, rijks-

estátic/a *f* statica; **~o,-a** *adj* statisch

estatu/a *f* (stand)beeld *het*; **~ ecuestre** ruiterstandbeeld *het*; **~ra** *f* gestalte, lengte, postuur *het*; **~s** *m* status; **~to** *m* statuut *het*

este *m* oosten *het*

este, esta (*pl* **estos, estas**) *adj dem* (*adj*) deze (hier), dit (hier)

éste, ésta (*pl* **éstos, éstas**) *pron dem* (*subst*) deze, dit

estela *f* 1. *nav* kielzog; 2. *fig* spoor

estepa *f* steppe

estera *f* mat (van riet of kokos)

estéreo stereo

estéril *adj m/f* 1. onvruchtbaar; 2. *med* steriel

esterili/dad *f* onvruchtbaarheid; **~zación** *f* sterilisatie; **~zar** *vt* steriliseren

esterilla *f* matje *het*, vloermatje *het*

est/ética *f* esthetica; **~eticista** *m/f* schoonheidsspecialist(e); **~ético,-a** *adj* esthetisch

estiércol *m* (stal)mest; gier

estigma *m* 1. stigma; 2. *med, bot* stigma, stempel

estilarse in de mode zijn, gebruikelijk zijn

estilo *m* stijl; (zwem)slag; soort; *algo por el* **~** iets dergelijks, zoiets

estilográfica *f* vulpen

estima *f* aanzien *het*, waardering, **~ción** *f* aanzien; schatting,

estimado

raming; **~do,-a** *adj* geacht; geschat; **~r** *vt* 1. waarderen; achten; schatten; ramen (**en op**); 2. menen, van oordeel zijn

estimula/nte *m* stimulans; stimulerend middel **~r** *vt* stimuleren; opwekken

estímulo *m* stimulans, prikkel, aansporing

estío *m lit* zomer

estipula/ción *f* bepaling, clausule; **~r** *vt* bepalen, stipuleren, vaststellen

estirar *vt* spannen, rekken; **~ las piernas** zijn benen strekken; **~se** *z.* uitrekken

estir/ón *m* ruk, groeistoot; **~pe** *f* (familie)stam; familietak; afkomst

estival *adj m/f* zomerachtig, zomers, zomer-

esto *pron dem (subst)* dit

estofa/do,-a **1.** *adj* gestoofd; **2.** *m* stoofschotel; **~r** *vt* stoven, smoren

estómago *m* maag; buik

estorb/ar *vt* bemoeilijken; hinderen; **2.** *vi* storen, in de weg lopen; **~o** *m* last; blok aan het been; belemmering

estornud/ar *vi* niezen; **~o** *m* het niezen

estra/do *m* podium *het*; **~s** *mpl* rechtzalen *pl*; **~falario,-a** *adj* bizar, excentriek

estra/go(s) *m(pl)* (grote) schade, verwoesting; **~gón** *m bot* dragon

estrambótico,-a *adj* extravagant, bizar

estrangula/ción *f* wurging; *tecn* vernauwing; **~miento** *m econ* bottleneck; **~r** *vt* wurgen; *tecn* smoren; *med* afbinden

estrat/agema *f* (krijgs)list; **~egia** *f* strategie; **~égico,-a** *adj* strategisch, tactisch

estre/char *vt* vernauwen; innemen; versterken; (hand) drukken; **~chez** *f* krapte; bekrompenheid; armoede; **~cho,-a** *adj* nauw; smal, armoedig; hecht; **~*cho,-a de miras*** bekrompen; **el ~*cho*** de straat van Gibraltar

estregar *vt* wrijven, schuren

estrella *f* 1. ster; 2. filmster; **~ de mar** *zool* zeester; **~ fugaz** vallende ster; **~do,-a** *adj* met sterren bezaaid; **~r** *vt* stuk smijten, gooien; **~rse** (hard) 1. botsen; 2. *fig* stuklopen

estremec/edor,-a *adj* huiveringwekkend; **~er** *vt* doen schudden; doen huiveren; **~erse** wankelen; huiveren; griezelen; **~imiento** *m* huivering, schok

estren/ar *vt* 1. voor het eerst gebruiken; 2. *teat* voor het eerst opvoeren; **~arse** in première gaan; debuteren; **~o** *m* 1. eerste gebruik *het*; 2. *teat* première; 3. debuut *het*

estreñi/do,-a *adj* lijdend aan verstopping; **~miento** *m med* verstopping *f*; **~r** *vt med* verstoppen

estr/épito *m* geraas *het*, lawaai *het*; **~epitoso,-a** *adj* luidruchtig, rumoerig; enorm, geweldig

estrés *m* stress

estr/ía *f* 1. striem, groef; 2. *med* striae

estrib/ar *vi* steunen, berusten (**en** op); **~illo** *m* refrein *het*; **~o** *m* 1. stijgbeugel; 2. treeplank, opstapje *het*; **~or** *m* stuurboord *het*

estricto,-a *adj* 1. streng; strikt; 2. rigoureus

estridente *adj m/f (geluid)* 1. schril, schel; 2. *(kleur)* fel; 3. *fig* heftig; ongerijmd

estrofa *f* strofe, couplet *het*

estropajo *m* schuurspons, pannenspons

estropea/do,-a *adj* kapot; stuk; **~r** *vt* bederven; verknoeien; stuk maken; **~rse** stuk gaan

estropicio *m* rommel; drukte; vernieling

estructura *f* structuur; geraamte *het*, frame *het*; **~l** structureel; **~r** *vt* structureren; opbouwen

estruendo *m* geraas *het*, kabaal *het*; drukte; **~so,-a** *adj* rumoerig; luidruchtig

estrujar *vt* verfrommelen; uitpersen; uitwringen; **~se el cerebro** zijn hersens afpijnigen

estuche *m* foedraal *het*, etui *het*; -koker

estudia/nte *m/f* student(e); cursist(e); **~ntil** *adj m/f* v/d studenten; **~r** *vt/i* studeren; bestuderen

estudio *m* 1. studie; 2. bestudering; 3. studeerkamer; 4. atelier *het*; 5. *radio, TV* studio; **~s** *mpl* studie, opleiding; **~so,-a** **1.** *adj* leergierig; **2.** *m/f* wetenschapper,-ster; geleerde

estufa *f* kachel; broeikas

estupe/facción *f* verbijstering; ontsteltenis; **~faciente** *m drog* verdovend middel *het*; **~facto, -a** *adj* stomverbaasd, verbijsterd; **~ndo,-a** *adj* geweldig, schitterend

estupidez *f* domheid; stommiteit

estúpido,-a *adj* dom, stom, stompzinnig

estupor *m* verbijstering, ontsteltenis

etapa *f* etappe *f*; *por* **~s** in etappes

éter *m* ether

etern/idad *f* eeuwigheid; **~izar** *vt* eindeloos rekken; vereeuwigen; **~o,-a** *adj* eeuwig

étic/a *f* ethiek; **~o,-a** *adj* ethisch

etiqueta *f* 1. etiquette; 2. etiket *het*; label *het*; **~do** *m* etikettering; **~r** *vt* etiketteren

étnico,-a *adj* etnisch

eucalipto *m bot* eucaliptus(boom)

euro *m* euro

Europa

Europa *f* Europa
europeo,-a **1.** *adj* Europees; **2.** *m/f* Europeaan(se)
euskera **1.** *adj m/f* Baskisch; **2.** *m* Baskisch *het*
eutanasia *f* euthanasie
evacua/ción *f* 1. afvoer; lozing; evacutie; **~r** *vt* ontruimen, evacueren, afvoeren
evadir *vt* ontwijken; (ver)mijden; **~se** ontsnappen; z. onttrekken (**de** aan)
evalua/ción *f* beoordeling, schatting; toets; **~r** *vt* beoordelen; schatten; toetsen
evan/gélico,-a *adj* evangelisch; **~gelio** *m* evangelie *het*; **~gelizar** *vt* evangeliseren
evapora/ción *f* verdamping; **~r** *vt* doen verdampen; **~rse** verdampen, vervliegen; *coloq* verdwijnen
evasi/ón *f* ontsnapping; ontwijking; **~ fiscal** belastingontduiking; **~va** *f* ontwijkend antwoord; **~vo,-a** *adj* ontwijkend
evento *m* gebeurtenis; *a todo* **~** hoe dan ook
eventual *adj m/f* eventueel; (*baan*) tijdelijk; **~idad** *f* eventualiteit; tijdelijk karakter *het*
eviden/cia *f* duidelijkheid; zekerheid; **~ciar** *vt* laten blijken, aantonen, **~te** *adj m/f* (over)duidelijk; vanzelfsprekend
evita/ble *adj m/f* te vermijden; **~r** *vt* vermijden; (*iem*) mijden, ontwijken
evocar *vt* 1. oproepen; doen denken aan; wakker roepen; 2. terugdenken aan
evolu/ción *f* evolutie; **~cionar** *vi* z. geleidelijk ontwikkelen; manoeuvreren
exacerbar *vt* verhevigen; hevig irriteren; **~se** verergeren; tot het uiterste geprikkeld raken
¡exac/tamente! precies!, **~titud** *f* nauwkeurigheid; juistheid; **~to,-a** *adj* nauwkeurig, exact; juist; **¡~!** precies
exagera/ción *f* overdrijving; **~r** *vt* overdrijven
exalta/ción *f* verheerlijking; opwinding; dweperij; **~do,-a** *adj* geëxalteerd; fanatiek; **~r** *vt* verheerlijken; opwinden; **~rse** in vervoering raken; opgewonden, verhit raken
exam/en *m* examen *het*; toets; onderzoek *het*; **~inador,-a** *m/f* examinator,-trice; **~inar** *vt* examineren; onderzoeken; nakijken
exaspera/ción *f* geprikkeldheid; **~r** *vt* (mateloos) ergeren; **~rse** z. doodergeren
excava/ción *f* af-, uitgraving; uitholling; graafwerk *het*; **~dora** *f* dragline, graafmachine; **~r** *vt* op-, uitgraven; uithollen
excede/ncia *f* (onbetaald) verlof *het*; **~nte** *adj m/f* **1.** *adj* 1. over-

tollig ; 2. *adm* op wachtgeld gesteld]; **2.** *s/m* overschot *het*, surplus *het*; **~r** *vt* 1. overtreffen; te buiten gaan; 2. over zijn (**de** van); **~rse** z. te buiten gaan; z. overtreffen

excelen/cia *f* voortreffelijkheid; **por ~** bij uitstek; **~te** *adj m/f* voortreffelijk; uitstekend

ex/celso,-a *adj* hoog(staand); **~centricidad** *f* excentriciteit; **~céntrico,-a** *adj* excentriek

excep/ción *f* uitzondering; **~cional** *adj m/f* uitzonderlijk; **~to, -a** *adj* uitgezonderd, behalve; **~tuar** *vt* uitzonderen, uitsluiten

exces/ivo,-a *adj* overmatig, overdadig; **~o** *m* teveel; surplus *het*, exces *het*; **~ de carga** *transp* overlading; **~ de peso** overgewicht *het*; **~ de velocidad** snelheidsoverschrijding

excita/ción *f* opwinding; agitatie; prikkel; **~nte 1.** *adj m/f* opwindend; **2.** *s/m* pepmiddel; **~r** *vt* opwekken, stimuleren; opwinden

exclama/ción *f* 1. uitroep; 2. *ling* uitroepteken *het*; **~r** *vt* uitroepen, schreeuwen

exclu/ido,-a *adj* exclusief; uitgesloten; **~ir** *vt* uitsluiten; weren (**de** van); **~sión** *f* uitsluiting; uitschakeling; **~siva** *f* 1. alleenrecht *het*; 2. primeur; **~sivamente** uitsluitend; **~ve** *adj m/f* exclusief; **~sivo,-a** *adj* uitsluitend; enkel

excrementos *mpl* uitwerpselen

excursi/ón *f* uitstapje *het*, excursie; dagtocht; **~onista** *m/f* deelne(e)m(st)er aan een excursie

excusa *f* excuus *het*; uitvlucht; **~do,-a 1.** *adj* onnodig; vrijgesteld (**de** van); **2** *m* wc; **~r** *vt* excuseren, verontschuldigen

exen/ción *f* vrijstelling (**de** van); **~ción fiscal** vrijstelling van belasting; **~tar** *vt* vrijstellen (**de** van); **~to,-a** *adj* vrij, zonder; **~to,-a de impuestos** onbelast, belastingvrij

exequias *fpl* uitvaart; begrafenis

exhaust/ivo,-a *adj* diepgaand, grondig; **~o** uitgeput, doodmoe, leeg

exhibi/ción *f* (het) vertonen; uitstalling; voorstelling; **~r** *vt* tentoonspreiden, uitstallen; vertonen; tentoonstellen

exhort/ación *f* aansporing; aanmaning; **~ar** *vt* aansporen, opwekken (**a** om)

exigen/cia *f* eis, vereiste *het*; **~te** *adj m/f* veeleisend; kritisch; kieskeurig

exigir *vt* (op)eisen; vereisen; vergen

exili/ado,-a *m/f* balling(e); **~ar** *vt* verbannen; **~arse** in ballingschap gaan; **~o** *m* verbanning; ballingschap

exist/encia *f* bestaan *het*; **~encias**

existencial

fpl com voorraad; **~encial** *adj m/f* existentieel; **~ente** *adj m/f* bestaand, aanwezig; **~ir** *vi* bestaan, leven *het*

éxito *m* succes *het*, welslagen *het*

exitoso,-a *adj* succesvol, voorspoedig

éxodo *m* exodus, uittocht

exonerar *vt* ontlasten, vrijpleiten (**de** van)

exorbitante *adj m/f* buitensporig, overdreven

ex/ótico,-a *adj* exotisch; uitheems; **~otismo** *m* exotisch karakter *het*

expan/dir *vt* uitbreiden, expanderen; **sión** *f* 1. uitzetting; 2. *econ* expansie; groei; **~sionar** *vt* uitbreiden; **~sivo,-a** *adj* expansief; openhartig

expatria/ción *f* verbanning; emigratie; **~rse** uitwijken; emigreren

expecta/ción *f* verwachting; opwinding; **~nte** *adj m/f* afwachtend, opgewonden; **~tiva** *f* verwachting; vooruitzicht; *a la ~tiva* in afwachtende houding

expedi/ción *f* 1. expeditie; reis; onderneming; 2. *com* verscheping; zending; afgifte

expediente *m* dossier *het*; *jur* onderzoek *het*

expedi/r *vt* 1. verzenden; afhandelen; 2. *jur* afgeven; **~tivo,-a** *adj* vlot, ongestoord

expensas *fpl* kosten; *a ~ de* ten koste van

experiencia *f* ervaring; belevenis; experiment *het*; **tener ~** ervaren zijn

experiment/ación *f* proefneming; empirische methode; **~ado,-a** *adj* ervaren, deskundig; **~al** *adj m/f* experimenteel; proef-;**~ar** 1. *vt* 1. uitproberen; 2. ondervinden; ervaren; **2.** *vi* experimenteren; **~o** *m* experiment *het*, proef, test

experto,-a 1. *adj* deskundig, bekwaam (**en** in); **2.** *m/f* expert, deskundige (**en** in)

expiar *vt* 1. boeten voor; 2. (*straf*) uitzitten

expira/ción *f* afloop; einde *het*; **~r** *vi* 1. overlijden, sterven; 2. (*termijn*) aflopen

expla/nada *m* vlak terrein *het*; **~yar** *vt* uitspreiden; **~yarse** z. uitstrekken; uitweiden

explica/ble *adj m/f* verklaarbaar; **~ción** *f* verklaring; **~r** *vt* uitleggen; verklaren; **~rse** z. (duidelijk) uitdrukken **~tivo,-a** *adj* verklarend

explícito,-a *adj* uitdrukkelijk; expliciet

explora/ción *f* verkenning, onderzoek *het*; **~dor,-a** *m/f* verkenner,-ster; ontdekkingsreizig(st)er; **~r** *vt* verkennen, onderzoeken

explosi/ón *f* explosie; ontploffing; *hacer ~ón* ontploffen; **~vo,-a**

1. *adj* explosief; spring-; **2.** *m* springstof; ontplofbare stof

explota/ción *f* exploitatie; uitbuiting; **~r 1.** *vt* exploiteren; uitbuiten; **2.** *vi* ontploffen

expone/nte *m/f* 1. exponent; 2. indien(st)er (*v.* verzoek); **~r** *vt* 1. uiteenzetten; 2. blootstellen (**a** aan); 3. *foto* belichten; **~rse** z. blootstellen (**a** aan); het risiko lopen (**a** om)

exporta/ción *f* export, uitvoer; **~dor,-a** *adj* exporterend; **2.** *m/f com* exporteur; **~r** *vt* exporteren, uitvoeren

exposi/ción *f* 1. tentoonstelling; 2. uiteenzetting, 3. *foto* belichting; **~tor,-a** *m/f* exposant(e)

exprés *m* 1. sneltrein; 2. (*koffie*) espresso

expres/ar *vt* uiten; uitdrukken, formuleren; **~ión** *f* uitdrukking; uiting; **~ivo,-a** *adj* expressief; **~o,-a 1.** *adj* uitdrukkelijk; **2.** *m* expressestuk *het*; **(tren) ~o** sneltrein

exprimi/dora *f* fruitpers; **~r** *vt* uitpersen; uitwringen

expropia/ción *f* onteigening; **~r** *vt* onteigenen

expuesto,-a *adj* 1. vermeld; 2. tentoon-, blootgesteld

expuls/ar *vt* 1. verdrijven; uitwijzen; 2. uitstoten; **~ión** *f* 1. uitzetting; uitwijzing; 2. uitstoting; 3. *med* uitscheiding

exquisit/ez *f* raffinement; uitmuntendheid; **~o,-a** *adj* voortreffelijk; kostelijk; geraffineerd

éxtasis *m* verrukking; extase

exten/der *vt* 1. (uit)strekken; uitsteken; uit-, verspreiden; 2. (*document*) op schrift stellen; 3. (*cheque*) uitschrijven; **~derse** z. 1. uitstrekken, 2. verspreiden; 3. uitweiden; **~sión** *f* 1. (ver)spreiding; 2. verlenging; 3. omvang; 4. toestel(nummer); **~sivo,-a** *adj* extensief; **~so,-a** *adj* uitgestrekt; omvangrijk

exterior 1. *adj m/f* 1. extern, 2. buiten-; 3. buitenlands-; **2.** *m* 1. buitenkant; 2. buitenland; **~es** *mpl* (*film*) buitenopnames *pl*; **~izar** *vt* laten merken, tonen, uiten

extermin/ar *vt* uitroeien, verdelgen; **~io** *m* uitroeiing, verdelging

externo,-a *adj* uitwendig; uiterlijk; extern

extin/ción *f* 1. (het) blussen, doven; 2. *biol* verdwijning; 3. *jur* verjaring; **~guir** *vt* blussen, doven; **~guirse** 1. doven; 2. uitsterven; 3. verjaren; **~tor** *m* blusapparaat *het*

extirpa/ción *f med* verwijdering; **~r** *vt* 1. uitroeien; 2. *med* verwijderen

extorsión *f* afpersing, chantage

extra 1. *adj m/f* extra; **2.** *m* toegift; 2. (*film*) figurant; 3. extraatje *het*

extrac/ción f 1. trekking; (kies) (het) trekken; 2. winning, (het) delven; **~to** m extract; uittreksel het; **~to de cuenta** rekeningafschrift het

extra/dición f jur uitlevering; **~ditar** vt uitleveren; **~er** vt 1. (uit-)trekken; 2. halen uit; winnen, delven; tappen; **~escolar** adj m/f buitenschools; **~limitarse** buiten zijn boekje gaan

extranjer/ía (**servicio de ~**) vreemdelingendienst; **~o,-a 1.** adj buitenlands, vreemd; **2.** m/f 1. buitenlander,-landse; 2. buitenland het

extrañ/ado,-a adj verbaasd; **~ar** vt verbazen; vreemd vinden; missen; **~arse** z. verwonderen (**de** over), opkijken van; **~eza** f bevreemding; **~o,-a 1.** adj vreemd, zonderling; **2.** m/f vreemdeling(e); vreemde

extra/oficial adj m/f officieus, informeel; **ordinario,-a** adj buitengewoon; speciaal; **~rradio** m buitenwijken pl; **~terrestre 1.** adj m/f buitenaards; **2.** s/m marsmannetje; **~viado,-a** adj zoekgeraakt; **~viar** vt zoekmaken, verliezen; fig achteroverdrukken; **~viarse** weg/zoek raken

extrem/adamente adv uiterst, uitermate; **~ado,-a** adj extreem, buitengewoon; **~ar** vt ten top voeren; overdrijven; **~idad** f uiteinde het; **~idades** fpl ledematen pl, handen en voeten pl; **~ista 1.** adj m/f pol extremistisch; **2.** m/f pol extremist(a); **~o,-a 1.** adj uiterst, extreem; ver; **2.** m uiteinde het; uiterste het; punt het; sport vleugelspeler; **en ~o** zeer (veel)

extrovertido,-a adj, extrovert

exuberan/cia f overdaad, weelde; uitbundigheid; **~te** adj m/f welig, weelderig; uitbundig

eyacula/ción f (zaad)lozing; **~r** vt/i ejaculeren, zaad lozen

F

fa m mús f, F

fabada f Asturische witte bonensoep met vlees, worst en spek

fábrica f fabriek

fabrica/ción f vervaardiging; fabricatie; **~nte** m/f 1. ma(a)k(st)er; 2. com fabrikant(e); **~r** vt fabriceren; vervaardigen

fábula f fabel; fabeltje het

fabul/ista m/f fabeldichter(es); **~oso,-a** adj fabelachtig; fantastisch

fac/ciones fpl gelaatstrekken pl; **~eta** f facet het; aspect het, kant

facha 1. f coloq uiterlijk het, voorkomen het; **2.** m/f desp fascist(e); **~da** f fassade

facial *adj m/f* gezichts-, gelaats-
fácil *adj m/f* 1. gemakkelijk; 2. waarschijnlijk
facil/idad f 1. gemak *het*; 2. aanleg; **~idades** *fpl* faciliteiten *pl*; **~itar** *vt* vergemakkelijken; verschaffen; **~illo** fluitje van een cent
facineroso *m* misdadiger, delinquent
factible *adj m/f* haalbaar; uitvoerbaar
factor *m* factor; **~ía** *f* fabriek
factura *f* rekening, factuur; **~ción** *f* (het) inchecken; facturering; omzet; **~r** *vt* factureren; (*bagage*) inchecken
faculta/d *f* 1. vermogen *het*; 2. faculteit *f*; **~des** *fpl* vermogens *het*; **~r** *vt* machtigen (**para** om); **~tivo,-a** **1.** *adj* 1. facultatief; 2. hooggeschoold; **2.** *m/f* arts, dokter
faena *f* 1. karwei *het*; 2. optreden *het* van stierenvechter; 3. gemene streek; **~r** *vi* vissen
fagot(e) *m mús* fagot; **~ista** *m/f* fagottist(e)
faisán *m* fazant
faj/a *f* strook; sjerp; corset *het*; **~o** *m* bundel
fala/cia *f* bedrog *het*; **~ngista** *m/f hist* lid v/d Falange; **~z** bedrieglijk
falda *f* 1. rok; 2. glooiing (*v/e berg*)
falla *f* fout; **~r 1.** *vt* 1. missen;
2. *jur* een uitspraak doen; **2.** *vi* falen; missen; mislukken
Fallas *fpl* St. Jozef-feest in Valencia
falle/cer *vi* overlijden; **~cimiento** *m* (het) overlijden; dood; **~ro,-a** *adj* v/d Fallas
fall/ido,-a *adj* mislukt; **~o** *m* 1. *jur* uitspraak, vonnis; 2. mislukking; storing; **~o cardiaco** hartverlamming
falsario,-a *m/f* leugenaar(ster), bedrieger(ster)
false/ar *vt* vervalsen; verdraaien; **~dad** *f* valsheid, onwaarheid
falsi/ficación *f* vervalsing; **~ficador,-a** *m/f* vervals(t)er; **~ficar** *vt* vervalsen
falso,-a *adj* onjuist, onwaar; onecht, vals
falta *f* fout; verzuim; defect, gebrek (**de** aan); **a ~ de** bij gebrek aan; **hacer ~** nodig zijn/hebben; **~r 1.** *vi* kwijt zijn; ontbreken; niet nakomen; **2.** *vt* beledigen
falto,-a *adj* verstoken (**de** van); zonder
fama *f* roem, faam; reputatie
familia *f* gezin *het*, familie; **~r** **1.** *adj m/f* v/h gezin, v/d familie; vertrouwd; ; **2.** *m* familielid *het*; **~res** *mpl* familie; **~ridad** *f* vertrouwdheid; **~rizar** *vt* (doen) wennen (**con** aan); **~rizarse** vertrouwd raken (**con** met)
famoso,-a *adj* beroemd, befaamd

fanático

fanático,-a 1. adj fanatiek; **2.** m/f fanaticus
fanatismo m fanatisme het
fandango m bepaald Spaans lied en dans
fanfarr/ón,-ona m/f opschepper,-ster; **~onada** f opschepperij; **~onear** vi snoeven, bluffen
fang/al m modderpoel; **~o** m modder; **~oso,-a** adj modderig, modderachtig
fantas/ear vi fantaseren; **~ía** f fantasie; **~ma** m spook het; **~mal** adj m/f spookachtig
fan/tástico,-a adj fantastisch; **~toche 1.** m marionet; **2.** m/f 1. opschepper; 2. fig pias
faquir m fakir
farándula f komediantenbestaan het; artiestenwereldje het
fardo m pak het, bundel; baal
faring/e f keelholte; **~itis** f keelontsteking
farmac/éutico,-a 1. adj farmaceutisch; **2.** m/f apotheker(es); **~ia** f apotheek; **~cia de guardia** dienstdoende apotheek
fármaco m geneesmiddel het, medicament het
faro m vuurtoren; lichtbaken het; auto koplamp; **~ antiniebla** mistlamp; **~l** m 1. (straat)lantaarn; 2. bluf; **~la** f straatlantaarn; **~lillo** m lampion
farsa f 1. teat klucht, farce; 2. fig poppenkast; **~nte** m/f huichelaar(ster), zwendelaar(ster)

fascículo m deel het; aflevering (v. seriewerk)
fascina/ción f fascinatie; aantrekkingskracht; **~nte** adj m/f fascinerend; **~r** vt fascineren
fascis/mo m pol fascisme ; **~ta 1.** adj m/f fascistisch; **2.** m/a fascist(e)
fastidi/ar vt ergeren, dwarszitten; pesten; **~arse** 1. in de soep lopen; 2. pikken, dulden; **~o** m ergernis, gelazer het; **~oso,-a** adj lastig, vervelend
fast/o m praal, luister; **~uoso,-a** adj weelderig
fatal adj m/f fataal, noodlottig; belabberd; **~idad** f noodlot het; fataliteit; **~lista 1.** adj m/f fatalistisch; **2.** m fatalist(e)
fatídico,-a adj ongeluks-, funest
fatig/a f vermoeidheid, afmatting; **~ar** vt vermoeien; vervelen; **~arse** moe worden; **~oso,-a** adj moeizaam
fatu/idad f verwaandheid; **~o,-a** adj ijdel
fauna f fauna; fig irón (groep) mensen
fausto,-a adj gelukkig, gunstig
favor m gunst; **a/en ~ de** ten gunsten van; **por ~** alstublieft!; **~able** adj m/f gunstig; **~ecedor,-a** m/f begunstig(st)er; **~ecer** vt 1. begunstigen; bevoordelen; 2. (kleding) goed staan; **~itismo** m vriendjespolitiek; **~ito,-a 1.** adj

ferviente

favoriet, lievelings-; **2.** *m/f* favoriet

fax *m* fax; **~ear** *vt/i* faxen

faz *f* gelaat *het*; aanschijn

fe *f* geloof *het*; vertrouwen *het* (**en** in)

fealdad *f* lelijkheid

febrero *m* februari

febril *adj m/f o. fig* koortsig, koortsachtig

fecha *f* datum; **~ de caducidad** uiterste verkoopdatum; **~ de vencimiento** vervaldag; **~r** *vt* dateren

fécula *f* zetmeel *het*

fecund/ación *f* bevruchting; **~ar** *vt* bevruchten; **~idad** vruchtbaarheid; **~izar** *vt* vruchtbaar maken; **~o,-a** *adj* vruchtbaar

federa/ción *f* federatie; **~l** *adj m/f* federaal; **~tivo,-a** *adj* federatief

fehaciente *adj m/f* onbetwistbaar; *jur* rechtsgeldig

felici/dad *f* geluk(zaligheid) *het*; **¡~dades!** *fpl* gefeliciteerd!; **~tación** *f* gelukwens; **~tar** *vt* feliciteren, gelukwensen (**por** met)

feliz *adj m/f* gelukkig; geslaagd; **~mente** gelukkig, voorspoedig

felonía *f* verraad *het*; doortraptheid

felp/a *f* pluche; **~udo** *m* deurmat

femenino,-a 1. *adj* vrouwelijk, dames-; **2.** *m ling* femininum, vrouwelijk geslacht

femini/dad *f* vrouwelijkheid; **~smo** *m* feminisme *het*, vrouwenbeweging; **~sta 1.** *adj m/f* feministisch; **2.** *m/f* feminist(e)

fenómeno 1. *m* fenomeen *het*, verschijnsel *het*; **2.** *adj inv/adv* geweldig, fantastisch

feo,-a 1. *adj* lelijk; onbehoorlijk, gemeen; **2.** *m* belediging, gemene streek

féretro *m* doodkist

feria *f* jaarmarkt; kermis; *com* (vak)beurs; **~l** *adj m/f* v/d jaarbeurs; **~nte** *m/f* standhoud(st)er; kermisklant; **~r 1.** *vt* op de beurs/markt kopen; **2.** *vi* vrij(af) hebben

ferment/ación *f* gisting; **~ar** *vi* gisten; broeien; **~o** *m* giststof, ferment *het*, enzym *het*

fero/cidad *f* wildheid; gruwelijkheid; **~z** *adj m/f* hevig, wild; gruwelijk

férreo,-a *adj* 1. ijzeren o. *fig*; 2. hard

ferreter/ía *f* ijzerwinkel; **~o** *m* ijzerhandelaar

ferro/carril *m* spoorweg; **~viario,-a 1.** *adj* v/d spoorwegen; **2.** *m/f* spoorwegbeambte

ferry, ferry-boat *m* veer(dienst)

fértil *adj m/f* vruchtbaar

fertili/dad *f* vruchtbaarheid; **~zante** *m* (kunst)mest; **~zar** *vt* 1. vruchtbaar maken; 2. *agr* bemesten

ferv/iente *adj m/f* vurig, fervent;

~or *m* hitte; *fig* ijver, overgave; **~oroso,-a** *adj* vurig, gloedvol

festejar *vt* vieren; feestelijk onthalen

fest/ival *m* festival *het*; **~ival de cine** filmfestival; **~ividad** *f* feestelijkheid; **~ivo,-a** *adj* feest-

fétido,-a *adj* stinkend

fe/tal *adj m/f* v/d foetus; **~to** *m* foetus

fia/ble *adj m/f* betrouwbaar; **~dor,-a** *m/f* borg

fiambre *f* vleeswaren *pl*; **~ra** *f* lunchtrommel

fia/nza *f* borgsom, borgtocht *o. jur*; garantiebedrag *het*; **~r 1.** *vt* borg staan voor; **2.** *vi* vertrouwen *het* (**en** op); **ser de ~r** te vertrouwen zijn; **~rse** vertrouwen (**de** op); **~sco** *m* fiasco *het*, mislukking

fibr/a *f* 1. vezel; 2. *fig* pit; **~oso,-a** *adj* vezelig

ficción *f* fictie; verzinsel *het*

fich/a *f* 1. fiche, pion; 2. penning, munt; 3. (systeem)kaart; prikkaart; 4. *sport* contract *het* bij club; **~ar 1.** *vt*; in een kaartsysteem opnemen; registreren; in de gaten houden; klokken; (*speler*) aantrekken; **2.** *vi sport* gaan spelen voor; **~ero** *m* kaartsysteem *het*; *inform* file

ficticio,-a *adj* fictief, denkbeeldig

fidedigno,-a *adj* betrouwbaar, geloofwaardig

fidelidad *f* trouw; **alta ~** *f* electrón hi-fi

fideo *m* magere spriet; **~s** *mpl* vermicelli

fideuá *f gastr* soort paella (*op basis van deegwaren in plaats van rijst*))

fiebre *f* koorts; opwinding

fiel 1. *adj m/f* trouw; betrouwbaar; **2.** *m/f rel* gelovige; **~tro** *m* vilt *het*

fier/a *f* roofdier *het*; **~eza** *f* wildheid; wreedheid; **~o,-a** *adj* woest; wreed; wild

fiesta *f* feest; feestdag; *estar de* **~** blij/vrolijk zijn

figura *f* figuur *het*; gedaante; **~ción** *f* verbeelding; idee; **~do,-a** *adj* figuurlijk; overdrachtelijk; **~nte** *m/f* figurant(e); **~r 1.** *vt* veinzen; uitbeelden; **2.** *vi* z. bevinden; voorkomen (**en** op, in); fungeren; **~rse** z. voorstellen; **~tivo,-a** *adj* figuratief

fija/ción *f* 1. bevestiging; 2. (*v. ski*) binding; 3. fixatie; **~dor** *m* 1. haarversteviger; 2. vernis; fixeer(zout); **~r** *vt* 1. bevestigen; vastplakken; 2. bepalen; 3. *foto* fixeren; **~rse** 1. z. vestigen; 2. opletten; letten (**en** op) *¡~te!* stel je eens voor!

fij/eza *f* vastheid, stevigheid; **~o,-a** *adj* vast, zeker; *¡~!* (vast en) zeker!

fila *f* rij; **en ~ india** achter elkaar; **~s** *fpl* gelederen; achterban

filamento m dun draadje het; haartje het

filarmónica f filharmonisch orkest het

filatel/ia f filatelie; **~ista** m/f filatelist(e)

filete m gastr lapje (vlees) het; **~ de pescado** (vis)filet ; **~ de ternera** kalfsslapje het

filia/ción f 1. afstamming; 2. registratie; **~ política** politieke gezindheid; **~l 1.** adj m/f v/h kind het; **2.** com s/f filiaal het; bijkantoor

filibustero m zeerover, vrijbuiter

Filipin/as fpl de Filipijnen; **~*o,-a 1.** adj Filipijns; **2.** m Filipijns het; **3.** m/f Filipijn(se)

film(e) m film; **~ación** f ; **~ar** vt (ver)filmen

filo m snijkant, snede; **al ~** precies

filología f filologie, taalkunde; **~lógico,-a** adj filologisch

filólogo,-a m/f filoloog,-loge, taalkundige

filosof/ar vi filosoferen; **~ía** f filosofie

filósofo m filosoof

filtr/ación f filtratie; (het) doorsijpelen; **~ar** vt filtreren; **~rse** 1. (door)sijpelen; 2. (v. informatie) uitlekken; **~o** m filter het

fin m 1. einde het; slot het; 2. doel het; **~ de semana** weekend het; **por ~** (uit)eindelijk; **a ~ de** (+ inf) teneinde; **a ~es de** eind

final 1. adj laatste, slot-; **2.** m einde, slot, afloop; 2. **~ de línea/ del trayecto** eindpunt het; **3.** f sport finale; **~idad** f doel(einde) het; **~ista** m/f finalist(e); **~izar 1.** vt beëindigen, voltooien; afsluiten; **2.** vi eindigen, aflopen; **~mente** (uit)eindelijk

finan/ciación f financiering; **~ciar** vt financieren; **~ciero,-a 1.** adj financieel, geld-; **2.** m financier; **~zas** fpl financiën pl

finca f onroerend goed; boerderij

finés V. **finlandés**

fineza f 1. fijnheid; 2. fig attentie

fingi/do,-a adj gefingeerd; hypocriet; **~miento** m huichelarij; **~ir** vt fingeren; **~rse** z. voordoen als

finland/és,-esa 1. adj Fins; **2.** m ling Fins het; **3.** m/f Fin(se); **~*ia** f Finland

fin/o,-a adj fijn; dun; zeer beleefd; **~ura** f fijnheid; verfijndheid; welgemanierdheid

firma f 1. handtekening; ondertekening; 2. com firma; **~mento** m firmament het; **~nte** m/f ondertekenaar(ster); **~r** vt ondertekenen

firme 1. adj m/f 1. vast, stevig; standvastig; 2. vaststaand; 3. mil in de houding; **2.** m wegdek het; **~za** f stabiliteit; vastberadenheid

fiscal 1. adj m/f fiscaal; v/h openbaar ministerie; **2.** m jur openbare aanklager; **~ía** *f* openbaar ministerie *het*; belastingsinspectie; **~izar** *vt* inspecteren

fisco *m* fiscus, belastingdienst

fisg/ar *vt* snuffelen in; bespioneren; **~ón,-ona** *m/f* snuffelaar(ster); **~onear** *vt* bespioneren; nieuwsgierig rondsnuffelen

físic/a *f* natuurkunde; **~o,-a 1.** *adj* 1. natuurkundig; 2. fysiek, lichamelijk; **2.** *m/f* natuurkundige; **3.** *m* uiterlijk *het*

fisi/ología *f* fysiologie; **~ólogo,-a** *m/f* fysioloog,-loge; **~ón** *f* splijting; **~oterapia** *f* fysiotherapie

fis(i)onomía *f* gelaatsuitdrukking, uiterlijk *het*

fístula *f* 1. pijp, buis; 2. *med* fistel, pijpzweer

fisura *f* 1. scheur, spleet; 2. *fig* scheuring

flac(c)id/ez *f* slapheid; **~o,-a** *adj* slap, pafferig

flac/o,-a *adj* mager; **~ucho,-a** *adj* broodmager

flagrante *adj m/f* flagrant, overduidelijk

flamante *adj m/f* schitterend; gloednieuw

flamenco,-a 1. *adj* 1. Vlaams; 2. v/d flamenco; 3. stoer; **2.** *m/f* 1. Vlaming, Vlaamse; 2. flamenco (*Spaanse muziek- en dansstijl*); **3.** *m zool* flamingo

flan *m gastr* soort puddinkje *het*

flanco *m* flank, zijde, vleugel

Flandes Vlaanderen

flaque/ar *vi* verzwakken; **~za** *f* magerheid

flash *m foto* flits

flat/o *m* darmgas *het*; **~ulento, -a** *adj med* winderig

flaut/a *f* fluit; **~ista** *m/f* fluitist(e)

flecha *f* pijl; **~zo** *m* 1. pijlschot; 2. liefde op het eerste gezicht

fle/co *m* franje, rafel; **~món** *m* kaakgezwel *het*

flequillo *m* (*haar*) pony

fleta/mento *m* bevrachting; chartering; **~r** *vt* bevrachten; charteren

flexi/bilidad *f* buigzaamheid; flexibiliteit; **~ble** *adj m/f* flexibel; **~ón** *f* buiging

flirt *m* flirt; **~ear** *vt* flirten (**con** met)

floj/ear *vi* zwakker worden; verminderen; **~edad, ~era** *f* 1. slapheid; 2. *fig* luiheid; **~o,-a** *adj* 1. slap; zwak; 2. matig; 3. *tecn* los

flor *f* 1. bloem; bloesem; 2. *o. fig* bloei; 4. het beste; **~a** *f* flora; **~ación** *f* bloei(tijd); **~al** *adj m/f* bloem(en)-; **~ecer** *vi* 1. bloeien; 2. *fig* floreren; **~eciente** *adj m/f* 1. bloeiend; 2. *fig* welvarend; **~ero** *m* bloemenvaas

florete *m* floret

florist/a *m/f* bloemist(e); **~ería** *f* bloemenwinkel

flota *f* vloot; **~dor** *m tecn, nav* 1. vlotter; 2. dobber; 3. zwemvest *het*; **~nte** *adj m/f* drijvend; **~r** *vi* (boven)drijven; zweven

flote: *mantenerse a ~* **1.** blijven drijven; 2. *fig* het hoofd boven water houden

fluctua/ción *f* fluctuatie, schommeling; **~nte** *adj m/f* fluctuerend; **~r** *vi* schommelen

fluid/ez *f* 1. vloeibaarheid; 2. vlotheid; **~o,-a 1.** *adj* 1. vloeibaar; vloeiend; 2. vlot; **2.** *m* vloeistof

flu/ir *vi* vloeien, stromen; **~jo** *m* stroom, vloed

flúor *m* fluor

fluorescente *adj m/f* fluorescent

fluvial *adj m/f* v/d rivier, rivier-

fobia *f* fobie, afkeer, walging

foca *f* 1. zeehond; 2. *fig* (persoon) nijlpaard

foco *m* 1. middelpunt; 2. spot (licht); lamp; *~ infeccioso med* infectiehaard

fofo,-a *adj* slap; pafferig, dik

fog/ata *f* groot vuur *het*; kampvuur *het*; **~ón** *m* fornuis, kookkachel

folkl/ore *m* folklore; **~órico,-a** *adj* folkloristisch

folla/je *m* loof *het*, gebladerte *het*; **~r** *vt/i vulg* neuken, wippen

folle/tín *m* feuilleton *het*; **~to** *m* folder, brochure

follón *m coloq* gedoe *het*, geduvel *het*; heisa

foment/ar *vt* bevorderen; stimuleren; **~o** *m* bevordering, stimulering

fonda *f* pension *het*; (*op station*) restauratie

fondo *m* 1. bodem, 2. achterzijde; achtergrond; 3. diepte; 4. ondergrond; 5. kern; 6. *com* fonds; *a ~* grondig; *en el ~* in wezen; **~s** *mpl* geld; fondsen *pl*; *~s públicos* overheidsgelden *pl*

fontaner/ía *f* loodgieterswerk *het*; **~o** *m* loodgieter

footing *m* (het) joggen; *hacer ~* joggen

forastero,-a 1. *adj* van elders, van buiten; **2.** *m/f* vreemde, vreemdeling(e)

forceje/ar *vi* z. verweren; worstelen; **~o** *m* handgemeen *het*

fore/nse 1. *adj m/f jur* gerechtelijk; **2.** *m* lijkschouwer; **~stal** *adj m/f* v/h bos, bos-

forja *f* smederij; smeedwerk *het*; **~r** *vt* 1. *o. fig* smeden; 2. bedenken, beramen

forma *f* 1. vorm; 2. manier, wijze; *de ~ que* zodat; *estar en ~* in vorm zijn; *no hay ~ de* het lukt niet om; **~ción** *f* 1. vorming; 2. formatie; 3. opleiding, scholing; **~l** *adj m/f* 1. vormelijk; formeel; 2. fatsoenlijk; **~lidad** *f* 1. formaliteit; 2. fatsoen *het*; **~lizar** *vt* 1. regelen; 2. officieel maken; **~r** *vt* 1. vormen, zijn; 2. opleiden; 3. *mil* formeren; **~rse** z. vormen; z. ontwikkelen; **~tivo-a** *adj* vormend; **~to** *m* formaat

formidable *adj m/f* formidabel, geweldig

fórmula f formule

formular vt formuleren; opstellen ~**io** m formulier het

foro m forum het

forra/je m foerage, voer; ~**r** vt (kleding) voeren; overtrekken; kaften; bekleden (**con** met); ~**rse** coloq veel geld verdienen

forro m 1. voering; 2. kaft het, 3. bekleding

forta/chón,-ona grofgebouwd; ~**lecer** vt (ver)sterken, ~**leza** f 1. kracht; 2. mil fort, vesting

fortifica/ción f versterking; vestingwerk het; ~**r** vt versterken, fortificeren; fig sterken

fortu/ito,-a adj toevallig; onverwachts; ~**na** f lot het, noodlot het; geluk het; fortuin het; **por** ~**na** gelukkig

forza/do,-a adj gedwongen (**a** om); geforceerd; ~**r** vi dwingen; pressen; 1. overdrijven; 2. o. fig forceren, openbreken

forzoso,-a adj noodzakelijk; gedwongen

fos/a f groeve; graf het; ~**a común** massagraf het; ~**as nasales** neusholte; ~**fato** m fosfaat het

fósforo m 1. fosfor; 2. lucifer

fósil fossiel het

fos/ilizarse fossiliseren, verstarren; ~**o** m kuil, greppel, (slot)gracht

foto f foto; ~**copia** f fotokopie; ~**copiadora** f fotokopieerapparaat het; ~**copiar** vt fotokopiëren; ~**génico,-a** adj fotogeniek; ~**grafía** f fotografie; ~**grafiar** vt/i fotograferen

fotógrafo,-a m/f fotograaf,-grafe

fotosensible adj m/f lichtgevoelig

frac m rok(kostuum het), frak

fracas/ar vi mislukken, falen; ~**o** m mislukking, fiasco het; ~ **escolar** dropout(s)

fracci/ón f 1. (het) breken; 2. fractie, breuk; 3. splintergroep; ~**onar** vt versnipperen

fractura f breuk; breuklijn; **robo con** ~ inbraak; ~**r** vt (doen) breken; openbreken

fragancia f aangename reuk; aroma het

fraganti: en ~ op heterdaad

fragata f nav fregat het

frágil adj m/f breekbaar; teer; zwak

fragilidad f breekbaarheid; broosheid

fragment/ar vt (doen) verbrokkelen; verdelen; ~**ario,-a** adj gedeeltelijk; ~**arse** afbrokkelen ~**o** m fragment het, brok het, stuk het

fragua f smederij

fraile m monnik

frambues/a f bot framboos; ~**o** m frambozenstruik

francamente adv ronduit; waarlijk

franc/és,-esa 1. *adj* Frans; **2.** *m ling* Frans *het*; **3.** Fransman, Franse; **~*ia** *f* Frankrijk *het*

franco,-a 1. *adj* 1. openhartig, eerlijk; 2. (port)vrij, franco; **2.** 1. Frank; 2. *com* frank

franela *f* flanel

franja *f* band, rand, strook

franque/ar *vt o. correo* frankeren; vrijmaken, ontruimen; **~o** *m* (het) frankeren, port(o); **~za** *f* openhartigheid

franquicia *f com* 1. vrijstelling; 2. franchise

franquis/mo *m* Franco-regime; **~ta 1.** *adj m/f* v. Franco; **2.** *m/f* aanhang(st)er van Franco

frasco *m* flacon; stopfles; flesje *het*

frase *f* (vol)zin; uitdrukking

fratern/al *adj m/f* broederlijk; **~idad** *f* broederschap; **~izar** *vi* z.verbroederen; **~o,-a** *adj* broederlijk

fraud/e *m* bedrog *het*; **~ulento, -a** *adj* bedrieglijk

frecuen/cia *f* frequentie; **con ~cia** dikwijls; **~tar** *vt* frequenteren; **~te** *adj m/f* frequent

freg/adero *m* gootsteen; **~ado** *m* 1. afwas; 2. *coloq* vuil zaakje; **~ar** *vt* (af)schrobben; dweilen; afwassen; **~asuelos** *m* mop; mopper; **~ona** *f* stokdweil

frei/dora *f* friteuse; **~duría** *f gastr* frituurkraam

freír *vt* bakken, braden

fréjol *m gastr* boon

fren/ado *f* (het) remmen; **~ar** *vt/i* remmen; **~azo** *m* (het) plotseling remmen; remspoor *het*

frenético,-a *adj* uitzinnig; razend, dol, woedend

freno *m* 1. rem; 2. (*paard*) bit *het*; **~ de alarma** noodrem; **~ de mano** handrem

frente 1. *f* voorhoofd *het*; gelaat *het*; **2.** *m* 1. voorkant; voorgevel; 2. *mil* front; **de ~** rechtuit; **en ~** tegenover; **3.** *prep*: **~ a** tegenover

fresa *f* 1. *bot* aardbei; 2. *tecn* frees

fresco,-a 1. *adj* 1. fris; vers; brutaal; **2.** *m* 1. koelte; brutaal iemand; 2. *arte* fresco

fres/cor *m* koelte; **~cura** *f* 1. versheid; koelte; 2. brutaliteit

fresno *m bot* es

fresón *m* grote aardbei

frialdad *f o. fig* koelheid; kilte

fricci/ón *f* 1. wrijving, frictie; 2. *med* massage; **~onar** *vt* (in)wrijven; masseren

friegaplatos *m* bordenwasser

frigidez *f* frigiditeit, kou

frigorífico,-a 1. *adj* koelend; koel; **2.** *m* koelkast

frío,-a 1. *adj* koud; **2.** *m* kou; kilte; **coger ~** kou vatten; **tener ~** het koud hebben; **hace ~** het is koud

friolero kouwelijk; **ser muy ~** een koukleum zijn

frito,-a 1. *adj* gebakken; gefrituurd; **2.** *m* gefrituurd gerecht *het*

frivolidad *f* luchthartigheid; frivoliteit

frívolo,-a *adj* frivool; lichtzinnig

front/al *adj m/f* frontaal; **~era** *f* grens; **~erizo,-a** *adj* aangrenzend; v/d grens, grens-

frontispicio *m* 1. *arq* voorgevel; 2. titelblad *het*

frota/ción *f*; **~miento** *m* wrijving; **~r** *vt* wrijven; schuren; (*lucifers*) afstrijken; **~arse las manos** z. in de handen wrijven

fructífero,-a *adj* vruchtdragend; vruchtbaar

fructuoso,-a *adj* vruchtbaar; succesvol

frugal *adj m/f* sober, karig; **~idad** *f* soberheid

frunci/miento *m* (het) rimpelen; **~r** *vt* plooien, rimpelen; **~r las cejas** de wenkbrauwen fronsen

frustra/ción *f* 1. verijdeling; 2. frustratie; **~do,-a** *adj* 1. gefrustreerd; 2. mislukt; **~r** *vt* 1. frustreren; 2. verijdelen; **~rse** 1. mislukken; 2. gefrustreerd raken

frut/a *f* vrucht; fruit *het*; **~a del tiempo** seizoenfruit *het*; **~al** *m* vruchtboom; **~ería** *f* fruithandel; **~ero 1.** *m* fruitschaal; **2.** *m/f* fruithandelaar(ster); **~o** *m* vrucht; *o. fig*

fucsia *f* fuchsia

fuego *m* vuur *het*; brand; **~s artificiales** vuurwerk *het*

fuel *m* stookolie, huisbrandolie

fuelle *m* blaasbalg

fuente *f* 1. *o. fig* bron; 2. fontein; 3. *gastr* schotel, schaal

fuera 1. *adv* buiten; **¡~!** eruit!, weg!; **por** *~* van buiten; **2.** *prep* **~ de** buiten; behalve; **~ de eso** afgezien daarvan; **estar ~ de sí** buiten zichzelf zijn; **~ de servicio** buiten bedrijf; **~bordo** *m* buitenboordmotor

fuerte 1. *adj m/f* sterk; krachtig; hard; hevig; **2.** *adv* krachtig; luid, hard; **3.** *m* 1. sterke kant/zijde; 2. fort; vesting

fuerza *f* kracht; geweld *het*; dwang; **a la ~** noodgedwongen

fuga *f* 1. vlucht, ontsnapping; 2. lek(kage); **~cidad** *f* vluchtigheid; **~rse** ontsnappen, vluchten; **~z** *adj m/f* vluchtig, kortstondig

fugitivo,-a 1. *adj* vluchtig; **2.** *m/f* vluchteling(e)

fulan/a *f coloq* hoer, slet; **~o** *m* dinges; **~o de tal** mijnheer Dinges

fulgor *m* schittering; glans

fulmina/nte *adj m/f* knallend, donderend; acuut; vernietigend; **~r** *vt* 1. (*bliksem*) treffen, vernietigen

fuma/da *f* trek (*aan sigaret*);

~dor,-a *m/f* ro(o)k(st)er; **no ~dor** niet-roker-; **~r** *vt/i* (tabak) roken; **~rada** *f* rookwolk

fumiga/ción *f* zuivering (van ongedierte); **~r** *vt* bespuiten, zuiveren, ontsmetten

funámbulo,-a *m/f* koorddanser(es)

funci/ón *f* 1. functie; ambt *het*, 2. taak; 3. *teat* voorstelling; **~onal** *adj m/f* functioneel; **~onamiento** *m* (het) funcioneren; werking; werkwijze; **~onar** *vi* 1. functioneren, werken; 2. in bedrijf zijn; **~onario,-a** *m/f* ambtenaar,-nares

funda *f* 1. hoes, sloop *de/het*; overtrek; koker; 2. *med* (tand)kroon; **~ción** *f* 1. oprichting; 2. stichting; **~do,-a** *adj* gegrond; deugdelijk; **~dor,-a** *m/f* opricht(st)er, sticht(st)er, grondlegger,-ster; **~mental** *adj m/f* fundamenteel, grond-; **~mentalmente** vooral, met name; **~mentar** *vt* funderen, baseren (**en** op); **~mento** *m* fundering; basis; **~r** *vt* 1. oprichten; 2. baseren (**en** op)

fund/ición *f* (het) gieten; gieterij; **~ir 1.** *vt* smelten; gieten; **2. ~irse** 1. (samen)smelten; 2. (lamp) doorbranden

fúnebre *adj m/f* begravenis-; somber

funera/l *m* begrafenisplechtigheid; rouwdienst; **~ria** *f* begrafenisonderneming; **~rio** v/d begrafenis

fun/esto,-a *adj* noodlottig, rampzalig; **~gible** *adj m/f* verbruikbaar; voor éénmalig gebruik

funicular *m* kabelbaan

furcia *f coloq* slet, hoer

furg/ón *m* 1. *auto* bestelwagen; 2. *ferroc* goederenwagon; **~oneta** *f* bestelwagen

furi/a *f* hevige woede; razernij; **~bundo,-a** *adj* razend, heftig; **~oso,-a** *adj* woedend

furor *m* 1. razernij; 2. **hacer ~** furore maken

furtivo,-a 1. *adj* heimelijk, slinks; **2.** *m* (**cazador ~**) stroper

furúnculo *m* steenpuist

fuselaje *m* romp (v. vliegtuig)

fusible *m electr* stop, (smelt)zekering

fusil *m* geweer *het*; **~amiento** *m* (het) fusilleren; **~ar** *vt mil* fusilleren

fusión *f* smelting; (het) samengaan; fusie

fusionar *vt* samenvoegen; **~se** een fusie aangaan, fuseren

fútbol *m* voetbal *het*; **jugar al ~** voetballen

futbol/ín *m* tafelvoetbal(spel *het*); **~ista** *m/f* voetballer,-ster

fútbol-sala *m* zaalvoetbal *het*

fútil *adj m/f* onbenullig, onbeduidend

futilidad *f* onbenulligheid, futiliteit

futuro

futuro,-a 1. *adj* toekomstig, in spe; **2.** *m* 1. toekomst; 2. *ling* toekomende tijd; **~s** *mpl com* termijnhandel

G

gabardina *f* 1. regenjas; 2. (*stof*) gabardine
gabinete *m pol* kabinet *het*; kantoor *het*
gace/la *f zool* gazel(le); **~ta** *f* (gespecialiseerd) blad *het*, gazet
gach/as *fpl* pap; **a ~** op handen en voeten; **~o,-a** *adj* gebogen, hangend
gafas *fpl* bril; **~ de sol** zonnebril
gafe *m* ongeluksbrenger; spelbreker
gag *m* gag
gait/a *f* doedelzak; **~ero,-a** *m/f* doedelzakspe(e)l(st)er
gajes *mpl* salaris *het*; emulenten *pl*, extra's *pl*; **~ del oficio** *irón* risico's *pl* van het vak
gajo *m* partje *het* (*v. sinaasappel*); trosje *het*
gala *f* gala; galakostuum *het*; **de ~** in gala
gal/án *m* knap ogende man; **~án de noche** staande kapstok; **~ante** *adj m/f* galant; **~antería** *f* hoffelijkheid; compliment *het*
galápago *m zool* waterschildpad
galard/ón *m* beloning; (ere)prijs; **~onado,-a** *adj* bekroond; **~onar** *vt* belonen; een prijs toekennen
galaxia *f* melkweg
gale/ón *m* galjoen *het*; **~ra** *f* galei; huifkar
galería *f* galerij; gang; galerie; tribune
galés,-esa 1. *adj* uit/van Wales; **2.** *m* inwoner van Wales
galgo *m* hazewind, windhond
Galia *f* Gallië
gálibo *tecn* vorm; **luces de ~** contourverlichting
Galici/a *f* Galicië; **~smo** *m* gallicisme *het*
gallego,-a 1. *adj* Galicisch; **2.** *m/f* Galiciër, Galicische; **3.** *m ling* Galicisch *het*
galleta *f* koekje *het*, biscuitje *het*, oorvijg
gallin/a 1. *f* (leg)kip, hen; **~a ciega** (*spel*) blindemannetje *het*; **2.** *m fam* lafaard; **~ero** *m* kippenhok *het*; *teat* engelenbak
gallo *m* haan
galo,-a 1. *adj* Frans; Gallisch; **2.** *m/f* Fransman, Française
galop/ar *vi* galopperen; **~e** *m* galop
gama *f* 1. *mús* toonladder; 2. reeks, gamma
gamba *f gastr* grote garnaal
gamberr/ada *f* baldadigheid; **~ismo** *m* vandalisme *het*; **~o,-a** *m/f* vlegel; herrieschopper
gam/o *m zool* damhert *het*; **~uza**

gastado

f 1. *zool* gems; 2. zeem(leer); stofdoek

gana *f*, **~s** *fpl* zin, lust; verlangen; *de buena* **~** graag, met plezier; *de mala* **~** met tegenzin; *no me da la* **~** ik heb geen zin; *tener* **~s** zin hebben (**de** om)

ganad/ería *f* veeteelt; veefokkerij; **~ero,-a** *m/f* veehoud(st)er; **~o** *m* vee *het*; **~or,-a 1.** *adj* winnend; **2.** *m/f* winnaar, winnares

ganancia *f* winst, gewin *het*

ganar *vt/i* winnen; verdienen; **~se la vida** de kost verdienen

ganch/illo *m* haakwerk *het*; *hacer* **~illo** haken; **~o** *m* 1. haak; 2. *fig* aantrekkingskracht

gandul 1. *adj m/f* lui; **2.** *m/f* luilak; nietsnut; **~ear** *vi* lantefanteren; **~ería** *f* luiheid

gang/a *f* koopje *het*; buitenkansje *het*; luizenbaan; **~lio** *m* zenuwknoop; lymfklier

gán(g)ster *m* gangster

ganso *m* 1. *zool* gans; 2. *fig* domme gans; *hacer el* **~** gek doen, de pias uithangen

ganzúa 1. *f* loper, slothaak; **2.** *m/f* inbre(e)k(st)er

garaba/tear *vt/i* krabbelen; **~to** *m* krabbel

garaje *m* garage; **~ subterráneo** ondergrondse parkeergarage

garant/e *adj m/f* borg, garant; **~ía** *f* 1. garantie; 2. *banc* (waar)borg, borgsom; **~izar** *vt* garanderen; instaan voor

garb/anzo *m* kikkererwt; **~o** gratie, zwier; elegantie; **~oso,-a** *adj* zwierig; gracieus

garete: *irse al* **~** op drift raken, afdrijven

garfio *m* haak

garga/jear *vi* spuwen; **~jo** *m* speeksel; **~nta** *f* 1. keel(gat); 2. kloof, bergengte; **~ntilla** (korte) halsketting; kettinkje *het*

gárgaras: *hacer* **~** gorgelen

garra *f* klauw; **~fa** *f* karaf; **~fal** *adj m/f* enorm; **~pata** *f* *zool* teek; **~s** *fpl fig* greep; klauwen

garrote *m* knuppel, knots

garza *f* (purper)reiger

gas *m* gas; **~ butano** butagas; **~es de escape** *mpl* uitlaatgassen *pl*; **~ natural** aardgas

gasa *f* gaas *het*

gaseoducto *m* (aard)gasleiding; **~osa** *f* gazeuse; **~oso,-a** *adj* gasvormig, gashoudend

gasoil, gasóleo *m* dieselolie, stookolie

gasolina *f* benzine; **~ normal** normale benzine; **~ sin plomo** loodvrije benzine; **~ súper** super(benzine) *het*; *echar* **~** tanken

gasolinera *f* benzinestation, tankstation

gasta/do,-a *adj* 1. versleten; 2. *fig* uitgediend; **~r** *vt* 1. uitgeven, besteden (**en** aan);

gastar 2. verslijten, verbruiken; 3. (*maat*) hebben;~**r bromas** grappen maken; ~**se** (ver)slijten

gasto *m* 1. uitgave; 2. verbruik *het*; ~**s** *mpl* (on)kosten *pl*; ~**s de envío** verzendkosten *pl*; ~**s fijos** vaste lasten *pl*; ~**so,-a** *adj* verkwistend

gástrico,-a *adj* v/d maag; maag-

gastritis *f med* maagvliesontsteking; gastritis

gastr/oenteritis *f med* maagdarmontsteking, buikgriep; ~**onomía** *f* gastronomie; ~**onómico,-a** *adj* gastronomisch; ~**ónomo/a** *m/f* gastronoom, -ome, fijnproever,-proefster

gata *f* 1. poes; 2. *tecn* krik; ~**s: a ~s** op handen en voeten

gatear *vi* kruipen; klauteren

gatillo *m* (*geweer*) haan, trekker

gato *m* 1. kat; 2. auto krik

gavilán *m zool* sperwer

gaviota *f zool* meeuw

gay 1. *adj* homosexueel, homo-; 2. *m* homo, flikker

gazapo *m* verspreking; leugen

gazpacho *m* (= *koude Spaanse (tomaten)-soep van o.a. tomaten, paprika's uien, azijn en olie*)

gel *m* gel; ~ **de baño** badschuim *het*

gelatin/a *f* gelatine; aspic, gelei; ~**oso,-a** *adj* gelatineachtig, geleiachtig

gemelo,-a *m/f* tweelingbroer/zus; ~**s** *mpl* 1. tweeling; 2. (verre)kijker; 3. manchetknopen

Géminis *m astr* Tweelingen

gemir *vi* 1. kreunen; 2. (*v. dier*) janken; kermen

genciana *f bot* gentiaan

gendarme *m* (politie)agent; ~**ría** *f* politiebureau *het*

genera/ción *f* generatie; opwekking; ~**dor** *m tecn* generator

general 1. *adj m/f* algemeen; **en** ~/**por lo** ~ in het algemeen; doorgaans; 2. *m* generaal; ~**idad** *f* 1. algemeenheid; 2. regering v/h autonome Catalonië en Valencia; ~**izar** *vt* generaliseren; ~**mente** in het algemeen

generar *vt* voortbrengen, scheppen; (*stroom*) opwekken

genérico,-a *adj* algemeen, v/d soort

género *m* 1. soort *het*, slag; genre *het*; 2. *gram* geslacht; 3. *com* (koop)waar; 4. stof, weefsel

generos/idad *f* grootmoedigheid; vrijgevigheid; ~**o,-a** *adj* grootmoedig, gul, vrijgevig

gené/tica *f* genetica; ~**tico,-a** *adj* genetisch

genial *adj m/f* geniaal; fantastisch; ~**o** *m* 1. opvliegend karakter *het*; 2. genie *het*; 3. geest

genitales *mpl* genitaliën *pl*, geslachtsorganen *pl*

genitivo *m ling* genitief

genocidio *m* volkenmoord, genocide

genotipo *m* genotype *het*
gente *f* mensen *pl*, volk
gent/il *adj m/f* 1. elegant; mooi, 2. opmerkelijk; **~ileza** *f* elegantie; hoffelijkheid; **~ilicio,-a** *adj* geografische herkomst aanduidend; **~ío** *m* menigte; **~uza** *f* schorem *het*, uitschot *het*
genuino,-a *adj* echt, onvervalst
ge/ografía *f* aardrijkskunde; **~ográfico,-a** *adj* aardrijkskundig; **~ógrafo,-a** *m/f* aardrijkskundige; **~ología** *f* geologie; **~ólogo,-a** *m/f* geoloog,-loge; **~ometría** *f* geometrie, meetkunde
geranio *m bot* geranium
geren/cia *f* (bedrijfs)leiding; directie; **~te** *m/f* 1. bedrijfsleid(st)er; 2. directeur,-trice
geri/atría *f med* geriatrie; **~átrico,-a** 1. *adj* geriatrisch; **2.** *m* bejaardentehuis
germ/ánico,-a of **~ano,-a 1.** *adj* Germaans; Duits **2.** *m* Germaan(se)
germ/en *m* kiem; oorsprong *het*; **~inar** *vi* 1. (ont)kiemen, uitlopen; 2. *fig* ontstaan
gestación *f* 1. zwangerschap; draagtijd; 2. wording, ontstaan
gesticular *vi* gebaren maken; gesticuleren
gesti/ón *f* leiding, beleid *het*; afhandeling; stap; **hacer ~ones** formaliteiten afwikkelen; **~onar** *vt* behandelen, afhandelen

gesto *m* 1. geste, gebaar *het*; 2. grimas
gestor,-a *m/f* zaakwaarne(e)m(st)er; **~ía** *Esp* administratiekantoor; bemiddelingsbureau *het* (voor administratieve formaliteiten)
gigant/e 1. *adj m/f* reusachtig, enorm; **2.** *s/m* reus; **~esco,-a** *adj* reusachtig, enorm, gigantisch
gilipollas *m vulg* kluns; dwaas; klootzak
gimn/asia *f* gymnastiek, turnen; **~asio** *m* gymnastiekzaal
ginebra *f* jenever; gin; **~*** Genève
gine/cología *f* gynaecologie; **~cólogo,-a** *m/f* gynaecoloog,-loge; vrouwenarts
gira *f* 1. tour; 2. *mus, teat* tournee *het*; **~lda** *f* windwijzer; **~r 1.** *vi* 1. *o. fig* (rond)draaien; 2. afslaan (**a/hacia** naar); **2.** *vt* 1. ronddraaien; 2. *banc* gireren; **~sol** *m* zonnebloem; **~torio,-a** *adj* draaiend; draai-
giro *m* 1. draai, toer, zwaai; 2. zegswijze; 3. *banc* giro; **~ postal** postgiro
gitano,-a 1. *adj* v/d zigeuners; zigeuner-; **2.** *m/f* zigeuner(in)
glacia/l *adj m/f* ijskoud, ijzig; **~r** *m* gletsjer
gladiolo *m bot* gladiool
glándula *f* klier
glandular v/d klier, klier-

glaucoma

glaucoma *m med* groene staar, glaucoom
glicerina *f* glycerine
global *adj m/f* globaal, totaal, compleet; **~ización** *f* globalisering; **~izar** *vt* globaliseren
globo *m* 1. bol; globe; 2. (lucht)ballon; **~ del ojo** oogbol
glóbulo *m* bolletje *het*; *med* bloedlichaampje *het*
glori/a *f* roem; glorie; eer; **~eta** *f* rotonde, verkeersplein *het*; **~ficar** *vt* verheerlijken; roemen; **~oso,-a** *adj* roemrijk; gezegend
glosa *f text*, verklaring; aankening; **~r** *vt* becommentariëren; **~rio** *m* woordenlijst
glo/tón *m* smulpaap; **~onería** *f* vraatzucht
glu/cosa *f* glucose; druivensuiker; **~ten** *m* kleefstof, gluten
glúteo *v/d* bil; bil-
gnomo *m* gnoom, aard-, bergkabouter
gobelino *m* gobelin, wandtapijt *het*
goberna/ción *f* 1. regering; 2. bestuur; **~dor,-a** *m/f* 1. *Esp* gouverneur (± commissaris v/d koningin); 2. bestuurder **~r** *vt/i* regeren; heersen, besturen, leiden
gobierno *m* regering; bestuur *het*, bewind *het*
goce *m* genot *het*; (het) genieten
gol *m sport* goal; doelpunt *het*; **~eada** *f* doelpuntenregen; **~eador,-a** *m/f* doelpuntenma(a)k(st)er; **~ear** *vi* doelpunten maken; **~eta** *f nav* schoener
golf *m sport* golf; **~ista** *m/f* golfspe(e)l(st)er; **~o,-a** 1. *adj* lui; 2. *s/m geogr* golf, 3. *m/f coloq* smeerlap; luilak
golondrina *f* zwaluw
golosina *f* snoepje *het*; snoepgoed *het*; **~so,-a** 1. *adj* 1. snoeplustig; 2. gewild; **2.** *m/f* zoetekauw
golpe *m* 1. klap, slag, bons; 2. ingeving; idee *het*; 3. aanval, bui; **~ bajo** stoot onder de gordel; **~ de calor** zonnesteek; **~ de estado** staatsgreep; **de ~** plotseling; **~ar** *vt* slaan, kloppen, bonzen
goma *f* 1. gom *het*; 2. rubber; 3. elastiekje *het*
góndola *f nav* gondel
gonorrea *f med* druiper; gonorroe
gord/o,-a 1. *adj* dik; vet, grof; **2.** *m/f* dikkerd, dikzak; **3.** *m* hoofdprijs (v.loterij)
gorila *m* 1. *zool* gorilla; 2. lijfwacht
gorr/a *f* pet; **de ~** voor niets, zonder te betalen
gorrino *m* speenvarken; varken, o. *fig*
gorrión *m zool* mus
gorr/o *m* muts, kap; **~ón** *m coloq* klaploper; **~onear** *vi* klaplopen

gota f 1. druppel; 2. med jicht; ~ a ~ druppelsgewijze

gotear vi druppelen; druipen; lekken; **~ra** f 1. lekkage; 2. med ouderdomskwaal

gótico,-a 1. adj gotisch; 2. m gotiek

gozar vt/i genieten (**de** van); **~arse** genieten (**de** van); **~o** m genot het, weldaad; **~oso,-a** adj blij, verheugd, vrolijk

graba/ción f opname; **~do** m gravure, afbeelding; **~dora** f recorder; **~r** vt 1. graveren; 2. opnemen

gracia f 1. gunst; gratie, 2. charme; 3. genade, gratie; **~s** fpl dank; **¡~s!** bedankt!; **~s a** dankzij; **dar las ~s a alg** iem bedanken

gracioso,-a 1. adj 1. grappig, geestig; 2. gracieus, bekoorlijk; 2. m nar, grapjas

grad/a f 1. trede; 2. tribune; 3. eg; **~o** m 1. o. fig graad; 2. rang; klas, niveau; **~uable** adj m/f verstelbaar, regelbaar; **~uación** f 1. graduering, gehalte het; 2. mil rang; **~uado,-a 1.** adj met gradenverdeling; **2.** m/f afgestudeerde; **~ual** adj m/f geleidelijk; **~uar** vt 1. in graden verdelen; meten; 2. afstellen; 3. een graad verlenen; **~uarse** stud afstuderen

gráfico,-a 1. adj grafisch; **2.** m grafiek, curve

gragea f dragee, pil

gram/ática f grammatica; **~atical** adj m/f grammaticaal; **~o** m gram

gran V. grande

granada f 1. bot granaatappel; 2. mil granaat

grande 1. groot, 2. groots; geweldig; **~za** f 1. groot(s)heid; 2. Esp adellijke status

grandi/locuencia f (taal)grootspraak; **~locuente** adj m/f hoogdravend, grootsprakerig; **~oso,-a** adj groots, grandioos

grandullón,-ona 1. adj lang; **2.** m lange slungel

granel: a ~ los (zonder verpakking)

granero m graanschuur; graanpakhuis het

granito m 1. graniet het; 2. korreltje het; 3. puistje het

graniz/ada f meteo hagelbui; **~ado: ~ado de limón** m gastr drank (citroensap) met gemalen ijs; **~o** m hagel

granj/a f boerderij; hoeve; **~ero, -a** m/f boer(in)

grano m 1. (graan)korrel; 2. graan, koren; 3. med puistje; 4. fig kern; **¡al ~!** ter zake!; **~ de café** koffieboon

granuja m/f coloq schurk, schooier

grapa f klamp, kram; nietje het; **~dora** f nietmachine; **~r** vt nieten

gras/a *f* vet *het*; smeer; **~iento,-a** *adj* vettig; vet; **~o,-a** *adj* vettig

gratifica/ción *f* gratificatie; bonus; premie **~nte** *adj m/f* hartverwarmend; **~r** *vt* belonen; vergoeden

gratinar *vt gastr* gratineren

gratis gratis, voor niets

grat/itud *f* dankbaarheid; **~o,-a** *adj* aangenaam; **~uito,-a** *adj* 1. gratis, kostenloos; 2. (*bewering*) ongegrond

grava *f* grind *het*, kiezel; **~men** *m* belasting; last; **~r** *vt* belasten; drukken op

grave *adj m/f* 1. ernstig; zwaar; 2. (*geluid*) laag; **estar ~** er ernstig aan toe zijn; **~dad** *f* ernst; **de ~dad** ernstig

gravilla *f* kiezel, grind *het*

gravitación *f* zwaartekracht

gravoso,-a *adj* hinderlijk, lastig; duur

gremio *m* gilde; beroepsgroep; bedrijfschap *het*

gres *m* gres *het*; **~ca** *f* lawaai, ruzie, twist

grie/go,-a 1. *adj* Grieks; 2. *m/f* Griek(se); 3. *m ling* Grieks *het*; **~ta** *f* spleet, barst, scheur

grifo *m* kraan

grillo *m zool* krekel

grima *f* onprettig gevoel *het*; afkeer, aversie

gripe *f med* griep

gris *adj m/f* grijs; **~áceo,-a** *adj* grijzig, grijsachtig

grit/ar *vt/i* schreeuwen; (toe)roepen; **~ería** *f* geschreeuw *het*; **~o** *m* schreeuw, kreet, gil

grosella *f* aalbes; **~ espinosa** kruisbes **gros/ería** *f* grofheid, onbeschoftheid; **~ero,-a** *adj* grof; onbeschoft; **~or** *m* dikte, diameter

grotesco,-a *adj* grotesk; bizar, absurd

grúa *f* kraan; *auto* kraanwagen

grueso,-a 1. *adj* dik, corpulent; **2.** *m* 1. dikte; 2. merendeel, gros

grulla *f zool* kraanvogel

gruñ/ir *vi* grommen, brommen; **~ón,-ona 1.** *adj* knorrig, brommerig; **2.** *m/f* mopperaar(ster)

grupo *m* groep; **~ sanguíneo** bloedgroep

gruta *f* grot, spelonk

guadaña *f* zeis; **~r** *vt/i* maaien

guante *m* handschoen; **~ra** *f auto* dashboardkastje *het*

guapo,-a 1. *adj* knap, mooi; **2.** *m* knappe man, stuk

guarda 1. *m* wacht; bewaker; **2.** *f* bewaking; bescherming; **~barros** *m auto* spatbord *het*; **~bosque** *m* boswachter; **~coches** *m* parkeerwachter; **~espaldas** *m* lijfwacht; **~muebles** *m* meubelopslagplaats

guardar *vt* 1. bewaren; behouden; opbergen; 2. behoeden (**de** voor); **~ cama** het bed houden; **~ silencio** zwijgen; **~se**

gustosamente

oppassen; **~se** z. hoeden (**de** voor)
guardarropa f kleerkast; teat garderobe
guardería f: **~ infantil** crèche
guardia 1. f wacht, bewaking; bescherming; **~ civil** f Esp ± rijkspolitie; **~ urbana** gemeentepolitie; **estar de ~ mil** wacht lopen; med nacht- of weekenddienst hebben; **2.** m politieagent, verkeersagent; **~ civil** m agent v/d rijkspolitie; **~ urbano** agent v/d gemeentepolitie
guardián,-ana m/f bewa(a)k(st)er
guarida f hol het; toevluchtsoord het; schuilplaats
guarn/ecer vt garneren, versieren, decoreren (**de** met); **~ición** f 1. versiering; 2. mil garnizoen het; 3. gastr garnering, bijgerecht het
guarr/a f coloq slet, vies wijf; **~ada** f rotstreek; smeerlapperij; **~o,-a 1.** adj smerig, vies **2.** m 1. zool, fig varken; 2. fig viespeuk
guas/a f gekheid, spot, grap; **~ón,-ona** m/f grappenma(a)k(st)er
guateque m instuif, feestje het
gubernamental adj m/f regerings-, overheids-
guerr/a f oorlog; **~a civil** burgeroorlog; **~a mundial** wereldoorlog; **~ero,-a 1.** adj krijgshaftig, oorlogs-; **2.** m soldaat; **~illa** f guerilla(oorlog)
guía 1. m/f gids, reisleid(st)er; **2.** f (boek) gids; **~ telefónica** telefoonboek het; **~ turística** reisgids
guiar vt leiden, gidsen, loodsen
guijarro m kiezelsteen, kei
guind/a f bot kriek; geconfijte kers; **~illa** f rode peper
guiñar vi knipogen; **~ar los ojos** met de ogen knipperen; **~ol** m poppenkast
guión m 1. koppelteken het; 2. (film) draaiboek het; **~ista** m/f scenarioschrijver,-schrijfster
guirnalda f bloemenslinger, krans
guisado m gastr stoofgerecht het; stoofpot
guisante m doperwt
guisar vt/i koken, stoven; **~so** m gastr stoofgerecht het
guitarr/a f gitaar; **~ista** m/f gitarist(e)
gula f vraatzucht, gulzigheid
gusano m worm, rups; **~ de seda** zijderups
gustar 1. vt proeven; proberen; **2.** vi 1. bevallen; houden van; 2. (eten) lekker vinden; **me ~aría ...** ik zou graag ...; **~o** m 1. smaak; 2. genoegen het, plezier het; **con mucho ~** heel graag; **de buen ~** smaakvol; **de mal ~** smakeloos; **por ~** voor de aardigheid; **~osamen-**

te met genoegen; **~oso,-a** *adj* 1. smakelijk; 2. met genoegen

H

¡ha! *excl* ha!; ah!; o!
haba *f* (tuin)boon
Haban/a: la ~ Havanna
habano *m* (*sigaar*) Havanna
haber 1. (*hulpwerkwoord*) hebben, zijn; **~ de** (**+ inf**) moeten; 2. **hay** (*v/impers*) er is, er zijn; **~ que** (+ *inf*) men moet, er moet ...; **¡no ~ de qué!** (*na dank*) geen dank! graag gedaan!; 3. *m com* vermogen *het*; kapitaal *het*; activa, credit *het*; **~es** *mpl* salaris *het*, loon *het*
habichuela *f* sperzieboon
hábil *adj m/f* handig, vaardig, slim; *día* **~ m** werkdag
habili/dad *f* handigheid, vaardigheid; **~doso,-a** *adj* handig, behendig; **~tación** *f* (het) geschikt maken; habilitatie; **~tado,-a** *adj* bevoegd, geschikt (*para* om); **~tar** *vt* 1. bevoegdheid verlenen (*para* om); 2. klaarmaken
habita/bilidad *f* bewoonbaarheid; **~ble** *adj m/f* bewoonbaar; **~ción** *f* kamer; **~ción individual** eenpersoonskamer; **~ción doble** tweepersoonskamer; **~nte** *m/f* bewo(o)n(st)er, inwo(o)n(st)er; **~r 1.** *vt* bewonen; **2.** *vi* wonen

hábito *m* 1. gewoonte; 2. *relig* habijt *het*, pij
habitua/do,-a *adj* gewend; **~l** *adj m/f* gebruikelijk, gewoon; **~r** *vt* (doen, laten) wennen (**a** aan); **~r(se)** wennen (**a** aan)
habla *f* spraak(vermogen *het*); taal; **~do,-a** *adj ser mal ~* grof in de mond zijn; **~dor,-a** *m/f* klets-kous; **~duría** *f* (klets)praatje *het*; **~durías** *fpl* geklets *het*, gezwets *het*; **~r** *vt/i* spreken, praten; **~rse** met elkaar spreken/omgaan
hacedero,-a *adj* doenlijk, haalbaar
hacer *vt* 1. maken, doen; 2. (*vraag*) stellen; 3. (*koffer*) pakken; *hace buen/mal tiempo* het is mooi/slecht weer; *hace un mes* een maand geleden; **~se** 1. worden; *~se viejo* oud worden; 2. uithangen, spelen; *~se el fuerte* z. flink voordoen; 3. wennen (**a** aan); 4. (**con**) te pakken krijgen
hacha *f* bijl
hachís *m drog* hasj
hacia *prep* 1. naar; 2. tegen, omstreeks; 3. jegens; **~ adelante** naar voren; **~ aquí** hierheen; **~ las diez** tegen tienen *het*
hacienda *f* 1. groot boerenbedrijf *het*; 2. (grond)bezit *het*; 3. (**Ministerio de ~**) ministerie *het* van financiën; 4. (**delegación de ~**) belastingkantoor *het*; **~ pública** schatkist

hada *f* fee
Hait/í *m* Haïti; **~iano,-a 1.** *adj* Haïtiaans; **2.** *m/f* Haïtiaan(se)
¡hala! *excl* vooruit!, hup!
hala/gar *vt (iem)* vleien; *fig* strelen; **~go** *m* vleierij, streling; **~güeño,-a** *adj* 1. vleiend; 2. rooskleurig, veelbelovend; aantrekkelijk
halcón *f* valk; *pol* havik
hall *m* hal, vestibule (*v. hotels*)
halla/r *vt* (uit)vinden; waarnemen; **~rse** *z* bevinden; **~zgo** *m* vondst; *fig* ontdekking
halo *m* aureool
hamaca *f* 1. hangmat; 2. ligstoel
hambr/e *f* honger, hongersnood; **~iento,-a** *adj* hongerig
hamburguesa *f gastr* hamburger
hampa *f* onderwereld
han/gar *m* hangar; **~seático,-a** *adj* v/d Hanze
hara/piento,-a *adj* voddig, haveloos; **~po** *m* vlod, lor, flard, *fig* schooier
harén *m* harem
harin/a *f* meel *het*; **~oso,-a** *adj* melig, vol meel
hart/ar *vt* 1. volstoppen; verzadigen, bedelven (**de** onder); 2. ergeren, de keel uithangen; **~arse** genoeg hebben (**de** van); **~o,-a** *adj* moe, beu, spuugzat; **estar ~o** het zat zijn
hasta 1. *prep* tot; **¡~ luego!** tot straks; **no ~** pas; **2.** *conj* **~ que** tot; **3.** *adv* zelfs
hast/iar *vt* ergeren; misselijk maken; **~iarse** genoeg krijgen (**de** van); **~ío** *m* walging, afkeer
hay *V.* **haber**
hay/a *f* beuk; *la* **~*a** Den Haag
haz 1. *m* schoof, bundel; **2.** *f* gelaat *het*; voorkant
hazañ/a *f* heldendaad; huzarenstukje *het*; **~oso,-a** *adj* moedig, dapper
hazmerreír *m* lachertje *het*, pispaal
he: **~ aquí** hier is; ziehier
heb/domadario,-a *adj* wekelijks; **~illa** *f* gesp
hebra *f* draad(je *het*), vezel
hebr/aico,-a *adj* Hebreeuws; **~eo,-a 1.** *adj* Hebreeuws; **2.** *m/f* Hebreeër, Hebreeuwse; **3.** *m ling* (het) Hebreeuws
heces *fpl* ontlasting; uitwerpselen *pl*
hechi/cera *f* heks, tovenares; **~cería** *f* hekserij; betovering; **~cero,-a 1.** *adj* betoverend; **2.** *m* tovenaar; **~zar** *vt* betoveren; **~zo,-a 1.** *adj* nagemaakt; nep; **2.** *m* betovering; ban; tovermiddel *het*
hecho,-a 1. *adj* gemaakt; klaar; **~ *a mano*** met de hand gemaakt; **¡bien ~!** goed zo!; **bien ~** goed doorbakken; **2.** *m* daad; feit *het*; **de ~** in feite; **3.** *excl* afgesproken!
hechura *f* makelij, maaksel *het*, vorm, bouw

hect/área f hectare; **~olitro** m hectoliter

hed/er vi stinken; hinderlijk/lastig zijn; **~iondo,-a** adj stinkend; walgelijk; **~or** m stank

hela/da f meteo vorst; **~dería** f ijssalon; **~do,-a 1.** adj 1. bevroren; ijskoud; 2. fig verstijfd; **2.** m ijs(je); **~dora** f ijsmachine; **~r 1.** vi meteo vriezen; **~rse** 1. dicht-, bevriezen; 2. bekoelen

helecho m bot varen

hélice f helix; schroef; propeller

helicóptero m helikopter

hematoma m bloeduitstorting, blauwe plek

hembra f 1. vrouw(elijk geslacht); 2. zool vrouwtje(sdier), wijfje het

hemisferio m halfrond het

hemo/globina f hemoglobine; **~rragia** f bloeding; **~rroides** fpl aambeien pl

hend/er vt klieven, kloven, splijten; **~idura** f spleet, kloof, scheur

heno m hooi het

hep/ático,-a adj med v/d lever; lever-; **~atitis** f leverontsteking, geelzucht

here/dar vt 1. erven, 2. meekrijgen (**de** van) **~dero,-a** m/f erfgenaam,-name; opvolg(st)er; **~ditario,-a** adj erfelijk; **~je** m ketter; **~jía** f ketterij; **~ncia** f erfenis, nalatenschap het

heri/da f wonde; verwonding; **~r** vt 1. verwonden; pijn doen; 2. fig kwetsen, grieven

herman/a f zus(ter); **~ar** vt bijeenvoegen; fig tot elkaar brengen; **~arse** z. verbroederen; **~astro** m stief-, halfbroer; **~dad** f (kerkelijk) broederschap; eensgezindheid; **~o** m broer; **~o carnal** bloedbroeder

herm/ético,-a adj 1. hermetisch, luchtdicht; 2. fig ondoordringbaar; waterdicht; **~etismo** m geslotenheid; stilzwijgen

hermos/o,-a adj (erg) mooi; **~ura** f schoonheid

hernia f med (lies)breuk; **~ vertebral** med hernia

héroe m held

hero/ico,-a adj heroïsch; helden-; **~ína** f 1. heldin; 2. drog heroïne; **~inómano,-a** adj drog heroïneverslaafde; **~ísmo** m heldenmoed

herpes m med herpes, gordelroos

herra/dura f hoefijzer het; **~mienta** f gereedschap; **~r** vt (rijdier) beslaan; brandmerken

herrer/ía f smederij; **~o** m smid

herv/idero m borrelende bron; fig broeinest; drukte, gekrioel het; **~idor** m (fluit)ketel; **~ir** vt/i o. fig koken; aan de kook brengen; **~or** m (het) koken; kook; fig vuur het

hexagonal adj m/f zeshoekig, hexagonaal

hiato m ling hiaat het

hiberna/ción f zool winterslaap; med onderkoeling; **~l** adj m/f winters, winter-; **~r** vi 1. winterslaap houden; 2. overwinteren

hidal/go,-a adj m/f **1.** adj adellijk, nobel; **2.** m edelman

hidrato m hydraat; **~ de carbono** koolhydraat

hidráulic/a f waterbouwkunde; **~o,-a** adj hydraulisch, water-

hidr/oavión m watervliegtuig; **~ocarburo** m koolwaterstof; **~ocefalia** f waterhoofd het; **~ófobo,-a** adj 1. hondsdol; 2. waterschuw; **~ógeno** m waterstof; **~opedal** m waterfiets

hiedra f klimop

hiel f (o. fig) gal

hielo m ijs het; vorst

hiena f (o. fig) hyena

hierba f gras het; kruid het; grasland het; **mala ~** onkruid het; **~s medicinales** geneeskrachtige kruiden pl; **~buena** bot munt

hierro m ijzer het; brandmerk het; stuk ijzer het

hígado m lever; **~ de ganso** ganzenlever

higi/ene f hygiëne; **~énico,-a** adj hygiënisch

hig/o m vijg; **~uera** f vijgenboom

hij/a f dochter; **~astra** f stiefdochter; **~astro** m stiefzoon; **~o** m zoon; **~o de puta** vulg hoerenzoon, klootzak; **~os** mpl kinderen pl

hilar vt spinnen

hilaridad f hilariteit, gelach het

hilo m draad(je het); linnen(goed) het; straaltje het

hilvanar vt rijgen

himno m hymne

hinca/pié: *hacer* **~pié** benadrukken, hameren (**en** op); **~r** vt (spijker) steken, zetten in

hincha 1. m sport supporter; **2.** f hekel (**a** aan) **~do,-a** adj 1. med gezwollen; opgezet; 2. opgeblazen; **~r** vt 1. opblazen, oppompen; 2. fig overdrijven; **~rse** 1. (op)zwellen; uitdijen; 2. z. volstoppen (**de** met); **~zón** f zwelling; verdikking

hindú 1. adj hindoes; **2.** m/f hindoe

hinojo m bot venkel

hipermercado m weidewinkel; maxi-supermarkt

hipersensible adj m/f overgevoelig; kleinzerig

hipertensión f med verhoogde bloeddruk

hípic/a f paardesport; **~o,-a** adj paarde-, hyppisch

hipismo m paardenfokkerij

hipno/sis f hypnose; **~tizar** vt hypnotiseren; fascineren

hipo m hik; **~cresía** f schijnheiligheid

hipó/crita 1. adj m/f schijnheilig;

hypocriet; **2.** m/f huichelaar(ster); **~dromo** m renbaan
hipo/pótamo m nijlpaard het; **~teca** f hypotheek; **~tecar** vt hypothekeren, verpanden; **~termia** f med onderkoeling
hipótesis f hypothese, veronderstelling
hipotético,-a adj hypothetisch; denkbeeldig
hirviente adj m/f kokend, ziedend
hisp/alense Sevillaan; **~ánico,-a** adj Spaans, Spaanstalig, Spaans-Amerikaans; **~anidad** f Spaanstalige wereld en cultuur; **~ano, -a 1.** adj Spaans-Amerikaans; **2.** m/f Spanjaard, Spaanse; Spaanstalig persoon; **~*anoamérica** f Spaans-Amerika; **~anoamericano,-a 1.** adj Latijnsamerikaans; **2.** m/f Latijnsamerikaan(se)
histérico,-a adj hysterisch
hist/oria f geschiedenis; **~oriador,-a** m/f historicus,-ca; **~órico,-a** adj historisch
histrión m toneelspeler; komediant
hito m mijlpaal; grenspaal; doel het
hocico m snuit, snoet, bek
hockey m hockey; **~ sobre hielo** ijshockey
hogar m huis het; huiselijke haard, thuis het
hogaza f (rond) boerenbrood het
hoguera f vuur het; kampvuur het; brandstapel

hoja f blad het, blaadje het; **~ de afeitar** scheermesje het; **~lata** blik het
hojaldre m gastr bladerdeeg het
hojear vt doorbladeren, bladeren in
¡hola! excl hallo!; coloq hoi! dag!
Holand/a f Nederland; **~*és, esa 1.** adj Nederlands; **2.** m/f Nederlander,-dse
holga/do,-a adj 1. (kleding) wijd; ruim; 2. fig welgesteld; nietsdoend; **~nza** f (het) nietsdoen; vermaak het; **~r** vi niets doen, vrij hebben; **~zán** m luilak; leegloper; **~zanear** vi luilakken, lantefanteren
hombre m man; mens; **~ de negocios** zakenman; **¡~!** kijk eens aan!; asjemenou!
hombr/ía f mannelijkheid; **~o** m schouder
homenaje m eerbewijs het, huldebetoon het; **~ar** vt eer bewijzen, huldigen
homeópata m homeopathie
homicid/a m/f moordenaar(ster); **~io** m moord; doodslag
homo/geneidad f homogeniteit; **~géneo,-a** adj homogeen, gelijksoortig; **~sexual** adj m/f homosexueel
hond/a f slinger (wapen); **~o 1.** adj diep; **2.** m diepte; **~ura** f diepte
Hondur/as m Honduras; **~*eño,**

-a 1. adj Hondurees; **2.** m/f Hondurees,-rese

honest/idad f eerbaarheid; fatsoen het; oprechtheid; **~o,-a** adj 1. eerbaar; fatsoenlijk, 2. eerlijk, integer

hongo m 1. zwam; 2. schimmel

honor m eer; **~able** adj m/f eerbiedwaardig; **~ario,-a** adj honorair, eer-; **~ífico,-a** adj eervol; ere-

honra f eer; eergevoel het; goede naam; **~dez** f eerlijkheid; onkreukbaarheid; **~do,-a** adj eerlijk; oprecht; onkreukbaar; **~r** vt in ere houden; onderscheiden, huldigen

hora f uur het; tijd, tijdstip het; ¿**qué ~ es?** hoe laat is het?

horario m rooster het; ferroc dienstregeling; **~ de trabajo** werktijd(en)

horca f galg

horchata f koude (aard)amandelmelk

horda f horde

horizont/al adj m/f horizontaal; **~e** m horizon

horma f 1. (schoen)leest; 2. schoenspanner

hormig/a f zool mier; **~ón** m beton het; **~onera** f betonmolen

hormigu/ear vi kriebelen; tintelen; krioelen; **~eo** m kriebel het, getintel het; gekrioel het; **~ero** m mierenhoop, mierennest

hormona f hormoon het; **~l** adj m/f hormonaal

horn/illo m kookplaat, kookstel het; **~o** m oven; bakkerij; **~o microondas** magnetron

horóscopo m horoscoop

horquilla f 1. haarspeld; 2. tecn vork

horrendo,-a adj gruwelijk, afgrijselijk

horri/ble adj m/f verschrikkelijk, vreselijk; **~pilante** adj m/f doodeng, angstaanjagend

horror m verschrikking; afschuw; **¡qué ~!** wat afschuwelijk!; **~izar** vt ontzetten, verbijsteren; **~izarse** gruwen (**de** van); **~oso,-a** adj schrikbarend; gruwelijk

hort/aliza f groente; tuinbouwprodukten pl; **~elano** m tuinder; **~ensia** f hortensia **horticult/or, -a** m/f tuinder, kwe(e)k(st)er; **~ura** f tuinbouw

hosco,-a adj stug; knorrig; bokkig

hospeda/je m overnachting; logies; **~r** vt onderbrengen; **~rse** logeren; overnachten

hospital m ziekenhuis het; **~ario, -a** adj 1. gastvrij; 2. med ziekenhuis-; **~idad** f gastvrijheid; **~ización** f (ziekenhuis)opname; verblijf in ziekenhuis; **~izar** vt opnemen (in ziekenhuis)

hostal m (eenvoudig) hotel het, pension het

hostelería 534

hoster/ía f horeca; hotelbedrijf het; **~o,-a 1.** adj v/h hotel, hotel-; **2.** m/f hotelhoud(st)er
hostia f hostie; opdonder, kreun
hostil adj m/f vijandig; **~idad** f vijandigheid
hotel m hotel het; villa; **~ero** m hotelier
hoy vandaag; **~ (en) día** vandaag de dag; **de ~ en adelante** van nu af aan; **~ mismo** vandaag nog; **por ~** voor vandaag
hoy/a f kuil; graf(kuil); **~o** m 1. kuil; gat het; graf het; 2. knikkerspel; **~uelos** mpl kuiltje het; putje het (in het gezicht)
hoz f sikkel; ravijn het
hucha f spaarpot
hueco,-a 1. adj hol, leeg; luchtig; **2.** m holte, opening; open ruimte
huelga f staking; **~ general** algemene staking; **~ de hambre** hongerstaking
huelguista m/f staker, staakster
huella f spoor het; afdruk; **~s digitales** vingerafdrukken
huérfano,-a 1. adj wees-; **2.** m/f wees
huert/a f tuinderij; boomgaard; **~o** m moestuin, boomgaard
hueso m bot het, been het; pit
huésped m/f gast, (hotel)gast
huevo m ei het; **~o duro** hardgekookt ei het; **~ escalfado** gepocheerd ei; **~pasado por agua** zachtgekookt ei het;
~ frito, gebakken ei het; **~ al plato** gebakken ei, spiegelei; **~s revueltos** roerei(eren pl)
huida f vlucht, ontsnapping
huidizo,-a adj voortvluchtig; schichtig
huir 1. vt vluchten voor, ontvluchten; **2.** vi vluchten (**de** voor); fig ontsnappen
hulla f (vette) steenkool
human/idad f mensheid; menselijkheid; **~idades** fpl alfawetenschappen pl; **~itario,-a** adj humanitair; **~o,-a** adj humaan, menselijk
hum/areda f rookwolk; **~ear** vi roken
hume/dad f vocht(igheid) het; **~decer** vt vochtig maken, bevochtigen
húmedo,-a adj vochtig, nat, klam
humild/ad f deemoed, bescheidenheid; **~e** adj m/f nederig; eenvoudig, bescheiden
humilla/ción f vernedering; **~nte** adj m/f vernederend, beschamend; **~r** vt vernederen
humo m rook; damp; **echar ~** roken; fig vuur spuwen; **~s** mpl kapsones pl, ijdelheid
humor m humeur het; humor; **estar de buen (mal) ~** goed gehumeurd (in een slecht humeur) zijn; **~ismo** m humor; **~ista** m/f humorist(e), komiek; **~ístico,-a** adj humoristisch
hund/ido,-a adj ingestort, inge-

vallen; verslagen; **~miento** *m* ineenstorting; **~r** *vt* 1. doen instorten; 2. *fig* vernietigen; 3. laten zinken; **~rse** 1. verzakken; 2. zinken; 3. *fig* instorten

húngaro,-a 1. *adj* Hongaars; **2.** *m/f* Hongaar(se); **3.** *ling* Hongaars *het*

Hungría *f* Hongarije

huracán *m* orkaan (*o. fig*), wervelstorm

huraño,-a *adj* schuw, stug, schichtig

hurgar *vt/i* 1. wroeten, woelen; 2. (*vuur*) poken

hurta/dillas: *a ~dillas* stiekem; **~r** *vt* stelen, ontvreemden; **~rse** z. onttrekken (**a** aan);

hurto *m* diefstal

husme/ar *vt* 1. (be)snuffelen; zijn neus steken in; 2. *fig* ruiken; zien aankomen

I

Iberia *f* Iberisch Schiereiland *het*
ibérico,-a *adj* Iberisch
íbero,-a *m/f* Iberiër, Iberische; **~*américa** *f* Ibero-Amerika; **~americano,-a 1.** *adj* Latijnsamerikaans; **2.** *m/f* Latijnsamerikaan(se)
iceberg *m* ijsberg
ictericia *f med* geelzucht
ida *f* 1. (het) gaan; 2. heenreis; **~ *y vuelta*** retour *het*

idea *f* idee *het*; gedachte; denkbeeld *het*; **~l 1.** *adj m/f* ideaal; **2.** *s/m* ideaal *het*; **~lismo** *m* idealisme *het*; **~lista** *m/f* idealist(e); **~lizar** *vt* idealiseren; **~r** *vt* bedenken; verzinnen
ídem idem
idéntico,-a *adj* identiek, gelijk
identi/dad *f* identiteit; **~ficación** *f* identificatie; **~ficar** *vt* identificeren; **~ficarse** z. legitimeren; z. identificeren (**con** met);
ide/ología *f* ideologie; **~ológico,-a** *adj* ideologisch
idio/ma *m* taal; **~ta 1.** *adj m/f* idioot; gek; **2.** *m/f* idioot; dwaas
idolatr/ar *vt* aanbidden; verafgoden; **~ía** *f* verafgoding, dweperij
ídolo *m* idool *het*, afgod
idoneidad *f* geschiktheid
idóneo,-a *adj* geschikt; adequaat, geëigend
iglesia *f* kerk
ignominia *f* schande; smaad
ignora/ncia *f* onwetendheid, onkunde; **~nte** *adj m/f* onwetend; **~r** *vt* niet weten; negeren
igual *adj m/f* gelijk, dergelijk; *sin* **~** ongeëvenaard; **~ar** *vt* gelijkmaken; effenen; **~dad** *f* gelijkheid; **~mente** evenzo, evenzeer
ile/gal *adj m/f* onwettig; illegaal; **~galidad** *f* onwettige hande-

ilegible 536

ling; **~gible** *adj m/f* onleesbaar; **~gítimo,-a** *adj* onwettig; buitenechtelijk; **~so,-a** *adj* ongedeerd

ilícito,-a *adj* ongeoorloofd, onwettig

ilimitado,-a *adj* onbeperkt, onbegrensd

ilumina/ción *f* verlichting; **~r** *vt* verlichten

ilus/ión *f* illusie; **~ionado,-a** *adj* hoopvol; blij; **~ionarse** z. illusies maken; **~o,-a 1.** *adj* gefantaseerd; **2.** *m/f* fantast(e), dro(o)m(st)er; **~orio,-a** *adj* denkbeeldig, irreëel

ilustr/ación *f* 1. illustratie; 2. verduidelijking 3. eruditie; **~e** *adj m/f* beroemd, voornaam

imagen *f* beeld, voorstelling, imago

imagina/ble *adj m/f* denkbaar, voorstelbaar; **~ción** *f* 1. verbeelding, fantasie; 2. verzinsel *het*; **~r** *vt* z. (iets) voorstellen, bedenken; **~rse** z. voorstellen; **~rio,-a** *adj* denkbeeldig; **~tivo,-a** *adj* fantasierijk

imán *m* magneet; *rel* imam

imbécil 1. *adj m/f* imbeciel, krankzinnig; **2.** *m/f* imbeciel, krankzinnige; idioot

im/berbe *adj m/f* baardeloos

imborrable *adj m/f* onuitwisbaar, onvergetelijk

imbuir *vt* doordringen van, inprenten

imita/ción *f* imitatie, namaak; **~dor,-a** *m/f* naä(a)p(st)er, imitator; **~r** *vt* imiteren, namaken

impacien/cia *f* ongeduld *het*; **~tar** *vt* ongeduldig maken; **~tarse** ongeduldig worden; **~te** *adj m/f* ongeduldig

impact/ante *adj m/f* indrukwekkend; **~ar** *vt* indruk maken; **~o** *m* treffer, inslag; invloed

impag/able *adj m/f* onbetaalbaar; **~ado,-a** *adj* onbetaald; **~o** *m* wanbetaling; (het) niet-aflossen

impar *adj m/f* 1. oneven; 2. *fig* weergaloos; **~able** *adj m/f* onhoudbaar; **~cial** *adj m/f* onpartijdig; **~tir** *vt* 1. verlenen; 2. **~tir clases** lesgeven, doceren

impasible *m/f* ongevoelig, onverschillig

impávido,-a *adj* onverschrokken, dapper

impecable *m/f* vlekkeloos; feilloos;

impedi/do,-a *adj* invalide; **~mento** *m* beletsel *het*; obstakel *het*; **~r** *vt* verhinderen; voorkomen

impenetrable *adj m/f* ondoordringbaar

impensable *adj m/f* ondenkbaar

impera/nte *adj m/f* heersend, geldend; **~r** *vi* heersen; **~tivo** *m* ling gebiedende wijs

imper/ceptible *adj m/f* onwaarneembaar; **~dible** *m* veiligheidsspeld; **~donable** adj m/f onvergeeflijk; **~ecedero,-a** adj onvergankelijk; niet aan bederf onderhevig

imperfec/ción f onvolmaaktheid; **~to,-a** adj onvolmaakt

imperial adj m/f keizerlijk; **~ismo** m imperialisme het

imperio m imperium het, (wereld)rijk het; heerschappij; **~so,-a** adj dwingend; heerszuchtig

impermeab/ilizar vt waterdicht maken; **~le 1.** adj m/f (water)dicht; **2.** s/m regenjas

impersonal adj m/f onpersoonlijk

impertinen/cia f brutaliteit; **~te** adj m/f 1. onbeschoft, brutaal; 2. misplaatst, ongepast

imperturbable adj m/f onverstoorbaar, kalm

ímpetu m 1. heftigheid; 2. elan het, vuur het

impetuos/idad f impulsiviteit; **~o,-a** adj heftig

implacable adj m/f onverbiddelijk, onverzoenlijk

implant/ación f invoering; implantatie; inplanting; **~ar** vt invoeren; inplanten; **~e** m 1. med implantatie; 2. inplant

implica/ción f betrokkenheid; implicatie; **~do,-a** adj betrokken (**en** bij); **~r** vt 1. betrekken (**en** bij); 2. impliceren, met z. meebrengen

implícito,-a adj impliciet; stilzwijgend

implorar vt smeken om, (af)smeken

impone/nte adj m/f indrukwekkend, grandioos; **~r** vt opleggen; afdwingen; imponeren; **~rse** 1. de overhand krijgen; 2. zijn wil opleggen; 3. dringend nodig zijn

imponible: base ~ belastbaar inkomen het

impopular adj m/f impopulair

importa/ción f invoer, import; **~dor,-a** m/f importeur; **~ncia** f belang het; betekenis; **~nte** adj m/f belangrijk, gewichtig; **~r 1.** vt invoeren; **2.** vi 1. van belang zijn; 2. econ bedragen; *no ~* het geeft niet

importe m bedrag het, som

importun/ar vt hinderen, lastig vallen; **~o,-a** adj lastig; ongelegen, hinderlijk

imposib/ilidad f onmogelijkheid; **~ilitar** vt onmogelijk maken; **~le** onmogelijk

imposición f (het) opleggen

impost/or,-a m/f bedrieg(st)er; **~ura** f bedrog het

impotencia f 1. onvermogen het; 2 impotentie

impreciso,-a adj onduidelijk, onnauwkeurig

impregnar vt impregneren; doordrenken

imprenta (het) drukken; drukkerij

imprescindible *adj m/f* onontbeerlijk, onmisbaar

impresi/ón *f* 1. indruk, 2. (het) drukken; afdruk; **~onante** *adj m/f* indrukwekkend; **~onar** *vt* indruk maken

impreso,-a 1. *adj* gedrukt; 2. *m* drukwerk *het*; formulier *het*; **~ra** *f inform* printer

imprevis/ible *adj m/f* onvoorspelbaar; onberekenbaar; **~to,-a** *adj* onvoorzien, plotseling

imprimir *vt* drukken, printen; geven aan

impro/bable *adj m/f* onwaarschijnlijk; **~cedente** *adj m/f* ongepast; ongegrond; **~ductivo,-a** *adj* onproductief; **~nta** *f fig* stempel, indruk; **~perio** *m* scheldwoord *het*; **~pio,-a** *adj* ongepast, verkeerd; **~visación** *f* improvisatie; **~visar** *vt/i* improviseren

imprudente *adj m/f* onvoorzichtig, roekeloos

impuesto *m* belasting; **~ sobre el valor añadido (IVA)** belasting op toegevoegde waarde (BTW)

impugnar *vt* aanvechten, bestrijden

impuls/ar *vt* aandrijven; stimuleren; aanzetten (**a** tot); **~ión** *f* aandrijving; **~o** *m* kracht; impuls

impun/e *adj m/f* ongestraft; **~idad** *f* straffeloosheid; **~tual** *adj m/f* niet stipt;

imputa/ble *adj m/f* toe te schrijven (**a** aan); toerekenbaar; **~ción** *f* tenlastelegging; **~r** *vt* ten laste leggen

inaccesible *adj m/f* ontoegankelijk; ongenaakbaar

inaceptable *adj m/f* onaanvaardbaar

inactivo,-a *adj* niet werkend; buiten dienst

inadecuado,-a *adj* ongeschikt, ondoelmatig

inadmisible *adj m/f* ontoelaatbaar

inadvertido,-a *adj* onopgemerkt, ongemerkt

inagotable *adj m/f* onuitputtelijk

inaguantable *adj m/f* on(ver)draaglijk, onduldbaar

inalcanzable *adj m/f* onbereikbaar, onhaalbaar

inalterable *adj m/f* onveranderbaar

inamovible *adj m/f* (muur)vast; niet afzetbaar

inane *adj m/f* zinloos, onbenullig

inanimado,-a *adj* 1. levenloos; 2. bewusteloos

inapelable *adj m/f* onherroepelijk, onvermijdelijk

inapetencia *f* gebrek *het* aan eetlust

inapreciable *adj m/f* uiterst gering; onschatbaar

inapropiado *adj m/f* ongeschikt

inapto,-a *adj* ongeschikt

inasequible *adj m/f* 1. onbereikbaar; 2. onbetaalbaar
inaudible *adj m/f* onhoorbaar
inaudito,-a *adj* ongehoord, ongepast
inaugura/ción *f* inwijding; (officiële) opening; **~l** *adj m/f* inwijdings-, openings-; **~r** *vt* inwijden, officieel openen
inca *m/f* Inka (indiaan(se))
incalculable *adj m/f* onberekenbaar, ontelbaar, onschatbaar
incansable *adj m/f* onvermoeibaar
incapa/cidad *f* onvermogen *het*; ongeschiktheid; **~z** *adj m/f* niet in staat; onbekwaam (**de** om)
incaut/ación *f* inbeslagneming; **~arse (de)** in beslag nemen; **~o,-a** *adj* onvoorzichtig
incendi/ar *vt* in brand steken; **~o** *m* brand
incentiv/ar *vt* aanmoedigen; **~o** *m* prikkel
incertidumbre *f* onzekerheid
incesante *adj m/f* onophoudelijk
incid/encia *f* incident *het*; **~ental** *adj m/f* incidenteel; **~ente** *m* incident *het*, voorval *het*; **~ir** *vi* vervallen (**en** in); van invloed zijn op, beïnvloeden;
incienso *m* wierook
incierto,-a *adj* onzeker, onduidelijk
incinera/ción *f* 1. crematie; 2. verbranding; **~r** *vt* cremeren, verbanden

incitar *vt* aansporen; aanzetten (**a** tot)
inclina/ción *f* 1. buiging, 2. neiging; **~r** *vt* buigen, schuin houden; **~rse** 1. z. buigen; 2. schuin aflopen; 3. neigen (**a** tot)
inclu/ido,-a *adj* ingesloten, inclusief; **~ir** *vt* insluiten; opnemen; omvatten; **~sión** *f* opneming; **~sive** *adj m/f* inclusief **~so,-a** 1. *adj* ingesloten, bijgevoegd; 2. *adv* zelfs
incógnita *f* onbekend element; vraag
incoherente *adj m/f* incoherent
incoloro,-a *adj* kleurloos
incomestible *adj m/f* niet eetbaar
incómodo,-a *adj* ongemakkelijk, onbehaaglijk
incom/parable *adj m/f* onvergelijkbaar, **~patible** *adj m/f* onverenigbaar, in strijd (**con** met); **~petente** *adj m/f* onbevoegd; onbekwaam; **~prensible** *adj m/f* onbegrijpelijk; **~prensión** *f* onbegrip *het*
incomunicado,-a *adj* geïsoleerd; in eenzame opsluiting
incon/ciliable *adj m/f* onverzoenbaar; **~dicional** *adj m/f* onvoorwaardelijk; **~fundible** *adj m/f* overduidelijk; **~gruente** *adj m/f* onlogisch; **~sciente** *adj m/f* 1. onbewust; 2. bewusteloos; **~stante** *adj m/f* onstandvastig; **~trolable** *adj m/f* oncontroleerbaar; **~ table** *adj m/f* ontel-

baar; **~veniente 1.** *adj m/f* ongepast; **2.** *s/m* nadeel *het*; bezwaar *het*

incor/diar *vt* lastig vallen; **~dio** *m* iets verelends; **~porar** *vt* voegen, inlijven (**en** bij); **~porarse** z. oprichten; deel gaan uitmaken van

incorrecto,-a *adj* onjuist; onbeleefd

incrédulo,-a *adj* ongelovig

increíble *adj m/f* ongelooflijk

incremento *m* vermeerdering; toename

incubadora *f med* couveuse

inculcar *vt* bijbrengen, inprenten

inculpa/ción *f* beschuldiging; **~do,-a** *m/f* beschuldigde; **~r** *vt jur* beschuldigen

inculto,-a *adj* onontwikkeld; onbeschaafd

incumplimiento *m* niet-nakoming

incur/able *adj m/f* ongeneeslijk; **~sión** *f* inval

indagar *vt* onderzoeken; naspeuren

indecente *adj m/f* onfatsoenlijk, onbetamelijk

indeciso,-a *adj* besluiteloos; onbeslist

indefen/dible *adj m/f* onhoudbaar; **~so,-a** *adj* weerloos

indefinido,-a *adj* onbestemd; onbepaald

indemniza/ción *f* schadeloosstelling; vergoeding; **~r** *vt* schadeloosstellen

independ/encia *f* onafhankelijkheid; zelfstandigheid; **~iente** *adj m/f* zelfstandig, onafhankelijk

indes/criptible *adj m/f* onbeschrijflijk; **~eable** *adj m/f* ongewenst; **~tructible** *adj m/f* onverwoestbaar

indeterminado,-a *adj* onbepaald, vaag

indica/ción *f* aanduiding, opgave; **~r** *vt* aanduiden; aanwijzen; te kennen geven

índice *m* inhoudsopgave, index

indicio *m* teken *het*; **~s** *mpl jur* aanwijzingen *pl*

indiferen/cia *f* onverschilligheid; **~te** *adj m/f* onverschillig

indígena 1. *adj m/f* inheems; **2.** *m/f* inboorling(e)

indigente 1. *adj m/f* noodlijdend, arm, behoeftig; **2.** *m/f* pauper

indigest/ión *f* indigestie; slechte spijsvertering; **~o,-a** *adj o. fig* slecht te verteren

indign/arse verontwaardigd worden; **~o,-a** *adj* onwaardig; schandelijk

indi/o,-a 1. *adj* Indiaas; Indiaans; **2.** *m/f* Indiër, Indiase; Indiaan(se); **~recta** *f* insinuatie; **~recto,-a** *adj* indirekt

indis/creción *f* indiscretie; **~creto,-a** *adj* indiscreet; **~cutible** *adj m/f* onbetwistbaar; **~pensable** *adj m/f* onmisbaar; onontbeerlijk; **~ponerse** ziek worden; **~puesto,-a** *adj* onwel, niet in orde

individu/al *adj m/f* individueel; **~alista 1.** *adj m/f* individualistisch; **2.** *m/f* individualist(e); **~o,-a** *m/f* 1. individu; 2. sujet, individu

indivis/ible *adj m/f* ondeelbaar; **~o,-a** *adj* ongedeeld

indocumentado,-a 1. *adj* zonder (identiteits)papieren **2.** *m/f* iem zonder (idententeits)papieren

índole *f* aard; soort *het*; karakter *het*

indolen/cia *f* laksheid; **~te** *adj m/f* laks, apathisch

induc/ción *f* inductie; aanstichting; **~ir** *vt* aanzetten, leiden (**a** tot)

indudable *adj m/f* ongetwijfeld, volkomen zeker

indul/gencia *f* toegeefllijkheid; **~gente** *adj m/f* toegeefijk, mild; **~tar** *vt* begenadigen; **~to** *m jur* kwijtschelding van straf

indumentaria *f* kleding

industria *f* industrie; **~l 1.** *adj m/f* industrieel; **2.** *m/f* industrieel

inédito,-a *adj* 1. niet gepubliceerd; 2. *fig* ongekend

inefica/cia *f* ondoelmatigheid; **~z** *adj m/f* inefficiënt

inepto,-a *adj* onbekwaam; onbeholpen

inequívoco,-a *adj* ondubbelzinnig, onmiskenbaar

inesperado,-a *adj* onverwacht, plotseling

inestab/ilidad *f* veranderlijkheid; **~le** *adj m/f* veranderlijk; instabiel; onzeker

inestimable *adj m/f* onschatbaar

inevitable *adj m/f* onvermijdelijk, onafwendbaar

inex/actitud *f* onnauwkeurigheid; onjuistheid; **~acto,-a** *adj* onnauwkeurig; onjuist; **~cusable** *adj m/f* onvergeeflijk; **~istente** *adj m/f* niet bestaand; **~periencia** *f* onervarenheid; **~perto,-a** *adj* ondeskundig; **~plicable** *adj m/f* onverklaarbaar

infalib/ilidad *f* onfeilbaarheid; **~le** *adj m/f* onfeilbaar

infam/e *adj m/f* infaam, laaghartig; **~ia** *f* laaghartigheid; schande

infan/cia *f* kinderjaren *pl*; **~ta** *f* princes; **~te** *m* prins; **~til** *adj m/f* kinderlijk; kinderachtig

infarto *m med* infarct *het*; **~ de corazón** hartinfarct *het*

infatigable *adj m/f* onvermoeibaar

infec/ción *f* infectie; **~cioso,-a** *adj* besmettelijk; **~tar** *vt med* besmetten; **~tarse** ontsteken

infeliz 1. *adj m/f* ongelukkig; **2.** *m/f* stakker

inferior *adj m/f* lager; minder; minderwaardig; **~idad** *f* minderwaardigheid

infestar *vt* 1. teisteren; 2. *med* besmetten

infi/delidad *f* ontrouw; **~el** *adj m/f* ontrouw; *rel* afvallig

infierno *m* hel
infiltra/ción *f* infiltratie; **~r** *vt* doen doordringen; **~rse** binnendringen, infiltereren
ínfimo,-a *adj* heel laag, miniem, zeer slecht
infini/dad *f* oneindigheid; *fig* eindeloos aantal; **~to,-a** *adj* oneindig, eindeloos
inflación *f* inflatie
inflama/ble *adj m/f* ontvlambaar; brandbaar; **~ción** *f med* ontsteking; **~r** *vt* ontsteken; **~rse** ontvlammen; *med* ontsteken
inflar *vt* opblazen; oppompen
inflexible *adj m/f* onbuigzaam; inflexibel
infligir *vt* toebrengen, aandoen
influencia *f* invloed; **~r** *vt* beïnvloeden
influir *vi* invloed hebben, doorwerken (**en** op); **~jo** *m* invloed; **~yente** *adj m/f* invloedrijk
inform/ación *f* informatie; inlichtingen *pl*; **~ado,-a** *adj* op de hoogte; **~al** *adj m/f* informeel; **~ar** *vt* informeren, inlichten (**de, sobre** over); **~ática** *f* informatica; **~ático,-a** 1. *adj* computer-; 2. *m/f* computerdeskundige; **~ativo,-a** 1. *adj* informatief; 2. *m* nieuwsberichten *pl*; **~atizar** *vt* automatiseren
informe *m* verslag *het*; referentie, inlichting
infortunado,-a *adj* ongelukkig

infra/cción *f* inbreuk; overtreding; vergrijp *het*; **~estructura** *f* infrastructuur; **~humano,-a** *adj* mensonterend; **~rrojo,-a** *adj* infrarood; **~valorar** *vt* onderschatten; te laag schatten; **~vivienda** *f* krot
infringir *vt jur* inbreuk maken op
infructuoso,-a *adj* vergeefs, zonder resultaat
infusión *f* infusie; (kruiden)thee; **~ de manzanilla** kamillethee
ingeni/ero *m/f* ingenieur; **~o** *m* vernuft *het*, talent *het*; **~oso,-a** *adj* vernuftig; geestig, scherpzinnig
ingenu/idad *f* naïviteit; **~o,-a** *adj* naïef
ingestión *f* (het) innemen, consumptie
Inglaterra *f* Engeland
ingle *f med* lies
inglés,-esa 1. *adj* Engels; 2. *m* (het) Engels; 3. *m/f* Engelsman, Engelse
ingratitud *f* ondankbaarheid; **~o,-a** *adj* ondankbaar
ingrediente *m* ingrediënt *het*, bestanddeel *het*
ingre/sar 1. *vi* 1. toetreden tot; 2. (*in ziekenhuis*) opgenomen worden; 2. *vt* (*geld*) storten; **~so** *m* 1. toetreding; 2. opname; 3. storting; **~sos** *mpl* inkomsten *pl*
inhabitado,-a *adj* onbewoond
inhalar *vt* inhaleren; inademen

inhibición f onthouding, remming
inhumano,-a adj onmenselijk, inhumaan
inici/al 1. adj m/f v/h begin, begin-; **2.** f voorletter, initiaal; **~ar** vt 1. beginnen; 2. inwijden (**en** in); **~ativa** f initiatief het; **~o** m begin het, start
inigualable adj m/f ongeëvenaard
injerencia f inmenging
injuri/a f belediging; scheldwoord het; **~oso,-a** adj beledigend; **~ar** beledigen, (uit)schelden
injust/amente ten onrechte; **~icia** f onrecht(vaardigheid); **~ificable** adj m/f niet te rechtvaardigen; **~o,-a** adj onrechtvaardig
inmediato,-a adj onmiddellijk, direct
inmejorable adj m/f voortreffelijk, onberispelijk
inmenso,-a adj enorm, onmetelijk, ontzaglijk
inmigra/ción f immigratie; **~nte** m/f immigrant(e); **~r** vi immigreren
inminente adj m/f naderend; imminent, dreigend
inmiscuirse z. mengen (**en** in), z. bemoeien
inmor/al adj m/f immoreel, onzedelijk; **~tal** adj m/f onsterfelijk; **~talidad** f onsterfelijkheid
inmóvil adj m/f onbeweeglijk, immobiel

inmueble m pand, gebouw; perceel; **~s** mpl (**bienes ~s**) onroerende goederen
inmun/e adj m/f immuun, onschendbaar; **~idad** f immuniteit; onschendbaarheid
innato,-a adj aangeboren
innecesario,-a adj onnodig, nodeloos
innovación f vernieuwing; doorbraak
innumerable adj m/f ontelbaar, talloos
inocen/cia f onschuld; **~tada** f practical joke (op 28 december); **~te** adj m/f onschuldig
inodoro 1. adj reukloos; **2.** m toilet het, WC
inofensivo,-a adj onschadelijk; ongevaarlijk
inolvidable adj m/f onvergetelijk
inoportuno,-a adj ongelegen; misplaatst
inoxidable adj m/f roestvrij
inquiet/ante adj m/f verontrustend; **~ar** vt verontrusten; **~arse** z. ongerust maken; **~o,-a** adj ongerust
inquilino,-a m/f huurder,-ster
insalubr/e adj m/f ongezond; **~idad** f ongezondheid
inscri/bir vt graveren; inschrijven; **~birse** z. inschrijven; **~pción** f inscriptie; inschrijving
insect/icida m insecticide; **~o** m insect

insegur/idad *f* onzekerheid; **~o, -a** *adj* onzeker
insen/satez *f* dwaasheid; **~sato, -a** *adj* erg onverstandig; **~sible** *adj m/f* ongevoelig; gevoelloos
inseparable *adj m/f* onscheidbaar; onafscheidelijk
inser/ción *f* invoeging; inzet; **~tar** *vt* invoegen; inlassen; (*advertentie*) plaatsen; **~vible** *adj m/f* onbruikbaar, ondeugdelijk
insignificante *adj m/f* onbeduidend; onbelangrijk
insinua/ción *f* insinuatie; toespeling; **~r** *vt* laten doorschemeren; insinueren
insípido,-a *adj* laf, *o. fig* smakeloos
insistir *vt* 1. doorzetten, 2. aandringen (**en** op)
insolación *f* zonnesteek; zonneschijn
insolen/cia *f* onbeschaamdheid, brutaliteit; **~te** *adj m/f* onbeschaamd, onbeschoft
insólito,-a *adj* ongebruikelijk, ongewoon
insolven/cia *f* onvermogen om te betalen; **~te** *adj m/f* insolvent, niet in staat te betalen
insomnio *m* slapeloosheid
insonoro,-a *adj* geluiddicht, geluidvrij
insoportable *adj m/f* onuitstaanbaar, ondraaglijk
insospechado,-a *adj* onverwacht
insostenible *adj m/f* onhoudbaar, onverdedigbaar
inspec/ción *f* inspectie, keuring, controle; **~tor,-a** *m/f* inspecteur,-trice, controleur
inspira/ción *f* inspiratie; **~r** *vt/i* inspireren; **~rse** z. laten inspireren (**en** door)
instala/ción *f* 1. installatie; 2. vestiging; **~ciones** faciliteiten *pl*; **~dor,-a** *m/f* installateur,-trice **~r** *vt* installeren, aanleggen **~rse** z. installeren; zijn intrek nemen
instan/cia *f* verzoekschrift *het*; *jur* instantie; **~táneo,-a** *adj* ogenblikkelijk; instant-; **~te** *m* ogenblik *het*; **al ~te** meteen
instaurar *vt* instellen, invoeren
instint/ivo,-a *adj* instinctief; **~o** *m* instinct *het*
institu/ción *f* instelling, instituut *het*; **~cional** *adj m/f* institutioneel; **~ir** *vt* instellen, stichten; **~to** *m* 1. instituut *het*; 2. (**~ de Educación Secundaria**) middelbare school; **~triz** *f* gouvernante
instru/cción *f* 1. instructie, onderwijs *het*; 2. *jur* gerechtelijk vooronderzoek; **~cciones** *fpl* aanwijzingen *pl*; **~ctivo,-a** *adj* instructief; leerzaam; **~ido,-a** *adj* geschoold; **~ir** *vt* 1. onderrichten; opleiden; 2. (*strafzaak*) instrueren
instrument/al *adj m/f* instrumentaal; **~o** *m* instrument *het*

insuficien/cia f ontoereikendheid, tekort het; med insufficiëntie; **~te** adj m/f onvoldoende

insufrible adj m/f ondraaglijk; ongenietbaar

insular adj m/f v/e eiland; eiland-; insulair

insulina f insuline

insult/ar vt beledigen, beschimpen; **~o** m 1. belediging; beschimping; 2. scheldwoord het

insuperable adj m/f onovertrefbaar; onoverkomelijk

insustituible adj m/f onvervangbaar

intachable adj m/f onberispelijk; integer

intacto,-a adj intact, gaaf; ongeschonden

integra/ción f integratie; **~r** vt 1. deel uitmaken; 2. mat, pol integreren (**en** in)

integridad f integriteit; onkreukbaarheid

íntegro,-a adj volledig; ongeschonden; heel

intelectual 1. adj m/f intellectueel; verstandelijk; 2. m/f intellectueel

inteli/gencia f intelligentie, verstand; **~te** adj m/f intelligent, knap; **~gible** adj m/f begrijpelijk

intempe/rie f **a la ~rie** onder de blote hemel; **~stivo,-a** adj ongelegen, ontijdig

intenci/ón f bedoeling, intentie;

sin ~ onopzettelijk; **~onado, -a** adj bewust, opzettelijk; **~onal** adj m/f opzettelijk, welbewust

intenden/cia f intendance; **~te** m/f intendant; hoofd van dienst

intensi/dad f intensiteit; **~ficar** vt versterken, intensiveren; **~vo,-a** adj intensief

intenso,-a adj intens; hevig, fel, diep

intent/ar vt proberen, trachten, van plan zijn; **~o** m poging (**de** tot); bedoeling

interac/ción f interactie; **~tivo,-a** adj interactief

intercalar vt invoegen, inlassen

intercambio m uitwisseling, ruil

interceder vi een goed woordje doen voor

interceptar vt onderscheppen; afluisteren

inter/és m 1.belang het; 2. belangstelling; 3. banc rente; **~esado,-a 1.** adj 1. geïnteresseerd (**en** in); 2. baatzuchtig; **2.** m/f belanghebbende; **~esante** adj m/f interessant; **~r** vt interesseren; **~rse** z. interesseren (**por** voor)

interfer/encia f 1. storing; 2. inmenging; **~ir** vi 1. storen; 2. z. mengen (**en** in)

interino,-a adj tijdelijk; waarnemend; ad interim

interior 1. adj m/f inwendig; innerlijk; binnenlands; interieur-;

interior 546

  2. s/m binnenkant, binnenland het, interieur het

intermediario,-a 1. adj bemiddelend; tussen; **2.** m/f tussenpersoon; bemiddelaar(ster)

intermi/nable adj m/f eindeloos; **~tente** m auto knipperlicht; richtingaanwijzer

internacional adj m/f internationaal

internado,-a 1. adj geïnterneerd; opgenomen (in kliniek); **2.** m internaat het; **3.** m/f geïnterneerde

inter/nauta m inform internetsurfer; **~net** m internet het

internista m/f internist(e)

interpreta/ción f 1. interpretatie; 2. (het) tolken; **~r** vt 1. interpreteren; 2. tolken; 3. must vertolken

intérprete m/f tolk; teat, mús vertolk(st)er

interroga/ción f ondervraging; **~r** vt ondervragen, verhoren; **~torio** m jur verhoor het

interru/mpir vt 1. onderbreken; 2. in de rede vallen; **~pción** f onderbreking; stremming; **~ptor** m schakelaar

intervalo m 1. (tussenliggende) afstand; 2. tussentijd, duur, tijd

interven/ción f interventie; tussenkomst; med ingreep; **~ir 1.** vi tussenbeide komen; ingrijpen; **2.** vt med opereren

interviú m interview het

intesti/nal adj m/f darm-; **~no** m darm; **~nos** mpl ingewanden pl

intimida/ción f intimidatie; **~d** f intimiteit; privacy; **~r** vt intimideren, bang maken

íntimo,-a adj innig, intiem, vertrouwelijk

intolera/ble adj m/f ontoelaatbaar; ondraaglijk; **~nte** adj m/f onverdraagzaam, intolerant

intoxica/ción f vergiftiging; **~r** vt vergiftigen

intranquilo,-a adj onrustig; ongedurig

intransi/gente adj m/f onverzoenlijk, onverdraagzaam; **~table** adj m/f onbegaanbaar; onberijdbaar

intravenoso,-a adj intraveneus

intrépido,-a adj onverschrokken, onbevreesd

intriga f intrige; heftige nieuwsgierigheid; **~do,-a** adj nieuwsgierig

introdu/cción f inleiding, introductie; **~cir** vt 1. binnenbrengen; 2. invoeren; 3. introduceren; **~irse** binnendringen, ergens in komen

intrusismo m beunhazerij

intui/ción f intuïtie; **~r** aanvoelen, vermoeden; **~tivo,-a** adj intuïtief

inunda/ción f overstroming; **~r** vt (o. fig) overstromen

inútil adj m/f nutteloos, zinloos; vruchteloos

invadir *vt* 1. binnenvallen; 2. *fig* bekruipen
inválido,-a 1. *adj* 1. ongeldig, nietig; 2. *med* invalide; **2.** *m/f* invalide
invariable *adj m/f* onveranderlijk, constant
invasión *f* invasie, inval; inbreuk
invencible *adj m/f* onoverwinnelijk
inven/ción *f* uitvinding; **~tar** *vt* uitvinden; verzinnen; **~tario** *m* inventarisatie; inventaris *het*; **~to** *m* uitvinding; **~tor,-a** *m/f* uitvind(st)er
invern/adero *m* (planten)kas; **~al** *adj m/f* winters, winter-; **~ar** *vi* overwinteren
inverosímil *adj m/f* onwaarschijnlijk
invers/a *f*: *a la* **~a** andersom, omgekeerd; **~ión** *f* 1. omkering; 2. *com* investering; **~o,-a** *adj* omgekeerd; **~or,-a** *m/f* investeerder
invertir *vt* 1. investeren; (*geld*) beleggen; (*tijd*) steken in; 2. omkeren
investiga/ción *f* onderzoek *het*, research; **~dor,-a** *m/f* onderzoek(st)er; **~r** *vt* onderzoeken
inviable *adj m/f* onuitvoerbaar, onmogelijk
invicto,-a *adj* ongeslagen; onoverwinnelijk
invidente 1. *adj m/f* blind; **2.** *m/f* blinde
invierno *m* winter
inviolable *adj m/f* onschendbaar, onaantastbaar
invisible *adj m/f* onzichtbaar
invita/ción *f* uitnodiging; **~do,-a** *m/f* gast; **~r** *vt* uitnodigen; trakteren (**a** op)
invoca/ción *f* aanroeping; **~r** *vt* 1. inroepen; 2. *jur* z. beroepen op
involuntario,-a *adj* onvrijwillig
invulnerable *adj m/f* onkwetsbaar, onschendbaar
inyec/ción *f* injektie; prik; **~tar** *vt* injecteren; inspuiten
ir *vi* gaan, lopen, rijden; **~ de compras** boodschappen doen; **~ en coche (bicicleta)** met de auto (fiets) gaan; **¡vamos!** kom op!, vooruit!; **¡vaya!** nee maar!, nou nou!; **¡voy!** ik kom (eraan/al)!; **~ por alg/u/c** even iets *of* iem (gaan) halen; **~se** (weg)gaan, vertrekken
ira *f* woede, razernij
Ir/án: el ~án Iran, Perzië; **~*aní 1.** *adj m/f* Iraans; **2.** *m/f* Iraniër, Iraanse
Ira/q *m* Irak; **~quí 1.** *adj m/f* Iraaks; **2.** *m/f* Irakees, Irakese
irascible *adj m/f* lichtgeraakt, prikkelbaar
iris *m med* iris *f*; **arco ~** regenboog
Irland/a Ierland; **~*és,-esa 1.** *adj* Iers; **2.** *m/f* Ier(se)
ironía *f* ironie, spot

irónico,-a *adj* ironisch
irradiar *vt* uitstralen, bestralen
irre/al *adj m/f* onwerkelijk; irreëel; **~alizable** *adj m/f* onuitvoerbaar; **~futable** *adj m/f* onweerlegbaar; **~gular** *adj m/f* onregelmatig; ongeoorloofd; **~parable** *adj m/f* onherstelbaar; **~sistible** *adj m/f* onweerstaanbaar; **~sponsable** *adj m/f* onverantwoordelijk, onverantwoord;
irrevocable *adj m/f* onherroepelijk
irriga/ción *f* irrigatie, bevloeiing; **~r** *vt* 1. bevloeien; 2. *med* uitspoelen
irrita/ble *adj m/f* opvliegend; **~ción** *f* (o. *med*) irritatie; ergernis, **~nte** *adj m/f* irritant, heel vervelend; **~r** *vt* (o. *med*) irriteren ergeren; **~rse** *z.* ergeren; geïrriteerd raken
irrompible *adj m/f* onbreekbaar
irrumpir *vi* binnenstormen; binnenvallen
isla *f* eiland *het*
isl/am *m* islam; **~ámico,-a** *adj* islamitisch
island/és 1. *adj* IJslands; 2. *m/f* IJslander, IJslandse; **~*ia** *f* IJsland *het*
Israel *m* Israel *het*; **~*í** 1. *adj* Israelisch; 2. *m/f* Israëliër,-lische
istmo *m* landengte
Italia *f* Italië; **~*no** 1. *adj* Italiaans; 2. *m ling* Italiaans *het*; 3. *m/f* Italiaan(se)

itinerario *f* route, reisplan *het*
IVA *m*(= **impuesto sobre el valor añadido**) BTW (= belasting toegevoegde waarde)
izar *vt* (*vlag, zeilen*) hijsen
izquierd/a *f* 1. linkerkant, linkerhand; 2. *pol* links; **a/por la ~a** links; **~ista** *m/f pol* links georiënteerd persoon; **~o,-a** *adj* links, linker-; linkshandig

J

jabalí *m zool* wild zwijn *het*, everzwijn *het*
jabalina *f* 1. *zool* zeug; 2. *sport* (werp)speer
jabato *m zool* 1. jong everzwijn; 2. *fig coloq* dappere kerel
jabón *m* zeep
jabon/ar *vt* (in)zepen; **~era** *f* zeepbakje *het*
jaca *f* hit, merrie
jacinto *m bot* hyacint
jactarse opscheppen (**de** over), pochen
jacuzzi *m* whirlpool
jade *m* jade
jadear *vi* naar adem snakken; hijgen
jaguar *m zool* jaguar
jalar *vt coloq* eten
jale/a *f* gelei, aspic; **~a real** koninginnegelei; **~ar** aanmoedigen, aanvuren; lol trappen; **~o** *m* drukte, lawaai; warboel

jamás nooit; ooit; *nunca* ~ nooit meer
jamón *m* ham; ~ *dulce/cocido* gekookte ham; ~ *serrano* rauwe ham; ~ *York* gekookte ham
Jap/ón: el ~**ón** Japan; ~***onés,-esa 1.** *adj* Japans; **2.** *m/f* Japanner,-se; **3.** *m ling* Japans *het*
jaque *m* schaak; ~ *mate* schaakmat
jaqueca *f* (schele) hoofdpijn; migraine
jarabe *m* suikerstroop; *(med)* siroop
jardín *m* tuin
jardiner/a *f* 1. tuinierster; 2. bloembak, plantenbak; ~**ía** *f* (het) tuinieren; ~**o** *m/f* tuinier
jarr/a *f* kan, kruik, bierpul, kroes; ~**o** *m* kan, kruikje; ~**ón** *m* vaas, urn
jato *m* kalf *het*
jaula *f* kooi; hok *het*
jazmín *m bot* jasmijn
jefa *f* cheffin, hoofd *het*, bazin; ~**tura** *f* leiding; hoofdkantoor *het*; ~****tura de Policía*** hoofdbureau *het* van politie
jefe *m* chef; leider; ~ *de ventas* verkoopleider
jengibre *m* gember
jeque *m* sjeik
jerar/ca *m* hoogwaardigheidsbekleder; ~**quía** *f* hiërarchie; rangorde, rang
jerez *m* sherry
jerg/a *f* jargon *het*, slang, taaltje *het*

jerin/ga *f med* (injectie)spuit; ~**guilla** *f* (kleine) injectiespuit
jersey *m* jumper, pullover
Jesús Jezus; *¡~!* gezondheid! *(bij niezen)*
jibia *f zool* inktvis
jilguero *m zool* putter
jinete *m* ruiter
jirafa *f zool* giraffe
jockey *m/f* jockey
jocoso,-a *adj* grappig, jolig
jod/er 1. *vt/i vulg* neuken, naaien; **2.** *vt coloq* pesten; verpesten; **3.** *¡~!* *excl* godverdomme!; ~**ido,-a** *adj vulg* rot, ellendig
jolgorio *m* feestgedruis *het*, feestvreugde
jorna/da *f* 1. werkdag; 2. conferentie; ~**da laboral/de trabajo** werkdag; ~**l** *m* dagloon *het*; ~**lero,-a** *m/f* dagloner,-loonster
joroba *f* bochel; *¡~!* verdomme!; ~**do,-a** *adj* gebocheld; ~**r** *vt* lastig vallen; stuk maken; ~**rse** het slikken, het pikken
jota *f* 1. greintje *het*, spatje *het*; 2. bep. volksdans; 2. (kaartspel) boer
joven 1. *adj m/f* jong; **2.** *m/f* (*pl* jóvenes) jongeman, jongen; jong meisje *het*, jongedame
joy/a *f* juweel *het*; ~**ería** *f* juwelierswinkel; ~**ero,-a 1.** *m/f* juwelier; **2.** juwelenkistje *het*
jubil/ación *f* pensionering; (ouderdoms)pensioen *het*; ~**ado,-a**

jubilado

1. *adj* gepensioneerd; **2.** *m/f* gepensioneerde; **~ar** *vt* pensioneren; **~arse** met pensioen gaan

júbilo *m* grote vreugde; vreugdebetoon *het*

juda/ico,-a *adj* joods; **~ísmo** *m* jodendom *het*

judía *f* 1. joodse; 2. *gastr* boon

judi/catura *f* rechterlijke macht, justitie; **~cial** *adj m/f* (ge)rechterlijk

judío,-a 1. *adj* joods; **2.** *m* jood

judo *m sport* judo *het*

juego *m* 1. spel(letje) *het*; 2. set *het*, stel *het*; 3. *tecn* speling, beweging; **~ de cama** beddegoed *het*; **~*s Olímpicos** Olympische Spelen *pl*; **hacer ~ con** passen bij

juerga *f* luidruchtig feest; *irse de* ~ aan de zwier/boemel gaan

jueves *m* donderdag; **~* Santo** witte donderdag

juez *m/f* rechter

jugad/a *f* 1. (*spel*) zet; 2. manoeuvre; 3. (gemene) streek, poets; **~or,-a** *m/f* spe(e)l(st)er

jugar *vt/i* spelen; **~ *un papel*** een rol spelen; **~ *dinero*** om geld spelen; **~se** *u/c* iets riskeren, op het spel zetten; inzetten

juglar *m* troubadour, minstreel

jugo *m* sap *het*; **~so,-a** *adj* sappig

juguete *m* speelgoed *het*; **~ría** *f* speelgoedwinkel

juicio *m* verstand *het*; oordeel *het*, mening; *jur* proces *het*; **~so,-a** *adj* verstandig, wijs

julio *m* juli

junco *m* 1. riet *het*, bies; 2. *nav* jonk

jungla *f* jungle, rimboe

junio *m* juni

junta *f* 1. vergadering; 2. raad, college *het*; 4. *tecn* naad, voeg; **~ *directiva*** bestuur *het*; **~r** *vt* samenbrengen, verenigen; **~rse** bijeenkomen, z. verenigen

junto,-a 1. *adj* dicht opeen, bij elkaar;

2. ~ *a* *prep* bij, dichtbij; **~s** samen

juntura *f tecn* naad; verbinding; gewricht *het*

jura *f* eed; **~do,-a 1.** *adj* gezworen; beëdigd; **2.** *m* 1. jury, 2. jurylid *het*; **~mentar** *vt* beëdigen, de eed afnemen; **~mento** *m* 1. eed; 2. vloek; **~r 1.** *vt* zweren; **2.** *vi* vloeken

jurídico,-a *adj* juridisch, rechtskundig; rechts-

juris/dicción *f* jurisdictie; ambtsgebied *het*; rechtspraak; **~ta** *m/f* jurist(e)

justi/cia *f* 1. rechtvaardigheid; 2. rechtspraak; 3. justitie; **~ficado,-a** *adj* gewettigd, billijk; **~ficante** *m* bewijs(stuk); **~ficar** *vt* rechtvaardigen; bewijzen, aantonen

justo,-a *adj* 1. eerlijk, billijk, rechtvaardig; 2. juist, precies, afgepast; 3. krap, strak

juven/il *adj m/f* jeugdig; **~tud** *f* jeugd, jongeren *pl*
juzga/do *m* gerechtsgebouw *het*; rechtbank; **~r 1.** *vt* 1. oordelen, beoordelen; 2. *jur* berechten; **2.** *vi* 1. oordelen, een oordeel vellen; 2. *jur* rechtspreken

K

kaki *m* (*kleur*) kaki *het*
kárate, karate *m sport* karate *het*
kart *m* kart; **~ing** *m* karting, karten *het*
kárting *m sport* karting *het*
kerosén *m* kerosine
kilo(gramo) *m* kilo(gram)
kilómetro *m* kilometer
kilovatio *m* kilowat
kimono *m* kimono
kindergarten *m* peuterspeelzaal
kiosco *m* kiosk
kiwi *m* kiwi
klínex *m* papieren zakdoek
knock-out *m* knock out
kodak *m* (r) kleine camera
kurdo,-a 1. *adj* Koerdisch; **2.** *m/f* Koerd(ische); **3.** *m ling* Koerdisch *het*

L

la 1. de, het; **2.** die, haar; **3.** *m mús* a

laberinto *m* **1.** doolhof *het*; **2.** *fig* wirwar
labio *m* lip
labor *f* werk *het*; **~able** *adj m/f* werk-; *día* **~able** werkdag, weekdag; **~al** *adj m/f* arbeids-, werk-; **~ante** *m/f* laborant(e); **~atorio** *m* laboratorium *het*; **~atorio de idiomas** talenpracticum *het*; **~ioso,-a** *adj* 1. lastig; 2. moeizaam; 3. ijverig
labra/dor,-a *m/f* landarbeid(st)er, boer(in); **~r** *vt agr* bewerken; *sin* **~r** onbewerkt, ruw
laca *f* lak; haarlak; **~** *para uñas* nagellak
lacayo *m* lakei
lacón *m gastr* schouderstuk *het* v/h varken
lacra *f* gebrek *het*; smet; **~r** *vt* met zegellak sluiten
lacta/ncia *f* 1. (het) zogen; borstvoeding; 2. lactatieperiode; **~nte** *m/f* zuigeling
lácteo,-a *adj* v/d melk; *productos* **~s** *mpl* zuivel
ladera *f* (berg)helling
ladilla *f* platluis, platje *het*
lado *m* kant, zijde; *de* **~** dwars, zijdelings; *al otro* **~** *de* aan de andere kant van; *al* **~** ernaast; vlak in de buurt; *por otro* **~** anderzijds
ladr/ar *vi* blaffen; **~ido** *m* geblaf *het*
ladrillo *m* baksteen

ladrón

ladrón *m* 1. dief; 2. *electr* driewegstekker
ladrona *f* dievegge
lagar/tija *f zool* kleine (muur)hagedis; **~to** *m zool* hagedis
lago *m* meer *het*
lágrima *f* traan
laguna *f* 1. lagune; 2. *fig* leemte, hiaat *het*
laico,-a 1. *adj* wereldlijk; niet kerkelijk; **2.** *m/f (rel)* leek
lament/able *adj m/f* betreurenswaardig; treurig; **~ación** *f* (het) klagen; jammerklacht; **~ar** *vt* beklagen, betreuren; **~arse** jammeren, z. beklagen; **~o** *m* geweeklaag *het*
lamer *vt* (af)likken
lámina *f* 1. (metaal)plaat; folie; lamel; 2. gravure, prent
lámpara *f* lamp; **~ de pie** staande lamp
lampista *m/f* elektroinstallateur, loodgiet(st)er
lana *f* wol; **de ~** wollen
lancha *f* boot; **~ motora** *f* motorboot
langost/a *f zool* 1. (zee)kreeft; 2. sprinkhaan; **~ino** *m gastr* soort reuzengarnaal
lanza *f* lans, speer; **~miento** *m* (het) werpen; gooi; lancering; **~r** *vt* werpen, slingeren; lanceren; **~rse** stuiven; z. storten **(a** op); z. wagen aan; **~rse al agua** in het water springen

lápiz *m* potlood *het*; **~ de color** kleurpotlood *het*; **~ de cejas** wenkbrauwpotlood *het*; **~ de labios** lippenstift
laps/o *m* tijdsbestek *het*, interval; **~us** *m* verspreking
larga: a la ~ op den duur; **dar ~s a alg** iem aan het lijntje houden; **~rse** *coloq* ervandoor gaan, ophoepelen
largo,-a 1. *adj* lang; uitvoerig; **a lo ~** in de lengte; **a lo ~ de** *(prep)* langs; doorheen; **2.** *m* lengte; **~metraje** *m* speelfilm
laring/e *f* strottenhoofd *het*; **~itis** *f med* keelontsteking
larva *f zool* larve, larf, made
lasitud *f* vermoeienis; matheid
lástima *f* medelijden *het*, bedroevend iets *het*; **dar ~** droevig zijn om te zien; **~ que** (+ *subj*) jammer dat; **¡qué ~!** (wat) jammer!
lastimar *vt* pijn doen, bezeren; kwetsen **~se** 1. z. beklagen; 2. z. pijn doen
lastre *m* 1. ballast; 2. *fig* last
lata *f* 1. blik(je) *het*; *fig* gezeur *het*, gedoe *het*; **dar la ~ a alg** iem aan zijn kop zeuren
latente *adj m/f* latent; verborgen
lateral 1. *adj m/f* zijwaarts; zij-; **2.** *s/m* 1. zijkant; 2. *sport* vleugelverdediger
latido *m* (het) kloppen, getik *het*; (hart)slag *het*
látigo *m* zweep

lat/ín *m* Latijn *het*; **~ino,-a** *adj* 1. Latijns; 2. Latijnsamerikaans
latir *vi* kloppen, tikken
latitud *f* (*o. geogr*) breedte
latón *m* messing
laurel *m* laurier; **~es** *mpl* lauweren *pl*, roem
lava *f* lava
lava/ble *adj m/f* (af)wasbaar; **~bo** *m* 1. wastafel; 2. toilet *het*, WC; **~do** *m* (het) wassen, was; wasbeurt; **~dora** *f* wasmachine, wasautomaat; **~nda** *f bot* lavendel; **~ndería** *f* wasserij; **~platos** *m* 1. afwasmachine; 2. bordenwasser; **~r** *vt* wassen, afspoelen; poetsen; *fig* witwassen; **~r en seco** stomen; **~tiva** *f med* lavement *het*; **~vajilla** *m* afwasmiddel *het*; **~vajillas** *m* afwasmachine
laxante 1. *adj m/f* laxerend; 2. *m* laxeermiddel *het*
lazo *m* 1. strik; lus; 2. *fig* band, binding
leal *adj m/f* trouw, loyaal; **~tad** *f* trouw; loyaliteit
lección *f* les; *fig* lesje *het*; *dar una ~ a alg* iem de les lezen
leche *f* melk; **~ bronceadora** zonnebrand(melk); **~ condensada** gecondenseerde melk; **~ desnatada** magere melk; **~ entera** volle melk; **~ semidesnatada** halfvolle melk; **~ uperizada** gehomogeniseerde melk; **~ría** *f* melkzaak; zuivelhandel; **~ro,-a** 1. *adj* melk-; 2. *m/f* melkman, melkmeisje *het*
lech/o *m* bed *het*, sponde; **~ón** *m gastr* speenvarken *het*
lechuga *f* (krop)sla
lechuza *f* (kat)uil
lect/ivo,-a *adj* v/d les, les-; **~or,-a** 1. *m* leesapparaat *het*; 2. *m/f* 1. lezer(es); gastdocent(e); **~ura** *f* 1. (het) (af)lezen; 2. lectuur
leer *vt* 1. lezen; 2. aflezen; 3. voorlezen
lega/ción *f* gezantschap *het*; **~do** *m* legaat *het*
legal *adj m/f* legaal, wettelijk, wettig; **~idad** *f* legaliteit; wettigheid; **~ización** *f jur* legalisatie; **~izar** *vt* legaliseren; authentiek verklaren
legar *vt jur* legateren, vermaken
legendario,-a *adj* legendarisch
legi/ón *f* 1. legioen *het*; 2. massa, hoop; **~onela** *f med* veteranenziekte
legisla/ción *f* wetgeving; **~tivo, -a** *adj* wetgevend; **~tura** *f pol* zittingsperiode
legitim/ar *vt* 1. wettigen; authentiek verklaren; 2. rechtvaardigen; **~arse** z. legitimeren; **~idad** *f* legitimiteit; echtheid
legítimo,-a *adj* legitiem, wettig; echt
lego,-a *m/f* leek, lekenbroeder,-zuster
legumbre *f* peulvrucht

lejan/ía *f* verte; **~o,-a** *adj* ver; verafgelegen

lejía *f* bleekwater *het*, chloor, loog

lejos *adv* ver; **a lo ~** in de verte; **de ~** uit de verte; **~ de** ver(re) van

lema *m* lemma *het*, motto *het*, devies *het*; *pol* leus

lencería *f* 1. lingerie; 2. lingeriezaak

lengua *f* 1. tong; 2. taal; **~ materna** moedertaal; **~do** *m zool* (zee)tong; **~je** *f* taal (gebruik *het*); spraak(gebruik *het*), woordkeus

lente 1. *m* lens, brillenglas *het*; **~s** *mpl* bril; **~s de contacto** contactlenzen; **2.** *f foto* lens; loep; **~ja** *f bot* linze; **~juela** *f* paillette

lentilla *f* contactlens

lent/itud *f* traagheid; **~o ,-a** *adj* langzaam, traag

leña *f* (brand)hout *het*; **~dor,-a** *m/f* houthakker,-hakster

Leo *m astr* Leeuw

le/ón *m* leeuw; **~ona** *f* leeuwin

leopardo *m* luipaard

leotardos *mpl* maillot, panty

leproso,-a *adj* melaats, lijdend aan lepra

lerdo,-a *adj* traag, sloom, traag van begrip

lesbian/a *f* lesbienne; **~o,-a** *adj* lesbisch

lesi/ón *f* letsel *het*, wond, blessure; **~ionado,-a** *adj* geblesseerd; **~ionar** *vt* verwonden; schaden; **~onarse** *z.* blesseren

letal *adj m/f* dodelijk

letra *f* 1. letter; lettertype *het*; handschrift *het*; tekst (v. lied); 2. *com* wissel; **~s** *fpl stud* letteren; alfarichting

letrado,-a 1. *adj* geletterd, erudiet; **2.** *m/f* jurist(e), advocaat,-cate; raadsman,-vrouw

letrero *m* bord(je) *het*; opschrift *het*; (straat)naambord *het*; naamplaatje *het*

leucemia *f med* leukemie, bloedkanker

levadura *f* gist; **~ en polvo** bakpoeder *het*

levanta/miento *m* (het) opheffen; opheffing; opstand; **~r** *vt* 1. optillen, verheffen; overeind zetten, 2. oprichten; 3. weghalen; 4. veroorzaken; 5 *fig* (*verbod*) opheffen; **~rse** 1. opstaan, z. verheffen; 2. (*wind*) opsteken; 3. (*mist*) optrekken; 4. (*volk*) in opstand komen

levante *m* oosten *het*; oostenwind **el ~*** (= *oostkust v. Spanje*) Levant

leve *adj m/f* licht; *med* niet ernstig

léxico,-a 1. *m* lexicon *het*; woordenschat; **2.** *adj* lexicaal

ley *f* wet

leyenda *f* 1. legende; sage; 2. legenda; opschrift *het*

liar *vt* 1. bijeenbinden; (in)wikke-

libera/ción f bevrijding; **~l 1.** adj m/f liberaal; vrijgevig; **2.** m/f pol liberaal; **~lismo** m liberalisme het; **~r** vt bevrijden, vrijlaten

libert/ad f vrijheid; **~ar** vt bevrijden; vrijstellen (**de** van)

libra f **1.** (**~ esterlina**) pond het (sterling); **2. ~*** astr Weegschaal; **~r 1.** vi vrij hebben; **2.** vt **1.** redden (**de** uit/van); **2.** vrijstellen van

libre adj m/f vrij (**de** van)

libre/ría f boekhandel; boekenkast; **~ría de ocasión** tweedehandsboekwinkel; **~ro** m boekhandelaar; **~ta** f aantekenboekje het; **~ta de ahorros** spaarbankboekje het

libro m boek het; **~ de bolsillo** pocket(boek het); **~ de familia** trouwboekje het; **~ de texto** schoolboek het

licencia f licentie, vergunning; verlof het; **~ de armas** wapenvergunning; **~ de caza** jachtakte; **~ de pesca** visakte; **~do,-a** m/f ± doctorandus,-da; Belg ± licenciaat,-ate; **~tura** f doctoraal examen het; **~rse 1.** afstuderen; 2. afzwaaien

licita/ción f aanbesteding, licitatie; **~r** vt (veiling) bieden, een bod doen; inschrijven

lícito,-a adj wettig, geoorloofd, toegestaan

licor m likeur

licuadora f blender, sapcentrifuge

líder m/f aanvoerd(st)er, leid(st)er

lidia f strijd; stierengevecht het; **~r 1.** vi strijden; **2.** vt **~r un toro** een stier bevechten

liebre f zool haas

lienzo m (linnen)doek het, schildersdoek het; schilderij het

liga f **1.** pol liga, bond(genootschap het); **2.** sport eredivisie, competitie; **3.** jarretel; **~r** vt **1.** (vast)binden, verbinden (**a** met); **2.** fig (**con** met), versieren

liger/eza f lichtheid; lichtzinnigheid; **~o,-a** adj licht; luchtig, vlug; lichtzinnig

ligón m versierder, rokkenjager

lija f (**papel de ~**) schuurpapier het; **~r** vt schuren

lila 1. adj inv lila; **2.** f bot sering

lima f vijl; **~ de uñas** nagelvijl; **~r** vt vijlen

limita/ción f beperking; begrenzing; **~ción de velocidad** auto snelheidsbeperking; **~do,-a** adj beperkt; begrensd; **~r** vt beperken; begrenzen

límite m grens, limiet, maximum het

limítrofe adj m/f aangrenzend

lim/ón m citroen; **~onada** f citroenlimonade; **~ero,-a 1.** adj citroen-; **2.** m citroenboom

limosna f aalmoes
limpia/botas m schoenpoetser; **~parabrisas** m auto ruitenwisser; **~r** vt schoonmaken, reinigen; zuiveren (**de** van); **~uñas** m nagelborstel
limpi/eza f netheid; reiniging, schoonmaak; **~o,-a** adj schoon, rein; vrij (**de** van)
linaje m 1. afkomst; geslacht het; 2. soort het
linaza f lijnzaad het
lince m 1. zool lynx; 2. fig sluwe vos
lindo,-a adj leuk, mooi; **de lo ~** danig, heel erg
línea f lijn; streep; rij; regel; linie; **~s aéreas** luchtvaartmaatschappij; **~ férrea** spoorlijn; **~ marítima** scheepvaartlijn; **~ telefónica** telefoonlijn; **~l** adj m/f lineair
linf/a f med lymfe; **~ático** adj lymfe-
lingü/ística/a f linguïstiek; taalkunde; **~o** taalkundig, linguïstisch
lino m vlas het, linnen het
linóleo m linoleum het
linterna f lantaarn; **~ de bolsillo** zaklamp
lío m 1. bundel het; 2. fig gedoe, trammelant; lastig parket het; 3. amoureuze verhouding
liquid/ación f 1. liquidatie, afrekening; 2. opheffing, uitverkoop; **~ar** vt 1. vloeibaar maken; 2. afwikkelen, vereffenen; 3. uitverkopen; 4. liquideren, elimineren
líquido,-a 1. adj vloeibaar; 2. m vloeistof
líric/a f lyriek; **~o,-a** adj lyrisch
liso,-a adj glad, egaal; (haar) steil, (kleur) effen
lista f lijst; **~ de correos** poste restante; **~ de bodas** verlanglijst (bij huwelijk); **~ de precios** prijslijst; **~ de espera** wachtlijst; **~do** 1. adj gestreept; 2. m uitdraai, listing
listo,-a adj 1. (**ser**) intelligent, pienter; slim; 2. (**estar**) klaar, gereed (**para** voor, om te)
listón m lat; schroefje het
liter/a f stapelbed het; nav kooi; ferroc couchette; **~rio,-a** adj literair; **~tura** f literatuur
liti/gar vi twisten; procederen; **~gio** m geschil; jur rechtsgeding het
litoral 1. adj m/f kust-; 2. m kust(streek)
litro m liter; **~na** f literfles (bier)
Lituan/ia Litouwen; **~o,-a** 1. adj Litouws; 2. m/f Litouwer, Litouwse
llaga f open wond(e); (o. fig) zweer
llama f 1. vlam; 2. fig vuur het, passie; 3. zool lama; **~da** f (op)roep; telefoontje het, telefoongesprek het; **~miento** m oproep, beroep het (**a** op)
llamar 1. vt roepen; oproepen (**a**

logrado

tot); noemen; opbellen; **~ por teléfono** opbellen; **2.** *vi (deur)* kloppen; bellen; **~se 1.** heten; **2.** elkaar opbellen

llamativo,-a *adj* opvallend; *(kleur)* schreeuwerig

llano,-a 1. *adj* 1. vlak; plat; 2. eenvoudig; gewoon; **2.** *m* vlakte

llant/a *f auto* velg; binnenband; **~o** *m* gehuil *het*

llanura *f* (laag)vlakte; prairie

llave *f* sleutel; *tecn* kraan; **~ de contacto** contactsleutel; **~ maestra** loper; **~ del gas** gaskraan; **bajo ~** achter slot; **~ro** *m* sleutelhanger

llegada *f* aankomst; *sport* finish

llegar *vi* 1. aankomen (**a** te); reiken, komen (**a** tot); 2. voldoende zijn; 3. het brengen (**a u/c** tot iets); **~ lejos** het ver brengen

llenar *vt* vullen (**con**, **de** met); invullen

lleno,-a vol (**de** met) vervuld; **de ~** volledig

llevar *vt* 1. dragen (*o. kleding*); 2. brengen; meenemen, (weg) brengen; 3. bij z. hebben; **~se** meenemen, verkrijgen; **~se bien con alg** goed met iem kunnen opschieten

llor/ar 1. *vi* huilen; **2.** *vt* huilen, treuren om; **~iquear** *vi* jengelen; **~o** *m* gehuil *het*

llov/er *vi* regenen; **~izna** *f* motregen

lluvi/a *f* regen; **~a ácida** zure regen; **~oso,-a** *adj* regenachtig, buiig

lo 1. *(art)* het; **~ bueno** het goede; **2.** *pron pers* hem, dat; **~ que** wat, hetgeen; **3.** *adv:* **~ .... que** hoe (zeer); **4. ~ de** dat met

loable *adj m/f* lovenswaardig

lobo,-a *m/f* wolf, wolvin; **~ marino** zeerob

local 1. *adj m/f* lokaal, plaatselijk; **2.** *m* lokaal *het*, ruimte; **~idad** *f* plaats; *teat* toegangsbewijs *het*; **~ización** *f* lokalisatie; aanduiding; **~izar** *vt* lokaliseren; opsporen

loción *f* lotion; **~ capilar** haarwater *het*; **~ corporal** bodylotion; **~ facial** after-shave

loco,-a 1. *adj* gek (**por** op); krankzinnig, dol, dwaas; **2.** *m/f* gek, dwaas; waaghals

locomo/ción *f* voortbeweging; vervoer *het*; **~tora** *f* locomotief

locuaz *adj m/f* spraakzaam, babbelziek

locución *f* uitdrukking, zegswijze

locura *f* krankzinnigheid, waanzin, gekte

locutor,-a *m/f radio* omroeper,-ster

lodo *m* modder, slijk *het*; **~so,-a** *m/f* modderig

lógic/a *f* logica; **~o** logisch

logístic/a *f econ, mil* logistiek

logr/ado,-a *adj* gehaald, succes-

lograr 558

vol; **~ar** *vt* bereiken, (be)halen; **~o** *m* (het) bereiken; winst; succes; **~os** *mpl* verworvenheden, prestaties
lomb/arda *f* rode kool; **~riz** *f* worm; pier
lom/a *f* heuvel(rug); **~o** *m* 1. (*o. gastr*) lende; 2. *zool* rug; 3. (*boek*) rug
lona *f* zeildoek *het*, canvas; dekzeil *het*
loncha *f* plak, plakje *het*
lond/inense *adj m/f* uit Londen; **~*dres** Londen
longaniza *f gastr* soort harde worst
longev/idad *f* lang leven; **~o** hoogbejaard
longitud *f* (*o. geogr*) lengte
lonja *f* plak, moot; (koopmans)beurs; **~ de pescado** visafslag
loro *m* papegaai; *fig* kletskous
losa *f* platte steen; vloertegel; (graf)steen
lote *m* 1. (aan)deel *het*; 2. *com* partij goederen; 3. pakket *het* (aanbiedingen); **~ría** *f* verloting; loterij; **~ría nacional** staatsloterij; **~ría primitiva** soort lotto
loto *m bot* lotus
loza *f* aardewerk *het*, serviesgoed *het*
lubina *f zool* zeebaars
lubrica/nte 1. *adj m/f* smeer-; 2. *m* smeerolie; **~r** *vt* (door) smeren, oliën

lucha *f* strijd, gevecht *het*; bestrijding; **~r** *vi* strijden, vechten (**contra** tegen); worstelen
lucid/ez *f* helder inzicht *het*; **~o,-a** *adj* helder; wakker
luci/ente stralend *adj m/f*; **~érnaga** *f zool* glimworm
lucio *m zool* snoek
lucir 1. *vi* schitteren; uitblinken; mooi staan; 2. *vt* verlichten; pronken met; (*kleding*) dragen; **~se** een goed figuur slaan
lucr/arse z. verrijken, beter worden (**de** van); **~ativo,-a** *adj* lucratief, winstgevend; **~o** *m* winst
luego dadelijk, zo; daarna; dus; **desde ~** uiteraard; **hasta ~** tot straks, tot ziens
lugar *m* plaats, plek; **en ~ de** (*prep*) in plaats van; **en primer ~** op de eerste plaats; **dar ~ a** gelegenheid geven tot; **tener ~** plaats vinden
lujo *m* luxe; overvloed; **~so,-a** *adj* luxueus
lumba/go *m med* spit; **~r** *v/d* lendenen
lumbre *f* vuur *het*, vuurtje *het*; licht *het*
luminoso,-a 1. *adj* glanzend, lichtgevend; licht-; lumineus
luna *f* 1. maan; 2. spiegelglas *het*; ruit; **~ de miel** huwelijksreis; **~ nueva** nieuwe maan; **media ~** halve maan; **~ llena** volle maan; **~r** 1. *adj* maan-; 2. *m*

1. moedervlek; 2. (kleding) stip
lunes m maandag
luneta f autoruit; **~ trasera** auto achterruit
lupa f loep, vergrootglas het
lúpulo m hop
lustr/ar vt (ritueel) reinigen; oppoetsen; **~e** m glans; glorie; schoensmeer; **~o** m lustrum het
luto m rouw, smart; rouwkleding; **guardar ~** in de rouw zijn
luz f licht het; **~ de carretera** auto groot licht het; **~ de cruce** auto dimlicht het; **~ de tráfico** verkeerslicht het; **dar a ~** bevallen; ter wereld brengen

M

macabro,-a adj macaber
macarrones mpl macaroni
macedonia f **(de fruta)** fruitsalade
macet/a f bloempot; **~ero** m bloembak
machacar vt 1. fijnstampen, fijnmaken, vermorzelen; 2. fig zeuren, doorzagen
machete m machete, kapmes het
mach/ismo m machismo het, stoer mannelijk gedrag het; **~ista** adj m/f macho-, stoer; **~o** m 1. mannelijk geslacht het; 2. mannetje het

macizo,-a 1. adj massief; **2.** m massief het
madeja f knot (wol)
mader/a f 1. hout het; 2. fig aanleg; **tocar ~** iets afkloppen; **~o** m 1.stuk hout, balk; 2. coloq smeris (politieagent)
madrastra f stiefmoeder
madre f moeder; **~ patria** moederland het; **~perla** f paarlemoer het
madrileño,-a 1. adj Madrileens; **2.** m/f Madrileen(se)
madrina f peettante; beschermvrouwe
madrug/ada f vroege ochtend; **de ~ada** heel vroeg; **~ador,-a** m/f iem die altijd vroeg opstaat; **~ar** vi vroeg opstaan
madur/ar 1. vt laten rijpen; langdurig overwegen; **2.** vi rijpen; **~ez** f 1. rijpheid; 2. volwassenheid; **~o,-a** adj rijp volwassen
maestr/a f onderwijzeres; **~ía** f meesterschap het; **~o,-a 1.** adj meesterlijk; tecn hoofd-; **2.** m 1. onderwijzer, 2. (leer)meester
magia f magie, toverij
mágico,-a adj magisch; tover-; wonderbaarlijk
magistra/do m/f magistraat; **~l** adj m/f meesterlijk; magistraal; **~tura** f magistratuur, rechtersambt het; **~tura del trabajo** Esp Raad van Arbeid
magnesio m magnesium het
magnético,-a adj magnetisch

magnetófono

magnetó/fono *m* bandrecorder; **~scopio** *m* video(apparaat *het*)

magn/ífico,-a *adj* prachtig; schitterend, voortreffelijk; **~itud** *f* omvang; **~olia** *f bot* magnolia

mago,-a *m/f* tovenaar, -nares; *los Reyes ~*s* de drie koningen

magro,-a 1. *adj* mager; **2.** *m* mager vlees

magulla/dura *f med* kneuzing; gekneusde plek; **~r** *vt* kneuzen

Mahom/ *m* Mohammed; **~*etano,-a 1.** *adj* mohammedaans; **2.** *m/f* Mohammedaan(se)

mahonesa *f gastr* mayonaise

ma/íz *m* maïs; **~izal** *m* maïsveld *het*

majadero,-a *m/f coloq* uilskuiken *het*, stommeling

majest/ad *f* majesteit; **~uoso,-a** *adj* majestueus

majo,-a *adj* aardig, sympathiek; leuk, knap

mal 1. *adj m/f =* malo *vóór s/m*; **2.** *adv* slecht, verkeerd; vies; *¡menos ~!* gelukkig maar!; des te beter!; *saber ~* vies smaken; *ir ~* verkeerd gaan; **3.** *m* kwaad *het*; euvel; kwaal

malagueño,-a 1. *adj* van/uit Málaga; **2.** *m/f* iem uit Malaga

mal/criado,-a *adj* onbeleefd, onbeschoft; **~dad** *f* slechtheid, gemeenheid; **~decir 1.** *vi* kwaadspreken (**de** van); **2.** *vt* vervloeken; **~dición** *f* vloek; **~dito,-a** *adj* vervloekt, verdraaid; *¡~dita sea!* verdomme!; **~eante 1.** *adj m/f* verderfelijk; slecht; **2.** *m/f* vagebond; boef; **~ear** *vt* bederven, verzieken

malecón *m* pier, dijk; boulevard

maleduca/do,-a *adj* onbeleefd, ongemanierd; **~r** *vt* slecht opvoeden; verwennen

malentendido *m* misverstand *het*

malestar *m* 1. onbehagen *het*; onvrede; 2. misselijkheid

malet/a *f* 1. koffer; 2. *auto* kofferruimte; **~ero** *m* kruier; *auto* kofferbak; **~ín** *m* koffertje *het*, aktentas

maleza *f* onkruid *het*; struikgewas *het*

malformación *f* misvorming

malgastar *vt* verkwisten, verspillen

mal/hechor,-a *m/f* misdadiger; **~humor** slecht humeur; **~humorado,-a** *adj* chagrijnig

malici/a *f* boosaardigheid; boze opzet; **~oso,-a** *adj* boosaardig, gemeen; schalks

maligno,-a *adj* gemeen; *med* kwaadaardig

malintencionado,-a *adj* kwaadwillig

malla *f* steek, maas; maillot

mallorquín,-a 1. *adj* van/uit Majorca; **2.** *m/f* iem uit Majorca

malo,-a 1. *adj* (**ser**) 1. slecht, gemeen; verkeerd; 2. (*kind*) stout; 3. (*estar*) ziek; **2.** *m* slechterik, schurk

malo/grado,-a mislukt; te jong gestorven; **~grar** *vt* doen mislukken; **~grarse** mislukken, falen; te jong sterven

maloliente *adj m/f* stinkend

malsano,-a ongezond, ziekelijk

malta *f* mout

maltratar *vt* mishandelen; slecht behandelen

maltrecho,-a *adj* gehavend, toegetakeld

malva *f* 1. *bot* malve; 2. mauve, lichtpaars; **~do,-a** *m/f* schurk, onverlaat, ploert

malversa/ción *f* malversatie; **~r** *vt* verduisteren

malvivir *vi* in armoede leven

mamá *f* mama, moeder

mama *f* (vrouwen)borst; **~r** *vi* zuigen; *dar de ~r* (*kind*) voeden, de borst geven

mamífero *m* zoogdier *het*

mamografía *f med* mammografie

mampara *f* (kamer)scherm *het*; schuifwand

manada *f zool* kudde; troep, stel *het*; *a ~s adv* in drommen

mana/ntial 1. *adj m/f* bron-; **2.** *m* bron; oorsprong; **~r** *vi* ontspringen, vloeien

manch/a *f* vlek; **~ar** *vt* 1. *o. fig* bevlekken; 2. bezoedelen; **~ego,-a** *adj* van/uit La Mancha; *gastr* kaas uit La Mancha

manco,-a *adj* eenarmig; eenhandig

mancomunidad *f* vereniging; samenwerkingsverband *het*

manda/miento *m* gebod *het*; bevel(schrift) *het*; **~nte** *m/f* lastgever, -geefster; **~r 1.** *vt* 1. zenden, sturen; 2. opdragen, bevelen; 3. laten; **2.** *vi* de baas zijn

mandarina *f* mandarijntje *het*

mandato *m* 1. opdracht; bevel *het*; 2. *pol* mandaat *het*

mandíbula *f* kaak; *tecn* bek, klem

mandil *m* schort; voorschoot *het*

mando *m* 1. gezag *het*; leiding; hoofd *het*; 2. *mil* bevel(voering) *het*; 3. *tecn* bediening, besturing; *~ a distancia* afstandsbediening

manecilla *f* wijzer (van klok)

mane/jar *vt* 1. hanteren; bedienen; 2. omgaan met; 3. overheersen; **~jo** *m* 1. hantering, 2. besturing

manera *f* manier, wijze; stijl, trant; *de ~ que* (+ *subj*) zodat; *de ninguna ~* geenszins; *de todas ~s* in ieder geval; *no hay ~* het lukt niet; **~s** *fpl* manieren *pl*, gedrag *het*

manga *f* mouw; spuit; *sin ~* mouwloos; *en ~s de camisa* in hemdsmouwen

mango *m* 1. handvat *het*, steel; 2. *bot* mango; mangoboom

manguera *f* (water)slang, brandslang

manía *f* manie, rage; afkeer; **tener ~ a alg** een hekel hebben aan iem

manicomio *m* (*o. fig*)gekkenhuis *het*

manicura *f* manicure

manifesta/ción *f* betoging; demonstratie; manifestatie; **~nte** *m/f* demonstrant(e); beto(o)g(st)er; **~r** *vt* verklaren; te kennen geven; tonen; **~rse** z. verklaren; z. tonen; betogen; blijken

manifiesto,-a 1. *adj* zeer duidelijk; zichtbaar; **poner de ~** aan de dag leggen; **2.** *m* manifest *het*

manillar *m* (*fiets, motor*) stuur *het*

maniobra *f* manoeuvre; het besturen; **~r** *vt/i* 1. manoeuvreren; 2. *transp* rangeren

manipula/ción *f* behandeling (v. goederen) manipulatie; **~r** *vt* behandelen; manipuleren; knoeien (**con** met)

maniquí 1. *m* etalagepop; **2.** *f* mannequin

manjar *m gastr* spijs; delicatesse

mano *f* 1. hand; 2. keer; laag; 3. *zool* voorpoot; klauw; **~ de obra** arbeidskrachten *pl*; **a ~ derecha** rechts; **de segunda ~** tweedehands

mano/jo *m* handvol; bosje *het*, bundel; **~pla** *f* want; washandje *het*

manosear *vt* beduimelen; friemelen aan

mansión *f* herenhuis *het*, landhuis *het*

manso,-a *adj* 1. zachtmoedig, gedwee; 2. (*dier*) tam

manta *f* 1. deken; plaid

manteca *f* reuzel, vet *het*; **~ado** *m* soort cakegebakje *het*

mantel *m* tafellaken *het*; **~ería** *f* tafellinnen *het*

manten/er *vt* 1. behouden; 2. volhouden; 3. ondehouden; **~erse** z. handhaven; zichzelf onderhouden; **~imiento** *m* 1. handhaving; 2. (levens)onderhoud *het*

mantequilla *f* (room)boter

mant/o *m* wijd overkleed *het*; (dek)mantel; **~ón** *m* omslagdoek; zijden sjaal

manual 1. *adj* hand-; met de hand; **2.** *m* handboek *het*; handleiding

manuscrito,-a 1. *adj* handgeschreven; **2.** *m* manuscript *het*

manutención *f* (levens)onderhoud *het*

manzan/a *f* 1. appel; 2. blok *het* huizen; **~ al horno** *gastr* gebakken appel; **~illa** *f* kamille; kamillethee; **~o** *m* appelboom

maña *f* handigheid; list; **~s** *fpl* kuren *pl*

mañana 1. *f* morgen, ochtend; **por la ~** 's ochtends, 's morgens; **2.** *m fig* toekomst; **3.** *adv* morgen; **~ por la ~** morgenvroeg

mapa *m* (land)kaart; **~ de carreteras** wegenkaart; **~ del tiempo** weerkaart; **~mundi** *m* wereldkaart

maqueta *f* maquette; bouwplaat

maquilla/je *m* schmink; make-up; **~r** *vt* schminken, opmaken, grimeren

máquina *f* 1. machine; apparaat *het*; 2. *transp* locomotief; **~ de afeitar** scheerapparaat *het*; **~ de coser** naaimachine; **~ de escribir** schrijfmachine; **~ expendedora** automaat; **~ fotográfica** fototoestel *het*

maquini/lla (de afeitar) scheerapparaat *het*; **~sta** *m/f* 1. (*trein*) machinist(e); 2. machinevakman; werktuigkundige

mar *m/f* zee; **alta ~** open zee, buitengaats; **hacerse a la ~** de zee opgaan; **la ~ de** *coloq* geweldig veel

maraña *f* warboel, wirwar; *bot* struikgewas *het*

maravill/a *f* wonder *het*; **de ~** geweldig; **~ar** *vt* 1. verrassen, 2. bewondering opwekken; **~arse** z. verbazen (**de** over); bewonderen; **~oso,-a** *adj* prachtig, wonderbaarlijk

marca *f* merk *het*, merkteken *het*, afdruk; *sport* record *het*; **~ registrada** gedeponeerd handelsmerk *het*; **~pasos** *m med* pacemaker; **~r** *vt* 1. merken; aankruisen; aangeven; 2. (*haar*) watergolven; **~r un número** (*telefoon*) een nummer draaien; **~r un gol** *sport* een doelpunt maken

marcha *f* (het) lopen; (ver)loop *het*; mars; vertrek *het*; *auto* versnelling; **~ atrás** *auto* de achteruit; **~r** *vi* 1. lopen, marcheren; 2. verlopen; **~rse** weggaan, vertrekken

marchit/arse verwelken; **~o,-a** *adj* verwelkt

marco *m* 1. lijst, kader *het*; 2. kozijn *het*

mare/a *f* tij *het*, getijde *het*; **~a alta** vloed; hoog tij *het*; **~a baja** eb laagwater; **~a** duizelig/ misselijk/zeeziek worden; **~jada** *f* zeegang, ruwe zee; **~o** *m* duizeligheid; misselijkheid; *fig* (vervelend) gedoe *het*

marfil *m* ivoor

marga/rina *f* margarine; **~rita** *f bot* 1. margriet; 2. madeliefje *het*

marg/en *m* 1. rand; 2. *com* (winst)marge; 3. (speel)ruimte; **~inal** *adj m/f* rand-, kant-; **~inar** *vt* marginaliseren; buitensluiten

mari/ca *m coloq* flikker, homo; **~cón** *m vulg* flikker, homo, nicht; **~cona** *f* lesbiënne

marido *m* echtgenoot, man

mari/na *f* marine; scheepvaart; **~nero,-a 1.** *adj* zee-; zeevaardig; **2.** *m* zeeman; matroos;

marino

~no,-a 1. *adj* zee-; **2.** *m* zeeman
marioneta *f* marionet
mari/posa *f* vlinder; **~quita** *f* lieveheersbeestje *het*
mariscos *mpl* schelp- en schaaldieren *pl*
marítimo,-a *adj* v/d zee, zee-, kust-, maritiem
marmita *f* metalen kookpan, stoofpan
mármol *m* marmer *het*
marquesina *f* markies, luifel, glazen dak *het*
marran/o,-a 1. *adj* smerig, vies; **2.** *m/f* (*o. fig*) varken *het*; zeug; *fig* viezerik, smeerlap
marrón 1. *adj m/f* bruin; **2.** *s/m* 1. bruin; 2. **~ glacé** gekonfijte kastanje; 3. *fig* gezeik
marroquí 1. *adj m/f* Marokkaans; **2.** *m/f* Marokkaan(se)
Marruecos *m* Marokko
marta *f zool* marter
Marte *m astr* Mars
martes *m* dinsdag
martill/ar *vt* hameren; **~o** *m* hamer
mártir *m/f* (*o. fig*) martelaar, martelares
maruja *f* roddelaarster, kletskous
marzo *m* maart
mas *lit* doch, echter
más 1. meer; meest; langer; **~ de** meer dan; **~ que** (*vergelijking*) meer dan; **a lo ~** hoogstens; **2.** *adv* meer; verder; *mat* plus; **~ bien** veeleer, eerder; **~ o menos** min of meer; **sin ~** zonder meer; **estar de ~** overbodig zijn
masa *f* 1. massa; 2. deeg *het*, beslag *het*
masacr/ar *vt* uitmoorden; **~e** *f* slachting
masa/je *m* massage; **dar ~jes** masseren; **~jear** *vt/i* masseren; **~jista** *m/f* masseur, masseuse
mascar *vt* kauwen
máscara *f* masker
mascarilla *f* mondmasker *het*; gezichtsmasker *het*
mascota *f* mascotte
masculino,-a 1. *adj* mannelijk; *ling* mannelijk geslacht, masculinum
masía *f* boerderij met land
mas/ón *m* vrijmetselaar; **~onería** *f* vrijmetselarij, maçonnerie
masticar *vt* kauwen
mástil *m nav* mast
mastín *m* Engelse (Spaanse) dog
mata *f* struik(gewas *het*), heester, bosje *het*
mata/dero *m* slachthuis *het*, abattoir *het*; **~dor,-a 1.** *adj* dodelijk; **2.** *m. taur* stierenvechter; **~nza** *f* 1. slacht; 2. *fig* slachting, bloedbad
matar *vt* doden; ombrengen; (*vee*) slachten; **~ el tiempo** de tijd doden; **~ a tiros** doodschieten; **~se** om het leven komen
matasellos *m* poststempel

mate 1. *adj m/f* mat, glansloos; **2.** *m* 1. (schaak)mat; 2. mate(thee)

matemátic/as *fpl* wiskunde; **~o,-a 1.** *adj* wiskundig, precies; **2.** *m/f* wiskundige

materia *f* materie, stof; **~ prima** grondstof; **~l 1.** *adj m/f* materieel; feitelijk; **2.** *m* stof *het*; materiaal *het*

matern/al *f/m adj* moederlijk; **~idad** *f* moederschap *het*; **~o,-a** *adj* v/d moeder, moeder-

matiz *m* nuance, schakering; **~ar** *vt* nuanceren; nader toelichten

matón, -tona *m/f* vechtjas; krachtpatser

matorral *m* struikgewas *het*, kreupelhout *het*

matr/ícula *f* 1. *auto* kenteken (plaat) *het*, nummerbord *het*; 2. (*school*) inschrijving(sgeld *het*); **~icular** *vt* inschrijven; aanmelden; **~icularse** z. inschrijven, z. aanmelden

matrimoni/al *adj m/f* v/h huwelijk; **~o** *m* huwelijk *het*; echtpaar *het*

matriz *f* 1. baarmoeder; 2. *tecn* matrijs, gietvorm

matutino,-a *adj* v/d ochtend, ochtend-

mausoleo *m* mausoleum *het*, praalgraf *het*

maxilar *adj m/f* kaak-

máxim/a *f* stelregel, principe *het*; **~o,-a 1.** *adj* hoogst, grootst, maximaal; **2.** *m* maximum

mayo *m* mei

mayonesa *f* mayonaise

mayor *adj m/f* **1.** groter; hoger, ouder; volwassen; op leeftijd; **~ de edad** meerderjarig; **al por ~ com** in het groot; **2.** grootste, belangrijkste; **la ~ parte** het grootste deel (**de** van); het meeste; **3.** *m* **el ~ de** oudste; *mil* majoor; **~es** *mpl* de volwassenen *pl*, ouderen *pl*; **~ía** *f* meerderheid; **~ía de edad** meerderjarigheid; **~ista** *m* grossier

mayúscula *f* hoofdletter

maza *f* knots; moker; stamper; drumstok

mazapán *m* marsepein *het*

mazorca *f* maïskolf

mear *vi coloq* pissen, wateren

mecánic/a *f* mechanica; mechaniek *het*; **~o,-a 1.** *adj* mechanisch; machinaal; **2.** *m/f* monteur, technicus

mecanismo *m* mechanisme *het*, werking

mecan/ógrafa *f* typiste; **~ografía** *f* maschineschrijven; **~ografiar** *vt* (uit)typen

mece/dora *f* schommelstoel; **~nas** *m/f* mecenas; **~r** *vt* wiegen; schommelen

mecha *f* 1. pit, lont; 2. haarlok

mechero *m* aansteker

mechón *m* haarlok; plukje *het*

medalla 566

medalla f medaille, penning
media f 1. kous; ~ *corta* kniekous; 2. gemiddelde *het*
media/ción f bemiddeling; tussenkomst; **~do,-a** adj halfvol; *a ~dos de* halverwege, midden, half; **~dor,-a** m/f bemiddelaar(ster); **~no,-a** adj gemiddeld, midden-; **~noche** f middernacht; **~nte** prep door middel van; **~r** vi bemiddelen
medicamento m medicijn het, geneesmiddel het
medicina f geneeskunde; geneesmiddel het
médico,-a 1. adj medisch; 2. m/f arts; ~ *de cabecera* (of *de familia*) huisarts; ~ *naturista* natuurgenezer; ~ *de urgencia* noodarts
medida f maat; maatregel; mate; *a ~ de* naar gelang van; *a ~ que* naarmate
medieval adj m/f middeleeuws
medio,-a 1. adj half; middelbaar; gemiddeld, modaal, midden-; *a ~ camino* halverwege; 2. adv *a ~ hacer* half af; 3. m 1. midden *het*; 2. gemiddelde *het*; 3. middel *het*; 4. milieu *het*; *en ~ de* temidden van; *por ~ de* door middel van; **~ambiente** (leef)milieu; **~s** (geld)middelen; **~s de comunicación** media pl; **~s de transporte** verkeersmiddelen pl; **~ambiental** adj m/f milieu-

mediocre adj m/f middelmatig
mediodía m 1. twaalf uur overdag; 2. Zuid(en *het*); *a* ~ tussen de middag
medir vt meten
meditar vt/i nadenken, peinzen; mediteren
mediterráneo,-a 1. adj mediterraan; 2. ~* m Middellandse Zee
médula f merg *het*; ~ *espinal* ruggenmerg *het*; ~ *ósea* beenmerg *het*; *hasta la* ~ in hart en nieren
medusa f kwal
mejicano,-a 1. adj Mexicaans; 2. m/f Mexicaan(se)
Méjico m Mexico
mejill/a f wang; **~ón** m mossel
mejor adj m/f beter; *lo* ~ het beste; *a lo* ~ misschien, vermoedelijk; *estar* ~ med z. beter voelen; **~a** f verbetering
mejorana f bot majoraan, marjolein
mejor/ar 1. vt verbeteren; overtreffen; 2. vi beter worden; **~ía** f verbetering, herstel *het*
melanc/olía f melancholie; zwaarmoedig-heid; **~ólico,-a** adj zwaarmoedig; melancholiek
melena f 1. lange lok; 2. lang haar *het*
mellizo m tweeling
melocotón m bot perzik, perzikboom
melodía f melodie, wijs

mel/ón *m* meloen; **onera** *f* meloenplant *het*

meloso,-a *adj fig* honingzoet, poeslief

membrana *f* vlies *het*, membraan

membrete *m* briefhoofd *het*, anagram *het*

membrillo *m bot* kweepeer; kwee(boom)

memo/rable *adj m/f* gedenkwaardig; **~ria** *f* 1. geheugen *het* (*o. inform*); herinnering; 2. verslag *het*; **de ~ria** uit het hoofd; **~rias** *fpl* memoires; **~rizar** *vt* uit het hoofd leren

menci/ón *f* (ver)melding; **~onar** *vt* noemen, (ver)melden

mendi/gar *vt/i* bedelen (om); **~go,-a** *m/f* bedelaar, bedelares

menear *vt* schudden, zwaaien; *gastr* (om)roeren; **~ la cabeza** het hoofd schudden

menester *m* noodzaak, behoefte; **ser ~** noodzakelijk zijn; **~oso,-a** *adj* armlastig

menguar 1. *vi* verminderen, afnemen; 2. *vt* verminderen, reduceren

meningitis *f med* hersenvliesontsteking

menisco *m* meniscus

menopausia *f* menopauze, overgang

menor 1. *adj m/f* 1. jonger; 2. kleiner, minder; 3. van minder belang; 2. *mús* mineur; 3. *m/f* 1. minderjarige; de jongste; **~ de edad** minderjarig; **al por ~** *com* en détail

menos 1. minder, minst; **~ de** minder dan; **~ que** (*bij vergelijking*) minder dan; **lo ~** het minste; **al (por lo) ~** minstens; **~ mal** gelukkig maar; 2. min; **tres ~ uno** drie min een; 3. behalve, uitgezonderd; **dos ~ cuarto** kwart voor twee; **a ~ que** tenzij

menos/cabar *vt* afbreuk doen aan; **~preciar** *vt* minachten, verachten; **~precio** *m* minachting; verachting

mensaje *m* boodschap; **~ de teléfono móvil** *m* sms-melding; **~ro,-a** *m/f* bode, koerier

menstruación *f* menstruatie

mensual *adj m/f* maandelijks; **~idad** *f banc* maandelijkse termijn

menta *f bot* munt

mental *adj m/f* mentaal, geestelijk; **~idad** *f* mentaliteit; **~izar** *vt* bewust maken; **~izarse** *z.* mentaal voorbereiden

mentar *vt* vermelden, noemen

mente *f* geest; gedachte

mentir *vi* liegen; **~a** *f* leugen; **¡parece ~!** ongelooflijk!; **~oso, -a** 1. *adj* leugenachtig, bedrieglijk; 2. *m/f* leugenaar(ster), bedrieger, bedriegster

mentón *m* kin

menú *m* menu *het*; **~ del día** dagschotel

menudo,-a *adj* klein; onbelangrijk; **a ~** dikwijls

meñique *m* pink

meollo *m* 1. hersenmassa; merg *het*; 2. *fig* kern

meramente *adv* enkel en alleen, louter

merca/do *m* markt; **~do negro** zwarte markt; **~do del trabajo** arbeidsmarkt; **~ncía** goederen *pl*; **~ntil** v/d handels, handels-

mercería *f* 1. fournituren *pl*; 2. fourniturenwinkel

mercurio *m* kwik *het*

merecer *vt* verdienen; waard zijn

merendar *vi* de 'merienda' gebruiken

merengue *m* 1. *gastr* schuim (taart); 2. merengue (*dans*)

meridi/ano / ~ano, **~onal** *adj m/f* v/h zuiden, zuidelijk

merienda *f* tussentijdse maaltijd laat in de middag; picknick

mérito *m* verdienste

merluza *f* bot heek, stokvis; *fig* **coger una ~** bezopen raken

merma *f* vermindering, afname; **~r** *vt* slinken, afnemen

mermelada *f* jam, marmelade

mero,-a 1. *adj* puur, louter; 2. *m* zool tandbaars, soort baars

merodear *vi* rondhangen, rondzwerven

mes *m* maand

mesa *f* 1. tafel; 2. panel *het*, forum *het*

meseta *f* hoogvlakte

mesilla *f*: **~ de noche** nachtkastje *het*

mesón *m* herberg; eethuis *het*

mestizo,-a *m/f* halfbloed

mesura *f* matigheid, discretie; **con ~** met mate; **~do,-a** *adj* gematigd; bedachtzaam

meta *f* 1. eindstreep, finish; 2. *sport* doel *het*; 3. *fig* doelstelling; **~bolismo** *m* stofwisseling

metal *m* metaal *het*; *mús* (metalen) timbre; **~ precioso** edel metaal *het*

metálico,-a 1. *adj* metalen, metaal-; 2. *m* muntgeld *het*; **en ~** contant

meteorito *m* meteoriet, meteoroliet

meteoro/logía *f* meteorologie; **~lógico,-a** *adj* weerkundig

meteórologo,-a *m/f* meteoroloog, -loge

meter *vt* stoppen, steken; storten; betrekken (**en** bij); aanzetten (**a** tot); **~se** *z.* bemoeien (**en** met); **~se con alg** iem lastig vallen

meticuloso,-a *adj* nauwgezet, zorgvuldig

metódico,-a *adj* methodisch, systematisch

método *m* 1. methode; 2. leerboek *het*

metro *m* 1. meter; 2. meetlint *het*; 3. metro
metrópoli *f* metropool, wereldstad
metropolitano,-a *adj* v/d metropool
mezcla *f* menging; mengsel *het*, mix; **~r** *vt* (ver)mengen, mixen; **~rse** z. mengen (**en** in)
mezquino,-a *adj* benepen, krenterig, kleingeestig
mezquita *f* moskee
mi 1. *pron pos* mijn; **2.** *m mús* mi, e
mí *pron pers* mij, me
micción *f* (het) urineren
microbús *m auto* busje *het*, kleine autobus
micrófono *m* microfoon
micro/ondas *m* magnetron; **~procesador** *m inform* microprocessor; **~scopio** *m* microscoop
microtaxi *m* kleine taxi
miedo *m* angst (**a** voor); **~so,-a** *adj* angstig
miel *f* honing
miembro 1. *m/f* lid *het*; **2.** *m* mannelijk lid; **~s** *mpl* ledematen *pl*
mientras 1. *con* terwijl, zolang (als); ~ **que** terwijl; **2.** *adv* intussen, ondertussen; ~ **tanto** intussen, ondertussen
miércoles *m* woensdag
mierda 1. *f vulg* stront; rotzooi; rotding; **¡vete a la ~!** flikker op!, rot op!; **2.** *m vulg* klootzak, lul; **de ~** rot-

miga *f* broodkruimel
migración *f* migratie, trek
mil duizend; **~es de** duizenden
milagro *m* wonder *het*; **~so,-a** *adj* wonderbaarlijk
milenario,-a *adj* duizendjarig; stokoud
mili *f coloq* (militaire) dienst
milicia *f* krijgswezen *het*; militie
milímetro *m* millimeter
milita/nte 1. *adj m/f* militant, strijdbaar; **2.** *m/f* militant(e); **~r 1.** *adj m/f* militair, krijgs-; **2.** *m* militair, soldaat; **3.** *vi* actief lid zijn v. politieke partij
milla *f* mijl; **~r** *m* duizendtal *het*
mill/ón *m* miljoen; **~onario,-a** *m/f* miljonair
mima/do,-a *adj* verwend; **~r** *vt* verwennen
mimbre *m* wilgenteen; griendhout *het*
mímica *f* mimiek, gebarenspel *het*
mina *f* 1. mijn; 2. stift v. vulpotlood; ~ **de oro** goudmijn; **~r** *vt* 1. mijnen graven; 2. *fig* ondermijnen
mineral 1. *adj m/f* mineraal-; **2.** *m* mineraal *het*, erts *het*
miner/ía *f* mijnbouw; **~o** *m* mijnwerker
miniatura *f* miniatuur
minibar *m* minibar
minifalda *f* minirok
mínimo,-a 1. *adj* miniem, minimaal; **2.** *m* minimum *het*; **como ~** minstens, tenminste

minipimer f staafmixer
ministerio m ministerie het; **~* de Asuntos Exteriores** ministerie het van Buitenlandse Zaken
ministro,-a m/f minister; **primer ~** minister-president
minor/ía f minderheid; **~ía de edad** minderjarigheid; **~ista** m detaillist; kleinhandelaar; **~itario,-a** adj v/d minderheid
minuci/osidad f pietepeuterigheid; pijnlijke nauwgezetheid; **~oso,-a** adj minutieus; pietepeuterig
minuscul/a f kleine letter; **~o,-a** adj minuscuul, piepklein
minusválido,-a 1. adj gehandicapt; **2.** m/f lichamelijk gehandicapte, mindervalide
minut/a f declaratie (van advocaat); **~o** m minuut
mío, mía mijn, van mij
miop/e bijziend; kortzichtig; **~ía** f bijziendheid; kortzichtigheid
mira/da f blik; **~dor** m 1.uitkijkpunt het; 2. erker, beglaasd balkon; **~r 1.** vt 1. kijken naar, bekijken; 2. letten op; **2.** vi kijken, zorgen (**por** voor); uitzien (**a** op); **~rse** 1. z. bekijken; 2. elkaar aankijken
mirlo m zool merel, zwarte lijster
mirón, -rona m/f 1. kijklustige; 2. gluurder, gluurster; voyeur
mirra f mirre

misa f rel mis; **~l** m missaal, kerkboek het
miser/able adj m/f 1. miserabel, ellendig; 2. gierig; schofterig; **~ia** f ellende, misère; grote armoede; **~icordia** f barmhartigheid
mísero,-a adj armelijk, armzalig; gierig
misil m raket
misi/ón f taak, opdracht; missie; zending; **~onero,-a** m/f missionaris, zendeling(e)
mismo,-a 1. adj zelf; de/het zelfde; precies, juist; **al ~ tiempo** tegelijkertijd; **da lo ~** het doet er niet toe; **2.** adv vlak, juist, meteen; **hoy ~** vandaag nog; **ahora ~** nu meteen
misterio m geheim(zinnigheid) het; mysterie het; **~so,-a** adj geheimzinnig, mysterieus
místic/a f mystiek; **~o,-a** adj mystiek
mitad f helft; half; **a ~ de camino** halverwege; **por la ~** doormidden
mitin m, **mitín** m pol meeting, bijeenkomst
mito m mythe; **~logía** f mythologie
mixt/o,-a adj gemengd; **~ura** f mengsel het
mobiliario m meubilair het, huisraad
mocasín m moccasin
mocedad f jeugd, jonge jaren

mochila *f* rugzak

moción *f* 1. beweging; 2. *pol* motie

moco *m* snot, slijm; **~so,-a 1.** *adj* snotterig; **2.** *m/f fig* snotneus, wijsneus

moda *f* mode; *estar (pasado) de ~* in (uit) de mode zijn; **~les** *mpl* manieren *pl*; gedrag *het*; **~lidad** *f* soort, variant; manier, wijze

model/ar *vt* modelleren, vormen; **~o 1.** *m* 1. model *het*; 2. voorbeeld *het*; 3. type *het*; **2.** *m/f* (foto)model *het*, mannequin, dressman

modem *m* modem

modera/ción *f* matiging; **~do,-a** *adj* gematigd; matig; redelijk; **~dor,-a** *m/f* 1. gespreksleid(st)er, 2. tv-presentator, -trice; **~r** *vt* 1. matigen, temperen; 2. *(discussie)* voorzitten

modern/ización *f* modernisering; **~izar** *vt* moderniseren; **~o,-a** *adj* modern

modest/ia *f* bescheidenheid; **~o, -a** *adj* bescheiden

módico,-a *adj* 1. matig; 2. *(prijs)* billijk, schappelijk

modifica/ción *f* verandering, wijziging; **~r** *vt* veranderen, wijzigen, herzien

modismo *m ling* zegswijze

modis/ta *m/f* kleerma(a)k(st)er, coupeur, -peuse; **~to** *m* kleermaker, coupeur

modo *m* manier, wijze; *~ de ser* aard; *a ~ de* bij wijze van; *a mi ~* op mijn manier; *de ~ que* zodat; dus; *de ningún ~* geenszins; *de tal ~ que* zodanig dat; *de todos ~s* in elk geval; *~ de empleo* gebruiksaanwijzing

mofa *f* spot; **~rse** de spot drijven (**de** met)

moho *m* schimmel; **~so,-a** *adj* schimmelig

moja/do,-a *adj* nat, vochtig; **~r** *vt* nat maken, bevochtigen; **~rse** nat worden

molar *m* kies, maaltand

mold/e *m* gietvorm, bakvorm; **~ear** *vt* vormen; gieten, kneden

molécula *f* molecule

moler *vt* 1. (ver)malen; 2. *fig* vermoeien, afmatten; *~ a palos* afranselen

molest/ar *vt* 1. hinderen, kwellen; 2. lastig vallen; **~arse** z. moeite geven (**en** om); z. ergeren (**por** aan); **~ia** *f* hinder, last; **~o,-a** *adj* (**ser**) lastig; hinderlijk; (**estar**) geërgerd

molido,-a *adj* 1. gemalen; 2. *fig* doodmoe, bekaf

moli/nero,-a *m/f* molenaar(svrouw); **~nillo** *m* molentje *het*; **~nillo de café** koffiemolen; **~no** *m* molen

molusco *m zool* weekdier, schelpdier

moment/áneamente voorlopig; **~áneo,-a** adj kortstondig; voorlopig; **~o** m ogenblik het; **al ~o** direct; **de ~o** voorlopig; **por el ~o** vooralsnog

momia f mummie

mona f 1. apin; 2. coloq dronkenschap

monar/ca m/f vorst(in); **~quía** f monarchie

monasterio m klooster het

monda/dientes m tandenstoker; **~r** vt schillen; **~rse (de risa)** z. bescheuren

mone/da f munt(stuk het); munt(eenheid); **~dero** m portemonnee; **~tario,-a** adj monetair

monitor,-a m/f 1. groepsleid(st)er; sport instructeur; 2. inform monitor

monj/a f non; **~e** m monnik

mono 1. m aap, fig naäper; 2. overall; tuinbroek; **2.** adj aardig, leuk, mooi

monopatín m skateboard het

monopolio m com, fig monopolie het

mon/otonía f monotonie; **~ótono,-a** adj eentonig, monotoon

monstruo m monster het, gedrocht het; **~sidad** f wanstaltigheid; **~so,-a** adj monstrueus, afgrijselijk

monta/dor,-a m/f monteur; (film) cutter; **~je** m 1. montage; installatie; 2. fig bedenksel het, valstrik

montaña f gebergte het; berg; hoop; **~a rusa** achtbaan; **~ero,-a** m/f alpinist(e); **~ismo** m bergsport; **~oso,-a** adj bergachtig

montar 1. vt 1. monteren, aanbrengen, installeren, in elkaar zetten; op poten zetten; 2. (paard) berijden; 3. gastr stijfkloppen; **2.** vi 1. paardrijden; 2. instappen; (geld) bedragen; **~ en bicicleta** fietsen

monte m berg; ruig begroeid terrein

montón m (o. fig) hoop, stapel, heleboel

montura f rijdier; zadel; zetting; (bril)montuur

monument/al adj m/f monumentaal; **~o** m monument het, gedenkteken het/-zuil

monzón m moesson, passaatwind

moño m (haar)knotje het

moqueta f vaste vloerbedekking

mora f 1. bot moerbei; 2. Moorse; 3. jur mora, verzuim het; **~da** f woning, verblijf het; **~do,-a** adj paars

moral 1. adj m/f moreel, zedelijk; **2.** f moraal; **~idad** f zedelijkheid, moraal

moratón m med blauwe plek

mórbido,-a adj ongezond; week

morboso,-a adj ziekelijk, morbide

morcilla f gastr soort bloedworst

mord/er vt bijten; **~isco** m beet

moren/a f 1. (vis) murene; 2. brunette; **~o,-a** adj 1. donker(kleurig); 2. gebruind; 3. met zwart haar
morfina f morfine
moribundo,-a adj stervend
morir vi sterven (**de** aan); fig sterven (**de** van) **~se** sterven, overlijden
morisco,-a 1. adj Moors; 2. m/f hist tot christen bekeerde moslim
moro 1. adj Moors, uit Noord-Afrika; 2. m Moor
moroso,-a adj com slecht (niet) betalend
mortal adj m/f sterfelijk; dodelijk; **~idad** f sterfte; sterftecijfer het
mortero m vijzel; mortel
mortífero,-a adj dodelijk, fataal
mosaico m mozaïek
mosca f vlieg; **~tel** m 1. muskaatwijn; 2. muskaatdruif
mosquearse coloq geprikkeld raken; wantrouwend worden
mosquetón m sport musketonhaak
mosquit/ero m muskietengaas het, klamboe; hor; **~o** m mug
mostaza f mosterd; mosterdplant
mosto m most, ongegist druivensap het
mostra/dor m toonbank; balie; **~dor de facturación** avia incheckbalie; **~r** vt (ver)tonen, laten zien; blijk geven van
mote m bijnaam

motín m oproer, opstand, muiterij
moti/var vt 1. veroorzaken; bewegen; 2. motiveren; stimuleren; **~vo** m reden, aanleiding, motief het; **con ~vo de** ter gelegenheid van
moto f coloq motor, bromfiets, scooter; **~cicleta** f motor; **~ciclismo** m motorsport; **~ciclista** m/f motorrijd(st)er; **~lancha** f motorboot; **~sierra** f motorzaag
motor m 1. motor; 2. fig drijvende kracht; **~ fuera borda** buitenboordmotor; **~a** f speedboat; **~ismo** m motorsport; **~ista** m/f motorrijd(st)er; motorcoureur
mover vt bewegen; aanzetten; ontroeren
movible adj m/f beweglijk
móvil 1. adj m/f mobiel, beweglijk; 2. s/m 1. (beweeg)reden; 2. telec mobiele telefoon
movili/dad f mobiliteit; **~zar** vt mobiliseren
movimiento m 1. (o. pol) beweging, actie; 2. drukte; 3. verandering; 4. arte stroming; 5. mús tempo het
moza f jong (ongehuwd) meisje
mozárabe 1. adj m/f Mozarabisch; 2. m/f christen tijdens de Moorse overheersing
mozo,-a 1. adj jong, ongehuwd; 2. m jongeman; knecht, bediende

muchacha

muchach/a f meisje het; dienstmeisje het; **~o** m jongen
muchedumbre f menigte, mensenmassa
mucho,-a 1. adj veel; talrijk; **~ tiempo** lang (tijd); **~s** velen; 2. adv (na ww) zeer, veel; vaak; lang; **por ~ que** (+ subj) hoe ... ook
mucos/a f slijmvlies het; **~idad** f slijm
muda f 1.verschoning; verandering; 2. stembreuk; **~nza** f verhuizing; **~r** vt veranderen/wisselen (**de** van); **~rse** (woning) verhuizen
mud/ez f stomheid; **~o,-a** adj stom, sprakeloos
mueble 1. adj m/f roerend; 2. m meubelstuk
mueca f grimas, grijns, gek gezicht het
muela f kies; slijpsteen; molensteen; **~ del juicio** verstandskies; **dolor de ~s** kiespijn
muelle 1. adj m/f zacht, veerkrachtig 2. s/m 1. kade, pier; steiger; 2. (spring)veer
muer/te f 1. dood, 2. sterfgeval het; 3. fig teloorgang; **~to,-a** 1. adj (**estar**) dood, gestorven; 2. m/f dode, overledene
muestra f 1. staaltje het, proefexemplaar het; 2. blijk, gebaar het; 3. steekproef; **~rio** m monsterboek het, staalkaart
mugr/e f viezigheid, vuile aanslag; **~iento,-a** adj smerig, smoezelig
mujer f vrouw; echtgenote; **~ bandera** stuk; **~ de (la) limpieza** werkster; **~iego** rokkenjager
mula f muilezel; **~to,-a** m/f mulat(tin), halfbloed
muleta f kruk; taur stok met rode lap
mulo,-a m/f muilezel, muildier
multa f bekeuring, (geld)boete; **~r** vt bekeuren, een boete opleggen
multi/color adj m/f veelkleurig; bont; **~copiar** vt stencilen; **~copista** f stencilmachine **~nacional** f multinational
múltiple adj m/f meervoudig, veelsoortig
multipli/cación f vermenigvuldiging; **~car** vt vermenigvuldigen; **~carse** z. vermenigvuldigen, z. voortplanten; **~cidad** f veelvuldigheid, verscheidenheid
multitud f menigte, schare; massa
multiuso adj inv voor verschillende doeleinden geschikt
mundial 1. adj m/f v/d wereld, wereld-; 2. m sport wereldkampioenschap het
mundo m wereld
munición f munitie; voorraad
municip/al adj m/f gemeentelijk, stedelijk;
~alidad f gemeente(bestuur het); **~io** m gemeente

muñec/a *f* 1. pols(gewricht); 2. (meisjes)pop; **~o** *m* pop
muñeira *f* Galicische volksdans
mura/l 1. *adj m/f* op de muur wand, muur-, wand-; 2. *m* muurschildering; **~lla** *f* stadsmuur, burgwal
murciélago *m* vleermuis
murmu/llo *m* 1. geritsel *het*, (*wind*) geruis *het*, (*water*) gekabbel *het*; 2. gefluister; 3. geroezemoes; **~rar** *vi* 1. kabbelen; 2. fluisteren, mompelen
muro *m* muur; wal; wand
muscula/r *adj m/f* spier-, v/d spieren; **~tura** *f* spierstelsel *het*; musculatuur
músculo *m* spier
musculoso,-a *adj* gespierd
museo *m* museum *het*
musgo *m* bot mos *het*
música *f* muziek; muziekstuk *het*
musical 1. *adj m/f* muzikaal, muziek-; 2. *m* mús musical
músico,-a 1. *adj* muziek-; 2. *m/f* musicus, musicienne
muslo *m* 1. dij; bovenbeen *het*; 2. *gastr* poot, bout
mutación *f* 1. verandering; omzetting; 2. *biol* mutatie
mutila/do,-a *m/f* invalide; **~r** *vt* o. *fig* verminken
mutualidad *f* 1. wederkerigheid; 2. onderlinge verzekeringsmaatschappij
mutuo,-a *adj* wederzijds, onderling

muy zeer; erg; veel; **~* señores míos** (*brief*) Mijne heren

N

nabo *m* raap, knol
nácar *m* paarlemoer *het*
nacer *vi* 1. geboren worden; 2. (*dag*) aanbreken; 3. (*rivier*) ontspringen; 4. *fig* ontstaan (**de** uit)
naci/do,-a *adj* geboren; **~miento** *m* geboorte
nación *f* natie; volk *het*; land *het*
nacional *adj m/f* nationaal; landelijk; inheems; **~idad** *f* nationaliteit; **~ismo** *m* nationalisme *het*; **~ista** 1. *adj* nationalistisch 2. *m/f* nationalist(e); **~izar** *vt* naturaliseren
nada *pron, adv* niets; geenszins; helemaal niet; **~ de eso** geen sprake van; **~ menos que** maar liefst; **~ en absoluto** helemaal niets; **~ más** niets meer; dat was het; **de ~** geen dank, graag gedaan
nada/dor,-a *m/f* zwemmer, zwemster; **~r** *vi* zwemmen
nadie niemand
nado: *a* **~** zwemmend
naipe *m* (speel)kaart; *jugar a los* **~s** kaarten
nalgas *fpl* billen, zitvlak *het*
nana *f* wiegelied *het*
naranj/a 1. *f* sinaasappel; 2. *adj*

naranjal

inv (**de color ~**) oranje; **~al** m sinaasappelboomgaard; **~o** m sinaasappelboom

narciso m narcis

narc/ótico,-a 1. adj bedwelmend; **2.** m narcoticum het; **~otizar** vt onder narcose brengen; **~otraficante** m/f drugshandelaar(ster); **~otráfico** m drugshandel

nariz f neus

narra/ción f vertelling, verhaal het; **~r** vt vertellen, beschrijven; **~tivo,-a** adj verhalend

nasal 1. adj m/f v/d neus, neus-; **2.** s/f neusklank

Nª Sª = Nuestra Señora Onze Lieve Vrouwe

nata f (slag)room; **~ montada** gastr slagroom

natación f (het) zwemmen, zwemsport

natal adj m/f v/d geboorte, geboorte-; **ciudad ~** geboortestad; **~idad** f geboortecijfer het

natillas fpl (custard)vla

Nativ/idad f Kerstmis

nativo,-a adj geboorte-; afkomstig (**de** uit); autochtoon

natural 1. adj m/f **1.** natuurlijk; normaal; **2.** ongedwongen; **3.** afkomstig (**de** uit); **2.** s/m aard, natuur; **~eza** f natuur; **~eza muerta** stilleven het; **~idad** f natuurlijkheid; **~izar** vt naturaliseren

naturista 1. adj m/f naakt-; **2.** m/f nudist(e)

naufra/gar vi o. fig schipbreuk lijden; mislukken; **~gio** m schipbreuk

náufrago-a 1. adj vergaan; **2.** m/f schipbreukeling(e)

náuseas fpl misselijkheid; braakneiging; walging

náutico,-a adj nautisch; zeevaart-

navaja f zakmes het; **~ de afeitar** scheermes het

naval adj m/f van schepen; scheeps-

nave f **1.** (o. arq) schip het; **2.** hal; **~ espacial** ruimteschip het; **~gable** adj m/f bevaarbaar; **~gación** f scheepvaart; **~gar** vi varen; zeilen

Navidad f Kerstmis, kerstfeest het

nav/iera: f **1.** rederij; **2.** vrouwelijke reder; **~iero 1.** adj v/d scheepvaart; **empresa ~iera** rederij; **2.** m reder; **~ío** m (zee)schip het

nazareno m boeteling in processie (tijdens Stille week)

neblina f nevel, lichte mist; waas

nebuloso,-a adj nevelig; mistig; fig duister

nece/sario,-a adj noodzakelijk, nodig (**para** voor); **~ser** m toilettas; **~sidad** f noodzaak; behoefte (**de** aan); **~sitado,-a** adj behoeftig, noodlijdend; **~sitar** vt nodig hebben, behoefte hebben aan

necio,-a 1. adj dom, dwaas, onwijs; **2.** m/f domoor; dwaas, gek, malloot

necrología f necrologie
necrópolis m dodenstad, begraafplaats
nectarina f nectarine
neerlandés,-desa 1. adj Nederlands; **2.** m/f Nederlander,-landse; **3.** m ling Nederlands het
nefasto,-a adj rampzalig, nefast, noodlottig
nefr/ítico,-a adj nier-; **~itis** f med nierontsteking f
nega/ción f ontkenning; **~do,-a** adj onbekwaam; ongeschikt; **~r** vt 1. ontkennen; (ver)loochenen; 2. weigeren; **~rse** weigeren (**a** + inf om te); **~tiva** f ontkenning; weigering; **~tivo 1.** adj negatief; **2.** m foto negatief het
negligen/cia f nalatigheid, verzuim het; onoplettendheid; **~te** adj m/f achteloos, nalatend
negocia/ciones fpl dipl onderhandelingen; **~do** m jur afdeling; departement het; **~nte** m/f handelaar(ster); koopman; **~r 1.** vi handel drijven; onderhandelen; handelen (**con** in); **2.** vt dipl verhandelen; onderhandelen over
negocio m (handels)zaak, winkel; **~s sucios** troebele zaakjes
negro,-a 1. adj zwart; **estar ~** de smoor in hebben; **2.** m/f neger(in)
nen/a f klein meisje het **~e** m kind het, kleine

nenúfar m waterlelie
neon m neon het; **tubo de ~** neonbuis
nerv/io m 1. zenuw; 2. pees; nerf; 3. fig pit; **~iosismo** m nervositeit; **~ioso** zenuwachtig; v/d zenuwen, zenuw-, neuraal
neto,-a adj 1. duidelijk, echt; 2. com netto, zuiver
neum/ático 1. adj opblaas; **lancha ~** opblaasboot; **2.** m band, buitenband; **~onía** f longontsteking
neur/algia f zenuwpijn; **~álgico,-a** adj o. fig neuralgisch; gevoelig; **~ólogo,-a** m/f neuroloog,-oge; zenuwarts; **~osis** f neurose
neutral adj m/f neutraal; **~idad** f neutraliteit; **~izar** vt o. pol, fig neutraliseren
neutro,-a adj 1. neutraal; 2. ling onzijdig
nev/ada f sneeuwval, sneeuwbui; **~ar** v/impers sneeuwen; **~era** f koelkast; koelbox
ni noch; **~ ... ~** noch ... noch; **~ aun, ~ siquiera** niet eens; **¡~ hablar!** geen sprake van!; **~ idea** geen flauw idee
nicho m nis
nicotina f nicotine
nido m nest het
niebla f mist, nevel; **~ marina** zeedamp
niet/a f kleindochter; **~o** m kleinzoon; **~os** mpl kleinkinderen

nieve

nieve f sneeuw
nif m, **NIF** (= Número de Identificación Fiscal) identificatienummer v/e belastingplichtige, ± sociaal-fiscaal nummer
niki m txtl poloshirt het
Nilo m Nijl
nilón m nylon het
nimi/edad f kleinigheid; pietepeuterigheid; **~o,-a** adj nietig, onbeduidend; minutieus
ninfa f nimf, elfje het
ning/ún, ~uno geen; niemand; **por ~ún lado** nergens
niñ/a f kind het, meisje het; **~a del ojo** pupil; **~era** kindermeisje het; **~ez** f kinderjaren; **~o, -a** adj **1.** adj jong, onvolwassen; **2.** m kind het
níqu/el m nikkel het; **~i** m txtl poloshirt het
níspero m bot mispel; mispelboom
nitidez f **1.** helderheid; **2.** foto scherpte
nítido,-a adj **1.** helder; **2.** foto scherp
nitrato m nitraat het
nitrógeno m stikstof
nivel m niveau het, peil het, hoogte, stand; **~ del aceite** auto oliepijl het; **~ del mar** zeeniveau het; **~ de vida** levensstandaard; **~ar** vt vlak maken, nivelleren; fig gelijk maken
no nee, niet
noble 1. adj m/f **1.** adellijk, van

adel; 2. edel(moedig); **2.** m/f edelman,-vrouw; **~za** f **1.** adel, adeldom; 2. edelmoedigheid
noche f nacht; avond; duister(nis); **de (por la) ~** 's nachts; 's avonds; **se hace de ~** het wordt donker; **~*buena*** f Kerstavond, Kerstnacht; **~*vieja*** f Oudejaarsavond
noción f begrip het, notie; **nociones** fpl **vagas** vage begrippen
nocilla f (merk) chocopasta
nociv/idad f schadelijkheid; **~o,-a** adj schadelijk
nocturno nachtelijk, nacht-; avond-
nodriza f voedster
nódulo m med knobbeltje het
nogal m bot notenboom; notenhout het
nómada 1. adj m/f rondtrekkend; **2.** m/f nomade
nombra/do,-a adj 1. genoemd; 2. vermaard; **~miento** m benoeming; **~r** vt benoemen (tot); noemen
nombre m 1. naam; voornaam; 2. ling naamwoord het
nómina f loonlijst; loonstrookje het
nomina/l adj m/f nominaal, v/d naam; (cheque) op naam; **~r** vt benoemen, nomineren; **~tivo 1.** adj (cheque) op naam
nordeste 1. adj inv noordoostelijk; **2.** m noordoost(en het)
nórdico,-a 1. adj noordelijk; **2.** m/f noordeling(e)

noreste V. **nordeste**

noria f waterrad het; fig tredmolen; reuzenrad het

norma f norm; maatstaf; **~l** adj m/f normaal, gewoon; **~lidad** f normale toestand; **~lizar** vt 1. normaliseren; 2. tecn standaardiseren

nor/oeste 1. adj inv noordwestelijk; 2. m noordwest(en het); **~te** m noord(en het); leidraad; ***teamérica** f Noord-Amerika, VS; **~teamericano,-a** 1. adj Noordamerikaans; 2. m/f Noordamerikaan(se); **~teño,-a** adj uit het noorden

Norueg/a f Noorwegen; **~*o,-a** 1. adj Noors; 2. m/f Noor(se); 3. ling Noors het

nos ons; **~otras, ~otros** wij; ons

nostalgia f heimwee het, nostalgie

nostálgico,-a adj nostalgisch

nota f aantekening; kort briefje het; kort berichtje het; nota, rekening; cijfer het; mús noot; **~ble** adj m/f opmerkelijk, vooraanstaand; schoolcijfer: goed (± acht); **~r** vt (op)-merken, waarnemen; **~rse** te merken zijn

notar/ia f notariskantoor het; **~ial** adj m/f notarieel; **~io,-a** m/f notaris

notici/a f bericht het, tijding; **~ar** vt meedelen; **~ario** m (film) overzicht het; **~as** fpl nieuws het; **~ero** m nieuwsoverzicht het

notifica/ción f aankondiging, kennisgeving; jur aanzegging; **~r** vt bekendmaken; jur aanzeggen

notori/edad f (algemene) bekendheid; **~o,-a** adj (algemeen) bekend; overduidelijk

nova/tada f ontgroeningsgrap; beginnersprobleem het; **~to,-a** 1. adj groen, onervaren; 2. m nieuweling, beginneling

novedad f nieuwheid; nieuwtje het

novela f roman; **~ corta** novelle; **~ policíaca** detective; **~ rosa** keukenmeidenroman; **~r** vi romans schrijven

novelista m/f romanschrijver,-schrijfster

noven/o,-a adj card negende; **~ta** negentig

novia f 1. bruid; verloofde; 2. vriendin; **~zgo** m verloving(stijd)

noviembre m november

novill/ada f stierengevecht het met jonge stieren; **~ero** m stierenvechter (met jonge stieren); **~o** m jong rund het, jonge stier

novio m 1. bruidegom; verloofde; 2. vriend; **~s** pl bruidspaar het

nube f wolk; **estar por las ~s** peperduur zijn; **andar por las**

nube

~s erg verstrooid zijn; **~ tóxica** gifwolk

nub/lado,-a adj bewolkt; **~larse** bewolkt worden; **~osidad** f meteo bewolking; **~oso,-a** adj (gedeeltelijk) bewolkt

nuca f nek

nuclear adj m/f nucleair, kern-, atoom-

núcleo m kern

nudillo m (vinger)knokkel

nudis/mo m nudisme het; **~ta** m/f nudist(e)

nudo m knoop; knobbel; knoest

nuera f schoondochter

nuestro,-a adj ons, onze; van ons

nueve negen

nuevo,-a adj nieuw; **de ~** opnieuw; **¿qué hay de ~?** wat is er voor nieuws?

nuez f 1. walnoot; 2. med adamsappel

nul/idad f nietigheid, ongeldigheid; **~o,-a** adj 1. nietig, ongeldig; 2. onbekwaam; 3. geen enkel

numer/ación f nummering; cijferstelsel het; **~ar** vt nummeren; tellen

número m nummer het, cijfer het; getal het; aantal het; schoenmaat; **~ (im)par** (on)even getal het; **sin ~** ontelbaar; **~ (de identificación) personal** banc pincode

numeroso,-a adj talrijk

nunca nooit; ooit; **~ jamás** nooit of te nimmer; **más que ~** meer dan ooit

nupcia/l adj m/f huwelijks-; bruids-; **~s** fpl huwelijk

nutria f zool otter

nutri/ción f voeding; **~do,-a** adj 1. gevoed; 2. fig talrijk; **~r** vt voeden; **~rse** z. voeden (**de** met); **~tivo,-a** adj voedzaam; v/d voeding; voedings-

Ñ

ñandú m zool nandoe (soort struisvogel)

ñoñ/ería f saaiheid, flauwheid; **~o,-a 1.** adj saai, nietszeggend; kinderachtig; **2.** m slapjanus

ñu m zool gnoe

O

o of; **~ sea** met andere woorden

oasis f oase

obedecer vt gehoorzamen

obedien/cia f gehoorzaamheid; **~te** adj m/f gehoorzaam

obelisco m obelisk

obertura f mús ouverture

obes/idad f corpulentie; **~o,-a** adj corpulent

obisp/ado m bisdom het; **~o** m bisschop

obje/ción f bezwaar het; **~tar** vt aanvoeren; **~tividad** f objectiviteit; **~tivo,-a 1.** *adj* objectief; onpartijdig; **2.** *m* 1. doel *het*; bedoeling; 2. objektief *het*, lens; **~to** *m* object *het*; voorwerp *het*; doel *het*; onderwerp *het*; **~tor de conciencia** *m* gewetensbezwaarde

oblea *f* ouwel

oblicuo,-a *adj* scheef, schuin, zijdelings

obliga/ción *f* 1. plicht; verplichting; 2. *com* obligatie; 3. *jur, banc* verbintenis; **~do,-a** *adj* 1. gedwongen, verplicht; 2. erkentelijk, dankbaar; **~r** *vt* dwingen, verplichten (**a** om); **~rse** z. verplichten (**a** om); **~torio,-a** *adj* verplicht, bindend

obo/e *m* mús hobo; **~ísta** *m/f* hoboïst(e)

obra *f* 1. werk *het*; oeuvre *het*; 2. *constr* uitvoering; 3. metselwerk *het*; **~ de arte** kunstwerk *het*; **~s completas** lit verzamelde werken *pl*; **~ de consulta** naslagwerk *het*; **~s** *fpl* werkzaamheden *pl*, werk in uitvoering; **~r 1.** *vt* bewerken; **2.** *vi* handelen; werken, optreden

obrero,-a 1. *adj* v/d arbeiders; arbeiders-; **2.** *m/f* arbeid(st)er

obscen/idad *f* obsceniteit; **~o,-a** *adj* obsceen, schunnig; ***lenguaje ~o*** schuttingtaal

obsequi/ar *vt* onthalen, vergasten (**con** op), cadeau doen; **~o** *m* geschenk *het*, hulde

observa/ción *f* waarneming; opmerking; uitlating; **~dor,-a 1.** *adj* oplettend, goed waarnemend; **2.** *m* waarnemer,-neemster; **~r** *vt* 1. waarnemen, observeren; 2. opmerken; 3. naleven, in acht nemen; **~torio** *m* observatiepost; **~ astronómico** observatorium *het*; sterrenwacht

obsesi/ón *f* obsessie; **~onado,-a** *adj* geobsedeerd; bezeten; **~onarse** geobsedeerd raken (**por** door); bezeten raken van

obsoleto,-a *adj* verouderd

obst/aculizar *vt* (trachten te) belemmeren, dwarsbomen; **~áculo** *m* obstakel *het*, struikelblok *het*

obstante: no ~ 1. *adv* (desal)niettemin; **2.** *prep* ondanks, niettegenstaande

obstetricia *f med* verloskunde

obstina/ción *f* halsstarrigheid, hardnekkigheid; **~do,-a** *adj* hardnekkig; eigenzinnig; **~rse** (**en**) stijf en strak volhouden; per se willen

obstru/cción *f* verstopping; belemmering, versperring; **~ir** *vt* verstoppen; bemoeilijken, belemmeren

obten/ción *f* verwerving, verkrijging; **~er** *vt* (ver)krijgen; (*winst*) boeken; (*diploma*) behalen

obtura/dor *m foto* sluiter

obvi/amente blijkbaar, klaarblij-

obviar 582

kelijk; **~ar** *vt* omzeilen; **~o,-a** *adj* duidelijk, kennelijk

oca *f* gans; *juego de la ~* (spel) ganzenbord *het*; **~rina** *f mús* ocarina

ocasi/ón *f* gelegenheid; kans; aanleiding; *con ~ón de* naar aanleiding van; *de ~ón* tweedehands; **~onal** *adj m/f* incidenteel; **~onar** *vt* teweegbrengen, veroorzaken

ocaso *m astr* en *fig* ondergang

occident/al *adj m/f* westelijk, west-; *pol* westers; **~e** *m* westen; *pol* Westen *het*

océano *m* oceaan

ocelote *m* ocelot

och/enta tachtig; **~o** acht

ocio *m* (het) nietsdoen; vrije tijd; ontspanning; *ratos de ~* *mpl* vrije ogenblikken; **~so,-a** *adj* 1. werkloos, ledig; 2. overbodig, nutteloos

octav/a *f mús* octaaf; **~illa** *f* pamflet *het*; **~o 1.** *adj car* achtste; **2.** *m* achtste deel *het*

octubre *m* oktober

OCU *f Organización de Consumidores y Usuarios* Spaanse Consumentenbond

ocul/ar 1. *adj m/f* v/h oog, oog-; *testigo ~ar* ooggetuige; **2.** *m* oculair; **~ista** *m/f med* oogarts

ocult/ar *vt* verbergen; verzwijgen, **~o,-a** *adj* geheim; verborgen

ocupa/ción *f* 1. bezetting; 2. bezigheid; 3. bewoning; **~do,-a** *adj* bezet, in gesprek; bezig, druk; **~nte** *m/f* bezetter,-bezetster, bewo(o)n(st)er; inzittende; **~r** *vt* bezetten; bewonen; kraken; (*ambt*) bekleden; **~rse** z. bezighouden (*de* met), z. wijden aan

ocurr/encia *f* voorval *het*; idee; geestige opmerking; **~ente** *adj m/f* geestig, ad rem; **~ir** *vi* gebeuren, plaatsvinden; *¿qué te ~e?* wat scheelt je?; **~irse (a alg)** iem te binnen schieten

odi/ar *vt* haten, verafschuwen; **~o** *m* haat; **~oso,-a** *adj* afschuwelijk, hatelijk

odisea *f* (*o. fig*) odyssee, zwerftocht

odont/ología *f med* tandheelkunde; **~ólogo,-a** *m/f* tandarts

oeste *m* westen *het*; *al ~ de* ten westen van

ofen/der *vt* beledigen, kwetsen; **~derse** z. gekwetst voelen; **~sa** *f* belediging; krenking; **~siva** *f* offensief *het*; aanval; **~sivo,-a** *adj* beledigend

oferta *f* aanbod *het*; aanbieding; offerte

oficial 1. *adj m/f* officieel, ambtelijk, dienst-; **2.** *m* 1. officier *m*; 2. geschoolde knecht

oficina *f* kantoor *het*; bureau *het*; *~ de turismo* VVV(-kantoor) *het*

oficio *m* 1. vak *het*; 2. beroep *het*; 3. functie; 4. *rel* dienst, mis; *de*

omnipresente

~ *jur* ambtshalve; **buenos ~s** goede diensten; **~so,-a** *adj* officieus

ofre/cer *vt* 1. aanbieden; bieden, offeren; 2. vertonen, uitzenden; **~cerse** z. aanbieden; *(idee)* opkomen; **~cimiento** *m* aanbod *het*

oftalm/ología *f med* oogheelkunde; **~ólogo,-a** *m/f med* oogarts

oí/ble *adj m/f* hoorbaar; **~das: de ~das** van horen zeggen, via-via

oído *m* 1. gehoor(orgaan) *het*; 2. oor *het*

oír **1.** *vt* 1. (aan)horen; 2. *jur* verhoren; **2.** *vi* horen; **¡oiga!** zeg!, hé!; *(bij opbellen)* hallo!

ojal *m* knoopschat *het*

¡ojalá! *excl* laten we het hopen! **~ que** hopelijk

ojeada *f* (vluchtige) blik

ojeras *fpl* kringen/wallen onder de ogen

ojete *m* afgewerkt gaatje *het*

ojiva *f constr* spitsboog; **~ nuclear** *mil* kernkop

ojo *m* oog *het*; **~ de la aguja** oog *het* van de naald; **~ de buey** *nav* patrijspoort; **~ de gallo** likdoorn; **¡~!** pas op!, let op!; **no pegar ~** geen oog dichtdoen

ola *f* golf; **~ de calor** hittegolf

¡olé! *excl* olé! *(kreet ter aanmoediging)*

olea/da *f* (grote) golf *(o. fig)*; *fig* stroom; **~je** *m* golfslag, deining, golven *pl*

óleo *m* 1. olie; 2. olieverfschilderij *het*

oleo/ducto *m* olie(pijp)leiding; **~so,-a** *adj* olieachtig

oler *vt/i* ruiken (**a** naar), geuren; *fig* lijken op; **~ mal** stinken

olfat/ear *vt* ruiken, snuffelen aan; *fig* vermoeden; **~o** *m* reuk(zin); *fig* intuïtie

olimpiada *f* olympiade; **Las ~s*** de Olympische Spelen

oliv/a *f* olijf; **~ar** *m* olijfboomgaard, vlakte met olijfbomen; **~o** *m* olijfboom

olla *f* 1. pan; 2. stoofschotel; **~ podrida** *bep* extra smakelijk stoofgerecht; **~ a (de) presión** snelkookpan

olmo *m bot* olm, iep

olor *m* reuk, geur, lucht; stank; **~oso,-a** **1.** *adj* geurig; **2.** *m bep* geurige donkere sherry

olvid/adizo,-a *adj* vergeetachtig; **~ar** *vt* vergeten; verleren; **~arse (de)** (helemaal) vergeten; **~o** *m* 1. vergetelheid; 2. (het) vergeten

ombligo *m* navel

omi/sión *f* (het) nalaten, verzuim *het*; weglating; **~tir** *vt* weglaten, verzuimen

omnipoten/cia *f* almacht; **~te** *adj m/f* almachtig

omnipresente *adj m/f* alomtegenwoordig

omnívoro *adj/m* omnivoor, alleseter

omóplato, omoplato *m* schouderblad *het*

onanismo *m* onanie, zelfbevrediging

once elf

ond/a *f* golf; **~a corta** korte golf; **~a larga** lange golf; **~a media** middengolf; **~ear** *vi* 1. golven; 2. *(vlag)* wapperen

ondul/ación *f* golving, golfbeweging; **~ado,-a** *adj* golvend, golf-; glooiend; **~ar** *vt (haar)* golven, krullen, permanenten

oneroso,-a *adj* kostbaar; bezwarend *(o. jur)*

onomástico,-a *adj* v/d (eigen) naam; **día ~** naamdag

onza *f hist* ± ounce, ca. 30 gram

opa/cidad *f* ondoorschijnendheid; **~co,-a** *adj* ondoorzichtig; mat

ópalo *m* opaal

opción *f* (het) kiezen; keuze, keus, optie

ópera *f* opera

opera/ción *f* 1. *mil, med* operatie; 2. handeling, actie; 3. *com* transactie; **~ salida (retorno)** massale (vakantie)uittocht (terugreis); **~dor,-a** *m/f* 1. operateur, operatrice; 2. *med* chirurg; 2. *cine* cameraman,-vrouw; 3. **~dor turístico** touroperator, reisorganisator; **~r** *vt/i* te werk gaan, handelen; *mil, med* opereren; **~rio** *m/f* (hand)arbeider; **~rse** z. laten opereren; **~tivo, -a** *adj* werkend; werkzaam; operatief

opereta *f* operette

opin/ar *vi* menen, vinden; zijn mening geven; **~ión** *f* mening

opio *m* opium

opone/nte *m/f* tegenstander; **~r** *vt* tegenoverstellen; inbrengen (**a** tegen); **~rse** z. verzetten (**a** tegen) bezwaar maken tegen

oportun/idad *f* (gunstige) gelegenheid, kans; **~idades** *fpl com* koopjes; **~ista 1.** *adj m/f* opportunistisch; **2.** *m* opportunist; **~o,-a** *adj* opportuun, passend, gelegen

oposi/ción *f* 1. tegenstand, verzet *het*; 2. tegenstelling; 3. *pol* oppositie; **~ciones** *fpl Esp* vergelijkend examen *het* (voor openbare functie); **~tor** *m* 1. tegenstander; 2. deelnemer aan een vergelijkend examen

opresión *f* verdrukking, onderdrukking

oprimir *vt* 1. (aan)drukken; 2. knellen; 3. onderdrukken

opta/r *vi* kiezen (**por** voor); dingen (**a** naar); **~tivo,-a** *adj* optioneel; naar keuze, keuze-

óptic/a *f* 1. optiek; 2. opticien *(winkel)*; **~o,-a 1.** *adj* optisch; **2.** *m* opticien

optimar *vt* optimaliseren

optimis/mo *m* optimisme *het*;

orientar

~ta 1. *adj m/f* optimistisch; **2.** *m/f* optimist(e)

óptimo,-a *adj* optimaal, uitstekend

opuesto,-a *adj* tegenoverliggend; tegen(over)gesteld; in strijd (**a** met)

opulen/cia *f* grote rijkdom, overvloed; opulentie; **~to,-a** *adj* weelderig, rijkelijk, schatrijk

oración *f* 1. gebed *het*; 2. rede; 3. *ling* zin

oráculo *m* orakel *het*

ora/dor *m/f* redenaar(ster); **~l** *adj m/f* 1. mondelijk; 2. *med* oraal

orangután *m zool* orang-oetang

ora/r *vi rel* bidden; **~toria** *f* redenaarskunst; **~torio** *m mús* oratorium *het*

orbe *m* aardbol, wereld, globe

orca *f zool* orka, zwaardwalvis

orden 1. *m* 1. orde; volgorde, rangorde; 2. *constr* bouworde; **~ del día** agenda; **poner en ~** op orde brengen; **2.** *f* 1. *jur* bevel *het*, order; *com* bestelling, order; 2. *rel* orde; **por ~ de** in opdracht van

ordena/ción *f* ordening; **~do,-a** *adj* ordelijk, netjes, methodisch

ordenador *m* computer; **~ personal** personal computer; PC; **~ portátil** laptop

ordenamiento *m* ordening, bestel *het*, regeling

ordenanza 1. *f* verordening; voorschrift *het*; **2.** *m/f* bode; *mil* ordonnans

ordenar *vt* 1. ordenen; (rang) schikken; opruimen; 2. bevelen; 3. (*priester*) wijden

ordeñar *vt* melken

ordinario,-a *adj* 1. gewoon, normaal; 2. ordinair

orégano *m bot* wilde marjolein

orej/a *f* oor *het*; **~ón** *m* stuk gedroogde perzik

orfanato *m* weeshuis *het*

orfebre *m/f* edelsmid; **~ría** *f* edelsmeedkunst; edelsmid (*winkel*)

orfeón *m* 1. zangvereniging; 2. koor *het*

orgánico,-a *adj* 1. organisch; 2. organiek

organillo *m mús* (draai)orgeltje *het*

organismo *m* 1. *biol* organisme *het*; 2. *pol* instelling, orgaan *het*

organista *m/f mús* organist(e)

organiza/ción *f* organisatie; indeling; **~dor,-a** *m/f* organisator; **~r** *vt* organiseren, opzetten

órgano *m* 1. *mús* orgel *het*; 2. *med* orgaan *het*

orgasmo *m* orgasme *het*

orgía *f* orgie

orgullo *m* trots; hoogmoed; **~so,-a** *adj* trots (**de** op); hoogmoedig

orient/ación *f* 1. oriëntatie; 2. richting; **~al** *adj m/f* oriëntaals; oosters; oostelijk; **~ar** *vt*

oriënteren; richten; voorlichten; **~arse** z. oriënteren; **~e** m 1. oosten het; 2.**~*** Oosten het
orificio m opening; gat het
origen m 1. oorsprong, ontstaan het; 2. afkomst, herkomst; 3. reden, grond
original 1. adj m/f oorspronkelijk; origineel; **2.** m origineel het; **~idad** f originaliteit; oorspronkelijkheid
originar vt veroorzaken; voortbrengen; **~io** adj m/f oorspronkelijk; afkomstig (**de** uit)
orilla f 1. oever, kant, wal; 2. rand
orín m roest
orina f urine; **~l** m po, urinaal het; **~r** vi plassen, urineren
oriundo,-a adj afkomstig (**de** uit)
ornament/ar vt ornamenteren; versieren; **~o** m 1. ornament het, versiering; 2. rel ornaat het
ornar vt (ver)sieren; decoreren
ornit/ología f ornithologie, vogelkunde; **~ólogo,-a** m/f ornitholoog,-oge, vogelkenner
oro m goud het
orquesta f orkest het
orquídea f orchidee
ortiga f bot brandnetel
orto/doncia f med orthodontie; **~doncista** m/f orthodontist(e); **~doxo,-a** adj orthodox; **~grafía** f (correcte) spelling; **~pédico,-a** adj orthopedisch; **~pedista** m/f orthopedist(e)
oruga f zool rups

orujo m bezinksel het; droesem; brandewijn
orzuelo m med strontje het (op ooglid)
osa f zool berin; **~* Mayor** astr Grote Beer; **~* Menor** astr Kleine Beer
osa/día f durf, vermetelheid; **~do,-a** adj gewaagd; **~r** vt durven, wagen
oscila/ción f schommeling, slingering; com fluctuatie; **~r** vi schommelen; fluctueren
oscur/ecer 1. vt donker(der) maken; fig overschaduwen; vertroebelen; **2.** vi donker worden; **~idad** f donker het, duister(nis de) het; **~o,-a** adj o. fig donker, duister; fig somber, obscuur
óseo,-a v/d beenderen; beenoso m zool beer; **~ blanco**, **~ polar** ijsbeer; **~ pardo** bruine beer; **~ de peluche** teddybeer
ostenta/ción f vertoning; pracht en praal; **~r** vt 1. (ver)tonen, pralen met; 2. dragen, voeren; 3. (functie) bekleden
ostra f oester; **¡~s!** coloq verdorie!
otitis f oorontsteking
otólogo,-a m/f med oorarts
otoñ/al adj m/f herfstachtig; **~o** m herfst
otorgar vt toekennen, verlenen
otorrinolaringólogo,-a m/f med keel-, neus- en oorarts

página

otro,-a 1. *m* een ander; iemand anders; *el ~* de ander; **2.** *adj* ander; nog een; *~o día* een andere keer; *el ~o día* onlangs; *~o igual* net zo een; *~o tanto* (nog eens van) hetzelfde; *en ~a parte* elders; *por ~a parte* anderzijds; *~a vez* weer, opnieuw

ovación *f* ovatie

oval(ado,-a) *adj* ovaal

ovario *m med* eierstok

oveja *f* schaap *het*

ovillo *m* bol, kluwen

ovino *adj m/f* v/d schapen; schaaps-

ovíparo, a eierleggend

ovni *m objeto volante no identificado* ufo, vliegende schotel

óvulo *m* eicel

oxida/ble *adj m/f* oxydeerbaar; *no ~ble* roestvrij; *~r vt* oxyderen; *~rse* (ver)roesten

óxido *m* oxyde *het*; roest *het*; *~ de carbono* koolmonoxyde *het*, kolendamp

oxígeno *m* zuurstof

oyente *m/f* toehoorder,-hoorster; luisteraar(ster)

ozono *m* ozon

P

pabellón *m* **1.** paviljoen *het*; tentoonstellingshal; **2.** kegelvormige tent

pacer *vt/i* grazen

pacien/cia *f* geduld *het*; *~te* **1.** *adj m/f* geduldig; **2.** *m/f med* patiënt(e), zieke

pacificar *vt* vrede stichten onder; verzoenen

pacífico,-a *adj* vreedzaam, vredig; *Océano ~** *m* Stille Oceaan

pacifi/sta 1. *mf adj* pacifistisch; **2.** *m/f* pacifist(e)

pack *m* verpakking

pacotilla *f* rotzooi, rommel

pact/ar *vt/i* overeenkomen; *~o m* overeenkomst, verdrag *het*, pact *het*

padecer *vt* lijden aan; ondergaan; *~ de* een kwaal hebben

padrastro *m* stiefvader

padre *m* **1.** vader; **2.** *rel* pater; *~ de familia* huisvader; *~ político m* schoonvader *~s mpl* ouders *pl*; *~s adoptivos* pleegouders *pl*

padrino *m* **1.** peet(vader), peetoom; **2.** (*v. huwelijk*) getuige; **3.** *fig* beschermer

paella *f* paella (*Valenciaans rijstgerecht*)

paga *f* loon; *~dero,-a adj* te betalen; *~do,-a adj* betaald

pagano,-a 1. *adj* heidens; **2.** *m/f* heiden, heidin

pagar *vt* **1.** betalen; **2.** *fig* boeten; *~é m* promesse, schuldbekentenis

página *f* blad(zijde) *het*, pagina; *~ web* website

pago *m* betaling, storting; **~ a cuenta** termijnbetaling; **~ anticipado** voorschot; **~ al contado** contante betaling

país *m* land

paisa/je *m* landschap *het*; **~no,-a** *m/f* 1. landgenoot,-note, streekgenoot,-note; 2. burger, niet militair

paja *f* stro, rietje; **hacerse una ~** *vulg* z. aftrekken

pajarita *f* 1. vlinderdasje *het*; 2. gevouwen vogeltje (van papier) *het*

pájaro *m* vogel

paj/e *m* page; **~ita** *f* rietje *het* (om te drinken)

pala *f* 1. schop, spade; 2. *sport* slaghout, bat

palabra *f* woord *het*; **~ de honor** erewoord *het*; **~ clave** *inform* sleutelwoord *het*

palacete *m* klein paleis *het*; fraai pand *het*

palacio *m* paleis *het*; kasteel(tje) *het*; gebouw *het*

paladar *m* *anat* gehemelte *het*; smaakgevoel *het*

palanca *f* hefboom, zwengel; hendel

palangana *f* teil, waskom

palco *m* *teat* loge

palet/a *f* 1. palet *het*; plamuurmes *het*; troffel; **~illa** *f* *gastr* schouderkarbonade; **~o** *m* boerenkinkel

palia/r *vt* verzachten, verlichten; **~tivo,-a** 1. *adj* verzachtend; 2. *m* verzachtend middel *het*

palidecer *vi* verbleken; bleek worden

pálido,-a *adj* bleek; flauw, flets

palillo *m* houtje *het*; tandenstoker

paliza *f* 1. pak slaag *het*; 2. kwelling, enorme inspanning

palma *f* 1. palm; palmblad *het*; 2. **~ de la mano** handpalm; **~da** *f*: **dar ~das** in de handen klappen

palmera *f* *bot* palmboom

palo *m* 1. paal, stok; 2. hout *het*; 3. klap

palom/a *f* *zool* duif; **~a mensajera** postduif; **~ar** *m* duiventil; **~itas** *fpl* popcorn *het*

palpa/ble *adj* *m/f* duidelijk, tastbaar; **~r** *vt* (be)tasten; voelen

palpita/ción *f* (het) kloppen; hartklopping; **~r** *vi* (hart) kloppen

paludismo *m* malaria

palurdo,-a *m/f* boerenpummel,-kinkel

pamplina *f* geklets *het*, onzin; **~s** *fpl* drukte

pan *m* brood *het*; **~ blanco, candeal** witbrood *het*; **~ integral** volkorenbrood *het*; **~ rallado** paneermeel *het*; **~a** *f* corduroy *het*, ribfluweel; **~adería** *f* bakker (*winkel*); broodbakkerij; **~adero,-a** *m/f* bakker

pancarta *f* spandoek *het*; bord *het* met leus

panceta f doorregen spek het
páncreas m alvleesklier
panda 1. m zool panda(beer); **2.** f coloq vriendenclub, stel het
pandereta f mús tamboerijntje het
pandilla f coloq vriendenclub, stel het, groep
panel m schakelbord het, paneel het; **~ de mandos** dashboard het
pánfilo,-a adj dommig, sullig, traag
pánico m paniek
panocha f, **panoja** f maïskolf
panorama m panorama het
pantalla f 1. scherm het; 2. inform TV beeldscherm het; 3. cine witte doek het; 4. (lampen)kap
pantalón m broek; **~ de peto** tuinbroek; **~ vaquero** spijkerbroek
pantano m 1. moeras het; 2. stuwmeer het
pantera f panter
pantorrilla f kuit
panty m panty
panza f (dikke) buik
pañal m luier
pañ/o m doek, lap; **~uelo** m 1. zakdoek; 2. hoofddoek, halsdoek, vierkante sjaal
papa 1. m paus; **2.** f aardappel
papá m pap(p)a; **~s** mpl fam ouders pl
papada f onderkin

papagayo m papegaai
papel m 1. papier het; 2. teat rol; **~ higiénico** toiletpapier het; **~ería** f kantoorboekhandel
papilla f pap, brij
paquebote m oceaanschip het, pakketboot
paquete m pakje het; paket het; **~postal** postpakket het
par 1. m paar het; **2.** adj m/f gelijk; (getal) even; **3.** f **a la ~** gelijkertijd
para prep 1. (bestemd) voor, 2. voor (met het oog op); 3. om te; **~ eso** daarvoor; **~ que** opdat, zodat; 4. (met bestemming) naar; **salir ~** vertrekken naar; 5. (tijd.) tegen; (uiterlijk) met; 6. voor (de duur van); **~ siempre** voor altijd
parabrisas m auto voorruit
paracaídas m parachute
parachoques m bumper
para/da f 1. (het) stoppen; stop; stilstand; 2. halte; **~ de taxis** standplaats (van taxi); **~ discrecional** halte op verzoek; **~dero** verblijfplaats; **~do,-a 1.** adj 1. stilstaand; buiten bedrijf; 2. traag; 3. werkloos; **2.** m werkloze
para/doja f paradox; **~dójico,-a** adj paradoxaal
parador m (**~ de Turismo**) luxe staatshotel
parágrafo m paragraaf
paraguas m paraplu

paraíso *m* paradijs *het*
paraje *m* plek, streek; oord *het*
paralelo,-a *adj* parallel, evenwijdig
parálisis *f* verlamming
paralítico,-a *adj* verlamd, lam
paraliza/ción *f* 1. verlamming; 2. stagnatie, stillegging; **~r** *vt* 1. verlammen; 2. stilleggen
parar 1. *vt* doen stoppen; tot stilstand brengen; uitzetten; uitschakelen; 2. *vi* stoppen; stilstaan; ophouden; (*motor*) afslaan
pararrayos *m* bliksemafleider
parásito *m* 1. parasiet; 2. *fig* klaploper
parcela *f* stuk *het* grond, perceel *het*; **~ción** *f* verkaveling
parch/e *m* 1. *med* pleister; 2. reparatieplakker; 3. *fig* lapmiddel *het*; **~ís** *m* mens-erger-je-niet *het*
parcial *adj m/f* 1. gedeeltelijk, deel-; 2. partijdig
parco,-a *adj* zuinig, karig; sober
pardo,-a *adj* bruingrijs, grauw
parecer 1. *vt/i* lijken; schijnen; *me ~ bien* ik vind het goed; *¿qué le ~?* wat vindt u ervan? 2. *m* 1. mening, opvatting; 2. uiterlijk *het*; *a mi ~* mijns inziens; *al ~* zo te zien, schijnbaar
parecido,-a 1. *adj* soortgelijk, dergelijk; gelijkend (**a** op) 2. *m* gelijkenis; overeenkomst
pared *f* wand, muur

pareja *f* 1. paar *het*, tweetal *het*, duo *het*; 2. partner
parentesco *m* verwantschap, familierelatie
paréntesis *m* haakje ; *entre ~* tussen haakjes
paridad *f* gelijkheid; *com* pariteit, pari
pariente *m* bloedverwant, familielid *het*
parir *vt/i* 1. bevallen, baren; 2. *zool* werpen
parisino,-a *adj* uit Parijs
parking *m* parkeergarage; parkeerterrein *het*
parlament/ario,-a 1. *adj* parlementair; 2. *m/f* kamerlid *het*, parlementariër; **~o** *m* parlement *het*
paro *m* 1. stilstand, stop; 2. staking; 3. werkloosheid
parpadear *vi* knipperen; flikkeren
párpado *m* ooglid *het*
parque *m* 1. park *het*; 2. (baby)box; *~ de atracciones* pretpark *het*, lunapark *het*; *~ eólico* windpark *het*; *~ infantil* speeltuin; *~ nacional* nationaal park *het*; *~ temático* themapark *het*; *~ zoológico* dierentuin
parqué *m*, **parquet** *m* parket *het*
parquímetro *m* parkeermeter
parra *f* wingerd, wijnstok
párrafo *m* paragraaf, alinea
parrilla *f* 1. braadrooster, grill; 2. grillroom; *a la ~ gastr* ge-

pasar

grild, geroosterd; **~da** f grillade (vis of vlees), gegrilleerd vlees het
párroco m pastoor
parroquia f parochie
parsimonia f afgemetenheid, karigheid
parte 1. f 1. deel het, 2. aandeel het, portie; 3. plaats; 4. jur, mús partij; 5. kant, zijde; **de ~ de** namens; **en ~** gedeeltelijk; **en gran ~** grotendeels; **en ninguna ~** nergens; **en/por todas ~s** overal; **por otra ~** anderzijds; **tomar ~ en** deelnemen in; **2.** m communiqué het; verslag het; med bulletin het; **~ meteorológico** weerbericht het; **dar ~** aangifte doen
partición f (ver)deling; scheiding
participa/ción f 1. deelneming; aandeel het; deling; 2. aankondiging; **~ de boda** trouwkaart; **~nte** m deelnemer; **~r 1.** vt meedelen; **2.** vi deelnemen, meedoen (**en** aan)
participio m deelwoord het
partícula f deeltje het, partikel het
particular 1. adj m/f 1. bijzonder; eigenaardig; **en ~** in het bijzonder; 2. eigen, particulier; **2.** m 1. particulier(e); 2. onderwerp het, punt het; **~idad** f bijzonderheid
partida f 1. akte, bewijs het; 2. vertrek het; 3. (spel) partij(tje het), potje het; 4. com partij, zending

partidario,-a m/f voorstand(st)er; aanhang(st)er
partido m 1. pol partij; 2. sport wedstrijd, spel het; 3. **sacar ~** voordeel trekken (**de** uit)
partir 1. vt delen; splijten; breken, inslaan; (brood) snijden; **2.** vi vertrekken; **3.** prep **a ~ de** vanaf, met ingang van
partitura f mús partituur
parto m bevalling
parvulario m kleuterschool; peuterschool
párvulo,-a m/f kleuter, peuter
pasa f rozijn; **~de Corinto** krent; **~da** f 1. **de ~da** en passant; 2. buitensporigheid; **~de** (smalle) doorgang; **~do,-a 1.** adj 1. verleden, vorig; **~ mañana** overmorgen; 2. te gaar; **2.** m verleden het
pasaje m 1. doortocht, overtocht, 2. nav passagiers; 3. tarief het; vliegticket het; 4. passage; **~ro,-a 1.** adj vergankelijk, tijdelijk; **2.** m/f passagier, reizig(st)er
pasante m 1. stagiaire; 2. jur assistent
pasaporte m paspoort het, pas
pasar 1. vi 1. voorbijgaan, overgaan, 2. binnengaan; passeren; langskomen; 3. gebeuren; 4. (tijd) verstrijken; **¡pase!** komt u verder!; **¿qué pasa?** wat is er? **2.** vt 1. overbrengen; 2. doorgeven; 3. oversteken; 4. auto inhalen;

pasar

5. (*water*) oversteken; 6. (*tijd*) doorbrengen; **~lo bien** z. amuseren; **~se** 1. voorbijgaan; 2. te ver gaan

pasarela f 1. nav loopplank, bruggetje het; 2. (*mode*) passerelle

pasatiempo m tijdverdrijf; ontspanning

Pascua f Paasfeest; **¡felices ~s!** 1. prettige Kerst(dagen)!; prettige feestdagen!

pase m 1. pas(je het); 2. (*film*) vertoning; **~ar(se)** wandelen, rondrijden

paseo m 1. wandeling; 2. laan, boulevard

pasillo m gang, pad het

pasiv/idad f passiviteit; **~o,-a** adj passief, lijdzaam

pasma/do,-a adj verbluft, verbijsterd; **~r** vt verbluffen, verbijsteren

paso m 1. pas, stap; gang; 2. (het) voorbijgaan; 3. (berg)pas; doorgang; **~ a nivel** overweg; **~ de peatones** voetgangersoversteekplaats; **~ subterráneo** onderdoorgang

pasta f 1. pasta; 2. deeg het, beslag het; 3. *coloq* poen; **~s alimenticias** deegwaren pl

pastar vt/i weiden, grazen

pastel m 1. *gastr* taart, gebak het, pastei; 2. pastelkrijt het; pasteltekening

pasteurizar vt pasteuriseren

past/illa f tabletje het, (anticonceptie)pil; (*zeep*) stukje het; **~o** m 1. gras, groenvoer; weidegrond; **~ón** m smak geld het; **~or** m herder

pastoso,-a adj kneedbaar, klef, pappig

pata f poot

patada f schop, stamp, trap

patalear vi stampen; trappelen

patat/a f aardappel; **~ús** m flauwte

patente 1. adj m/f (zeer) duidelijk; **2.** f octrooi

patern/al adj m/f vaderlijk; **~nidad** f vaderschap het; **~no,-a** adj v/d vader, vader-; ouderlijk

patético,-a adj pathetisch

patín m schaats, rolschaats; **~ de ruedas** rolschaats

patin/ar vi 1. schaatsen; 2. *auto* slippen; 3. (*fig*) een flater slaan; **~ete** m step

patio m patio, binnenplaats; hofje

pato m eend

patológico,-a adj ziekelijk; pathologisch

patria f vaderland het

patricio,-a 1. adj adellijk; **2.** m/f patriciër

patrimoni/al adj m/f vermogens-; erf-; **~o** m erfgoed het; vermogen het; **~o nacional** nationaal bezit het

patriota m/f patriot

patriótico,-a adj vaderlandslievend, patriottisch

patrocina/dor,-a *m/f* beschermheer,-vrouwe; sponsor; **~r** *vt* bekostigen; sponsoren

patrón *m* 1. beschermheilige; 2. baas, werkgever; 3. patroon, model

patron/a *f* 1. schutspatrones; 2. werkgeefster; **~al** *f* werkgeversorganisatie; **~o** *m* schutspatroon; werkgever, baas

patrulla *f* patrouille

paulatino,-a *adj* geleidelijk, langzaam

pausa *f* pauze, rust; **~do,-a** *adj* kalm, bedaard

pauta *f* 1. leidraad, richtsnoer

paviment/ación *f* (het) plaveien; **~ar** *vt* plaveien, verharden; **~o** *m* plaveisel *het*

pavo,-a 1. *adj* dom, dwaas; 2. *m* kalkoen; **~ real** pauw; **~r** *m* hevige angst; grote schrik

payaso *m* clown *m*, pias, paljas

payés *m* dorpsbewoner uit Catalonië of de Balearen

paz *f* vrede; rust

peaje *m* tol(geld *het*); sluisgeld *het*

peatón/ón *m* voetganger; **~onal** *adj m/f* voetgangers-

peca *f* sproet

peca/do *m* zonde; **~dor,-a** *adj* zondaar,-dares; **~r** *m* zondigen

pecho *m* borst; **dar el ~** de borst geven

pechuga *f* 1. (*gevogelte*) borst

pecoso,-a *adj* sproeterig, met sproeten

pectoral 1. *adj m/f* borst-; **2.** *s/m* borstspier

pecuario,-a *adj* v/h vee, vee-

peculiar *adj m/f* eigen(aardig), typisch; **~idad** *f* eigenaardigheid, kenmerk *het*

pedagógico,-a *adj* pedagogisch, opvoedkundig

pedal *m* pedaal *het*, trapper; **~**; **~ear** *vi* trappen, fietsen

pedante 1. *adj m/f* pedant; **2.** *m/f* betweter

pedazo *m* stuk *het*, fragment *het*, brok *het*

pedestal *m* voetstuk *het*, sokkel, zuilvoet

pedi/atra *m/f* kinderarts; **~atría** *f* kindergeneeskunde; **~curo,-a** *m/f* pedicure

pedido *m com* bestelling, order

pedir *vt* 1. bedelen; 2. vragen om, verzoeken; (op)eisen; 3. *com* bestellen

pedo *m coloq* wind, scheet; *tirarse un* **~** een wind laten

pega/dizo,-a *adj* kleverig, plakkerig; goed plakkend; **~do,-a** *adj* vlak (**a** naast); **~joso,-a** *adj* plakkerig; kleverig; **~mento** *m* plakmiddel *het*, lijm, kit

pegar 1. *vt* 1. plakken, lijmen; 2. vastmaken, bevestigen; 3. slaan; 4. plaatsen (**a** naast) 5. (*ziekte*) besmetten; 6. plotseling doen; 7. (*kreet*) slaken; 8. (*schot*) los-

pegar 594

sen; 9. (*sprong*) maken **no ~ ojo** geen oog dichtdoen; **2.** *vi* 1. (blijven) plakken; 2. passen (**con** bij); 3. fel schijnen; **~se** aanbranden; vastplakken; *fig* klitten; blijven hangen

pegatina *f* sticker

peina/do *m* kapsel *het*; **~r** *vt* kammen

peine *m* kam; **~ta** *f* sierkam

pela/do,-a *adj* kaal; **~je** *m* vacht, pels; **~r** *vt* 1. kaal knippen/plukken; 2. schillen, doppen

peldaño *m* sport, trede

pelea *f* strijd, vechtpartij; **~r** *vi* vechten, ruzie maken; **~rse** vechten, ruzie krijgen

peletería *f* bontzaak, bonthandel

pelícano, pelicano *m* pelikaan

película *f* 1. huidje *het*, laagje *het*; 2. film; filmrolletje *het*, fotorolletje *het*; **de ~** ongelofelijk

peligr/ar *vi* gevaar lopen (**de** om); **~o** *m* gevaar *het*; **~oso,-a** *adj* gevaarlijk

peli/rrojo,-a *adj* roodharig; **~rrubio,-a** *adj* blond

pellejo *m* huid; *fig* huid, leven

pellizc/ar *vt* knijpen; **~o** *m* 1. kneep; 2. snufje

pelo *m* haar *het*; **tomar el ~ a alg** iem voor de gek houden

pelota 1. *f* bal; **2.** *m* slijmbal; **~s** *pl vulg* ballen, kloten; **en ~s** *coloq* poedelnaakt

peluca *f* pruik

peluche *m* 1. pluche; 2. teddybeer

peludo,-a *adj* harig, behaard

peluquer/a *f* kapster; **~ía** *f* kapsalon, kapperszaak; **~o** *m* kapper

peluquín *m* korte pruik

pelusa *f* 1. dons *het*, pluisje *het*; 2. jaloezie

pelvis *f med* bekken *het*

pena *f* 1. straf; 2. verdriet *het*, leed *het*; 3. moeite; **¡qué ~!** wat jammer!; **vale/merece la ~** het is de moeite waard; **dar ~** jammer vinden

pena/l 1. *adj m/f* straf-; **2.** *s/m* strafgevangenis; **~r** *vt* straffen

pend/er *vi* hangen (**de** aan); afhankelijk zijn (**de** van); **~iente 1.** *adj m/f* 1. hangend; 2. hellend; 3. afhankelijk (**de** van); **2.** *s/m* oorbel; **2.** *s/f* glooing, helling

péndulo *m* slinger

pene *m med* penis

penetra/ción *f* 1. penetratie, doordringing; 2. *fig* scherpzinnigheid; **~r 1.** *vt* doordringen; doorgronden; **2.** *vi* doordringen (**en** in)

penicilina *f med* penicilline

península *f* schiereiland *het*

peniten/cia *f* boete(doening), penitentie; **~ciario** *m* gevangenis-; **~te** *m* boetedoener

penoso,-a *adj* pijnlijk, onaangenaam; moeizaam

pensa/dor,-a *m/f* denk(st)er, filosoof,-ofe; **~miento** *m* geest;

gedachte; **~r 1.** vt 1. (be)denken; menen; 2. overdenken; 3. van plan zijn te; **2.** vi denken (en aan); *sin ~r* zonder nadenken; **~tivo,-a** adj peinzend, nadenkend

pensión f 1. pension het; **~ completa** volpension het; **media ~** halfpension het; 2. uitkering; pensioen het

pensionista m/f gepensioneerde

pentágono m vijfhoek

Pentecostés f Pinksteren; Pinksterfeest het

penúltimo,-a adj voorlaatste, op een na laatste

penumbra f schemerdonker het, halfduister het

peñ/a f 1. rots(punt het); 2. vriendenclub; **~ón** m steile rots; *el ~ón** Rots van Gibraltar

peón m ongeschoolde arbeider, dagloner

peonza f (speelgoed) tol

peor adj m/f slechter; erger

pepinillo m augurk

pepi/no m komkommer; **~ta** f (vrucht) pit

pepitoria f gastr (saus) fricassee

pequeñez f kleinheid; kleinigheid

pequeño,-a adj klein; **~ paquete** m pakje het

pera f peer; **~l** m bot perenboom

perca f (vis) baars

percance m tegenslag; ongeluk(je het) het

percep/ción f waarneming; **~tible** adj m/f waarneembaar; merkbaar

percha f stang; (kleer)hanger; kapstok

percibir vt waarnemen; begrijpen

percusión f slagwerk het

percutir vt med beklopppen

perdedor,-a m/f verliezer

perder vt/i verliezen; erop achteruitgaan; verspelen; verknoeien; *echar a ~* bederven; **~ de vista** uit het oog verliezen; **~se** verdwalen; verloren gaan

perdición f verderf het; ondergang, verval het

pérdida f verlies het; schade; lekkage

perdido,-a adj verloren; verdwaald

perdiz f patrijs

perdón m vergiffenis; genade; *pedir ~ a alg* z. bij iem verontschuldigen; *¡~!* pardon!; neem me niet kwalijk!

perdona/ble adj m/f vergeeflijk; **~r** vt 1. vergeven; verontschuldigen; 2. kwijtschelden

perdura/ble adj m/f duurzaam; eeuwig; **~r** vi voortduren; aanhouden

perecedero,-a adj vergankelijk; bederfelijk

peregrin/ación f bedevaart; **~ar** vi ter bedevaart gaan; **~o** m pelgrim

perejil m bot peterselie

perenne *adj m/f* onvergankelijk; *bot* altijdgroen
perez/a *f* luiheid; traagheid; **~oso,-a 1.** *adj* lui, lusteloos; **2.** *m/f* 1. luilak; **3.** *m zool* luiaard
perfec/ción *f* perfectie, volmaaktheid; **~cionar** *vt* perfectioneren; verbeteren; **~to,-a** *adj* perfect, volmaakt
perfidia *f* trouweloosheid, valsheid
perfil *m* (*o. tecn*) profiel *het*; silhouet; *de ~* van opzij, in profiel
perfora/ción *f* doorboring; perforatie; **~r** *vt* perforeren, doorboren; (*kaartje*) ponsen
perfum/ar *vt* parfumeren; **~arse** *z.* parfumeren; **~e** *m* parfum; geurtje *het*
pergamino *m* perkament *het*
pérgola *f* prieeltje *het*
perif/eria *f* omtrek; **~érico,-a** *adj* v/d periferie
perilla *f* puntbaardje *het*
perímetro *m* omtrek
peri/ódico,-a 1. *adj* regelmatig; periodiek; **2.** *m* krant, dagblad *het*; **~odismo** *m* journalisme *het*; **~odista** *m/f* journalist(e)
período *m* 1. periode; 2. *med* ongesteldheid
periquito *m* parkiet
peritaje *m* expertise(rapport *het*)
perito,-a 1. *adj* deskundig, vakkundig; **2.** *m* deskundige, expert

perjudic/ar *vt* schaden; benadelen; **~ial** *adj m/f* schadelijk; nadelig
perjuicio *m* schade; nadeel *het*
perla *f* (*o. fig*) parel
permane/cer *vi* (ver)blijven; **~ncia** *f* verblijf *het*; duur(zaamheid); **~nente 1.** *adj m/f* permanent, duurzaam; **2.** *f* (*haar*) permanent
permeable *adj m/f* vochtdoorlatend; doorlaatbaar
permi/sible *adj m/f* toelaatbaar; **~so** *m* 1. toestemming; vergunning; 2. verlof *het*; *~ de conducir* rijbewijs *het*; *~ de trabajo* werkvergunning; **~tir** *vt* toestaan; mogelijk maken; dulden
pernicioso,-a *adj* schadelijk; verderfelijk
perno *m* bout; **~ctar** *vi* overnachten
pero *conj* maar; echter
perpendicular *adj m/f* loodrecht
perpetrar *vt* (*misdaad*) begaan, plegen
perpetu/ar *vt* bestendigen; **~o,-a** *adj* 1. eeuwig(durend), bestendig; 2. levenslang
perplejo,-a *adj* perplex; verbijsterd
perr/a *f* teef; **~ito** hondje *het*; *~ito caliente gastr* hot dog; **~o** *m* hond
perse/cución *f* achtervolging; **~guidor** *m* achtervolger; **~guir** *vt* achtervolgen

persevera/ncia *f* volharding; **~nte** *adj m/f* volhardend; **~r** *vt/i* volharden (**en** in)

persist/encia *f* 1. (het) voortduren; 2. vasthoudendheid; **~ente** *adj m/f* voortdurend; **~ir** *vt/i* 1. voortduren; 2. volharden (**en** in)

persona *f* persoon; **en ~** persoonlijk; **~je** *m o. teat* personage; **~l 1.** *adj m/f* persoonlijk; **2.** *s/m* personeel; **~lidad** *f* persoonlijkheid; **~rse** (persoonlijk) verschijnen

personificar *vt* personifiëren; voorstellen

perspectiva *f* perspektief *het*

perspica/cia *f* scherpzinnigheid; **~z** *adj m/f* scherpzinnig

persua/dir *vt* overhalen (**a** tot), overtuigen (**de** van); **~sión** *f* overreding; overtuiging

pertene/cer *vi* toebehoren (**a** aan); behoren tot; **~ciente** *adj m/f* toebehorend (**a** aan), behorend bij; **~ncia** *f* eigendom *het*

pértiga *f* polsstok

pertina/cia *f* hardnekkigheid; **~z** *adj m/f* hardnekkig

pertinen/cia *f* gepastheid, relevantie; **~te** *adj m/f* ter zake dienend, relevant

perturba/ción *f* storing, verstoring; **~r** *vt* verstoren; in de war brengen

pervers/idad *f* verdorvenheid; **~ión** *f* perversiteit; perversie; **~o,-a** *adj* pervers

pervertir *vt* 1. verdorven maken; 2. verstoren, doen mislukken

pesa *f* 1. gewicht *het* (*v. weegschaal*); **~s** *fpl sport* gewichten *pl*; **~dez** *f* 1. zwaarte, 2. *med* zwaar gevoel; 3. *fig* hinderlijkheid

pesadilla *f* nachtmerrie

pesado,-a 1. *adj* 1. zwaar; 2. lastig; opdringerig; 3. vervelend; **2.** *m/f* zeur

pésame *f* condoleantie; *dar el* **~** condoleren

pesar 1. *vi* wegen; **2.** *vt* 1. wegen; 2. bedroeven; **3** *m* verdriet *het*, berouw *het*; *a* **– de** 1. ondanks 2. (+ *inf*) hoewel

pesca *f* visserij, visvangst; **~dería** *f* viswinkel; **~dero,-a** *m/f* visboer,-vrouw; **~do** *m gastr* vis **~dor,-a** *m/f* visser; **~dor de caña** hengelaar; **~r** *vt/i* visser; **~r con caña** hengelen

pese: ~ a ondanks; **~ a que** ondanks dat

pesebre *m* 1. voederbak; 2. kerstkribbe

peseta *f* peseta

pesimis/mo *m* pessimisme *het*; **~ta** *m/f* pessimist(e)

pésimo,-a *adj* heel slecht, abominabel

peso *m* (*o. fig*) gewicht *het*; last; weegschaal

pesquero,-a *adj* v/d visserij, vissers-

pestañ/a *f* wimper; **~ear** *vi* met de ogen knipperen

peste f (o. fig) pest; fig stank; ~ **porcina** varkenspest
pestillo m grendel; knip
pestiño m soort beignet met honing
pétalo m bot bloemblad het
petardo m voetzoeker, klapper
petición f verzoek het, aanvraag; petitie; **a ~ de** op verzoek van
petrificar vt doen verstenen
petróleo m (aard)olie; petroleum
petrolero 1. adj (aard)olie-; **2.** m nav (olie)tanker
petulan/cia f verwaandheid; **~te** adj m/f verwaand
pez 1. m vis; **2.** f pek
pezón m tepel
piadoso,-a adj barmhartig; vroom
pian/ista m/f pianist(e); **~o** m piano; **~o de cola** vleugel
pica/dero m manege; **~dillo** m soort gehakt het; **~dor** m taur picador (man te paard met lans); **~dura** f beet, prik; **~nte** adj m/f scherp, pikant; **~r 1.** vt/i steken; prikken; gastr (fijn)hakken; knabbelen; **2.** vi steken; jeuken
picaresco,-a adj schelms, schelmen-
pícaro,-a 1. adj hist schelms; schaamteloos; **2.** m/f schelm, rakker
pichón m duifje, jonge duif
picnic m picknick
pico m 1. (o. fig) snavel; 2. (pik)houweel; 3. spitse bergtop; 4. zool specht
picor m jeuk, kriebel; branderig gevoel
pictórico,-a adj schilder-
pie m voet; **a ~** te voet; **de ~** staand; **al ~ de la letra** letterlijk
piedad f vroomheid; barmhartigheid
piedra f 1. steen; 2. hagelsteen; ~ **preciosa** edelsteen
piel f 1. huid; 2. leer het; 3. bont het; 4. schil
pierna f 1. been het; 2. gastr poot, bout
pieza f 1. stuk het (o. mús, teat); gedeelte het; 2. geldstuk het; 3 figuur (in spel); **~s de recambio** onderdelen
pigmento m pigment het; kleurstof
pijama m pyjama, gevarieerd dessert het
pila f 1. stapel, hoop; 2. gootsteen; 3. drinkbak; 4. electr batterij; ~ **recargable** oplaadbare batterij
píldora f (o. fig) pil; ~ **anticonceptiva** anticonceptiepil
pillar vt 1. plunderen; 2. (kou) vatten; 3. coloq betrappen, te pakken krijgen
pillo,-a 1. adj kwajongensachtig; **2.** m/f kwajongen; lelijke meid
pilot/ar vt binnenloodsen; aero, auto besturen; **~o 1.** m (con-

trole)lampje; **2.** *m/v* 1. piloot, -lote; stuurman,-vrouw; 2. loods
pilpil: *al~* Baskische bereidingswijze van vis
pimient/a *f* peper; **~o** *m* paprika
pinar *m* dennenbos *het*, pijnwoud *het*
pincel *m* penseel *het*, kwast; *fig* piekfijn
pinchar 1. *vi* lek worden; **2.** *vt* 1. steken in; prikken; 2. (telefoon) aftappen
pingüino *m zool* pinguïn
pino *m* 1. pijnboom; 2. grenenhout *het*
pinta *f* uiterlijk; **~da** *f* 1. *zool* parelhoen; 2. graffito
pintar *vt* 1. (be)schilderen; verven; afschilderen; 2. betekenen
pintor,-a *m/f* schilder(es); **~esco** *o. fig* pittoresk
pintura *f* schilderkunst; schilderwerk *het*
pinza *f* 1. knijper; 2. tangetje *het*; 3. plooitje *het*
piñ/a *f* 1. dennenappel; 2. ananas; 3. gesloten groep; **~ón** *m* pijnappelpit
pío,-a *adj* vroom
piojo *m* luis; **~so,-a** *adj* 1. vol luizen; 2. smerig
pipa *f* 1. (tabaks)pijp; 2. zonnebloempit
pira/gua *f* kano, prauw; **~ña** *f zool* piranha
pirámide *f* piramide
pirarse wegwezen; 'm smeren

pirat/a *m* piraat; zeerover; **~ informático** *inform* hacker; **~ería** *f* piraterij, zeeroverij
pirenaico,-a *adj* v/d Pyreneeën
Pirineos *mpl* (*o. ~o*) Pyreneeën
pirotecnia *f* vuurwerk *het*
pirueta *f* pirouette
pis *m* pies, plas; *hacer* ~ plassen
pisada *f* (voet)stap; voetspoor *het*
pisar *vt* trappen op; betreden; vertrappen
piscina *f* zwembad *het*; **~ cubierta** overdekt zwembad *het*; **~ de olas** golfbad *het*
piso *m* 1. vloer; 2. verdieping, etage; 3. woning; **~ bajo** begane grond, parterre; **~ piloto** modelwoning
pisotear *vt* 1. vertrappen; 2. *fig* vernederen
pista *f* 1. (voet)spoor *het* (*o. fig*) 2. baan; **~ de aterrizaje** *aero* landingsbaan; **~ de despegue** *aero* startbaan; **~ de esquí** skipiste; **~ de tenis** tennisbaan
pisto *m* soort ratatouille, groentemengsel *het*
pistol/a *f* pistool *het*; **~ero** *m* gangster
pistón *m auto* zuiger
pita/da *f* gefluit *het*; **~r** *vt/i* fluiten
pito *m* 1. fluit(je *het*); 2. *coloq* sigaret; 3. *coloq* penis
pizarra *f* 1. lei(steen); 2. schoolbord *het*
pizz/a *f* pizza; **~ería** *f* pizzeria

placa *f* 1. plaat, naambord *het*; 2. kookplaat; 3. onderscheidingsteken *het*; 4. plak, tandsteen

placer 1. *vi* behagen; 2. *m* genoegen *het*, genot *het*

plaga *f* plaag, epidemie; onheil *het*

plan *m* plan *het*, project *het*

plancha *f* 1. plaat; 2. strijkbout; 3. strijkgoed *het*; **~r** *vt* strijken

planea/dor *m* zweefvliegtuig *het*; **~r** 1. *vt* plannen; 2. *vi* zweven

planeta *m* planeet; **~rio** *m* planetarium *het*

plano,-a 1. *adj* vlak; plat; effen; *de* **~** resoluut, volledig; **2.** *m* 1. vlak *het*; 2. kaart; tekening; plattegrond; **~ de la ciudad** stadsplan *het*, stadsplattegrond

planta *f* 1. plant; 2. voetzool; 3. verdieping; 4. *tecn* fabriek, installatie; **~ baja** benedenverdieping, begane grond

plantear *vt* 1. instellen; 2. (*probleem*) stellen, ter sprake brengen

plantilla *f* 1. inlegzool; 2. sjabloon; 3. personeel *het*, staf

plasma *m biol* plasma *het*; **~r** *vt* vorm geven; modeleren; **~rse** vorm krijgen

plástico,-a 1. *adj o. fig* kneedbaar, plastisch; **2.** *m* plastic *het*

plata *f* zilver *het*

plataforma *f* 1. platform *het* (*o. pol*); 2. *arq* verhoging, podium *het*

plátano *m* 1. plataan; 2. banaan; bananenboom

platea *f teat* parket *het*, parterre; **~ado,-a** *adj* verzilverd

platillo *m* bordje *het*, schoteltje *het*; **~ volante** vliegende schotel

plato *m* 1. bord *het*; **~ hondo** (**sopero**) diep bord *het*; **~ llano** plat bord *het*; 2. plateau *het*; 3. *gastr* gerecht *het*, gang; **~ del día** dagschotel; **~ fuerte** 1. hoofdgerecht *het*; 2. *fig* klapstuk *het* **~ combinado** plateservice; **~ preparado** kant-en-klare maaltijd

play/a *f* strand *het*; **~era** *f* (teen)slipper

plaza *f* 1. plein *het*; marktplein *het*; **~ de toros** arena (voor stierengevecht); 2. (arbeids)plaats; 3. (zit)plaats

plazo *m* termijn; tijdsbestek *het*; *com* termijn(betaling); *a* **~s** in termijnen; *a corto* (*largo*) **~** op korte (lange) termijn

plega/ble *adj m/f* opklapbaar, opvouwbaar; **~r** *vt* vouwen, plooien

pleito *m jur* proces *het*, rechtsgeding *het*

plena/mente volledig; **~rio,-a** *adj* voltallig

pleno,-a 1. *adj* vol; **~ empleo** volledige werkgelegenheid; *en* **~ invierno** midden in de winter; *en* **~** voltallig; **2.** *m* plenaire zitting

pliego *m* 1. (dubbelgevouwen) vel *het* papier; 2. document *het*; **~ de condiciones** com inschrijvingsvoorwaarden *pl*

plomo *m* lood *het*

pluma *f* 1. veer; 2. vulpen; 3. *fig* stijl

plural *m ling* meervoud *het*

pobla/ción *f* 1. bevolking; 2. plaats, dorp *het*; **~do,-a 1.** *adj* 1. bevolkt; 2. (dicht)begroeid; **2.** *m* nederzetting, plaats; **~dor** *m* 1. bewoner; 2. kolonist; **~r** *vt* 1. bevolken; bewonen; 2. beplanten (**de** met)

pobre 1. *adj m/f* arm; armoedig; armzalig; **2.** *m/f* arm mens; bedelaar; **~za** *f* armoede

pocilga *f* 1. varkensstal; 2. *fig* zwijnestal

poco,-a 1. *adj* weinig, gering; **un ~ de** een beetje, wat; **2.** *adv* weinig, niet erg; **~ a ~** beetje bij beetje, gaandeweg; **dentro de ~** binnenkort; **por ~** bijna, haast; **3.** *pron*: **unos ~s** een paar

podar *vt agr* (bomen) snoeien

poder 1. *vt* 1. kunnen; in staat zijn; 2. mogen; **no ~ más** niet meer kunnen; **puede ser** misschien; **2.** *m* 1. macht; kracht; 2. bezit; 3. volmacht, machtiging; **~oso,-a** *adj* machtig

podrido,-a *adj* 1. (ver)rot; bedorven; 2. *fig* corrupt

poe/sía *f* gedicht; poëzie; **~ta** *m/f* dichter(es)

polaco,-a 1. *adj* Pools; **2.** *m* Pool, Poolse; **3.** *m ling* Pools *het*

polar *adj m/f* pool-; **~idad** *f* polariteit

polca *f mús* polka

polea *f tecn* katrol(blok), schijf

poli *m/f trunc, desp* smeris; **~cía 1.** *f* politie; **~cía del tráfico** verkeerspolitie; **2.** *m/f* politieagent(e)

polígono *m* 1. veelhoek; 2. gebied *het*; **~ industrial** industriegebied *het*

polilla *f zool* mot

pólipo *m med* poliep

política *f* 1. politiek; 2. beleid *het*

póliza *f* polis; **~ de seguros** verzekeringspolis

polizón *m* verstekeling

polle/ría *f* poelierswinkel; **~ro** *m* poelier

pollo *m* 1. kuiken; 2. *gastr* kip

polo *m* 1. pool; 2. *sport* polo *het*; 3. *gastr* ijslolly; 4. poloshirt *het*

polución *f* vervuiling

polvo *m* stof *het*; poeder

pólvora *f* (bus)kruit *het*

polvorón *m* zandkoekje *het*, zandtaartje *het*

pomada *f* pommade; zalf

pomelo *m* grapefruit

pompa *f* 1. pracht, praal; 2. (zeep)bel

pompis *m coloq* achterwerk *het*, bips

ponche *m* punsch

pondera/ción *f* 1. afweging;

ponderar

2. lofbetuiging; **~r** *vt* 1. afwegen; 2. roemen

poner *vt* 1. zetten; leggen; aanzetten; 2. (*orde*) scheppen; 3. (*kleding*) aantrekken; 4. (*tafel*) dekken; **~se** 1. z. plaatsen; gaan staan; 2. (*kleding*) aandoen; 3. (*zon*) ondergaan

poniente *m* westen *het*; *meteo* westenwind

popa *f* achtersteven *het*

popular *adj m/f* 1. populair, geliefd; 2. v/h volk, volks-

poquito: un ~ een klein beetje, heel weinig

por 1. door, door middel van; 2. per; 3. wegens, omwille van; 4. langs, via; 5. (*tijd*) gedurende; **~ lo cual** zodat; **~ lo tanto** daarom; **~ hora** per uur; *mat* **tres ~ tres** drie maal drie; **~ fin** tenslotte, eindelijk; **~ poco** bijna, haast; **el tres ~ ciento** drie procent

porcelana *f* porselein *het*

porcentaje *m* percentage *het*, gehalte *het*

porcino,-a *adj* v/h varken, varkens-

porción *f* portie, gedeelte *het*, deel *het*

pormenoriza/do,-a *adj* gedetailleerd; **~r** *vt* gedetailleerd beschrijven

pornografía *f* pornografie

poro *m* porie; **~so,-a** *adj* poreus

porque want, omdat

por qué waarom

porquería *f* vuil *het*, (vieze) troep; prutsding *het*

porra *f* knots; (gummi)knuppel

porro *m coloq* joint, stickie *het*

porrón *m* wijnkaraf, glazen drinkkaraf

porta/da *f* 1. voorgevel, façade; 2. *impr* titelblad; eerste pagina; **~equipajes** *m* 1. *auto* kofferbak; 2. *aero* bagagerek *het*; **~l** *m* portaal *het*; **~minas** *m* vulpotlood *het*

portar *vt* dragen; **~se** z. gedragen; **~se mal** z. misdragen

portátil *adj m/f* draagbaar

portaviones *m* vliegdekschip *het*

portavoz *m* woordvoerder,-voerster

porte *m* 1. vracht, lading; 2. *correo* port; 3. uiterlijk *het*; stijl; houding

portento *m* 1. wonder *het* 2. buitengewoon persoon

porter/ía *f* 1. portiersloge; 2. *sport* doel *het*; **~o,-a** *m/f* 1. portier(ster); conciërge; **~ automático** elektrische deuropener 2. *sport* doelman,-vrouw, keep(st)er

porche *m* arcade, overdekte galerij

portuario,-a *adj* haven-

Portu/gal *m* Portugal; **~gués, guesa 1.** *adj* Portugees; **2.** *m/f* 1. Portugees; Portugese; **3.** *m ling* Portugees *het*

porvenir m toekomst
posada f herberg; pension het
posar vi poseren, model staan; **~se** neerstrijken; bezinken
pose f pose
pose/er vt bezitten; **~ído,-a** adj bezeten (**de** van)
posesión f bezit(ting) het; **tomar ~ de** in bezit nemen, in functie treden
posguerra f eerste jaren na de oorlog
posibili/dad f mogelijkheid; **~tar** vt mogelijk maken
posible adj m/f mogelijk; **~mente** mogelijk, waarschijnlijk
posición f 1. positie, status; houding, 2. standpunt het; 3. mil stelling; 4. sport plaats
positivo,-a 1. adj positief; bevestigend; gunstig; **2.** m foto positief
poste m paal, mast; sport doelpaal
postal 1. adj m/f v/d post, post-; **2.** f briefkaart, ansicht(kaart)
postergar vt 1. uitstellen; 2. achterstellen
posterior adj m/f **1.** later, volgend; 2. achter(ste); **ser ~ a** komen na; **~idad** f latere datum
postizo,-a 1. adj vals, onecht; afneembaar; **2.** m haarstukje het
postrado,-a adj uitgeput; teneergeslagen
postre m nagerecht het, toetje het, dessert het

postura f (lichaams)houding; fig standpunt het
pota/bilizar vt drinkbaar maken; **~ble** adj m/f drinkbaar
potaje m voedzame soep met peulvruchten
potencia f 1. vermogen het, macht, kracht; 2. pol mogendheid; 3. sterkte; 4. potentie; **~l** adj m/f potentieel; **~r** vt versterken; stimuleren
potestad f macht, gezag het, autoriteit
potito m potje het met babyvoedsel
pozo m put; kuil; schacht, koker
práctica f 1. praktijk; 2. gewoonte; 3. beoefening; 4. practicum het, (praktijk)stage
practica/ble adj m/f 1. uitvoerbaar; 2. begaanbaar; **~r** vt uitoefenen, doen; sport beoefenen
práctico,-a adj praktisch; zakelijk
prad/era f grasveld het; **~o** weiland het, grasland het
pragmático,-a adj pragmatisch
preámbulo m inleiding, voorwoord het
preaviso m 1. waarschuwing vooraf, 2. verwittiging vooraf
precario,-a adj hachelijk, zorgelijk, precair
precaución f 1. voorzorg; 2. voorzichtigheid
precaver vt verhoeden; voorkomen; **~se** op zijn hoede zijn (**de** voor)

precede/ncia f voorrang; (het) voorafgaan; **~nte 1.** adj m/f vorig, voorafgaand; **2.** m precedent het; **~r** vt voorafgaan (**a** aan), voorgaan boven

precint/ar vt verzegelen; fig afsluiten; **~o** m zegel(loodje het)

precio m 1. prijs, som; 2. fig waarde; **~so,-a** adj 1. prachtig; 2. kostbaar

precipi/cio m afgrond; **~tación** f 1. overhaasting; 2. (weer) neerschlag; **~tado,-a** adj overhaast, onverwacht; **~tar** vt 1. naar beneden werpen; 2. bespoedigen; **~tarse** 1. naar beneden storten; 2. overhaast handelen

precis/amente precies, juist; **~ar** vt 1. nodig hebben; vereisen; 2. preciseren, nader omschrijven; **~ión** f precisie; nauwkeurigheid; **~o,-a** adj 1. nodig, vereist; 2. precies, nauwkeurig

precocinado,-a adj gastr voorbereid, voorgekookt

precoz adj m/f 1. vroegrijp; 2. voortijdig

pre/cursor,-a m/f voorlo(o)p(st)er; **~decesor,-a** m/f voorgang(st)er; **~decir** vt voorspellen

predicar vt preken, prediken

predicción f voorspelling

predomin/ante adj m/f overheersend, belangrijkst; **~ar** vi overheersen, predomineren; **~io** m overwicht het; overheersing

preescolar 1. adj m/f kleuter- en peuter; **2.** m peuter- en kleuterschool

prefabricad/o,-a adj geprefabriceerd

prefacio m voorwoord het, inleiding

prefer/encia f 1. voorkeur; 2. voorrang; **~ente** adj m/f voorkeur-, bevoorrecht; **~ible** adj m/f verkieslijk, voorkeur verdienen (**a** boven); **~ido,-a** adj lievelings-; **~ir** vt verkiezen (**a** boven)

prefijo m 1. ling voorvoegsel het; 2. telec netnummer het, kengetal het

pregunta f vraag; **~r** vt vragen (**por** naar); **~rse** z. afvragen

prehist/oria f prehistorie; **~órico,-a** adj prehistorisch, voorhistorisch

prejuicio m vooroordeel het

prelado m prelaat het, kerkvoogd, prior

prelavado m voorwas

preliminar adj m/f inleidend, voorafgaand, voor-

prematuro,-a adj 1. voortijdig, voorbarig; 2. (baby) te vroeg geboren

premi/ar vt belonen, bekronen; een prijs uitreiken; **~ado,-a** m/f prijswinnaar,-nares; **~o** m 1. prijs; 2. premie; **~o gordo** hoofdprijs

premura f drang, druk; haast

prenda *f* 1. pand *het*; 2. **(~ de vestir)** kledingstuk *het*

prende/dor *m* broche, sierspeld; **~r 1.** *vt* 1. grijpen, gevangen nemen; 2. vastmaken; 3. aansteken; **2.** *vi* vatten, gaan branden

prensa *f o. tecn* pers; **~r** *vt* persen

preña/da zwanger; **~r** *vt* zwanger maken

preocupa/ción *f* bezorgdheid, zorg; **~do,-a** *adj* bezorgd, ongerust; **~r** *vt* ongerust maken; **~rse** zorgen (**de** voor); z. zorgen maken (**por** over)

prepara/ción *f* (voor)bereiding; training, opleiding; **~do,-a 1.** *adj* bekwaam; gereed; voorbereid (**para** op) **2.** *m* preparaat *het*; **~r** *vt* voorbereiden; bereiden; trainen, opleiden; **~dor,-a** *m/f* coach, train(st)er; **~tivos** *mpl* voorbereidingen *pl*

preponderar *vi* overheersen; overwegen

preposición *f ling* voorzetsel *het*

prepoten/cia *f* arrogantie; **~te** *adj m/f* arrogant

presa *f* 1. prooi, buit; 2. (stuw)dam; 3. vrouwelijke gevangene

presagi/ar *vt* voorvoelen; **~o** *m* voorteken *het*, voorgevoel *het*

prescri/bir 1. *vt* voorschrijven; **2.** *vi jur* verjaren; **~pción** *f* 1. voorschrift *het*; 2. *jur* verjaring; **~pción médica** doktersvoorschrift *het*; **~to,-a** *adj* 1. voorgeschreven; 2. *jur* verjaard

presencia *f* 1. aanwezigheid; 2. uiterlijk *het*, voorkomen *het*; **~r** *vt* bijwonen, getuige zijn van

presenta/ble *adj m/f* toonbaar; **~ción** *f* 1. presentatie, voorstelling; 2. opmaak; 3. indiening; **~dor,-a** *m/f TV* presentator, -trice; nieuwslezer(es); **~r** *vt* 1. voorstellen, presenteren; 2. indienen; **~rse** 1. z. voorstellen; 2. z. aanmelden; 3. vertoond worden

present/e 1. *adj m/f* 1. aanwezig; 2. huidig; **2.** *m* 1. heden; 2. *ling* tegenwoordige tijd; **~imiento** *m* voorgevoel *het*; **~ir** *vt* voelen aankomen

preserva/ción *f* bescherming; **~r** *vt* behoeden (**de** voor)

preservativo *m* condoom *het*

presiden/cia *f* voorzitterschap *het*; presidium *het*; **~cial** *adj m/f* v/d president, presidents-; **~te,-ta** *m/f* president(e), voorzit(s)ter

presión *f* druk; **~ de los neumáticos** bandenspanning

presionar *vt* 1. (aan)drukken; 2. *fig* druk uitoefenen (**en** op)

preso,-a *m/f* gevangene, gedetineerde

presta/ción *f* 1. verlening; 2. uitkering; **~do,-a** *adj* geleend; **de ~do** op andermans kosten

préstamo m lening

prestar vt (uit)lenen (**a** aan); verlenen; ~ *ayuda* hulp verlenen; ~ *juramento* de eed afleggen; **~se** z. lenen (**a** voor); geschikt zijn

prestigio m prestige; aanzien het; **~so,-a** adj bekend, vermaard; gereputeerd

presumi/do,-a adj ijdel; arrogant; **~r 1.** vt vermoeden; **2.** vi opscheppen; z. beroemen (**de** op)

presunt/o,-a adj vermoedelijk; zogenaamd; **~uoso,-a** adj hoogmoedig, pedant

presupuesto m 1. begroting, prijsopgave; 2. budget het

preten/der/ vt 1. beogen, willen; 2. pretenderen; **~sión** f 1. aanspraak; 2. bedoeling, 3. pretentie

pretexto m voorwendsel het, smoes

prevalecer vi doorslaggevend zijn; prevaleren (**sobre** boven)

preven/ción m voorkoming; preventie; **~ido,-a** adj gewaarschuwd; op zijn hoede; **~ir** vt/i 1. waarschuwen; 2. voorkomen; **~tivo,-a** adj preventief, voorlopig, voorzorgs-

prever vt voorzien, zien aankomen

previ/amente eerder; **~o,-a** adj voorafgaand, vroeger; ~ *pago* na betaling; **~sible** adj m/f te voorzien, voorspelbaar; **~sión** f 1. verwachting; *com* beraming; **~sor,-a** adj vooruitziend

prima f 1. nicht; 2. *com* premie; ~ *cía* f suprematie, voorrang; **~r** vi overheersen

primavera f lente, voorjaar het

primer V. **primero**; **~a** *transp* eerste klas; **~o 1.** adj eerste; *a* **~os de** begin; **2.** adv eerst; eerder

primicia f primeur

primitivo,-a adj oorspronkelijk; primitief

primo m neef; **~rdial** adj m/f hoogst belangrijk

princesa f prinses; vorstin

principal adj m/f belangrijkste, hoofd-

príncipe m prins; vorst

principi/ante m/f beginner; **~o** m 1. begin het; 2. principe het; *al* ~*o* aanvankelijk; *en* ~*o* in principe; *por* ~*o* uit principe

priori/dad f voorrang; prioriteit; **~tario,-a** adj prioriteit/voorrang hebbend; preferent

prisa f haast; *a toda* ~ in allerijl; *de* ~ haastig; *(no) correr* ~ (geen) haast hebben; *darse* ~ opschieten (**en** met)

prisi/ón f gevangenis; hechtenis; **~onero,-a** m/f gevangene

prismáticos mpl verrekijker

priva/do,-a adj privé; persoonlijk; **~r** vt beroven (**de** van); **~rse** afzien, z. onthouden (**de** van); **~tizar** vt econ privatiseren

privileg/iado,-a *adj* bevoorrecht; **~ar** *vt* bevoorrechten; **~o** *m* voorrecht het, privilege het

probab/ilidad *f* waarschijnlijkheid, kans; **~le** *adj m/f* waarschijnlijk

proa *f* voorsteven het; boeg

probar *vt* 1. proberen; *tecn* testen; 2. proeven; 3. (kleding) (aan)passen; 4. bewijzen

probeta *f* reageerbuis

problema *m* 1. probleem het; 2. kwestie; 3. *mat* som

problemático,-a *adj* problematisch

proced/encia *f* herkomst; **~ente** *adj m/f* afkomstig (**de** uit, van); **~er** *vi* 1. handelen; 2. afkomstig zijn (**de** uit, van); 3. overgaan (**a** tot); **~imiento** *m* 1. *jur* procedure; 2. *tecn* procédé, proces, werkwijze

proces/ado,-a *m/f* verdachte; **~ar** *vt* 1. berechten; 2. strafrechtelijk vervolgen; 3. *tecn* bewerken; **~ión** *f* stoet; processie; **~o** *m* proces het

proclama/ción *f* afkondiging; **~r** *vt* 1. afkondigen; 2. verkondigen; 3. uitroepen tot

procura/dor,-a *m/f* procureur; **~r** *vt* 1. verschaffen; 2. proberen, zorgen dat

prodigio *m* wonder het; **~so,-a** *adj* wonderbaarlijk

pródigo,-a 1. *adj* spilziek; 2. *m* verkwister

produc/ción *f* produktie; opbrengst; **~ir** *vt* 1. produceren; 2. voortbrengen; 3. teweegbrengen; 4. (winst) opleveren; **~irse** z. voordoen; ontstaan; **~tivo, -a** *adj* produktief; rendabel; **~to** *m* (o. *mat*) produkt het; opbrengst; **~tor,-a** *m/f* producent (e); produktiemaatschappij

profan/ar *vt* ontwijden; misbruiken; **~o,-a** *m/f* leek; buitenstaander

profecía *f* profetie, voorspelling

profes/ión *f* beroep het; **~ional** 1. *adj m/f* professioneel; beroeps-, vak-; 2. *m/f* 1. vakman,-vrouw; 2. *sport* prof, beroepsspe(e)l(st)er; **~or,-a** *m/f* docent (e); leraar, lerares

profeta *m* profeet, waarzegger

profetisa *f* profetes, waarzegster

profund/idad *f* diepte; **~o,-a** *adj* diep, diepgaand

programa *m* programma het; **~dor,-a** *m/f* programmeur; **~r** *vt* programmeren (o. *inform*); plannen

progres/ar *vi* vooruitgaan; vorderingen maken; **~o** *m* vooruitgang; vordering

prohibi/ción *f* verbod het; **~do, -a** *adj* verboden; **~r** *vt* verbieden

prójimo *m* naaste, medemens

prólogo *m* voorwoord het; proloog

prolonga/ción *f* verlenging; **~do, -a** *adj* langdurig; **~r** *vt* verlen-

prolongarse

gen; langer laten duren; **~rse** langer worden, langer duren
prome/sa f belofte; **~ter** vt beloven; **~tido,-a 1.** adj verloofd; **2.** m/f verloofde
prominente adj m/f prominent; vooruitstekend
promoci/ón f 1. promotie; bevordering; 2. com aanbieding; **~onar** vt com (produkt) promoten
promover vt in gang zetten; bevorderen
pronombre m voornaamwoord het
pronóstico m voorspelling; prognose
pronto,-a 1. adj klaar; snel, vlug; **de ~** plotseling; **2.** adv vroeg, vlug, spoedig
pronuncia/ción m uitspraak; **~r** vt 1. uitspreken; 2. (rede) houden
propaga/ción f verbreiding; verspreiding; **~nda** f propaganda; reclame; **~r** vt verbreiden; **~rse** z. uitbreiden, overslaan
propie/dad f 1. eigendom het; 2. stuk grond het; 3. eigenschap; **~tario,-a** m/f eigenaar, -ares
propina f fooi, toegift
propio,-a adj 1. eigen; 2. zelf, zelfde
proponer vt voorstellen; opperen; **~se** z. voorstellen; van plan zijn
proporci/ón f verhouding; proportie; **~ones** fpl afmetingen pl, omvang; **~onal** adj m/f evenredig; **~onar** vt verschaffen; helpen aan
proposición f voorstel het; aanbod het
propósito m bedoeling; oogmerk het; **a ~** 1. à propos; 2. expres, met opzet; 3. naar aanleiding (**de** van)
propuesta f voorstel het; voordracht
propuls/ar vt bevorderen; tecn, aero aandrijven; **~ión** f aandrijving
prórroga f verlenging; uitstel het
prorrogar vt verlengen; uitstellen
prosa f proza het
proseguir 1. vt voortgaan; doorgaan (**con** met)
prospecto m brochure, bijsluiter
prosper/ar vi gedijen; succes hebben; **~idad** f voorspoed, succes; bloei
próspero,-a adj gunstig, voorspoedig; welvarend
prostitu/ción f prostitutie; **~ta** f prostituée
protagonista m/f hoofdpersoon; hoofdrolspeler,-speelster
prote/cción f bescherming, beveiliging; **~ger** vt beschermen; beveiligen
proteína f proteïne, eiwit het
prótesis f med prothese
protest/a f protest het; verzet het; **~ante 1.** adj m/f protestant(s); **2.** m/f protestant(se); **~ar** vi protesteren

protocolo *m* protocol *het*
provecho *m* profijt *het*, baat, voordeel *het*; ¡**buen ~!** smakelijk eten!
provee/dor,-a *m/f* (toe)leverancier; **~r** *vt* leveren, verschaffen
proverbio *m* spreekwoord *het*
providencia *f* providentie, voorzienigheid
provincia *f* provincie; **~l** *adj m/f* provinciaal
provisión *f* levering; provisie
provoca/ción *f* provocatie, uitdaging; **~r** *vt* 1. provoceren, uitdagen; 2. teweegbrengen; **~tivo,-a** *adj* provocerend; uitdagend
proxeneta *m* souteneur
proximidad *f* nabijheid
próximo,-a *adj* nabij(gelegen); volgend, aanstaand
proyec/ción *f* projectie; vertoning; **~tar** *vt* 1. projecteren; 2. (*film*) vertonen; **~to** *m* ontwerp *het*, project *het*, plan *het*; **~tor** *m* projector; schijnwerper, spot
pruden/cia *f* voorzichtigheid; gezond verstand *het*; **~te** *adj m/f* voorzichtig, verstandig
prueba *f* 1. bewijs *het*; 2. test; 3. monster *het*; 4. wedstrijd; 5. drukproef; **a ~ de agua** waterdicht; **poner a ~** op de proef stellen
pubertad *f* puberteit
publica/ción *f* bekendmaking, publicatie; **~r** *vt* 1. bekend maken; 2. publiceren
publici/dad *f* openbaarheid; publiciteit; reclame; **~sta** *m/f* publicist(e)
público,-a 1. *adj* openbaar; 2. *m* publiek *het*
puchero *m gastr* 1. (kook)pot; 2. stoofpot
pudín *m* pudding
pudor *m* kuisheid; schaamtegevoel *het*
pudrirse verrotten; vergaan; wegrotten
pueblo *m* 1. volk *het*; 2. dorp *het*
puente *m* brug (*o. nav*); dek *het*
puerco,-a 1. *adj* vies, smerig; 2. *m* (*o. fig*) varken
pueri/cultura *f* kinderverzorging en opvoeding; **~l** *adj m/f* kinderlijk, kinderachtig
puerro *m bot* prei
puerta *f* deur; poort
puerto *m* 1. haven; 2. (berg)pas; **~ deportivo** jachthaven
pues want; nou; dus; dan; ¡**~ bien!** welnu; **~ sí** ja, zeker
puesta *f* (geld) inzet; **~ en marcha** (het) starten; **~ del sol** zonsondergang
puesto 1. *m* 1. plaats; 2. baan, functie; 3. stand, (markt)kraam; **~ de socorro** EHBO-post; 2. *conj*: **~ que** daar, aangezien
pujar *vi* (op)bieden (*op veiling*)
pulcro,-a *adj* keurig, verzorgd; schoon

pulga

pulga f vlo; **~da** f duim (maat); **~r** m duim
puli/do,-a adj zeer verzorgd; tecn gepolijst; **~mento** m (het) polijsten; **~r** vt polijsten; (bij) schaven
pulm/ón m long; **~monar** adj m/f v/d longen; long-; **~monía** f longontsteking
pulpa f vruchtvlees het
pulpo m gastr, zool 1. inktvis; 2. snelbinder
pulsa/ción f polsslag; (machineschrijven) aanslag; **~r 1.** vt (knop) drukken op; **2.** vi kloppen, slaan
pulsera f armband
pulso m hartslag, polsslag
pulular vi wemelen van, stikken van
pulverizar vt verpulveren; fijn maken
puma m zool poema
punible adj m/f strafbaar
punta f 1. punt; 2. geogr landtong; sport spits; **~da** f steek; **~pié** m schop, trap
punti/agudo,-a adj scherp, spits; **~lla** f taur dolk; **~lloso,-a** adj overgevoelig, lichtgeraakt
punto m 1. punt het; 2. kwestie; 3. breiwerk; 4. steek; **~ de vista** standpunt het; **dos ~s** dubbele punt het; **en ~** precies, klokslag; **hacer ~** breien; **estar en su ~** 1. gastr gaar zijn; 2. fig precies goed; **estar a ~** op het punt staan (**de** om)

puntua/ción f 1. ling interpunctie; 2. sport puntenaantal het; **~l** adj m/f stipt, punctueel; **~lidad** f stiptheid; **~lizar** vt 1. nauwkeurig omschrijven, preciseren
punzante adj m/f stekend
puñado m (o. fig) hand(vol)
puñal m dolk
puñetazo m stomp, dreun, opdoffer
puño m 1. vuist; 2. manchet; 3. handvat het
pupila f pupil; **~o,-a** m/f pupil
pupitre m lessenaar
puré m puree; moes
pureza f zuiverheid
purga/nte f laxeermiddel; **~r** vt zuiveren; reinigen; **~torio** m vagevuur het; fig hel
purifica/ción f zuivering; **~r** vt reinigen
puro,-a adj **1.** zuiver, rein, puur; **2.** m sigaar
púrpura adj m/f purperen
pus m etter, pus
pústula f etterpunt, etterpuist
puta f vulg hoer
putre/facción f bederf, verrotting; **~facto,-a** adj verrot, bedorven, rottend

Q

que 1. pron die, dat; **el, la ~** degene die; **lo ~** (dat) wat; **2.** conj 1. dat;

2. (na vergrotende trap) dan; 3. ~ (+ subj) (in wens): **~ descanses** welterusten; 4. want; 5. als: *yo ~ tú* als ik jou was

qué *pron* 1. wat; *¿~ quieres?* wat wil je?; *¿~ tal?* hoe gaat het?; *¡~ hermoso!* wat mooi; 2. welk, welke; *~ libro?* welk boek?

quebra/dizo,-a *adj* breekbaar, broos; **~do,-a 1.** *adj com* failliet, bankroet; 2. *m mat* breuk; **~r 1.** *vt* breken; knakken; **2.** *vi com* failliet gaan

quedar *vi* 1. blijven; overblijven; over zijn; 2. afspreken (**en** om); 3. liggen; 4. **~ por (hacer)** nog moeten (doen); **~se** blijven; achterblijven; **~se con u/c** iets nemen, (ont)houden; de voorkeur geven aan iets

queja *f* klacht; **~s** *fpl* geklaag *het*, gejammer *het*; **~rse** 1. jammeren (**de** over); 2. klagen, zijn beklag doen over

quema *f* verbranding, brand; **~dura** *f med* brandwond, -plek,-gat; **~r 1.** *vt* (ver)branden; verschroeien; **2.** *vi* branden; gloeiend zijn; **~se** 1. z. branden; 2. verbranden; 3. aanbraden; 4. doorbranden

querella *f jur* (aan)klacht, beschuldiging; **~rse** *jur* een klacht indienen

querer 1. *vt* 1. willen; 2. houden van, liefhebben; **2.** *m* liefde; genegenheid

querido,-a 1. *adj* geliefd, bemind; **~s amigos** beste (lieve) vrienden; **2.** *m/f* 1. geliefde, minnaar, minnares; 2. *¡~!* lieveling, lieve schat

queso *m* kaas; ~ **curado** oude (belegen) kaas; ~ **de cabra** geitenkaas; **de oveja** schapenkaas;~ **fundido** smeerkaas; ~ **manchego** kaas uit La Mancha; ~ **rallado** geraspte kaas

quiebra *f* bankroet *het*; faillissement *het*; **en ~** failliet

quien **1.** *pron rel* (personen) die; degene die, wie; **2.** *pron indef* iemand; **como ~ dice** bij wijze van spreken

quién wie; *¿~ habla?* met wie spreek ik?

quiet/o,-a *adj (estar)* kalm, rustig, zonder te bewegen; **~ud** *f* rust, onbeweeglijkheid

quijada *f* kaak (van dier)

quilate *m* karaat *het*

quilla *f nav* kiel

químic/a *f* 1. scheikunde, chemie; 2. scheikundige, chemica **~o, -a 1.** *adj* scheikundig, chemisch; **2.** *m* scheikundige, chemicus

quince vijftien; **dentro de ~ días** over twee weken

quinielas *fpl* voetbaltoto; voetbalpool

quinina *f* kinine

quinta *f* 1. hoeve, buitenhuis *het*; 2. *fig coloq* leeftijd, generatie

quinteto *m* kwintet *het*

quios/co *m* kiosk; **~quero,-a** *m/f* kioskhoud(st)er
quirófano *m med* operatiekamer
quirúrgico,-a *adj* chirurgisch
quisquillas *fpl* kleine garnalen
quiste *f med* cyste, blaasgezwel *het*
quita/esmalte(s) *m* (nagellak)remover; **~manchas** *m* vlekkenwater *het*, vlekkenmiddel *het*; **~nieves** *m/f* sneeuwploeg; sneeuwschuiver
quitar 1. *vt* (weg)nemen, weghalen, verwijderen (*tafel*) afruimen; **2.** *vi* uit de weg gaan, opzij gaan; **~se** (*kleren*) uittrekken; (*hoed, bril*) afdoen
quitasol *m* (grote) parasol
quizá(s) misschien

R

rábano *m* radijs; **~ *picante*** mierikswortel
rabi/a *f* woede; drift; *med* hondsdolheid; ***dar* ~a** razend, woedend maken; ***tener* ~a *a*** de pest hebben aan; **~ar** *vi* tekeer gaan; **~oso,-a** *adj* woedend; *med* hondsdol
rab/ino *m* rabbijn; **~o** *m* staart; steel(tje)
racha *f* windvlaag; windstoot; ***una buena (mala)* ~** periode waarin alles mee (tegen) zit
racial *adj m/f* rassen-

racimo *m* tros
ración *f* portie; rantsoen *het*
raciona/l *adj m/f* rationeel, verstandelijk; redelijk; **~lizar** *vt* rationaliseren; stroomlijnen; **~r** *vt* rantsoeneren
racis/mo *m* racisme *het*; **~ta 1.** *adj m/f* racistisch; **2.** *m/f* racist(e)
rada *f nav* rede, ree
radar *m* radar
radi/ación *f* straling; **~actividad** *f* radioactiviteit; **~activo,-a** *adj* radioactief; **~dor** *m* 1. radiator; 2. *auto* radiateur; **~ante** *adj m/f* stralings-; *fig* stralend (**de** van)
radica/l *adj m/f* 1. drastisch; 2. radicaal; **~r** *vi* 1. wortelen; 2. *fig* gevestigd zijn (**en** in)
radio 1. *m* 1. spaakbeen *het*; 2. radius, straal; **2.** *f* radio(toestel *het*); **~aficionado,-a** *m/f* zendamateur; **~casete** *f* radiocassetterecorder; **~emisora** *f* radiostation *het*; **~fónico,-a** *adj* via de radio; **~grafía** *f med* röntgenfoto; **~telefonía** *f* radiotelefonie; **~terapia** *f med* bestraling(stherapie)
raer *vt* (af)schrappen
ráfaga *f* vlaag; (*licht*) straal, flits
rafia *f* raffia
rail, raíl *m* rail
raíz *f o. fig* wortel; ***a* ~ *de*** tengevolge van, naar aanleiding van; ***echar raíces*** (*o. fig*) wortel schieten

raja f 1. barst, spleet, scheur; 2. schijf; **~r** vt scheuren; een barst maken in

ralla/do,-a adj geraspt; **~dor** m rasp, schaaf; **~r** vt raspen

rama f 1. tak (o. fig); zijtak, vertakking; 2. com branche, sector; 3. fig studierichting

ramal m aftakking; zijweg; spoorlijn

rambla f brede laan; boulevard

ramifica/ción f (o. fig) vertakking; **~rse** s. z. vertakken

ramo m 1. twijg; boeket het; 2. com branche, tak; **~ de flores** bos bloemen

rampa f helling; hellend vlak het

rana f kikker; **salir ~** coloq mislukken

rancho m boerenhoeve; veeboerderij

rancio,-a adj 1. ranzig, oud; 2. fig verouderd

rango m rang, stand, status

ranura f groef, gleuf, spleet

rapar vt gladscheren; kaalknippen

rapaz **1.** adj m/f roofzuchtig, roof-; **2.** m roofvogel

rape m gastr zeeduivel

rapé m snuiftabak

rapidez f snelheid, vaart, gauwigheid

rápido,-a 1. adj snel; **2.** m sneltrein

rap/tar vt ontvoeren; kidnappen; **~to** m ontvoering

raqueta f sport racket het

raquitis m med Engelse ziekte; rachitis

rareza f zeldzaamheid; rariteit; gril

raro,-a adj schaars; raar; zonderling; bijzonder

rasca/cielos m wolkenkrabber; **~r** vt (af)krabben

rasgar vt scheuren; openrijten

rasgo m 1. kenmerk het, karaktertrek; **~s** mpl gelaatstrekken pl

raso,-a 1. adj egaal, glad; (hemel) onbewolkt; **2.** m (stof) satin

raspar vt/i 1. (af)krabben, schaven; gladvijlen

rastrear vt speuren naar, naspeuren

rastrillo m 1. hark, eg; 2. vlooienmarkt

rastro m 1. hark; 2. spoor het; **~*** rommelmarkt in Madrid

rasurar vt scheren

rata 1. f rat; **2.** m coloq gauwdief

rater/ía f kruimeldiefstal; **~o** m gauwdief, zakkenroller

raticida m rattengif het

ratificar vt ratificeren, bevestigen

rato m tijdje het, poos; ogenblik het; **al (poco) ~** even later; **a ~s** af en toe; **~s libres** vrije tijd; **pasar el ~** de tijd verdrijven

ratón m zool, inform muis

ratonera f 1. muizenval; 2. fig valstrik

raudal m 1. stroming; vloed; 2. fig stroom

raya 1. lijn, streep; 2. haarschei-

rayado

ding; 3. streepje; 4. *zool* rog; **~do,-a** *adj* gestreept; **~r 1.** *vt* 1. (door)strepen; 2. liniëren, lijnen trekken; **2.** *vi* grenzen (**en, con** aan)

rayo *m* 1. straal; 2. bliksemflits; 3. spaak; **~s X** *mpl med* röntgenstralen *pl*

raza *f* ras *het*

razón *f* 1. rede; verstand *het*; 2. reden, motief *het*; 3. gelijk; *a ~ de* à; *con ~* terecht; *por esa ~* daarom; *(no) llevar (tener) ~* (on)gelijk hebben; *perder la ~* krankzinnig worden; **razona/ble** *adj m/f* verstandig; redelijk; **~namiento** *m* redenering; **~r 1.** *vt* argumenteren; verantwoorden; **2.** *vi* redeneren; nadenken; argumenteren

re *m mús* d

reacci/ón *f* reactie (*o. pol*) tegendruk, verzet *het*; **~onar** *vi* reageren; **~onario,-a 1.** *adj* reactionair; **2.** *m/f pol* reactionair

reacio,-a *adj* onwillig dwars; ongenegen (**a** om)

reactor *m* reactor; **~ nuclear** kernreactor

real *adj m/f* 1. werkelijk; feitelijk; reëel; 2. koninklijk; **~idad** *f* werkelijkheid; *en ~idad* in feite; **~ismo** *m* realisme *het*, zakelijkheid; **~ista 1.** *adj m/f* realistisch; **2.** *m/f* realist(e); **~izable** *adj m/f* uitvoerbaar; mogelijk; **~ización** *f* uitvoering; vervulling; *cine* produktie; **~izador, -a** *m/f cine* regisseur,-seuse; **~izar** *vt* uitvoeren, realiseren, tot stand brengen

reanima/ción *f* opleving; *med* reanimatie; **~r** *vt* prikkelen; *med* reanimeren

reanuda/ción *f* hervatting; **~r** *vt* hervatten, weer opnemen, weer aanknopen

reaparecer *vi* terugkomen, opnieuw verschijnen

rebaja *f* korting, reductie; **~r** 1. (*prijs*) verlagen, verminderen; 2. *tecn* afschaven; 3. *fig* kleineren; vernederen

rebanada *f* snee, plak, schijf

rebaño *m* (*o. fig*) kudde, troep

reba/tible *adj m/f* aanvechtbaar; **~tir** *vt* 1. weerleggen, betwisten; 2. (*aanval*) terugslaan

rebeca *f* gebreid damesvest *het*

rebel/arse z. verzetten (**contra** tegen); **~de 1.** *adj m/f* opstandig, rebels; dwars; **2.** *m/f* rebel; opstandeling(e); **~día** *f* 1. rebellie; opstandigheid; 2. *jur* verstek *het*; **~ión** *f* rebellie

rebobinar *vi* terugspoelen

rebosa/nte *adj m/f* boordevol (**de** met); **~r** *vi* overlopen (**de** van), boordevol zitten met; **~r de salud** blaken van gezondheid

rebo/tar 1. *vt* terugkaatsen; afweren; **2.** *vi* (terug)kaatsen, afketsen; **~te** *m* (het) kaatsen; (het) ketsen

rebozar *vt gastr* paneren
rebusca/do,-a *adj* gezocht; gekunsteld; **~r** *vt* doorzoeken; grondig zoeken
recado *m* boodschap, bericht *het*
reca/er *vi* 1. weer vervallen (**en** in) 2. (*schuld*) berusten, terechtkomen (**en** bij); 2. 3. *med* een terugslag krijgen; **~ída** *f* 1. terugval; 2. *med* inzinking
recalcar *vt* benadrukken
recalentar *vt* 1. *gastr* weer opwarmen; 2. oververhitten
recalifica/ción *f* herbestemming; **~r** *vt* een nieuwe bestemming geven
recambi/ar *vt* vervangen; **~o** *m* (vervangings)onderdeel *het*, (na)vulling; **de ~o** reserve-; **~os** *mpl* reserve(onder)delen
recapitular *vt* resumeren
recarg/ar *vt* 1. overbelasten; 2. (*accu*) opladen; **~o** *m* 1. overbelasting; 2. toeslag
recata/do,-a *adj* bescheiden; voorzichtig; **~r** *vt* verbergen; **~rse** *z.* verbergen; heimelijk doen
recauda/ción *f* heffing, inning; inzameling; **~r** *vt* 1. (*belasting*) heffen, innen; 2. (*geld*) inzamelen
recel/ar 1. *vt* vermoeden; **2.** *vi* **~ar de** wantrouwen; **~o** *m* achterdocht; angst; **~oso,-a** *adj* argwanend, schuw
recepc/ión *f* 1. receptie; ontvangst; opvang; **~ionista** *m/f* recepcionist(e)
receptor,-a **1.** *adj* ontvangst-; **2.** *m* ontvang(st)er
recesión *f* recessie, teruggang
receta *f gastr, med* recept *het*; **~r** *vt med* voorschrijven
rechaz/ar *vt* afweren; terugdringen; afslaan, verwerpen; **~o** *m* afwijzing, weigering
reci/bí *m* kwitantie, reçu *het*; **~bidor** *m* wachtkamer, vestibule; **~bimiento** *m* ontvangst; **~bir** *vt* ontvangen, onthalen; **~bo** *m* kwitantie, reçu *het*; *acusar* **~** de ontvangst bevestigen (**de** van)
recicla/do kringloop-; **~je** *m* 1. omscholing; bijscholing; 2. recycling; hergebruik *het*; **~r** *vt* 1. omscholen; 2. recyclen
recién *adv* pas, zojuist, kort geleden; **~ casado** pas getrouwd; **~ pintado** nat, pas geverfd
reciente *adj m/f* nieuw; recent; **~mente** onlangs
recinto *m* (afgesloten) ruimte; perk *het*; **~ ferial** jaarbeurs (terrein *het*)
recipiente *m* vat *het*, kom, pot, schaal
recíproco,-a *adj* wederzijds, onderling
recita/ción *f* voordracht; **~l** *m* solo-concert *het*; **~r** *vt* voordragen, opzeggen
reclama/ción *f* 1. claim, eis;

2. klacht, reclamatie; **~r 1.** *vt* 1. (op)eisen, claimen; **2.** *vi* reclameren; een klacht indienen

reclamo *m* lokmiddel *het*, lokroep

reclu/ir *vt* opsluiten; **~irse** z. afzonderen; **~sión** *f* opsluiting; **~so,-a 1.** *adj* gevangen-(gezet); **2.** *m/f* gevangene; **~tar** *vt mil* rekruteren; werven; **~to** *m mil* rekruut

recobrar *vt* herwinnen; terugkrijgen; **~se** (weer) herstellen, weer beter worden

recoge/dor *m* (veeg)blik *het*; **~r** *vt* 1. in ontvangst nemen; opnemen; 2. oprapen; ophalen; opruimen; **~rse** z. terugtrekken

recogida *f* 1. (het) ophalen, inzameling; 2. *correo* buslichting; **~ de (las) basuras** vuilophaaldienst

recolectar *vt* oogsten; innen

recomend/able *adj m/f* raadzaam, aan te raden; **~ación** *f* aanbeveling; **~ar** *vt* aanbevelen

recompensa *f* beloning; **en ~ de** als beloning voor; **~r** *vt* 1. belonen; 2. compenseren, vergoeden

reconcilia/ción *f* verzoening; **~r(se)** z. verzoenen (**con** met)

recóndito,-a *adj* (diep) verborgen; afgelegen

reconoc/er *vt* 1. herkennen; 2. erkennen, toegeven; 3. *med* onderzoeken; 4. (*gebied*) verkennen; **~ible** *adj m/f* (h)erkenbaar; **~ido,-a** *adj* dankbaar; erkend; **~imiento** *m* 1. identificatie; 2. *med* onderzoek *het*, keuring; 3. erkentelijkheid; 4. verkenning; 5. erkenning

recon/quista *f* herovering; **~quistar** *vt* heroveren; **~struir** *vt* herbouwen; herstellen; reconstrueren

reconversión *f econ* herstelplan *het*; omschakeling

recopila/ción *f* verzameling; **~r** *vt* verzamelen, samenbundelen

récord *m* (*o. fig*) record *het*

recorda/r *vt* 1. z. herinneren, onthouden; **~r u/c a alg** iem aan iets herinneren; 2. herinneren aan, doen denken aan; **~torio** *m* herinnering, (rouw)bericht *het*

recorr/er *vt* 1. doortrekken, doorkruisen; afreizen; 2. (*afstand*) afleggen; **~ido** *m* route, parcours *het*, traject *het*; **de largo ~ido** lange afstands-; **~ido turístico** toeristische route

recort/ar *vt* weg-, bij-, uit- knippen; *fig* besnoeien, beknotten; **~e** *m* knipsel *het*; *fig* besnoeiing, bezuiniging

recosta/do,-a *adj* achteroverleunend; **~rse** achterover leunen; even gaan liggen

recrea/ción *f* 1. herschepping; 2. recreatie, ontspanning; **~r** *vt*

referir

1. herscheppen; 2. amuseren; **~rse** z. vermaken; **~tivo,-a** *adj* ontspannend, recreatief
recreo *m* 1. recreatie; 2. speelkwartier *het* stuk
recrimin/ación *f* verwijt *het*; **~ar** *vt* verwijten
recrudecer(se) *vi* toenemen; verhevigen
rect/angular *adj m/f* rechthoekig; **~ángulo** *m* rechthoek
rectifica/ción *f* rectificatie; rechtzetting; **~car** *vt* rectificeren; rechtzetten
recta *f* 1. *mat* rechte (lijn) 2. *sport* recht stuk
recto,-a 1. *adj* 1. recht; 2. *fig* rechtschapen; **2.** *m med* rectum, endeldarm **rector,-a** *m/f* 1. rektor, rectrix; **~ado** *m* rectoraat *het*
recubierto,-a *adj* bedekt, bekleed (**de** met)
recubrir *vt* bedekken, overtrekken
recuento *m* (her)telling
recuerdo *m* herinnering (**de** aan); souvenier; **~s** *mpl* groeten *pl*; *dar* **~s** de groeten doen
recupera/ble *adj m/f* herkrijgbaar; **~ción** *f* 1. herwinning; 2. herstel *het*; **~r** *vt* 1. herkrijgen, terugkrijgen; 2. recyclen; 3. (*tijd*) inhalen; **~rse** herstellen, bijkomen (**de** van)
recurrir 1. *vi* een beroep doen (**a** op), erbij halen; 2. *jur* in (hoger) beroep gaan

recurso *m* 1. (hulp)middel *het*; 2. *jur* rechtsmiddel *het*, beroep *het*; **~s** *mpl* 1. hulpbronnen *pl*; 2. (geld)middelen *pl*
red *f* net *het*; *fig* netwerk *het*
redac/ción *f* 1. redactie; 2. opstel *het*; 3. (het) redigeren; **~tar** *vt* redigeren; schrijven; **~tor,-a** *m/f* redacteur,-trice
redada *f* razzia, inval
redimir *vt* afkopen; (*hypotheek*) aflossen
rédito *m* interest, rente
redond/ear *vt* o. *fig* afronden; **~o,-a** *adj* 1. rond; 2. *fig* volmaakt, volkomen
reduc/ción *f* reductie; vermindering; aftrek; **~ido,-a** *adj* gering, beperkt; **~ir** *vt* verminderen; beperken (**a** tot)
redundante *adj m/f* overbodig
reedi/ción *f* herdruk; **~tar** *vt* herdrukken
reembols/ar *vt* terugbetalen, restitueren; **~o** *m* restitutie, terugbetaling; *contra* ~ onder rembours
reemplaz/ar *vt* vervangen, invallen (**a** voor); **~o;** *m* 1. vervanging; 2. *mil* lichting
reenviar *vt* 1. terugsturen; 2. doorsturen
reestructurar *vt* herstructureren
refer/encia *f* 1. verwijzing, zinspeling; 2. referentie; *con* ~ *a* met verwijzing naar; **~ente** (**a**) wat betreft; **~ir** *vt* 1. vertellen;

referirse 2. verwijzen (**a** naar); **~irse** 1. betreffen; betrekking hebben (**a** op); 2. zinspelen op, doelen op

refin/ado,-a *adj* geraffineerd, verfijnd; **~ar** *vt* raffineren; **~ería** *f* raffinaderij

refle/ctor *m* reflector; schijnwerper; **~jar** *vt* (weer)spiegelen; weergeven; **~jarse** zichtbaar zijn; **~jo** *m* 1. reflex; 2. weerspiegeling; **~xión** *f* reflectie; *fig* overpeinzing; **~xionar** *vt/i* nadenken (**sobre** over); z. bezinnen; **~xivo,-a** *adj* 1. nadenkend; bedachtzaam; 2. *ling* wederkerend

reforma *f* 1. hervorming, herziening; 2. *rel* Reformatie; 3. *arq* verbouwing; **~r** *vt* 1. hervormen, wijzigen; 2. verbouwen

reforzar *vt* (*o. tecn*) versterken

refrán *m* spreekwoord *het*, gezegde *het*

refrendar *vt adm* medeondertekenen; legaliseren, goedkeuren

refres/cante *adj m/f* verfrissend, verkoelend; **~car** 1. *vt* 1. koelen; opfrissen; 2. *fig* weer ophalen; 2. *vi* (weer) frisser worden; **~co** *m* frisdrank

refriger/ación *f* koeling; **~ador** *m* koelkast; **~ar** *vt* koelen; **~arse** afkoelen

refrito,-a 1. *adj* opgebakken; 2. *m* mengsel van gebakken tomaat, ui en knoflook

refuerzo *m* (*o. tecn*) versterking; hulp

refugi/ado,-a *m/f* vluchteling(e); **~arse** vluchten; **~o** *m* toevlucht; toevluchtsoord *het*; onderkomen *het*; **~io de montaña** berghut

refutar *vt* weerleggen

regadera *f* gieter

regal/ar *vt* schenken; cadeau geven; **~iz** *m* zoethout *het*, drop; **~o** *m* geschenk *het*; cadeau *het*

regañar *vt* berispen, een standje geven

regar *vt* 1. (be)gieten, water geven; bevloeien; 2. (*straat*) nat spuiten

regata *f* regatta; roei-, zeilwedstrijd

regate/ar *vt* 1. afdingen; marchanderen; 2. *sport* dribbelen; **~o** *m* (het) afdingen

regenerar *vt* regenereren; herstellen

régimen *m* 1. *pol* regime *het*; 2. *med* dieet *het*

regimiento *m mil* regiment *het*

regi/ón *f* gebied *het*, (land)streek; gewest *het*; **~onal** *adj m/f* regionaal; gewestelijk

regir *vi* gelden; van kracht zijn

registr/ar *vt* 1. registreren; 2. doorzoeken; **~arse** z. inschrijven; **~o** *m* 1. register *het*; 2. doorzoeking; 3. registratie; **~o civil** burgerlijke stand

regla *f* 1. regel; 2. lineaal; 3. *med* menstruatie
reglamenta/ción *f* regelgeving, regeling; **~r** *vt* reglementeren
regocijar *vt* opvrolijken, amuseren
regres/ar *vi* terugkeren; **~o** *m* terugkeer
regula/ble *adj m/f* verstelbaar; **~ción** *f* 1. regeling; 2. *tecn* afstelling; **~r** 1. *adj m/f* regelmatig; middelmatig; 2. *adv* het gaat wel; 3. *vt* 1. regelen; 2. *tecn* afstellen; **~ridad** *f* regelmaat; **~rizar** *vt* regelen
rehabilita/ción *f* 1. renovatie; rehabilitatie, restauratie; 2. *med* revalidatie; **~r** *vt* 1. rehabiliteren; 2. renoveren; 3. revalideren
rehacer *vt* overdoen, herstellen
rehén *m* gijzelaar, gegijzelde
rehuir *vt* ontwijken; uit de weg gaan
reina *f* 1. koningin; 2. (schaak) dame; **~do** *m* regering; heerschappij; **~r** *vi* regeren; *fig* heersen
reino *m* koninkrijk *het*
reintegr/ar *vt* terugbetalen; **~o** *m* terugbetaling; uitbetaling
reír *vt/i* lachen; **hacer ~** aan het lachen maken; **~se** lachen (**de** om); **~se de alg** iem uitlachen
reiterar *vt* herhalen
reivindicar *vt o. pol* (op)eisen
reja *f* hek *het*, traliewerk *het*

reloj

rejoneador *m* stierenvechter te paard
relaci/ón *f* 1. verhouding; relatie; 2. verslag *het*, overzicht *het*; 3. lijst, opgave; **~onar** *vt* in verband brengen (**con** met)
relaja/ción *f* 1. verslapping; 2. *o. fig* ontspanning; **~rse** *vi* 1. verslappen; 2. z. ontspannen
relámpago *m* bliksem(flits)
relatar *vt* vertellen; berichten
relativo,-a *adj* relatief, betrekkelijk; met betrekking (**a** tot)
relato *m* verhaal *het*, verslag *het*, relaas *het*
relax *m* ontspanning
relev/ante *adj m/f* relevant, van betekenis; **~ar** *vt* 1. aflossen, vervangen; 2. ontslaan, ontlasten (**de** van); **~o** *m* 1. aflossing; 2. *sport* estafette
relieve *m* 1. belang *het*; 2. *arte* reliëf; **poner de ~** benadrukken, naar voren brengen
religi/ón *f* godsdienst; **~osidad** *f* godsdienstigheid; **~oso,-a** 1. *adj* godsdienstig, religieus; 2. *m/f* kloosterling(e), monnik, non
rellen/ar *vt* 1. (op)vullen; 2. *gastr* farceren; 3. (*formulier*) invullen; **~o,-a** 1. *adj* erg vol, gevuld; 2. *m* vulling, *gastr* farce; vulling
reloj *m* klok, horloge *het*; uurwerk *het*; **~ de cuarzo** kwartshorloge *het*; **~ de pared** hangklok; **~ de pulsera** polshorloge *het*;

reloj

~ de sol zonnewijzer; **~ería** f horlogewinkel; **~ero** m horlogemaker, klokkenmaker

relucir vi blinken, schitteren, stralen

remar vi roeien

remed/ar vt nadoen, imiteren, naapen; **~ iar** vt verhelpen; voorkomen; **~io** m 1. remedie; 2. geneesmiddel het

rememorar vt herdenken

remendar vt verstellen, opknappen, lappen

remiendo m ingezet stuk het, verbetering

remit/e m aanduiding v. afzender; **~ente** m/f afzend(st)er; **~ir** vt zenden, sturen

remo m sport 1. roeispaan; 2. roeisport

remojar vt natmaken, weken, soppen

remolacha f biet; **~ azucarera** suikerbiet

remolca/dor m nav sleepboot; **~r** vt 1. nav slepen

remolino m draaikolk; (haar) kruin

remolque m 1. (het) slepen; 2. auto aanhanger; **a ~** op sleeptouw

remonte m skilift

remordimientos mpl wroeging, spijt

remoto,-a adj ver (verwijderd) afgelegen

remover vt 1. omwoelen; 2. verplaatsen; verwijderen; 3. fig oprakelen

remunera/ción f beloning; salariëring; vergoeding; **~r** vt belonen; vergoeden

renacimiento m wedergeboorte; herleving

Renacimiento m arte, hist Renaissance

rencor m wrok, rancune; **~oso,-a** adj haatdragend; wraakzuchtig

rendi/ción f overgave; capitulatie; **~do,-a** adj: **estar ~** doodmoe, uitgeput

rendi/miento m 1. opbrengst; 2. tecn capaciteit; **~ir** vt 1. geven; betuigen, bewijzen; 2. opleveren; **~rse** z. overgeven; z. gewonnen geven

renega/do,-a **1.** adj afvallig; **2.** m/f afvallige; **~ar (de)** vi verloochenen, afvallen

reno m zool rendier

renombr/ado,-a adj vermaard; **~e** m roem, faam

renova/ción f 1. vernieuwing; renovatie; 2. verlenging; **~r** vt 1. vernieuwen, vervangen; 2. verlengen

rent/a f 1. inkomen het; 2. rente; huuropbrengst; **~abilidad** f rentabiliteit; **~able** adj m/f rendabel, winstgevend; **~ar** vi opbrengen; opleveren

renuncia f (het) afzien (**a** van); **~r** **1.** vi afzien (**a** van); **2.** vt **~r un cargo** aftreden

reñir vt een standje (uitbrander) geven

reo *m/f* verdachte, veroordeelde

repara/ción *f* 1. reparatie; herstel *het*; 2. genoegdoening; **~r 1.** *vt* repareren, herstellen; goedmaken; **2.** *vi:* **~r en** opmerken; stilstaan bij

reparo *m* bezwaar *het*, bedenking

repart/ición *f* verdeling; **~idor, -a** *m/f* bezorg(st)er; **~ir** *vt* 1. ver-, uitdelen; 2. *correo* bezorgen; **~o** *m* 1. verdeling, distributie; 2. *correo* bezorging; 3. *teat* rolbezetting

repas/ar *vt* doornemen, nog eens doorlopen; herhalen; **~o** *m* (het) doornemen; (het) nakijken

repatria/ción *f* repatriëring, repatriatie; **~r** *vt* repatriëren

repelente *adj m/f* afstotend; walgelijk

repent/e: *adv de* ~ plotseling; **~ino,-a** *adj* plotseling; onverhoeds

repercu/sión *f* 1. terugslag, doorwerking; 2. weerklank; **~tir** *vi* 1. doorklinken; 2. doorwerken (**en** in), effect hebben op

repertorio *m* 1. register *het*, lijst; 2. *teat, mús* repertoire *het*

repesca *f* herexamen *het*

repeti/ción *f* herhaling; **~dor,-a 1.** *m telec* zendmast; **2.** *m/f* zittenblijver,-blijfster; **~r** *vt* herhalen

réplica *f* 1. wederwoord *het*, repliek; 2. *arte* replica

replicar *vt* antwoorden, van repliek dienen

repollo *m* (witte) kool

reponer *vt* 1. opnieuw plaatsen; terugzetten; 2. antwoorden; **~se** opknappen, bijkomen; bekomen (**de** van)

report/aje *m* reportage; verslag *het*; **~ero** *m* verslaggever; **~ero gráfico** persfotograaf

reposa/do,-a *adj* bedaard, kalm, rustig; **~r** *vi* rusten; slapen; **~rse** (*vloeistof*) bezinken

repos/ición *f* 1. herstel *het*; 2. vervanging; 3. *teat* heropvoering; **~o** *m* rust

reposter/ía *f* banketbakkerskunst; **~o,-a** *m/f* banketbakker,-ster

repren/der *vt* berispen, terechtwijzen; **~sión** *f* berisping

representa/ción *f* 1. (*o. com*) vertegenwoordiging; 2. voorstelling; 3. *teat* opvoering; **~nte** *m/f* vertegenwoordig(st)er, dealer; **~r** *vt* 1. uitbeelden; 2. voorstellen; 3. *teat* opvoeren; 4. vertegenwoordigen; **~tivo,-a** *adj* representatief

represi/ón *f* onderdrukking; verdringing; **~vo,-a** *adj* repressief

reprim/enda *f* berisping, standje *het*; **~ir** *vt* bedwingen, onderdrukken

reprís *m* (*auto*) acceleratievermogen *het*

reproba/ble *adj m/f* laakbaar;

reprobación

~ción *f* afkeuring; berisping; **~r** *vt* afkeuren, berispen
reproch/able *adj m/f* laakbaar; **~ar** *vt* verwijten; **~e** *m* verwijt *het*
reproduc/ción *f* 1. voortplanting; 2. reproduktie; 3. weergave; **~ir** *vt* 1. reproduceren; 2. voortplanten; 3. weergeven; **~irse** 1. z. voortplanten; 2. z. herhalen
reptil *m* reptiel *het*
república *f* republiek
republicano,-a **1.** *adj* republikeins; **2.** *m/f* republikein(se)
repudiar *vt* 1. afwijzen; 2. verstoten
repuesto *m* voorraad; **de ~** reserve-; **~s** *mpl tecn* reserveonderdelen *pl*
repugna/ncia *f* walging; afkeer (**a** van); **~nte** *adj m/f* walgelijk, weerzinwekkend; **~r** *vt* afstoten; verafschuwen
reputa/ción *f* goede naam, reputatie; **~do,-a** *adj* befaamd; **~r** *vt* respecteren; hoogachten
requerir *vt* 1. vereisen; 2. sommeren, oproepen
requesón *m* (kaas)wrongel; ± kwark
requis/ar *vt* beslag leggen op; **~ito** *m* 1. vereiste *het*, voorwaarde; 2. formaliteit
res *f* stuk vee, rund
resaca *f* kater (na dronkenschap)
resaltar 1. *vt* benadrukken, wijzen op; **2.** *vi* uitsteken, eruit springen; *fig* opvallen
resarci/miento *m* schadeloosstelling; vergoeding; **~r** *vt* schadeloosstellen (**de** voor)
resbala/dizo,-a *adj* glibberig, glad; **~r** *vi* 1. uitglijden (*o. fig*); 2. *auto* slippen
rescat/ar *vt* 1. redden; 2. vrijkopen; 3. terugwinnen; **~e** *m* 1. losgeld *het*; 2. bevrijding
rescindir *vt* ontbinden, annuleren; (*verdrag*) opzeggen
resenti/miento *m* wrok, verbittering; **~rse** lijden aan de gevolgen (**de** van)
reserva *f* 1. reserve, voorraad; 2. gereserveerdheid; 3. reservering; 4. *jur* voorbehoud *het*; 5. reservaat *het*; **~do,-a** *adj* gereserveerd; gesloten; **~r** *vt* 1. reserveren; 2. boeken; 3. verzwijgen; 4. voorbehouden
resfria/do *m* verkoudheid; **~rse** kouvatten, verkouden worden
resguard/ar *vt* beschermen, beschutten; **~arse** z. beschermen, schuilen; **~o** *m* 1. beschutting; 2. ontvangstbewijs *het*, reçu *het*, bon
resid/encia *f* 1. verblijf *het*; 2. verblijfplaats, woonplaats; 3. tehuis *het*; **~encia universitaria** studentenflat; **~ente 1.** *adj* woonachtig; **2.** *m/f* ingezetene; **~ir** *vi* wonen, (langdurig) verblijven; zetelen

resultar

residu/al *adj m/f* afval-; **aguas ~ales** rioolwater *het*; **~o** *m* residu *het*; overblijfsel *het*; **~os** *mpl* afval *het*

resigna/ción *f* 1. berusting; lijdzaamheid; 2. (het) afstand (doen); **~rse** *z.* neerleggen (**con** bij); berusten in

resina *m* hars

resist/encia *f* weerstand(svermogen *het*); tegenstand, verzet; **~ente** *adj m/f* taai, stevig; bestand, resistent (**a** tegen); **~ir** *vt/i* volhouden; weerstaan; *z.* verzetten (**a** tegen); **~irse** *z.* verzetten; weigeren (**a+inf** om+inf)

resolu/ción *f* 1. besluit; 2. vastberadenheid; 3. oplossing; 4. ontbinding; **~to,-a** *adj* resoluut, vastberaden

resolver *vt* 1. ontbinden; (*probleem*) oplossen; besluiten; **~se** besluiten (**a** om)

reson/ancia *f* 1. weerklank; 2. *fig* reactie; **~ar** *vi* weerklinken; *fig* (grote) gevolgen hebben

respald/ar *vt* (rugge)steunen; staan achter; **~arse** *z.* beroepen (**en** op); **~o** *m* rugleuning; *fig* (ruggen)steun; garantie

respec/tivo,-a *adj* desbetreffend; respectief; **~to**: **con ~to a** aangaande, wat betreft; **a ese ~to** in dit opzicht

respet/able *adj m/f* respectabel, eerbiedwaardig; **~ar** *vt* respecteren; eerbiedigen; rekening houden met; **~o** *m* eerbied, respect *het*, ontzag *het*; **~uoso,-a** *adj* eerbiedig, respectabel

respir/ación *f* ademhaling; **~ar** *vt/i* ademen; ademhalen; op adem komen; **~o** *m* adempauze, respijt *het*

responder *vt/i* (be)antwoorden, van repliek dienen; instaan (**de** voor)

responsab/ilidad *f* verantwoordelijkheid; aansprakelijkheid (**de** voor); **~le** *adj m/f* verantwoordelijk; aansprakelijk (**de** voor)

respuesta *f* antwoord *het*

restable/cer *vt* herstellen, weer invoeren; **~cerse** herstellen, genezen; **~cimiento** *m* herstel *het*, genezing

restar 1. *vt* aftrekken; ontnemen; 2. *vi* overblijven, resteren

restaura/nte *m* restaurant; **~r** *vt* 1. opnieuw invoeren; 2. restaureren

restitu/ción *f* teruggave, restitutie; **~ir** *vt* teruggeven; restitueren

resto *m* rest, overblijfsel *het*

restric/ción *f* beperking; **~tivo,-a** *adj* beperkend

restringir *vt* aan banden leggen, beperken, terugbrengen (**a** tot)

resuelto,-a *adj* vastberaden (**a** om); doortastend

resulta/do *m* resultaat *het*, uitslag; **~r** *vi* 1. blijken (**+inf** te); volgen (**de** uit)

resum/en *m* samenvatting; **~ir** *vt* (kort) samenvatten

retar *vt* uitdagen, tarten

retardar *vt* vertragen, uitstellen

reten/ción *f* 1. (het) onthouden; (het) inhouden; 2. *med* retentie; 3. **~ (de tráfico)** opstopping; **~er** *vt* ont-, vast-; in-, weer- houden

reticen/cia *f* terughoudendheid; tegenzin; **~te** *adj m/f* terughoudend; onwillig

retina *f med* netvlies *het*

retirar *vt* 1. terugtrekken; intrekken; 2. wegdoen, ophalen; 3. (*geld*) opnemen

retiro *m* 1. (het) terugtrekken; 2. rustig plekje *het*; 3. pensioen, pensionering

reto *m* uitdaging

retor/nable *adj m/f* (*verpakking*) met statiegeld; **~nar** *vt/i* teruggeven; terugplaatsen; **~no** *m* terugkeer; teruggave

retransmi/sión *f* uitzending; **~sión en directo** live uitzending; **~tir** *vt* uitzenden

retras/ar *vt* vertragen, uitstellen; **~arse** 1. te laat komen; 2. uitgesteld worden; **~o** *m* vertraging; **~s** *mpl com* achterstallige betaling

retrat/ar *vt* portretteren; *fig* beschrijven; **~o** *m* portret *het*

retrete *m* wc; toiletpot

retroceder *vi* achteruitgaan, terugdeinzen; teruggaan (**a** tot)

reuma *m* reuma *het*

reuni/ficación *f pol* hereniging; **~ón** *f* bijeenkomst, vergadering; **~r** *vt* 1. bijeenbrengen, verzamelen; 2. (*eisen*) voldoen aan; **~rse** bijeenkomen

revalorización *f* opwaardering

revancha *f* revanche, wraak

revela/do *m foto* (het) ontwikkelen; **~r** *vt* 1. onthullen; 2. *foto* ontwikkelen

reventa *f* doorverkoop; zwarte handel (in toegangskaartjes

revent/ar *vi* openbarsten; -springen; **~ón** *m auto* klapband

reverencia *f* diepe eerbied; diepe buiging

revers/ible *adj m/f* omkeerbaar; **~o** *m* achterkant; *o. fig* keerzijde

revés *m* 1. achterzijde; 2. tegenslag; 3. ommekeer; **al ~** omgekeerd, andersom

revis/ar *vt* 1. nakijken; checken; 2. herzien; bijwerken; **~ión** *f* 1. controle; 2. herziening; 2. *auto* controlebeurt

revoca/ble *adj m/f* herroepbaar; **~ción** *f* herroeping; opzegging; **~r** *vt* herroepen, opzeggen, afgelasten

revolución *f* 1. revolutie, 2. *tecn* toer, rotatie

revólver *m* revolver

revuelo *m* opschudding, beroering

revuelta *f* 1. draai; 2. oproer *het*, rel

rey *m* koning
rezar *vt/i* bidden
riachuelo *m* stroompje *het*, beekje *het*
riada *f* 1. overstroming; 2. *fig* toevloed
ribera *f* oever; kust, strand *het*
rico,-a *adj* 1. rijk; 2. (*eten*) lekker, smakelijk
ridículo,-a *adj* belachelijk, lachwekkend
riego *m* bevloeiïng; (het) begieten, irrigatie
riel *m* metalen staaf; *transp* rail
rienda *f o. fig* teugel
riesgo *m* risico *het*, gevaar *het*; **correr el ~** het gevaar lopen; **a todo ~** all-risk
rifa *f* verloting; tombola; **~r** *vt* verloten
rifle *m* geweer *het*
rigidez *f* stijfheid; onbuigzaamheid; striktheid
rígido,-a *adj* stijf; streng; hard, onbuigzaam
rigor *m* strengheid; nauwkeurigheid
riguroso,-a *adj* streng, rigoureus; nauwkeurig
rima *f* rijm *het*; **~s** *fpl* verzen; **~r** *vi* rijmen
rímel *m* mascara
rincón *m* hoek; *fig* hoekje *het*, uithoek
rinoceronte *m zool* neushoorn
riña *f* ruzie, twist; vechtpartij
riñ/ón *m* nier; **~ones** *mpl gastr* niertjes *pl*; **~onera** *f* heuptasje
río *m* rivier; *o. fig* stroom
riqueza *f* rijkdom; **~s** *fpl* schatten *pl*
risa *f* lach, gelach *het*
risc/al *m* plek met kliffen; **~o** *m* steile rots
ritmo *m* ritme *het*
rival *m/f* rivaal, rivale, mededing(st)er; **~idad** *f* rivaliteit; **~izar** *vi* wedijveren
rizado,-a *adj* krullend, gekruld
rizo *m* (haar)krul
robar *vt* (be)roven, (be)stelen, afzetten
roble *m* 1. eik; eikenhout *het*; 2. *fig* sterke man
robo *m* diefstal, beroving, roof
robot *m* robot
robusto,-a *adj* stevig, krachtig, robuust
roca *f* rots(blok), klip; gesteente
roce *m* 1. aanraking; 2. *fig* contact *het*; wrijving
rocío *m* (morgen)dauw
rocoso,-a *adj* rotsachtig
rodaballo *m zool* tarbot
roda/ja *f* schijf, plak, moot; **~je** *m* (*film*) opname; **~r** *vt* 1. rollen; 2. (*film*) draaien
rode/ar *vt* omgeven (**de** met); **~o** *m* omweg; **sin ~os** op de man af
rodilla *f* knie
roe/dor *m* knaagdier *het*; **~r** *vt* (af)knagen

rogar

rogar vt vragen; smeken
rojo,-a adj rood
rollo m 1. rol; 2. foto filmrolletje het
rom/ánico,-a adj arq Romaans; **~ano,-a 1.** adj Romeins; **2.** m/f Romein(se); **~ántico,-a** adj romantisch
romer/ía f 1. bedevaart; 2. jaarmarkt, kermis; **~o** m bot rozemarijn
romper vt 1. breken; kapot maken, vernielen; 2. fig verbreken, een eind maken aan
ron m rum
ronc/ar vi snurken; **~o,-a** adj hees, schor
ronda f ronde; patrouille
ropa f kleding, kleren; wasgoed het, **~ de cama** beddegoed het; **~ interior** ondergoed het, lingerie
ropero m kleerkast
rosa 1. f bot roos; **2.** adj inv roze
rosa/do m 1. roze; 2. vino **~** rosé; **~rio** m 1. rel rozenkrans; 2. fig lange reeks
rosbif m gastr rosbief
rosca f 1. ring; 2. gastr rond broodje het, kransje het; 3. tecn schroefdraad
rostro m gezicht het, gelaat het
rota/ción f rotatie, omloop; toerbeurt; **~tivo,-a 1.** adj draaibaar; **2.** m krant
roto, a gebroken; kapot, stuk
rotonda f rotonde

rotund/amente ronduit; **~o,-a** adj 1. onomwonden; 2. volledig, glansrijk
rotula/dor m viltstift; **~r** vt etiketteren
rótulo m opschrift het; label, etiket het; bord het
rotura f 1. breuk, scheur; 2. het (ver)breken
roza/miento m aanraking, wrijving; **~r** vt aanroeren, beroeren, (licht) aanraken
rubéola f med rodehond
rubí m robijn
rubio,-a adj 1. blond; 2. (tabak) licht
rudo,-a adj ruw; grof, primitief; guur
rueda f rad het; **~ de prensa** persconferentie; **~ de recambio** reservewiel het
ruego m verzoek het, vraag
ruido m lawaai het, rumoer het; geluid het; **~so,-a** adj lawaaierig; rumoerig
ruina f ruine, bouwval; puinhoop
ruiseñor m zool nachtegaal
ruleta f roulette
rulo m krulspel
rulota f caravan
Ruman/ia f Roemenië het; **~*o,-a 1.** adj Roemeens; **2.** m/f Roemeen(se); **3.** m ling Roemeens het
rumbo m koers, richting, lijn
rumia/nte m herkauwer; **~r** vi herkauwen

rumor *m* gerucht *het*, gemurmel *het*, geroezemoes *het*
ruptura *f* breuk; (het) verbreken
rural *adj m/f* plattelands-, landelijk, rustiek
Rusia *f* Rusland *het*
ruso,-a 1. *adj* Russisch; **2.** *m/f* Rus, Russin; **3.** *m ling* Russisch *het*
rústico,-a *adj* 1. landelijk, rustiek; 2. grof, boers
ruta *f* route, koers
rutina *f* routine; **~rio,-a** *adj* routine-

S

sábado *m* zaterdag
sábana *f* beddelaken *het*
sabana *f* savanne
saber 1. *vt* 1. weten; 2. kunnen; 3. te weten komen; **a ~** dat wil zeggen, namelijk; **2.** *vi* 1. smaken (**a** naar); 2. horen, weten (**de** van) **3.** *m* (het) weten; kennis; wetenschap
sabi/do,-a *adj* bekend, openbaar; **~duría** *f* wijsheid; kennis; **~hondo,-a** *m/f coloq* betwe(e)t(st)er, wijsneus; **~o,-a 1.** *adj* wijs; geleerd; **2.** *m* wijze, geleerde, expert
sable *m* sabel
sabor *m* smaak; **~ear** *vt* goed proeven; genieten van
sabot/aje *m* sabotage; **~eador, -a** *m/f* saboteur; **~ear** *vt* saboteren

sabroso,-a *adj* smakelijk, heerlijk
saca/corchos *m* kurkentrekker; **~puntas** *m* puntenslijper
sacar *vt* 1. ergens uittrekken, vandaan halen; 2. naar buiten brengen, laten; 3. loskrijgen, bereiken; 4. (*tand*) trekken; 5. (*geld*) opnemen; 6. (*kaartje*) kopen
sacarina *f* saccharine; zoetstof
sacerdote *m* priester
saco *m* zak; **~ de dormir** slaapzak
sacramento *m* sacrament *het*
sacrifi/cado,-a *adj* opoffering vergend; **~car** 1. *vt* opofferen; 2. (*vee*) slachten; **~carse** z. opofferen (**por** voor); **~cio** *m* offer *het*
sacrilegio *m* heiligschennis; ontheiliging
sacrílego,-a *adj* heiligschennend; godslasterlijk
sacrist/án *m* koster; **~ía** *f* sacristie
sacro,-a *adj* heilig, gewijd
sacudi/da *f* schok; ommekeer, -wenteling; **~r** *vt* (doen) schudden; schokken; afslaan
sádico,-a 1. *adj* sadistisch; **2.** *m/f* sadist(e)
sadismo *m* sadisme *het*
saeta *f* 1. pijl; 2. wijzer; 3. *Esp* (= religieus flamencolied gezongen tijdens processies
saga/cidad *f* scherpzinnigheid; **~z** *adj m/f* scherpzinnig, schrander

Sagitario

Sagitario *m astr* Boogschutter
sagra/do,-a *adj* heilig; gewijd
sajón,-ona 1. *adj* Saksisch; **2.** *m/f* Saks(ische)
sal *f* zout het
sala *f* 1. zaal, salon; vertrek; 2. *jur* kamer; **~ de embarque** (*vliegveld*) gate; **~ de espera** wachtkamer; **~ de estar** woonkamer
salado,-a *adj* 1. zout, gezouten, hartig; 2. *fig* pittig, geestig
salami *m gastr* salami
salario *m* loon het, salaris het, bezoldiging
salchich/a *f* worst; saucijs; **~ón** *m gastr* ± snijworst
sald/ar *vi com* 1. voldoen, vereffenen; 2. opruimen, uitverkopen; **~o** *m* saldo, balans; **~s** *mpl* uitverkoop
salida *f* 1. uitgang; afslag,-rit; 2. vertrek *het*; 3. *fig* uitweg; 4. *sport* start; **~ de emergencia** nooduitgang; **~ de incendios** brandtrap
saliente *adj m/f* 1. uitstekend; 2. aftredend
salin/a *f* zoutmijn; zoutpan; **~idad** *f* zoutgehalte het; **~o, -a** *adj* zouthoudend
salir *vi* 1. uitgaan, weggaan, naar buiten gaan; vertrekken; 2. tevoorschijn komen; 3. (*zon*) opkomen; **~se** stappen (**de** uit); **~se con la suya** zijn zin krijgen
saliva *f* speeksel het, spuug
salmo *m* psalm
salm/ón *m zool* zalm; **~onete** *f zool* mul
salón *m* 1. salon, zaal; 2. huiskamer, zitkamer
salpic/adero *m* dashboard *het*; **~adura** *f* (het) bespatten; spetter; **~ar** *vt* 1. (be)spatten; 2. *fig* doorspekken
sals/a *f* saus(je), dressing; **~era** *f* sauskom, juskom
saltamontes *m zool* sprinkhaan
sal/tar 1. *vi* 1. springen, duiken; 2. barsten, ontploffen; 3. *electr* doorslaan; **2.** *vt* 1. springen over; 2. overslaan; **~tear** *vt gastr* sauteren; **~to** *m* sprong, duik
salubr/e *adj m/f* gezond; **~idad** *f* gezondheid
salud *f* gezondheid; **¡~!** proost!; gezondheid; **~able** *adj m/f* heilzaam, gezond; **~ar** *vt* (be) groeten; **~o** *m* groet; begroeting; **dar ~os** groeten
salva/ción *f* redding; **~dor,-a** *m/f* redder, redster; **~guardia** *f* vrijgeleide; bescherming
salvaje *adj m/f* 1. wild; 2. *fig* ruw
salva/mento *m* redding; *nav* berging; **~r** *vt* retten; **~rse** z. redden, ontkomen; **~vidas** *m* reddingsvest *het*; reddingsboot
salvo,-a 1. *adj* veilig, ongedeerd; **a ~** in veiligheid; **2.** *adv*, *prep* behalve, tenzij
sana/r 1. *vt* genezen; **2.** *vi* genezen; beter worden; **~torio** *m* sanatorium het

sanci/ón *f jur* 1. bekrachtiging; goedkeuring; 2. straf; sanctie; **~onar** *vt* 1. bekrachtigen; goedkeuren; 2. bestraffen
sandalia *f* sandaal
sandía *f* watermeloen
sanea/do,-a *adj com* gezond; gesaneerd; **~miento** *m* 1. sanering; 2. gezondmaking; **~r** *vt* 1. gezond maken; 2. saneren
sangr/ar *vi* bloeden; **~e** *m* bloed *het*; **a ~e fría** koelbloedig; **~ía** *f* 1. aderlating; 2. *gastr* sangria; **~iento,-a** *adj* bloedig
san/idad *f* gezondheidszorg; **~itario,-a 1.** *adj* gezondheids-, sanitair; **2.** *m/f* iem werkzaam in gezondheidszorg; **~o,-a** *adj* 1. gezond; fit; 2. gaaf; **~o y salvo** heelhuids, behouden
santidad *f* heiligheid
santificar *vt* heiligen; wijden aan God
santiguarse *z.* bekruisen, een kruis slaan
sant/o,-a 1. *adj* heilig; **2.** *m/f* heilige, sint; **3.** *m* naamdag; **~uario** *m* heiligdom *het*
sapo *m* pad *het*
saque *m sport* aftrap; inworp; **~ar** *vt* plunderen; **~o** *m* plundering
sarampión *m med* mazelen *pl*
sarcástico,-a *adj* sarcastisch, hatelijk, bijtend
sardana *f* sardana (*Catalaanse kringdans*)
sardina *f zool* sardine
sargento,-a *m/f* sergeant
sarna *f* schurft
sarro *m* aanslag; tandsteen *het*
sartén *f* koekenpan
sastre,-a *m/f* kleermaker,-maakster; **~ría** *f* kleermakerij
Sat/án, Satanás *m* satan, duivel; **~*ánico,-a** *adj* duivels, satanisch
satélite *m* satelliet, maan; **~ artificial** kunstmaan
satén *m* satijn *het*
sátira *f* satire
satírico,-a *adj* satirisch
satis/facción *f* tevredenheid; bevrediging; genoegdoening; **~facer** *vt* 1. bevredigen, tevredenstellen; 2. (*honger, dorst*) stillen; **~factorio,-a** *adj* bevredigend, toereikend; **~fecho,-a** *adj* 1. tevreden (**con** met); 2. *com* betaald, voldaan
satura/ción *f* (*o. fig*) verzadiging; **~r** *vt* (*o. fig*) verzadigen
sauce *m bot* wilg
sáuco *m bot* vlier(boom)
sauna *f* sauna
saxof/ón, saxófono *m mús* saxofoon; **~onista** *m/f* saxofonist(e)
sazonar *vt gastr* kruiden, op smaak brengen
scooter *m* scooter
se *pron* 1. zich; 2. men
sea *V.* ser
sebo *m* talg, talk, huidsmeer
seca/dor *m* (haar)föhn; **~dora** *f* droogtrommel; **~r** *vt* (af)dro-

secarse

gen, droog maken; **~rse** op-, ver-, uit- drogen; z. afdrogen

secci/ón f afdeling, sectie; deel het; **~onar** vt in stukken verdelen

seco,-a adj 1. droog; dor, uitgedroogd; 2. nors

secretar/ía f secretariaat het; **~ia** f secretaresse; **~io** m 1. secretaris; 2. pol partijleider

secreto,-a 1. adj geheim; heimelijk; 2. m geheim het; **en ~** in het geheim

sect/a f sekte; **~or** m sektor, afdeling, tak

secuela f 1. nasleep, gevolg het; 2. med nawerking

secuestr/ar vt ontvoeren; kapen; **~o** m ontvoering; kaping

secund/ar vt bijstaan, (onder)steunen; **~ario,-a** adj 1. secundair, ondergeschikt; 2. tweede

sed f dorst

seda f zijde

seda/nte 1. adj m/f kalmerend, pijnstillend; 2. m pijnstiller; **~tivo,-a** adj pijnstillend, kalmerend

sede f zetel, hoofdkwartier het; hoofdkantoor het

sediento,-a adj dorstig, smachtend (**de** naar)

seduc/ción f verleiding, verlokking; **~ir** vt verleiden; bekoren; **~tor,-a** m/f verleid(st)er

sega/dora f maaimachine; **~r** vt maaien

segmento m segment het, gedeelte het, deel het

segregar vt (af)scheiden, afzonderen

segui/da: en ~da meteen; **~do,-a** adj ononderbroken; opeenvolgend; **~dor,-a** m/f volgeling(e), aanhang(st)er, fan; **~miento** m (het) volgen; begeleiding

seguir 1. vt 1. volgen; 2. opvolgen; 3. vervolgen; 4. navolgen; 2. vi 1. doorgaan; 2. nog steeds zijn, blijven

según 1. prep volgens, naar; 2. adv al naar gelang; het hangt ervan af

segundo,-a 1. adj card tweede; **en ~ lugar** op de tweede plaats; 2. m seconde

segur/amente vast, waarschijnlijk; **~idad** f 1. zekerheid; 2. veiligheid; **~* Social** ziekenfonds het; **~o,-a** 1. adj 1. zeker; 2. veilig; 3. stevig; 2. m verzekering; **~o de accidentes** ongevallenverzekering; **~o a todo riesgo** allriskverzekering; **~o médico** ziektekostenverzekering; **~o de responsabilidad civil** aansprakelijkheidsverzekering; **~o de viaje** reisverzekering

seis zes; **~cientos** zeshonderd

seísmo m aardbeving

selec/ción f selectie, keuze; **~cionar** vt selecteren, een keus doen; **~to,-a** adj select

sell/ar vt 1. (af)stempelen; 2. (ver)zegelen; 3. fig bezegelen; **~o** m 1. (post)zegel; 2. stempel

selva f oerwoud het, jungle

semáforo m verkeerslicht het

semana f week; **~* Santa** goede week, **vacaciones de ~* Santa** paasvakantie; **entre ~** doordeweeks; **~l** adj m/f wekelijks; **~rio** weekblad het

sembra/do,-a adj bezaaid (**de** met); **~r** vt 1. zaaien; 2. fig verspreiden; bezaaien (**de** met)

semeja/nte 1. adj m/f dergelijk, soortgelijk; **2.** m naaste; **~nza** f gelijkenis, overeenkomst; **~r(se)** vi lijken (**a** op)

semen m biol sperma, mannelijk zaad

semestr/al adj m/f halfjaarlijks; **~e** m semester het, halfjaar het

semi- half-; **~círculo** m halve cirkel; **~conductor** m halfgeleider; **~final** f sport halve finale

semill/a f zaad het; **~ero** broeiplaats, haard

seminario m 1. rel seminarie; 2. werkcollege

sémola f griesmeel het

sena/do m senaat; **~dor,-a** m/f senator

sencill/ez f eenvoud, gemak het; **~o,-a** adj eenvoudig, gemakkelijk; enkel

send/a f, **~ero** m pad het, weggetje het

senderismo m trekking

Senegal: el ~ Senegal; **~*és,-esa 1.** adj Senegalees; **2.** m Senegalees,-ese

senil adj m/f seniel

seno m 1. holte; boezem; 2. fig schoot

sensa/ción f gewaarwording, gevoel het; sensatie; **~cional** adj m/f sensationeel, opzienbarend; **~tez** f gezond verstand het; **~to,-a** adj bezonnen, verstandig

sensi/bilidad f gevoeligheid; **~ble** adj m/f gevoelig; waarneembaar; **~tivo,-a** adj zintuiglijk

sensual adj m/f sensueel; **~idad** f zinnelijkheid

senta/da f sit-in; **~do,-a** adj zittend; **estar ~do** zitten; **~r 1.** vt zetten; **2.** vi (voedsel) vallen, bekomen; (kleding) staan, passen; **~rse** gaan zitten

sentencia f jur vonnis het, uitspraak; **~r** vt berechten, veroordelen

senti/do m 1. zin(tuig het), gevoel het; 2. betekenis; 3. richting; **~do común** gezond verstand; **perder el ~do** flauwvallen; **~de humor** gevoel het voor humor; **~miento** m 1. gevoel het; 2. verdriet het; **~r 1.** vt voelen, merken; betreuren; **lo siento** het spijt me; **~rse** z. voelen

seña f wenk, teken het, sein het; **~s** fpl adres het; **~l** f 1. teken

señal *het*, signaal *het*, blijk, gebaar *het*; 2. verkeersbord *het*; 3. telef toon; 4 com aanbetaling; **~lado,-a** *adj* 1. genoemd; 2. opmerkelijk; 3. bekend; **~lar** *vt* 1. aanduiden, signaleren; 2. attenderen op, wijzen op; **~larse** z. onderscheiden; **~lización** *f* bewegwijzering

señor *m* heer, mijnheer; **~a** *f* dame; **~ía** *f*: *Su ~*ía* Edelachtbare; **~ito,-a** *m/f* jongeheer, juffrouw

separa/ble *adj m/f* scheidbaar; **~ción** *f* scheiding, breuk; **~r** *vt* 1. scheiden; 2. afzonderen; 3. verwijderen; **~rse** 1. losraken; 2. uit elkaar gaan, scheiden

sepia *f zool* inktvis; sepia

septicemia *f med* bloedvergiftiging

septiembre *m* september

séptimo *card* zevende

sepul/cro *m* graf (tombe); **~tar** *vt* 1. *o.* fig begraven, bijzetten; 2. (lawine) bedelven; **~tura** *f* (het) begraven

sequía *f* (langdurige) droogte

séquito *m* gevolg *het*

ser 1. *vi* zijn; *~ de* komen uit; zijn van; behoren aan; *a no ~ que* tenzij; *sea lo que sea* hoe dan ook; **2.** *m* wezen *het*

Serbi/a *f* Servië; **~*o,-a** 1. *adj* Servisch; **2.** *m/f* Serviër, Servische; **3.** *m ling* Servisch *het*

seren/ar *vt* doen bedaren, tot rust brengen; **~arse** tot rust komen, kalm worden; **~ata** *f mús* serenade; **~idad** *f* kalmte; koelbloedigheid; **~o,-a 1.** *adj* rustig; vredig; sereen; **2.** *m* nachtwaker

serie *f* reeks; serie; scala; **~dad** *f* 1. ernst; 2. betrouwbaarheid

serio,-a *adj* 1. ernstig, serieus; 2. betrouwbaar; *tomar en ~* serieus nemen

sermón *m* preek

serpiente *f zool* slang

serrano,-a 1. *adj* uit de bergen; **2.** *m/f* bergbewoner,-bewoonster

serr/ar *vt* (door)zagen; **~ín** *m* zaagsel *het*; **~ucho** *m* zaag

servi/ble *adj m/f* bruikbaar; **~cial** *adj m/f* hulpvaardig; voorkomend

servicio *m* 1. dienst; 2. bediening(sgeld); 3. service; 4. wc; *~ militar* militaire dienst; *~ posventa* (klanten)service; *~ doméstico* huispersoneel; *fuera de ~* buiten bedrijf; **~s** *mpl* voorzieningen *pl*

servi/dor,-a *m/f* dienaar, dienares; bediende; **~dumbre** *f* huispersoneel *het*; slavernij; **~l** *adj m/f* slaafs, kruiperig

servillet/a *f* servet *het*; **~ero** *m* servetring

servir *vt/i* dienen; bedienen; serveren; **~se** z. bedienen, gebruik maken (**de** van)

sésamo *m* sesam
sesenta zestig
sesión *f* 1. zitting; vergadering; 2. *teat* voorstelling
seso *m* 1. hersens *het*; 2. *fig* verstand *het*; **~s** *mpl gastr* hersens *pl*
seta *f* paddestoel
setenta zeventig
seto *m* omheining, hek *het*; **~ vivo** haag
seudónimo *m* pseudoniem *het*, schuilnaam
sever/idad *f* strengheid; **~o,-a** *adj* streng
sexo *m* 1. geslacht *het*, sekse; 2. seks
sexto *card* zesde
sexual *adj m/f* seksueel; geslachts-; **~idad** *f* seksualiteit
si 1. *conj* als, indien; of; immers; 2. *m mús* si, b; **~ bemol** *mús* bes
sí 1. *adv* ja; jawel; jawel; 2. *pron refl* 1. zich; 2. elkaar; *de por* ~ van nature
siamés,-esa 1. *adj* Siamees; 2. *m/f* Siamees,-mese
Siberia *f* Siberië; **~*no,-a** 1. *adj* Siberisch; 2. *m/f* Siberiër, Siberische
Sicilia *f* Sicilië; **~*no,-a** 1. *adj* Siciliaans; 2. *m/f* Siciliaan(se)
sida *m med* aids
siderurgia *f* ijzer- en staalindustrie
sidra *f* cider; appelwijn

siega *f* oogst; (het) oogsten; oogsttijd
siembra *f* (het) zaaien; zaaitijd
siempre 1. *adv* altijd, steeds; 2. *conj* **~ que** 1. mits; vooropgesteld dat; 2. steeds als
sien *f* slaap
sierra *f* 1. zaag; 2. bergketen; gebergte *het*
siervo,-a *m/f* slaaf, slavin
siesta *f* siësta; middagslaapje *het*; ***dormir/ echar(se) la*** ~ een middagdutje doen
siete zeven
sífilis *f* syfilis
sifón *m* 1. spuitfles; 2. spuitwater *het*
sigl/a *f* letterwoord *het*; **~o** *m* eeuw
signa/r *vt* merken; ondertekenen; **~tario,-a** *m/f* onderte-kenaar (ster); **~tura** *f* 1. signatuur; 2. kenteken
significa/do *m* 1. betekenis; 2. belang *het*; **~nte** *adj m/f* significant; **~r** *vt* betekenen; uitdrukken; **~tivo,-a** *adj* veelbetekenend, veelzeggend
signo *m* 1. (merk)teken *het*; symbool *het*; 3. sterrenbeeld *het*; 4. *pol* signatuur
siguiente *adj m/f* volgende
sílaba *m* lettergreep, syllabe
silba/r *vt/i* fluiten; **~to** *m* 1. fluitje *het*; 2. fluitsignaal *het*
silbido *m* 1. gefluit; 2. fluitsignaal
silenci/ador *m* knalpot, -demper;

silenciar

~ar vt verzwijgen; doodzwijgen; **~o** m stilte, rust; **~oso,-a** adj stil; rustig; geruisloos

silla f 1. stoel; 2. (**~ de montar**) rijzadel het; **~ plegable** klapstoel; **~ de ruedas** rolstoel

sillón m leunstoel, fauteuil

silueta f silhouet

silvestre adj m/f wild

simbólico,-a adj symbolisch

símbolo m symbool het; zinnebeeld het

simetría f symmetrie

simétrico,-a adj symmetrisch

simil/ar adj m/f soortgelijk; lijkend (**a** op); **~itud** f gelijkenis

simio m zool aap

simp/atía f sympathie; innemendheid; **~ático,-a** adj sympathiek, aardig; innemend

simpl/e adj m/f eenvoudig; simpel; **~eza** f onnozelheid; **~icidad** f 1. eenvoud; 2. naïviteit; **~ificar** vt vereenvoudigen; **~ón,-ona** m/f coloq onnozele hals

simular vt voorwenden, simuleren

simult/aneidad f gelijktijdigheid; **~áneo,-a** adj gelijktijdig

sin prep zonder; **~ que** zonder dat

sinagoga f synagoge

sincer/idad f oprechtheid, openhartigheid; **~o,-a** adj oprecht, eerlijk, openhartig

síncope m med syncope

sindica/l adj m/f v/d vakbeweging; **~to** m syndicaat het; vakbeweging

síndrome m syndroom het, ziektebeeld het

sinfín m eindeloos aantal het; schat (**de aan**)

sinf/onía f mús symfonie; **~ónico,-a** adj symfonisch, symfonie-

singular 1. adj m/f 1. enkel, alleen, uniek; 2. bijzonder, zonderling; **2.** m ling enkelvoud het; **~idad** f bijzonderheid, zeldzaamheid

siniestro,-a 1. adj 1. links, linker; 2. sinister; 3. rampzalig; **2.** m 1. ramp; 2. ongeluk het

sino 1. m (nood)lot het; **2.** prep behalve; **3.** conj (na: niet, geen) maar

sinónimo m synoniem het

sinrazón f onrecht het; (machts)misbruik het

síntesis f synthese, samenvatting

sintético,-a adj synthetisch; kunst-

síntoma m symptoom het, verschijnsel het

sinuoso,-a adj 1. kronkelig; 2. achterbaks

sinvergüenza m/f schurk, schoft, kreng

siquiera conj tenminste, in ieder geval; **ni (tan) ~** niet eens, zelfs niet

sirena f sirene; zeemeermin

siroco m sirocco

sirvient/e,-a *m/f* bediende, dienstbode

sísmico,-a *adj* v/d aardbeving; seismisch

sism/o *m* aardbeving; **~ógrafo** *m* seismograaf; **~ología** *f* seismologie

sistem/a *m* systeem *het*, stelsel *het*, bestel *het*; **~ático,-a** *adj* systematisch; **~atización** *f* systematisering; **~atizar** *vt* systematiseren

siti/ar *vt* belegeren; omsingelen; **~o** *m* plaats, plek, ruimte

situa/ción *f* 1. situatie; toestand; 2. ligging; **~do,-a** *adj* gesitueerd, gelegen; **bien ~do** welgesteld; **~ar** *vt* plaatsen, situeren; **~rse** z. situeren; z. een plaats verwerven

slalom *m* slalom

slip *m* (heren)slip; onderbroek

snob 1. *adj inv* snobistisch; 2. *m/f* snob

soba/co *m* oksel; **~do,-a** *adj* versleten, afgedragen; **~r** *vt coloq* maffen

sober/anía *f* soevereiniteit; **~ano,-a** 1. *adj* soeverein; 2. *m/f* soeverein; vorst(in); **~bia** *f* hoogmoed; **~bio,-a** *adj* hoogmoedig, trots

soborn/ar *vt* omkopen; **~o** *m* corruptie, omkoperij; steekpenning, smeergeld *het*

sobra *f* overschot *het*; **de ~** te over, volop; **~s** *fpl* (etens)resten *pl*, kliekjes *pl*; **~do,-a** *adj* te veel, ruim voldoende; **~r** *vi* 1. te veel zijn, over zijn; 2. overhouden

sobre 1. *m* envelop; 2. *prep* boven, op, over; **~ las seis** omstreeks zes uur; **~ todo** bovenal, vooral

sobre/carga *f* overlading, -gewicht,-druk; **cargar** *vt* overbelasten, oveladen; **~cargo** *m/f* purser; **~dosis** *f* overdosis; **~humano,-a** *adj* bovenmenselijk; **~manera** *adv* buitengewoon; **~mesa** *f* (het) natafelen; **~natural** *adj m/f* bovennatuurlijk; **~nombre** *m* bijnaam; **~saliente** *adj m/f* 1. uitmuntend; vooruitspringend; 2. schoolcijfer tussen 8,5 en 10; **~saltarse** (op)schrikken; **~salto** *m* schrik, schok; **~stimar** *vt* overschatten; **~valorar** *vt* overwaarderen; **~vivir** *vi* (a) overleven

sobriedad *f* soberheid; nuchterheid

sobrin/a *f* nicht; **~o** *m* neef

sobrio,-a *adj* matig, sober; nuchter

socarrón,-ona spottend, olijk; listig

socia/bilidad *f* vlotheid; **~ble** *adj m/f* gezellig, sociaal; **~l** *adj m/f* 1. sociaal; maatschappelijk; 2. *com* vennootschaps-; **~lismo** *m* socialisme *het*; **~lista** 1. *adj m/f* socialistisch; 2. *m/f* socialist(e); **~lizar** *vt* socialiseren

sociedad f 1. maatschappij, samenleving; 2. vereniging; 3. *com* vennootschap *het*; **~ anónima** naamloze vennootschap

socio,-a m/f 1. *com* vennoot, partner; compagnon; 2. (*vereniging*) lid

sociólogo,-a m/f socioloog, loge

socorr/er vt helpen, bijstaan, hulp verlenen; **~o** m hulp; assistentie; **¡~o!** help!

soda f sodawater *het*, spuitwater *het*

sodio m natrium *het*

soez adj m/f gemeen, vuil, laag(hartig)

sofá m bank, sofa; **~-cama** m slaapbank

sofistica/ción f raffinement *het*, verfijning; **~do,-a** adj verfijnd, gekunsteld

sofoc/ante adj m/f benauwend, verstikkend; **~ar** vt 1. benauwen; 2. de kop indrukken; **~arse** 1. het benauwd hebben; 2. z. opwinden

sofr/eír vt *gastr* fruiten, aanfruiten; **~ito** m *gastr* gefruite ui en tomaat

soga f 1. (dik) touw *het*; 2. strop, halster

soja f *bot* soja(boon)

sol m 1. zon; **tomar el ~** zonnen; 2. *mús* g, sol

solamente alleen, slechts, enkel

solapa f revers; **~rse** elkaar overlappen

solar 1. m (bouw)terrein *het*, perceel *het*; **2.** adj m/f v/d zon, zonne-; **~io** m solarium *het*

solda/do m/f soldaat; **~r** vt solderen, lassen; **~dura** f (het) lassen

soleado,-a adj zonnig, zonovergoten

soledad f eenzaamheid, verlatenheid

solemn/e adj m/f plechtig, statig; **~idad** f plechtigheid, ceremonieel

soler vi plegen, gewoon zijn

solicita/ción f verzoek *het*, uitnodiging; **~r** vt verzoeken om; soliciteren naar

solícito,-a adj zorgzaam, behulpzaam

solicitud f 1. verzoek(schrift *het*) *het*; aanvraag; 2. sollicitatie, aanmelding

solidari/dad f solidariteit; **~o,-a** adj solidair

solidez f stevigheid, betrouwbaarheid

sólido,-a adj 1. stevig, solide; degelijk; 2. vast, gestold

solista m/f solist(e)

solitaria f *med* lintworm

solitario,-a 1. adj 1. eenzaam; alleen(staand); 2. (*plek*) afgelegen, verlaten; **2.** m/f eenling, kluizenaar(ster)

sollo/zar vi snikken; **~zo** m snik

solo,-a 1. adj alleen; vanzelf; enig, enkel; **a solas** in zijn eentje; **2.** m *mús* solo

sólo *adv* alleen, slechts, maar, pas
solomillo *m gastr* lendestuk *het*; haas
soltar *vt* 1. losmaken, -laten; 2. opgeven; afstaan; **~se** 1. losgaan; 2. ontsnappen; 3. vaardigheid krijgen
soltero,-a 1. *adj* ongehuwd, alleenstaand; 2. *m/f* vrijgezel(lin); **~ón** *m* verstokte vrijgezel; **~ona** *f* oude vrijster
soltura *f* vlotheid, vaardigheid, gemak *het*
solu/bilidad *f* oplosbaarheid; **~ble** *adj m/f* oplosbaar; **~ción** *f* oplossing (*o. quim*); **~cionar** *vt* oplossen
solven/cia *f* 1. *com* solventie; 2. betrouwbaarheid; **~te** *adj m/f* solvent, kredietwaardig
sombra *f* schaduw; **~ de ojos** oogschaduw
sombrea/do,-a *adj* schaduwrijk; **~r** *vt* arceren, schaduw aanbrengen
sombrero *m* hoed
sombr/illa *f* parasol; **~ío,-a** *adj* 1. duister; 2. somber
some/ro,-a *adj* oppervlakkig, summier; **~ter** *vt* 1. onderwerpen, knechten; 2. voorleggen (**a** aan); **~terse** z. onderwerpen (**a** aan), wijken voor
somier *m* (*bed*) lattenbodem, onderbed *het*, spiraal(matras *het*)
somn/ífero *m* slaapmiddel *het*; **~olencia** *f* slaperigheid

son *m* 1. klank; 2. wijze, stijl
sona/do,-a *adj* veelbesproken; **~r** *vi* 1. geluid voortbrengen, klinken (**a** als); *me suena* dat komt me bekend voor; **~se** snuiten
sonat/a *f* sonate; **~ina** *f* sonatine
sond/a *f* sonde; *nav* peilstok; **~(e)ar** *vt* 1. peilen, polsen; 2. boren; **~eo** *m* **1.** peiling; enquête; 2. (proef)boring
sonido *m* geluid *het*, klank, toon
sonor/idad *f* welluidendheid; **~o, -a** *adj* 1. klinkend; 2. welluidend, klankvol
son/reír *vt/i* glimlachen; **~riente** *adj m/f* (glim)lachend; **~risa** *f* glimlach
sonrojarse blozen, een kleur krijgen
soña/dor,-a 1. *adj* dromerig; **2.** *m/f* dro(o)m(st)er; **~r** *vt/i* dromen (**con** van)
sopa *f* soep; **~po** *m coloq* opdoffer, dreun
sope/ra *f* soepterrine; **~sar** *vt* 1. op de hand wegen; 2. *fig* afwegen; **~tón** *m*: *de* **~*tón*** plotseling, onverwachts
sopla/dor *m* (het) (glas)blazen; **~r** **1.** *vt* 1. (weg-, op-)blazen; 2. voorzeggen; influisteren; **2.** *vi* blazen; (*wind*) waaien
sopl/o *m* (het) blazen, (het) waaien; (*politie*) tip; **~ón** *m coloq* verklikker; informant
soport/able *adj m/f* draaglijk; **~ar** *vt* 1. verdragen, verduren;

soporte

2. ondersteunen; **~e** *m* 1. houder; 2. steun, ondersteuning; **~e informático** *inform* drager
soprano *m/f* sopraan(zangeres)
sorb/er *vt* (op)slorpen, lurken, opzuigen; **~ete** *m gastr* sorbet; **~o** *m* slok, teug; *a* **~os** met kleine slokjes
sordera *f* doofheid
sórdido,-a *adj* 1. vuil, vies; 2. gierig
sordo,-a 1. *adj* doof; dof; 2. *m/f* dofe; **~mudo,-a** *adj* doofstom
sorpre/ndente *adj m/f* verrassend, verbluffend; **~nder** *vt* verrassen; **~sa** *f* verrassing
sorte/ar *vt* 1. verloten, loten om; 2. ontwijken; **~o** *m* (ver)loting; trekking
sorti/ja *f* (vinger)ring; **~legio** *m* 1. hekserij; 2. voorspelling; 3. betovering
sosega/do,-a *adj* bedaard, kalm, rustig; **~r** 1. *vt* kalmeren; 2. *vi* bedaren, tot rust komen
sosiego *m* rust; kalmte
soso,-a *adj* 1. *gastr* flauw, laf; 2. *fig* saai
sospech/a *f* 1. verdenking; achterdocht; 2. vermoeden *het*; **~ar** 1. *vt* vermoeden; 2. *vi* verdenken (**de** van); argwaan koesteren; **~oso,-a** *adj* verdacht; louche, onguur
sostén *m* 1. ondersteuning; 2. beha
sosten/er *vt* 1. (onder)steunen; vasthouden; 2. volhouden, beweren; 3. onderhouden; **~imiento** *m* 1. onderhoud *het*; 2. steun
sota *f* (*kaartspel*) boer
sótano *m* kelder, souterrain *het*
soterrar *vt* ondergronds, begraven
soto *m bot* 1. bomenrij; 2. bosje
stand *m* stand (*op expositie*); **~ing** *m* standing, categorie; *de alto* **~** luxe
stock *m com* voorraad
su, sus *pl pron* zijn (van hem, het), haar (van haar); hun; uw
suav/e *adj m/f* 1. zacht, glad; 2. licht; 3. zachtaardig; **~idad** *f* zachtheid; gladheid; **~izante** *m* (*was*) wasverzachter; **~izar** *vt fig* verzachten; zacht maken
subasta *f* veiling, openbare verkoop; **~r** *vt* veilen
subconsciente *m* onderbewustzijn *het*
subdesarrollo *m* onderontwikkeling
súbdito,-a *m/f* onderdaan, staatsburger
subdivisión *f* 1. onderverdeling; 2. onderafdeling
subestimar *vt* onderschatten
sub/ida 1. beklimming; bestijging; 2. stijging, verhoging; **~ir** 1. *vt* 1. beklimmen, bestijgen; 2. omhoogtrekken; 3. (*prijzen*) verhogen; 2. *vi* 1. omhooggaan, stijgen; 2. bedragen (**a**); 3. instappen, opstappen (**a**)

súbito,-a *adj en adv* plotseling

subj/etivo,-a *adj* subjectief; **~untivo** *m ling* aanvoegende wijs

subleva/ción *f*, **~miento** *m* opstand; **~r** *vt* tot opstand aanzetten; **~rse** in opstand komen

sublime *adj m/f* subliem, voortreffelijk

submarinis/mo *m* onderwatersport, duiksport; **~ta** *m/f* sportduik(st)er

submarino,-a 1. *adj* onderzees, onderwater-; **2.** *m* onderzeeër, duikboot

subnormal *adj m/f med* zwak begaafd, zwakzinnig

suboficial *m mil* onderofficier

subordina/ción *f* ondergeschiktheid; **~do,-a** *adj* ondergeschikt; **~r** *vt* ondergeschikt maken (**a** aan)

subrayar *vt* 1. onderstrepen; 2. *fig* benadrukken

subroga/ción *f* subrogatie, overdracht van rechten; **~r** *vt* vervangen, substitueren

subsanar *vt* verhelpen, rechtzetten

subsi/diario,-a *adj* 1. subsidiair, vervangend; 2. ondersteunend; **~dio** *m* subsidie, toelage, steun; **~dio de desempleo** werkloosheidsuitkering; **~stencia** *f* levensonderhoud *het*, kost; **~stir** *vi* voortbestaan, voortduren

sub/suelo *m* ondergrond; **~terráneo,-a 1.** *adj* ondergronds; **2.** *m* ondergrondse ruimte; **~título** *m cine, impr* ondertitel **~urbio** *m* voorstad, buitenwijk; **~valorar** *vt* onderschatten, onderwaarderen; **~vención** *f* subsidie; **~vencionar** *vt/i* subsidiëren

subyugar *vt* onderwerpen

suce/dáneo *m* vervangingsmiddel, surrogaat; **~der** *vi* 1. gebeuren, plaatsvinden; 2. opvolgen (**a, en**); **~sión** *f* op(een)volging, successie; **~sivamente** achtereenvolgens; **~sivo,-a** *adj* opeenvolgend; **en lo ~sivo** voortaan; **~so** *m* gebeurtenis, voorval; afloop; **~sor,-a** *m/f* opvolg(st)er

suci/edad *f* vuil *het*, viezigheid; **~o,-a** *adj* 1. vuil, smerig, vies; 2. gemeen, laag

suculento,-a *adj* smakelijk, voedzaam, sappig

sucumbir *vi* bezwijken (**a** voor); z. overgeven; zwichten

sucursal *f com* filiaal *het*, bijkantoor *het*

sud/africano,-a 1. *adj* Zuid-Afrikaans; **2.** *m/f* Zuid-Afrikaan(se)

sudamericano,-a 1. *adj* Zuid-Amerikaans, Latijns-Amerikaans; **2.** *m/f* Zuid-Amerikaan(se)

suda/dera *f* sweatshirt *het*; **~r** *vi* 1. zweten, transpireren; 2. zwoegen

sudeste

sudeste *m* zuidoosten *het*; **~oeste** *m* zuidwesten *het*

sudor *m* zweet *het*, transpiratie; **~oso,-a** *adj* bezweet

Sue/cia *f* Zweden; **~*co,-a 1.** *adj* Zweeds; **2.** *m/f* Zweed(se); **3.** *m* ling Zweeds *het*

suegr/a *f* schoonmoeder; **~o** *m* schoonvader

suela *f* (schoen)zool

sueldo *m* loon *het*, salaris *het*, bezoldiging

suelo *m* grond(gebied *het*); bodem, vloer

suelto,-a 1. *adj* 1. los; 2. apart, 3. (*kleding*) wijd; **2.** *m* kleingeld *het*, wisselgeld *het*

sueño *m* 1. slaap; 2. droom; **tener ~** slaperig zijn

suero *m* med serum *het*

suerte *f* 1. toeval, (nood)lot *het*; **buena~** geluk *het*; **mala ~** ongeluk *het*; pech; **por ~** gelukkig; 2. toeval

suéter *m* sweater, trui

suficien/cia *f* toereikendheid, geschiktheid, **~te** *adj m/f* voldoende, genoeg, geschikt

sufragar *vt* (*kosten*) bekostigen, betalen

sufri/do,-a *adj* berustend, lijdzaam; **~miento** *m* lijden *het*, pijn, leed *het*; **~r** *vt* lijden, verdragen, ondergaan

suger/encia *f* suggestie, voorstel *het*, tip; **~ir** *vt* voorstellen, suggereren, opperen

suicid/a *m/f* zelfmoordenaar, -nares; **~arse** zelfmoord plegen; **~io** *m* zelfmoord

Suiz/a *f* Zwitserland; **~*o,-a 1.** *adj* Zwitsers; **2.** *m/f* Zwitser(se)

suje/tador *m* beha; **~tar** *vt* 1. onderwerpen, bedwingen; 2. bevestigen, vastmaken; **~to, -a 1.** *adj* 1. onderhevig (**a** aan); 2. vast, bevestigd; **2.** *m* 1. *desp* sujet *het*, individu *het*; 2. ling onderwerp *het*

suma *f* 1. mat (optel)som; uitkomst; 2. bedrag *het*; **~r** *vt* 1. optellen; 2. bedragen, in totaal zijn; **~rio** *m* 1. samenvatting; 2. *jur* vooronderzoek *het*

sumergi/ble *adj m/f* waterproof; **~r** *vt* onderdompelen; **~rse** kopje onder gaan, duiken; z. verdiepen (**en** in);

sumidero *m* (riool)put, zinkput

suministr/ador *m* leverancier; **~ar** *vt* leveren, verstrekken; **~o** *m* verstrekking, leverantie

sumi/sión *f* onderdanigheid, nederigheid; **~so,-a** *adj* onderdanig, gedwee

súmmum *m* 1. hoogtepunt *het*; 2. *fig.* toppunt *het*

sumo,-a *adj* (aller)hoogst(e); uiterst(e); **a lo ~** hoogstens, op zijn hoogst

suntuos/idad *f* pracht, weelde, luxe; **~o,-a** *adj* prachtig, weelderig, luxe, luxeus

supeditar *vt* ondergeschikt,

afhankelijk maken (**a** van); **~se** z. onderwerpen (**a** aan)
súper *m* super(benzine)
super/ar *vt* 1. overtreffen; 2. overwinnen, 3. doorstaan; (*examen*) halen; 4. achter de rug hebben; **~ávit** *m com* overschot *het*, batig saldo *het*; **~dotado,-a** *adj* hoogbegaafd, zeer getalenteerd; **~ficial** *adj m/f* oppervlakkig; **~ficie** *f* oppervlakte, oppervlak *het*; **~fluo,-a** *adj* overbodig, overtollig
superior,-a 1. *adj m/f* hoger, boven-, hoogst, bovenst; groter; **2.** *m/f* meerdere, superieur(e); **~idad** *f* superioriteit; overwicht *het*
super/mercado *m* supermarkt; **~stición** *f* bijgeloof *het*; **~sticioso,-a** *adj* bijgelovig
supervivencia *f* (het) overleven
suplement/ario,-a *adj* aanvullend, bijkomend; extra; **~o** *m* 1. aanvulling; 2. *period* bijvoegsel *het*, supplement *het*; 3. *ferroc* toeslag
suplente *m/f* (plaats)vervang(st)er, waarnemer,-neemster
supletorio,-a 1. *adj* reserve-; extra; **2.** *m* extra toestel *het*
suplica/r *vt* 1. smeken om; dringend verzoeken om; 2. *jur* verzoek indienen; **~toria** *f jur* verzoekschrift *het*, rek(w)est *het*
suplicio *m* 1. marteling; 2. *fig* kwelling

supo/ner *vt* 1. veronderstellen; vermoeden; aannemen; 2. inhouden, betekenen; **~sición** *f* veronderstelling vermoeden *het*; **~sitorio** *m med* zetpil
suprem/acía *f* suprematie, heerschappij; **~o,-a** *adj* 1. opper-, superieur; 2. uiterst
supr/esión *f* 1. opheffing, afschaffing, 2. weglating; **~imir** *vt* 1. uit de weg ruimen; 2. afschaffen; 3. weglaten
supuesto,-a 1. *adj* vermeend, vermoedelijk, zogenaamd; **~ que** als, verondersteld dat; **por ~** uiteraard, nou en of!; **2.** *m* veronderstelling, vermoeden *het*
supurar *vi* etteren, pussen
sur *m* zuiden *het*; **~este** *m* zuidoosten *het*
surafricano *V.* **sudafricano**
suramericano *V.* **sudamericano**
surf/(ing) *m* (het) surfen; **~ista** *m/f* surf(st)er
surgir *vi* opduiken, z. voordoen, ontstaan
surti/do *m com* assortiment *het*; keus; **~dor** *m* (water)straal, sproeier; **~dor de gasolina** benzinepomp; **~r** *vt* leveren; voorzien (**de** van)
susceptib/ilidad *f* ontvankelijkheid; **~le** *adj m/f* 1. ontvankelijk, vatbaar (**a** voor); 2. lichtgeraakt
suscitar *vt* teweegbrengen, oproepen

suscribir

suscri/bir *vt* 1. (onder)tekenen; 2. (*mening*) beamen; **~birse** z. abonneren (**a** op) **~pción** *f* 1. abonnement *het*; 2. intekening (*v. aandelen*); **~ptor,-a** *m/f* 1. abonnee; 2. inschrijver, -schrijfster

suspen/der *vt* 1. ophangen; 2. opschorten, uitstellen, schorsen, afgelasten; 3. (*persoon*) laten zakken; 4. (*examen*) zakken voor; **~se** *m cine* spanning; **~sión** *f* 1. ophanging; *tecn* vering; 2. opschorting, schorsing, uitstel *het*; **~so,-a 1.** *adj* hangend; **en ~so** onbeslist; opgeschort; **2.** *m stud* onvoldoende

suspic/acia *f* achterdocht; **~az** *adj m/f* achterdochtig

suspi/rar *vi* (ver)zuchten; **~ro** *m* zucht, verzuchting

sustancia *f* substantie; stof; **~l** *adj m/f* wezenlijk

sustantivo *m ling* zelfstandig naamwoord *het*

sustentar *vt* 1. ondersteunen; 2. onderhouden

sustitu/ción *f* (plaats)vervanging, waarneming; **~ir** *vt* vervangen; **~to,-a** *m/f* (plaats)vervang(st)er

susto *m* schrik; **llevarse un ~** schrikken

sustra/cción *f* 1. ontvreemding, verduistering; 2. *mat* aftrekking; **~er** *vt* 1. ontvreemden, verduisteren; onttrekken (**a** aan); 2. *mat* aftrekken

susurrar *vi* 1. fluisteren; 2. ruisen

sutil *adj m/f* 1. subtiel, licht; 2. scherp(zinnig)

sutura *f med* hechting; **~r** *vt* hechten

suyo, suya *pron* van hem; van haar; van u; van hen

T

tabac/alero,-a *adj* tabaks-; **~o** *m* tabak

tábano *m zool* horzel, steekvlieg

tabarra *f* gezanik *het*; **dar la ~** zaniken

taberna *f* kroeg, tapperij

tabi/car *vi* afsluiten, dichttimmeren; **~que** *m* (tussen)schot *het*; (dunne) scheidingswand

tabla *f* 1. plank, plaat, blad; 2. *mat* tafel; 3. (*rok*) plooi; 4. tabel; **~ de surf(ing)** surfplank; **~do** *m* podium *het*, toneel *het*; **~s** *fpl* remise

table/ro *m* 1. (houten) blad *het*, paneel *het*; 2. prikbord *het*; 3. speelbord *het*; **~ro de instrumentos** *electr, aero, auto* schakelbord *het*, dashboard *het*; **~ta** *f* 1. *med* tablet; 2. reep, plak (*chocolade*); **~ta efervescente** bruistablet

tablón *m*: **~ de anuncios** mededelingenbord *het*

tabú 1. *adj inv* taboe; **2.** *m* taboe *het*

taburete *m* krukje *het*, barkruk; voetenbankje *het*

tacaño,-a *adj* gierig, vrekkig, krenterig

tácito,-a *adj o. jur* stilzwijgend

taciturno,-a *adj* 1. zwijgzaam; 2. melancholiek

tachar *vt* 1. doorhalen, schrappen; 2. beschuldigen (**de** van)

taco *m* 1. (muur)plug; 2. houten klos, stop; 3. (*biljart*) keu; 4. vloek; 5. *coloq* (*leeftijd*) jaar

tacón *m* (*schoen*) hak

táctica *f* tactiek

tacto *m* 1. gevoel *het*, tastzin; 2. tact, 3. aanraking

tafetán *m* tafzijde

tahona *f* broodoven; bakkerij

taimado,-a *adj* geslepen, sluw, doortrapt

taja/da *f* plak *het*, schijf, sneetje *het*; **~nte** *fig* scherp, vinnig, streng; **~r** *vt* (ver)snijden

tal **1.** *pron* zo'n, zodanig, dergelijk; **un ~ García** een zekere García; **2.** *adv* zo; **~ cual** precies zo; **~ vez** misschien; **¿qué ~?** hoe gaat het?; **3.** *conj*: **con ~ de que** mits, op voorwaarde dat; **con ~ de** (+ *inf*) als, mits

tala *f* (het) kappen, (het) rooien; **~dradora** *f* boormachine; **~drar** *vt* (door)boren, perforeren; **~dro** *m* 1. boor(machine); 2. boorgat *het*

talante *m* stemming; houding, attitude; **estar de buen ~** in een goede bui zijn

talar *vt* (*bomen*) kappen, vellen

talco *m* talk

talento *m* talent *het*; aanleg; **~so,-a** *adj* getalenteerd

talismán *m* talisman

talla *f* 1. postuur *het*, lengte; 2. (geestelijk) niveau *het*; 3. houtsnijwerk *het*; 4. (*kleding*) maat; **~do,-a 1.** *adj* gevormd; **2.** *m* (het) snijden, houwen; **~r** *vt* snijden; slijpen; uithouwen; bewerken

talle *m* 1. figuur *het*, gestalte; 2. taille, middel

taller *m* 1. werkplaats, atelier *het*; 2. workshop; **~ de reparaciones** reparatiewerkplaats; **~ mecánico** autowerkplaats, garage

tallo *m bot* stengel, steel; stek, uitloper

talón *m* 1. hiel, hak; 2. *com* cheque; afscheurbare bon; **~ bancario** bankcheque

talonario bonboekje *het*; **~ de cheques** *banc* chequeboek *het*

talud *m* glooiing, helling

tamaño,-a 1. *adj lit* zo groot; **2.** *m* formaat *het*, grootte, afmeting

tambale/arse wankelen, wiebelen; **~o** *m* gewankel *het*, (het) wankelen

también ook, tevens, eveneens

tambor *m* 1. (*o. tecn*) trommel; 2. drummer, trommelaar

tamiz *m (fijne)* zeef; **~ar** *vt* zeven, ziften

tampoco ook niet, evenmin

tampón *m* 1. stempelkussen *het*; 2. *med* tampon

tan zo, dermate; **~ solo** slechts, alleen

tanatorio *m* uitvaartcentrum *het*, rouwcentrum *het*

tanda *f* 1. ploeg; 2. reeks; 3. laag

tangible *adj m/f* tastbaar, concreet

tanque *m (o. mil)* tank; reservoir *het*; tanker

tante/ar *vt* 1. schatten; 2. beproeven; 3. polsen, peilen; **~o** *m* 1. (het) polsen; 2. (het) schatten; 3. *sport* stand, score; **al ~o** op de gok, op goed geluk

tanto 1. *m* punt *het*, doelpunt *het*; **estar al ~** op de hoogte zijn, goed opletten; **2.** *pron* zoveel, een x-aantal; **otro ~** (precies) hetzelfde; **a ~s de junio** de zoveelste juni; **3.** *adv* zoveel; evenveel; **~ más** des te meer; **~ mejor** des te beter; **mientras ~** ondertussen; **por lo ~** daarom; vandaar dat; **4.** *conj* **en ~ que** terwijl, totdat

tapa *f* 1. deksel *het*; 2. *(boek)* omslag *het*, cover; 3. borrelhapje *het*; **~dera** *f (panne)*deksel *het*; 4. *fig* dekmantel; **~r** *vt* 1. bedekken (**de** met); 2. (af)dichten; dichtmaken; 3. *fig* verdoezelen

tapete *m (tafel)kleed het;* **colocar/poner sobre el ~** te berde, ter sprake brengen

tapia *f* gemetselde omheining, muur; **~r** *vt* 1. ommuren; 2. *(deur, raam)* dichtmetselen

tapicer/ia *f* 1. (wand)tapijtkunst *het*; 2. stoffering; **~o** *m* 1. tapijtwever; 2. stoffeerder

tapiz *m* (wand)kleed *het*, tapijt *het*; **~ar** *vt* bekleden, stofferen

tap/ón *m* dop, stop, prop, tampon; **~onar** *vt* stoppen, (af)sluiten

taquigra/fía *f* stenografie; **~fiar** *vi* stenograferen

taquígrafo,-a *m/f* stenograaf, -grafe

taquilla *f* loket *het*, kassa, kaartverkoop

taquímetro *m auto* tachymeter

tarántula *f zool* tarantula

tardanza *f* vertraging, oponthoud *het*; **~r** *vi* lang duren; lang over iets doen; treuzelen, dralen **(en** met); **a más ~r** uiterlijk; **sin ~r** onverwijld, zonder dralen

tarde 1. *adj m/f* (te) laat; **2.** *f* (na)middag; (voor)avond; **buenas ~s** goede middag, goeden avond

tard/ío,-a *adj* laat, traag, vertraagd; **~o,-a** *adj* laat, traag

tarea *f* taak, opgave, opdracht; werk *het*

tarifa *f* tarief *het*; prijs

tarima *f* podium *het*, platform *het*, verhoging

tarjeta f kaart; **~ de crédito** creditcard; **~ de embarque** aero instapkaart; **~ postal** ansichtkaart; **~ telefónica** telefoonkaart; **~ de visita** visitekaart

tarro m pot, pul; blik het, bus

tarta f taart

tartamudear vi stotteren, stamelen

tasa f tarief het, percentage het, heffing; **~ción** f schatting, taxatie, raming; **~r** vt schatten, taxeren

tasca f coloq kroeg, café het

tatua/je m tatoeage; **~r** vt tatoeëren

taur/ino,-a adj stierengevecht-, stierenvechters-; **~*o** m astr Stier, Taurus; **~omaquia** f stierenvechterskunst

tax/i m taxi; **~ímetro** m taximeter; **~ista** m/f taxichauffeur, -feuse

taz/a f 1. kopje het; 2. closetpot; **~ón** m kom

te pron pers je

té m thee

teatr/al adj m/f toneel-, theater-; theatraal; **~o** m theater het

tebeo m strip(verhaal het), stripblad het

techo m 1. dak het; 2. plafond het; **~ solar** auto schuifdak het

tecl/a f toets; **~ado** m inform, mús toetsenbord het; **~do electrónico** mús keyboard

técnic/a f techniek; **~o,-a 1.** adj technisch; **2.** m technicus, vakman, specialist

tecnología f technologie; techniek; know-how f; **~ punta** speerpunttechnologie

teja f 1. dakpan; 2. bot linde (boom); **~do** m dak het

teje/dor,-a m/f wever, weefster; **~r** vt/i weven, breien

tejido m weefsel het; **~s** mpl textiel het

tejón m zool das

tela f 1. stof; 2. doek het, lap; 3. boekbinderslinnen het; 4. web het; **~r** m weefgetouw het; **~raña** f spinnenweb het

tele/comunicaciones fpl telecommunicatiemiddelen; **~diario** m TV journaal het, nieuws het; **~dirigido,-a** adj op afstand bediend; **~férico** m kabelbaan, (ski)cabine; **~fonear** vi telefoneren, bellen; **~fónico,-a** adj telefonisch, telefoon-; **~fonista** m/f telefonist(e)

teléfono m telefoon; **~ fijo** vast (telefoon)toestel; **~ inalámbrico** draadloze telefoon; **~ manos libres** auto handenvrije telefoon; **~ móvil** mobiele telefoon; **~ de tarjeta** kaarttelefoon

tele/grafiar vt/i telegraferen; **~gráfico,-a** adj telegrafisch; **~grafista** m/f nav, aero telegrafist(e)

telégrafo m telegraaf

tele/grama *m* telegram *het*; **~novela** *f TV* televisiefeuilleton; **~objetivo** *m* foto telelens, teleobjectief *het*; **~scopio** *m* telescoop; **~silla** *f* stoeltjeslift, skilift; **~spectador,-a** *m/f* tv-kijk(st)er; **~squí** *m* skilift; **~texto** *m* teletekst; **~tipo** *m* telex; **~vidente** *m/f* tv-kijk(st)er

televis/ar *vt (op tv)* uitzenden; **~ión** *f* televisie; **~sor** *m* televisietoestel *het*

telón *m teat* doek *het*, (toneel)gordijn *het*; **~ de fondo** *fig* achtergrond

tema *m* thema *het*, stof, (gespreks)onderwerp *het*

tembl/ar *vi* trillen, beven, bibberen; **~or** *m* trilling; **~or de tierra** lichte aardbeving; **~oroso, -a** *adj* trillend, huiverig, onvast

temer *vt/i* vrezen; **~ario,-a** *adj* vermetel; roekeloos; **~idad** *f* stoutmoedigheid; overmoed; **~oso,-a** *adj* angstig, bevreesd, bang

temible *adj m/f* geducht, afschrikwekkend

temor *m* vrees, angst

tempera/mento *m* temperament *het*, karakter *het*; **~tura** *f* temperatuur

tempest/ad *f* 1. storm; noodweer *het*; 2. agitatie; **~uoso,-a** *adj* stormachtig, storm-

templa/do,-a *adj* matig, sober; gematigd, mild; **~nza** *f* gematigdheid, mildheid; **~r** *vt* matigen, temperen; verzachten

templo *m* tempel; kerk

tempora/da *f* 1. periode, tijd; 2. seizoen *het*; **~l 1.** *adj m/f* tijdelijk; **2.** *m* storm; noodweer *het*; **~lmente** tijdelijk, provisorisch

temprano,-a 1. *adj* vroeg(tijdig); **2.** *adv* (te) vroeg

tenacidad *f* vasthoudendheid, koppigheid

tenaz *adj m/f* vasthoudend, hardnekkig; **~as** *fpl* tang, nijptang

tendedero *m* 1. droogplaats (voor wasgoed); 2. droogrek *het*, wasrek *het*

tendenci/a *f* neiging (**a** tot, om); tendens, trend; **~oso,-a** *adj* tendentieus

tender 1. *vt* 1. (uit)strekken, uitspreiden; 2. (*was*) ophangen; 3. (*hand*) reiken, toesteken; **2.** *vi* neigen (**a** tot)

tendón *m med* pees

tenebroso,-a *adj* duister, donker; sinister, somber

tene/dor *m* 1. vork; 2. *com, jur* houder; **~ncia** *f* bezit *het*

tener *vt* hebben, bezitten, (vast)houden; **~ 20 años** 20 jaar zijn; **~ por** beschouwen als; **~ que** moeten; **no ~ que** niet hoeven; niet moeten

tenia *f zool* lintworm

teniente *m* 1. plaatsvervanger,

waarnemer; 2. luitenant; **~ de alcalde** loco-burgemeester

tenis *m* tennis *het*; **~ de mesa** tafeltennis *het*, ping-pong; **~ta** *m/f* tenniss(t)er

tenor *m* 1. *mús* tenor; 2. teneur, strekking; **a ~ de** volgens, overeenkomstig

tensiómetro *m med* bloeddrukmeter

tens/ión *f* (*o. tecn, fig*) spanning; (**~ arterial**) *med* bloeddruk; **~o,-a** *adj* gespannen

tenta/ción *f* verleiding, verzoeking; **~dor,-a** 1. *adj* verleidelijk, aantrekkelijk; 2. *m/f* verleid(st)er; **~r** *vt* 1. verleiden, verlokken; 2. beproeven, 3. (af)tasten; **~tiva** *f* poging

tentempié *m gastr* hartversterking, hapje *het* tussendoor

teñir *vt* verven, kleuren

teología *f* theologie, godgeleerdheid

teólogo,-a *m/f* theoloog, theologe

teor/ema *m* grondstelling; **~ético,-a** *adj* theoretisch; **~ía** *f* theorie, leer

teórico,-a 1. *adj* theoretisch; 2. *m/f* theoreticus, -ca

tera/peuta *m/f* therapeut(e); **~pia** *f* therapie

tercero *card* derde

tercio *m* derde (deel *het*); **~pelo** *m* fluweel *het*

terco,-a *adj* halsstarrig; koppig, obstinaat

tergiversar *vt* verdraaien, vervormen

terma/l *adj m/f* thermaal-; **~s** *fpl* warmwaterbronnen *pl*

térmico,-a *adj* thermisch, warmte-

termina/ción *f* 1. beëindiging, voltooiing; 2. *ling* uitgang; **~l** 1. *adj m/f* laatste, eind-; slot-; 2. *m inform* terminal; 3. *f* 1. eindpunt *het*, laatste halte; 2. *aero* terminal; 3. **~ de autobuses** busstation; **~r** 1. *vt* 1. beëindigen, voltooien; 2. opmaken; 2. *vi* 1. eindigen, aflopen; 2. het uitmaken

término *m* 1. slot *het*, einde *het*, eindpunt *het*; termijn; 2. term; **por ~ medio** gemiddeld, door de bank; **en ~s generales** in het algemeen gesproken

terminología *f* terminologie

termo *m* thermosfles

term/ómetro *m* thermometer; **~ostato** *m* thermostaat

terner/a *f* 1. vrouwelijk kalf *het*; 2. *gastr* kalfsvlees *het*; **~o** *m* kalf *het*

ternura *f* tederheid; genegenheid

terquedad *f* koppigheid, stijfhofdigheid

terra/teniente *m/f* grootgrondbezit(s)ter

~za *f* balkon *het*, (dak)terras *het*

terre/moto *m* aardbeving; **~nal** *adj m/f* aards; **~no** *m* terrein *het*, stuk *het* grond; aarde; **~stre** *adj m/f* aards

terrible

terrible *adj m/f* verschrikkelijk, ontzettend
territorio *m* territorium *het*, (grond)gebied *het*
terrón *m* 1. (*aarde*) kluit; 2. (*suiker*) klontje *het*
terror *m* ontzetting, ontsteltenis; terreur; **~ífico,-a** *adj* angstaanjagend; **~ismo** *m* terrorisme *het*; **~ista 1.** *adj m/f* terroristisch, terreur-; **2.** *m/f* terrorist(e)
terso,-a *adj* glad, glanzend; zuiver
tertulia *f* gezellige bijeenkomst, clubje *het*
tesi/na *f* (doctoraal)scriptie; **~s** *f* stelling, these; **~s doctoral** proefschrift *het*, dissertatie
tesón *m* volharding, doorzettingsvermogen *het*
tesor/ería *f* kas, kantoor *het* v/d penningmeester; **~ero,-a** *m/f* 1. penningmeester(es); 2. kassier(ster); **~o** *m* schat
testaferro *m* stroman
testamento *m* testament *het*
testarudo,-a *adj* koppig, halsstarrig
testículo *m* testikel, zaadbal
testi/ficar *vt* getuigen (van); **~go** *m/f* getuige; **~go ocular** (*presencial*) ooggetuige; **~moniar** *vt* getuigen; **~monio** *m* 1. getuigenis, verklaring; 2. *fig* bewijs *het*
teta 1. *zool* uier; 2. *coloq* (vrouwen)borst

tétano(s) *m med* tetanus
tetera *f* theepot
tétrico,-a *adj* luguber, somber, akelig
textil *adj m/f* textiel-
text/o *m* tekst; **~ual** *adj m/f* letterlijk, woordelijk
textura *f* 1. weefsel *het*; 2. *tecn* textuur
tez *f* gelaatshuid, teint
ti *pron pers* je, jou
tía *f* 1. tante; 2. *coloq* wijf, meid
tibi/a *f* scheenbeen *het*; **~o,-a** *adj* lauw
tiburón *m* haai
ticket *m* kaartje *het*, ticket *het*; bonnetje *het*
tiempo *m* 1. tijd, poos; 2. *meteo* weer *het*; 3. *sport* helft; 4. *ling* tijd; *a ~* op tijd; *al mismo ~* tegelijkertijd; *hace buen (mal) ~* het is goed (slecht) weer; *hace (mucho) ~* lang geleden
tienda *f* winkel; *~ de campaña f* tent
tierno,-a *adj* 1. *gastr* zacht, mals, goed gaar; 2. *fig* teder, zacht; gevoelig
tierra *f* 1. aarde; 2. land; 3. grond; **tomar ~** *aero* landen; **~s** *fpl* landerijen *pl*
tieso, a *adj* stijf, stram
tiesto *m* bloempot
tifón *m* tyfoon, wervelstorm
tifus *m med* tyfus
tigre *m* tijger; **~sa** *f* tijgerin

tijeras *fpl* schaar; **~de uñas** nagelschaar
tila *f* lindebloesem(thee)
tilo *m bot* linde(boom)
tima/dor,-a *m/f* oplicht(st)er, afzet(s)ter; **~r** *vt* afzetten, oplichten, erin luizen
timbal *m mús* pauk, keteltrommel
timbre *m* 1. (deur)bel, (fiets)bel; 2. stempel; 3. timbre; **tocar el ~** (aan)bellen
timidez *f* verlegenheid; schroom
tímido,-a *adj* verlegen, schuchter, schuw
timo *m* oplichterij, nep, truc
tim/ón *m nav, fig* roer *het*; stuur *het*; **~onel** *m nav* stuurman
tímpano *m* 1. trommelvel *het*; 2. *med* trommelvlies *het*
tina *f* tobbe, teil, kuip
tinieblas *fpl* duisternis, donker *het*
tinta *f* inkt, verfstof; **~ china** Oostindische inkt
tinto *m* (wijn) rode wijn; **~rería** *f.* stomerij; ververij
tintura *f* verf; tinctuur
tío *m* 1. oom; 2. *coloq* vent, kerel
tiovivo *m* draaimolen
típico,-a *adj* typisch (**de** voor), kenmerkend
tipo *m* type, soort; **~ de cambio** wisselkoers
tira *f* strook, strip; **~buzón** *m* kurkentrekker; **~da** *f* 1. afstand; 2. *impr* oplage; **~do,-a** *adj*

1. doodgemakkelijk; 2. spotgoedkoop; **~dor** *m* 1. schutter; 2. (deur) handvat *het*, knop; 3. (bel) trekkoord *het*; **~dora** *f* (vrouwelijke) schutter
tir/anía *f* tirannie, **~ánico,-a** *adj* tiranniek; **~anisar** *vt* tiranniseren; **~ano,-a** *m/f* tiran
tirante 1. *adj m/f o. fig* gespannen; strak; **2.** *m* schouderbandje *het*; **~s** *mpl* bretels *pl*
tirar 1. *vt* weggooien, eruit gooien, werpen; (af-)schieten; **2.** *vi* schieten (**a** op); trekken (**de** aan); **~rse** *z.* laten vallen
tirita *f (r) med* (plak)pleister, pleistertje *het*
tiritar *vi* beven, rillen
tiro *m* 1. worp; 2. schot *het*
tiroides *m med* schildklier
tirón *m* 1. ruk; 2. kramp; 3. trek; **de un ~** in één ruk
tiroteo *m* schietpartij, vuurgevecht *het*
tisana *f* kruidentee, (kruiden) aftreksel *het*
titanio *m chem* titanium *het*
títere *m o. fig* marionet
titube/ar *vi* 1. wankelen; 2. weifelen; 3. stamelen; **~o** *m (o. fig)* 1. (het) wankelen; 2. aarzeling, (het) weifelen; 3. gestamel *het*
titula/ción *f* opleiding; **~r 1.** *adj m/f* in het bezit van een titel, gediplomeerd; **2.** *m/f* 1. houd(st)er; rechthebbende; 2. (krant) vette letter, kop; **3.** *vt* betitelen

título *m* 1. titel; 2. diploma *het*; 3. *com* effect

tiza *f* krijt(je) *het*

toall/a *f* handdoek; **~ero** *m* handdoekenrek *het*

tobill/era *f* enkelband *het*; **~o** *m* enkel

tobogán *m* 1. glijbaan; 2. bobslee

tocadiscos *m* platenspeler, pick-up

toca/dor *m* toilettafel; **~r 1.** *vt* 1. (aan)raken, betasten; 2. (*instrument*) (be)spelen; 3. (*klok*) luiden; 4. (*haven*) aandoen; **2.** *vi* te beurt vallen; (*loterij*) winnen; (*spel*) aan de beurt zijn

tocino *m* spek *het*

todavía nog (steeds); **~ no** nog niet

todo,-a 1. *adj* geheel, heel; al(le); ieder, elk; **~ el mundo** de hele wereld; iedereen; **2.** *adv* geheel (en al), helemaal; **3.** *pron* alles; **ante ~** vóór alles; **sobre ~** vooral **4.** *m* geheel; **~terreno** *m* terreinwagen

toldo *m* zonnescherm *het*, markies, dekzeil *het*

tolera/ble *adj m/f* toelaatbaar; **~ncia** *f* tolerantie; **~nte** *adj m/f* tolerant, verdraagzaam; **~r** *vt* dulden, tolereren

toma *f* 1. (het) nemen; 2. inneming; 3. aansluitpunt *het*; **~ de sangre** *med* bloedafname; **~ de agua** wateraansluiting; **~ de corriente** *electr* stopcontact *het*; **~ de tierra** aardleiding, aarding

tomar *vt/i* 1. (aan)nemen; (aan)pakken; 2. consumeren, nuttigen; 3. *mil* veroveren; 4. *fig* opnemen, opvatten; **~ por** houden voor

tomate *m* 1. tomaat; 2. gat in sok

tomillo *m* tijm

tomo *m impr* (boek)deel *het*

tonel *m* ton, vat *het*; **~ada** *f* ton (1000 kilo)

tónic/a *f* 1. *gastr* tonic; 2. trend, tendens; **~o,-a 1.** *adj* opwekkend; **2.** *m med* tonicum, versterkend middel

tono *m* 1. toon; 2. tint, kleur; 3. *mús, fig* toon; 4. **~ muscular** veerkracht v. spieren; **dar el ~** *fig* de toon aangeven; **de buen ~** bon ton, goed gemanierd

tontería *f* dwaasheid, onbenulligheid; **~s** *fpl* onzin, flauwekul

tonto,-a 1. *adj* dom; dwaas, onnozel; **2.** *m/f* domoor, sukkel

topar *vi* botsen, stuiten (**con** op); oplopen tegen

tope *m* 1. *fig* top(punt *het*), uiterste grens; 2. obstakel *het*, rem; 3. *tecn* buffer; **a ~** 1. zo veel mogelijk, op zijn hardst; 2. stampvol

tópico,-a 1. *adj med* uitwendig; **2.** *m* cliché *het*

topo *m* 1. *zool* mol; 2. spion, informant

topografía f topografie
topógrafo,-a m/f topograaf,-grafe
toque m 1. aanraking, verfje het; 2. *mús* aanslag; **~ de queda** m *pol* avondklok
tórax m borstkas
torbellino m 1. draaikolk; 2. wervelwind; 3. *fig* wildebras
torce/dura f *med* 1. verstuiking; 2. kronkel; **~r 1.** vt 1. ineendraaien, uitwringen; 2. *med* verstuiken; 3. buigen; **2.** vi (af)buigen, afslaan; **~rse** 1. anders lopen; 2. *med* verstuiken, verzwikken
torcido,-a adj 1. krom, scheef; 2. *fig* onoprecht, slinks
tordo m *zool* lijster
tore/ar vt/i een stier bevechten; **~o** m (het) stierenvechten; **~ro,-a** m/f stierenvecht(st)er
torment/a f onweersbui, storm; **~o** m foltering; kwelling; **~oso,-a** adj o. *fig* stormachtig
torna/do m tornado; **~r 1.** vt teruggeven; **2.** vi terugkeren; **~rse** (weer) worden
torneo m toernooi het, wedstrijd
tornero m bankwerker
tornillo m schroef, bout
torniquete m 1. tourniquet(deur), draaikruis het; 2. *med* schroefverband
torno m 1. draaibank; draaischijf; 2. *tecn* windas; **en ~ a** rondom, om .... heen

toro m stier; *fig* sterke kerel; **~ bravo/de lidia** vechtstier; **~s** mpl stierengevecht het
torpe adj m/f onbeholpen, stuntelig; log
torpe/dear vt torpederen; **~dero** m torpedoboot; **~do** m torpedo
torpeza f gestuntel het; domheid
torre f toren; mast; torenflat; **~ de control** aero verkeerstoren
torren/cial adj m/f wild stromend; **~te** m (berg)stroom; stortvloed
tórrido,-a adj heet
torrija f *gastr* wentelteefje het
tors/ión f draaiing; **~o** m bovenlichaam het
torta f 1. taart, koek; 2. *coloq* oplawaai
tortilla f omelet het; **~ española** aardappelomelet het
tortuga f *zool* schildpad het
tortuoso,-a adj kronkelig; draaierig
tortura f marteling; *fig* kwelling; **~r** vt martelen; kwellen
tos f hoest
tosco,-a adj 1. grof, ruw; 2. *fig* onbehouwen
toser vi hoesten, kuchen
tosta/da f toast, geroosterde boterham; tosti; **~do,-a** adj geroosterd; **~dor (de pan)** m (brood)rooster het; **~r** vt roosteren
total 1. adj geheel, totaal; **2.** adv

kortom; **en ~** alles bij elkaar; **3.** *m* totaal(bedrag *het*) *het*; **~idad** *f* totaliteit; **~itario,-a** *adj* totalitair; **~izar** *vt* (alles) optellen; **~mente** helemaal, totaal

toxicidad *f* giftigheid; toxiteit

tóxico,-a 1. *adj* (ver)giftig, toxisch; **2.** *m* (ver)gif *het*

toxi/comanía *f* (drugs)verslaving; **~cómano,-a** *m/f* (drugs)verslaafde; **~na** *f* toxine

tozudo,-a *adj* koppig, halsstarrig

traba *f* 1. band, verbinding; 2. *fig* hindernis; 3. belemmering; **~r** *vt* 1. verbinden; 2. aanknopen; 3. belemmeren; **~zón** *m* verbinding

trabaja/dor,-a 1. *adj* ijverig; **2.** *m/f* arbeid(st)er; **~r 1.** *vi* werken; **2.** *vt* bewerken

trabajo *m* werk *het*, arbeid, moeite; **~s forzados** dwangarbeid; **~so,-a** moeizaam

tracción *f* aandrijving, tractie; **~ delantera** voorwielaandrijving; **~ trasera** achterwielaandrijving

tractor *m* tractor, trekker

tradici/ón *f* traditie; **~onal** *adj m/f* traditioneel

traduc/ción *f* vertaling; **~ir** *vt* vertalen; **~tor,-a** *m/f* verta(a)l(st)er

traer *vt* 1. brengen; bij zich hebben; 2. (**~consigo**) *fig* met z. meebrengen

trafica/nte *m/f* handelaar(ster), dealer (in drugs); **~r** *vi* handelen, dealen

tráfico *m* 1. verkeer *het*; 2. *desp* (drugs)handel

traga/luz *m* dakraam *het*, lichtkoepel; **~perras** *m/f* (*máquina* ~) gokautomaat

tragar *vt* 1. doorslikken; 2. *fig* slikken

tragedia *f* (o. *fig*) tragedie, drama *het*

trágico,-a *adj* tragisch, noodlottig

trago *m* slok, teug; **un ~ amargo** een bittere pil; **de un ~** in één teug

tragón,-gona 1. *adj coloq* gulzig; **2.** *m/f coloq* veelvraat, slokop

traici/ón *f* verraad *het*; **~onar** *vt* verraden

traidor,-a 1. *adj* verraderlijk, vals; **2.** *m/f* verra(a)d(st)er

traje *m* pak *het*, kostuum *het*; jurk; **~ de baño** badpak *het*; **~-pantalón** *m* broekpak *het*; **~ regional** klederdracht

trama *f* komplot *het*; **~r** *vt* beramen, smeden

tramita/ción *f* behandeling; **~r** *vt* *adm* behandelen, afwikkelen

trámite *m* formaliteit, ambtelijke weg

tramo *m* stuk *het*, traject *het*; weggedeelte *het*

tramontana *f* (koude) noordenwind

trampa *f* 1. (kelder)luik *het*; 2. (o.

tras

fig) valstrik; **hacer ~s** *coloq* vals spelen; **tender una ~** in de val lokken; **caer en la ~** erin trappen

trampolín springplank, springschans

tramposo,-a 1. *adj* bedrieglijk, vals(spelend); **2.** *m/f* bedrieg(st)er, valsspe(e)l(st)er

tranca *f* dikke stok; dwarsbalk

trance *m* 1. kritiek moment *het*; 2. trance; **estar en ~de** op het punt staan om

tranquil/idad *f* rust; stilte; kalmte; **~izar** *vt* kalmeren, geruststellen **~o,-a** *adj* rustig, kalm

trans/acción *f* 1. transactie, zaak; 2. schikking; **~atlántico,-a 1.** *adj* transatlantisch; **2.** *m* oceaanstomer; **~bordador** *m* veer, ferry; **~bordo** *m* 1. (het) overstappen; 2. overlading; **~cribir** *vt* overschrijven; **~cripción** *f* transcriptie, (het) overschrijven; **~currir** *vi* (*tijd*) verstrijken, verlopen; **~curso** *m* (*tijd*) verloop *het*, duur; **~eúnte** *m/f* voorijgang(st)er; **~ferencia** *f* 1. overdracht; 2. *com* overschrijving, giro; **~ferible** *adj m/f* overdraagbaar; **~ferir** *vt* 1. overbrengen; 2. *com* overschrijven, gireren; **~formación** *f* verandering; transformatie; **~formador** *m electr* transformator; **~formar** *vt* veranderen, omzetten

trans/fusión *f* (**~ de sangre**) *med* bloedtransfusie; **~gresión** *f* overtreding; **~ición** *f* overgang

transig/ente *adj m/f* tegemoetkomend, tolerant; **~ir** *vi* concessies doen, schipperen

transistor *m* transistor(radio)

transit/able *adj m/f* begaanbaar; **~ar** *vi* gaan, lopen, rijden (**por** door)

tránsito *m* 1. (het) voorbijgaan; 2. verkeer *het*

transitorio,-a *adj* tijdelijk, voorlopig

trans/misible *adj m/f* overdraagbaar; **~misión** *f* 1. overdracht; 2. *med* besmetting; 3. *tecn* aandrijving; **~misión en directo** live-uitzending; **~mitir** *vt* 1. overbrengen; 2. (*radio, TV*) uitzenden

trans/parencia *f* doorzichtigheid; **~parente** *adj m/f* doorzichtig; **~piración** *f* transpiratie; **~pirar** *vi* transpireren, zweten; **~plantar** *vt* transplanteren; **~plante** *m* transplantatie; **~poner** *vt* overbrengen; **~portar** *vt* transporteren; vervoeren; **~porte** *m* vervoer *het*, transport *het*

transversal *adj m/f* dwars

tranvía *m* tram

trapeci/o *m* trapeze; **~sta** *m/f* trapezewerk(st)er

trapo *m* doek, lap

tráquea *f med* luchtpijp

tras *prep* na; achter; **uno ~ otro** achter elkaar

trascendental

trascenden/tal *adj m/f* belangrijk; **~te** belangrijk; verstrekkend; **~cender** *vt* 1. bekend worden; 2. z. uitbreiden (**a** tot)

trasero,-a 1. *adj* achter-, achterste; **2.** *m coloq* achterste *het*, zitvlak *het*

trasfondo *m* achtergrond; achterliggende bedoeling

trasla/dar *vt* 1. overbrengen; 2. *adm* over-plaatsen; 3. uitstellen, verschuiven; **~darse** *z.* verplaatsen (**a** naar); **~do** *m* 1. verplaatsing; 2. overplaatsing; 3. verhuizing

traslucir *vt* verraden; onthullen

trasnoch/ado,-a *fig* achterhaald, oudbakken; **~ar** *vi* nachtbraken, het laat maken

traspas/ar *vt* 1. doordringen, oversteken; 2. *jur* overdragen; 3. (*wet*) overtreden; **~o** *m* 1. (prijs van) overdracht, overname; 2. *sport* transfer(som)

trastada *f* kwajongensstreek

trastero *m* rommelkamer, berghok *het*

trasto *m* oud meubelstuk *het*, onding *het*; **~s** *mpl* spullen *pl*; **~s viejos** oude rommel

trastorn/ar *vt* in de war brengen; ontregelen; **~o** *m* verstoring; *med* stoornis

trata *f:* **~ de blancas** handel in blanke slavinnen; **~ble** *adj m/f* aanspreekbaar; **~do** *m* verdrag *het*; verhandeling; **~miento** *m* 1. behandeling; therapie; 2. *electrón* verwerking

tratar 1. *vt* behandelen; verwerken; **2.** *vi* 1. trachten, proberen (**de + inf** te); 2. gaan (**de** over); 3. omgaan (**con** met); 4. handelen (**en** in); **~se** gaan (**de** over)

trato *m* 1. behandeling; omgang; 2. verdrag *het*, akkoord *het*; **malos ~** *pl* mishandeling

trauma *m med* verwonding; trauma *het*; **~tismo** *m* trauma *het*, verwonding, letsel *het*

través: *a ~ de* door, via; *de ~* dwars

travesía *f* dwarsstraat, overtocht

travestido *m* travestiet

travesura *f* kwajongensstreek

travieso,-a *adj* ondeugend, stout; slim

trayecto *m* traject *het*; weg; **~ria** *f* 1. baan; lijn; 2. staat van dienst

traza/do *m* 1. ontwerp *het*, plan *het*; 2. tracé; **~r** *vt* ontwerpen, schetsen; (*lijn*) trekken; (*weg*) traceren

trébol *m* klaver

trece dertien

trecho *m* stuk *het*, afstand; *a ~s* bij stukjes en beetjes

tregua *f* wapenstilstand; *sin ~* onophoudelijk, aan een stuk door

treinta dertig

tremendo,-a *adj* 1. ontzettend,

verschrikkelijk; 2. *coloq* geweldig

tren *m* trein; ~ **de mercancias** goederentrein; ~ **de aterrizaje** *aero* landingsgestel *het*; ~ **de lavado** autowasstraat; *a todo* ~ in volle vaart

trenca *f* houtje-touwtjejas

trenza *f* (haar)vlecht; **~r** *vt* vlechten

trepa *m/f* streber; **~r** *vt* (op)klimmen

trepida/ción *f* beving, trilling; **~r** *vi* beven

tres drie; **~cientos** driehonderd; **~illo** *m* bankstel *het*

treta *f* list; truc

tri/angular *adj m/f* driehoekig; **~ángulo** *m* driehoek; **~ángulo reflectante** *auto* gevarendriehoek

tribu *f* (volks)stam; ~ **urbano** gang, bende

tribuna *f* tribune; ~ **abierta** open forum *het*

tribunal *m* 1. examenscommissie; 2. *jur* rechtbank, tribunaal *het*; **~* Supremo** ± Hoge Raad

tributa/ción *f* (het) betalen v. belasting; belastingsobrengst; **~r** *vt* (*belasting*) betalen; **~rio,-a** 1. *adj* v/d belasting, belasting-; 2. *m* belastingplichtige

tributo *m* 1. belasting; 2. *fig* eerbetoon *het*

triciclo *m* driewieler

tricolor *adj m/f* driekleurig

trifulca *f* herrie, ruzie

trig/al *m* korenveld *het*; **~o** *m* tarwe, graan, koren; **~uero** *bn* graan-

trilla/dora *f* dorsmachine; **~r** *vt* dorsen

trimestr/al *adj m/f* driemaandelijks; **~e** *m* kwartaal *het*

trinch/ar *vt gastr* trancheren; **~era** *f* 1. loopgraaf; 2. trenchcoat

trineo *m* slee; *ir en* ~ sleeën

trinidad *f* drieëenheid

trío *m* trio *het*

tripa *f* darm; *coloq* buik; **~s** *fpl* darmen *pl*, ingewanden *pl*

triple *adj m/f* drievoudig, driedelig

trípode *m* kruk met drie poten, statief *het*

tripula/ción *f nav, aero* bemanning; **~nte** *m/f nav, aero* bemanningslid *het*; **~r** *vt* bemannen

triste *adj m/f* droevig, verdrietig; **~za** *f* verdriet *het*

triturar *vt* vermorzelen, vermalen, pureren

triunf/ador,-a 1. *adj* triomferend; 2. *m/f* overwinnaar,-nares; **~ante** *adj m/f* triomfantelijk; zegevierend; **~ar** *vi* triomferen; zegevieren; **~o** *m* triomf, zege

trivial *adj m/f* triviaal, banaal; **~idad** *f* banaliteit

triza *f* snippertje *het*, flard, stukje *het*

trocar vt omruilen (**por** voor); verwisselen

trocha m smal paadje het, binnenweggetje het

trofeo m trofee

trombón m mús trombone

trombosis f med trobose

trompa f 1. mús hoorn; 2. slurf, lange snuit; 3. med eileider; 4. coloq roes; **~zo** m (frontale) botsing

trompet/a f trompet, klaroen; **~ista** m/f trompettist(e)

tronar vi 1. donderen; 2. fig tekeergaan

troncharse: **~ de risa** z. bescheuren

tronco m boomstam; romp

trono m troon

trop/a f troep; **~s** fpl troepen(macht) pl; **~el** m horde, troep, hoop

tropez/ar vi botsen (**con, contra** met); struikelen (over); toevallig tegenkomen; **~ón** m (het) struikelen; misstap

tropical adj m/f tropisch, tropen-

trópico m geogr keerkring; **~s** mpl tropen pl

tropiezo m 1. struikelblok het; 2. botsing; 3. misstap, vergissing, blunder

trotamundos m globetrotter

trote m draf; gedraaf het, drukte

trozo m stuk het, fragment het, brok

trucha f zool forel

truco m truc, foefje het

trueno m donder(slag)

trueque m ruil

trufa f 1. bot, gastr truffel; 2. coloq leugen

truhán,-ana m/f schurk, oplicht(st)er

trunca/do,-a adj afgeknot; **~rse** mislukken

tú pron pers je, jou

tu, tus (pl) pron pos je, jouw

tubérculo m bot (wortel)knol

tuberculosis f med tuberculose

tubería f (buis)leiding, pijpleiding

tubo m 1. buis, pijp, leiding; 2. electr, TV buis; **~ de ensayos** reageerbuis; **~ de escape** uitlaatpijp; **~ digestivo** spijsverteringskanaal; **~ fluorescente** tl-buis;

tuerca f tecn moer

tuerto,-a 1. adj krom; halfblind; **2.** m/f éénoog, halfblinde

tueste m (het) roosteren

tuétano m gastr merg het

tuf/illo m luchtje het; **~o** m walm; stank

tugurio m coloq krot

tulipán m bot tulp

tumba f graf (tombe); **~do,-a** adj liggend

tumb/ar vt (om)gooien, vloeren; **~arse** gaan liggen

tumbona f ligstoel; strandstoel

tumor m med gezwel het, tumor

tumult/o m opschudding, beroering; **~uoso,-a** adj wanordelijk, rumoerig

tuna *f Esp* studentenorkestje (*van gitaristen en zangers in historisch kostuum*)
tunante *m* schurk, schavuit, schelm
tunecino,-a **1.** *adj* Tunesisch; **2.** *m/f* Tunesiër, Tunesische
túnel *m* tunnel; **~ de lavado** *auto* wasstraat
Túnez **1.** (*land*) Tunesië; **2.** (*stad*) Tunis
turba *f* turf, veen *het*; **~ción** *f* verwarring; **~dor,-a** *adj* verwarrend, verstorend; **~r** *vt* in de war brengen; verstoren; vertroebelen
turbina *f* turbine
turbio,-a *adj* troebel, onfris; bewogen, onrustig
turbulen/cia *f* troebelheid; turbulentie; **~to,-a** *adj* troebel; turbulent
turco,-a **1.** *adj* Turks; **2.** *m/f* Turk(se); **3.** *ling* Turks *het*
turis/mo *m* **1.** toerisme *het*; **~ rural** toerisme op het platteland; **2.** *auto* personenauto; **~ista** *m/f* toerist(e); **~ístico,-a** *adj* toeristisch
turnar *vi* afwisselen; **~se** elkaar afwisselen
turno *m* beurt; ploeg(endienst); **~ de noche** nachtdienst; **por ~** in ploegen; **es tu ~** je bent aan de beurt
turquesa *f adj m/f* turkoois
Turquía *f* Turkije
turrón *m* soort noga
tute/ar *vt* tutoyeren; **~la** *f* **1.** voogdij; **2.** curatele; **2.** *pol* mandaat *het*; **3.** *fig* toezicht *het*
tutor,-a *m/f* voogd(es); curator, curatrice
tuyo, tuya van jou; de jouwe

U

u (alleen vóór o *of* ho) of
ubica/ción *f* **1.** plaatsing; **2.** ligging, locatie; **~r** *vt* plaatsen, lokaliseren; **~se** gelegen zijn; z. oriënteren
ubre *f* uier
ufanarse trots zijn (**de** op)
úlcera *f med* zweer
ulterior *adj m/f* **1.** aan gene zijde; **2.** later
últimamente onlangs, de laatste tijd
ultimar *vt* voltooien, afronden
ultimátum *m* ultimatum *het*
último,-a *adj* **1.** laatste, vorige; **2.** achterste; **3.** allernieuwste; **por ~** tenslotte
ultra **1.** *adj m/f* extreem, uiterst; **2.** *m/f* extremist(e), ultra
ultraj/ante *adj m/f* smadelijk, diep beledigend; **~ar** *vt* ernstig beledigen; **~e** *m*, smaad, belediging
ultramar *m* overzeese landen *pl*; **~inos** *mpl* **1.** kruidenierswinkel; **2.** kruidenierswaren *pl*
ultranza; a ~ tot het uiterste; op en top

ultrasonido *m* ultrasonische toon
ultratumba *f* van na de dood
ulular *vi* huilen; janken
umbilical *adj m/f* navel-
umbral *m* (o. fig) drempel
un, una een
unáni/me *adj m/f* unaniem, eensgezind; **~midad** *f* unanimiteit, eenstemmigheid
unción *f* zalving
ungüento *m* smeersel *het*, zalf
único,-a *adj* enig; eenmalig; uniek
unid/ad *f* eenheid; set, unit; **~ad monetaria** munteenheid; **~o, -a** *adj* verenigd, aaneengesloten
unifica/ción *f* eenwording, unificatie; **~r** *vt* 1. verenigen; 2. verbinden
uniform/ar *vt* 1. standaardiseren; 2. in uniform steken; **~e** *adj m/f* uniform, gelijkmatig; gelijk; **2.** *m* uniform *het*; **~idad** *f* uniformiteit; gelijkmatigheid
unilateral *adj m/f* eenzijdig, unilateraal
unión *f* 1. band; 2. verbinding; 3. verbond *het*, unie; 4. samensmelting; 5. verbintenis
unir *vt* 1. verenigen; 2. verbinden; 3. bijeenhouden; 4. vasthechten; **~se** 1. z. verenigen; 2. z. verbinden; 3. z. voegen (**a** bij)
unísono,-a *adj* eenstemmig, gelijkluidend
unitario,-a *adj* eenheids-; unitair
univer/sal *adj m/f* 1. universeel; 2. wereld-; 3. veelzijdig; **~sidad** *f* universiteit; **~sitario,-a** *m/f* student(e); academicus,-ca; **~so** *m* universum *het*, heelal *het*
uno 1. *pron* een, men; je, iemand; **~ a ~** een voor een; **~ que otro** een enkele; **~s** (*cuantos*) een paar, een stuk of wat; **~(s) a** otro(s) elkaar; **2.** *m* een
unt/ar *vt* 1. (be-, in-)smeren; inwrijven; 2. *gastr* dopen, soppen; 3. *coloq* de hand smeren, omkopen; **~o** *m* 1. zalf; 2. smeergeld *het*; steekpenning
untuoso,-a *adj* vettig, zalfachtig; kleverig
uña *f* nagel; hoef
uranio *m* uranium *het*
urbanismo *m* stedenbouw(kunde)
urban/ización *f* 1. urbanisatie; 2. verstedelijking; **~izar** *vt* urbaniseren; **~o,-a** *adj* stedelijk, stads
urbe *f* grote stad
urea *f* pisstof, urium *het*
urgen/cia *f* 1. dringende noodzaak, urgentie; 2. *med* Eerste Hulp; **~te** *adj m/f* 1. dringend; urgent; 2. *correo* per expresse
urgir *vi* dringend, urgent zijn; dringen
urinario,-a 1. *adj* v/d urine, urine-; **2.** *m* urinoir *het*
urna *f* 1. urn; 2. **~ electoral** stembus
urólogo,-a *m/f med* uroloog, uroloqe

urraca f zool ekster
urticaria f med netelroos
usa/do,-a adj 1. gebruikt, tweedehands; **~nza** f usance, gewoonte; **~r** vt gebruiken, in vruchtgebruik hebben
uso m 1. (vrucht)gebruik het; 2. gewoonte
usted u; **~es** u
usua/l adj m/f gebruikelijk; gewoon; **~rio,-a** m/f gebruik(st)er, consument(e)
usufructo m vruchtgebruik het
usur/a f woeker, woekerwinst; **~ero,-a** m/f woekeraar(ster); geldwolf
usurpar vt z. wederrechtelijk toeëigenen, usurperen
utensilio m werktuig het, instrument het; gereedschap het
útero m baarmoeder
útil adj m/f nuttig; **~es** mpl gerei het; benodigdheden pl
utili/dad f nut het, bruikbaarheid; **~dades** fpl opbrengst; inkomsten pl; winst
utili/zable adj m/f bruikbaar, aanwendbaar; **~zación** f gebruikmaking; **~zar** vt gebruiken; toepassen; benutten
utopía f utopie
utópico,-a adj utopisch
uva f druif
UVI f med (Unidad de Vigilancia Intensiva) intensive care
úvula f med huig

V

vaca f koe; **~s locas** gekke koeien
vacaciones fpl vakantie; **de ~** op vakantie
vacante 1. adj m/f vacant; **2.** f vacature
vaciar vt legen, leegmaken
vacila/ción f aarzeling, twijfeling; **~r** vi wankelen; aarzelen, twijfelen
vacío,-a 1. adj leeg; **2.** m 1. leegte; 2. leemte, lacune; holte; 3. phys vacuüm het
vacuna f vaccin; **~ción** f vaccinatie, inenting; **~r** vt inenten, vaccineren
vacuno,-a adj rund-
vagabund/ear vi rondzwerven; **~o,-a** m/f vagebond, zwerver, zwerfster
vaga/ncia f 1. (het) zwerven; 2. geluier het, leegloperij; **~r** vi nietsdoen; (rond)zwerven
vagina f med vagina, schede
vago 1. 1. lui, wekschuw; 2. vaag, onbestemd; **2.** m leegloper, luiwammes
vagón m wagon, rijtuig het
vaho m wasem, walm, damp
vaina f 1. (wapen) schede; 2. bot peul; dop
vainilla f vanille
vaivén m schommeling; heen en weer het
vajilla f serviesgoed het; vaatwerk het

vale 1. *m* tegoedbon; waardebon, coupon; **2.** ¡~! oké!

valentía *f* moed; dapperheid

valer *vt* 1. waard zijn, kosten; 2. gelden; 3. geschikt zijn; 4. baten, van nut zijn; **~se** 1. gebruikmaken (**de** van); 2. z. kunnen redden

valeriana *f bot, med* valeriaan

valeroso,-a *adj* dapper, moedig

valía *f* waarde, verdienste

valid/ez *f* (rechts)geldigheid, geldigheidsduur

válido,-a *adj* (rechts)geldig; van kracht; deugdelijk

valiente *adj m/f* dapper, moedig, flink

valija *f* koffer, valies *het*; **~ diplomática** diplomatieke post

valioso,-a *adj* waardevol, kostbaar

valla *f* schutting, hek, omheining; *sport* horde; **~do** *m* omheining; **~r** *vt* omheinen

valle *m* dal *het*; vallei

valor *m* waarde; moed; **~es** *mpl banc* effecten *pl*, waardepapieren *pl*; **~ación** *f* schatting, taxatie; **~ar** *vt* 1. schatten, taxeren; 2. waarderen

vals *m* wals

válvula *f* klep, ventiel; **~ de seguridad** veiligheidsklep

vampiro *m zool* vampier; *fig* uitzuiger

vanagloriarse hoog opgeven (**de** van)

vandalismo *m* vandalisme *het*, vernielzucht

vándalo *m* vandaal

vanguardia *f mil* voorhoede; *fig* avant-garde

vanid/ad *f* zinloosheid; ijdelheid, inbeelding; **~oso,-a** *adj* ijdel, verwaand

vano,-a *adj* ijdel, zinloos, nutteloos; **en ~** tevergeefs

vapor *m* 1. stoom, (water) 2. damp; *nav* stoomschip *het*; **cocer al ~** stomen; **~izador** *m* 1. verdamper; 2. verstuiver; **~izar** *vt* (doen) verdampen; verstuiven; **~izarse** verdampen

vapule/ar *vt* afranselen; **~o** *m coloq* afranseling

vaque/ría *f* koeienstal; melkerij; **~ros** *mpl* spijkerbroek, jeans

vara *f* twijg, tak; staf; stok

varia/ble *adj m/f* wisselvallig, veranderlijk; **~ción** *f* variatie, afwisseling; **~do,-a** *adj* 1. gevarieerd; 2. *o. gastr* gemengd; **~r** **1.** *vt* variëren; afwisselen; **2.** *vi* variëren; verschillen

varice *f med* spatader

vari/cela *f med* waterpokken; **~edad** *f* verscheidenheid; variatie, keur

varilla *f* (dunne) staaf, stang, roede

vario,-a *adj* verschillend; **~s** verscheidene

var/ón 1. *adj* (*geslacht*) mannelijk; **2.** *m* man; **~onil** *adj m/f* mannelijk, viriel

vasco,-a 1. adj Baskisch; **2.** m/f Baskisch, Baskische; **3.** m ling Baskisch het; **País ~ *** m Baskenland het

vascular adj m/f med v/d bloedvaten

vaselina f vaseline

vasija f pot, stopfles, kruik

vaso m (drink)glas het, vaas; med vat het

vástago m loot, scheut; fig telg, nazaat

vasto,-a adj weids, uitgestrekt; uitgestrekt

vaticinar vt voorspellen

vatio m watt

vaya excl nee maar!; nou nou!

vecin/dad f buurtbewoners, bewoners; buurt; **~o,-a 1.** adj naburig; nabij, omliggend; **2.** m/f 1. buurman,-vrouw; 2. bewoner, bewoonster

vedar vt verbieden; belemmeren, beletten

vega f vruchtbare laagvlakte

vegeta/ción f vegetatie; **~l 1.** adj m/f plantaardig; **2.** m plant, gewas het; **~r** vi groeien; fig vegeteren; **~riano,-a 1.** adj vegetarisch; **2.** m/f vegetariër

vehemen/cia f heftigheid; **~te** adj m/f heftig; fel, onstuimig

vehículo m voertuig het

veinte twintig; **~na** f twintigtal het

veja/ción f (het) lastigvallen; **~r** vt treiteren, pesten, kwetsen

vejiga f med blaas

vela f 1. kaars; 2. (het) waken; 3. wacht(dienst)

velad/a f (cultureel) avondje; soirée; bijeenkomst; **~or** m bijzettafeltje het

velar 1. vi wakker blijven; waken (**por** over); **2.** vt bewaken, waken over, bij

veleid/ad f wispelturigheid, gril; **~oso,-a** adj wispelturig, grillig

velero m zeilboot

veleta f windwijzer

vell/o m lichaamsbeharing, haartjes pl; **~osidad** f behaantjes pl; **~oso,-a** adj behaard; **~udo,-a** adj dicht behaard

velo m sluier; fig waas, nevel

velocidad f snelheid

velódromo m wielerbaan

veloz adj m/f snel, rap, gezwind

vena f ader, nerf

vena/l adj m/f med v/d aderen; **~lidad** f (om)koopbaarheid

vencedor,-a 1. adj zegevierend, winnend; **2.** m/f (over)winnaar, winnares

vencer 1. vt verslaan, winnen van; **2.** vi 1. winnen; 2. (termijn) verstrijken, vervallen; **~se** bezwijken

venci/ble adj m/f te overwinnen; **~do,-a** adj overwonnen; vervallen; **~miento** m vervaldatum; uiterste verkoopdag

venda f 1. verband het; 2. blinddoek; **~je** m verband(materiaal

vendar

het) *het*; bandage;. **~r** *vt* verbinden; omzwachtelen

vendaval *m* 1. harde wind; 2. *fig* opschudding

vende/dor,-a *m/f* verkoper, verkoopster; **~r** *vt* verkopen; **~rse** verkocht worden

vendi/ble *adj m/f* verkoopbaar; **~do,-a** *adj* verkocht

vendimia *f* wijnoogst; **~dor,-a** *m/f* druivenplukker,-plukster; **~r** *vt/i* druiven plukken

Venecia *f* Venetië

veneno *m* (ver)gif *het*; **~so,-a** *adj* (ver)giftig

venera/ble *adj m/f* eerbiedwaardig; **~ción** *f* verering; **~r** *vt* vereren, aanbidden

venga/dor,-a *m/f* wreker, wreekster; **~nza** *f* wraak; **~r** *vt* wreken; **~rse** wraak nemen (**de** op), z. wreken

venid/a *f* komst; **~ero,-a** *adj* toekomstig, komend

venir *vi* komen (**de** van); stammen, voortkomen uit; **~ con** meekomen; **~ encima** te wachten staan; **~ bien** (**mal**) goed (slecht) uitkomen; *el año que viene* volgend jaar

venoso,-a *adj med* veneus

venta *f* 1. verkoop; 2. herberg; *en ~* te koop

ventaj/a voordeel *het*; voorsprong; pluspunt *het*; **~oso, -a** *adj* voordelig, gunstig

ventana *f* raam *het*, venster *het*

ventanilla *f* 1. loket *het*; 2. raampje *het*

ventila/ción *f* ventilatie, luchtverversing; **~dor** *m* ventilator; luchtgat *het*; **~r** *vt* ventileren, luchten

ventis/ca *f* sneeuwstorm; **~quero** *m* hoge plek in de bergen; eeuwige sneeuw

ventoso,-a *adj* winderig

ventura *f* geluk *het*, voorspoed

venturoso,-a *adj* gelukkig, voorspoedig

ver *vt* 1. zien; kijken; 2. bezien; 3. snappen; 4. bezoeken; *no tener nada que ~ con* niets te maken hebben met; *a ~* 1. eens even kijken; 2. laat eens zien; **~se** 1. zichtbaar zijn; 2. omgaan (**con** met)

vera *f* rand, kant, zijde; *a la ~ de* naast

veracidad *f* waarachtigheid; waarheid

veran/eante *m/f* vakantieganger, zomergast; **~ear** *vi* de zomer(vakantie) doorbrengen; **~eo** *m* zomervakantie; **~o** *m* zomer

veras: *de ~* werkelijk, echt

veraz *adj m/f* waarheidsgetrouw; betrouwbaar

verbal *adj m/f* verbaal, mondeling

verbena *f Esp* volksfeest *het*, kermis

verbo *m* werkwoord *het*; **~sidad** *f* breedsprakigheid; **~so,-a** *adj* breedsprakig

verdad *f* waarheid; **¿~?** nietwaar? **de ~** echt, heus; **es ~** het is waar; **a decir ~** eerlijk gezegd; **~ero,-a** *adj* echt, waar, werkelijk

verd/e 1. *adj m/f* groen; (*vrucht*) onrijp; **2.** *m* groen; **~oso,-a** *adj* groenig, groenachtig

verdu/go *m* 1. beul; 2. striem; **~lero,-a** *m/f* groenteboer,-verkoopster; **~ra** *f* groente

vereda *f* (voet)pad *het*, weggetje *het*

veredicto *m jur* uitspraak; oordeel *het*

vergel *m* tuin, boomgaard

vergonz/ante *adj m/f* beschamend; **~oso,-a** *adj* schandelijk, schandalig

vergüenza *f* schaamte(gevoel *het*); schande; **me da ~** ik schaam me

verídico,-a *adj* waar; echt, geloofwaardig

verifica/ción *f* verificatie, toetsing; **~r** *vt* verifiëren, checken; volbrengen; **~rse** bevestigen, uitkomen

verja *f* hek *het*; traliedeur

vermut *m* vermouth

vero/símil *adj m/f* waarschijnlijk, aannemelijk; **~similitud** *f* waarschijnlijkheid

verruga *f* wrat

versado,-a *adj* bedreven, ervaren (**en** in)

ver/sátil *adj m/f* 1. veranderlijk; 2. veelzijdig; 3. licht wendbaar; **~satilidad** *f* 1. onstandvastigheid; 2. veelzijdigheid

versión *f* versie, lezing; interpretatie

verso *m* vers *het*

vértebra *f med* ruggenwervel; **~ cervical** halswervel

vertebral *adj m/f* v/d ruggegraat; wervel-

vertedero *m* (vuilnis)stortplaats; vuilnisbelt

verter *vt* 1. gieten, storten; 2. morsen, omgooien; 3. omzetten (**en** in)

vertical *adj m/f* loodrecht, verticaal

vertiente *f* helling; schuinte (v. dak)

vertiginoso,-a *adj* duizelingwekkend

vértigo *m med* 1. duizeligheid; 2. hoogtevrees

vesícula *f* blaas; **~ biliar** *f* galblaas

verspertino,-a 1. *adj* avondlijk, avond-; **2.** *m* avondkrant

vespino *m* kleine motorfiets

vestíbulo *m* hal, vestibule; *hotel* lounge

vestido *m* jurk, japon; kleding

vestigio *m* spoor *het*, afdruk; **~s** *mpl* sporen

vestir 1. *vt* (aan-, be-) kleden; (*kleding*) dragen, aanhebben; **2.** *vi* z. kleden; **~se** z. aankleden; z. hullen (**de** in)

vetar *vt* vetoën, het veto uitspreken

veterano

veterano,-a 1. *adj* doorgewinterd; **2.** *m/f* veteraan, oudgediende
veterinario,-a *m/f* dierenarts, veearts
veto *m* veto *het*
vetusto,-a *adj* aftands, stokoud
vez *f* keer, maal; beurt; *por primera* ~ voor het eerst; *una* ~ eens, een keer; *a la* ~ tegelijk; *de* ~ *en cuando* af en toe; *en* ~ *de* in plaats van; *tal* ~ misschien; *a veces* soms, wel eens; *muchas veces* vaak; *varias veces* herhaaldelijk
vía 1. *f* 1. weg; baan; rijbaan, rijstrook; 2. spoor(baan); 3. *fig* weg, procedure; **2.** *prep* via
viab/ilidad *f* 1. uitvoerbaarheid; 2. levensvatbaarheid; **~le** haalbaar, uitvoerbaar
viaducto *m* viaduct *het*
viaj/ante *m com* handelsreiziger; **~ar** *vi* reizen; **~e** *m* reis; **~ero, -a** *m/f* reizig(st)er, passagier(e)
vial *adj* weg-
viandante *m/v* voetreizig(st)er
víbora *f* 1. *zool* adder; 2. *fig* serpent *het*
vibra/ción *f* trilling; vibratie; **~r** *vt/i* trillen, rillen
vicepresidente *m/f* vice-president(e)
viceversa *adv* over en weer, vice versa
vici/ado,-a *adj* verdorven; **~ar** *vt* 1. verknoeien, bederven; 2. *jur* ongeldig maken; **~arse** het slechte pad opgaan; (zedelijk) verloederen; **~o** *m* 1. slechte gewoonte, gebrek *het*; 2. fout, defect *het*; **~oso,-a** *adj* 1. verdorven; 2. gebrekkig
víctima *f* slachtoffer *het*, gedupeerde
victori/a *f* overwinning, zege; **~oso,-a** *adj* winnend, zegevierend
vid *f* wijnstok, wingerd
vida *f* leven *het*, levensduur; *de por* ~ voor het leven; *en mi* ~ nooit (van mijn leven)
vidente *m/f* helderziende
vídeo *m* video(film); video(recorder); **~cámara** *f* videocamera; **~casete** *m* videocassette; **~teca** *f* videotheek
vidri/era *f* grote ruit; glazen deur; **~ero, -a** *m/f* glasblazer, -blaaster; **~o** *m* glas *het*; ruit
viejo,-a 1. *adj* oud; **2.** *m/f* oude man, vrouw
Vien/a Wenen; **~*és, esa* 1.** *adj* Weens; **2.** *m/f* Wener, Weense
viento *m* wind; *hace* ~ het waait
vientre *m* buik; *hacer de* ~ poepen
viernes *m* vrijdag; ~* *Santo* Goede Vrijdag
viga *f* balk, bint; ~ *transversal* dwarsbalk
vigen/cia *f* geldigheid(sduur); looptijd; **~te** *adj m/f* geldig, van kracht; *ser* ~ gelden

visión

vigil/ancia f bewaking, toezicht; waakzaamheid; **~ante 1.** adj alert; **2.** m/f bewaker, bewaakster; **~ar** vt bewaken, letten op; **~ia** f 1. (nacht)wake; 2. vooravond (v. feest), vigilie

vigor m kracht; werking; **en ~** van kracht, geldig; **~izar** vt versterken, stimuleren; **~oso,-a** adj sterk, energiek

vil adj m/f laag(hartig), gemeen, snood; **~eza** f gemeenheid

villa f 1. villa; 2. plaats, stad (v. historisch belang); **~ncico** m kerstliedje *het*

vilo: en ~ in spanning, in het ongewisse

vinagre m azijn; **~ta** f gastr vinaigrette

vincula/ción f (ver)binding, koppeling; **~nte** adj m/f bindend; **~r** vt verbinden (**a, con** met), koppelen aan

vínculo m verbinding; band

vinícola adj m/f wijn-, wijnbouw-

vino m wijn; **~ blanco** witte wijn; **~ rosado** rosé; **~ tinto** rode wijn; **~ de Jerez** sherry

viña f wijngaard, wijnberg

viñe/do m (grote) wijngaard, wijnberg

viola f mús altviool

viola/ción f 1. schending; 2. verkrachting; **~r** vt 1. verkrachten; 2. jur schenden

violen/cia f geweld *het*; **~tar** vt 1. forceren; 2. fig geweld aandoen; **~to,-a** adj gewelddadig, hevig

violeta f viooltje *het*

viol/ín m viool; **~inista** m/f violist(e)

violon/celista m/f cellist(e); **~celo, ~chelo** m cello

vira/je m zwenking, bocht; **dar un ~** uitwijken; **~r** vi draaien, zwenken

virgen 1. adj maagdelijk, ongerept; **2.** f maagd; **la ~** de (Heilige) Maagd

virginidad f maagdelijkheid

Virgo m astr Maagd, Virgo

viril adj m/f mannelijk; **~idad** f mannelijkheid

virtu/al adj m/f eigenlijk, feitelijk; fig denkbeeldig; **~d** f (werkings)kracht; deugd; **en ~d de** krachtens, op grond van; **~oso,-a** adj eerbaar

viruela f med pokken

virulen/cia f virulentie, hevigheid; **~to,-a** adj virulent, heftig; kwaadaardig

virus m med virus *het*

visado m visum *het*

víscera/l adj m/f v/h inwendige; fig diep; **~s** fpl ingewanden

visera f 1. vizier *het*; 2. zonneklep

visib/ilidad f zichtbaarheid; auto, aero zicht; **~le** adj m/f 1. zichtbaar; 2. klaarblijkelijk

visillo m vitrage

visión f 1. gezichtsvermogen *het*; 2. visie; 3. beeld *het*; 4. visioen *het*

visita *f* 1. bezoek *het*, visite; 2. bezichtiging; **~ con guia** rondleiding; **~ panorámica** stadsbezichtiging; **~nte** *m/f* bezoek(st)er; **~r** *vt* bezoeken; bezichtigen

vislumbrar *vt* vaag zien, enig idee krijgen van

visón *m* nerts(mantel)

visor *m foto* zoeker; *mil* vizier *het*

víspera *f* vooravond; **en ~s de** aan de vooravond van, vlak voor

vista *f* gezichtsvermogen *het*; gezicht *het*; blik; **a primera ~** op het eerste gezicht; **en ~ de** met het oog op, gelet op; **¡hasta la ~!** tot ziens!; **~zo** *m* vluchtige blik; **echar un ~zo a** een kijkje nemen, even inzien

visto,-a *adj* gezien; **estar bien (mal) ~** (niet) gewaardeerd worden; **por lo ~** blijkbaar, zo te zien; **~so,-a** *adj* opzichtig, opvallend

vital *adj m/f* v/h leven, levens-; vitaal; **~idad** *f* vitaliteit; levenskracht

vitam/ina *f* vitamine; **~inado,-a** *adj* met vitaminen; **~ínico,-a** *adj* vitamine-

vit/ícola v/d wijnbouw; **~icultor, -a** *m/f* wijnbouw(st)er; **~icultura** *f* wijnbouw

vitorear *vt/i* juichen; toejuichen, bejubelen

vitrina *f* vitrine

viudo,-a *m/f* weduwenaar, weduwe

viva/cidad *f* levendigheid; **~z** *adj m/f* kwiek, rap

vivencia *f* belevenis, ervaring

víveres *mpl* proviand *het*, levensmiddelen *pl*

vivero *m* kwekerij; kweekplaats

vivi/do,-a *adj* persoonlijk beleefd; **~dor,-a** 1. *adj* leep, handig; 2. *m/f* levensgeniet(st)er; **~enda** *f* woning; **~ente** *adj m/f* levend

vivir *vi* leven; wonen (**en** in)

vivo,-a *adj* levend; levendig; **en ~** *mús* live

vizca/íno,-a *adj* uit Biskaje; **~*ya** *f* Biskaje

vocab/lo *m* woord *het*; **~ulario** *m* 1. woordenschat; 2. woordenlijst

vocación *f* roeping

vocal 1. *adj* vocaal, stem-; 2. *m/f* stemhebbend lid (*v. college, raad*); 3. *f* klinker

vociferar *vt/i* schreeuwen, brullen

volador,-a *adj* vliegend

volante 1. *adj m/f* vliegend; 2. *m* 1. *auto* stuur *het*; 2. *med* verwijsbriefje *het*; 3. strook (aan rok)

volar 1. *vi* 1. vliegen (*o. fig*); 2. (*bericht*) onmiddellijk bekend worden; 3. verdwijnen, snel op raken; 4. exploderen; 2. *vt* opblazen

volátil *adj m/f chem* vluchtig; *fig* veranderlijk

volatizarse vervliegen, in damp opgaan
volcán *m* vulkaan; **~ico,-a** *adj* vulkanisch
volcar 1. *vt* omgooien, omstoten; (doen) kantelen; omkiepen; **2.** *vi* kantelen, kapseizen, omvallen; **~se** z. uitsloven
voleibol *m* volleybal *het*
voltaje *m electr* voltage, spanning
volte/ar 1. *vt* ronddraaien; in de lucht gooien; (*klok*) luiden; **2.** *vi* ronddraaien, buitelen; kopjeduikelen; **~reta** *f* buiteling
volum/en *m* volume *het*; (*boek*) deel, band; **~inoso,-a** *adj* omvangrijk, lijvig
volunta/d *f* wil; wilskracht, verlangen; *a ~d* naar keuze, naar smaak; *tener buena ~d* van goede wil zijn; **~rio,-a 1.** *adj* vrijwillig; **2.** *m/f* vrijwillig(st)er
voluptuoso,-a *adj* wellustig; wulps, sensueel
volver 1. *vt* 1. omkeren, omdraaien, keren; 2. doen worden, maken; *~ la vista* omkijken; **2.** *vi* terugkeren; -komen,-gaan; *~ a* (+ *inf*) opnieuw doen; **~se** z. omdraaien, omkijken; **~se (+ adj)** worden
vomitar *vt/i med* overgeven, braken
vómito *m med* (het) braken; (uit)braaksel *het*
voracidad *f* gulzigheid, vraatzucht
vorágine *f* draaikolk, maalstroom
voraz *adj m/f* gulzig, vraatzuchtig; (*vuur*) alles verwoestend
vota/ción *f* stemming; (het) stemmen; **~nte** *m/f* kiezer; **~r** *vt/i* stemmen (**a** voor)
voto *m* 1. gelofte; 2. *pol* stem
voz *f* stem; woord *het*; schreeuw; *a media ~* halfluid; gedempt; *en ~ alta* luid; *en ~ baja* zachtjes
vuelco *m* (het) omslaan; omkering; ondergang; *dar un ~* omslaan
vuelo *m* vlucht; *~ chárter* chartervlucht; *~ de linea* lijnvlucht; *~ sin escala(s)* non stopvlucht; *~ sin motor* zweefvliegen *het*; *~ nacional* binnenlandse vlucht
vuelta *f* 1. draai, omwenteling; (het) omkeren; 2. achterkant, ommezijde; 3. *transp* terugkeer, terugreis; retour; 4. ronde, rondje; 5. wisselgeld *het*; 6. wending; *a la ~* bij terugkomst; *a ~ de correo* per omgaande post; *dar la ~* omdraaien; *estar de ~* terug zijn
vuestro *pron pers* jullie, van jullie
vulcanizar *vt* vulkaniseren
vulgar *adj m/f* ordinair, platvloers, vulgair; gewoon; **~idad** *f* platvloersheid; grofheid; alledaagsheid; **~ización** popularisering; **~izar** *vt* populariseren, gemeengoed maken
vulnera/ble *adj m/f* kwetsbaar, zwak; **~r** *vt* schenden, aantasten, inbreuk doen op

W

walkman *m* walkman
wat *m electr* watt
wáter *m* wc, toilet *het*
waterpolista *m/f* waterpolospeler,-speelster
waterpolo *m sport* waterpolo *het*
whisky *m* whisky; ~ **con soda** whisky-soda
windsurf *m sport* windsurfing; **~ista** *m/f* windsurf(st)er
wolfram(io) *m* wolfra(a)m *het*

X

xenofobia *f* xenofobie; vreemdelingenhaat
xenófobo,-a 1. *adj* xenofoob; **2.** *m/f* xenofoob, vreemdelingenhater,-haatster
xilófono *m mús* xylofoon
xilofonista *m/f* xylofonist(e)
xilografía *f* houtsnijkunst, houtgravure
xilógrafo *m* houtsnijder

Y

y en; maar
ya 1. al, reeds; 2. nu, inmiddels, eenmaal, eindelijk; 3. (nog) wel; 4. dadelijk, zo; **~ no** niet meer; **~ que** aangezien; **~ lo creo** nou en of; natuurlijk
yacer *vi* liggen; begraven liggen; *aquí yace* hier rust
yacimiento *m* vindplaats; laag; **~ de minerales** ertslaag
yaguar *m* jaguar
yanqui 1. *adj m/f coloq* Amerikaans, VS-; **2.** *m/f* yankee, yank
yarda *f* yard
yate *m* (zeil)jacht *het*; **~ de recreo** plezierjacht *het*
yedra *f bot* klimop
yegua *f* merrie; **~da** *f* troep paarden, kudde merries
yelmo *m hist* helm
yema *f* 1. *bot* knop, spruit; 2. eigeel *het*, eidooier
yerba *f* gras *het*; kruid *het*; weide
yermo,-a 1. *adj* onbewoond; braakliggend; **2.** *m* onbebouwd land; braakland
yerno *m* schoonzoon
yerro *m* vergissing, fout; dwaling
yerto,-a *adj* stijf, verstard
yeso *m* 1. gips *het*, pleister *het*; 2. gipsafgietsel *het*
yet *m* jet
yid(d)isch *m ling* Jiddisch *het*
yo ik; **~ mismo,-a** ikzelf
yodo *m* jodium *het*
yoga *m* yoga
yogur *m* yoghurt; **~tera** *f* yoghurtbereider
yoyó *m* jojo
yug/ada *f agric* span *het* ossen; **~o** *m* (o. *fig*) juk *het*
Yugoslav/ia *f* Joegoslavië; **~*o,-a**

1. *adj* Joegoslavisch; **2.** *m/f* Joegoslaviër, Joegoslavische
yugular *m* halsader
yunque *m* aambeeld *het*, aanbeeld *het*
yonqui *m/f* junk, junkie
yuca *f bot* yucca; cassave, maniok
yunta *f* span *het*, koppel *het*, stel *het*
yuppi *m/f* yup(pie)
yute *m* jute
yuxtapo/ner *vt* naast elkaar plaatsen; **~sición** *f* juxtapositie, (het) naast elkaar plaatsen

Z

zafar *vt nav* lossen; losmaken; **~rse** 1. vluchten, ontwijken; 2. er onderuit komen
zafio,-a *adj* lomp, onbehouwen
zafiro *m* saffier
zafra *f* suikeroogst
zaga *f* achterste deel *het*; *ir a la* **~** achterblijven; *fig* onderdoen voor
zaguán *m* portaal *het*; hal, vestibule
zaguero,-a *m/f sport* achterhoedespe(e)l(st)er, back
zaherir *vt* kwetsen, scherp kritiseren; **~alg con u/c** iem iets verwijten
zamarra *f* gelooide schapenvacht
zambull/ida *f* duik; onderdompeling; **~ir** *vt* onderdompelen; **~se** een duik nemen

zamp/ar *vt* 1. opschrokken; 2. smijten; **~arse** springen, binnenvallen; *coloq* (eten) opschrokken; **~ón** *m coloq* vreetzak
zanahoria *f* wortel, peen
zanca *f zool* lange poot; **~da** *f* grote stap; **~dilla** *f* (het) beentjelichten
zanco *m* stelt
zanganear *vi* lanterfanteren, niksen
zángano *m* 1. *zool* dar; 2. *coloq* luilak
zanja *f* sloot, geul, greppel; **~r** *vt* een geul graven in; (*probleem*) oplossen
zapa *f* 1. korte schop; 2. loopgraaf
zapat/azo *m* klap met een schoen; **~eado** *m* getrappel *het* (v. hakken bij dans); tapdans; **~ear** *vt/i* trappelen (bij dansen); tapdansen; **~ería** *f* schoenmakerij; schoenenzaak; **~ero,-a** *m/f* schoenma(a)k(st)er; **~illa** *f* sportschoen; pantoffel; slipper; **~o** *m* schoen
zar *m* tsaar
zarpa *f* 1. klauw; 2. (het) lichten v/h anker; **~r** *vi nav* het anker lichten; uitvaren (**para** naar)
zarza *f* braamstruik; **~mora** *f* braam
zarzuela *f* 1. zarzuela, ± Spaanse operette; 2. (**~ de pescado**) *gastr* Spaans gerecht van gemengde vis met saus

zascandilear *vi* nutteloos rondscharrelen

zigzag zigzag; **~ueo** *m* zigzaggen

zinc *m* zink *het*

zócalo *m* 1. voetstuk *het*, sokkel; 2. plint

zodíaco *m astr* dierenriem

zona *f* zone; gebied *het*; **~ azul** *auto* blauwe (parkeer)zone

zoo *m* dierentuin; **~logía** *f* zoölogie; **~lógico,-a** *adj* zoölogisch, dierkundig; **parque** *m* (*jardín m*) **~** dierentuin

zopenco *m coloq* klungel, kluns

zorr/a *f zool* 1. (wijfjes)vos; 2. *coloq* slet; **~o,-a 1.** *adj* sluw, doortrapt; **2.** *m zool* vos

zorzal *m zool* grauwe lijster

zozobra *f* 1. (het) kapseizen, (het) zinken; 2. *fig* onrust, ongerustheid; **~r** *vi* 1. kapseizen; 2. *fig* mislopen

zueco *m* klomp

zumba/do,-a *adj* getikt, geschift; **~r 1.** *vi* 1. zoemen, suizen; gonzen; 2. (*motor*) ronken; **2.** *vt* (*klap*) verkopen; **~rse 1.** pesten, plagen; 2. *coloq* doordraaien

zumbido *m* gezoem *het*, gegons *het*, gesuis *het*

zumo *m* sap *het*

zurci/do *m* (het) stoppen, stopwerk *het*; **~r** *vt* stoppen, mazen

zurdo,-a 1. *adj* links(handig); **2.** *m/f* linkshandige man, vrouw

zurra *f coloq* aframmeling, pak *het* slaag; **~r** *vt coloq* slaan, ervan langs geven

GUÍA DE CONVERSACIÓN
CONVERSATIEGIDS

1. Contactos	Contacten
Saludar a alguien	**Iemand (be)groeten**
Buenos días.	Goedemorgen. / Dag.
Buenas tardes.	Goedemiddag. / Goedenavond.
¡Hola!	Hallo!
¿Cómo estás? / ¿Cómo está?	Hoe gaat het (ermee)? / Hoe gaat het met u?
(Muy) bien. ¿Y tú / usted?	(Heel) goed, dank je/dank u. En met jou / u?
Presentarse y presentar a alguien	**Zich / iemand voorstellen**
Me llamo Paco García.	Ik heet Paco García.
Soy español. / Soy de Madrid.	Ik ben Spanjaard. / Ik kom uit Madrid.
Le presento a la señora Rodríguez.	Mag ik voorstellen? Mevrouw Rodríguez.
Mucho gusto. / Encantado/a.	Aangenaam. / Prettig met u kennis te maken.
Bienvenido/a.	(Hartelijk) welkom.
Despedirse	**Afscheid nemen**
Adiós.	Tot ziens. / Daag.
Hasta luego.	Tot straks.
Hasta pronto.	Tot gauw.
Que te vaya bien.	Het beste. / Het ga je goed.
Buen viaje.	Goede reis.
Buenas noches.	Goedenacht. / Welterusten.

Disculparse / Aceptar disculpas	Zich verontschuldigen / Excuses aanvaarden
Disculpa/e. / Perdona/e.	Sorry. / Pardon. / Neemt u mij niet kwalijk.
Disculpas. / Perdón.	Sorry. / Pardon.
Lo siento (mucho).	Het spijt me (zeer).
No se preocupe. / No importa.	Maakt u zich geen zorgen. / Dat geeft niet(s).

Agradecer / Devolver las gracias	Bedanken / Op een dankbetuiging reageren
Gracias. / Muchas gracias.	Dank u (wel). / Bedankt. / Hartelijk dank.
Gracias, igualmente.	Bedankt. / Hartelijk dank, insgelijks.
De nada. / No hay de qué.	Graag gedaan. / Niets te danken.

Felicitaciones y saludos	Gelukwensen en andere wensen
¡Que te diviertas! / ¡Que te lo pases bien!	Veel plezier! / Prettig(e)...!
¡Buen fin de semana!	Prettig weekend!
¡(Mucha) suerte!	(Veel) geluk!
¡Que aproveche!	Eet smakelijk!
¡Salud! (*al brindar*)	Proost!
¡Salud! / ¡Jesús! (*al estornudar*)	Gezondheid!
¡Feliz cumpleaños!	Hartelijk gefeliciteerd met je / uw verjaardag!

Hablar por teléfono	Telefoneren
¿Sí? ¿Dígame?	Hallo? Met wie spreek ik?
Soy Maribel.	(U spreekt) met Maribel.
Quisiera hablar con Jan de Winter, por favor.	Kan ik Jan de Winter even spreken?
No está en este momento. ¿Quiere dejar algún mensaje?	Die is er op dit moment niet. Wilt u een boodschap achterlaten?
¿Puede/s volver a llamar en 20 minutos?	Kunt u / Kun je over 20 minuten terugbellen?

2. Transportes — Vervoer

Desplazarse por la ciudad	Zich verplaatsen in de stad
Disculpe, ¿cómo puedo llegar al aeropuerto?	Pardon, Hoe kom ik naar de luchthaven?
¿Queda (muy) lejos?	Is het (erg) ver?
Un cuarto de hora en autobús, 40 minutos caminando.	Een kwartier met de bus, 40 minuten lopen.
¿Dónde está la parada de metro?	Waar is het dichtstbijzijnde metrostation?
¿Cuál es el autobús que va a la estación (de trenes)?	Welke bus gaat naar het (trein)station?
Quisiera un billete sencillo / múltiple.	Mag ik een kaartje (enkele reis) / strippenkaart alstublieft?
Próxima parada: Estación del Norte.	Volgende halte / Volgend station: Station Noord.

Tomar un taxi	Een taxi nemen
A la estación de autobuses, por favor.	Naar het busstation, alstublieft.
Por favor, pare aquí en la esquina.	Zou u hier op de hoek kunnen stoppen?
¿Cuánto es?	Hoeveel is het?
Quisiera un recibo.	Mag ik een bonnetje?

Viajar en tren / avión / barco / alquilar un coche	Met de trein / het vliegtuig / de boot / een huurauto reizen
¿A qué hora sale el próximo barco a Texel?	Om hoe laat vertrekt de volgende boot naar Texel?
Quisiera reservar una plaza en el departamento de coche-cama.	Ik wil graag een plaats in de slaapwagen boeken.
¿De qué andén sale el tren a Utrecht?	Van welk perron vertrekt de trein naar Utrecht?
– Quisiera un billete para Bilbao.	– Een kaartje naar Bilbao, alstublieft.
– ¿Sólo de ida?	– Alleen een enkele reis?
– No, de ida y vuelta, por favor.	– Nee, een retour, alstublieft.
Por favor, ¿dónde está el mostrador de facturación de Iberia?	Waar is de incheck balie van Iberia, alstublieft?
Quisiera un asiento en el pasillo / en la ventanilla.	Ik wil graag een plaats bij het gangpad / bij het raam.
Aquí tiene su tarjeta de embarque.	Hier is uw instapkaart.
¿Dónde se recoge el equipaje?	Waar kun je de bagage ophalen?
Quisiera alquilar un coche.	**Ik wil graag een auto huren.**

¿Me permite ver su permiso de conducir, por favor?	Mag ik uw rijbewijs even zien, alstublieft?
¿Puedo dejar el coche en el puerto?	Kan ik de auto bij de haven laten staan?

3. EN LA CIUDAD — IN DE STAD

En el hotel / en la pensión / en el albergue — In het hotel / het pension / de herberg

Tengo una reserva a nombre de Mendoza.	Ik heb een kamer geboekt op naam van Mendoza.
Quisiera una habitación individual. / Quisiéramos una habitación doble con cama de matrimonio / dos camas separadas.	Een eenpersoonskamer, alstublieft. / We willen graag een tweepersoonskamer met een tweepersoonsbed / met twee bedden.
¿Cuánto cuesta una habitación con ducha / baño?	Wat kost een kamer met douche / ligbad?
¿A qué hora sirven el desayuno / la cena?	Hoe laat wordt het ontbijt / het avondeten geserveerd?
Por favor, podrían despertarme a las 8 (ocho) de la mañana?	Zou(d) u me morgenochtend om 8 uur willen wekken?

En el restaurante / café / bar — In het restaurant / de cafetaria / het café

¿Está libre este asiento / esta mesa?	Is deze stoel / tafel vrij?
¿Puedo ver la carta, por favor?	Mag ik de menukaart, alstublieft?
El menú del día y una copa de vino tinto, por favor.	De dagschotel en een glas rode wijn, alstublieft.
¿Me sirve otro café solo / café con leche, por favor?	Mag ik nog een expresso / koffie met melk, alstublieft?

| La cuenta, por favor. | De rekening, alstublieft. / Kan ik afrekenen? |
| ¿Puedo pagar con tarjeta de crédito | Kan ik met een creditcard betalen? |

En la tienda	Winkelen
– ¿Puedo ayudarle/a? – Sí, por favor, quisiera comprar un paraguas. / – No, gracias. Sólo estoy mirando.	– Kan ik u misschien helpen? – Ja, graag, ik zoek een paraplu. – Nee, dank u. Ik kijk alleen even rond.
¿Tiene este vestido también en una talla más grande / más pequeña?	Heeft u deze jurk ook in een maat groter / kleiner?
¿Dónde puedo probarme estos pantalones?	Waar kan ik deze broek passen?
¿Es posible cambiar estos zapatos?	Zou ik deze schoenen mogen ruilen?
¿Cuánto cuesta?	Wat kost dat?
El color no me gusta / me gusta mucho.	Ik vind de kleur niet mooi / erg mooi.

En el banco	Bij de bank
Quisiera cambiar 200 euros en pesos.	Ik zou graag 200 euro in pesos willen wisselen.
¿Acepta cheques de viaje?	Neemt u ook traveller cheques aan?
¿Cuánto cobran de comisión? ¿El 2 (dos) % (por ciento)?	Hoeveel procent provisie berekent u? 2 (twee) procent?
¿A cuánto está el franco suizo?	Wat is de koers van de Zwitserse Frank?

En la oficina de correos	Op het postkantoor
Quisiera 3 (tres) sellos para cartas / postales a Colombia.	Mag ik 3 (drie) postzegels voor brieven / ansichtkaarten naar Colombia?
Quisiera enviar este paquete certificado a Venezuela.	Ik wil dit pakje graag aangetekend naar Venezuela versturen.
Ésta es la dirección.	Dit is het adres.
¿Cuánto tiempo tardará el envío?	Hoe lang duurt het voor het aankomt?

En la consulta del médico / la farmacia	Bij de dokter / in de apotheek
No me encuentro bien.	Ik voel me niet lekker.
Me duele	Ik heb
– la cabeza	– hoofdpijn
– la muela	– kiespijn
– la garganta	– keelpijn
– el pecho	– pijn in de borst
– la barriga	– buikpijn
– la pierna / el brazo.	– ipijn in mijn been / in mijn arm
Mi hija es alérgica a los antibióticos.	Mijn dochter is allergisch voor antibiotica.
Quisiera	Ik wil graag
– algún medicamento contra la diarrea	– een medicijn tegen diarree
– unas tiritas	– een paar pleisters
– aspirinas	– aspirines / pijnstillers
¿Una pastilla dos veces al día? ¿Antes o después de las comidas?	Tweemaal daags één tabletje? Vóór of na de maaltijd?

(CHEF)
DAG LIEVE SCHAT VAN ME

HOLA QUERIDO TESORO
ENCANTADOR AMOR

FIJNE AVOND!

BUENO NOCHE
AGRADABLE TARDE

LOS NUMERALES / TELWOORDEN

Números cardinales / Hoofdtelwoorden

cero	0	nul
un, uno, una	1	een
dos	2	twee
tres	3	drie
cuatro	4	vier
cinco	5	vijf
seis	6	zes
siete	7	zeven
ocho	8	acht
nueve	9	negen
diez	10	tien
once	11	elf
doce	12	twaalf
trece	13	dertien
catorce	14	veertien
quince	15	vijftien
dieciséis	16	zestien
diecisiete	17	zeventien
dieciocho	18	achttien
diecinueve	19	negentien
veinte	20	twintig
veintiuno	21	eenentwintig
veintidós	22	tweeëntwintig
treinta	30	dertig
cuarenta	40	veertig
cincuenta	50	vijftig
sesenta	60	zestig
setenta	70	zeventig
ochenta	80	tachtig
noventa	90	negentig
cien, ciento	100	honderd
ciento uno	101	honderd (en) een
ciento dos	102	honderd (en) twee
ciento diez	110	honderd (en) tien
ciento veinte	120	honderd twintig
doscientos	200	tweehonderd
trescientos	300	driehonderd
cuatrocientos	400	vierhonderd
quinientos	500	vijfhonderd
seiscientos	600	zeshonderd
setecientos	700	zevenhonderd
ochocientos	800	achthonderd